Berr/Krause/Sachs

Drogen im Straßenverkehrsrecht

Drogen im Straßenverkehrsrecht

von

Wolfgang Berr
Rechtsanwalt in Dachau

Martin Krause
Juristischer Mitarbeiter in Burghausen

Dr. rer. nat. Hans Sachs
Sachverständiger für Forensische Toxikologie in München

CFM

C. F. Müller Verlag
Heidelberg

Bibliografische Information der Deutschen Nationalbibliothek

Die Deutsche Nationalbibliothek verzeichnet diese Publikation in der Deutschen Nationalbibliografie; detaillierte bibliografische Daten sind im Internet über http://dnb.d-nb.de abrufbar.

ISBN 978-3-8114-0845-6

www.cfmueller-verlag.de

Printed in Germany
Satz: Mitterweger & Partner, 68723 Plankstadt
Druck: Gulde-Druck, Tübingen

Vorwort

Das soziale Problem der illegalen Drogen hat das Strafrecht regelrecht durchwuchert. Geschätzt wird, dass bis zu 50 % aller aktuell etwa 70 bis 80 Tausend Strafgefangenen in Deutschland mit direktem oder indirektem Bezug zu illegalen Drogen verurteilt wurden.

Die den Drogen zugeschriebene Sozialschädlichkeit ist ein unausweichlicher und systematischer „Begleitschaden" der massiven strafrechtlichen Repression, seien es die Todesfälle wegen versehentlicher Überdosierung, die HIV-Infektion oder Abszesse wegen unsterilen und mehrfachem Spritzengebrauchs oder seien es die Beschaffungskriminalität, Bandenkriege und internationale organisierte Kriminalität.

Diese kriminologische Erkenntnis wird vom Gesetzgebungs- und Justizsystem immer noch weitgehend verleugnet. Erst das Gesundheitssystem, repräsentiert vor allem durch Drogenhilfe und Methadon verschreibende Ärzte, hat in mühseliger Kleinarbeit der letzten 25 Jahre bewirkt, dass die offizielle Drogenpolitik einigermaßen vernünftig wurde, indem sie sich in „Vier Säulen" diversifizierte: Prävention, Behandlung, Risiko- und Schadensminimierung bezogen auf Gebraucher und strafrechtliche Repression bezogen auf die Angebotsseite.

Dieser „Rationalitäts-Schub" scheint das gesellschaftliche Kontrollsystem gespalten zu haben: Einerseits werden in vielen Fällen von problematischem Konsum und Abhängigkeit sinnvolle und effektive Hilfsangebote gemacht, beispielsweise auch durch Staatsanwälte und Strafrichter, die gemäß §§ 35ff BtMG zugunsten von stationärer oder ambulanter Drogentherapie auf Strafvollstreckung verzichten; auf der anderen Seite, insbesondere im Süden der Republik, wird hingegen mit aller „Härte des Gesetzes" auch der kleinste Dealer und selbst der einigen Vorrat zum Eigenbedarf haltende Konsument strengstens verfolgt. Und da, wo man wegen der verfassungsgerichtlich vorgegebenen Pflicht zum Strafverzicht nicht „hinlangen" kann, werden funktionale Äquivalente geschaffen durch Sanktionen im Bereich Schule, Arbeit und Straßenverkehr.

Stigmatisierung in diesen Bereichen kann eine lebensgeschichtlich noch wesentlich eingreifendere Wirkung zeitigen als eine abgebüßte Geld-, Bewährungs- oder Freiheitsstrafe.

Dies gilt in ganz besonderem Maße für das Straßenverkehrs- und Fahrerlaubnisrecht, welches in zunehmendem Maße mit repressiver Intention auf Drogengebraucher im allgemeinen und Cannabis-Konsumenten im ganz besonderen angewandt wird.

Darüber handelt das vorliegende Buch.

Die Autoren zeigen auf, dass viele, auch obergerichtliche Entscheidungen juristisch und wissenschaftlich falsch sind. Diesen liegen häufig entsprechend falsche Entscheidungen der Verwaltungsbehörden zugrunde. Diese Fehler lassen sich interpretieren als schlichte Nachlässigkeiten, aber auch als gezieltes Unterlaufen der relativen strafrechtlichen Liberalisierung. In jedem Fall ist es ein grundgesetzwidriges Agieren der Verwaltungs- und Justizinstanzen.

Zwar hat das Bundesverfassungsgericht einen Einstieg in die Festlegung von Grenzwerten bei illegalen Drogen geschafft. Als gravierende Ungerechtigkeit erscheint aber immer noch die Tatsache, dass diese Grenzwerte sich nur wenig von den mit Hochtechnologie inzwischen messbaren chemischen Molekülwerten unterscheiden, ohne dass angemessen auf die psychotrope Wirksamkeit abgestellt wird.

Über all dies informieren die Autoren des vorliegenden Buches in verdienstvoller Weise. Sie kritisieren nicht nur, sondern geben sinnvolle Anleitung für Rechtsanwälte, Verwaltung und Justiz, ebenso wie für aktuelle oder potentielle Drogenkonsumenten. Letztlich könnte auch der Gesetzgeber von diesem Kompendium verfehlten Rechts profitieren.

Prof. Dr. jur. Lorenz Böllinger, Dipl.-Psych.
Professur für Strafrecht und Kriminologie an der Universität Bremen

Inhaltsübersicht

Inhaltsverzeichnis

Anhang

Abkürzungsverzeichnis

AAK	Atemalkoholkonzentration
aaO.	am angegebenen Ort
a.D.	außer Dienst
a.F.	alte Fassung
a.M.	anderer Meinung
Abb.	Abbildung
Abs.	Absatz
ADHS	Aufmerksamkeitsdefizit, Hyperaktivitätsstörung
AG	Amtsgericht / Aktiengesellschaft
AIDS	Acquired Immunodeficiency Syndrome
AllMBl	Allgemeines Ministerialblatt (Bayern)
Alt.	Alternative
AMS	Amotivationales Syndrom
Anm.	Anmerkung
AnwBl	Anwaltsblatt
ArchKrim.	Archiv für Kriminologie (Zeitschrift)
Art.	Artikel
Aufl.	Auflage
Avus	Gesellschaft für Arbeits- Verkehrs- und Umweltsicherheit
Az.	Aktenzeichen
BA	Blutalkohol (Zeitschrift)
BAK	Blutalkoholkonzentration
BAF e.V.	Beratung und Aufklärung bei Führerscheinproblemen e.V.
BayObLG	Bayerisches Oberstes Landesgericht
BayObLGSt	Sammlung des BayObLG in Strafsachen
BayVBl.	Bayerische Verwaltungsblätter
BayVerfGH	Bayerischer Verfassungsgerichtshof
BGB	Bürgerliches Gesetzbuch
BGBl.	Bundesgesetzblatt
BGH	Bundesgerichtshof
BGHSt	Sammlung der Entscheidungen des BGH in Strafsachen
BGHZ	Sammlung der Entscheidungen des BGH in Zivilsachen
BKA	Bundeskriminalamt
BKatV	Bußgeldkatalogverordnung
BMI	Bundesministerium des Innern
BND	Bundesnetzwerk Drogenpolitik
BR	Bundesrat
BSG	Bundessozialgericht
BtMG	Gesetz über den Verkehr mit Betäubungsmitteln (Betäubungsmittelgesetz)
BtMVV	Betäubungsmittel-Verschreibungsverordnung
BUP	Buprenorphin
BVerfG	Bundesverfassungsgericht
BVerfGE	Bundesverfassungsgerichtsentscheidung
BVerfGG	Bundesverfassungsgerichtsgesetz
BVerwG	Bundesverwaltungsgericht
BZRG	Gesetz über das Zentralregister und das Erziehungsregister (Bundeszentralregistergesetz)
bzw.	beziehungsweise
CBD	Cannabidiol

CBN	Cannabinol
CIF	Cannabis Influence Factor
cl	Centiliter
cm	Zentimeter
COOH	Carbonsäure
d.	des
d.d.	durch die
d.h.	das heißt
DAR	Deutsches Autorecht (Zeitschrift)
DAV	Deutscher Anwalt Verein
Ders.	Der / Die selbe
DHC	Dihydrocodein
DHS	Deutsche Hauptstelle für Suchtfragen
DIN	Deutsches Institut für Normung
Diss.	Dissertation
DÖV	Die Öffentliche Verwaltung (Zeitschrift)
Dok.	Dokument
DOM	Dimetoxymethylamphetamin
dpa	Deutsche Presseagentur
Dr.	Doktor
EGMR	Europäischer Gerichtshofs für Menschenrechte
EL	Aktualisierungs- und Ergänzungslieferung
EMEA	Evaluation of Medicinal Products
EMRK	Europäische Menschenrechtskonvention
et al.	et alii (lat.) und andere
EuGH	Europäischer Gerichtshof
EUR	Euro
e.V.	eingetragener Verein
f	folgende
ff	die folgenden
FB	Fachbereich
FeV	Fahrerlaubnisverordnung
FH	Fachhochschule
g	Gramm
GC/MS	Gaschromatographie/Massenspektrometrie
gem.	gemäß
GG	Grundgesetz
ggf.	gegebenenfalls
GKG	Gerichtskostengesetz
GmbH	Gesellschaft mit beschränkter Haftung
GStA	Generalstaatsanwaltschaft
GTFCh	Gesellschaft für Toxikologische und Forensische Chemie
GVG	Gerichtsverfassungsgesetz
Hervorh.	Hervorhebung
Hg.	Herausgeber
h.M.	herrschende Meinung
HIV	Human Immunodeficiency Virus
HRRS	Höchstrichterliche Rechtsprechung im Strafrecht (Onlinezeitschrift)
HSchRG	Hochschulrahmengesetz
i.d.F.	in der Fassung
i.d.R.	in der Regel
i.H.v.	in Höhe von
i.S.d.	im Sinne des
i.S.v.	im Sinne von
i.V.m.	in Verbindung mit

IDRAS	Institut für Fragen zu Drogen und Alkohol im Straßenverkehr
ISO	International Standard Organisation
JGG	Jugendgerichtsgesetz
JR	Juristische Rundschau (Zeitschrift)
JurBüro	Das juristische Büro (Zeitschrift)
JuS	Juristische Schulung (Zeitschrift)
JuSchG	Jugendschutzgesetz
JVA	Justizvollzugsanstalt
JWO	Juristische Wochenzeitung
JZ	Juristen-Zeitung
KAN	Kriminalaktennachweis
KBA	Kraftfahrt-Bundesamt
Kfz	Kraftfahrzeug
kg	Kilogramm
KG	Kammergericht
KGaA	Kommanditgesellschaft auf Aktien
km/h	Kilometer pro Stunde
L / l	Liter
LAAM	Levacetylmethadol
LG	Landgericht
LK	Leipziger Kommentar
LKA	Landeskriminalamt
LKW	Lastkraftwagen
LSD	Lysergsäurediethylamid
LSG	Landessozialgericht
lt.	laut
m^3	Kubikmeter
Masch.-schr.	Maschinenschrift
mbH	mit beschränkter Haftung
MDE	Methylendioxyethylamphetamin
MDMA	Methylendioxymethylamphetamin
MDR	Monatsschrift für Deutsches Recht (Zeitschrift)
mg	Milligramm
Min.	Minuten
mind.	Mindestens
MiStra	Anordnung über Mitteilungen in Strafsachen
ml	Milliliter
mm	Millimeter
MPU	Medizinisch Psychologische Untersuchung
ng	Nanogramm
NJW	Neue Juristische Wochenschrift
NJW-RR	NJW-Rechtsprechungs-Report
Nr.	Nummer
NRW	Nordrhein-Westfalen
NStZ	Neue Zeitschrift für Strafrecht
NStZ-RR	NStZ-Rechtsprechungs-Report
NVwZ	Neue Zeitschrift für Verwaltungsrecht
NZA	Neue Zeitschrift für Arbeitsrecht
NZV	Neue Zeitschrift für Verkehrsrecht
o.D.	ohne Datum
o.g.	oben genannt
OH-THC	Hydroxy THC
OLG	Oberlandesgericht
OVG	Oberverwaltungsgericht
OWi	Ordnungswidrigkeit

OWiG	Ordnungswidrigkeitengesetz
PAG	Polizeiaufgabengesetz
PIMA	Privates Institut für Mobile Arbeitsmedizin
Pkw	Personenkraftwagen
Prof.	Professor
RiStBV	Richtlinien für Straf- und Bußgeldverfahren
Rn.	Randnummer
RTL	Radio Television Luxemburg
RWTH	Rheinisch-Westfälische Technische Hochschule
S.	Seite / Satz
s.	siehe
scil	(lat.) scilicet (nämlich / Erläuterung)
sec.	Sekunden
SGB	Sozialgesetzbuch
sic	(lat.) Fehler so vorhanden
sog.	so genannt
SPD	Sozialdemokratische Partei Deutschland
Std.	Stunde
StGB	Strafgesetzbuch
StPO	Strafprozessordnung
StraFo	Strafverteidiger Forum (Zeitschrift)
StrEG	Gesetz über die Entschädigung für Strafverfolgungsmaßnahmen
StV	Strafverteidiger (Zeitschrift)
StVG	Straßenverkehrsgesetz
StVO	Straßenverkehrsordnung
StVZO	Straßenverkehrszulassungsordnung
SVR	Straßenverkehrsrecht (Zeitschrift)
Tab.	Tabelle
TBNR	Tatbestandsnummer
THC	Tetrahydrocannabinol
THC-COOH	Tetrahydrocannabinol-Carbonsäure
Toxichem + Krimtech	Mitteilungsblatt der Gesellschaft für Toxikologische und Forensische Chemie
TÜV	Technischer Überwachungsverein
u.	und
u.a.	unter anderem
Univ.-Prof.	Universitätsprofessor
URL	Uniform Resource Locator (Internetadresse)
usw.	und so weiter
u.U.	unter Umständen
v.	von
VBlBW.	Verwaltungsblätter für Baden-Württemberg (Zeitschrift)
VD	Verkehrsdienst (Zeitschrift)
Verf.	Verfasser
VerkehrsR	Verkehrsrecht
VersR	Versicherungsrecht (Zeitschrift)
VG	Verwaltungsgericht
VGH	Verwaltungsgerichtshof
vgl.	vergleiche
VGT	Verkehrsgerichtstag
VkBl.	Amtsblatt des Bundesministeriums für Verkehr, Bau und Wohnungswesen (Verkehrsblatt)
VM	Verkehrsrechtliche Mitteilungen (Zeitschrift)
VRS	Verkehrsrechtssammlung
VwGO	Verwaltungsgerichtsordnung

VwVfG	Verwaltungsverfahrensgesetz
VZR	Verkehrszentralregister
WDR	Westdeutscher Rundfunk
WHO	World Health Organisation
WÜD	Wiener Übereinkommen über diplomatische Beziehungen
WÜK	Wiener Übereinkommen über konsularische Beziehungen
ZAP	Zeitschrift für die Anwaltspraxis
z.B.	zum Beispiel
z.T.	zum Teil
zfs	Zeitschrift für Schadensrecht
Ziff.	Ziffer
ZNS	Zentralnervensystem
ZPO	Zivilprozessordnung
ZRP	Zeitschrift für Rechtspolitik
ZVR	Zeitschrift für Verkehrsrecht (Österreich)
ZVS	Zeitschrift für Verkehrssicherheit

Einleitung

Nach Angaben des statistischen Bundesamtes ereigneten sich im Jahre 2005[1] deutschlandweit insgesamt 1.948 Verkehrsunfälle, bei denen Betäubungsmittel eine Rolle spielten. Dabei wurden 571 Personen schwer verletzt und 47 Personen getötet.[2]

Im gleichen Erhebungszeitraum[3] ereigneten sich alleine im Bundesland Bayern 437 Verkehrsunfälle, bei denen die Fahrzeugführer unter dem Einfluss von illegalen Betäubungsmitteln standen. Dabei wurden 275 Personen verletzt und 6 Personen getötet.[4]

Diese Zahlen mögen noch nicht sonderlich hoch erscheinen.[5]

Deutschlandweit erfasste das Kraftfahrt-Bundesamt im Jahre 2005 allerdings insgesamt 27.900 Drogendelikte,[6] derentwegen Punkte im Verkehrszentralregister eingetragen wurden.[7] Das sind etwa 107 Eintragungen pro Arbeitstag.

Davon wurden alleine im Bundesland Bayern insgesamt 10.256 polizeilich festgestellte Drogenfahrten erfasst.[8]

Alleine im Zuständigkeitsbereich des Polizeipräsidiums München wurden im Jahre 2005 insgesamt 2.134 Anzeigen wegen Drogendelikten im Straßenverkehr erstattet[9] und im Vorjahr waren es gar 3.020 entsprechende Verfahren.[10]

Dabei lag in 927 Fällen eine Straftat nach § 316 Abs. 1 StGB vor[11] und in 1.207 Fällen[12] wurde ein Ordnungswidrigkeitenverfahren nach § 24a Abs. 2 StVG eingeleitet[13] wobei die Dunkelziffer der nicht entdeckten Drogenfahrten wohl noch bedeutend höher sein dürfte.

Bei der Beurteilung der Sanktionen hinsichtlich des Führens von Fahrzeugen unter dem Einfluss bzw. der Wirkung von Betäubungsmitteln gem. § 316 Abs. 1 StGB und § 24a Abs. 2 StVG sind neben den bei einer Verkehrskontrolle tätigen **Polizeibeamten** zahlreiche Ju-

---

1 Im Jahre 2004 ereigneten sich deutschlandweit insgesamt 2.220 Verkehrsunfälle, bei denen Betäubungsmittel eine Rolle spielten, davon 1.521 mit Personenschaden, vgl. BA 2006, 306. Dabei wurden insgesamt 667 Personen schwer verletzt und 60 Personen getötet, vgl. Statistisches Bundesamt Ursachen von Straßenverkehrsunfällen 2004, Tabelle 6.8, Straßenverkehrsunfälle und Verunglückte nach Unfallursachen (UJ 14[1]).

2 *Statistisches Bundesamt* Ursachen von Straßenverkehrsunfällen 2005, Tabelle 6.8 Straßenverkehrsunfälle und Verunglückte nach Unfallursachen (UJ 14).

3 Im Jahre 2004 ereigneten sich alleine im Bundesland Bayern 523 Verkehrsunfälle, bei denen die Fahrzeugführer unter dem Einfluss von illegalen Betäubungsmitteln standen (2003: 485). Dabei wurden 293 Personen verletzt (2003: 339) und 10 Personen getötet (2003: 11), vgl. *Bayerisches Staatsministerium des Innern* Pressemitteilung Nr. 80/05 vom 24.2.2005.

4 Mitteilung des *Bayerischen Staatsministeriums des Innern* vom 3.7.2006, Az. I C 4 – 0123-0.

5 Inwieweit dabei auch zusätzlich Alkohol konsumiert wurde ergibt sich aus diesen ebenfalls Zahlen nicht.

6 Ohne Alkoholdelikte.

7 Vgl. BA 2006, 226.

8 *Bayerisches Staatsministerium des Innern* Pressemitteilung Nr. 105/06 vom 23.3.2006.

9 *Polizeipräsidium München* Verkehrsbericht 2005, S. 55.

10 *Polizeipräsidium München* Verkehrsbericht 2004, S. 51.

11 2004: 1.311 Fälle nach § 316 Abs. 1 StGB.

12 2004: 1.709 Fälle nach § 24a Abs. 2 StVG.

13 *Polizeipräsidium München* Verkehrsbericht 2005, S. 55.

risten und Naturwissenschaftler beteiligt. **Staatsanwälte, Strafrichter, Verteidiger** und **Sachverständige**.

Die Drogenproblematik im Straßenverkehrsrecht wird noch deutlicher, wenn man sich die vom Bundeskriminalamt veröffentlichen Statistiken ansieht.

Das BKA erfasste im Jahre 2005[14] insgesamt 124.170 Cannabisdelikte[15] nach § 29 BtMG.[16]

Davon wurden alleine im Bundesland Bayern[17] insgesamt 28.384 Ermittlungsverfahren wegen Besitz- und Erwerbsdelikten von Betäubungsmitteln geführt.[18] Pro Tag wurden daher nur in diesem Bundesland etwa 77 Personen angezeigt, weil sie illegal Drogen besessen haben, wobei hier insgesamt 24.936[19] Ermittlungsverfahren wegen des Besitzes von Cannabis[20] eingeleitet wurden.[21]

Deutschlandweit wurden daher **pro Tag (!) etwa 369 Personen** angezeigt, weil sie im widerrechtlichen Besitz von Betäubungsmitteln waren.

Wegen dieses unerlaubten Besitzes von Betäubungsmitteln wird aber nicht nur ein strafrechtliches Ermittlungsverfahren nach § 29 Abs. 1 S. 1 Nr. 3 BtMG eingeleitet, sondern gem. § 14 Abs. 1 S. 2 FeV kann der Besitz von Betäubungsmitteln auch zu verwaltungsrechtlichen Konsequenzen nach der Fahrerlaubnisverordnung führen, obwohl die Fahrerlaubnisinhaber selbst gar nicht unter der Wirkung von Betäubungsmitteln am Straßenverkehr teilnahmen.[22]

Daher sind neben den vorstehend genannten **Rechtsanwälten**, Juristen und Gutachtern auch **Verwaltungsrichter und Fahrerlaubnisbehörden** mit der Thematik Drogen im Straßenverkehrsrecht befasst.

Der verwaltungsrechtliche Entzug einer Fahrerlaubnis gem. § 3 Abs. 1 StVG, § 46 Abs. 1 FeV i.V.m. der Anlage 4 zu §§ 11, 13, 14 FeV erweist sich als verhältnismäßig, wenn ein Verkehrsteilnehmer nicht die erforderliche Eignung aufweist, ein Kraftfahrzeug im Straßenverkehr sicher zu führen.

Die straf- und verwaltungsrechtliche Rechtsprechung ist jedoch sehr uneinheitlich und widersprüchlich und in der Literatur bestehen konträre Rechtsansichten.[23]

Das vorliegende Buch setzt sich daher mit der Rechtslage und den im Schrifttum und der Rechtsprechung entwickelten Rechtsauffassungen auseinander und soll einen Beitrag zur Beurteilung der juristischen Sanktionen leisten, die dabei in der Praxis bestehenden Pro-

---

14 Das BKA erfasste Jahre 2004 insgesamt 131.587 Cannabisdelikte nach § 29 BtMG, vgl. *Bundeskriminalamt* Polizeiliche Kriminalstatistik, Berichtsjahr 2004, S. 223.

15 Andere Betäubungsmittel 10.574 Fälle.

16 *Bundeskriminalamt* Polizeiliche Kriminalstatistik, Berichtsjahr 2005, S. 62.

17 Alleine im Bundesland Bayern wurden im Jahr 2004 insgesamt 29.193 Ermittlungsverfahren wegen Besitz- und Erwerbsdelikten von Betäubungsmitteln geführt, vgl. *Landeskriminalamt Bayern* Polizeiliche Kriminalstatistik für den Freistaat Bayern, S. 32, wobei hier insgesamt 25.877 Ermittlungsverfahren wegen des Besitzes von Cannabis eingeleitet wurden.

18 *Landeskriminalamt Bayern* Polizeiliche Kriminalstatistik für den Freistaat Bayern, S. 32.

19 2004: 25.877 Ermittlungsverfahren.

20 Andere Betäubungsmittel 3.448 Fälle.

21 *LKA Bayern* aaO.

22 Vgl. Rn. 791ff.

23 Regierungsamtmann der Regierung von Oberbayern Thomas *Hofstätter* führte anlässlich des 44. Verkehrsgerichtstages 2006 in Goslar aus: „Im Fahrerlaubnisrecht ist die Rechtsprechung sehr uneinheitlich. Hier werden oftmals nicht nur deutliche Unterschiede zwischen den einzelnen Bundesländern offensichtlich, sondern auch innerhalb derselben" (vgl. BA 2006, 114ff).

bleme aufzeigen und Grundlagen für einheitliche Lösungsansätze schaffen.[24] Es entspricht dem Stand der Rechtsprechung bis 1. Dezember 2006.

Aus Vereinfachungsgründen erfolgen die in dem Buch verwendeten Personenbezeichnungen[25] in maskuliner Form.

Für die Mitarbeit an diesem Buch danken wir Herrn Heinrich Haberl, München, Herrn Patrick Lehmann, Berlin sowie Herrn Andreas Stangl, München. Für die wertvollen Hinweise und Ratschläge danken wir auch Herrn Rechtsanwalt und Fachanwalt für Strafrecht Andreas Fischer, München.

Im Dezember 2006

Dachau — *Wolfgang Berr*
Burghausen — *Martin Krause*
München — *Dr. Hans Sachs*

24 Richter am Verwaltungsgericht Dietmar *Zwerger* führte dazu im Arbeitskreis III anlässlich des 44. Verkehrsgerichtstages 2006 in Goslar aus: „Angesichts der vielfältigen Auslegungsprobleme hat sich eine sehr differenzierte Rechtsprechung ergeben, die nur noch für Fachleute zu überblicken ist. Es zeigen sich auch Probleme bei der gleichmäßigen Rechtsanwendung“ (vgl. BA 2006, 105ff).

25 Richter, Rechtsanwalt, Betroffener etc.

Kapitel 1
Drogen im Straßenverkehrsrecht

I. Unterschiedliche Behandlung von Alkohol und anderen Drogen

Alkohol und Betäubungsmittel werden vom Gesetz **unterschiedlich behandelt**. 1

1. Verletzung des Gleichheitsgrundsatzes gem. Art. 3 Abs. 1 GG

Gemäß § 14 Abs. 1 S. 1 Nr. 2 FeV löst der Verdacht von Cannabiskonsum und nach der Vorschrift des § 14 Abs. 1 S. 2 FeV löst auch der Besitz von Cannabis behördliche Ermittlungen nach der Fahrerlaubnisverordnung aus. Das ist beim Besitz und Konsum von Alkohol anders. 2

Im Falle einer Alkoholfahrt wird eine medizinisch-psychologische Untersuchung im sog. Wiedererteilungsverfahren erst bei einem Blutalkoholgehalt von mehr als 1,6‰ bzw. nach zweimaliger Trunkenheitsfahrt[1] unter 1,6‰ binnen 10 Jahren angeordnet.[2] Der unter dem Einfluss[3] von illegalen Drogen stehende Verkehrsteilnehmer hat sich, unabhängig von der Höhe der gemessenen Drogenkonzentration, einer solchen Untersuchung zu unterziehen.[4] 3

Tatsache ist auch, dass ein Alkoholmissbrauch i.d.R. lediglich dann zur Ungeeignetheit zum Führen von Kraftfahrzeugen führt, wenn nachgewiesen ist, dass ein Verkehrsteilnehmer nicht zwischen dem Konsum von Alkohol und dem Führen eines Kraftfahrzeuges trennen kann,[5] während der bereits gelegentliche Konsum von Cannabis ohne Bezug zum Straßenverkehr nur dann keinerlei verwaltungsrechtliche Maßnahmen auslöst, wenn kein zusätzlicher Gebrauch von Alkohol stattfindet.[6] Raucht ein Betroffener daher Haschisch und trinkt er dazu eine Flasche Bier (Mischkonsum), wird er verwaltungsrechtlich schlechter gestellt als ein Alkoholiker. 4

Konsumiert ein Fahrerlaubnisinhaber z. B. einmalig eine „harte Droge", etwa eine Ecstasy-Tablette oder probiert er einmal Kokain, führt das, auch ohne zusätzlichen Gebrauch von 5

---

1 *VGH Bayern* vom 11.1.2006, Az. 11 Cs 2391/05; *VG München* vom 21.10.2005, Az. M 6a K 4949/04; *VG Stade* vom 22.9.2005, SVR 2006, 194f; *VG Augsburg* vom 27.11.2001, Az. 3 S 1522/01; auch mit einem Fahrrad, vgl. *VG Neustadt* vom 16.3.2006, SVR 2006, 314f.

2 § 46 Abs. 3 FeV i.V.m. § 13 Nr. 2 b) FeV, vgl. auch *Berr* DAR 1989, 194.

3 Vgl. zum Begriff Rn. 460ff.

4 Vgl. dazu auch *VG Minden* vom 6.5.2003, Az. 3 L 403/03.

5 *VGH Bayern* vom 12.4.2006, Az. 11 ZB 3395/05; *VGH Bayern* vom 4.4.2006, DAR 2006, 413f; *VGH Bayern* vom 4.1.2006, Az. 11 Cs 1878/05 bzw. Az. 11 Cs 1879/05; *VG München* vom 3.5.2004, Az. M 6b S 1499/04; auch bei 2,44‰: *VG Augsburg* vom 9.3.2005, DAR 2005, 711f; **a.M.** *VG Neustadt* vom 17.1.2005, Az. 4 L 2998/04, wenn ein Betroffener, auch ohne am Straßenverkehr teilgenommen zu haben, eine Blutalkoholkonzentration von 3‰ aufweist, da bei einer solchen BAK von einer Abhängigkeit ausgegangen werden muss; **a. M.** auch *VGH Baden-Württemberg* vom 22.1.2001, DAR 2001, 233, wenn eine Mutter mit ihrem Kleinkind zur Nachtzeit völlig alkoholisiert in einem Lokal angetroffen wird; s. dazu auch *Geiger* NZV 2005, 623ff; *Himmelreich* NZV 2005, 337ff (344) sowie *Himmelreich* DAR 2002, 60ff.

6 Vgl. Rn. 923.

Alkohol, i.d.R. zum verwaltungsrechtlichen Entzug der Fahrerlaubnis,[7] während bei Alkohol nicht zwischen Bier oder Wein und Spirituosen unterschieden wird.

6 Während bereits der Besitz einer kleineren Menge Cannabis in Zusammenhang mit dem Straßenverkehr verwaltungsrechtliche Maßnahmen auslösen kann und zumindest ein ärztliches Gutachten rechtfertigt,[8] darf ein anderer Fahrerlaubnisinhaber flaschenweise Schnaps und mehrere Kästen Bier erwerben oder in seinem Fahrzeug transportieren, ohne mit Sanktionen rechnen zu müssen.[9]

7 Schubert/Schneider/Eisenmenger/Stephan[10] führen aus, dass, anders als beim Alkoholkonsumenten, bei dem erst bei einer Alkoholabhängigkeit oder bei einem Alkoholmissbrauch die Anforderungen an das Führen eines Kraftfahrzeuges nicht mehr gegeben sind, bei einem Drogenkonsumenten jede Einnahme von Drogen als Ausschlusskriterium gewertet werden würde.

Auf Grund dieser unterschiedlichen Behandlung von Cannabis und Alkohol könnte es berechtigt sein, wenn Revisionsbegründungen und Verfassungsbeschwerden auf die **Verletzung des Gleichheitsgrundsatzes** nach Art. 3 Abs. 1 GG hinweisen:[11]

8 **Nach Ansicht des Bundesverfassungsgerichts**[12] gibt es aber **sachliche Gründe** für diese **unterschiedlichen Bewertungen**. Sie liegen in der unterschiedlichen Wirkungsweise und im unterschiedlichen Wissen über die Auswirkungen von Drogen im Straßenverkehr. Der Alkoholkonsum führt nicht ohne weiteres zu Rauschzuständen, seine berauschende Wirkung ist weithin bekannt und wird durch soziale Kontrolle häufig vermieden.

Demgegenüber werden nach Ansicht von Möller[13] illegale Drogen in erster Linie wegen einer Berauschungsabsicht konsumiert[14] und auch das BVerfG führt aus, dass Cannabisprodukte typischerweise wegen ihrer berauschenden Wirkung konsumiert werden.[15]

Daldrup/Meininger[16] führen aus, dass sich ein Betroffener, der Betäubungsmittel konsumiert, durch diesen Konsum der psychoaktiven Substanzen in einen bewusstseinsverändernden Zustand versetzen will.

Den Ausführungen ist jedoch hinzuzufügen, dass Alkohol auch gerade wegen seiner enthemmenden Wirkung bei gesellschaftlichen Anlässen konsumiert wird oder auf Grund seiner entspannenden Wirkung der Beruhigung dient und Cannabisprodukte nicht in allen Fällen wegen eines auslösenden Rauschzustandes konsumiert werden sondern auch der Sedierung, Entspannung und dem Stressabbau dienen können.[17]

---

7 Vgl. Rn. 989ff.

8 Vgl. Rn. 804ff.

9 *Bode* Berücksichtigung von Cannabiskonsum im Fahrerlaubnis-Verwaltungsrecht, S. 239.

10 *Schubert/Schneider/Eisenmenger/Stephan* Begutachtungs-Leitlinien zur Kraftfahrereignung, Kommentar, 1. Aufl., S. 108.

11 So etwa in dem Verfahren *BVerfG* vom 24.6.1993, DAR 1993, 427ff = BA 1993, 358ff; s. auch *Schöch* Straf- und verwaltungsrechtliche Aspekte des Fahrens unter Drogeneinfluß, S. 62.

12 Entscheidungen des Bundesverfassungsgerichts sind allgemeinverbindlich, vgl. § 31 BVerfGG.

13 Prof. Dr. Manfred *Möller*, Universität Homburg/Saar.

14 *Möller* Stellungnahme zur öffentlichen Anhörung zum Gesetzentwurf der Bundesregierung [Masch.-schr. vom 5.2.1997], Zusammenfassung.

15 Siehe dazu *Ziegert* Alkohol- und drogenauffällige Kraftfahrer aus der Sicht der Fahrerlaubnisverordnung, S. 7ff (21f).

16 *Daldrup/Meininger* Begutachtung der Fahruntüchtigkeit unter Cannabis im Strafverfahren, S. 195.

17 So *Berghaus* in dem Verfahren *BVerfG* vom 20.6.2002, DAR 2002, 405ff (407).

Das BVerfG[18] hat seine Rechtsmeinung im Jahre 2004 bestätigt und auch das VG Berlin[19] und der VGH Baden-Württemberg[20] beschäftigten sich ausführlich mit der Frage der bejahten **Verfassungsmäßigkeit.** **9**

Böllinger[21] spricht hingegen von der **Verfassungswidrigkeit** der Fahrerlaubnisverordnung.[22] **10**

Dencker[23] spricht von der Nichtigkeit der Fahrerlaubnisverordnung.[24]

Auch Hillmann[25] ist der Auffassung, dass die Bestimmung des § 14 FeV in der derzeitigen Fassung insgesamt verfassungswidrig sei.

Selbst das VG Berlin[26] hält in einer anderen Entscheidung Teile der Vorschrift des § 14 FeV für verfassungswidrig.

Auch das LG Lübeck[27] vertrat die Auffassung, dass der **Gleichheitsgrundsatz** verletzt sein könnte und legte deshalb ein Verfahren dem BVerfG zur Entscheidung vor.[28] **11**

Das **Bundesverfassungsgericht** befand jedoch schon im Jahre 1994,[29] dass es der Gleichheitsgrundsatz nicht gebiete, alle potenziell gleich schädlichen Drogen zu verbieten oder zuzulassen und die unterschiedlichen Regeln in Bezug auf Cannabis einerseits und Alkohol andererseits durch den Gesetzgeber **verfassungsgemäß** sind.[30]

Nach Ansicht des Gerichts verstößt es nicht gegen den Gleichheitsgrundsatz,[31] wenn der Gesetzgeber das Verbot des Führen eines Kraftfahrzeuges unter Alkoholgenuss gem. § 24a Abs. 1 StVG seit dem 01.04.2001 (bzw. 01.05.1998[32]) erst ab einer Blutalkoholkonzentration von 0,5‰ sanktioniert, während bei Drogen keine solche Grenze besteht.

Das **Bundesverfassungsgericht**[33] führt zu den Vorschriften des unerlaubten Erwerbs[34] und des unerlaubten Besitzes[35] von Cannabisprodukten aus, dass der Gesetzgeber dem verfas- **12**

---

18 Vom 21.12.2004, DAR 2005, 70ff = NZV 2005, 270ff = BA 2005, 156ff = NJW 2005, 349ff = SVR 2005, 77f sowie vom 29.6.2004, BA 2004, 460ff.

19 Vom 7.11.2002, Az. 11 A 747/02; **a.M.** *VG Berlin* vom 21.3.2000, NJW 2000, 2440ff (2442).

20 Vom 22.11.2004, BA 2006, 247ff.

21 Prof. Dr. Lorenz *Böllinger*, Universität Bremen.

22 *Böllinger* Drogenpraxis, Drogenrecht, Drogenpolitik, S. 535ff (544).

23 Prof. Dr. Friedrich *Dencker*, Universität Münster.

24 *Dencker* DAR 2004, 626ff (631).

25 *Hillmann* zfs 2004, 49ff (54).

26 Vom 21.3.2000, NJW 2000, 2440ff (2442).

27 Vom 19.12.1991, NJW 1992, 1571ff; vgl. auch *BVerfG* vom 24.6.1993, DAR 1993, 427ff = BA 1993, 358ff (365); *VGH Baden-Württemberg* vom 9.8.1995, VRS 88, 312ff (314); *OVG Nordrhein-Westfalen* vom 25.11.1994, VRS 91, 215ff (221).

28 Vgl. auch *Patzak/Marcus/Goldhausen* NStZ 2006, 259ff.

29 Am 9.3.1994, NJW 1994, 1577ff.

30 **a.M.** ausdrücklich *AG Bernau* am 12.7.2004, BA 2006, 45ff; vgl. auch *Patzak/Marcus/Goldhausen* NStZ 2006, 259ff (260).

31 So auch *BVerfG* vom 21.12.2004, DAR 2005, 70ff = NZV 2005, 270ff = BA 2005, 156ff = NJW 2005, 349ff = SVR 2005, 77f; *BVerfG* vom 29.6.2004, BA 2004, 460ff; *BVerfG* vom 9.3.1994, NJW 1994, 1577ff; *VGH Baden-Württemberg* vom 22.11.2004, BA 2006, 247ff; *BayObLG* vom 20.1.2003, NZV 2003, 252f; *OLG Zweibrücken* vom 3.5.2001, DAR 2002, 135f = BA 2002, 129f = NStZ 2002, 95f; *VG Berlin* vom 7.11.2002, Az. 11 A 747/02.

32 Die Vorschrift wurde 1998 geändert und es wurde die 0,5 Promille-Grenze eingeführt. Zunächst galten die 0,5 Promille-Grenze und die 0,8 Promille-Grenze nebeneinander mit unterschiedlichen Bußgeldern und Rechtsfolgen. Seit dem Jahr 2001 gibt es die 0,8 Promille-Grenze überhaupt nicht mehr.

33 Am 9.3.1994, NJW 1994, 1577ff (1582f) und am 29.6.2004, BA 2004, 460ff.

34 § 29 Abs. 1 S. 1 Nr. 1 BtMG.

35 § 29 Abs. 1 S. 1 Nr. 3 BtMG; s. dazu auch *Kotz/Rahlf* NStZ-RR 2005, 193ff (195).

sungsrechtlichen **Übermaßverbot** genügt, weil er es den Strafverfolgungsorganen ermöglicht, einem geringen individuellen Unrechts- und Schuldgehalt der Tat im Einzelfall durch das Absehen von Strafverfolgung oder Strafe angemessen Rechnung zu tragen. Hierzu zählen insbesondere die Vorschriften des § 29 Abs. 5 BtMG[36] und des § 31a Abs. 1 BtMG:[37]

Hat das Verfahren ein Vergehen nach § 29 Abs. 1, 2 oder 4 BtMG zum Gegenstand, so kann die Staatsanwaltschaft von der Verfolgung absehen, wenn die Schuld eines Betroffenen als gering anzusehen wäre, kein öffentliches Interesse an der Strafverfolgung besteht und dieser die Betäubungsmittel lediglich zum Eigenverbrauch in geringer Menge anbaut, herstellt, einführt, ausführt, durchführt, erwirbt, sich in sonstiger Weise verschafft oder besitzt.

Das Bundesverfassungsgericht geht allerdings nicht darauf ein, dass auch die Fahrerlaubnisbehörde auf einen Fahrerlaubnisinhaber zukommen wird und das Verwaltungsgericht die Fahrerlaubnis ggf. sogar entziehen kann, so dass nach wie vor Zweifel an der Verletzung des Gleichheitsgrundsatzes nach Art. 3 Abs. 1 GG bestehen können.[38]

13 Bei dieser Diskussion darf aber auch nicht übersehen werden, dass der forensisch gesicherte Nachweis einer Fahruntüchtigkeit nach Betäubungsmittelkonsum oft nur schwer zu erbringen und meist von der Einschätzung des jeweiligen medizinischen Sachverständigen des Institut für Rechtsmedizin in der Hauptverhandlung auf Grund der Zeugenaussage des Polizeibeamten und den Vermerken des ärztlichen Befundes zur Fahrtüchtigkeit abhängig ist. Wenn daher in der Literatur auf eine „Ungerechtigkeit“ zwischen der Behandlung von Alkoholfahrten und einer solchen von Drogenfahrten hingewiesen wird, muss auch erwähnt werden, dass Konsumenten illegaler Drogen im Straßenverkehrsrecht tatsächlich auch strafrechtlich besser gestellt sein können[39] als Alkoholkonsumenten, die mit 1,1‰ und mehr ein Kraftfahrzeug führten, da es für Betäubungsmittel keine Grenzwerte für eine Verurteilung nach § 316 Abs. 1 StGB gibt.

2. Legale und illegale Drogen

14 Das **Gesetz über den Verkehr mit Betäubungsmitteln** enthält in seinen drei Anlagen zu § 1 Abs. 1 BtMG eine Vielzahl von aufgeführten „Drogen“ und Substanzen, die auf das Führen eines Fahrzeuges Einfluss nehmen können. Es löste im Jahre 1972 das bis dahin geltende Opiumgesetz ab und regelt im Zusammenhang mit Drogen auftretende rechtliche Fragen, wobei es auch festgelegt, was als Drogen nach dem Gesetz zu gelten hat.

Das Gesetz über den Verkehr mit Betäubungsmitteln[40] i.d.F. der Bekanntmachung vom 01.03.1994 wurde u. a. durch eine Änderung des Grundstoffüberwachungsgesetzes am 26.06.2002 geändert. Dieses **Grundstoffüberwachungsgesetz** befasst sich u. a. mit allen Substanzen, die selber noch keine Betäubungsmittel sind, aus denen aber sehr leicht solche herzustellen sind.

36 Das Gericht kann von einer Bestrafung nach den Absätzen 1, 2 und 4 absehen, wenn der Täter die Betäubungsmittel lediglich zum Eigenverbrauch in geringer Menge anbaut, herstellt, einführt, ausführt, durchführt, erwirbt, sich in sonstiger Weise verschafft oder besitzt.

37 Von der Verfolgung soll abgesehen werden, wenn der Täter in einem Drogenkonsumraum Betäubungsmittel lediglich zum Eigenverbrauch, der nach § 10a geduldet werden kann, in geringer Menge besitzt, ohne zugleich im Besitz einer schriftlichen Erlaubnis für den Erwerb zu sein.

38 Vgl. auch Rn. 472 und Rn. 1092.

39 Siehe auch *Aderjan/Herbold* Qualitätskontrolle für quantitative Analysen von Betäubungsmitteln im Blut, S. 7.

40 Sog. Betäubungsmittelgesetz.

Tetrahydrocannabinol ist in den Anlagen I und II zu § 1 Abs. 1 BtMG als nicht verkehrsfähiges bzw. als verkehrsfähiges, aber nicht verschreibungsfähiges Betäubungsmittel aufgeführt.

Das Wort „Drogen" ist die ursprüngliche Bezeichnung für getrocknete Arzneipflanzen oder deren Teile, die direkt oder in verschiedenen Zubereitungen als Heilmittel verwendet werden.[41] Bei einer „Droge" handelt es sich somit um eine Substanz mit physischer (körperlicher) Wirkung, etwa auf den Metabolismus (Stoffwechsel) oder mit Wirkung auf die Psyche. **15**

Auch erlaubte und gesellschaftlich anerkannte Suchtgifte wie **Alkohol**, **Weckamine (Aufputschmittel), Tranquilizer (Beruhigungsmittel)** oder **Medikamente** müssen demnach unter den Begriff „Drogen" subsumiert werden. Daran ändert auch die Rechtsmeinung des OVG Rheinland-Pfalz[42] nichts, wonach Alkohol kein Rausch- sondern ein „Genussmittel" sei.[43] Nicht anders verhält es sich mit Tabak, an dessen Legalität genauso wenig Zweifel bestehen wie an dessen hieraus i.d.R. folgenden Nikotinabhängigkeit und selbst Kaffee wirkt auf das Zentralnervensystem anregend.

Gleichwohl sind diese Drogen bekanntermaßen nicht im Gesetz über den Verkehr mit Betäubungsmitteln genannt sondern völlig legal.

Dies wirft nicht nur erneut Fragen nach der Verletzung von Art. 3 Abs. 1 GG auf,[44] sondern die Illegalität von Cannabisprodukten könnte zudem auch gegen die **allgemeine Handlungsfreiheit** nach Art. 2 Abs. 1 GG verstoßen.[45]

Dass Alkohol als legale Droge abhängig und „süchtig" machen kann ist unbestritten. Trotzdem gehört der Konsum von Bier zum kulturellen Alltag. Bayerische Politiker, auch der bayerische Ministerpräsident, lassen sich gerne mit einem Maßkrug Bier in der Hand fotografieren und der Verkauf an Personen über 16 Jahre ist gestattet.[46] Wird aber Cannabis konsumiert oder verkauft, führt das nicht selten zu Freiheitsstrafen.[47] **16**

Alkohol verursacht jedoch gesamtgesellschaftliche und auch im Einzelfall nicht selten gefährlichere Auswirkungen als manches verbotene Suchtgift. So ist der von Cannabis psychisch Abhängige durchaus in der Lage seiner Arbeit nachzugehen, während der körperlich abhängige Alkoholiker nicht mehr imstande ist seinen Arbeitsplatz zu halten, mit erheblichen gesellschaftlichen Folgen.[48] **17**

In Maßen stellt Alkohol oder eine Zigarre ganz sicher auch ein „Genussmittel" dar. Das ließe dann aber auch die Überlegung zu, ob auch Haschisch oder Marihuana in Maßen ein solches „Genussmittel" sein kann, insbesondere wenn man rechtlich würdigt, dass gem. § 316 Abs. 1 StGB unter „**andere berauschende Mittel**" solche zu verstehen sind, die in ihren **18**

---

41 Pschyrembel S. 386.

42 Vom 13.1.2004, DAR 2004, 413f = BA 2004, 293f.

43 **A.M.** *VGH Bayern* vom 20.6.2005, Az. 11 Cs 43/05 (beide Rauschmittel...); *Köhler* Rauschdrogen und andere psychotrope Substanzen; Formen, Wirkungen, Wirkmechanismen, S. 13ff; vgl. dazu auch Rn. 139.

44 Alle Menschen sind vor dem Gesetz gleich.

45 Jeder hat das Recht auf die freie Entfaltung seiner Persönlichkeit, soweit er nicht die Rechte anderer verletzt und nicht gegen die verfassungsmäßige Ordnung oder das Sittengesetz verstößt.

46 Vgl. § 9 Abs. 1 S. 2 JuSchG und Art. 2 des Gesetzes zur Verbesserung des Schutzes junger Menschen vor Gefahren des Alkohol- und Tabakkonsums vom 23.7.2004, BGBl. 2004, Teil I., Nr. 39.

47 *Grahammer* Die Legalisierung von Cannabis [Masch.-schr.].

48 Belastung der Sozialkassen in allen Bereichen (Arbeitslosengeld, „Sozialhilfe", Krankenkasse); s. dazu auch *Salger* DAR 1994, 433ff (433).

Auswirkungen denen des Alkohols vergleichbar sind – und die unbestritten zur Beeinträchtigung des Hemmungsvermögens sowie der intellektuellen und motorischen Fähigkeiten führen können.[49]

19 Spricht man von Cannabis, wird dieses jedoch i.d.R. mit anderen illegalen Drogen nach dem Gesetz über den Verkehr mit Betäubungsmitteln verglichen. Selten wird hingegen ein Vergleich mit Tabak, Medikamenten oder Alkohol gezogen.

20 Die gelegentlich aufkommende Kritik an der Illegalität von Cannabis findet seine Stütze vor allem auch dann, wenn man bedenkt, dass die Zahl der Verkehrsunfälle unter der Einwirkung von Alkohol bedeutend höher ist als die unter der Einwirkung von Drogenwirkstoffen, zumal illegale Rauschmittel auch teurer sind, was bei geringem Einkommen eine zusätzliche **Beschaffungskriminalität** verursacht.

Das Bundeskriminalamt verzeichnete im Jahr 2005 für Deutschland insgesamt 2.205 Delikte der direkten Beschaffungskriminalität bei Rauschgiftdelikten[50] (Jahr 2004: 2206 Fälle[51]).

21 Gleichwohl stellte das **Bundesverfassungsgericht**[52] fest, dass es der Gleichheitsgrundsatz nicht gebiete, alle potentiell gleich schädlichen Drogen zu verbieten oder zuzulassen und der Gesetzgeber den Umgang mit Cannabisprodukten einerseits und den Umgang mit Alkohol und Nikotin andererseits unterschiedlich regeln konnte, ohne damit gegen das Grundgesetz zu verstoßen.

II. Betäubungsmittel in der juristischen Praxis

1. Die „weiche" Droge Cannabis

22 In der Regel wird zwischen sogenannten „**weichen Drogen**" und sogenannten „**harten Drogen**" unterschieden. Das deutsche BtMG kennt diese Differenzierung allerdings nicht,[53] sondern lediglich eine Unterscheidung zwischen nicht verkehrsfähigen Betäubungsmitteln (Anlage I zu § 1 Abs. 1 BtMG), verkehrsfähigen aber nicht verschreibungsfähige Betäubungsmittel (Anlage II zu § 1 Abs. 1 BtMG) und verkehrsfähigen und verschreibungsfähigen Betäubungsmitteln (Anlage III zu § 1 Abs. 1 BtMG), wobei sowohl Cannabis, als auch Ecstasy oder Kokain in den Anlagen I und II zu § 1 Abs. 1 BtMG als nicht verkehrsfähige bzw. als verkehrsfähige, aber nicht verschreibungsfähige Betäubungsmittel aufgeführt sind.

Deshalb ist fraglich, ob die Verharmlosung[54] von Cannabis als „weiche Droge" im Straßenverkehrsrecht überhaupt berechtigt ist.

49 Vgl. Rn. 98.

50 *Bundeskriminalamt* Polizeiliche Kriminalstatistik, Berichtsjahr 2005, S. 39.

51 *Bundeskriminalamt* Polizeiliche Kriminalstatistik, Berichtsjahr 2004, S. 223.

52 Vom 9.3.1994, NJW 1994, 1577ff.

53 *Geschwinde* Rauschdrogen, Marktformen und Wirkungsweisen, Rn. 107; *Salger* DAR 1994, 433ff (434).

54 Zur Verharmlosung von Cannabis s. auch *Leurs/Meyer/Neumann/Schmidt/Ulrich* Ein Joint für die große Pause, S. 70ff (76); *Patzak/Marcus/Goldhausen* NStZ 2006, 259ff.

Cannabis hat seinen Ursprung in der **Hanfpflanze**. Hier kann unterschieden werden[55] zwischen dem einjährigen Faserhanf,[56] dem indischen Hanf[57] und dem eher seltenen Cannabis ruderalis (Janischewsky).[58] Der **Wirkstoff** der Cannabispflanze ist hauptsächlich **Tetrahydrocannabinol**.[59] Hauptverantwortlich für die psychoaktive Wirkung von Cannabisprodukten ist u. a. das Delta-9-Tetrahydrocannabinol (**THC**).[60] **23**

Die getrockneten Blütenblätter und Zweigspitzen (Cannabiskraut) werden als **Marihuana** **24**
bezeichnet und geraucht oder als Tee gekocht.

Das aus den (weiblichen) Blüten gewonnene getrocknete Harz (Cannabisharz) bezeichnet man als **Haschisch**. Es wird i.d.R. mit Tabak vermischt und geraucht, kann aber auch oral konsumiert werden.

Der Gesetzgeber[61] ist der Ansicht, dass **typischer Rauschverlauf** bei Cannabis zu Euphorie, **25**
Antriebsminderung, Konzentrationsstörungen, Wahrnehmungsstörungen, Denkstörungen, Änderung des Zeiterlebens, leichter Ablenkbarkeit und Einbußen von psychomotorischen Fähigkeiten führt.[62]

Die **Folgen und Auswirkungen** von Cannabiskonsum sind von vielen verschiedenen Ein- **26**
flussfaktoren abhängig.[63] Dies erklärt, warum der Gesetzgeber von „**typischem" Rauschverlauf** spricht.[64] Wer Cannabis raucht, fühlt sich nach Beschreibungen in der Literatur

55 Vor der Einführung des Anbaus in Gewächshäusern konnte man die Qualität des Haschischs je nach Herkunftsland beurteilen: „Grüner Türke": THC-Wirkstoffgehalt 4 %, vgl. *Joachimski* Grundzüge des Betäubungsmittelrechts; THC-Wirkstoffgehalt 5 %, vgl. *Wager/Kallin/Kruse* Betäubungsmittelstrafrecht, Rn. 21. „Roter Liban": THC-Wirkstoffgehalt 8-12 %. „Schwarzer Afghane": THC-Wirkstoffgehalt ca. 20 % (auch Sinsemilla); THC-Wirkstoffgehalt bis zu 30 %, vgl. *Möller* § 3 Medikamente und Drogen – verkehrsmedizinisch-toxikologische Gesichtspunkte, Rn. 69 sowie *Geschwinde* Rauschdrogen, Marktformen und Wirkungsweisen, Rn. 219.

56 Cannabis sativa (Linneaus).

57 Cannabis sativa Varia Indica (Lamarck).

58 *Stafford* Cannabis; Haschisch & Marihuana, S. 8.

59 Inhaltsstoffe aber u. a. auch Cannabinol (CBN) und Cannabidiol (CBD), vgl. Rn. 421.

60 Vgl. zum **Wirkstoffgehalt** Rn. 820ff.

61 Vgl. *Hentschel* Straßenverkehrsrecht, § 24a StVG Rn. 4.

62 Cannabis ist die meist verbreitete illegale Droge. Sie wird überwiegend von Jugendlichen und jungen Erwachsenen konsumiert (vgl. zum **Jugendstrafrecht** Rn. 354). Cirka 10 % der 16-Jährigen Deutschen konsumieren „häufiger" oder „häufig" Cannabis. Im Jahr 2005 wurden vom Bundeskriminalamt 124.170 sogenannte „Konsumenten-Delikte Cannabis" erfasst, vgl. *Bundeskriminalamt* Polizeiliche Kriminalstatistik, Berichtsjahr 2005, S. 62. Mehr als 120.000 Jugendliche und junge Erwachsene wurden also auf Grund ihres Cannabis-Konsums zur Anzeige gebracht (andere Betäubungsmittel 10.574 Fälle). Im Jahre 2004 erfasste das BKA sogar 131.587 Cannabisdelikte nach § 29 BtMG, vgl. *Bundeskriminalamt* Polizeiliche Kriminalstatistik, Berichtsjahr 2004, S. 223. Daher kommt dem Konsum von Cannabis im Straßenverkehrsrecht auch eine besondere Beachtung zu.

63 Vgl. Rn. 176 und Rn. 524.

64 Siehe dazu auch *Himmelreich* DAR 2002, 26ff (27).

„leicht". Farben, Musik und räumliche Tiefe werden intensiver wahrgenommen.[65] Die typische Wirkung von Cannabis wird mit beruhigend und entspannend aber auch mit stimmungsbelebend[66] beschrieben, wobei Cannabisprodukte auch müde machen können.

27 Weitere **typische Auswirkungen** sind eine Veränderungen der Sinneswahrnehmung,[67] Veränderung des Farb- und Geräuschempfindens und Veränderung des Raum- und Zeitgefühls. Das Zeitgefühl verlangsamt sich.[68] Auch verminderte Leistungsfähigkeit kann die Folge sein.[69] Der Konsum von Cannabis kann zu einer erhöhten Risikobereitschaft, zu einer verlängerten Reaktionszeit oder zu einer Fehleinschätzung von Entfernung und Geschwindigkeit führen.

28 Ein **Einfluss auf das Zentralnervensystem** tritt zwischen 5 Minuten[70] und 30 Minuten[71] (Maximum nach 15 Minuten[72]) nach dem **Rauchen** von Cannabisprodukten ein, während bei der **oralen Aufnahme** von Tetrahydrocannabinol durch Plätzchen oder Kuchen erst verzögert[73] mit Effekten zu rechnen ist.

29 Tetrahydrocannabinol kann auch zu einer **atypischen Rauschwirkung** und bei sehr hohen Dosierungen sogar zu psychoseähnlichen Folgen[74] führen.[75]

---

65 Früher wurde in der Literatur (*Berghaus/Krüger* Cannabis im Straßenverkehr, S. 208; *Bode* DAR 2002, 24ff (25); *Geiger* DAR 2001, 488ff (490); *Geschwinde* Rauschdrogen, Marktformen und Wirkungsweisen, Rn. 159; *Kannheiser* NZV 2000, 58ff (62f/68); *Kauert* Öffentliche Anhörung zum Gesetzentwurf der Bundesregierung zur Änderung des Straßenverkehrsgesetzes Drs. 13/3764 Drogen im Straßenverkehr [Masch.-schr. vom 20.1.1997], S. 5; *Köhler* Rauschdrogen und andere psychotrope Substanzen; Formen, Wirkungen, Wirkmechanismen, S. 144; *Krausz/Meyer-Tompson* Cannabis – Wirkmechanismen und Risikopotentiale, S. 46; *Kreuzer* Rechtspolitische Aspekte und straßenverkehrsrechtliche Relevanz des Cannabiskonsums, S. 206; *Salger* DAR 1994, 433ff (435); *Salger/Maatz* NZV 1993, 329ff (330); *Seidl/Schwarze/Betz* § 64 Rechts- und Verkehrsmedizin, Rn. 71; *Weigel* DAR 2000, 231f) und Rechtsprechung (*BVerfG* vom 24.6.1993, DAR 1993, 427ff = BA 1993, 358ff; *VGH Bayern* vom 12.5.1997, DAR 1997, 364ff) kontrovers diskutiert, ob der Konsum von Tetrahydrocannabinol möglicherweise auch zu „**Flashbacks**" führen kann. Darunter versteht man das Wiedererleben von Eindrücken vorangegangenen Konsums im drogenfreien Zustand („Echorausch"), vgl. *Köhler* Rauschdrogen und andere psychotrope Substanzen; Formen, Wirkungen, Wirkmechanismen, S. 144. Diese rauschähnlichen Zustände, die noch lange nach dem Konsum vorkommen können, sollen besonders in Stresssituationen auftreten. Sie werden aber nach dem Konsum von Cannabis praktisch nicht mehr beobachtet.

66 Tetrahydrocannabinol besitzt auch eine stimmungsanregende Wirkung, was gelegentlich zu unangemessenem Grinsen und unbegründetem Lachen führt.

67 Siehe dazu genauer *Püschel/Iwersen-Bergmann* Drogen – ihre Wirkungen, Nebenwirkungen, Wechselwirkungen, S. 59.

68 Siehe auch *Deutscher Bundestag* Drucksache 13/3764 vom 8.2.1996, S. 5.

69 Siehe dazu auch *Staak* Möglichkeiten der Entsprechung rechtlicher Anforderungen aus der Sicht der Medizin, S. 22.

70 *BVerfG* vom 9.3.1994, NJW 1994, 1577ff (1580).

71 *Eberth/Müller* Verteidigung in Betäubungsmittelsachen, Rn. 4; *Endriß/Malek* Betäubungsmittelstrafrecht, Rn. 31.

72 *Geschwinde* Rauschdrogen, Marktformen und Wirkungsweisen, Rn. 113; *Wirth/Swoboda* zfs 2004, 54ff (57).

73 Vgl. Rn. 436.

74 *Schubert/Schneider/Eisenmenger/Stephan* Begutachtungs-Leitlinien zur Kraftfahrereignung, Kommentar, 2. Aufl., S. 171; *Patzak/Marcus/Goldhausen* NStZ 2006, 259ff (263).

75 Untersuchungen zur Wirkung von Cannabis auf das Fahrverhalten fanden bisher weitestgehend unter isolierten Laborbedingungen in Fahrsimulatoren statt und lassen daher kaum Rückschlüsse auf das konkrete Fahrverhalten im Straßenverkehr zu. Die inhalierte Menge an THC müsste ermittelt werden. Anhand des ermittelten Wertes an Mikrogramm THC pro kg Körpergewicht können Studien weitere Aufschlüsse geben, s. dazu auch *Kauert* Öffentliche Anhörung zum Gesetzentwurf der Bundesregierung zur Änderung des Straßenverkehrsgesetzes Drs 13/3764 Drogen im Straßen-

Auch sog. „**Hangover-Effekte**“,[76] eine Bezeichnung für unangenehme Rest- und Nebenwirkungen von Arzneimitteln wie Müdigkeit und Zustände ähnlich wie nach einem Alkoholexzess („Kater“),[77] können die Folge von vergangenem Cannabiskonsum sein.[78] **30**

Bei **zusätzlichem Alkoholkonsum** werden die Wirkungen verstärkt und es kann zu Sprachstörungen, Gangstörungen und verlangsamten Denkabläufen, somit also auch zu – für den Straßenverkehr relevanten – verminderten Reaktionen kommen. **31**

Der **regelmäßige** Cannabiskonsum[79] führt zu Leistungseinschränkungen, zur Beeinträchtigung der Aufmerksamkeit[80] und beeinflusst das Kurzzeitgedächtnis.[81] **32**

Körperliche Symptome **nach häufigem Gebrauch** sind unter anderem Bindehautentzündung, asthmaähnliche Beschwerden (Bronchitis Asthmoide) aber auch unkontrollierte, unkoordinierte Bewegungen wie Zittern an Händen und Füßen (Ataxie/Tremor) bis hin zum Persönlichkeitsverfall (Amotivationales Syndrom/AMS). Nach Ansicht der Deutschen Hauptstelle für Suchtfragen sind körperliche Auswirkungen des Cannabiskonsums jedoch relativ selten und meist nicht stark ausgeprägt.[82] Cannabis hat zudem eine gebärmutterkontrahierende Wirkung (Folge: Frühgeburt) und einen hohen Anteil am Teer im Cannabisrauch (Folge: Krebs in Mundhöhle, Rachen, Kehlkopf und Lunge). **33**

Eine detaillierte **Beschreibung der Langzeitwirkungen** und daraus resultierender Gefahren kann einem Gutachten für den VGH Bayern[83] entnommen werden.[84] Auch an einer zumindest **mäßigen psychischen Abhängigkeit** von Cannabis nach länger andauerndem Konsum bestehen keine Zweifel.[85] **34**

Dass Cannabis entgegen gelegentlicher Meinung „völlig ungefährlich“ wäre oder keinerlei Einfluss auf die Fahrtüchtigkeit und Fahrsicherheit hätte, ist nach dem o. g. widerlegt.[86] **35**
Dass ein akuter Cannabisrausch die Fahrtüchtigkeit beeinträchtigt, etwa die Wahrnehmungs- und Konzentrationsfähigkeit, entspricht gesicherter wissenschaftlicher Erkenntnis.[87]

---

verkehr [Masch.-schr. vom 20.1.1997], S. 6; *Robbe* Influence of Marijuana on Driving, [Diss.]. Obwohl Experimente mit Betäubungsmitteln ethisch bedenklich sind (vgl. *Schöch* Straf-, verwaltungs- und zivilrechtliche Aspekte des Fahrens unter Cannabiseinfluß, S. 219) weist *Möller* Drogen und Straßenverkehr [Masch.-schr. 55. Deutscher Anwaltstag], S. 10 darauf hin, dass solche Untersuchungen durch die Polizeiführungsakademie und dem Bund gegen Alkohol und Drogen im Straßenverkehr geplant sind.

76 *Schubert/Schneider/Eisenmenger/Stephan* Begutachtungs-Leitlinien zur Kraftfahrereignung, Kommentar, 2. Aufl., S. 172.

77 Siehe *Köhler* Rauschdrogen und andere psychotrope Substanzen; Formen, Wirkungen, Wirkmechanismen, S. 167.

78 Reagierte ein Fahrzeugführer nach Aussage der Polizeibeamten anlässlich einer Verkehrskontrolle „sehr schläfrig“ oder „zögerlich“, so ist die Ursache dafür nicht zwingend auf den Konsum von Cannabis zurückzuführen, vgl. auch Rn. 229f.

79 Vgl. dazu auch Rn. 786.

80 *Kannheiser* NZV 2000, 58ff (59).

81 *VGH Baden-Württemberg* vom 4.7.2003, DAR 2004, 113ff = BA 2004, 285ff.

82 *Deutsche Hauptstelle für Suchtfragen* Die Sucht und ihre Stoffe, Nr. 6.

83 Vom 29.6.1999, DAR 2000, 228ff.

84 Vgl. auch *Patzak/Marcus/Goldhausen* NStZ 2006, 259ff.

85 Vgl. auch Rn. 1233.

86 Vgl. auch *Türk* BA 2006, 286f.

87 *BVerfG* vom 9.3.1994, NJW 1994, 1577ff (1581); *VGH Baden-Württemberg* vom 10.5.2004, DAR 2004, 604ff = NZV 2005, 214f = BA 2005, 189ff = SVR 2004, 397f; *OVG Saarland* vom 7.1.1999, DAR 1999, 137.

36 Die Bezeichnung von Cannabis als „weiche Droge" kann im Straßenverkehrsrecht daher allenfalls mit einem im Vergleich zu Ecstasy oder Kokain geringeren Abhängigkeitspotential begründet werden.[88]

2. Die „harten" Drogen

37 Nach Ansicht der überwiegenden Rechtsprechung handelt es sich nur bei Cannabis um eine „weiche Droge". Alle anderen Betäubungsmittel wie Ecstasy, Kokain, Opiate usw. werden unter den Begriff der „**harten Drogen**" subsumiert.[89]

Auch hier stellt sich die Frage, ob eine entsprechende Differenzierung in Bezug auf die Sicherheit des Straßenverkehrs überhaupt berechtigt ist.

a) Amphetamine

38 Unter Amphetaminen versteht man eine Gruppe von psychoaktiven Substanzen, deren Wirkung in erster Linie **stimulierend** und **aufputschend** ist, zudem aber auch halluzinogen sein kann. Amphetamine enthalten Lysergid, Psilocin und Meskalin. Amphetamine leiten sich, wie auch andere Psychostimulanzen, **chemisch** von einer sogenannten Muttersubstanz, dem Phenylethylamin, ab und sind in der Struktur den körpereigenen Substanzen Adrenalin[90] und Noradrenalin ähnlich aufgebaut. Amphetamine bewirken, dass im Zentralnervensystem[91] bestimmte Neurotransmitter wie Noradrenalin, Dopamin oder Serotonin freigesetzt und in ihrer Wirkung verstärkt werden. Als indirekt wirkende Sympathomimetika haben sie die **Anregung von Herz, Kreislauf und Atmung** zur Folge.

39 Die **Halbwertszeit**[92] der Ausscheidung von Amphetaminen aus dem Körper beträgt etwa 6 bis 32 Stunden. Dementsprechend ist **Schlafen** i.d.R. noch Stunden nach der Substanzeinnahme ausgeschlossen.

40 Amphetamine können als **Tablette** oder in **Pulverform** geschluckt, geraucht oder dem Organismus nasal und durch intravenöse Injektion zugeführt werden.

Der Wirkstoff wird nach der oralen Aufnahme durch den Magen-Darm-Trakt rasch im Körper verteilt und überwindet die „Blut-Hirn-Schranke" ausgesprochen gut. Bei oraler Einnahme treten die Wirkungen nach ca. 30 Minuten ein, bei der Aufnahme durch die Nase oder einer Injektion bereits nach einigen Minuten. Auch bei pulmonaler Aufnahme, also dem Konsum über die Lunge, wird der Magen-Darm-Trakt umgangen, so dass die Wirkung ebenfalls schneller eintritt.

---

88 Vgl. auch *Patzak/Marcus/Goldhausen* NStZ 2006, 259ff (266).

89 *Polizeipräsidium München* Rauschfrei im Verkehr, Informationsbroschüre Drogen, Medikamente, Alkohol.

90 Auch Epinephrin genannt, ein Hormon, das zur Gruppe der Katecholamine gehört.

91 Genauer gesagt in Teilsystem des Sympathikus.

92 Im Plasma diejenige Zeit, in der die Konzentration eines parenteral verabreichter Arzneistoffes oder ein Hormon auf die Hälfte absinkt. *Schubert/Schneider/Eisenmenger/Stephan* Begutachtungs-Leitlinien zur Kraftfahrereignung, Kommentar, 2. Aufl., S. 178 führen aus: „Die Zeit, in der eine Konzentration jeweils auf die Hälfte des Ausgangswertes gefallen ist"; *Maatz* Rechtliche Anforderungen an medizinische Befunde zur Beurteilung der Fahrtüchtigkeit bei Fahrten unter Drogeneinfluss, S. 15 führt aus: „Zeit, die der Organismus braucht, um die Hälfte der im Blut vorhandenen Wirkstoffe abzubauen oder auszuscheiden".

Die vielfältigen körperlichen und psychischen Wirkungen der Amphetamine lassen diese zu „Allzweckwaffen" im stressreichen Arbeitsalltag werden. Durch chemische Hilfe lassen sich etwa Belastungen und Frustrationen leichter bewältigen. In einer Gesellschaft, die Leistung und Erfolg über alles stellt, liegt der Griff zu solchen „Aufputschmitteln" nahe. Der Amphetamingebrauch bei gestressten Berufsleuten, überforderten Eltern und siegeshungrigen Sportlern sind dafür klare Beispiele. **41**

Amphetamin wurde **ursprünglich als Medikament**,[93] unter anderem als Narkosehemmer, Kreislaufverstärker und Asthmaheilmittel entwickelt. Amphetamine als Psychopharmaka einzusetzen, etwa zur Behandlung von Epilepsie, Neurosen oder Depressionen, gilt jedoch als nicht mehr zeitgemäß. **42**

Stimulanzien werden auch bei Kindern mit Aufmerksamkeitsdefizit und Hyperaktivität (hyperkinetisches Syndrom/ADHS)[94] eingesetzt. Medikamentengegner halten den Einsatz von Amphetaminpräparaten bei ADHS jedoch für fragwürdig.

Auch Narkolepsie, eine seltene Krankheit, bei der die Betroffenen von kurzen Schlafanfällen betroffen werden, wird u. a. mit Amphetamin behandelt.

Auch die **Gewichtsregulierung** durch amphetaminhaltige Appetitzügler sind Folgen fragwürdiger Verhaltensmodelle der modernen Gesellschaft, wie sie in der Werbung oder in den Medien propagiert werden. Die Einnahme von Amphetaminen als chemischer Appetitzügler,[95] hat eine lange Tradition. Die Tatsache, dass die Funktion des Magen- und Darmtraktes gedämpft und damit Hungergefühle unterdrückt werden, hat die Hoffnung auf ein leichtes Abnehmen wachsen lassen. Tatsächlich zeigt sich jedoch, dass allein mit Hilfe von Amphetaminen langfristig wohl niemand erfolgreich und dauerhaft abnehmen kann. **43**

Die Gewichtsregulierung durch Amphetamine kann darüber hinaus bedrohliche körperliche Nebenwirkungen wie **Blutdruckschwankungen** oder **Lungenhochdruck** haben.

Amphetamine aktivieren das Herz-Kreislaufsystem. Bereits bei geringem Konsum steigern sich der Puls und die Herzfrequenz, was zu Herzrasen, Bluthochdruck, Kollapszuständen und Schlaganfällen führen kann. Als potenziell **tödliche Einzeldosis** gelten 100 mg oral geschluckt. Ist ein Konsument nicht an Amphetamin gewöhnt, kann dieser schon mit weniger in Lebensgefahr geraten. Plötzliche Todesfälle bei Sportlern werden oft dem Amphetamingebrauch zu Dopingzwecken zugeschrieben. **44**

Bei der gleichzeitigen Einnahme von Amphetaminen und Medikamenten die auf das Zentralnervensystem wirken, beispielsweise Antidepressiva, kann es zu lebensgefährlichen Situationen kommen.

Das größte Risiko beim länger dauernden Amphetamingebrauch ist zweifelsohne die Entwicklung einer rein **psychischen**[96] **Abhängigkeit**.[97] Eine Gewöhnung an Amphetamine setzt relativ schnell und ein bis vier Wochen nach dem Konsum ein. Die dabei entstehende Toleranz hinsichtlich der Drogenwirkung führt unausweichlich zu Dosissteigerungen. **45**

Beim Absetzen der Amphetamine kommt es zu Entzugserscheinungen, die sich in Form von **Mundtrockenheit**, Schlaflosigkeit, Unruhe, aber auch in Form psychischer Symptome wie **Stimmungsschwankungen** oder Angststörungen zeigen.

---

93 Methamphetamin (früher Medizin Pervitin®, vgl. dazu auch *Müller* SVR 2006, 81ff), Fenetyllin (Medizin Captagon®) und Methylphenidat (Medizin Ritalin®); s. dazu auch *Püschel/Iwersen-Bergmann* Drogen – ihre Wirkungen, Nebenwirkungen, Wechselwirkungen, S. 71f.

94 Siehe dazu auch *Nick* DAR 2003, 82f.

95 Siehe dazu auch *Nick* DAR 2003, 82f.

96 *Püschel/Iwersen-Bergmann* Drogen – ihre Wirkungen, Nebenwirkungen, Wechselwirkungen, S. 75.

97 Vgl. auch Rn. 1243.

46 Amphetamine können somit zwar kurzfristig die **Konzentrations- und Leistungsfähigkeit** erhöhen, doch sie können bereits bei mehrfachem Gebrauch gefährliche Nebenwirkungen nach sich ziehen.

aa) Ecstasy (MDMA[98])

47 Die wohl bekannteste **synthetische** Droge ist das mit dem Ausgangsstoff Dimetoxymethylamphetamin (DOM) eng verwandte Ecstasy in Form von oral zu konsumierenden **Tabletten oder Pillen**. Ecstasy wirkt stimulierend, stimmungsaufhellend und appetitzügelnd;[99] die eigene Leistungsgrenze wird überschätzt (Dopingmittel) und der Blutdruck steigt an.

Ecstasy **unterdrückt das Schlafbedürfnis**. Die Folgen sind Schlafstörungen und Kreislaufzusammenbrüche.

Nach der Einnahme von Ecstasy erhöht sich die Körpertemperatur und das Durstgefühl wird unterdrückt. Infolge mangelnder Flüssigkeitszufuhr und auf Grund von Überanstrengung können daher Gehirnödeme und Herzinfarkte entstehen. Hierzu genügt eine Menge von 75 mg MDMA.[100].

48 MDMA erzeugt **Veränderungen der Wahrnehmung**, ohne bewusstseinstrübend zu wirken.

Ecstasy wirkt nicht halluzinogen und weniger stark antriebssteigernd als Methamphetamin und Amphetamin.[101]

Circa 30 Minuten[102] nach der Einnahme beginnt eine „fröhliche Ausgelassenheit". Nach etwa ein bis zwei Stunden werden Gefühle wie Freude, Liebe oder Glück erheblich verstärkt. Der Konsument ist deutlich **weniger gehemmt**.

Ecstasy bewirkt einen entspannenden, euphorischen und wachen Zustand, der zwischen einer und vier,[103] gelegentlich auch bis zu acht Stunden anhält.

49 Vollrath/Löbmann/Krüger/Schöch/Widera/Mettke[104] führen aus, dass davon auszugehen sei, dass beim Konsum niedriger Konzentrationen von Ecstasy (im Gegensatz zu hohen Konzentrationen und einer akuten Wirkung[105]) **keine bedeutsamen Veränderungen der Fahrsicherheit** entstünden.[106]

---

98 3,4 Methylen dioxy methyl amphetamin.

99 *Endriß/Malek* Betäubungsmittelstrafrecht, Rn. 35; *Wagner/Kallin/Kruse* Betäubungsmittelstrafrecht, Rn. 22.

100 Langzeitfolge: Leber- und Gedächtnisschäden.

101 *Bundeszentrale für gesundheitliche Aufklärung* Drogenkonsum in der Partyszene, Entwicklungen und aktueller Kenntnisstand, S. 30.

102 Nach 15 Min.: *Köhler* Rauschdrogen und andere psychotrope Substanzen; Formen, Wirkungen, Wirkmechanismen, S. 26ff.

103 Zwei Stunden: *Bundeszentrale für gesundheitliche Aufklärung* Drogenkonsum in der Partyszene, Entwicklungen und aktueller Kenntnisstand", S. 30; Vier Stunden: *Bundeszentrale für gesundheitliche Aufklärung* Ecstasy, Eine Broschüre zur Suchtvorbeugung für Eltern und andere Bezugspersonen von Jugendlichen in Erziehung und Ausbildung; Ein bis drei Stunden: *Möller* § 3 Medikamente und Drogen – verkehrsmedizinisch-toxikologische Gesichtspunkte, Rn. 33.

104 *Vollrath/Löbmann/Krüger/Schöch/Widera/Mettke* Fahrten unter Drogeneinfluss – Einflussfaktoren und Gefährdungspotenzial, S. 3 u. S. 90 sowie S. 92.

105 *Vollrath/Löbmann/Krüger/Schöch/Widera/Mettke* Fahrten unter Drogeneinfluss – Einflussfaktoren und Gefährdungspotenzial S. 76 u. S. 157.

106 Vgl. auch Rn. 999ff.

Auch Berghaus[107] führt in einer gutachterlichen Äußerung anlässlich eines Verfahrens vor dem BVerfG[108] aus, dass auf Grund experimenteller Studien davon auszugehen ist, dass selbst bei gelegentlichem Konsum „normaler Dosen“ von Amphetaminen einschließlich Ecstasy **keine wesentlichen Leistungseinschränkungen** zu erwarten seien[109] und der Konsum von Amphetaminen ohne Kombination mit Alkohol, anderen Betäubungsmitteln oder Medikamenten nur eine „**geringe Gefahr**“ darstelle.[110] 50

Dem muss jedoch zumindest entgegnet werden, dass regelmäßiger Ecstasykonsum als einzige illegale Droge zu irreversiblen Schäden des Gehirns führt,[111] so dass ein „gelegentlicher Konsum normaler Dosen“ **nicht mit „ungefährlich“ gleichgesetzt** werden kann.

Eine andere Auffassung vertritt jedoch der in dem Verfahren vor dem OVG Rheinland-Pfalz[112] hinzugezogene Gutachter, wonach Amphetamin bereits bei einmaligem Konsum ein Suchtpotential enthalte und die Auswirkungen des Amphetaminkonsums verkehrsrelevant sind.[113] Urban[114] führt aus, dass Amphetamin eine erheblich stimulierende Wirkung habe. Es vermittele subjektiv den Eindruck besonderer Leistungs- und hoher Konzentrationsfähigkeit. Dieses subjektive Leistungsempfinden weiche aber erheblich von der objektiven Leistungsfähigkeit ab. Die Antriebssteigerung führe zudem zu einem „ichbezogenen Denken“, aufgrund dessen eigene Wünsche unabhängig von den Gegebenheiten der Umgebung durchgesetzt würden. Die gesteigerte Wachheit und der stimulierte Antrieb führten zu einer Inanspruchnahme von Leistungsreserven, die später nicht mehr zur Verfügung stünden. Dem schließe sich ein plötzlicher Leistungsabfall an, der nicht absehbar sei, so dass sich der Konsument auch nicht auf diesen einstellen könne.[115] 51

Auch Möller[116] weist darauf hin, dass beim Einfluss von stimulierenden Drogen eine Fahrtüchtigkeit, trotz gesteigerter körperlicher Leistungsfähigkeit, **eingeschränkt** oder nicht gegeben ist und nach Ansicht des VG Saarlouis[117] mache Ecstasy „süchtig“. 52

Die **Meinungen der Sachverständigen** über die Gefährlichkeit von Ecstasy und die Gefahren in Bezug auf das Führen eines Kraftfahrzeuges sind daher **uneinheitlich**. 53

Die **Erhöhung eines Unfallrisikos** muss aber dann angenommen werden, wenn man Amphetamine und Ecstasy zu den Substanzen zählt, die dazu führen, Gefahren im Straßenverkehr **geringer einzuschätzen** und **höhere Risiken** auf sich zu nehmen.[118]

107 Prof. Dr. Günter *Berghaus*, Universität Köln.
108 Am 20.6.2002, DAR 2002, 405ff = NJW 2002, 2378ff.
109 *Berghaus* BA 2002, 321ff (331).
110 So auch *VG Stuttgart* vom 17.7.2002, BA 2004, 101ff.
111 So auch *Thomasius* Ecstasy schädigt die Hirnfunktion, Pressemitteilung vom 29.6.2000; s. auch *Schulz* Ecstasy kann das Gedächtnis schädigen, S. 18f.
112 Vom 4.10.2005, Az. 7 A 10667/05.
113 Vgl. auch *OVG Rheinland-Pfalz* vom 14.2.2006, Az. 10 B 10085/06.
114 Prof. Dr. Dr. Reinhard *Urban*, Universität Mainz.
115 Siehe auch *VG Neustadt* vom 6.1.2006, Az. 3 L 2342/05.
116 *Möller* § 3 Medikamente und Drogen – verkehrsmedizinisch-toxikologische Gesichtspunkte, Rn. 36.
117 Vom 9.8.2000, zfs 2000, 519f.
118 *Vollrath/Löbmann/Krüger/Schöch/Widera/Mettke* Fahrten unter Drogeneinfluss – Einflussfaktoren und Gefährdungspotenzial S. 57 u. S. 77.

bb) Speed

54 Der Begriff „Speed“ wird oft als Überbegriff für alle Amphetamine verwendet.[119] Die Bezeichnung „Speed“ ist jedoch ein gebräuchlicher Ausdruck für amphetaminähnliche Aufputsch- und Dopingmittel allgemein und keine ganz bestimmte Substanz.[120] **Ecstasy/ MDMA** und chemisch verwandte Substanzen gehören allerdings **nicht** dazu. Diese Betäubungsmittel werden wegen ihrer andersartigen Drogenwirkungen nicht mehr zu den reinen Aufputschmitteln, sondern zu den Halluzinogenen und Entaktogenen[121] gezählt.

Da der Begriff „Speed“ mehrdeutig verwendet wird und auch **Arzneimittel** umfasst muss genau geprüft werden, welches Betäubungsmittel gemeint ist.[122]

b) Opiate

aa) Morphin

55 Morphin ist ein natürlich vorkommendes Opiumalkaloid aus der **Schlafmohn-Pflanze**. Die unreife Blüte wird angeritzt und der ausfließende weiße Milchsaft getrocknet. Dieses Rohopium wird dann gereinigt. Morphin wirkt **„dämpfend“** und **„beruhigend“**.[123] Opiate dienen der medizinischen **schmerzhemmenden** Wirkung und werden von körpereigenen Enzymen abgebaut.

> Morphin erzeugt einen Rauschzustand höchster Euphorie mit Gleichgültigkeit gegenüber Außenreizen, Verblassen der Sinneswahrnehmungen, Konzentrationsschwäche, Verlängerung der Reaktionszeit und Benommenheit.[124]

bb) Heroin

56 Auch Heroin[125] gehört zur Gruppe der Opiate und ist chemisch gesehen Diamorphin. Es wird aus Morphin durch Acetylierung hergestellt und wirkt deutlich stärker als Morphin. Zudem ist die „Suchtwirkung“ auf Grund des raschen Übergangs in das Zentralnervensystem deutlich höher. Das braune[126] Pulver wird auf einem Löffel durch Erhitzen verflüssigt, in eine Spritze aufgezogen und in eine Vene injiziert, kann aber auch rauchbar[127] und nasal konsumiert werden.

57 Der Gesetzgeber hat in der Begründung zum Regierungsentwurf[128] festgehalten, dass **Heroin und Morphin** einen Zustand **höchster Euphorie** mit **Gleichgültigkeit** gegenüber Außenreizen hervorrufe. Die **Sinneswahrnehmungen** verblassen, es trete eine Benommenheit sowie Konzentrationsschwäche ein und die **Reaktionszeit** werde verlängert.

---

119 *Schulz/Vollrath/Klimesch/Szegedi* Fahruntüchtigkeit durch Cannabis, Amphetamine und Cocain, S. 27.

120 *Eberth/Müller* Verteidigung in Betäubungsmittelsachen, Rn. 2 sprechen von „Sammelbezeichnung“.

121 Siehe dazu *Vollrath/Löbmann/Krüger/Schöch/Widera/Mettke* Fahrten unter Drogeneinfluss – Einflussfaktoren und Gefährdungspotenzial S. 58.

122 *Eberth/Müller* Verteidigung in Betäubungsmittelsachen, Rn. 11.

123 *OLG Zweibrücken* vom 14.2.2003, DAR 2003, 431f; *AG Ludwigshafen* vom 8.5.2002, Az. 5416 Js 25820/01.

124 *Deutscher Bundestag* Drucksache 13/3764 vom 8.2.1996, S. 5.

125 Di acetyl morphin.

126 Farbe weiß erst ab einem Reinhaltsgehalt von 80 %.

127 Folge: Progressive spongforme Leukoenzephalopathie (Hirnschädigungen).

128 Vgl. *Hentschel*, Straßenverkehrsrecht, § 24a StVG Rn. 4.

Eberth/Müller[129] führen aus, dass Heroin als das gefährlichste Betäubungsmittel gilt. **58**

> Nach der Einnahme von Heroin wird die körperlich-geistige (psychische) Leistungsfähigkeit eines Kraftfahrers **unter das erforderliche Maß** herabgesetzt, zumal es durch den besonderen Wirkungsablauf jederzeit zu unvorhersehbaren und plötzlichen Leistungseinschränkungen oder Beeinträchtigungen kommen kann.

Ein sicheres Führen eines Kraftfahrzeuges nach der Zuführung von Heroin ist somit kaum möglich,[130] so dass dazu keine weiteren Ausführungen erforderlich sind.

cc) Substitutionsmittel Methadon und Polamidon

Die Substitutionstherapie von Opiatabhängigen[131] stellt eine wichtige Säule im Rahmen **59** eines Gesamtkonzeptes aus medizinischen, sozialen und psychotherapeutischen Maßnahmen dar, mit der Suchtkranken durch Minderung von Entzugssymptomen die Chance gegeben werden kann, dauerhaft vom Heroin loszukommen. Mit Levomethadon, Methadon (Razemat) und Buprenorphin stehen dazu effiziente Behandlungsmethoden zur Verfügung.[132]

Drogenersatzstoffe wie Methadon oder Polamidon blockieren die Opiatrezeptoren, so dass eine weitere Zufuhr der Originalsubstanz Heroin ohne Wirkungsgewinn bleibt.[133]

Der Vorteil dieser Substanzen ist zweifelsohne auch, dass sie oral eingenommen werden **60** können und damit injektionsbedingte Gefährdungen ausgeschlossen sind.[134] Aber auch bei solchen Opiatersatzstoffen bleibt eine Abhängigkeit weiter bestehen.

Die Behandlung von Opioidabhängigkeit wurde erstmals in den 60er Jahren in den USA erprobt. Im Gegensatz zu vielen anderen Ländern sind in Deutschland hauptsächlich zwei Formen von synthetischen Opiaten verschreibbar, nämlich die razemische Mischung[135] und Levomethadon.[136] Beide Mittel werden sowohl in der Entzugsbehandlung, als auch in der Erhaltungstherapie für opioidabhängige Drogenkonsumenten genutzt.

Lange Zeit war der Nutzen dieser Substanzen sehr umstritten. Erst das vermehrte Auftreten von HIV und AIDS hat eine Wende dahingehend eingeleitet, dass diese Substitutionsform inzwischen breiten Eingang bei der Behandlung von Drogenabhängigkeit gefunden hat.[137] Zum 01.07.2005 befanden sich 61.000 Menschen in Opiatbehandlung.[138]

---

129 *Eberth/Müller* Verteidigung in Betäubungsmittelsachen, Rn. 9.

130 **A.M.** *OLG Frankfurt/Main* vom 4.3.1992, NJW 1992, 1570f.

131 Als Opioide bezeichnet man Substanzen, die in ihren pharmakologischen Wirkungen dem Morphin gleichen. Die Bezeichnung „Opiate“ ist insofern nicht korrekt, als dass z.B. Methadon chemisch keine Ähnlichkeit mit Opiumalkaloiden hat und ohne Verwendung von Opium hergestellt wird; vgl. *Köhler* Rauschdrogen und andere psychotrope Substanzen; Formen, Wirkungen, Wirkmechanismen, S. 74.

132 Dazu ausführlich *Püschel/Iwersen-Bergmann* Drogen – ihre Wirkungen, Nebenwirkungen, Wechselwirkungen, S. 92ff.

133 Verringerung des Verlangens nach Heroin (Craving).

134 Etwa Hepatitis C (entzündliche Erkrankung der Leber).

135 D,l-methadon.

136 L-methadon, L-Polamidon®.

137 Siehe dazu auch ausführlich: *Gerlach/Stöver* Vom Tabu zur Normalität; 20 Jahre Substitution in Deutschland, Zwischenbilanz und Aufgaben für die Zukunft.

138 *Bundesministerium für Gesundheit und soziale Sicherung* Drogen- und Suchtbericht Mai 2006, S. 68; zum 1.7.2005 waren es 57.700 Menschen, vgl. *Bundesministerium für Gesundheit und soziale Sicherung* Drogen- und Suchtbericht Mai 2005, S. 76.

(1) Fahreignung

Fraglich ist, ob ein sicheres Führen eines Kraftfahrzeuges nach der Einnahme von Substitutionsmitteln möglich ist:

61 Die Beantwortung der Frage, ob ein Opioid-Abhängiger während der Substitution in Hinblick auf die Sicherheit des Straßenverkehrs ein Kraftfahrzeug führen darf, ist nicht pauschal möglich, für den **Regelfall** aber zu **verneinen**.[139]

62 Zahlreiche sozialwissenschaftliche Kriterien sprechen andererseits gerade für den Erhalt[140] oder Erwerb der Fahrerlaubnis, etwa zur Förderung der Integration und Rehabilitation. Aus suchtmedizinischer Sicht ist deshalb im Einzelfall abzuwägen, ob eine Fahrerlaubnis beibehalten werden kann. Daher ist die Persönlichkeit des Substituierten entscheidender als die Dosis des täglich eingenommenen Methadons.

63 Strafrechtlich werden alle Rauschmittel gleich behandelt. Wer infolge von Alkohol-, Drogen- oder Medikamenteneinnahme[141] nicht in der Lage ist, ein Kraftfahrzeug sicher zu führen, darf nicht am Straßenverkehr teilnehmen und macht sich nach § 316 Abs. 1 StGB und ggf. § 315c Abs. 1 S. 1a StGB strafbar. Methadon ist als Betäubungsmittel in der Anlage III zu § 1 Abs. 1 BtMG aufgeführt.

64 Da der Gesetzgeber jedoch die **legale Substitution** anerkannt hat,[142] ist eine Differenzierung zwischen illegalem Drogenkonsum und legaler Methadon-Substitution erforderlich, zumal Opiatabhängigkeit nach höchstrichterlicher Rechtsprechung eine Krankheit ist, für die ein Behandlungsanspruch gem. § 27 SGB V besteht.[143]

Eine kontrollierte Abhängigkeit von Methadon wird daher auch nicht mit einer Heroinabhängigkeit gleichgesetzt.

---

139 Die SPD-Bundestagsfraktion forderte schon im Jahre 1997, dass nur bei einer stabilen und unbedenklichen Medikamententherapie eine Fahreignung gegeben sein sollte, vgl. *SPD-Bundestagsfraktion* Gesetzesentwurf Drogen im Straßenverkehr muss grundlegend überarbeitet werden, Pressemitteilung vom 20.2.1997, S. 2.

140 Es wird einem Substituierten kaum möglich sein, seinen Konsum vor der Verwaltungsbehörde zu verbergen (vgl. dazu auch Rn. 747 und Rn. 756), denn gem. § 5a Abs. 1 BtMVV führt das Bundesinstitut für Arzneimittel und Medizinprodukte für die Länder als vom Bund entliehenes Organ ein sogenanntes Substitutionsregister. Seit dem 1.7.2002 hat jeder Arzt, der Substitutionsmittel für einen opiatabhängigen Patienten verschreibt, der Bundesopiumstelle unverzüglich die in § 5a Abs. 2 BtMVV vorgeschriebenen Angaben, (insbesondere Patientencode, Substitutionsmittel, Beginn und Ende der Behandlung, ggf. Konsiliarius) zu melden. Ferner haben die Ärztekammern jeweils zum 31.3. und 30.9. eines Jahres jene Ärzte, welche die Mindestanforderungen an eine suchttherapeutische Qualifikation erfüllen, gem. § 5a Abs. 5 S. 1 BtMVV zu melden. Zu den Aufgaben des Substitutionsregisters gehören insbesondere die früheste mögliche Verhinderung von Mehrfachverschreibungen durch verschiedene Ärzte für denselben Patienten, die Überprüfung der Erfüllung der Mindestanforderungen an eine suchttherapeutische Qualifikation der Ärzte und die Übermittlung statistischer Auswertungen an die zuständigen Überwachungs- und obersten Landesgesundheitsbehörden.

141 Vgl. zur Sonderregelung bei Arzneimittelkonsum auch Rn. 441ff.

142 Vgl. Bundesministerium für Gesundheit und soziale Sicherung Drogen- und Suchtbericht Mai 2006, S. 67.

143 Bundesministerium für Gesundheit und soziale Sicherung Drogen- und Suchtbericht April 2003, S. 76.

Unter Umständen wird eine Fahreignung daher bei einer mehr als **einjährigen** Methadon-Substitution ohne Auffälligkeiten und Beikonsum sowie einer stabilen psychosozialen Integration ausdrücklich **zu bejahen** sein.[144] 65

Auch Eberth/Müller[145] führen aus, dass eine Substitution mit Methadon oder Polamidon als solche noch nicht zur Ungeeignetheit zum Führen von Kraftfahrzeugen führt. Vielmehr ist im **Einzelfall** eine positive Beurteilung möglich.

Die Messlatte ist jedoch hoch anzusetzen, so dass nur ein sehr geringer Teil der Substituierten eine solche positive Prognose erhalten wird. In der Regel ist die Voraussetzung zur Verkehrsteilnahme erst wieder vollständig gegeben, wenn keine Abhängigkeit von illegalen Drogen und von legalen Substitutionsmitteln besteht.

Auch die **Begutachtungs-Leitlinien zur Kraftfahrereignung**[146] sind ähnlicher Ansicht.[147] 66
Danach ist ein Betroffener in Hinblick auf eine hinreichend bestätigte Anpassungs- und Leistungsfähigkeit i.d.R. nicht geeignet, ein Kraftfahrzeug zu führen. Seltene **Ausnahmen** sind aber möglich, insbesondere, wenn dies besondere Umstände des Einzelfalls rechtfertigen.[148]

Hierzu gehören u.a. eine mehr als einjährige Methadonsubstitution, eine psychosoziale stabile Integration und keinerlei Beikonsum von anderen psychoaktiven Substanzen oder von Alkohol. Neben einem Gutachten über die körperlichen Befunde bedarf es einer leistungsverhaltenspsychologischen-, einer sozialpsychologischen- und einer Persönlichkeitsbegutachtung. 67

Die Ausgangsfrage wird daher anhand einer medizinisch-psychologischen Untersuchung (**MPU**) zu klären sein.[149] 68

(2) Andere Substitutionsmittel

(a) Buprenorphin. Im Jahre 2000 wurde auch Buprenorphin[150] in Deutschland als Substitu- 69
tionsmittel zugelassen. Es ist für jüngere, sozial noch integriert lebende Patienten besser geeignet, wird sublingual, also unter die Zunge appliziert und besitzt kein Risiko der Überdosierung. Buprenorphin ist nach der chemischen Struktur ein Morphinderivat mit entsprechenden analgetischen Eigenschaften. Nach einer Abstinenz von Methadon und Heroin beträgt die Dosis zu Beginn der Behandlung 4 mg Buprenorphin und wird in den folgenden 7 Tagen gesteigert, unter Umständen bis zur Maximaldosis, die in Deutschland mit 24 mg, in

144 *VGH Bayern* vom 4.4.2006, Az. 11 Cs 3214/05 (nicht zu verwechseln mit der Entscheidung vom gleichen Tage, DAR 2006, 413f); *VG Minden* vom 6.11.2003, Az. 3 L 1106/03; weniger eindeutig: *VG Braunschweig* vom 28.1.2004, Az. 6 A 175/03.

145 *Eberth/Müller* Verteidigung in Betäubungsmittelsachen, Rn. 124.

146 *Bundesanstalt für Straßenwesen* Begutachtungs-Leitlinien zur Kraftfahrereignung, S. 44.

147 Zu den im Jahre 2000 in sechster Auflage durch die Bundesanstalt für Straßenwesen (Mensch und Sicherheit, Heft M 115) herausgegebenen **Begutachtungs-Leitlinien zur Kraftfahrereignung** des Gemeinsamen Beirates für Verkehrsmedizin beim Bundesministerium für Verkehr, Bau- und Wohnungswesen und beim Bundesministerium für Gesundheit (VkBl. 2000, 127f [Nr. 56]) s. auch Rn. 1280ff und Rn. 1292.

148 Siehe dazu auch *Berghaus/Friedel* NZV 1994, 377ff; *Gastpar* Methadon und Verkehrssicherheit, S. 65ff; *Schöch* BA 2005, 354ff; für **Österreich** s. *Bukasa/Schwent* ZVR 2006, 292ff.

149 *OVG Saarland* vom 27.3.2006, NZV 2006, 612 f; siehe dazu auch *Böllinger* Drogenpraxis, Drogenrecht, Drogenpolitik, S. 542; **a.M.** aber wohl *OVG Saarland* vom 20.9.2005, Az. 1 W 12/05 unter Berufung auf §§ 3 Abs. 1 StVG, 46 Abs. 1 FeV i.V.m. Anlage 4 zu §§ 11, 13, 14 FeV. Danach sei eine Fahrerlaubnis verwaltungsrechtlich zu entziehen.

150 BUP (Medikament Subutex®).

der Schweiz mit 16 mg und in Österreich mit 32 mg festgelegt ist. Die Initialdosis von 4 mg entspricht ungefähr der Wirkung von 30 bis 40 mg Methadon.

70 **(b) Kodein und Dihydrocodein.** Seit Februar 1998 kann Kodein oder der Wirkstoff Dihydrocodein (DHC) nur noch in bestimmten medizinischen **Ausnahmefällen** als Substitutionsmittel eingesetzt werden, etwa bei Patienten, die allergische Reaktionen in der Methadonbehandlung zeigen.

71 **(c) Levacetylmethadol und retardierte Morphine.** Levacetylmethadol (**LAAM**)[151] wurde in Deutschland im Jahr 1999 als Substitutionsmittel zugelassen. Seit April 2001 hat die European Agency for Evaluation of Medicinal Products (EMEA) in London jedoch empfohlen, die Zulassung für das Medikament **Orlaam**® auszusetzen, weil es zu gefährlichen Nebenwirkungen gekommen war.[152] Aus diesem Grund darf LAAM in Deutschland nicht weiter eingesetzt werden. Auch retardierte Morphine dürfen in Deutschland nicht verschrieben werden.[153]

c) Kokain

72 Kokain wird aus den Blättern des **Kokastrauches** gewonnen und wirkt, ähnlich wie Amphetamine, **aufputschend, leistungs- und antriebssteigernd**. Als Droge wird Kokain meist gepulvert und nasal konsumiert und hat nur für eine kurze Zeit Einfluss auf den Körper.

Kokain ist ein zentral wirksames Lokalanästhetikum[154] und führt zur Engstellung der Blutgefäße durch Erhöhung des Tonus der Gefäßmuskulatur.[155] Es blockiert die Weiterleitung von Schmerzimpulsen zum Gehirn, hat also eine schmerzdämpfende Wirkung und verursacht Blutdruck- und Pulsanstieg.

73 Körperliche Wirkungen des Kokainkonsums sind eine erhöhte Herz- und Atemfrequenz, eine Verengung der Blutgefäße, eine gesteigerte Körpertemperatur, motorische Erregung, verstärktes **Schwitzen** und **Mundtrockenheit**. Abhängig von der Konstitution des Konsumenten und bei zu hoher Dosierung kann es zu Herzrhythmusstörungen, lebensgefährlichen Krampfanfällen,[156] Atmungskollaps und Blutungen kommen.

74 Da einem Konsumenten meist weder die tatsächliche Zusammensetzung der Mischung von Kokain und **Streckmitteln** noch der Reinheitsgrad bekannt sind, besteht die Gefahr der **Überdosierung**. Solche Überdosierungen können zum Tod durch Hirnschlag, Herz-Kreislauf-Versagen, Atemstillstand oder durch Krämpfe führen. Bei intravenösem Kokainkonsum besteht darüber hinaus die Gefahr von Vergiftungen durch Beimengungen.

75 Als **Streckmittel** von Kokain findet man in den meisten Fällen **Lactose**, aber in geringerer Konzentration und Häufigkeit auch Mannit, Glucose, Inosit, Stärke oder Saccharose. Häufig wird auch **Lidocain** zugefügt, das zwar nicht die berauschende Wirkung von Kokain hat, bei einer ersten Prüfung durch seine lokalanästhetische Wirkung aber eine hohe Qualität vortäuscht. Auch andere **Medikamentenwirkstoffe** wie Phenacetin, Benzocain und Acetylsalicylsäure werden in Pulverproben und demnach vereinzelt auch in Körperflüssigkeiten

151 Medikament Orlaam®.

152 Lebensbedrohliche Herzprobleme.

153 Anders in Österreich.

154 Lidocain.

155 Vasokonstriktion, Esteralkaloid aus den Blättern von Erythroxylon coca, hoher Suchtfaktor; s. dazu auch *Köhler* Rauschdrogen und andere psychotrope Substanzen; Formen, Wirkungen, Wirkmechanismen, S. 117.

156 *Schulz/Vollrath/Klimesch/Szegedi* Fahruntüchtigkeit durch Cannabis, Amphetamine und Cocain, S. 37.

gefunden. Es ist durchaus möglich, dass Blutproben von Kokainkonsumenten auch **Spuren von Morphin oder Amphetamin** enthalten, ohne dass der Konsum bewusst erfolgt ist, weil die Kokainprobe auch Spuren von Heroin oder Amphetamin enthielt. Heroin und Kokain werden aber gelegentlich auch als sog. „Cocktail" bewusst zusammen injiziert um eine „besondere Form des Rausches" zu erleben.

Kokainabhängigkeit ist nicht mit körperlichen Entzugserscheinungen, wie sie beim Alko- **76**
hol- oder Opiatentzug auftreten, verbunden. Aus diesem Grund wird überwiegend die Meinung vertreten, Kokain verursache „lediglich" eine **psychische Abhängigkeit**, die gefährlich sei. Diese Auffassung muss jedoch als gravierende Fehleinschätzung zurückgewiesen werden, wenn man Kokain zu den Substanzen mit einer erheblichen psychoseerzeugenden Potenz zählt. Insbesondere bei chronischem und hoch dosiertem Kokainkonsum, hingegen selten bei einmaligem oder gelegentlichem Konsum, können kokaininduzierte Psychosen auftreten.

Die neuere Suchtforschung spricht auf Grund der in den letzten Jahren gewachsenen **77**
Erkenntnisse der Hirnforscher und der Neurobiologie über die anhaltende Dysregulation der Neurotransmittersysteme nicht mehr nur von einer rein **psychischen** Abhängigkeit.[157] Dies muss umso mehr gelten, wenn man davon ausgeht, dass sich bei Kokain eine Toleranzentwicklung zeigt,[158] die Betroffenen also immer mehr Kokain benötigen, um die gewünschte „Wirkung" zu erzielen.

Nach Ansicht von Berghaus[159] führt der gelegentliche Konsum „normaler Dosen" von **78**
Kokain gleichwohl zu **keinen wesentlichen Leistungseinschränkungen** und stellt ohne Kombination mit Alkohol, anderen Betäubungsmitteln oder Medikamenten nur eine „**geringe Gefahr**" für den Straßenverkehr dar.[160]

Zu dieser Rechtsmeinung kommt auch der VGH Baden-Württemberg.[161]

Ein Kokainrausch ist jedoch nach Ansicht des Gesetzgebers[162] durch **Euphorie**,[163] **einge-** **79**
schränkte Kritikfähigkeit, erhöhte **Risikobereitschaft**, **Enthemmung** und z. T. durch Halluzinationen und Wahnvorstellungen gekennzeichnet.[164]

Auch Iten[165] führt aus,[166] dass sich der Konsum von Kokain (grundsätzlich) nicht mit dem **80**
sicheren Führen eines Kraftfahrzeuges vereinbaren lässt.

---

157 *Julien* Drogen und Psychopharmaka, S. 135ff; *Köhler* Rauschdrogen und andere psychotrope Substanzen; Formen, Wirkungen, Wirkmechanismen, 119ff.
158 *Uhle* § 4 Die Begutachtung drogenauffälliger Kraftfahrer, Rn. 75.
159 *Berghaus* BA 2002, 321ff (331).
160 Siehe auch *VG Stuttgart* vom 17.7.2002, BA 2004, 101ff.
161 Vom 30.9.2003, DAR 2004, 471ff = BA 2004, 288ff unter Berufung auf eine empirische Studie von *Brandt*, Explorative Auswertung von Drogenbefunden auf spezifische Wirkungen von Cannabis, Ecstasy und Kokain bei Verkehrs- und Kriminaldelikten 2000, S. 127.
162 Vgl. *Hentschel* Straßenverkehrsrecht, § 24a StVG Rn. 4.
163 Bis zu einer Stunde; nach Ansicht von *Eberth/Müller* Verteidigung in Betäubungsmittelsachen, Rn. 7 nur 15 bis 40 Min; vgl. dazu auch *Iten* Fahren unter Drogen- oder Medikamenteneinluss, S. 143ff (146).
164 Vgl. auch *Deutscher Bundestag* Drucksache 13/3764 vom 8.2.1996, S. 5.
165 Dr. Peter Xaver *Iten*, Universität Zürich.
166 *Iten* Fahren unter Drogen- oder Medikamenteneinluss, S. 143ff (144f).

81 Wird Kokain darüber hinaus in **Kombination mit Alkohol** konsumiert,[167] überlagert Kokain den Alkoholrausch und der Konsument hat trotz großer Alkoholmengen subjektiv das sichere Gefühl, wach, klar und fahrtüchtig zu sein. Auf Grund der sehr kurzen Wirkungsdauer von Kokain tritt nach dem Abklingen des Kokaineinflusses der bis dahin kaschierte Alkoholrausch unvorhergesehen und fast schlagartig ein.

Entscheidend für die Sicherheit des Straßenverkehrs ist zudem nicht nur die Leistungsfähigkeit eines Kraftfahrzeugführers in der **akuten Rauschphase**, sondern auch jene, die in der **depressiven Phase** besteht,[168] nämlich beispielsweise **Erschöpfung oder Übermüdung**.[169]

82 Es wäre daher ein Fehlschluss, auf die Harmlosigkeit von Kokain im Straßenverkehr zu schließen,[170] denn trotz **gesteigerter Aufmerksamkeit** kann der Konsum von Kokain zu „motorischer Hyperaktivität", entsprechender **Selbstsicherheit** und damit zu **Leichtfertigkeit** führen.[171]

aa) Crack

83 Die am weitesten verbreite Form des Kokaingebrauchs ist der Konsum des Kokain-Pulvers durch die Nase. Ein extremes Risiko gehen Kokain-Konsumenten ein, die dieses Betäubungsmittel in Form von Crack oder Freebase **rauchen**.[172]

Crack ist mit anorganischen Substanzen wie Backpulver (ohne Stärkezusatz) und Ammoniak gestrecktes, aufgekochtes und anschließend getrocknetes Kokain.

bb) Freebase

84 Freebase ist mit organischen Lösungsmitteln wie Äther oder Chloroform aufgekochtes und anschließend getrocknetes Kokain.[173]

Da im Rauch von Kokain Anhydroecgoninmethylester auftritt wird es als Indikator dafür gewertet, dass das Kokain als Crack oder Free Base geraucht wurde.

---

167 Neben der Substanz Benzoylecgonin kann auch Cocaethylen nachgewiesen werden, wenn Kokain zusammen mit Alkohol konsumiert wurde. Das Auftreten von Cocaethylen in den Körperflüssigkeiten wird auf die Umesterung des Kokain vom Methylester zum Ethylester bei gleichzeitigem oder zumindest zeitnahem Alkoholkonsum zurückgeführt.

168 Vgl. auch Rn. 553.

169 *Schulz/Vollrath/Klimesch/Szegedi* Fahruntüchtigkeit durch Cannabis, Amphetamine und Cocain, S. 44.

170 *Schulz/Vollrath/Klimesch/Szegedi* Fahruntüchtigkeit durch Cannabis, Amphetamine und Cocain, S. 43.

171 Vgl. auch Rn. 999ff.

172 Dazu ausführlich: *Klee/Stöver* Drogen, HIV/AIDS, Hepatitis, S. 202ff (204f); *Köhler* Rauschdrogen und andere psychotrope Substanzen; Formen, Wirkungen, Wirkmechanismen, S. 111f; *Haasen/Zurhold/Prinzleve* Safer use: Kokain und Crack, S. 233; *Iten* Fahren unter Drogen- oder Medikamenteneinluss, S. 143ff.

173 *Klee/Stöver* Drogen, HIV/AIDS, Hepatitis, S. 204; s. dazu auch *Köhler* Rauschdrogen und andere psychotrope Substanzen; Formen, Wirkungen, Wirkmechanismen, S. 111f; *Iten* Fahren unter Drogen- oder Medikamenteneinluss, S. 143ff (144).

Kapitel 2
Straf- und Ordnungswidrigkeitenrecht

I. Der Straftatbestand des § 316 Abs. 1 StGB

Gemäß § 316 Abs. 1 StGB macht sich wegen „Trunkenheit im Verkehr" strafbar, wer im öffentlichen Verkehr[1] ein **Fahrzeug führt**, obwohl er infolge des Konsums von Alkohol oder **anderer berauschender Mittel** nicht in der Lage ist, das Fahrzeug sicher zu führen (**Fahruntüchtigkeit**). 85

1. Begriff des Fahrzeuges

Die Strafbarkeit nach § 316 Abs. 1 StGB[2] setzt das Führen eines **Fahrzeuges** voraus.

86

Unter einem Fahrzeug sind alle Fortbewegungsmittel,[3] egal ob mit oder ohne Motor, also z. B. auch Pferdefuhrwerke, außer den in § 24 Abs. 1 StVO genannten, zu verstehen.[4] Neben Straßenfahrzeugen kommen zudem auch die im Schiffs-, Eisenbahn-[5], Luft- und Schwebebahnverkehr benutzten Fahrzeuge in Betracht.[6] Selbst ein abgeschlepptes, nicht mehr fahrbereites Kfz ist ein Fahrzeug, auch wenn es kein „Kraftfahrzeug" mehr ist.[7] Rodelschlitten, Kinderwagen, Roller,[8] nicht motorgetriebene Skateboards, Inline-Skates[9] und ähnliche Fortbewegungsmittel[10] unterliegen nicht der Regelung des § 316 StGB.[11]

Die Vorschrift des § 316 Abs. 1 StGB setzt aber nicht zwingend das Führen eines **Kraftfahrzeuges** voraus, sondern umfasst z. B. auch das Führen eines **Fahrrades**.[12]

1 Siehe dazu *BGH* vom 8.6.2004, DAR 2005, 247f; *BGH* vom 4.3.2004, DAR 2004, 399; *Freyschmidt* Verteidigung in Straßenverkehrssachen, Rn. 101; *Hentschel* Fahrerlaubnis und Alkohol, Rn. 355ff.

2 Vgl. zur Ordnungswidrigkeit Rn. 398; vgl. zum Entzug der Fahrerlaubnis Rn. 649.

3 Vgl. auch *Cramer*, Straßenverkehrsrecht, Band 1, 2. Aufl., § 24 StVO Rn. 7.

4 *Cramer* Straßenverkehrsrecht, Band 1, § 24 StVO Rn. 9 und § 316 StGB Rn. 31; *Janiszewski* Verkehrsstrafrecht, Rn. 326.

5 Zur 1,1‰-Grenze beim Führen von Schienenfahrzeugen s. *AG Regensburg* vom 13.9.2004, BA 2006, 47.

6 *Cramer* Straßenverkehrsrecht, Band 1, § 316 StGB Rn. 31; *Janiszewski* Verkehrsstrafrecht, Rn. 325.

7 *OLG Bremen* vom 12.4.1967, VRS 33, 205f.

8 Nicht 50 cm^3 Motorroller.

9 *OLG Celle* vom 28.4.1999, NZV 1999, 509; *OLG Karlsruhe* vom 24.7.1998, NZV 1999, 44f; *Hentschel* Straßenverkehrsrecht, § 24 StVO Rn. 6; *Janiszewski/Jagow/Burmann* Straßenverkehrsrecht, § 24 StVO Rn. 3; **a.M.** *OLG Oldenburg* vom 15.9.2000, DAR 2000, 528ff = NZV 2000, 470ff.

10 Vgl. *Cramer* Straßenverkehrsrecht, Band 1, § 24 StVO Rn. 8 und *Janiszewski/Jagow/Burmann* Straßenverkehrsrecht, § 24 StVO Rn. 1ff.

11 *Cramer* Straßenverkehrsrecht, Band 1, § 316 StGB Rn. 31; *Janiszewski* Verkehrsstrafrecht, Rn. 326.

12 *Berr* DAR 1989, 194.

2. Begriff des Führens

87 Die Strafbarkeit nach § 316 Abs. 1 StGB setzt auch das **Führen** dieses Fahrzeuges voraus.

Das Führen eines Fahrzeuges umfasst Bewegungsvorgänge im Verkehr, also das **willentliche** in Bewegung setzen eines Fahrzeuges,[13] was durch Anrollen der Räder nach außen in Erscheinung tritt, um es unter Handhabung seiner technischen Vorrichtungen während der Fahrt zu lenken.[14] Der Begriff des Führens ist daher enger, als derjenige der „Teilnahme am Verkehr".[15]

88 Zum Führen eines Fahrzeugs genügt daher nicht das bloße auf den Fahrersitz des fahrbereiten Fahrzeugs[16] setzen, nicht das bloße **Anlassen des Motors**,[17] nicht das **Lösen der Handbremse**[18] und nicht das **Einschalten des Lichtes**,[19] selbst wenn die Absicht bestand, wegzufahren.[20]

---

13 *OLG Karlsruhe* vom 5.9.2005, VM 2006, 35; *OLG Frankfurt/Main* vom 23.2.1990, NZV 1990, 277; *BayObLG* vom 6.2.1989, NZV 1989, 242; *OLG Düsseldorf* vom 12.1.1989, NZV 1989, 202; *Janiszewski/Jagow/Burmann* Straßenverkehrsrecht, § 316 StGB Rn. 2; *Cramer/Sternberg-Lieben* in Schönke/Schröder, § 316 StGB Rn. 20; *König* in LK, § 316 StGB Rn. 3; *Becker* Alkohol im Straßenverkehr, Rn. 159; *Janker* Straßenverkehrsdelikte, Rn. 194 und Rn. 236.

14 *BGH* vom 22.8.1996, DAR 1996, 465ff = NZV 1996, 500ff = BGHSt 42, 235ff; *BGH* vom 18.1.1990, BGHSt 36, 341ff (343); *BayObLG* vom 6.2.1989, NZV 1989, 242; *OLG Düsseldorf* vom 12.1.1989, NZV 1989, 202 = VRS 76, 386ff; *OLG Celle* vom 12.4.1988, NStZ 1988, 411; *OLG Hamm* vom 2.9.1983, NJW 1984, 137; *Tröndle/Fischer* Strafgesetzbuch, § 315c StGB Rn. 3; *Lackner/Kühl* Strafgesetzbuch, § 315c StGB Rn. 3; *Cramer/Sternberg-Lieben* in Schönke/Schröder, § 316 StGB Rn. 20; *Janiszewski/Jagow/Burmann* Straßenverkehrsrecht, § 2 StVO Rn. 8 und § 316 StGB Rn. 2; *Cramer* Straßenverkehrsrecht, Band 1, § 316 StGB Rn. 32; *Janiszewski* Verkehrsstrafrecht, Rn. 327ff; **a.M.** noch *BGH* vom 28.4.1955, NJW 1955, 1040.

15 *BGH* vom 27.7.1962, BGHSt 18, 6ff (8); *BGH* vom 25.11.1959, BGHSt 14ff (24); *OLG Hamm* vom 2.9.1983, NJW 1984, 137; *Rüth/Berr/Berz* Straßenverkehrsrecht, § 2 StVZO Rn. 2; *Janiszewski/Jagow/Burmann* Straßenverkehrsrecht, § 2 StVO Rn. 6; *Tröndle/Fischer* Strafgesetzbuch, § 315c StGB Rn. 3; *Cramer/Sternberg-Lieben* in Schönke/Schröder, § 315c StGB Rn. 20; *Cramer* Straßenverkehrsrecht, Band 1, § 316 StGB Rn. 32; *Janiszewski* Verkehrsstrafrecht, Rn. 327.

16 *Cramer/Sternberg-Lieben* in Schönke/Schröder, § 316 Rn. 20; vgl. zum Fall des Besteigens eines Zweirades *Hentschel* Trunkenheit, Fahrerlaubnisentziehung, Fahrverbot, Rn. 342 und Rn. 343.

17 *OLG Hamm* vom 15.4.1994, Az. 4 Ss 375/94; *BayObLG* vom 6.2.1989, NZV 1989, 242; *OLG Düsseldorf* vom 12.1.1989, NZV1989, 202; *OLG Celle* vom 12.4.1988, NZV 1988, 72f; *OLG Bamberg* vom 20.12.1983, VRS 68, 333ff; *OLG Köln* vom 24.4.1964, NJW 1964, 2026f; *LG Köln* vom 23.11.1993, DAR 1994, 165f; *LG Hamburg* vom 11.1.1988, DAR 1988, 389f; *Hentschel* Straßenverkehrsrecht, § 316 StGB Rn. 2; *Tröndle/Fischer* Strafgesetzbuch, § 315c StGB Rn. 3; *Cramer/Sternberg-Lieben* in Schönke/Schröder, § 316 StGB Rn. 20; *Cramer* Straßenverkehrsrecht, Band 1, § 316 StGB Rn. 33; *Janiszewski* Verkehrsstrafrecht, Rn. 328; *Janker* Straßenverkehrsdelikte, Rn. 194 und Rn. 236; *Hentschel* Trunkenheit, Fahrerlaubnisentziehung, Fahrverbot, Rn. 342; *Becker* Alkohol im Straßenverkehr, Rn. 159; **a.M.** *OVG Saarland* vom 18.9.2000, zfs 2001, 92ff; *OLG Braunschweig* vom 6.7.1987, VRS 74, 363f; *OLG Koblenz* vom 1.7.1971, DAR 1972, 50f; *OLG Hamm* vom 7.10.1954, NJW 1954, 1780.

18 *Tröndle/Fischer* Strafgesetzbuch, § 315c StGB Rn. 3; *Cramer/Sternberg-Lieben* in Schönke/Schröder, § 316 StGB Rn. 20; *Cramer* Straßenverkehrsrecht, Band 1, § 316 StGB Rn. 33; *Janiszewski* Verkehrsstrafrecht, Rn. 328; **a.M.** *BayObLG* vom 31.10.1974, VRS 48, 207f.

19 *OLG Köln* vom 24.4.1964, NJW 1964, 2026f; *Tröndle/Fischer* Strafgesetzbuch, § 315c StGB Rn. 3; *Cramer* Straßenverkehrsrecht, Band 1, § 316 StGB Rn. 33; *Janiszewski* Verkehrsstrafrecht, Rn. 328; *Janker* Straßenverkehrsdelikte, Rn. 194; **a.M.** *OVG Saarland* vom 18.9.2000, zfs 2001, 92ff.

20 *Hentschel* Straßenverkehrsrecht, § 316 StGB Rn. 2; *Tröndle/Fischer* Strafgesetzbuch, § 315c StGB Rn. 3; *Cramer* Straßenverkehrsrecht, Band 1, § 316 StGB Rn. 33; **a.M.** *König* in LK, § 316 StGB Rn. 4; *Lackner/Kühl* Strafgesetzbuch, § 315c StGB Rn. 3.

Wird also beispielsweise nur der Zündschlüssel in das Schloss eines Fahrzeuges gesteckt, das Licht eingeschaltet oder der Motor angelassen, bleibt es beim **Versuch**.[21]

a) Versuch

Der Versuch ist nach § 22 StGB die zwischen Vorbereitung und Vollendung einer vorsätzlichen Straftat liegenden Handlung, die den subjektiven Tatbestand vollständig, den objektiven Tatbestand aber nur teilweise verwirklicht oder wenigstens dazu ansetzt.[22] **89**

Der Versuch ist nur bei einer vorsätzlichen Tat, wobei regelmäßig bedingter Vorsatz genügt,[23] nicht aber bei Fahrlässigkeit denkbar. **90**

Der Versuch ist beendet und die Tat vollendet, wenn **sämtliche gesetzlichen Tatbestandsmerkmale** erfüllt sind.[24] **91**

Da es sich bei Verkehrsstraftaten immer um Vergehen[25] und niemals um Verbrechen[26] handelt, ist der Versuch nach § 23 Abs. 1 StGB nur dann strafbar, wenn das Gesetz dies ausdrücklich bestimmt,[27] was im Verkehrsstrafrecht nur selten der Fall ist.[28] (Bei Ordnungswidrigkeiten ist nach § 13 Abs. 2 OWiG der Versuch ebenfalls nur bei einer ausdrücklichen gesetzlichen Regelung strafbar[29]). **92**

Die noch weiter im Vorfeld liegenden vorstehend genannten **Vorbereitungs- und Versuchshandlungen** sind, außer den im StGB genannten Fällen,[30] daher stets **straflos**.[31]

b) Drehen der Räder

Wie ausgeführt ist der Versuch des Vergehens gem. § 23 Abs. 1 StGB bei der in diesem Abschnitt behandelten Vorschrift des § 316 Abs. 1 StGB nicht strafbar. Ein strafbares „Führen" bei einem Kraftfahrzeug setzt jedoch nicht voraus, dass der Motor auch gestartet wurde.[32] Ein strafbares „Führen" setzt vielmehr ein willentliches **Drehen der Räder** voraus. Drehen sich die Räder nicht, sondern wurde das Kraftfahrzeug lediglich wenige Meter einen Berg „**heruntergerollt**", liegt bereits ein (strafbares) „Führen" vor.[33] Da ein „Führen" **93**

---

21 *BGH* vom 27.10.1988, zfs 1989, 32ff; *OLG Düsseldorf* vom 28.11.1991, zfs 1992, 101f.

22 *BGH* vom 10.7.1985, NStZ 1985, 501; *Tröndle/Fischer* Strafgesetzbuch, § 22 StGB Rn. 2; *Eser* in Schönke/Schröder, vor § 22 StGB Rn. 12; *Lackner/Kühl* Strafgesetzbuch, § 22 StGB Rn. 1.

23 *BGH* vom 4.5.1983, BGHSt 31, 374ff (378); *Eser* in Schönke/Schröder, § 22 StGB Rn. 17.

24 *BGH* vom 24.6.1952, BGHSt 3, 40ff (43); *Tröndle/Fischer* Strafgesetzbuch, § 22 StGB Rn. 4; *Eser* in Schönke/Schröder, vor § 22 StGB Rn. 2; vgl. zum Begriff der „Tat" auch Rn. 602.

25 § 12 Abs. 2 StGB.

26 § 12 Abs. 1 StGB.

27 *Eser* in Schönke/Schröder, § 23 StGB Rn. 1; *Janiszewski* Verkehrsstrafrecht, Rn. 154.

28 *Janiszewski* Verkehrsstrafrecht, Rn. 154.

29 *Janiszewski* Verkehrsstrafrecht, Rn. 154.

30 Zum Beispiel §§ 80, 83, 87, 149, 152a Abs. 1 Nr. 2, 234a Abs. 3, 275, 311b StGB; vgl. auch *Eser* in Schönke/Schröder, vor § 22 StGB Rn. 14.

31 *Tröndle/Fischer* Strafgesetzbuch, § 22 StGB Rn. 3; *Eser* in Schönke/Schröder, vor § 22 StGB Rn. 13.

32 *Hentschel* Fahrerlaubnis und Alkohol, Rn. 650; **a.M.** wohl *Burhoff* ZAP 2005, 1071ff (1073) = Fach 9, S. 757ff (759); vgl. auch JWO-VerkehrsR online Nr. 45/2005, S. 6.

33 *BGH* vom 29.3.1960, NJW 1960, 1211f; *BayObLG* vom 24.1.2005, DAR 2005, 458f; *OLG Karlsruhe* vom 9.8.1983, DAR 1983, 365f; *OLG Düsseldorf* vom 18.4.1983, DAR 1983, 301; *OLG Koblenz* vom 6.3.1975, VRS 49, 366ff; *BayObLG* vom 31.10.1974, VRS 48, 207f; *OLG Hamburg* vom 18.1.1967, VRS 32, 452ff; *Freyschmidt* Verteidigung in Straßenverkehrssachen, Rn. 99; *Janiszewski* Verkehrsstrafrecht, Rn. 327.

aber ein **willentliches Handeln** voraussetzt, liegt demnach kein Führen vor, wenn das Fahrzeug ungewollt ins Rollen gerät.[34] Kein „Führen" liegt trotz (Durch-)Drehen der Räder auch dann vor, wenn ein Betroffener vergeblich versucht, ein im Waldboden feststeckendes Fahrzeug freizubekommen, wenn es von seinem Standort nicht „fortbewegt" wird.[35]

3. Andere berauschende Mittel i.S.v. § 316 Abs. 1 StGB

94 Gemäß § 316 Abs. 1 StGB macht sich wegen „Trunkenheit im Verkehr" strafbar, wer im öffentlichen Verkehr als Führer eines Fahrzeuges Alkohol, oder anstelle von Alkohol **„andere berauschende Mittel"** konsumiert hat und deshalb fahruntüchtig ist.

95 Der Begriff eines „berauschenden Mittels" ist jedoch gesetzlich nicht näher definiert. Es bedarf daher einer Definition, was unter die Begriffe „andere" und „berauschende Mittel" zu subsumieren ist.

Dazu gehören zwar unstreitig unter anderem die im Kapitel 1 beschriebenen illegalen Betäubungsmittel wie **Cannabis (Haschisch** und **Marihuana)**, **Amphetamine (Ecstasy)**, **Morphin** und **Heroin** sowie **Kokain**,[36] allerdings können auch legale **Substitutionsmittel** und **Medikamente** wie z. B. **Benzodiazepine**[37] die Fahrtüchtigkeit beeinflussen.

96 Benzodiazepine beeinflussen beispielsweise die Hirnfunktion und die psychophysische Gesamtverfassung eines Kraftfahrzeugführers und können insbesondere zur Beeinträchtigung des Reaktionsvermögens führen[38] ohne allerdings einen „Rausch" zu erzeugen (be**rausch**ende Mittel). Auch Kodein[39] verursacht bei therapeutischer Anwendung keinen „Rausch", gleichwohl kann es die Fahrtüchtigkeit beeinträchtigen.

97 Die Problematik wird auch durch in der Augenheilkunde verwendete Substanzen deutlich,[40] welche zwar vorübergehend die Sehfähigkeit eines Fahrzeugführers einschränken können, so dass an eine Fahruntüchtigkeit zu denken wäre, während derartige Augentropfen aber unstreitig ebenfalls keine „berauschenden Mittel" darstellen.[41]

98 Nach der gefestigten **Rechtsprechung des Bundesgerichtshof**[42] sind unter „andere berauschende Mittel" solche zu verstehen, die in ihren **Auswirkungen denen des Alkohols vergleichbar** sind und die zur **Beeinträchtigung des Hemmungsvermögens** sowie der intellektuellen und motorischen Fähigkeiten führen, also Stoffe, die auf das **Zentralnervensystem** (Gehirn/Rückenmark) **einwirken**.[43]

34 *OLG Düsseldorf* vom 28.11.1991, NZV 1992, 197f; *BayObLG* vom 6.5.1970, DAR 1970, 331f; *Cramer/Sternberg-Lieben* in Schönke/Schröder § 316 StGB Rn. 20.
35 *OLG Brandenburg* vom 20.12.2005, DAR 2006, 219.
36 Diese Mittel finden sich auch in der Anlage zur Vorschrift des § 24a Abs. 2 StVG.
37 Medikament mit beruhigender, schlaffördernder, angst- und spannungslösender Wirkung.
38 *Krüger/Schulz/Magerl* Medikamenten und Drogennachweis bei verkehrsunauffälligen Fahrern, S. 33.
39 *OLG Köln* vom 21.12.1990, NZV 1991, 158f.
40 Vgl. Rn. 248.
41 Daneben ist auch die **amtliche Überschrift** in § 316 StGB verwirrend, wenn sie von „Trunkenheit" spricht, weil hier zum einen bereits ein fortgeschrittener Zustand der Alkoholisierung verstanden wird, vgl. *Janiszewski* Verkehrsstrafrecht, Rn. 331 und zum anderen die auch noch im Tatbestand enthaltenen „anderen berauschenden Mittel" nicht mit umfasst sind.
42 Vom 30.9.1976, VRS 53, 356.
43 So auch *OLG Düsseldorf* vom 2.5.1994, NJW 1994, 2428f.

Unter den gesetzlich nicht näher definierten Begriff der „berauschenden Mittel“ fallen somit alle Mittel, die bei entsprechender Dosierung und Anwendungsform wie Rauschmittel wirken[44] oder die eine betäubende Wirkung haben bzw. wenn sie in ähnlicher Weise wie alkoholische Getränke berauschend oder betäubend sind.[45] **99**

Dies gilt zunächst für alle Medikamente, die Alkohol enthalten[46] und diejenigen, die das zentrale Nervensystem beeinflussen,[47] also zweifelsohne auch für zahlreiche **legale und ärztlich verordnete Arzneimittel**[48] und **Psychopharmaka**.[49] **100**

Statt dem Gesetzeswortlaut „berauschende Mittel“ wäre demnach der Terminus „psychotrope (psychoaktive) Substanz“ wesentlich präziser.[50] **101**

Krüger/Schulz/Magerl[51] verwenden den Oberbegriff „zentral wirksame Substanz“.

---

44 *BGH* vom 21.3.1978, Az. 4 StR 104/78.

45 *BSG* vom 27.11.1985, VersR 1986, 340ff = NZA 1986, 271ff; *OLG Koblenz* vom 29.5.1980, VRS 59, 199ff; *AG Köln* vom 18.2.1981, BA 1981, 263ff.

46 *Hentschel* Straßenverkehrsrecht, § 316 StGB Rn. 3; *Janiszewski/Jagow/Burmann* Straßenverkehrsrecht, § 316 StGB Rn. 27.

47 *BSG* vom 27.11.1985, VersR 1986, 340ff = NZA 1986, 271ff.

48 *OLG Frankfurt/Main* vom 7.3.1979, BA 1979, 407f.

49 Vgl. z. B. für **Bellergal**® *KG* vom 28.3.1960, VRS 19, 111ff; *Harbort* Rauschmitteleinnahme und Fahrsicherheit, Rn. 102; für **Betadorm** *BSG* vom 27.11.1985, VersR 1986, 340ff = NZA 1986, 271ff; *Harbort* Rauschmitteleinnahme und Fahrsicherheit, Rn. 102; für **Butazolidin**® *OLG Celle* vom 6.6.1963, NJW 1963, 2385f; für **Covatix** *OLG Celle* vom 30.4.1964, VRS 27, 437ff; *Harbort* Rauschmitteleinnahme und Fahrsicherheit, Rn. 100; für **Dolo-Adamon N** (bis zum Jahr 1984 „Dolo-Adamon“) *Harbort* Rauschmitteleinnahme und Fahrsicherheit, Rn. 105; für **Eusedon**® *AG Köln* vom 18.2.1981, BA 1981, 263ff; *Janiszewski/Jagow/Burmann* Straßenverkehrsrecht, § 316 StGB Rn. 27; *Harbort* Rauschmitteleinnahme und Fahrsicherheit, Rn. 102; *Janiszewski* Verkehrsstrafrecht, Rn. 382; für **Mandrax**® *OLG Düsseldorf* vom 19.10.1977, VM 1978, 84f; *Janiszewski/Jagow/Burmann* Straßenverkehrsrecht, § 316 StGB Rn. 27; *Harbort* Rauschmitteleinnahme und Fahrsicherheit, Rn. 102; *Janiszewski* Verkehrsstrafrecht, Rn. 382 (der Wirkstoff des Medikamentes Mandrax®, nämlich **Methaqualon**, kommt in Deutschland praktisch nicht mehr vor. Das Medikament Mandrax® wurde im Jahre 1982 als Methaqualon dem BtMG unterstellt); für **Medinal**®, *Harbort* Rauschmitteleinnahme und Fahrsicherheit, Rn. 102; für **Metrotonin**® *KG* vom 16.10.1958, VRS 15, 414ff; *Harbort* Rauschmitteleinnahme und Fahrsicherheit, Rn. 99; für **Miltaun** *OLG Düsseldorf* vom 10.5.1962, VRS 23, 443ff; *Harbort* Rauschmitteleinnahme und Fahrsicherheit, Rn. 100; für **Omca** *OLG Köln* vom 9.12.1966, BA 1967, 155f; *Harbort* Rauschmitteleinnahme und Fahrsicherheit, Rn. 100; für **Phanodorm**® *KG* vom 28.3.1960, VRS 19, 111ff; *Hentschel* Straßenverkehrsrecht, § 316 StGB Rn. 3; *Janiszewski/Jagow/Burmann* Straßenverkehrsrecht, § 316 StGB Rn. 27; *Harbort* Rauschmitteleinnahme und Fahrsicherheit, Rn. 102; *Janiszewski* Verkehrsstrafrecht, Rn. 382; für **Saridon**® *OLG Oldenburg* vom 23.4.1963, DAR 1963, 304ff (306); für **Sekundal**® *OLG Hamm* vom 18.5.1976, BA 1976, 436ff; *Harbort* Rauschmitteleinnahme und Fahrsicherheit, Rn. 102; für **Verla 3 N** (bis zum Jahr 1987 „Verla 3“, vgl. *Harbort* Rauschmitteleinnahme und Fahrsicherheit, Rn. 105) *OLG Hamm* vom 3.11.1966, VRS 32, 278ff (280).
Alle Arzneimittel stehen nicht mehr in der sog. **Gelben Liste**. Die Gelbe Liste Pharmindex ist ein Verzeichnis von Fertigarzneimitteln. Sie ist eine Arbeitshilfe für Fachkreise und liefert unter anderem Preisinformationen zu Arzneimitteln. Die Gelbe Liste Identa ermöglicht die Bestimmung und Darstellung der Darreichungsformen nach äußerer Form und Farbe. Das Arzneimittelverzeichnis **Rote Liste**® gibt einen Gesamtüberblick über das deutsche/europäische Arzneimittelangebot und über bestimmte Medizinprodukte. Es enthält Informationen über Anwendungsgebiete und -beschränkungen, Gegenanzeigen sowie Neben- und Wechselwirkungen von Fertigarzneimitteln.

50 *Köhler* Rauschdrogen und andere psychotrope Substanzen; Formen, Wirkungen, Wirkmechanismen, S. 13ff; s. dazu auch *Burmann* DAR 1987, 134ff.

51 *Krüger/Schulz/Magerl* Medikamenten und Drogennachweis bei verkehrsunauffälligen Fahrern, S. 33.

a) Schlaf- und Beruhigungsmittel (Tranquilizer, Sedativa, Hypnotika)

102 Psychopharmaka mit dem Wirkstoff der **Benzodiazepine** gehören zu den berauschenden Mitteln.[52] Hierzu zählen etwa **Valium**®,[53] **Lexotanil**®,[54] **Adumbran**®,[55] **Librium**®[56] und **Rohypnol**®.[57]

103 Wegen der Häufigkeit ihrer Relevanz im Zusammenhang mit der Teilnahme am Straßenverkehr und dem Führen eines Fahrzeuges sollen im Folgenden zu einigen **sedierenden Wirkstoffen** aus der Reihe der Benzodiazepine und zu Wirkstoffen mit benzodiazepinähnlicher Wirkung Kurzbeschreibungen zu ihrer therapeutischen Anwendung genannt werden:

104 **Alprazolam** ist in Dosierungen von 0,25 mg bis 1,0 mg erhältlich. Bei einer Eliminationshalbwertszeit von 6-20 Stunden gehört es zu den mittelschnell abgebauten Benzodiazepinen. Der schwach aktive Metabolit α-Hydroxy-Alprazolam wird mit einer Plasmahalbwertszeit von 11-15 Stunden ausgeschieden. Es soll nur bei schwerwiegenden, den Patienten außergewöhnlich belastenden Angstzuständen eingesetzt werden. Der therapeutische Bereich reicht von 5 bis 50 ng/ml. Bei Missbrauch kommen durchaus Konzentration bis 0,5 mg/l vor.

105 **Brotizolam** wird in Tabletten von 0,25 mg angeboten, die halbiert werden können. Bei einer Eliminationshalbwertszeit von 4-7(10) Stunden gehört es zu den schnell abgebauten Benzodiazepinen. Es soll nur zur kurzfristigen Behandlung von Ein- und Durchschlafstörungen eingesetzt und von Erwachsenen einmal am Tag aufgenommen werden. Der Missbrauch von Brotizolam lässt sich aus untersuchten Fällen des Instituts für Rechtsmedizin der Universität München nicht ableiten.

106 **Bromazepam** wurde durch das Medikament **Lexotanil**® bekannt. Bei einer Eliminationshalbwertszeit von 8-22 Stunden gehört es zu den mittelschnell abgebauten Benzodiazepinen. Es dient zur symptomatischen Behandlung von akuten und chronischen Spannungs-, Erregungs- und Angstzuständen. Bei der Behandlung dadurch bedingter Schlafstörungen muss berücksichtigt werden, dass die Wirkung auf das Zentralnervensystem noch am darauf folgenden Tag andauern kann. Der therapeutische Bereich reicht von 0,80 bis 0,2 mg/l.

107 **Chlordiazepoxid** ist in dem Medikament **Librium**® in einer Dosierung von 25 mg enthalten. Es gehört wegen der langen Halbwertszeiten der Metaboliten zu den sehr langsam verstoffwechselten Benzodiazepinen. Es dient zur symptomatischen Behandlung von akuten und chronischen Spannungs-, Erregungs- und Angstzuständen. Bei der Behandlung dadurch bedingter Schlafstörungen muss berücksichtigt werden, dass die Wirkung auf das Zentralnervensystem noch am darauf folgenden Tag andauern kann.

---

52 Vgl. auch Rn. 444.

53 *BGH* vom 30.8.1983, DAR 1984, 185ff; *BSG* vom 27.11.1985, VersR 1986, 340ff = NZA 1986, 271ff; *OLG Frankfurt/Main* vom 7.3.1979, BA 1979, 407f; *OLG Köln* vom 23.1.1976, BA 1977, 124f; *Hentschel* Straßenverkehrsrecht, § 316 StGB Rn. 3; *Janiszewski/Jagow/Burmann* Straßenverkehrsrecht, § 316 StGB Rn. 27; *Cramer* Straßenverkehrsrecht, Band 1, § 316 StGB Rn. 6; *Harbort* Rauschmitteleinnahme und Fahrsicherheit, Rn. 98; *Janiszewski* Verkehrsstrafrecht, Rn. 382; vgl. auch Rn. 110.

54 *BayObLG* vom 24.4.1990, NZV 1990, 317f; *OLG Celle* vom 2.12.1985, NJW 1986, 2385f = VRS 70, 364ff; *OLG Hamburg* vom 17.11.1981, BA 1982, 470ff; *Hentschel* Straßenverkehrsrecht, § 316 StGB Rn. 3; *Janiszewski/Jagow/Burmann* Straßenverkehrsrecht, § 316 StGB Rn. 27; *Harbort* Rauschmitteleinnahme und Fahrsicherheit, Rn. 98; *Janiszewski* Verkehrsstrafrecht, Rn. 382; vgl. auch Rn. 106.

55 Vgl. auch Rn. 121; **a.M.** wohl *Harbort* Rauschmitteleinnahme und Fahrsicherheit, Rn. 100.

56 *Cramer* Straßenverkehrsrecht, Band 1, § 316 StGB Rn. 6; offen gelassen von *OLG Stuttgart* vom 17.2.1965, NJW 1966, 410ff; vgl. auch Rn. 107; **a.M.** *Janiszewski* Verkehrsstrafrecht, Rn. 382.

57 *AG Ludwigshafen* vom 8.5.2002, Az. 5416 Js 25820/01; s. auch *Salger/Maatz* NZV 1993, 329ff (329); offen gelassen durch *OLG Köln* vom 21.12.1990, NZV 1991, 158f; vgl. auch Rn. 112.

Das Medikament **Frisium**® enthält **Clobazam** in Dosierungen von 10 und 20 mg. Bei einer Eliminationshalbwertszeit von 10-32 Stunden gehört es zu den sehr langsam verstoffwechselten Benzodiazepinen. Es dient einerseits zur symptomatischen Behandlung von akuten und chronischen Spannungs-, Erregungs- und Angstzuständen, andererseits als Zusatzmedikation bei epileptischen Anfällen, wenn andere Antiepileptika allein nicht zur Anfallsfreiheit führen. Der therapeutische Bereich reicht von 0,1 bis 0,4 mg/l. Das Missbrauchspotential von Clobazam muss eher als gering eingestuft werden. **108**

Clonazepam ist in den Medikamenten **Rivotril**® und **Antelepsin**® in Dosierungen von 0,5 bis 2 mg erhältlich, Rivotril® auch als Tropfen (25 Tropfen enthalten 2,5 mg) und Injektionslösung (1 mg/ml). Es wird ebenfalls sehr langsam in der Leber mit einer Plasmahalbwertszeit von 20-60 Stunden verstoffwechselt und dient der Behandlung von epileptischen Anfällen. Der therapeutische Bereich liegt mit 1 bis 4 ng/ml (0,001-0,004 mg/l) im kaum messbaren Bereich, weshalb der Wirkstoff bei einem Drogenscreening häufig übersehen wird. **109**

Diazepam wurde durch das Medikament **Valium**® bekannt und ist heute als Generikum in einer Reihe von Tabletten erhältlich, die Diazepam in Dosierungen zwischen 2 und 10 mg enthalten. Diazepam ist auch als Zäpfchen, Injektionslösung und in Tropfen erhältlich. Bei einer Eliminationshalbwertszeit von 40-80 Stunden gehört es zu den sehr langsam verstoffwechselten Benzodiazepinen. Es dient zur symptomatischen Behandlung von akuten und chronischen Spannungs-, Erregungs- und Angstzuständen. Bei der Behandlung dadurch bedingter Schlafstörungen muss berücksichtigt werden, dass die Wirkung auf das Zentralnervensystem noch am darauf folgenden Tag andauern kann. Dazu kommt, dass Diazepam zu **Nordazepam**, **Oxazepam** und **Temazepam** abgebaut wird, die in ihrer Wirkung auf das ZNS dem Diazepam ähneln und von denen insbesondere Nordazepam noch sehr lange nachweisbar ist. Die lange Abbauzeit des Nordazepam führt auch dazu, dass es im Blut akkumuliert und bei einer regelmäßigen Aufnahme von Diazepam in höherer Konzentration nachweisbar sein kann, ohne dass dieses selbst eingenommen wurde. **110**

Bei einer nur gelegentlichen Aufnahme ist die Diazepamkonzentration höher als die des Nordazepam, diese höher als die des Oxazepam und diese wiederum höher als die des Temazepam.

Flurazepam ist in den Medikamenten **Staurodorm**® und **Dalmadorm**® in einer Dosis von 27,42 mg bzw. 30 mg als Hydrochlorid enthalten. Flurazepam selbst hat zwar nur eine Plasmahalbwertszeit von 1-3 Stunden wirkt aber über sein Stoffwechselprodukt Desalkylflurazepam, dessen Halbwertszeit zwischen 47 und 100 Stunden liegt, noch sehr lange nach. Es wird zur Behandlung von Ein- und Durchschlafstörungen eingesetzt, die mit Angstzuständen einhergehen. Auch bei diesem Wirkstoff muss damit gerechnet werden, dass der Metabolit noch am nächsten Tag Einfluss auf die Fahrtüchtigkeit nehmen kann. **111**

Flunitrazepam wurde durch das Medikament **Rohypnol**® in den Markt eingeführt, das zunächst 2 mg Wirkstoff enthielt, heute aber, wie seine Generika, nur noch 1 mg enthält. Es darf nur zur kurzfristigen Behandlung von Schlafstörungen eingesetzt werden, weil ein hohes Missbrauchspotential vorliegt.[58] **112**

Dikaliumchlorazepat wird innerhalb von Minuten zu **Nordazepam** abgebaut, so dass letzteres die eigentlich wirksame Substanz ist, wenn **Tranxilium**®-Tabletten mit 5, 10 oder 20 mg Dikaliumchlorazepat eingenommen werden. Nordazepam wird dann weiter zu **Oxazepam** abgebaut. **113**

---

58 Zum Missbrauch s. auch Rn. 445.

114 **Loprazolam** ist in **Sonin**®-Tabletten in einer Dosis von 1 mg enthalten und soll nur zur Kurzzeitbehandlung von Schlafstörungen eingesetzt werden.

115 **Lorazepam** wird in Dosierungen von 0,5 bis 2,5 mg z.B. in dem Medikament **Tavor**® zur symptomatischen Behandlung von akuten Angst-, Spannungs- und Erregungszuständen eingesetzt. Die Tagesdosis soll 2,5 mg, in speziellen Fällen bei stationärer Behandlung 7,5 mg nicht überschreiten. Der therapeutische Blutspiegel reicht von 10 bis 100 ng/ml.

116 **Lormetazepam** sollte in der Regel zur Behandlung von Ein- und Durchschlafstörungen in Dosierungen von nicht mehr als 0,5 bis 1 mg, in Ausnahmefällen bis zu 3 mg aufgenommen werden. Es wird außerdem bei Erwachsenen zur Prämedikation, also zur Vorbereitung von therapeutischen und diagonistischen Eingriffen verwendet.

117 **Medazepam** ist nur in 10 mg-Dosierungen zur symptomatischen Behandlung von akuten und chronischen Spannungs-, Angst- und Erregungszuständen im Handel. Es unterscheidet sich von den anderen für diese Therapie üblichen Benzodiazepinen durch die relativ kurze Halbwertszeit von 2-5 Stunden.

118 **Midazolam** wird als Injektionslösung mit Konzentrationen von 5 mg/ml bei intensivmedizinischen Maßnahmen und zur Prämedikation bei Narkosen und der balancierten Anästhesie zusammen mit Opioiden verwendet. Im Zusammenhang mit Blutuntersuchungen von Verkehrsteilnehmern wird es deshalb fast ausschließlich in Blutproben von Verletzten gefunden.[59] Es gibt aber auch Midazolam in Tablettenform (**Dormicum**®) mit 7,5 mg.

119 **Nitrazepam** wird zur kurzzeitigen Behandlung von Schlafstörungen in Tablettenform mit 5 oder 10 mg angewandt, in Tropfenform zur Behandlung von Durchschlafstörungen. 35 Tropfen enthalten etwa 5 mg Nitrazepam.

120 **Nordazepam** ist in **Tranxilium N**® Tropfen enthalten (24 Tropfen entsprechen 5 mg Nordazepam). Aber auch nach der Aufnahme von **Dikaliumchlorazepat** werden in den Körperflüssigkeiten fast ausschließlich **Nordazepam** und seine Stoffwechselprodukte gefunden. Außerdem ist bei der Beurteilung dieses Wirkstoffes zu berücksichtigen, dass Nordazepam durch den Abbau von **Diazepam** entsteht und wegen seiner längeren Halbwertszeit bei regelmäßiger Diazepam-Aufnahme höhere Blutspiegel aufweisen kann als das Diazepam selbst. Auch Nordazepam wird zur Behandlung von Angst-, Spannungs- und Erregungszuständen eingesetzt.

121 **Oxazepam** kann bei der Behandlung von Angstzuständen und bei Durchschlafstörungen verwendet werden. Das Arzneimittel **Adumbran**® wird nur selten als berauschendes Mittel missbraucht. Trotzdem tritt Oxazepam sehr häufig in den Blutproben auf, weil es ein Stoffwechselprodukt von **Nordazepam** und damit auch von **Diazepam** ist.

122 **Prazepam** kommt eher selten in Blutproben von Kraftfahrzeugführern vor, weil für die Behandlung von Angst- und Spannungszuständen eher Diazepam verwendet wird.

123 **Tetrazepam** wird ausschließlich bei Muskelverspannungen oder krankhaftem Muskeltonus eingesetzt. Wenn es im Blut von Kraftfahrzeugführern auftritt, dann eher zufällig in Kombination mit anderen Benzodiazepinen. Bei therapeutischer Anwendung kann es nicht von vornherein als berauschendes Mittel angesehen werden.

124 **Triazolam** (**Halcion**®) ist ein Hypnotikum mit relativ kurzer Halbwertszeit, und niedriger Dosierung (0,125 oder 0,25 mg pro Tablette). Es ist nur in Tablettenform erhältlich und wegen des geringen Blutspiegels nicht sehr lange im Blut nachzuweisen.

---

59 Vgl. hierzu auch Rn. 133.

Zaleplon (**Sonata**®) ist Hypnotikum für die Behandlung von Einschlafstörungen geeignet. Bei der relativ kurzen Halbwertszeit ist am nächsten Tag nicht mehr mit einem messbaren Blutspiegel oder einer Beeinträchtigung für die Verkehrssicherheit zu rechnen, obwohl die Einzeldosis 5 bzw. 10 mg beträgt. **125**

Zolpidem (z. B. **Stilnox**®) ist für die kurzzeitige Behandlung von Schlafstörungen zugelassen. Die Einzeldosis beträgt 10 mg, was auch am nächsten Morgen noch zu einem messbaren Blutspiegel führen kann. **126**

Auch **Zopiclon** (z. B. **Ximovan**®) ist nur für die kurzzeitige Behandlung von Schlafstörungen vorgesehen. Bei einer Einzeldosis von 7,5 mg kann der Wirkstoff am nächsten Morgen noch im Blut nachweisbar sein. Bei Konzentrationen von über 1 mg/l ist an eine Überdosierung zu denken. **127**

Nicht als berauschendes Mittel wurde das Schlafmittel **Valamin**®[60] angesehen und bei **Somnupan**®[61] und **Luminal**®[62] wurde die Frage offen gelassen. Valamin® und Somnupan® sind nach der unter Rn. 98 aufgeführten Definition des Bundesgerichtshofs jedoch ganz eindeutig zu den berauschenden Mitteln zu subsumieren, von denen Valamin® mit einem Carbamat und Somnupan® mit einem Barbiturat als Wirkstoff schon lange nicht mehr im Handel sind. Luminal® wird nur noch als Antiepileptikum eingesetzt, als Barbiturat ist es aber ebenfalls zu den berauschenden Mitteln zu zählen. **128**

Zu den Schlaf- und Beruhigungsmitteln gehören neben den vorstehend genannten Benzodiazepinen Wirkstoffe aus verschiedenen Substanzgruppen. Einzelne Antihistaminika wie z. B. die Wirkstoffe **Doxylamin** und **Diphenhydramin** werden zur Beruhigung vor dem Einschlafen verwendet und können wegen des sedierenden Effektes die Fahrsicherheit beeinträchtigen, erst recht, wenn sie in übertherapeutischer Dosierung eingenommen wurden. **129**

Dazu gehören neben Doxylamin und Diphenhydramin insbesondere auch die Wirkstoffe **Clemastin, Ketotifen, Meclozin** und **Triprolidin**. Da bei diesen Wirkstoffen aber eine Abgrenzung zwischen Antiallergikum und „berauschendem Mittel" sehr schwierig ist, sollte diese nicht ohne sachverständige Hilfestellung erfolgen. **130**

Zu beachten ist auch, dass gerade die als Schlafmittel eingesetzten Substanzen Doxylamin und Diphenhydramin in einer Reihe von rezeptfreien Kombinationspräparaten enthalten sind, Doxylamin etwa in dem Erkältungssaft **Wick MediNait**®.[63] **131**

b) Antidepressiva

Manche Medikamente, die auf das Zentralnervensystem einwirken, stellen in richtiger Dosierung und nach ärztlicher Verordnung eine Fahrtüchtigkeit gerade erst wieder her.[64] So wäre beispielsweise das sichere Führen eines Fahrzeuges bei einem Diabeteserkrankten ohne die Gabe von Insulin praktisch ausgeschlossen.[65] **132**

---

60 *LG Nürnberg-Fürth* vom 6.12.1954, NJW 1955, 1484f; *Harbort* Rauschmitteleinnahme und Fahrsicherheit, Rn. 103.

61 *OLG Karlsruhe* vom 25.4.1978, BA 1979, 59ff; *Harbort* Rauschmitteleinnahme und Fahrsicherheit, Rn. 103. Das Medikament Somnupan® wurde 1982 als Cyclobarbital dem BtMG unterstellt, so dass es jetzt ohne weiteres als berauschendes Mittel anzusehen ist.

62 *OLG Köln* vom 23.11.1976, BA 1977, 124f; *Harbort* Rauschmitteleinnahme und Fahrsicherheit, Rn. 103.

63 Vgl. dazu auch Rn. 454.

64 Vgl. auch *Gebhardt* Das verkehrsrechtliche Mandat, § 37 Rn. 176.

65 Im Widerspruch dazu Ziff 9.6 der Anlage 4 zu §§ 11, 13, 14 FeV.

Antidepressiva und die nachstehenden Wirkstoffe können in Bezug auf die Beeinträchtigung der Fahrsicherheit daher nicht mit Schlaf- oder Beruhigungsmitteln gleichgesetzt werden, weil sie bei therapeutischer Anwendung den Zustand eines Fahrzeugführers in Bezug auf seine „intellektuellen und motorischen Fähigkeiten" **auch verbessern** können. Deshalb muss bei Vorkommnissen unter Beteiligung der nachstehend aufgeführten Wirkstoffe der jeweilige Einzelfall unter Berücksichtigung der Krankheit beurteilt werden:

Amitriptylin
Amitriptylinoxid
Doxepin
Trimipramin
Clomipramin
Imipramin
Desipramin
Nortriptylin
Opipramol
Maprotilin
Mianserin
Mirtazapin
Trazodon
Viloxazin
Citalopram
Fluoxetin
Fluvoxamin
Paroxetin
Sertralin
Venlafaxin
Reboxetin
Moclobemid
Tranylcypromin

c) Stark wirksame schmerzlindernde Medikamente (Opioid-Analgetika)

133 Schmerzstillende Mittel werden grob in Opioid-Analgetika und nicht-opioide Analgetika eingeteilt, wobei Opioid-Analgetika wegen ihrer morphinähnlichen Wirkung auf das Zentralnervensystem eindeutig zu den „berauschenden Mitteln" gehören, von denen beispielhaft die folgenden Medikamente zu nennen sind:[66]

Dipidolor®
Dolantin®
Durogesic®
Fortral®
Rapifen®
Sufenta®
Tilidin®[67]
Tramal®
Valoron®[68]

Kann in Blutproben, die **nach einem Verkehrsunfall** entnommen wurden, neben **Morphin**, **Midazolam**[69] und **Thiopental** ein Wirkstoff aus den vorstehend genannten Präparaten wie z. B. **Tramadol**, **Pethidin** oder **Fentanyl** nachgewiesen werden, so ist daran zu denken, dass dieser auch durch den Notarzt verabreicht worden sein könnte, ohne dass dies im Protokoll vermerkt ist.[70]

d) Schwach wirksame schmerzlindernde Medikamente (nicht opioide Analgetika)

134 Nur zum Stillen von leichten Schmerzen eingenommene und dazu geeignete Medikamente werden generell **nicht zu den berauschenden Mitteln** gezählt.[71] Damit sind in erster Linie die Wirkstoffe **Acetylsalicylsäure, Paracetamol, Diclofenac** und **Ibuprofen** gemeint.

66 Vgl. dazu auch Rn. 329.
67 Vgl. auch *VG München* vom 26.7.2005, Az. M 6a S 1890/05.
68 Vgl. auch *VG München* vom 26.7.2005, Az. M 6a S 1890/05.
69 Vgl. Rn. 118.
70 Vgl. zur Einwilligung eines Unfallopfers zur Blutentnahme auch *Bode* ZVS 1997, 182.
71 *BayObLG* vom 17.4.1958, VRS 15, 202ff; *Tröndle/Fischer* Strafgesetzbuch, § 323a StGB, Rn. 3.

Auch diese Wirkstoffe können aber bei einer Überdosierung das sichere Führen eines Fahrzeuges beeinflussen, wenngleich die Bezeichnung als „berauschendes Mittel" irreführend wäre.[72]

Auch den folgenden nicht-opioiden Analgetika fehlen die psychotropen und sedierenden Eigenschaften der Opioid-Analgetika (Ausnahme der Wirkstoff **Flupirtin [Katadolon®]**), weshalb die nachstehenden Wirkstoffe **nicht zu den „berauschenden Mitteln"** gezählt werden können und die Fahrtüchtigkeit daher nur ausnahmsweise, z.B. bei indometacinhaltigen Medikamenten bei hoher Dosierung, beeinträchtigt sein kann. **135**

Metamizol	Ketoprofen
Propyphenazon	Dexketoprofen
Phenylbutazon	Indometacin
Mefenaminsäure	Piroxicam
Flufenaminsäure	Meloxicam
Dexibuprofen	Celcoxib
Naproxen	Dolviran[73]

e) Neuroleptika

Neuroleptika sind Medikamente, die zur Behandlung von **Psychosen** vorgesehen sind. Auch bei ihnen liegt die Gefährlichkeit des Führens eines Fahrzeugs vor allem in der Sedierung und der damit verbundenen **verlangsamten Reaktionen**. Dazu zählen insbesondere die nachstehenden Wirkstoffe, die in der Reihenfolge ihrer abnehmenden sedierenden Wirkung aufgeführt werden.[74] **136**

Sulpirid	Zuclopenthixol
Amisulprid	Olanzapin
Perazin	Triflupromazin
Promazin	Zotepin
Promethazin	Risperidon
Levomepromazin	Pimozid
Perphenazin	Reserpin
Thioridazin	Bromperidol
Chlorprothixen	Flupentixol
Prothipendyl	Fluphenazin
Melperon	Haloperidol
Pipamperon	Fluspirilen
Chlorpromazin	Benperidol
Clozapin	

72 Vgl. auch *BGH* vom 21.3.1978, Az. 4 StR 104/78, vgl. auch *Spiegel* DAR 1979, 173ff (180); *OLG Celle* vom 2.12.1985, NJW 1986, 2385f; *Tröndle/Fischer* Strafgesetzbuch, § 64 StGB Rn. 3a und § 323a StGB Rn. 3; **a.M.** noch *BayObLG* vom 17.4.1958, VRS 15, 202ff (203).

73 *OLG Koblenz* vom 29.5.1980, BA 1980, 457ff (459) = VRS 59, 199ff; *OLG Hamm* vom 18.5.1976, BA 1976, 436ff (437); *Janiszewski/Jagow/Burmann* Straßenverkehrsrecht, § 316 StGB Rn. 27; *Janiszewski* Verkehrsstrafrecht, Rn. 382; *Harbort* Rauschmitteleinnahme und Fahrsicherheit, Rn. 105; offen gelassen von *OLG Frankfurt/Main* vom 9.7.1969, DAR 1970, 162f. Das Medikament Dolviran® N ist eine Kombination aus den Wirkstoffen Acetylsalicylsäure und Kodein.

74 Ob **Neurocil** als berauschendes Mittel anzusehen ist, wurde von der Rechtsprechung offen gelassen, vgl. *OLG Karlsruhe* vom 25.4.1978, BA 1979, 59ff (60). Dies dürfte allerdings zu bejahen sein.

137 Für die Verkehrssicherheit kommt es nicht darauf an, ob es sich bei dem berauschenden Mittel um ein Medikament der Anlage III zum BtMG handelt,[75] oder ob das auf das Zentralnervensystem einwirkende Präparat legal oder illegal eingenommen wurde.[76] Entscheidend ist das Gefährdungspotential, welches durch das Mittel hervorgerufen werden kann. Bei Beeinträchtigungen der Fahrtüchtigkeit durch legale Medikamente kann eine Privilegierung daher unter keinen Umständen zulässig sein.[77]
Kommt es somit auf Grund der Einnahme von Medikamenten oder Substitutionsmitteln zu einem Verkehrsunfall oder kann, wie wohl bei den Wirkstoffen **Diazepam** (Medikament **Valium**®) oder **Flunitrazepam** (Medikament **Rohypnol**®) oder anderen Tranquilizern[78] anzunehmen sein dürfte, eine Fahrunfähigkeit festgestellt werden, so könnte trotz legalem Medikamentenkonsum dennoch eine Straftat nach § 316 Abs. 1 StGB oder § 315c Abs. 1 S. 1 a) StGB vorliegen,[79] so dass durch Fahrzeugführer etwaige ärztliche Warnungen und der Beipackzettel, binnen der mitgeteilten Frist nicht am Straßenverkehr teilzunehmen, tunlichst zu beachten sind.

4. Nachweis der Fahruntüchtigkeit i.S.v. § 316 Abs. 1 S. 2 StGB

138 Nach § 316 Abs. 1 StGB macht sich wegen „Trunkenheit im Verkehr" strafbar, wer im öffentlichen Verkehr als Führer eines Fahrzeuges Alkohol oder anstelle von Alkohol andere berauschende Mittel konsumiert hat und deshalb **„fahruntüchtig"**[80] ist.

a) Fahruntüchtigkeit

139 In der gesetzlichen Terminologie findet sich aber weder der Begriff der **Fahrunsicherheit**, noch der der **Fahruntüchtigkeit**.[81] Vielmehr ist dort die Rede davon, dass ein Täter „infolge des Genusses[82] alkoholischer Getränke oder anderer berauschender Mittel nicht in der Lage ist, ein Fahrzeug sicher zu führen".[83] Es bedarf daher einer Erörterung, wann dieses Tatbestandsmerkmal beim Konsum von Drogen im Straßenverkehrsrecht erfüllt ist.

aa) Begriff

140 Die Begriffe „**Fahrtüchtigkeit**" oder „**Fahrtauglichkeit**" sind zunächst einmal Bezeichnungen, welche die allgemeine Fähigkeit umschreiben, ein Kraftfahrzeug sicher zu führen.

75 *Schöch* Straf- und verwaltungsrechtliche Aspekte des Fahrens unter Drogeneinfluß, S. 59.
76 Vgl. Stellungnahme des Bundesrates zu Drucksache 13/3764 des Deutscher Bundestag vom 8.2.1996, S. 7.
77 **Beachte** aber Rn. 441ff.
78 Siehe dazu auch *Püschel/Iwersen-Bergmann* Drogen – ihre Wirkungen, Nebenwirkungen, Wechselwirkungen, S. 98f.
79 *LG Freiburg* vom 2.8.2006, Az. 7 Ns 550 Js 179/05; s. auch *Hentschel* Straßenverkehrsrecht, § 24a StVG Rn. 22 sowie *Gebhardt* Das verkehrsrechtliche Mandat, § 37 Rn. 157 und Rn. 177.
80 *Tourneur* Haaranalyse – Eine Bestandsaufnahme aus juristischer Sicht, S. 322 führt aus, dass auf den Begriff „**Fahrtauglichkeit**" zu verzichten ist, da dieser Begriff keinen Zustand eines Fahrzeugführers beschreibt.
81 *Hentschel* Trunkenheit, Fahrerlaubnisentziehung, Fahrverbot, Rn. 1; *Harbort* Rauschmitteleinnahme und Fahrsicherheit, Rn. 142.
82 Vgl. dazu auch Rn. 15.
83 §§ 315c Abs. 1 Nr. 1a, 316 StGB.

Unter den Begriff der „Fahr(un)tüchtigkeit" ist somit die konkrete situations- und zeitbezogene Fähigkeit zum Führen eines Kraftfahrzeuges zu subsumieren. Diese Fahrtüchtigkeit ist durch äußere Faktoren und Beeinträchtigungen veränderbar.[84] **141**

Im Gegensatz zur „**Fahrunsicherheit**" beinhaltet der Begriff „**Fahruntüchtigkeit**" ein Mehr an unsicherer Führung eines Fahrzeugs. **142**

Die Wortwahl „Fahrunsicherheit", die sich zur Beschreibung dieses im Gesetz umschriebenen Zustandes immer mehr durchsetzt,[85] hat sicher den Vorteil, mehr den Intentionen des Gesetzestextes zu entsprechen, denn danach ist bereits eine **bloße Unsicherheit** in der Beherrschung des geführten Fahrzeugs im Verkehr **ausreichend** und genügend,[86] denn ein Verkehrsteilnehmer muss ein Fahrzeug „sicher" führen. **143**

Zur **Strafbarkeit** gem. § 316 Abs. 1 StGB ist es somit nicht erforderlich, dass ein Verkehrsteilnehmer völlig unfähig wäre ein Fahrzeug zu führen, was das Wort „**Fahruntüchtigkeit**" mehr zum Ausdruck bringt,[87] wenngleich in dem vorliegenden Buch in Anlehnung an die Kommentierung von Tröndle/Fischer zum Strafgesetzbuch[88] gleichwohl dieser geläufige Begriff[89] verwendet wird. **144**

bb) Rechtsprechung des BGH zum Begriff der Fahruntüchtigkeit

Nach der gefestigten **Rechtsprechung des Bundesgerichtshof**[90] setzt eine Fahruntüchtigkeit voraus, dass die Gesamtleistungsfähigkeit eines Fahrzeugführers infolge geistig-seelischer und körperlicher Ausfälle **soweit herabgesetzt** ist, dass dieser nicht mehr fähig ist, ein Fahrzeug im Straßenverkehr **eine längere Strecke sicher** zu führen und zwar auch dann, wenn eine plötzlich schwierige Verkehrssituation eintritt.[91] **145**

Bei Führen eines Fahrzeuges im fahrunsicheren Zustand auf Grund berauschender Mittel gem. § 316 Abs. 1 S. 1 StGB wird somit auch **keine konkrete Gefahr** für Leib oder Leben eines anderen Verkehrsteilnehmers oder für eine fremde Sache von bedeutendem Wert oder gar ein **Verkehrsunfall** vorausgesetzt.[92] Wie ausgeführt, greift das Gesetz nicht erst bei völliger Fahruntüchtigkeit sondern schon dann ein, wenn ein Kraftfahrzeugführer nicht **146**

---

84 *Schulz/Vollrath/Klimesch/Szegedi* Fahruntüchtigkeit durch Cannabis, Amphetamine und Cocain, S. 10.

85 *BayObLG* vom 14.4.1994, NZV 1994, 285f; *OVG Niedersachsen* vom 16.12.1993, NZV 1994, 295f; *OLG Köln* vom 24.8.1990, NJW 1990, 2945f; *LG Gera* vom 17.1.1996, DAR 1996, 156f; *LG Krefeld* vom 2.6.1992, NZV 1993, 166; *Hentschel* Straßenverkehrsrecht, § 315c StGB Rn. 7; *Janiszewski/Jagow/Burmann* Straßenverkehrsrecht, § 315c StGB Rn. 9 sowie § 316 StGB Rn. 6 und Rn. 22; *Cramer* Straßenverkehrsrecht, Band 1, § 316 StGB Rn. 4; *Janiszewski* Verkehrsstrafrecht, Rn. 332; *Cramer/Sternberg-Lieben* in Schönke/Schröder, § 316 StGB Rn. 4; *Hentschel* Trunkenheit, Fahrerlaubnisentziehung, Fahrverbot, Rn. 1; *Hentschel* Fahrerlaubnis und Alkohol, Rn. 1, Rn. 85ff, Rn. 108ff; *Harbort* Rauschmitteleinnahme und Fahrsicherheit, Rn. 142.

86 *Hentschel* Straßenverkehrsrecht, § 316 StGB Rn. 6; *Janiszewski* Verkehrsstrafrecht, Rn. 332; *Hentschel* Trunkenheit, Fahrerlaubnisentziehung, Fahrverbot, Rn. 1.

87 *Hentschel* Trunkenheit, Fahrerlaubnisentziehung, Fahrverbot, Rn. 1; *Harbort* Rauschmitteleinnahme und Fahrsicherheit, Rn. 143; *Janiszewski* Verkehrsstrafrecht, Rn. 332.

88 *Tröndle/Fischer* Strafgesetzbuch, § 316 StGB Rn. 6.

89 *BGH* vom 30.3.1995, DAR 1995, 296ff; *BGH* vom 10.1.1995, DAR 1995, 196ff; *BayObLG* vom 23.3.1994, NZV 1994, 236f = NJW 1994, 2427; *OLG Düsseldorf* vom 2.5.1994, NZV 1994, 326f = NJW 1994, 2428f; *OLG Düsseldorf* vom 4.3.1993, DAR 1993, 271f = NZV 1993, 276 (im Leitsatz wird allerdings der Begriff „Fahrunsicherheit" verwendet) = NJW 1993, 2390f.

90 Vom 3.11.1998, DAR 1999, 31ff = NZV 1999, 48ff = BA 1999, 61ff = NJW 1999, 226ff = BGHSt 44, 219ff.

91 So auch *OLG Düsseldorf* vom 2.5.1994, NJW 1994, 2428f.

92 *BGH* vom 28.10.1976, MDR 1977, 153ff; vgl. auch Rn. 1016.

mehr in der Lage ist, ein Fahrzeug (eine „längere Strecke") **sicher** zu führen, was regelmäßig schon früher der Fall sein wird.[93]

In dem folgenden Abschnitt wird deshalb erörtert, wie ein entsprechender Nachweis der Fahrunsicherheit, respektive der Fahruntüchtigkeit geführt werden kann:

b) Nachweis von Drogenwirkstoffen im Blutserum

147 Bei der Fahruntüchtigkeit kann zwischen der „**relativen Fahruntüchtigkeit**" und der „**absoluten Fahruntüchtigkeit**" unterschieden werden. Relative Fahruntüchtigkeit nach Drogenkonsum liegt vor, wenn, abgesehen von der dadurch bewirkten Beeinträchtigung der Leistungsfähigkeit eines Konsumenten, weitere festgestellte Tatsachen beweisen, dass der Konsum dieser Drogen zu dessen Fahruntüchtigkeit geführt hat.[94]

148 Die toxikologische rechts- und verkehrsmedizinische Wissenschaft hat für Kraftfahrzeugführer[95] seit dem 28.06.1990 eine **Blutalkoholkonzentration** von 1,1‰ festgesetzt, ohne dass es weiterer Beweisanzeichen für die **absolute** Fahrunfähigkeit bedarf.[96]

Eine der 1,1‰-Grenze nach Alkoholkonsum vergleichbare und **gesetzliche Grenze** nach der Einnahme von **Drogen** gibt es jedoch nicht, um die Fahruntüchtigkeit zu begründen.[97]

Da **jedoch** inzwischen zahlreiche **wissenschaftliche Veröffentlichungen** über die Höhe von **THC-Konzentrationen** und ihre entsprechenden Leistungseinbußen bestehen ist fraglich, ob der Nachweis von Tetrahydrocannabinol (THC) oder der Nachweis von anderen Drogenwirkstoffen im Blut eines Fahrzeugführers die **Annahme einer absoluten Fahruntüchtigkeit** rechtfertigen kann.

aa) Unterschiedliche Ansichten von Sachverständigen zu THC-Konzentrationen analog BAK

149 Das seit dem 30.06.2006 nicht mehr bestehende[98] BayObLG[99] führt beispielsweise aus, dass die festgestellte Tetrahydrocannabinol-Konzentration im Blutserum eines Fahrzeugführers „unter 2,0 ng/ml[100] lag" (ohne allerdings die genaue Konzentration zu nennen), was daran

93 *Janiszewski* Verkehrsstrafrecht, Rn. 265.

94 *BGH* vom 22.4.1982, BGHSt 31, 42ff; *OLG Düsseldorf* vom 2.5.1994, NJW 1994, 2428f; s. zur Unterscheidung auch *Hentschel* Fahrerlaubnis und Alkohol, Rn. 149ff.

95 Für Radfahrer 1,6‰ bis 1,7‰, *Berr* DAR 1989, 194; *Freyschmidt* Verteidigung in Straßenverkehrssachen, Rn. 100; *Hentschel* Fahrerlaubnis und Alkohol, Rn. 175ff; *Gebhardt* Das verkehrsrechtliche Mandat, § 16 Rn. 78.

96 *BGH* vom 28.6.1990, Az. 4 StR 297/90.

97 *BGH* vom 3.11.1998, DAR 1999, 31ff = NZV 1999, 48ff = BA 1999, 61ff = NJW 1999, 226ff = BGHSt 44, 219ff; *OLG Zweibrücken* vom 14.2.2003, DAR 2003, 431f; *OLG Saarbrücken* vom 23.1.2002, BA 2004, 72ff = VRS 102, 120ff; *OLG Düsseldorf* vom 24.8.1998, StV 1999, 22f; *OLG Düsseldorf* vom 2.5.1994, NJW 1994, 2428f; *BayObLG* vom 23.3.1994, NJW 1994, 2427; *Becker* Kriminalistik 2004, 173ff; vgl. auch JWO-VerkehrsR 2004, 134; *Nehm* Auf der Suche nach Drogengrenzwerten, S. 359ff (361).

98 Für Revisionen in Strafsachen, die bis zum 31.12.2004 bei dem Bayerischen Obersten Landesgericht anhängig wurden, blieb das BayObLG zuständig. Revisionen, die ab 1.1.2005 bei dem Revisionsgericht anhängig wurden, sind durch die Oberlandesgerichte in München, Nürnberg und Bamberg jeweils für ihren Bezirk zu behandeln. Für Rechtsbeschwerden in OWi-Sachen, die bis zum 31.12.2004 bei dem Bayerischen Obersten Landesgericht anhängig wurden, blieb das BayObLG zuständig. Rechtsbeschwerden, die ab 1.1.2005 bei dem Rechtsbeschwerdegericht anhängig wurden, sind für ganz Bayern durch das OLG in Bamberg zu behandeln.

99 Vom 20.1.2003, NZV 2003, 252f.

100 Entspricht 0,0020 mg/l bzw. 2,0 μg/L.

liegen könnte, dass nach einem dort zitierten Gutachten von Krüger[101] für das BVerfG[102] davon ausgegangen wird, dass eine THC-Konzentration im Blut **von unter 2,0 ng/ml keine Risikoerhöhung für den Straßenverkehr** bedeutet.[103]

Aus Abbildung 4 und Seite 12 dieses Gutachtens[104] ergibt sich sogar, dass eine THC-Konzentration von **6 ng/ml** einer Blutalkoholkonzentration von **0,5‰** entspreche.

In einer Untersuchung von 2880 tödlich verunglückten Kraftfahrern stellte Drummer[105] im **150** Jahre 2001 anlässlich des 39. International Meeting der International Association of Forensic Toxicologists in Prag fest,[106] dass 8 % unter THC-Einfluss standen. Er ermittelte darin ein 3,2-faches Unfallrisiko und zog nach einem Vergleich mit alkoholisierten Kraftfahrern den Schluss, dass die Beeinträchtigung bei einer THC-Konzentration von **2 ng/ml** der einer BAK von **1,0‰** entspricht.

Berghaus[107] führt aus, dass bei „normalem" Cannabiskonsum von durchschnittlich 20 mg **151** THC eine THC-Konzentration im Blutplasma von **4 bis 5 ng/ml** einer BAK von **0,5‰** entspricht und eine THC-Konzentration von **8 bis 10 ng/ml** mit etwa **0,8‰** verglichen werden könnte. (Erst) bei einer THC-Konzentration von ca. **15 ng/ml** läge absolute Fahruntüchtigkeit analog der **1,1‰-Grenze** vor. Diese Ansicht vertrat auch der Gutachter in dem Verfahren vor dem OLG Düsseldorf.[108]

152

	THC	**BAK**
Krüger	6 ng/ml	0,5 ‰
Drummer	2 ng/ml	1,0 ‰
Berghaus (1997)	4-5 ng/ml	0,5 ‰
Berghaus (1997)	8-10 ng/ml	0,8 ‰
Berghaus (1997)	15 ng/ml	1,1 ‰

Aus einer anderen Veröffentlichung[109] aus dem Jahre 1995 ergibt sich jedoch, dass Berg- **153** haus[110] eine THC-Konzentration von **1,0 ng/ml** bereits mit einer BAK von **0,3‰** vergleicht und eine THC-Konzentration von **2,0 ng/ml** bereits einer BAK von **0,5‰** entspreche. Aus den Veröffentlichungen geht daher nicht eindeutig hervor, ob Berghaus eine THC-Konzen-

101 Prof. Dr. Hans-Peter *Krüger*, Universität Würzburg; vgl. auch *Pütz/Neumeyer* Führerschein in Gefahr – Drogen, Strassenverkehr, Fahrtüchtigkeit und Fahreignung, S. 380, wobei es sich dort allerdings, soweit auf ein ‚Gutachten von Berghaus' hingewiesen wird, um einen Druckfehler handeln dürfte.

102 Vom 20.6.2002, DAR 2002, 405ff = NJW 2002, 2378ff.

103 *VGH Bayern* vom 3.2.2004, SVR 2004, 396f; **a.M.** *OVG Rheinland-Pfalz* vom 13.1.2004, DAR 2004, 413f = BA 2004, 293f; vgl. auch *Möller/Kauert/Tönnes/Schneider/Theunissen/Ramaekers* BA 2006, 361ff (368) sowie Rn. 1141ff.

104 *Krüger* BA 2002, 336ff (344).

105 Prof. Olaf *Drummer*, Victorian Institute of Forensic Medicine and Department of Forensic Medicine, Monash-University, Victoria/Australien.

106 *Drummer* Drugs and the Risk of Road Crashes.

107 *Berghaus* Kurze Zusammenfassung der Beantwortung der gestellten Fragen [Masch.-schr.] S. 11.

108 Vom 2.5.1994, NJW 1994, 2428f; s. auch *Schöch* Straf- und verwaltungsrechtliche Aspekte des Fahrens unter Drogeneinfluß, S. 60.

109 Berichte der Bundesanstalt für Straßenwesen, Mensch und Sicherheit, Heft M 41, S. 50.

110 *Berghaus* Cannabis und Fahrtüchtigkeit – Relationen zwischen Blutalkohol- und Tetrahydrocannabinol (THC)-Konzentrationen auf der Basis einer Metaanalyse experimenteller Studien, S. 50.

tration von 2,0 ng/ml oder eine doppelt so hohe von 4-5 ng/ml mit einer BAK von 2,0‰ gleichsetzt oder ob dieser seine im Jahre 1995 vertretene Meinung im Jahre 1997 geändert hat.

154

	THC	**BAK**
Berghaus (1995)	1,0 ng/ml	0,3‰
Berghaus (1995)	**2,0 ng/ml**	**0,5‰**
Berghaus (1997)	**4-5 ng/ml**	**0,5‰**
Berghaus (1997)	8-10 ng/ml	0,8‰
Berghaus (1997)	15 ng/ml	1,1‰

155 Anlässlich des 33. Kongresses der Deutschen Gesellschaft für Verkehrsmedizin im Jahre 2005 führte Berghaus aus, dass eine THC-Konzentration von 3 bis 4 ng/ml im Serum mit einer BAK von 0,3 ‰ und eine THC-Konzentration von 7 bis 8 ng/ml mit einer BAK von 0,5‰ vergleichbar wäre.[111]

156

	THC	**BAK**
Berghaus (1995)	**1,0 ng/ml**	0,3‰
Berghaus (2005)	**3-4 ng/ml**	0,3‰
Berghaus (1995)	**2,0 ng/ml**	0,5‰
Berghaus (1997)	**4-5 ng/ml**	0,5‰
Berghaus (2005)	**7-8 ng/ml**	0,5‰

Berghaus kommt daher im Laufe von 10 Jahren zu völlig unterschiedlichen Aussagen, so dass ein Vergleich zwischen absoluter Fahruntüchtigkeit bei einer BAK von 1,1‰ und einer absoluten Fahruntüchtigkeit bei THC-Konzentrationen nicht möglich ist.

(1) Unbedenkliche THC-Konzentrationen

157 Der Sachverständige in dem Verfahren vor dem LG Berlin[112] stellte fest, dass eine positive THC-Konzentration von **1,8 ng/ml** (sowie 0,5 ng/ml 11-OH-THC und 11,0 ng/ml THC-COOH) bei dem dortigen Fahrzeugführer noch nicht zur Fahruntüchtigkeit führte und die von den Polizeibeamten wahrgenommenen „Auffälligkeiten im Fahrverhalten“ andere Ursachen gehabt haben müssen und nicht rauschbedingt waren.

Berghaus/Schulz/Szegedi[113] führten im Jahre 1998 aus, dass vorwiegend bei Tetrahydrocannabinol-Konzentrationen von **2,0 ng/ml bis 4,0 ng/ml** mit Defiziten und Leistungseinbußen im Fahrverhalten zu rechnen ist.

111 Vgl. *Klipp* BA 2005, 303ff (304f).
112 Vom 6.11.2002, Az. 569 2Ve Js 2153/00.
113 *Berghaus/Schulz/Szegedi* Cannabis und Fahrtüchtigkeit; Ergebnisse der experimentellen Forschung, S. 87.

Vereinzelt wird sogar angenommen, dass selbst eine THC-Konzentration von bis zu **5 ng/ml** keinen Einfluss auf die Fahrsicherheit habe.[114] Dies entspricht einer Quantität von 0,0 000 000 05 g THC pro Milliliter Blutserum.[115] **158**

Schulz/Vollrath/Klimesch/Szegedi[116] führen aus, dass bei THC-Konzentrationen im Bereich von 7,0 ng/ml bis 15 ng/ml wesentliche Leistungseinschränkungen für das Verkehrsverhalten zu erwarten sind, woraus im Umkehrschluss interpretiert werden könnte, dass sogar für THC-Konzentrationen von unter **7,0 ng/ml** keine wesentlichen Leistungseinschränkungen zu erwarten wären und somit keine Fahruntüchtigkeit vorliegt. **159**

Grotenhermen[117] führt überdies aus, dass nur THC-Konzentrationen von mehr als **20 ng/ml** eine Beeinträchtigung für die Fahrsicherheit bedeuten,[118] während Berghaus[119] in der gleichen Veröffentlichung ausführt, dass bei Konzentrationen von **5 ng/ml** im Plasma mit fahrrelevanten Leistungseinbußen ähnlich der **0,5‰**- Grenze zu rechnen ist. **160**

Vollrath/Löbmann/Krüger/Schöch/Widera/Mettke[120] sprechen sogar davon, dass bei alleinigem Konsum von Cannabis, also kein Mischkonsum und ohne Kombination mit Alkohol, **keine bedeutsamen Veränderungen der Fahrsicherheit** entstehen würde. **161**

> Sämtliche dieser völlig unterschiedlichen Meinungen zu „unbedenklichen THC-Konzentrationen" machen die Festlegung von Drogenwirkstoffen zur Annahme einer absoluten Fahruntüchtigkeit ebenfalls unmöglich.

Hierzu kommt, dass die von den jeweiligen Gutachtern getroffenen Aussagen aus den nachstehenden Gründen weder pauschalisiert noch verallgemeinert werden können:

(a) Untersuchtes Material. Bei einem **Vergleich** von Untersuchungsergebnissen zwischen **THC-Konzentrationen und** einer **BAK** ist zunächst zu beachten, dass teilweise das **Blutserum**, teilweise das **Blutplasma** und teilweise das **Vollblut**[121] analysiert wurde.[122] **162**

---

114 *Bundesnetzwerk Drogenpolitik (BND) bei Bündnis 90 / Die Grünen* Spannungsfeld Verkehrssicherheit und Drogenkonsum, [Masch.-schr.], S. 7; **a.M.** *Kauert/Müller-Trudrung* BA 2004, Heft 2, Anhang S. 23ff (29).

115 *Schreiber* NJW 2005, 1026f.

116 *Schulz/Vollrath/Klimesch/Szegedi* Fahruntüchtigkeit durch Cannabis, Amphetamine und Cocain, S. 26.

117 Dr. med. Franjo *Grotenhermen*, Nova Institut, Hürth.

118 *Grotenhermen/Karus* Cannabis, Straßenverkehr und Arbeitswelt, S. 171.

119 *Berghaus* Vergleich der Cannabiswirkungen mit den Alkoholwirkungen auf der Basis der experimentellen Forschung, S. 233.

120 *Vollrath/Löbmann/Krüger/Schöch/Widera/Mettke* Fahrten unter Drogeneinfluss – Einflussfaktoren und Gefährdungspotenzial, S. 92.

121 Siehe *Bundesanstalt für Straßenwesen* Kongressbericht 2005 der Deutschen Gesellschaft für Verkehrsmedizin e.V., S. 46.

122 *Drasch/von Meyer/Roider/Jägerhuber* BA 2003, 269ff (280) und *Kauert* BA 2002, 102ff sprechen beispielsweise von der gemessenen THC-Konzentration im **Serum** und *Mauden/Skopp/Mattern/Aderjan* BA 2000, 48ff untersuchten ebenfalls **Serum**proben, während etwa *Berghaus* Kurze Zusammenfassung der Beantwortung der gestellten Fragen [Masch.-schr. vom 20.1.1997], S. 9ff Ausführungen zur **Plasma**konzentration macht. Auch *Bratzke* Zur Fahrtüchtigkeit unter Drogeneinfluss aus rechtsmedizinischer Sicht, S. 18, Abb. 5, spricht von THC-Konzentrationen im Blut**plasma**.

Fraglich ist deshalb zunächst, ob es einen Unterschied macht, welches Extrakt durch das Labor untersucht wird.[123] Will man insbesondere Zahlen vergleichen, müsste dies unter Umständen bedacht werden.[124]

163 Die normale Blutmenge eines Menschen beträgt etwa 1/12 seines Körpergewichts; bei einer 70 kg schweren Person somit 5 bis 6 Liter.

Bestandteil des Blutes ist zu etwa 55 % das Blutplasma. Dieses Blutplasma enthält etwa 4 % Fibrinogen. Blutplasma besteht also aus Blutflüssigkeit und dem Gerinnungsstoff Fibrin.

Blutplasma ohne Fibrinogen wird als Blutserum bezeichnet.[125] Blutserum ist der durch Blutgerinnung gelb gefärbte Bestandteil des Blutes. Blutserum besteht also nur aus Blutflüssigkeit ohne den Gerinnungsstoff Fibrin.

164 Im Vollblut wird eine Konzentration somit nur **halb so hoch** gefunden wird wie im Blutserum[126] und die Bestandteile der Cannabinoide finden sich in allen Teilen der **Körperflüssigkeiten** in verschiedenen Konzentrationen.

165

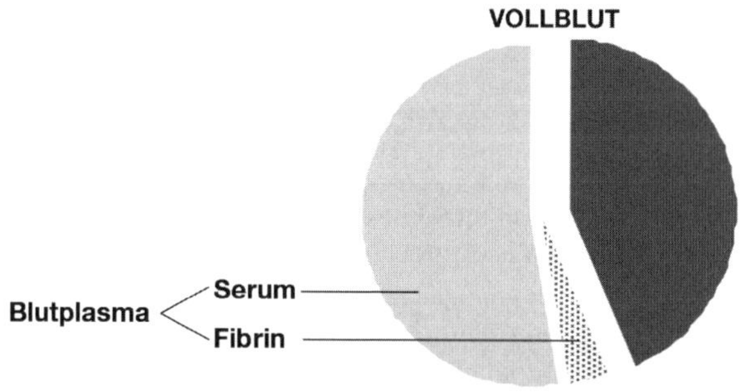

166 Wird durch ein Labor oder durch das Institut für Rechtsmedizin daher das Blutserum untersucht,[127] wäre die Aussage des Gerichts, wonach die THC-Plasmakonzentration oder die THC-Konzentration im Blut beispielsweise 1,0 ng/ml betragen habe, bei exakter Betrachtung unsubstantiiert.

167 Grotenhermen[128] führt jedoch aus, dass zwischen der Messung im **Serum** und einer solchen im **Plasma** im Drogenbereich **keine signifikanten Werteunterschiede** bestehen und **Ergebnisse** daher als **vergleichbar** angesehen werden können, weshalb in dem vorliegenden Buch auch die gängige Bezeichnung „THC-Konzentration" verwendet wird.

168 Gleichwohl bleibt festzuhalten, dass in Deutschland üblicherweise die Konzentrationen im Blut**serum** angegeben werden.[129]

123 Vgl. auch Rn. 541.

124 Siehe auch *Bundesanstalt für Straßenwesen* Kongressbericht 2005 der Deutschen Gesellschaft für Verkehrsmedizin e.V., S. 46; *Aderjan/Herbold* Qualitätskontrolle für quantitative Analysen von Betäubungsmitteln im Blut, S. 42f; *Hettenbach* BA 2006, 135ff (136); *Eisenmenger* NZV 2006, 24ff (25) (... in der Schweiz im Blut!).

125 Pschyrembel S. 219.

126 *Aderjan* Toxikologischer Cannabisnachweis, S. 157.

127 Es sind die Richtlinien der GTFCh zur Qualitätssicherung bei forensisch-toxikologischen Untersuchungen zu beachten.

128 *Grotenhermen/Karus* Cannabis, Straßenverkehr und Arbeitswelt, S. 335f.

129 *Bundesanstalt für Straßenwesen* Kongressbericht 2005 der Deutschen Gesellschaft für Verkehrsmedizin e.V., S. 46; *Eisenmenger* NZV 2006, 24ff („gemeint ist damit wohl der Nachweis im Blutserum"); *Schreiber* NJW 2005, 1026f; vgl. auch Rn. 541.

(b) Messungenauigkeiten. Bei der Beurteilung und einem Vergleich von nachgewiesenen THC-Konzentrationen sind auch die von Schmitt/Herbold/Aderjan[130] beschriebenen Ringversuche zu beachten. 169

Untersuchungen haben ergeben, dass gerade bei der Bestimmung von THC im Blutserum im untersten Konzentrationsbereich unter 1 ng/ml eine Messungenauigkeit bestehen kann.[132] Eine Beurteilung der Fahruntüchtigkeit lediglich an Hand nachgewiesener Drogenwirkstoffe kommt auch von daher nicht in Betracht.[131]

(2) Experimentelle Untersuchungen

Bei einem **Vergleich** von Untersuchungsergebnissen zwischen **THC-Konzentrationen und** 170
einer **BAK** sind auch die Veröffentlichungen von Berghaus[133] zu beachten. Dieser führt aus, dass bei einem Vergleich von THC-Konzentration und BAK zunächst auch untersucht werden muss, inwieweit solche experimentellen Ergebnisse überhaupt auf die Realität des Straßenverkehrs übertragbar sind,[134] da sich eine **Versuchsperson** im **Fahrsimulator** mehr konzentriert[135] und solche Ergebnisse beispielsweise nicht berücksichtigen, dass ein Fahrzeugführer im Straßenverkehr abgelenkt ist. Eine uneingeschränkte Übertragung von experimentellen Ergebnissen auf das Resultat der Realität im Straßenverkehr ist daher nicht möglich.[136]

Auch dem unter Rn. 149 und Rn. 1137 bzw. Rn. 1141 erwähnten Gutachten von Krüger ist nicht zu entnehmen, dass eine **THC-Konzentration unter 2,0 ng/ml „ungefährlich"** oder gar „völlig unbedenklich" wäre. Krüger führt lediglich aus, „für Cannabis (THC) ist zumindest für Konzentrationen unter 2,0 ng/ml davon auszugehen, dass keine Risikoerhöhung [scil: für den Straßenverkehr] stattfindet,"[137] also dass das Risiko, drogenbedingt einen Verkehrsunfall zu verursachen, deutlich ansteige, wenn die THC-Konzentration einen Wert von 2,0 ng/ml übersteigt und Möller/Kauert/Tönnes/Schneider/Theunissen/Ramaekers[138] führen aus, dass bei einer **THC-Konzentration unter 2 ng/ml** „lediglich noch eine nicht signifikante Tendenz zu einer Beeinträchtigung" zu erkennen war. Das Ergebnis von Krüger ist daher in seiner Aussagekraft beschränkt.[139] Der Gutacher führt dazu selbst aus: „Dies liegt zum einen daran, dass die Wirkungsweise von Cannabis eine andere ist als die von Alkohol und von daher solche globalen Aussagen nur als Hinweise zu verstehen sind, zum anderen sind experimentelle Studien i.d.R. so angelegt, dass auch kleinste Effekte nachgewiesen werden können. Ob diese Effekte auch für die Fahrsicherheit relevant sind, muss gesondert geprüft werden."

---

130 *Schmitt/Herbold/Aderjan* BA 2005, 20ff (28f).

132 Schmitt/Herbold/Aderjan BA 2005, 20ff (30).

131 **A.M.** *Eisenmenger* NZV 2006, 24ff (25) („Ein Zuschlag für Messunsicherheiten ist nicht erforderlich").

133 *Berghaus/Schulz/Szegedi* Cannabis und Fahrtüchtigkeit; Ergebnisse der experimentellen Forschung, S. 90.

134 *Berghaus/Schulz/Szegedi* Cannabis und Fahrtüchtigkeit; Ergebnisse der experimentellen Forschung, S. 87.

135 *Vollrath/Löbmann/Krüger/Schöch/Widera/Mettke* Fahrten unter Drogeneinfluss – Einflussfaktoren und Gefährdungspotenzial, S. 57.

136 *VG München* vom 12.4.2005, Az. M 6b S 1063/05 und vom 17.3.2005, Az. M 6b S 433/05; *Sachs/Pragst* BA 2004, Heft 2, Anhang S. 31ff (31); *Berghaus/Schulz/Szegedi* Cannabis und Fahrtüchtigkeit; Ergebnisse der experimentellen Forschung, S. 91.

137 *Krüger* BA 2002, 336ff (344).

138 BA 2006, 361ff (368).

139 So auch *OVG Nordrhein-Westfalen* vom 7.2.2006, Az. 16 B 1392/05.

Die Aussage von Krüger bedeutet daher nicht, dass eine THC-Konzentration von 2,0 ng/ml eine Analogie zu Alkohol-Grenzwerten darstellt.[140]

171 Auch Berghaus/Krüger/Vollrath[141] führen aus, dass es die unterschiedlichen Wirkstrukturen von Alkohol und Cannabis verbieten, eine **analogisierende Betrachtung beider Substanzen** vorzunehmen und auch Berghaus[142] führt aus, dass er den genannten und ähnlich der 0,5-Promille-Grenze angegebenen Wert von 5 ng/ml THC im Plasma nicht als „Grenzwert" verstanden wissen will.

172 Auch Grotenhermen/Karus[143] sprechen nur von einem „laborchemischen Grenzwert", führen an anderer Stelle aber dennoch aus, dass unterhalb einer THC-Konzentration von 10 ng/ml im allgemeinen von einer Beeinträchtigung ausgegangen werden kann, die geringer sei als bei einer Blutalkoholkonzentration von 0,5 Promille.[144]

173 Auch nach Ansicht von Kauert[145] gibt es keine Hinweise dafür, dass besonders **hohe THC-Konzentrationen** zu einer Steigerung des Unfallrisikos führen.[146] Dies liegt aber nicht etwa daran, weil THC die Verkehrssicherheit, das Fahrverhalten und die Fahrtüchtigkeit nicht beeinträchtigen könnte, sondern weil es sich oft um Fahrzeugführer handelt, die **Gewöhnung** entwickelt haben.[147]

174 Auch bei an Alkohol gewöhnte Konsumenten können bedeutend höhere Promillewerte nachgewiesen werden (eine **BAK von 3,0‰** kann nur erreichen, wer an hohe Trinkmengen gewohnt ist[148]) sich hingegen kaum Beeinträchtigungen zeigen und andererseits ist eine **relative Fahruntüchtigkeit** auch schon bei „nur" **0,3‰** möglich.[149] Der VGH Bayern[150] führt dazu aus, dass bei einem Fahrzeugführer durchaus körperliche oder andere gesundheitliche Besonderheiten vorliegen können, die bei diesem auch bei nur geringer THC-Konzentration die Fahrtüchtigkeit infrage stellen können, wenn nicht gar ausschließen.[151]

175 Anders als bei Alkohol sind die Auswirkungen von Cannabis bei den einzelnen Konsumenten höchst unterschiedlich, so dass sich ein Vergleich zwischen absoluter Fahruntüchtigkeit nach Alkoholkonsum und einer absoluten Fahruntüchtigkeit bei THC-Konzentrationen verbietet.

140 So auch *Brinkmann* Statement zum Thema ‚Drogen im Straßenverkehr' der Deutschen Gesellschaft für Rechtsmedizin, [Masch.-schr. vom 7.2.1997], S. 4.
141 *Berghaus/Krüger/Vollrath* Beeinträchtigung fahrrelevanter Leistungen nach Rauchen von Cannabis und nach Alkoholkonsum – eine vergleichende Metaanalyse experimenteller Studien, S. 111.
142 *Berghaus* Vergleich der Cannabiswirkungen mit den Alkoholwirkungen auf der Basis der experimentellen Forschung, S. 233.
143 *Grotenhermen/Karus* Cannabis, Straßenverkehr und Arbeitswelt, S. 327.
144 *Grotenhermen/Karus* Cannabis, Straßenverkehr und Arbeitswelt, S. 329.
145 Prof. Dr. Dr. Gerold *Kauert*, Universität Frankfurt/Main.
146 *Kauert* BA 2002, 102ff (108).
147 *VGH Bayern* vom 11.11.2004, BA 2006, 414ff = SVR 2005, 152f; *Kauert* BA 2002, 102ff (108).
148 *VG Neustadt* vom 17.1.2005, Az. 4 L 2998/04.
149 *OLG Hamm* vom 23.09.2003, BA 2004, 357ff; *Tröndle/Fischer* Strafgesetzbuch, § 316 StGB Rn. 31; *Freyschmidt* Verteidigung in Straßenverkehrssachen, Rn. 117; vgl. auch Rn. 473 und Rn. 523.
150 Am 24.8.2004, Az. 11 Cs 1422/04.
151 Vgl. auch *BayObLG* vom 23.3.1994, NJW 1994, 2427; *Bode* ZVS 1997, 182; *Schreiber* NJW 2005, 1026f; *Kauert* Öffentliche Anhörung zum Gesetzentwurf der Bundesregierung zur Änderung des Straßenverkehrsgesetzes Drs 13/3764 Drogen im Straßenverkehr, [Masch.-schr. vom 20.1.1997], S. 1 u. S. 6.

(3) Einflussfaktoren auf die THC-Konzentrationshöhe

Daldrup/Meininger[152] haben schon im Jahr 1998 ausgeführt, dass sämtliche Berechnungsmethoden nur als „grob" bezeichnet werden können und insbesondere nicht geeignet sind, für forensische Fragestellungen ausreichend genaue Angaben zu machen, weil die Nachweiszeit von Tetrahydrocannabinol, die Wirkung auf den Organismus, die festgestellte THC-Konzentration im Blut und die Leistungseinbußen eines Fahrzeugführers von vielen Einflussfaktoren abhängig sind, u.a. von der **Applikationsart,** der **Inhalationstiefe**, dem **Wirkstoffgehalt**, der körperlichen und seelischen **Verfassung** eines Konsumenten und der **Menge** des aufgenommenen THC. Der Abbau ist, ähnlich wie bei Alkohol, **geschlechtsunterschiedlich** und von der **Statur**, dem **Körpergewicht** und der vorherigen **Nahrungs**- oder Getränke**aufnahme** sowie einer etwaigen **Gewöhnung** abhängig. Die Wirkung von Cannabis ist ferner auch von der **Persönlichkeitsstruktur** und psychischen Gestimmtheit (Set) sowie der Umgebung (Gruppeneinflüsse), also den sozialen Umgebungsfaktoren (Setting) abhängig.[153] Die beim Rauchen von Cannabis aufgenommene THC-Menge hängt schließlich auch von der individuellen **Rauchdynamik**, also der Rauchzeit oder den Pausen zwischen den Zügen ab,[154] so dass auch von daher keine verbindlichen THC-Konzentrationen genannt werden können, die einer absoluten Fahruntüchtigkeit analog der 1,1‰-Grenze nach dem Konsum von Alkohol entsprechen würden.[155] 176

bb) Unterschiedliche Rechtsprechung zu Drogenwirkstoffen im Blutserum

Auch die gerichtliche Praxis zeigt, dass **experimentelle Untersuchungsergebnisse** nicht pauschal auf alle Fahrzeugführer anwendbar sind und Vergleiche von BAK nach Alkoholkonsum und THC-Konzentrationen nach Cannabiskonsum zur Frage, ob absolute Fahruntüchtigkeit vorliegt, nicht möglich sind: 177

So kommt das VG Lüneburg[156] zu der Entscheidung, dass bei einem Nachweis einer Tetrahydrocannabinol-Konzentration im Blut eines Fahrzeugführers von 4 ng/ml nur eine „**Beeinträchtigung**" der Fahrtüchtigkeit festzustellen war,[157] während das OVG Rheinland-Pfalz[158] bei einer THC-Konzentration von 2,0 ng/ml vom „**Ausschluss**" der Fahrtüchtigkeit spricht und im Übrigen bei 50 % der Betroffenen mit einer THC-Konzentration von über 2,0 ng/ml Beeinträchtigungen festzustellen seien,[159] die Auswirkungen auf die Sicherheit des Straßenverkehrs haben können.

(1) Rechtsprechung bei geringen Drogenkonzentrationen

Das VG München[160] führt aus, dass selbst Tetrahydrocannabinol-Konzentrationen von **1,0 ng/ml** Auswirkungen auf die Sicherheit des Straßenverkehrs haben können.[161] 178

152 *Daldrup/Meininger* Begutachtung der Fahruntüchtigkeit unter Cannabis im Strafverfahren, S. 199.

153 *BVerfG* vom 9.3.1994, NJW 1994, 1577ff (1580).

154 *Berghaus/Schulz/Szegedi* Cannabis und Fahrtüchtigkeit; Ergebnisse der experimentellen Forschung, S. 94.

155 Vgl. auch Rn. 572ff.

156 Vom 22.3.2004, DAR 2005, 54f = BA 2005, 504f = SVR 2004, 198f.

157 Das Gericht führt sogar aus, dass eine Beeinträchtigung der Fahrtüchtigkeit des Antragstellers auf Grund von berauschenden Mitteln zweifelsfrei anzunehmen sei.

158 Vom 13.1.2004, DAR 2004, 413f = BA 2004, 293f.

159 So auch *VGH Bayern* vom 11.11.2004, BA 2006, 414ff = SVR 2005, 152f und vom 14.2.2005, Az. 11 Cs 3526/04.

160 Vom 17.3.2005, Az. M 6b 433/05 und vom 12.4.2005, Az. M 6b 1063/05.

161 Vgl. auch Rn. 1144.

179 So stellten die Polizeibeamten in dem Verfahren vor dem VGH Bayern[162] bei einem Fahrzeugführer Auffälligkeiten fest, obwohl dieser „nur" eine Tetrahydrocannabinol-Konzentration von **1,2 ng/ml** aufwies, die Staatsanwaltschaft München I[163] erhob bei dieser THC-Konzentration im Blutserum (sowie 11,2 ng/ml THC-COOH) Anklage nach § 316 Abs. 1 StGB, das AG München[164] verurteilte einen Betroffenen bei einer THC-Konzentration von „nur" **1,3 ng/ml** (sowie 16 ng/ml THC-COOH) entsprechend und die Polizeibeamten in dem Verfahren vor dem BVerfG[165] nahmen einen Drogenschnelltest mit anschließender Anordnung einer Blutentnahme nur deshalb vor, da der dortige Betroffene „körperliche Auffälligkeiten" aufwies, obwohl dessen THC-Konzentration **nur 0,5 ng/ml** betrug.[166]

180 Auch der Sachverständige in dem Verfahren vor dem AG München[167] stellte nach dem Konsum von Cannabis bei einem Fahrzeugführer **erhebliche Auffälligkeiten** fest, die sich unter anderem in der Störung des Gleichgewichtssinns und einer zeitlichen Fehleinschätzung zeigten, obwohl sich im Blutserum des Verkehrsteilnehmers „nur" eine THC-Konzentration von **1,1 ng/ml** befand, wobei Störungen des Gleichgewichts für sich alleine noch nicht die Annahme einer Fahruntüchtigkeit rechtfertigt.[168]

181 Nach allgemeiner Auffassung beeinträchtigt zwar eine Betäubungsmitteleinnahme die Fähigkeit zum Führen eines Fahrzeugs;[169] aber der entscheidende Punkt, **ab welcher Menge Wirkstoff im Blutserum** durch ein bestimmtes Betäubungsmittel eine so starke Beeinflussung eines Menschen eintritt, um ihn forensisch gesichert als „absolut fahruntauglich" zu bezeichnen, ist medizinisch bislang nicht zuverlässig erforscht.

182 Ein verlässlicher Drogengrenzwert im Blut eines Fahrzeugführers, nach welchem keine Beeinträchtigung für die Verkehrssicherheit vorliegt, kann somit nicht gezogen werden[170] und ergibt sich auch nicht aus einem Beschluss des BVerfG vom 21.12.2004.[171]

183 Weder der alleinige Nachweis von hohen, noch ein solcher von niedrigen Drogenwirkstoffen im Blut führt daher zu dem Ergebnis, ob ein Fahrzeugführer „absolut fahruntüchtig" ist.[172]

Dieses wird auch von Maatz[173] bestätigt, der anlässlich des 33. Kongresses der Deutschen Gesellschaft für Verkehrsmedizin am 10.03.2005 ausführte, dass es noch immer an gesicherten, in Wissenschaftskreisen einhellig akzeptierten Erkenntnissen über die Dosis-Konzentrations-Wirkungsbeziehungen, welche die Festlegung von Grenzwerten erlauben, fehlt. Er

162 Vom 24.8.2004, Az. 11 Cs 1422/04.

163 Am 18.11.2004, Az. 462 Js 316697/04.

164 Vom 14.4.2005, Az. 922 Cs 492 Js 146898/04.

165 Vom 21.12.2004, DAR 2005, 70ff = NZV 2005, 270ff = BA 2005, 156ff = NJW 2005, 349ff = SVR 2004, 77f.

166 Vgl. auch *Schreiber* NJW 2005, 1026f.

167 Vom 7.10.2004, Az. 933 Ds 484 Js 114478/04.

168 *OLG Koblenz* vom 28.4.2005, BA 2006, 231f.

169 *Eberth/Müller* Verteidigung in Betäubungsmittelsachen, Rn. 117.

170 So auch der Sachverständige in dem Verfahren *OVG Rheinland-Pfalz* vom 13.1.2004, DAR 2004, 413f = BA 2004, 293f.

171 DAR 2005, 70ff = NZV 2005, 270ff = BA 2005, 156ff; so auch *OLG Zweibrücken* vom 13.4.2005, DAR 2005, 408f = NZV 2005, 430f = BA 2006, 235f und *AG Bremerhaven* vom 18.1.2005, BA 2006, 44f; vgl. auch Rn. 504ff.

172 *BayObLG* vom 14.4.1994, NJW 1994, 2427f; **a.M.** *AG Moers* vom 10.7.2003, BA 2004, 276ff bei einer THC-Konzentration von 30,7 ng/ml und einem CIF-Wert von 30.

173 *Maatz* Grenzwerte absoluter Fahruntüchtigkeit nach Drogenkonsum – aus (revisions)richterlicher Sicht – S. 26ff.

kommt damit zu dem gleichen Ergebnis wie Daldrup/Meininger,[174] wonach es auf Grund der komplizierten Wirkstoffgehalts-Wirkungsbeziehung bei Tetrahydrocannabinol **nicht möglich** ist, **Grenzwerte analog Alkohol für Cannabis** zu definieren.

Eine bloße generelle Eignung eines Mittels zur Beeinträchtigung des Bewusstseins oder der Reaktionsfähigkeit allein reicht zur Beurteilung der absoluten Fahrtüchtigkeit aber nicht aus.[175] **184**

(2) Rechtsprechung bei höheren Drogenkonzentrationen

Entsprechend haben auch die **Gerichte entschieden**: Werte im Urin von 14,2 μg Morphin, 149 μg Morphinkonjugate, 7,3 μg Kodein pro ml und im Blut von 50 ng Morphin, 950 ng Morphinkonjugate, 92 ng Kokain und 82 ng Benzoylecgonin pro ml rechtfertigen für sich alleine nicht die Annahme der relativen Fahruntüchtigkeit.[176] **185**

Auch die im Blut nachgewiesene Menge **Tetrahydrocannabinol** von 1,6 ng/ml, 0,8 ng/ml Hydroxy-THC und 25,8 ng/ml THC-Carbonsäure[177] oder eine THC-Konzentration von 4,6 ng/ml und THC-Carbonsäure von 39 ng/ml nach dem Konsum von Cannabis rechtfertigt die Annahme der Fahruntüchtigkeit noch nicht.[178] Das gilt gleichfalls für eine THC-Konzentration von 8,5 ng/ml[179] sowie einer THC-Konzentration von 36 ng/ml.[180] **186**

Auch ein nach **Ecstasy**einnahme festgestellter Blutwert von 63 ng/ml MDE in Verbindung mit einer zusätzlich nachgewiesenen Alkoholkonzentration von 0,81‰[181] oder eine positive THC-Konzentration und ein zusätzlicher OH-THC-Wert von 3,0 ng/ml i.V.m. einer BAK von 0,61‰[182] genügt den Anforderungen an die Annahme der Fahruntüchtigkeit **weder einzeln noch zusammen**, da eine Addition zu keinem anderen Ergebnis kommt als der Tatsache, dass es keine einheitlich gesicherten und allgemein zweifelsfrei als richtig anerkannten wissenschaftlichen Erkenntnisse über die absolute Fahruntüchtigkeit nach einem Drogenkonsum gibt. **187**

Dies gilt auch für den Fall, dass im Blut eines Fahrzeugführers sowohl Amphetamin, als auch MDMA und MDA festgestellt werden.[183]

Selbst die Tatsache, dass ein Fahrzeugführer unter dem Einfluss von **Heroin** stand, rechtfertigt nicht die Annahme, dass dieser auch absolut fahruntüchtig war.[184] **188**

Zu einer anderen Einschätzung kommt das AG München[185] aber, wenn ein Fahrzeugführer angibt, einen leichten Verkehrsunfall nicht bemerkt zu haben, und sich deshalb **unerlaubt vom Unfallort** entfernte, da er sodann statt anstelle von § 142 Abs. 1 S. 1 StGB nach § 316

174 *Daldrup/Meininger* Begutachtung der Fahruntüchtigkeit unter Cannabis im Strafverfahren, S. 192.

175 *OLG Frankfurt/Main* vom 4.3.1992, NZV 1992, 289; *OLG Köln* vom 21.12.1990, NZV 1991, 158f; *Janiszewski* Verkehrsstrafrecht, Rn. 382a.

176 *BGH* vom 3.11.1998, DAR 1999, 31ff = NZV 1999, 48ff = BA 1999, 61ff = NJW 1999, 226ff = BGHSt 44, 219ff.

177 *BGH* vom 25.5.2000, DAR 2000, 481f.

178 *BayObLG* vom 15.11.1996, DAR 1997, 76f.

179 *LG Köln* vom 7.6.2004, Az. 104 Qs 124/04.

180 *OLG Düsseldorf* vom 2.5.1994, NJW 1994, 2428f; **a.M.** *Salger* DAR 1994, 433ff (440).

181 *OLG Düsseldorf* vom 24.8.1998, StV 1999, 22f.

182 *OLG Naumburg* vom 14.7.2005, NZV 2006, 98f = BA 2006, 71f.

183 *AG Brühl* vom 22.7.2005, Az. 52 OWi 88/05.

184 *OLG Frankfurt/Main* vom 4.3.1992, NJW 1992, 1570f.

185 Vom 7.10.2004, Az. 933 Ds 492 Js 150982/03.

Abs. 1 StGB zu verurteilen ist. Kommt es zu einem Verkehrsunfall, genügt es nicht, wenn ein Fahrzeugführer beliebig andere drogenunabhängige **Ursachen** dafür aufzeigt.[186]

189 Im Übrigen verlangt § 316 Abs. 1 StGB auch nicht zwingend den positiven Nachweis von Drogenwirkstoffen im Blut[187] sondern lediglich den Nachweis der Fahruntüchtigkeit infolge von (möglicherweise längere Zeit vorausgegangenem und im Blut nicht mehr nachweisbarem) Drogenkonsum.[188] Daher erhob die Staatsanwaltschaft Stuttgart[189] Anklage nach § 316 Abs. 1 StGB, obwohl sich im Blut eines Fahrzeugführers nur das nicht auf das Zentralnervensystem psychoaktiv wirkende Abbauprodukt THC-Carbonsäure (THC-COOH) nachweisen ließ. Der Gutachter des Institut für Rechtsmedizin der Universität Tübingen führte in einem schriftlichen Gutachten vom 22.07.2004 über einen Betroffenen mit einer lediglich nachgewiesenen nicht psychoaktiv wirkenden **THC-Carbonsäure** von 5,0 ng/ml aus, „dass die auffällige Fahrweise entweder auf eine noch angehalten habende Cannabiswirkung oder auf einen geistigen oder körperlichen Mangel zurückgeführt werden muss." Dies stößt allerdings auf Bedenken, da neben neurologischen Störungen auch ganz andere Ursachen für eine „Fahrauffälligkeit" vorgelegen haben können, beispielsweise ein technischer Defekt am Kraftfahrzeug oder die Benutzung eines Mobiltelefons während der Fahrt.

190 Folglich widerspricht der gleichfalls in dem Verfahren vor dem AG Esslingen[190] zugezogene Sachverständige des Bürgerhospitals Stuttgart dem Erstgutachten und führt aus „dass von einer Cannabiswirkung nur dann auszugehen ist, wenn relevante Anteile des **Wirkstoffs THC** im Blut nachzuweisen sind. Dies ist im vorliegenden Fall nicht gegeben. Tetrahydrocannabinol ist überhaupt nicht nachgewiesen worden. Lediglich der Metabolit[191] **THC-COOH**, der selbst **keine psychopathologischen Wirkungen** hervorruft,[192] wurde in einer niedrigen Konzentration festgestellt. Insofern halten wir die Kommentierung zu § 316 StGB des Leipziger Kommentars für fragwürdig".[193]

191 Da bisher ausreichende und gesicherte **einheitliche wissenschaftliche Erkenntnisse** zur Frage der absoluten Fahruntüchtigkeit anhand von Drogengrenzwerten fehlen und generell schwierig sind, da die Reaktionen der Konsumenten unterschiedlich und oftmals in keinem Zusammenhang zwischen Dosis und Wirkung stehen, **kann nur die relative Fahrunfähigkeit auf Grund anderer Tatsachen** im **Einzelfall**[194] **nachgewiesen** werden.[195]

c) Berechnung des CIF-Wertes

192 Wie ausgeführt, rechtfertigt der Nachweis von Drogenwirkstoffen im Blutserum eines Fahrzeugführers für sich alleine noch nicht die Annahme der absoluten Fahruntüchtigkeit.

Der Tatbestand der Fahruntüchtigkeit liegt nach dem Konsum von Betäubungsmitteln nach Ansicht der Rechtsprechung[196] vielmehr erst dann vor, wenn **Umstände** erkennbar sind, die

186 *OLG Saarbrücken* vom 7.4.2004, BA 2005, 392ff; vgl. auch Rn. 212, Rn. 220 und Rn. 224.
187 Anders bei der Vorschrift von § 24a Abs. 2 StVG.
188 *König* in LK, § 316 StGB Rn. 156.
189 Az. 3 Cs 70 Js 38333/04.
190 Az. 3 Cs 70 Js 38333/04.
191 Im Stoffwechsel durch Enzymreaktionen entstandene oder veränderte Verbindung.
192 Vgl. Rn. 894.
193 Vgl. aber auch Rn. 511ff und Rn. 517.
194 *BayObLG* vom 14.4.1994, NJW 1994, 2427f.
195 *Janker* DAR 2003, 489ff (490).
196 *OLG Zweibrücken* vom 27.1.2004, DAR 2004, 409ff = BA 2004, 469ff; *OLG Düsseldorf* vom 26.10.1998, NZV 1999, 174ff; *OLG Köln* vom 24.8.1990, NJW 1990, 2945f.

über die allgemeine Drogenwirkung hinaus den **sicheren Schluss** zulassen, dass ein Fahrzeugführer in der konkreten Verkehrssituation fahrunfähig war.

Hierfür bedarf es nach Auffassung des Bundesgerichtshof[197] demnach regelmäßig der Feststellung **weiterer aussagekräftiger Beweisanzeichen**. **193**

Ein solches Beweisanzeichen könnte beim Konsum von **Haschisch und Marihuana** die Berechnung des sog. Cannabis Influence Factor (**CIF-Wert**) sein.

Der Cannabis Influence Factor berechnet sich nach folgender mathematischer Formel und **194**
darf nach Ansicht einiger Wissenschaftler[198] einen **Wert von 10** nicht übersteigen:

$$CIF = \frac{\left(\frac{c_{THC}}{314.5} + \frac{c_{11\text{-}OH\text{-}THC}}{330.5}\right)}{\frac{c_{THC\text{-}COOH} * 0.01}{344.5}}$$

Das AG Moers[199] ging deshalb davon aus, dass bei einem CIF-Wert von 30 (THC 30,7 ng/ml, **195**
11-OH-THC 5,0 ng/ml und THC-COOH 85,0 ng/ml) von einer Fahruntüchtigkeit auszugehen sei und verurteilte einen Fahrzeugführer entsprechend.

Die **mathematische Berechnung der Fahruntüchtigkeit** löst jedoch einige offene Fragen **196**
aus,[200] zum Beispiel warum und inwieweit die Einbeziehung des **psychoaktiv nicht wirksamen**[201] THC-Metaboliten THC-COOH in die Berechnungen einfließen kann, denn der Sachverständige in dem Verfahren vor dem AG Esslingen[202] führte dazu aus „dass von einer Cannabiswirkung nur dann auszugehen ist, wenn relevante Anteile des Wirkstoffs THC im Blut nachzuweisen sind ... Lediglich der Metabolit THC-COOH, der selbst **keine psychopathologischen Wirkungen** hervorruft, wurde in einer niedrigen Konzentration festgestellt."[203]

Nach Ansicht von Daldrup[204] beträgt die Halbwertszeit der THC-Carbonsäure maximal **197**
vier Wochen,[205] während Eberth/Müller[206] die Halbwertszeit bei ungewohnten Konsumenten nur mit 50 bis 60 Stunden angeben und das VG Aachen[207] führt aus, dass bei einem erstmaligen und einmaligen Cannabiskonsumenten nur etwa bis zu 36 Stunden nach dem Konsum eine THC-Carbonsäure nachweisbar sei.[208]

---

197 Vom 25.5.2000, DAR 2000, 481f.

198 Siehe *Daldrup* Abschlussbericht des im Auftrage des Ministeriums für Wirtschaft und Mittelstand, Technologie und Verkehr des Landes Nordrhein-Westfalen durchgeführten Untersuchungsvorhabens „Cannabis im Straßenverkehr" [Masch.-schr.], Az. 3.4721/03-2/93; *Daldrup/Meininger* Begutachtung der Fahruntüchtigkeit unter Cannabis im Strafverfahren, S. 193ff; *Drasch/von Meyer/Roider/Jägerhuber* BA 2003, 269ff; *Grotenhermen/Karus* Cannabis, Straßenverkehr und Arbeitswelt, S. 315ff u. S. 331; s. auch *Hettenbach* § 1 Strafrecht und Ordnungswidrigkeitenrecht, Rn. 107ff; *Daldrup* Akute Beeinträchtigung der Fahrsicherheit durch Cannabis aus toxikologischer Sicht – Ein nationaler Zustandsbericht, S. 43.

199 Vom 10.7.2003, BA 2004, 276ff.

200 So auch *Maatz* Grenzwerte absoluter Fahruntüchtigkeit nach Drogenkonsum – aus (revisions)richterlicher Sicht – S. 26ff (29).

201 Vgl. Rn. 894.

202 Az. 3 Cs 70 Js 38333/04.

203 Vgl. Rn. 189f.

204 Prof. Dr. Thomas *Daldrup*, Universität Düsseldorf.

205 Daldrup/Käferstein/Köhler/Maier/Mußhoff BA 2000, 39ff (45).

206 *Eberth/Müller* Verteidigung in Betäubungsmittelsachen, Rn. 4.

207 Vom 24.11.2004, VRS 108, 68ff.

208 Vgl. auch Rn. 954.

198 Das VG München[209] weist zutreffend darauf hin, dass die Halbwertszeit der Tetrahydrocannabinol-Carbonsäure stark variiert und von eineinhalb Tagen bis zu sechs Tagen reicht.[210] Sie kann sogar darüber liegen und ist von der Konsumhäufigkeit in der Vergangenheit abhängig.[211]

199 Somit lässt sich bei einem regelmäßigen Cannabiskonsumenten die Tetrahydrocannabinol-Carbonsäure **länger nachweisen** als bei einem einmaligen oder experimentellen Konsum.[212]

> Dies führt auch zu dem Ergebnis, dass Konsumenten nur eine niedrige oder gar keine THC-Carbonsäure mehr aufweisen, wenn Sie nur selten Cannabis rauchen, während an Cannabis gewohnte Konsumenten demnach zwangsläufig zu einem anderen CIF-Wert kommen.

Eine Verurteilung nach § 316 Abs. 1 StGB auf Grund der Berechnung des CIF-Wertes könnte daher dem Gleichheitsgrundsatz widersprechen.

Sticht/Käferstein[213] weisen darauf hin, dass bei regelmäßigen Cannabiskonsumenten der Nachweis einer Tetrahydrocannabinol-Konzentration **von bis zu 2,0 ng/ml auch noch 12 Stunden** nach dem Konsum **nicht ausgeschlossen** ist und der Sachverständige in dem Verfahren vor dem OVG Rheinland-Pfalz[214] führte aus, dass sogar noch **bis zu 24 Stunden nach dem Konsum von Cannabis eine THC-Konzentration von 2,0 ng/ml** ermittelt werden könnte. Zu dieser Ansicht kommen auch Grotenhermen/Karus.[215]

200 Krüger[216] weist zudem darauf hin, dass auf Grund der Toleranzwirkung eine **höhere (THC-) Konzentration** im aktuellen Fall umso wahrscheinlicher, **je stärker der generelle Drogenkonsum** ist, wobei es nach Ansicht von Kauert[217] jedoch keine Hinweise dafür gibt, dass besonders hohe THC-Blutwerte zu einer Steigerung des Unfallrisikos führen. Wie bereits ausführt liegt dies aber nicht etwa daran, weil THC die Verkehrssicherheit und das Fahrverhalten nicht beeinträchtigen könnte, sondern weil es sich oft um Betroffene handelt, die **Gewöhnung** entwickelt haben.[218]

201

> Konsumenten, die nur gelegentlich Cannabis konsumieren, würden bei der Heranziehung des CIF-Wertes somit auch besser gestellt werden als solche, die häufiger Cannabis rauchen, weil THC bei regelmäßigen Konsumenten länger nachweisbar ist.[219]

202 Möller[220] führt sogar aus, dass es für die (anwaltliche) Praxis völlig ausreiche, wenn der CIF-Wert nur **vereinfacht berechnet** werde, nämlich „Addition der Absolut-Konzentration von THC und 11-HO [sic[221]] -THC in ng/ml; Multiplikation mit 100 und anschließender Division

209 Vom 8.11.2004, Az. M 6b S 5112/04.
210 Vgl. Rn. 897ff.
211 Maximal 4 Wochen: *Daldrup/Käferstein/Köhler/Maier/Mußhoff* BA 2000, 39ff (45).
212 *Grotenhermen/Karus* Cannabis Straßenverkehr und Arbeitswelt, S. 324.
213 *Sticht/Käferstein* Grundbegriffe, Toxikokinetik und Toxikodynamik, S. 10.
214 Vom 13.1.2004, DAR 2004, 413f = BA 2004, 293f.
215 *Grotenhermen/Karus* Cannabis, Straßenverkehr und Arbeitswelt, S. 336; vgl. auch Rn. 477ff.
216 *Krüger* BA 2002, 336ff (350).
217 *Kauert* BA 2002, 102ff (108).
218 *VGH Bayern* vom 11.11.2004, BA 2006, 414ff = SVR 2005, 152f; *Kauert* BA 2002, 102ff (108).
219 *Bundesanstalt für Straßenwesen* Kongressbericht 2005 der Deutschen Gesellschaft für Verkehrsmedizin e.V., S. 54 u. S. 178.
220 *Möller* § 3 Medikamente und Drogen – verkehrsmedizinisch-toxikologische Gesichtspunkte, Rn. 134ff (136).
221 Vgl. *Pschyrembel* S. 737.

durch den Wert von THC-COOH in ng/ml". Läge der errechnete Wert über 10 und würden weitere Beweisanzeichen (Ausfallerscheinungen) vorliegen, gehe der forensische Gutachter i.d.R. von einer drogenbedingten Fahruntüchtigkeit aus.

Die inhaltliche Bestimmung einer Fahruntüchtigkeit kann zwar nicht losgelöst von Erkenntnissen der Medizin und der Toxikologie getroffen werden; sie unterliegt aber nicht allein rechts- bzw. verkehrsmedizinischer oder toxikologischer Beurteilung, sondern ist eine **Rechtsfrage**, deren normative Bewertung in erster Linie **richterliche Aufgabe** ist.[222] **203**

Eine vereinfachte mathematische Berechnung des CIF-Wertes kann daneben auch zu Ergebnissen führen, die nicht opportun sind, wenn man sich beispielsweise die Konzentrationen des Fahrzeugführers in dem bereits unter Rn. 157 geschilderten Verfahren vor dem LG Berlin[223] von 1,8 ng/ml THC, 0,5 ng/ml 11-OH THC und 11,0 ng/ml THC-COOH ansieht. **204**

THC [1,8] + OH-THC [0,5] = 2,3
2,3 × 100 = 230
230 : THC-COOH [11,0] = 20,9

Obwohl der vereinfacht berechnete CIF-Wert > 10 ist, kam der Sachverständige zu dem Ergebnis, dass die Auffälligkeiten im Fahrverhalten nicht durch diese Werte hervorgerufen worden sein können sondern andere Ursachen gehabt haben müssen.[224]

Eine Abweichung von mathematischer Theorie und gerichtlicher Praxis zeigt auch eine von Drasch/v. Meyer/Roider/Buchholzer/Sachs/Schurig im Kongressbericht 2005 der Deutschen Gesellschaft für Verkehrsmedizin[225] geschilderte Untersuchung, wonach bei einer rein mathematischen Berechnung der Fahruntüchtigkeit über 21 % der von Gerichten entschiedenen Straftaten gem. § 316 Abs. 1 StGB eigentlich Ordnungswidrigkeiten gewesen wären, allerdings auch fast 75 % der von den Gerichten erkannten Ordnungswidrigkeiten bei Anwendung des CIF-Wertes Straftaten nach § 316 Abs. 1 StGB hätten sein müssen. **205**

Eine **rein mathematische Berechnung** der Drogenwirkstoffe im Blut kann daher alleine **nicht ausreichen**, um eine Fahruntüchtigkeit forensisch gesichert zu indizieren.[226] **206**

Dies bestätigt auch das OLG Naumburg[227] bei einem Cannabis Influence Factor von 22,4 (plus einer BAK von 0,61‰), da eine solche Berechnung nicht den derzeitigen gesicherten und **allgemein zweifelsfrei** anerkannten Stand der Wissenschaft wiedergibt.[228]

Somit kann bei einem CIF-Wert > 10 keine absolute, sondern in Verbindung mit weiteren feststellbaren Tatsachen **allenfalls relative Fahruntüchtigkeit** in Betracht kommen.

222 Siehe dazu auch *Maatz* Rechtliche Anforderungen an medizinische Befunde zur Beurteilung der Fahrtüchtigkeit bei Fahrten unter Drogeneinfluss, S. 10f, vgl. § 261 StPO.
223 Vom 6.11.2002, Az. 569 2 Ve Js 2153/00.
224 Vgl. dazu auch Rn. 528.
225 *Bundesanstalt für Straßenwesen* Mensch und Sicherheit, Heft M 171, S. 54.
226 *OLG Naumburg* vom 14.7.2005, NZV 2006, 98f = BA 2006, 71f; **a.M.** *AG Moers* vom 10.7.2003, BA 2004, 276ff.
227 Vom 14.7.2005, NZV 2006, 98f = BA 2006, 71f.
228 Vgl. auch Rn. 1004.

d) Polizeiliche Feststellungen

207 Der bloße Nachweis von Drogenwirkstoffen im Blutserum eines Fahrzeugführers oder die rein mathematische Berechnung des CIF-Wertes genügt zum Nachweis einer Fahruntüchtigkeit nicht.

Nach Ansicht des BayObLG[229] genüge es zur Annahme der Fahruntüchtigkeit aber, dass bei einem Fahrzeugführer eine während der Fahrt vorhandene „**erhebliche Beeinträchtigung**" des Reaktions- oder Wahrnehmungsvermögens „**auf andere Weise**" zuverlässig festgestellt wird.

208 Eine allgemeine „**Drogenenthemmung**", „**Stimmungsschwankungen**" oder „**Ausfallerscheinungen**" genügen nach Ansicht des OLG Zweibrücken[230] zur Annahme der Fahruntüchtigkeit allerdings noch nicht und stellen daher keine „**erhebliche Beeinträchtigung**" dar.

Fraglich ist deshalb, welche polizeilichen Wahrnehmungen konkret eine Fahruntüchtigkeit indizieren, was unter „auf andere Weise" subsumiert werden kann und ob z.B. **Fahrfehler** eines Kraftfahrzeugführers als „erhebliche Beeinträchtigung" für die Beurteilung der Fahruntüchtigkeit herangezogen werden können.

aa) Fahrfehler

209 Nach Ansicht von Janker[231] kann ein Fahrzeugführer auch ohne die Begehung eines Fahrfehlers fahruntüchtig sein, wenn bei diesem „Ausfallerscheinungen" festgestellt werden, noch dazu in Verbindung mit im Blut nachgewiesener Drogenwirkstoffe,[232] wobei die durch das Rauschmittel verursachten Fehlfunktionen umso weniger prägnant müssen sein müssen, je mehr Wirkstoffe einer Droge bei einem Fahrzeugführer festgestellt werden.

Die **Nachprüfung** eines **Urteils** setzt somit voraus, dass in diesem überhaupt **Aussagen zu** den nachgewiesenen **Drogenkonzentrationen** gemacht werden[233] und es bedarf nach Ansicht des **BGH**[234] sodann auch der Beurteilung, ob eine solche festgestellte Konzentration überhaupt als „hoch" anzusehen ist.[235]

210 Das OLG Zweibrücken[236] führt aus, dass bei einer besonders starken Konzentration einer Droge auch nur **eine einzelne „Ausfallerscheinung"** genügt, sofern diese besonders beweiskräftig ist und sicher nachgewiesen werden kann. Diese Beeinträchtigung muss aber so schwer sein, dass **unbestritten** kein Fahrzeug mehr **sicher** geführt werden kann.

211 Nach Ansicht des OLG Zweibrücken[237] und des OLG Düsseldorf[238] kommen als Ausfallerscheinungen **Defizite im Fahrverhalten** in Betracht, z.B. eine auffällige, riskante, besonders sorglose und leichtsinnige Fahrweise.

---

229 Vom 15.11.1996, DAR 1997, 76f und vom 28.12.2001, DAR 2002, 134.
230 Vom 14.2.2003, DAR 2003, 431f.
231 Prof. Dr. Helmut *Janker*, FH für Verwaltung und Rechtspflege Berlin.
232 *Janker* DAR 2003, 489ff (490).
233 Beispielsweise nicht angegeben bei *VGH Baden-Württemberg* vom 7.3.2003, DAR 2003, 236f und nicht geschehen bei *VG Lüneburg* vom 22.3.2004, DAR 2005, 54f = BA 2005, 504f = SVR 2004, 198f; beanstandet auch von *OLG Köln* am 30.6.2005, DAR 2005, 646f = BA 2006, 236ff; von *OLG Dresden* am 3.3.2005, Az. Ss (OWi) 49/05 sowie von *OLG Hamm* am 9.5.2000, Az. 5 Ss OWi 137/00.
234 Vom 3.11.1998, DAR 1999, 31ff = NZV 1999, 48ff = BA 1999, 61ff = NJW 1999, 226ff = BGHSt 44, 219ff; so auch *OLG Koblenz* vom 28.4.2005, BA 2006, 231f.
235 Vgl. dazu auch Rn. 149ff.
236 Vom 10.5.2004, NZV 2005, 164 = BA 2005, 257f.
237 Vom 14.2.2003, DAR 2003, 431f.
238 Vom 24.8.1998, StV 1999, 22f.

Fahrfehler werden aber auch durch nicht unter Drogeneinfluss stehende Verkehrsteilnehmer begangen.

212

Durch die Polizeibeamten müsste daher möglicherweise zusätzlich festgestellt werden, ob ein Fahrzeugführer den Fahrfehler, zum Beispiel die Ordnungswidrigkeit eines verbotswidrigen Abbiegens, billigend und absichtlich in Kauf genommen hat, wie das mannigfach im Straßenverkehr zu beobachten ist, oder ob ein Verkehrszeichen, eine durchgezogene Linie oder eine entsprechende bauliche Einrichtung **infolge des Drogenkonsums** „übersehen" wurde.[239]

(1) Polizeiliche Beobachtungen zur Fahrweise

In der Praxis beobachten **Polizeibeamte** das Fahrzeug im fließenden Verkehr und treffen Feststellungen zur Fahrweise wie etwa Orientierung direkt an der Fahrbahnmarkierung, Befahren der Mittellinie, unangepasste Lenkmanöver, Fahren ohne Licht, auffällig langsames fahren, zu dichtes Auffahren, falsche Bedienung des Fahrtrichtungsanzeigers, abruptes oder weites Ausholen beim Abbiegen. Auch auf „szenetypische" Autoaufkleber wird geachtet. Ferner wird das Beschleunigungs- oder Bremsverhalten beobachtet. Die Polizeibeamten gehen nachvollziehbar davon aus, dass Drogenbeeinflussung eine geteilte Aufmerksamkeit nicht mehr möglich macht, da das Führen eines Kraftfahrzeuges ein Vorgang ist, der aus einem Zusammenspiel mehrerer einzelner Handlungen besteht, nämlich Blinken, Gas geben, Bremsen, Lenken, Schalten, Kupplung treten etc. **213**

Mit anderen Worten ist eine Fahrfähigkeit dann nicht mehr gegeben, wenn das Vermögen, sich auf mehrere Dinge gleichzeitig zu konzentrieren, fehlt.

Sämtliche Beobachtungen[240] werden in einer „Checkliste"[241] festgehalten und dabei auch Angaben zur Fahrbahnbeschaffenheit als auch zur Witterung gemacht, damit sich ein Fahrzeugführer später nicht auf eine rutschige oder unebene Beschaffenheit der Fahrbahn berufen kann.

Nach dem Anhalten eines Kraftfahrzeuges wird das Verhalten der Insassen dokumentiert. **214** Der **Polizeibeamte** gibt dabei unter anderem an, ob ein „starrer Blick" vorgelegen habe, wie das Lenkrad umklammert wurde, ob das Gesicht nah an der Windschutzscheibe war oder ob eine „lässige" Sitzposition eingenommen wurde. Bei der Polizeikontrolle wird auch versucht, die Stimmung der Insassen, eine etwaige Ausgelassenheit, laute „szenetypische" Technomusik, süßliche Gerüche von Haschischrauch, übergroßes Zigarettenpapier oder „szenetypische" Utensilien[242] wahrzunehmen.

So gibt es während der Verkehrskontrolle auch zahlreiche einfache Tests, die durch einen Verkehrsteilnehmer überhaupt nicht als solche wahrgenommen werden, etwa das Fragen nach zwei Dingen gleichzeitig, um die Konzentrationsfähigkeit festzustellen. Während der Fahrer seine Fahrzeugpapiere sucht wird oftmals noch eine ihn ablenkende und ihn unterbrechende zusätzliche Frage nachgeschoben, etwa über das Fahrziel.

Ein durch Drogen beeinflusster Kraftfahrzeugführer ist den Aufgabenstellungen nicht gewachsen und „überfordert".

239 *BayObLG* vom 15.11.1996, DAR 1997, 76f; vgl. auch Rn. 188, Rn. 220 und Rn. 224.
240 Siehe Drasch/von Meyer/Roider/Jägerhuber BA 2003, 269ff (270ff).
241 Sog. „Torkel-Bogen".
242 Vgl. auch Rn. 278.

215 Kauert[243] unterteilt die Anfangsverdachte auf Drogenkonsum in Fahrfehler, körperlich-geistige Auffälligkeiten und nicht körperlich bedingte Auffälligkeiten und subsumiert dazu u.a. Schlangenlinien fahren, Abdriften von der Fahrbahn, „zu schnell/langsam" fahren, plötzliche Geschwindigkeitsänderungen, verzögertes Anhalten bei Polizeiaufforderung, inadäquate Bremsmanöver, „auffällige" Abbiegevorgänge, auffällige Bewegungen am Steuer, motorische „Unsicherheit", psychische Unangepasstheit oder vegetative Verdachtsmomente.

Ein Fahrzeugführer fällt jedoch auch dann auf, weil er sich **exakt korrekt** verhält.

(2) Anlass für Polizeikontrolle

216 Die Vorschrift des **§ 36 Abs. 5 StVO** ist durch die **verdachtsfreie Verkehrskontrolle** zwar geeignet, auch zufällig auf unter Drogeneinfluss stehende Kraftfahrzeugführer zu stoßen, allerdings ist das **Anhalten eines Fahrzeugführers** ausschließlich wegen einer Strafverfolgung nicht nach § 36 Abs. 5 StVO, sondern nur kraft Polizeirecht und StPO zulässig.[244] Gleiches gilt bei der ausschließlichen Verfolgung und Ahndung begangener Verkehrsverstöße.[245] Die Polizei ist nach § 36 Abs. 5 StVO auch **nicht berechtigt**, eine Verkehrskontrolle ohne konkreten Anlass **ausschließlich** zur Feststellung der Fahrtüchtigkeit eines Fahrers durchzuführen.[246] Anders ist dies aber, wenn ein Polizeibeamter, was der Regelfall sein wird, auch die mitführenden **Papiere** kontrolliert.[247]

217 Polizeibeamte sind nach § 36 Abs. 5 StVO ermächtigt, Verkehrsteilnehmer zur Verkehrskontrolle anzuhalten.[248] Sie dient der Sicherheit oder Ordnung des Straßenverkehrs.[249] Verkehrskontrollen sind präventive, verkehrsbezogene Maßnahmen,[250] zu denen, neben der Prüfung der Fahrzeugpapiere, der Vorschriftsmäßigkeit eines Fahrzeugs und dessen Ladung, der Besetzung und Ausrüstung **auch** die Fahrtüchtigkeit eines Fahrers gehört.[251]

218 Danach ist die Polizei **bei gleichzeitiger Überprüfung der Fahrzeugpapiere** berechtigt, auch ohne konkreten „Anlass" eine Kontrolle durchzuführen[252] oder einen Fahrer zum Ausstei-

---

243 *Kauert* DAR 2000, 438ff (439).

244 *BGH* vom 31.1.1984, NStZ 1984, 270f = BGHSt 32, 248ff; *OLG Düsseldorf* vom 5.6.1996, NZV 1996, 458ff = VRS 92, 9; *OLG Köln* vom 31.1.1984, VRS 67, 293; *Rebmann* ZVS 1996, 86f; *Hentschel* Straßenverkehrsrecht, § 36 StVO Rn. 24.

245 *BGH* vom 31.1.1984, NStZ 1984, 270f = BGHSt 32, 248ff; *OLG Düsseldorf* vom 5.6.1996, NZV 1996, 458ff = VRS 92, 9; *Rebmann* ZVS 1996, 86f; *Hentschel* Straßenverkehrsrecht, § 36 StVO Rn. 24.

246 *Hilse* ZVS 1995, 146ff (148); *Rebmann* ZVS 1996, 86f, der eine verdachtsfreie Kontrolle auch für drogenbeeinflusste Teilnahme am Straßenverkehr fordert; *Janiszewski/Jagow/Burmann* Straßenverkehrsrecht, § 36 StVO Rn. 12.

247 *OLG Düsseldorf* vom 5.6.1996, NZV 1996, 458ff = VRS 92, 9; *OLG Düsseldorf* vom 20.3.1986, VRS 73, 387ff; *Hentschel* Straßenverkehrsrecht, § 36 StVO Rn. 24; *Janiszewski/Jagow/Burmann* Straßenverkehrsrecht, § 36 StVO Rn. 12; vgl. auch Rn. 228 und Rn. 275ff.

248 *OLG Düsseldorf* vom 5.6.1996, NZV 1996, 458ff = VRS 92, 9; *Hentschel* Straßenverkehrsrecht, § 36 StVO Rn. 24; *Janiszewski/Jagow/Burmann* Straßenverkehrsrecht, § 36 StVO Rn. 12.

249 *OLG Stuttgart* vom 18.4.1980, VRS 59, 464ff; *Hentschel* Straßenverkehrsrecht, § 36 StVO Rn. 24.

250 *BayObLG* vom 27.10.1986, Az. 1 ObOwi 130/86; *Janiszewski/Jagow/Burmann* Straßenverkehrsrecht, § 36 StVO Rn. 12.

251 *Rüth/Berr/Berz* Straßenverkehrsrecht, § 36 StVO Rn. 19; *Hentschel* Straßenverkehrsrecht, § 36 StVO Rn. 24; *Janiszewski/Jagow/Burmann* Straßenverkehrsrecht, § 36 StVO Rn. 12; vgl. auch *Hilse* ZVS 1995, 146ff (148); *Rebmann* ZVS 1996, 86f.

252 Beachte aber zur anlass- und verdachtsunabhängigen Personenkontrolle und zur Durchsuchung mitgeführter Sachen auch *BayVerfGH* vom 7.2.2006, JZ 2006, 617ff.

gen aufzufordern, mit dem Zweck, dessen Fahrtüchtigkeit festzustellen. Eine Verkehrskontrolle ist daher beispielsweise auch zulässig, wenn ein Fahrzeugführer in einem Baustellenbereich „mit für die Verhältnisse offenbar sehr hoher Geschwindigkeit fuhr“,[253] obwohl ein solches Verhalten noch kein konkreter Verkehrsverstoß ist und ein derartiges Fahrverhalten eine im Straßenverkehr häufig zu beobachtende Ausfallerscheinung darstellt, die noch keinerlei Rückschlüsse auf durch Drogenkonsum bedingte Fahruntüchtigkeit zulässt.[254]

Dies muss auch für die falsche Bedienung eines Fahrzeuges wie „**Abwürgen oder Aufheulen des Motors**“,[255] Schwierigkeiten beim **Einparken** eines Kraftfahrzeuges oder das Fahren mit eingeschaltetem **Standlicht** statt mit Abblendlicht[256] gelten. **219**

Für eine Verurteilung nach § 316 Abs. 1 S. 1 StGB muss daher durch die Polizei bzw. das Gericht festgestellt werden, dass einem „nüchternen“ Kraftfahrzeugführer dieser Fahrfehler nicht unterlaufen wäre.[257] **220**

Nur so kann festgestellt werden, ob die Ausfallerscheinung als Hirnleistungsstörung zu werten ist. [258]

Zwar kann aus der Fahrweise eines Verkehrsteilnehmers auf eine Fahruntüchtigkeit geschlossen werden,[259] so beim Fahren in **Schlangenlinien**,[260] **ungewöhnliche Fehler** bei lan- **221**

253 *OLG Düsseldorf* vom 24.8.1998, StV 1999, 22f.

254 Siehe dazu auch Richtlinie für die polizeiliche Verkehrsüberwachung vom 12.5.2006, Az. I C 4-3618.2-31, AllMBl 2006, 155ff.

255 *Bundesanstalt für Straßenwesen/Universität des Saarlandes* Drogenerkennung im Straßenverkehr – Schulungsprogramm für Polizeibeamte –, S. 79.

256 *LG Potsdam* vom 23.2.2005, NZV 2005, 597f; **a.M.** *OLG Zweibrücken* vom 10.5.2004, NZV 2005, 164 = BA 2005, 257f.

257 *BGH* vom 3.11.1998, DAR 1999, 31ff = NZV 1999, 48ff = BA 1999, 61ff = NJW 1999, 226ff = BGHSt 44, 219ff; *BGH* vom 4.8.1967, Az. 4 StR 324/67; *OLG Köln* vom 9.5.1995, VRS 89, 446ff; *BayObLG* vom 8.5.1992, Az. 1 St RR 73/92 (vgl. auch DAR 1993, 372); *BayObLG* vom 27.4.1990, Az. 1 St 55/90 (vgl. auch DAR 1991, 368); *BayObLG* 23.3.1990, DAR 1990, 186f; *BayObLG* vom 7.3.1988, NZV 1988, 110f; *OLG Koblenz* vom 23.2.1988, NZV 1988, 69; *OLG Köln* vom 24.6.1983, VRS 65, 440f; *OLG Düsseldorf* vom 23.2.1979, DAR 1980, 190f; *LG Hamburg* vom 30.9.1983, DAR 1984, 126; *Hentschel* Straßenverkehrsrecht, § 316 StGB Rn. 16; *Janiszewski/Jagow/Burmann* Straßenverkehrsrecht, § 316 StGB Rn. 26b; *Cramer* Straßenverkehrsrecht, Band 1, § 316 StGB Rn. 14; *Hentschel* Trunkenheit, Fahrerlaubnisentziehung, Fahrverbot, Rn. 190; *Janiszewski* Verkehrsstrafrecht, Rn. 363; **a.M.** *OLG Koblenz* vom 25.7.1977, BA 1977, 432ff = VRS 54, 124ff (bei ungewöhnlichen Fahrfehlern).

258 Vgl. dazu aber auch Rn. 188, Rn. 212 und Rn. 224.

259 *BGH* vom 22.4.1982, BGHSt 31, 42ff (45); *BGH* vom 20.3.1959, BGHSt 13, 83ff (90); *OLG Frankfurt/Main* vom 22.10.2001, NStZ-RR 2002, 17ff; *OLG Frankfurt/Main* vom 2.9.1994, NZV 1995, 116f; *OLG Düsseldorf* vom 4.3.1993, DAR 1993, 271f = NZV 1993, 276 = NJW 1993, 2390f; *OLG Köln* vom 24.8.1990, NJW 1990, 2945f; *Tröndle/Fischer* Strafgesetzbuch, § 316 StGB Rn. 7d; *Hentschel* Straßenverkehrsrecht, § 316 StGB Rn. 15; *Janiszewski/Jagow/Burmann* Straßenverkehrsrecht, § 316 StGB Rn. 26a; *Cramer* Straßenverkehrsrecht, Band 1, § 316 StGB Rn. 15; *Hentschel* Trunkenheit, Fahrerlaubnisentziehung, Fahrverbot, Rn. 191 und Rn. 193ff; *Janiszewski* Verkehrsstrafrecht, Rn. 362a. Hierbei ist aber darauf hinzuweisen, dass die besonderen Merkmale des individuellen Fahrstils nach der Einnahme von berauschenden Mitteln dieselben sind und daraus nicht auf eine entsprechende Fahrweise unter berauschenden Mitteln geschlossen werden kann, vgl. *Hentschel* Trunkenheit, Fahrerlaubnisentziehung, Fahrverbot, Rn. 191.

260 *OLG Hamm* vom 25.2.1975, VRS 49, 270ff; *OLG Düsseldorf* vom 8.11.1974, VRS 49, 38ff; *Janiszewski/Jagow/Burmann* Straßenverkehrsrecht, § 316 StGB Rn. 26a; *Janiszewski* Verkehrsstrafrecht, Rn. 362a; **a.M.** *KG* vom 8.3.1962, NJW 1962, 1783f; vgl. aber beim **Radfahrer** *Berr/Ludovisy* Der Zweiradfahrer und sein Recht, S. 26.

ger Fahrpraxis[261] und leichtsinniges Fahren bei überhöhter Geschwindigkeit,[262] nicht aber allein bei **überhöhter Geschwindigkeit**.[263]

222 Daher kann auch besonders vorsichtiges und **langsames Fahren**,[264] **Bremsen** in einer Kurve,[265] Fehlverhalten bei **Straßenglätte**,[266] Fahren trotz widriger Witterungs- und Straßenverhältnisse,[267] **Verschätzen** der Entfernung eines sich nähernden Fahrzeugs, Überfahren der **Mittellinie** auf kurvenreicher Strecke[268] oder Fehler beim **Abbiegen**[269] nicht ohne weiteres eine Fahrunsicherheit indizieren.

223 Wesentlich ist deshalb, ob der **Fahrfehler** jeweils **rauschmittelbedingt**, also die Folge des vorangegangenen Konsums anderer berauschender Mittel war und sich ein Fahrzeugführer ohne Betäubungsmitteleinfluss anders verhalten hätte, ihm dieser Fehler also nicht unterlaufen wäre.[270]

Dies muss im Einzelfall nachgewiesen werden,[271] wobei nicht zwingend deswegen auf eine relative Fahruntüchtigkeit geschlossen werden kann, wenn ein Fahrfehler häufiger von berauschten als von unberauschten Fahrern begangen wird.[272]

---

261 *BGH* vom 21.2.1974, VRS 47, 19ff; *OLG Frankfurt/Main* vom 2.9.1994, NZV 1995, 116f; *OLG Düsseldorf* vom 13.3.1980, VRS 59, 343ff; *OLG Karlsruhe* vom 7.3.1974, VRS 47, 89ff; *Cramer/Sternberg-Lieben* in Schönke/Schröder, § 316 StGB Rn. 14.

262 *BGH* vom 7.4.1994, NStZ 1995, 89f = zfs 1994, 464f; *BGH* vom 28.4.1967, DAR 1967, 280f (hohe Geschwindigkeit bei besonders schlechter Sicht); *BayObLG* vom 23.3.1990, DAR 1990, 186f (50 km/h bei Schnee- und Eisglätte, sowie Abkommen von der Fahrbahn).

263 *BGH* vom 29.11.1994, DAR 1995, 166; *BGH* vom 7.4.1994, NStZ 1995, 89f = zfs 1994, 464f; *BGH* vom 3.4.1985, VRS 69, 368ff; *OLG Koblenz* vom 16.11.1989, VRS 78, 448ff; *OLG Düsseldorf* vom 23.2.1979, DAR 1980, 190f; *LG Osnabrück* vom 5.10.1993, DAR 1994, 128; *LG Hamburg* vom 30.9.1983, DAR 1984, 126; *Janiszewski/Jagow/Burmann* Straßenverkehrsrecht, § 316 StGB Rn. 26a; **a.M.** wohl *AG Tecklenburg* vom 27.4.1988, NZV 1989, 83f; vgl. auch *Hentschel* Straßenverkehrsrecht, § 316 StGB Rn. 15.

264 *OLG Köln* vom 16.1.1987, VRS 72, 367ff; *OLG Hamm* vom 14.2.1975, DAR 1975, 249 (35 bis 40 km/h); *Tröndle/Fischer* Strafgesetzbuch, § 316 StGB Rn. 7d; *Hentschel* Straßenverkehrsrecht, § 316 StGB Rn. 15; *Cramer* Straßenverkehrsrecht, Band 1, § 316 StGB Rn. 15.

265 *Cramer* Straßenverkehrsrecht, Band 1, § 316 StGB Rn. 15.

266 *Cramer* Straßenverkehrsrecht, Band 1, § 316 StGB Rn. 15; **a.M.** *KG* vom 14.11.1974, VRS 48, 204f.

267 *BayObLG* vom 24.5.1989, DAR 1989, 427f; *Janiszewski/Jagow/Burmann* Straßenverkehrsrecht, § 316 StGB Rn. 26a; *Janiszewski* Verkehrsstrafrecht, Rn. 362a. Anders aber, wenn auch jeder nüchterne Fahrer von der Weiterfahrt Abstand genommen hätte, vgl. *Tröndle/Fischer* Strafgesetzbuch, § 316 StGB Rn. 7d.

268 *LG Zweibrücken* vom 24.6.1994, NZV 1994, 450; *Janiszewski/Jagow/Burmann* Straßenverkehrsrecht, § 316 StGB Rn. 26a.

269 *LG Osnabrück* vom 3.11.1994, DAR 1995, 79; *Janiszewski/Jagow/Burmann* Straßenverkehrsrecht, § 316 StGB Rn. 26a.

270 *BVerfG* vom 25.4.1995, VRS 90, 1ff = VM 1995, 73f; *BGH* vom 12.4.1994, NZV 1995, 80f; *BGH* vom 29.11.1968, DAR 1969, 105f; *BGH* vom 27.10.1967, VRS 34, 211f; *BGH* vom 4.8.1967, Az. 4 StR 324/67; *BGH* vom 30.6.1955, BGHSt 8, 28ff (32); *BayObLG* vom 8.5.1992, Az. 1 St RR 73/92 (vgl. auch DAR 1993, 372); *BayObLG* vom 23.3.1990, DAR 1990, 186f; *BayObLG* vom 7.3.1988, NZV 1988, 110f; *OLG Düsseldorf* vom 23.2.1979, DAR 1980, 190f; *OLG Karlsruhe* vom 5.12.1957, DAR 1958, 252f (alle zum Alkohol); *Hentschel* Straßenverkehrsrecht, § 316 StGB Rn. 16; *Tröndle/Fischer* Strafgesetzbuch, § 316 StGB Rn. 7d; *Janiszewski/Jagow/Burmann* Straßenverkehrsrecht, § 316 StGB Rn. 26b; *Cramer* Straßenverkehrsrecht, Band 1, § 316 StGB Rn. 15; *Hentschel* Trunkenheit, Fahrerlaubnisentziehung, Fahrverbot, Rn. 190; *Janiszewski* Verkehrsstrafrecht, Rn. 363 (jeweils zum Alkohol).

271 *OLG Frankfurt/Main* vom 2.9.1994, NZV 1995, 116f; *OLG Hamm* vom 28.10.1993, NZV 1994, 117; **a.M.** *OLG Koblenz* vom 25.7.1977, BA 1977, 432 = VRS 54, 124ff (ungewöhnliche Fahrfehler).

272 *BGH* vom 29.11.1968, DAR 1969, 105f; *Cramer* Straßenverkehrsrecht, Band 1, § 316 StGB Rn. 15.

Die rein theoretische Möglichkeit, dass ein Fahrfehler auch von einem nicht berauschten Fahrer hätte begangen werden können, hat dabei allerdings außer Betracht zu bleiben.[273] **224**

Rückschlüsse auf die Fahrtüchtigkeit sind **nach Ansicht der obergerichtlichen Rechtsprechung** daher nur durch **schwerwiegendste Einschränkungen** der Wahrnehmungs- und Reaktionsfähigkeit möglich, etwa durch Beeinträchtigungen wie stark benommener Eindruck, Mühe bei der Beantwortung von Fragen, lallende verwaschene Aussprache,[274] unsicherer Gang[275] oder Stolpern und Schwanken beim Gehen.[276] **225**

Auch nach Ansicht des **Bundesgerichtshof**[277] sind für den Nachweis der Fahruntüchtigkeit „Ausfallerscheinungen" erforderlich, aus denen sich **sicher** auf eine **schwerwiegende Einschränkung** der Wahrnehmungs- und Reaktionsfähigkeit schließen lässt, z.B. mangelnde Ansprechbarkeit, Unfähigkeit zu koordinierter Bewegung oder extrem verlangsamte Reaktionen. **226**

Bloße **Fahrfehler** alleine **genügen** zur Feststellung der relativen Fahruntüchtigkeit nach dem Konsum „berauschender Mittel" daher (noch) **nicht** und stellen für sich alleine keine „erhebliche Beeinträchtigung" dar.[278]

bb) Verhalten während der Verkehrskontrolle

Das BayObLG[279] entschied darüber hinaus, dass eine Fahruntüchtigkeit auch durch das **Verhalten** eines Fahrzeugführers **gegenüber** den **Polizeibeamten bei** einer **Verkehrskontrolle** feststellbar sei. **227**

Das „Verhalten" eines Fahrzeugführers bei einer Verkehrskontrolle und die Stimmung eines jeden Menschen wechselt allerdings, ist höchst individuell und von den verschiedensten Einflüssen abhängig, so dass die Beurteilung einer Fahrtüchtigkeit auf Grund des Verhaltens eines Fahrzeugführers gegenüber einem Polizeibeamten schwierig erscheint.

Das von der Bundesanstalt für Straßenwesen und der Universität des Saarlandes gemeinsam herausgegebene „Schulungsprogramm für Polizeibeamte"[280] führt vielmehr beispielsweise aus, dass ein Polizeibeamter auf den **Zustand des Fahrzeuges** und Fahrzeugmängel achten solle, da Fahrzeuge von Drogenabhängigen häufig in sehr schlechtem Pflegezustand seien.[281] Gibt ein Polizeibeamter auf **Frage der Verteidigung** aber beispielsweise an,[282] eine Verkehrskontrolle nur deshalb durchgeführt zu haben, weil ein Angeklagter ein **„drogen-** **228**

---

273 *OLG Koblenz* vom 28.1.1988, NZV 1988, 69f (70); *Tröndle/Fischer* Strafgesetzbuch, § 316 StGB Rn. 7d; *Cramer* Straßenverkehrsrecht, Band 1, § 316 StGB Rn. 15.

274 **A.M.** *OLG Düsseldorf* vom 2.5.1994, NJW 1994, 2428f bei „schleppender Sprache".

275 *BGH* vom 3.11.1998, DAR 1999, 31ff = NZV 1999, 48ff = BA 1999, 61ff = NJW 1999, 226ff = BGHSt 44, 219ff.

276 *OLG Düsseldorf* vom 24.8.1998, StV 1999, 22f.

277 Vom 3.11.1998, DAR 1999, 31ff = NZV 1999, 48ff = BA 1999, 61ff = NJW 1999, 226ff = BGHSt 44, 219ff; sowie von 25.5.2000, DAR 2000, 481f; so auch *Janker* DAR 2003, 489ff (490).

278 Anders aber bei erheblicher bzw. schwerwiegendster Beeinträchtigung des Reaktions- oder Wahrnehmungsvermögens wie „Fahren in Schlangenlinien", „lallende verwaschene Sprache" oder „Schwanken beim Gehen".

279 Vom 15.11.1996, DAR 1997, 76f.

280 *Bundesanstalt für Straßenwesen/Universität des Saarlandes* Drogenerkennung im Straßenverkehr, -Schulungsprogramm für Polizeibeamte-, S. 80.

281 *Iffland/Kruse* Erkennung cannabisbeeinflusster Verkehrsteilnehmer, S. 141; s. dazu auch *Klipp* BA 2005, 303ff (304).

282 So vor dem *VG Regensburg* vom 2.2.2004, Az. RO 5 S 221/04; vgl. auch Rn. 216ff.

typisches Erscheinungsbild" gehabt habe oder führt ein Beamter aus,[283] dass ein Betroffener ein „**szenetypisches Aussehen**" gehabt habe, so wird übersehen, dass sich Drogen in sämtlichen Kreisen und Schichten verbreitet haben, wie die vielen bekannten Pressemitteilungen über Prominente, Sportler und Musiker beweisen und auch hochgestellte Persönlichkeiten fahren alte, „verwahrloste" Kraftfahrzeuge.[284]

Unverständlich sind daher auch Vermerke in polizeilichen Untersuchungsberichten, wonach ein Betroffener einen „gepflegten", „ungepflegten" oder gar „verwahrlosten" **Eindruck** gemacht habe, da es sich hier um Kriterien handelt, die eine **neutrale Beurteilung eines Polizeibeamten** infrage stellen[285] und die mit einer möglichen Drogenbeeinflussung nicht zwingend in Zusammenhang gebracht werden können.[286]

229 Der Konsum von Cannabis kann aber beispielsweise zu einer Veränderung der **Stimmungslage** führen. Dazu gehören Euphorie, „allgemeines Wohlbefinden", unmotivierte Heiterkeit, Verminderung des Antriebs, ängstliche Verstimmung, Dysphorie oder Gereiztheit und derartige Wahrnehmungen können durch die Polizeibeamten während einer Verkehrskontrolle unter Umständen durchaus festgestellt werden.

230 Das Verhalten und die Stimmung eines Kraftfahrzeugführers gegenüber einem Polizeibeamten, z. B. etwaiges **aggressives** oder **depressives Verhalten**, kann seine Ursache aber beispielsweise auch durch die infolge der Verkehrskontrolle ausgelöste besondere Stresssituation haben.[287]

Eine etwaige gesteigerte Aggressivität zählt darüber hinaus nicht zu den typischen Nebenwirkungen von **Cannabis**.[288]

Auch **Nervosität** kann vielerlei Ursachen haben, etwa die vorherrschende Situation einer Polizeikontrolle.[289]

Gleiches gilt für ein zappeliges, hektisches oder hibbeliges Verhalten während einer Polizeikontrolle.

Eine im Polizeibericht festgehaltene „**stumpfe Stimmung**" oder „**verwaschene Sprache**" kann die individuelle Eigenart eines Fahrzeugführers sein.[290]

Der Konsum von Cannabis kann zwar beispielsweise auch zu einer Veränderung, Störung und zur Verlangsamung des Bewegungsablaufes führen und auch Schwindel, Apathie, Gangunsicherheit oder **Zittern** kann durch einen Polizeibeamten wahrgenommen werden; ein „Zittern" anlässlich einer Verkehrskontrolle ist aber z. B. dann nichts außergewöhnliches, wenn diese in den Wintermonaten durchgeführt wurde und der Fahrzeugführer keine warme Bekleidung trug,[291] wenn dieser an einer Schilddrüsenfunktionsstörung leidet oder aber, wenn es sich um die aller erste Polizeikontrolle eines Kraftfahrzeugführers handelt.

---

283 So vor dem *VG Sigmaringen* vom 19.11.2003, Az. 9 K 582/03.

284 Vgl. *BayVerfGH* vom 7.2.2006, JZ 2006, 617ff.

285 Anders möglicherweise dann, wenn ein Betroffener bereits entsprechend vorbestraft ist.

286 Siehe auch *Bundesanstalt für Straßenwesen* Kongressbericht 2005 der Deutschen Gesellschaft für Verkehrsmedizin e.V., S. 176.

287 *OLG Zweibrücken* vom 14.2.2003, DAR 2003, 431f.

288 Vgl. auch Rn. 26ff.

289 *OLG Düsseldorf* vom 24.8.1998, StV 1999, 22f.

290 *LG Köln* vom 7.6.2004, Az. 104 Qs 124/04; *AG Hanau* vom 20.7.2006, Az. 52 Gs 124/06.

291 So vorgetragen in dem Verfahren vor dem *AG München* vom 14.4.2005, Az. 922 Cs 492 Js 146898/04.

Für vermeintlichen Drogeneinfluss können auch traumatische Einflüsse am Kopf oder Stoffwechselerkrankungen ursächlich sein. Bei stumpfen, breitflächigen Gewalteinwirkungen auf den Schädel, etwa nach einem Verkehrsunfall, kann ein posttraumatischer Dämmerzustand eintreten. Der Verletzte wird durch Aggressivität, eine gereizte Stimmung und durch „Erinnerungsstörungen" auffällig und auch Diabetes und insbesondere eine Unterzuckerung führen ebenfalls zu psychischen Auffälligkeiten bis hin zu Bewusstseinstrübungen.[292] **231**

Auch vorbestrafte Kraftfahrzeugführer reagieren in der Regel anders als Verkehrsteilnehmer, die Selbstbewusst sind oder die noch nie strafrechtlich in Erscheinung traten. **232**

Manche Verkehrsteilnehmer schweigen bei einem Kontakt mit einem Polizeibeamten auf Grund „schlechter Erfahrungen" gar völlig, ohne dass dies drogenbedingte Ursachen hätte.

Die Beurteilung einer Fahrtüchtigkeit auf Grund des Verhaltens eines Verkehrsteilnehmers überzeugt daher allenfalls dann, wenn ein Fahrzeugführer von einem im Drogenbereich **besonders geschulten** und **sehr erfahrenen Polizeibeamten** kontrolliert wird, der z.B. den antagonistischen Effekt[293] und Mischkonsum zu erkennen vermag.

Ein subjektiv auffälliges **Verhalten eines Fahrzeugführers** während einer **Verkehrskontrolle** muss daher **kritisch hinterfragt** werden und indiziert für sich alleine ebenfalls noch keine Annahme der Fahruntüchtigkeit.[294]

cc) Pupillen

Nach einer Entscheidung des BayObLG[295] genügt es zum Nachweis der Fahruntüchtigkeit i.S.v. § 316 Abs. 1 StGB auch, wenn bei einem Fahrzeugführer, in Verbindung mit einer hohen Drogenkonzentration, unter anderem eine **Ausfallerscheinung der Pupillenadaption** und eine **Blendempfindlichkeit**[296] festgestellt werden kann. **233**

Auch das OVG Rheinland-Pfalz[297] führte wörtlich aus: „So war der Kläger bei der Kontrolle sehr redselig, verließ nach Aufforderung [scil: durch die Polizei] das Fahrzeug sprunghaft und machte einen aufgeregten Eindruck. Zudem war seine Pupillenadaption zwar noch vorhanden, aber verlangsamt. Die Richtigkeit dieser Feststellungen der kontrollierenden Polizeibeamten hat der Kläger nicht bestritten. **234**

Dass die festgestellten Beeinträchtigungen zu einem **Ausschluss** der Fahreignung (Hervorh. d.d. Verf.) des Klägers führten, ergibt sich aus den Ausführungen des Gutachters."[298]

Daher werden bei einem Verkehrsteilnehmer auch die Pupillen einer polizeilichen Kontrolle unterzogen. Der bei Dunkelheit kontrollierte Kraftfahrzeugführer wird (z.T. plötzlich und unerwartet) mit einer Taschenlampe[299] angestrahlt und der Polizeibeamte beobachtet dabei, wie sich die Pupillen verhalten. **235**

---

292 *Bundesanstalt für Straßenwesen/Universität des Saarlandes* Drogenerkennung im Straßenverkehr, -Schulungsprogramm für Polizeibeamte-, S. 32.

293 Vgl. *Pschyrembel* S. 84: Entgegengesetzte Wirkung von zwei funktionellen Einheiten; Hemmung oder Aufhebung der Wirkung.

294 Und somit auch noch keinen vorläufigen Entzug der Fahrerlaubnis, vgl. *AG Hanau* vom 20.7.2006, Az. 52 Gs 124/06.

295 Vom 28.12.2001, DAR 2002, 134.

296 Siehe dazu auch *OLG Zweibrücken* vom 27.2.2004, Az. 1 Ss 5/04.

297 Vom 13.1.2004, DAR 2004, 413f = BA 2004, 293f.

298 Die im Blutserum gemessene THC-Konzentration betrug 2,0 ng/ml.

299 Vgl. *Pütz/Neumeyer* Führerschein in Gefahr – Drogen, Strassenverkehr, Fahrtüchtigkeit und Fahreignung, S. 381.

236 Erweiterte (**Mydriasis**) oder verengte (**Miosis**[300]) Pupillen sind zwar ein typisches Anzeichen für Einwirkungen auf das Zentralnervensystem; das Verhalten der Pupillen und die entsprechende Reaktion nach Lichteinfall müssen jedoch auch mit der konsumierten **Droge übereinstimmen**.

Dies gilt auch für alle anderen Ausfallerscheinungen und das Gericht wird sich i.d.R. der Hilfe eines Sachverständigen bedienen um festzustellen, ob die von der **Polizei** getroffenen Feststellungen überhaupt zu den eingenommenen Betäubungsmitteln passen.

Daher ist es zunächst erforderlich, einem Betäubungsmittel auch die typischen Reaktionen der Pupillen zuzuordnen.

So wäre eine „**Blendempfindlichkeit**" beispielsweise nicht zu erklären, wenn die Pupillen **verengt** sind.

(1) Heroin und Morphin

237 Der Gesetzgeber hat festgehalten,[301] dass ein unter **Opiaten** wie Heroin oder Morphin stehender Verkehrsteilnehmer eine **Pupillenverengung** aufweise,[302] die auch in der Dunkelheit bestehen bliebe. Auch der Sachverständige in dem Verfahren vor dem AG Ludwigshafen[303] kam zu dem Ergebnis, dass Morphin (und **Kodein**) die Pupillen eher verenge. Ferner geht der VGH Baden-Württemberg[304] davon aus, dass Opiate die Pupillen verengen. In einem Verfahren vor dem BGH[305] kam der Sachverständige ebenfalls zu dem Ergebnis, dass Heroin die Pupillen verengt. Sowohl der Polizeibeamte, als auch die untersuchende Ärztin stellten in dem Verfahren vor dem OLG Saarbrücken[306] nach der Heroineinnahme „wässrige Augen", „träge reagierende" und „verengte" Pupillen fest.

Auch nach Janker[307] werden die Pupillen bei Heroineinnahme **eng**.

Weitere körperliche Anzeichen seien eine niedrige Körpertemperatur, der Gang sei unsicher, die Stimme heiser und die Sprache verwaschen.

(2) Kokain

238 Nach der Einnahme von Kokain **weiten** sich die Pupillen,[308] was zu einer verminderten Sehschärfe und erhöhter **Blendempfindlichkeit** führt. Außerdem sei nach Ansicht von Janker[309] eine „laufende Nase" ein Indiz für den Kokainkonsum.

Anzeichen für einen chronischen Kokainmissbrauch können aber auch eine Perforation der Nasenscheidewand bzw. der Nasenschleimhaut und Schäden an den Schneidezähnen sein, da auf Grund des Rauchens und der damit verbundenen Speichelbildung saures Kokainhydrochlorid entsteht. Schlechte Zähne bedeuten dabei aber nicht stets einen Betäubungsmittelkonsum.

---

300 Nichtanpassungsfähigkeit der Pupillen an die Lichtverhältnisse (Pupillenengstellung).

301 Gesetzentwurf der Bundesregierung, Drucksache 13/3764 vom 08.02.1996, S. 5.

302 So auch das *LG Köln* vom 7.6.2004, Az. 104 Qs 124/04.

303 Vom 8.5.2002, Az. 5416 Js 25820/01.

304 Vom 13.12.2002, Az. 10 S 2200/02.

305 Vom 3.11.1998, DAR 1999, 31ff = NZV 1999, 48ff = BA 1999, 61ff = NJW 1999, 226ff = BGHSt 44, 219ff.

306 Vom 23.1.2002, BA 2004, 72ff = VRS 102, 120ff.

307 *Janker* DAR 2003, 489ff (491).

308 *Bundesanstalt für Straßenwesen/Universität des Saarlandes* Drogenerkennung im Straßenverkehr, -Schulungsprogramm für Polizeibeamte-, S. 83; *Janker* DAR 2003, 489ff (491); *Julien* Drogen und Psychopharmaka, S. 134 u. S. 144.

309 *Janker* DAR 2003, 489ff (491).

Infolge von Crackrauch, der in das Auge gelangt und die Regenbogenhaut des Auges (Corona) betäubt, was wiederum zum Reiben an den Augen führt, können **gerötete Augen** ebenfalls ein Indiz für Kokainkonsum sein.[310]

(3) Amphetamine (Ecstasy)

Bei **Amphetamin**einnahme zeigt der Lichtpupillenreaktionstest i.d.R. eine lichtträge Pupillenreaktion. Bei Psychostimulanzien wie Amphetamin werden die Pupillen i.d.R. **weit gestellt**[311] und die Reflexerregbarkeit ist erhöht. **239**

In dem Verfahren vor dem OLG Düsseldorf[312] gaben die Polizeibeamten an, dass die Augen eines Angeklagten wegen Führen eines Kraftfahrzeuges unter Ecstasyeinfluss geglänzt und die Pupillen **stark erweitert** waren.

Auch das „Schulungsprogramm für Polizeibeamte"[313] und Thomasius/Kraus/Obrocki[314] gehen davon aus, dass Amphetaminkonsum zu einer Pupillen**erweiterung** führt und es infolge von Kiefermuskelkrämpfen oft zu Zähneknirschen kommt.

In dem Verfahren vor dem VG Braunschweig[315] gaben die Polizeibeamten an, sie hätten 19 Ecstasy-Tabletten und Amphetaminpulver gefunden. Die polizeiliche Kontrolle der Augen des Betroffenen ergab, dass die Pupillen keine Reaktion bei Lichteinfall zeigten.

(4) Cannabis (Haschisch / Marihuana)

Hinsichtlich des Pupillenverhaltens nach dem Konsum von **Cannabis** sind die Angaben in der Literatur jedoch **widersprüchlich** und die Beobachtungen der Polizeibeamten **uneinheitlich**.[316] **240**

Diese unterschiedlichen Beobachtungen sind möglich, da Tetrahydrocannabinol sowohl aktivierend auf den Sympathikus [317] als auch auf den Parasympathikus[318] wirkt. Berücksichtigt man, dass THC mit den Opioid-Rezeptoren[319] interagieren kann, ist eine leichte Pupillenverengung zu erklären.

---

310 *Karch* The Pathologie of Drug Abuse, S. 71f; vgl. aber auch Rn. 247f.

311 *Julien* Drogen und Psychopharmaka, S. 134.

312 Vom 24.8.1998, StV 1999, 22f.

313 *Bundesanstalt für Straßenwesen/Universität des Saarlandes* Drogenerkennung im Straßenverkehr, -Schulungsprogramm für Polizeibeamte-, S. 61.

314 *Thomasius/Kraus/Obrocki* Ecstasy und andere synthetische Drogen: Konsummuster, Rauschwirkungen und -folgen, S. 46.

315 Vom 21.1.2004, SVR 2004, 118f/237f, s. *OVG Niedersachsen* vom 16.2.2004, BA 2004, 475.

316 Siehe auch *Drasch/von Meyer/Roider/Jägerhuber* BA 2003, 269ff (281).

317 Teil des vegetativen Nervensystems, welches auf stimulierende Reize reagiert.

318 Teil des vegetativen Nervensystems, welches auf dämpfende Reize reagiert.

319 Opioidrezeptoren sind vor allem im Zentralen Nervensystem vorkommende Transmembranrezeptoren, die den Endorphin-Rezeptoren zuzurechnen sind und in 4 Gruppen eingeteilt werden: **µ-Rezeptoren**: Stimulation dieser Rezeptoren bewirkt supraspinale Analgesie, Atemdepression, Miosis, Bradykardie und Euphorie. Die antitussiven Effekte und die spastische Lähmung des Darmes, die durch µ-Rezeptoren vermittelt werden, gehören zu den häufigsten Effekten, die man durch die therapeutische Gabe von Kodein bzw. Loperamid erreichen will. Die regelmäßige Stimulation der µ-Rezeptoren führt zu Toleranzentwicklung und Abhängigkeit. **κ-Rezeptoren**: Stimulation bewirkt spinale Analgesie, Sedierung, ebenfalls Miosis und unter Umständen auch Dysphorie. **σ-Rezeptoren**: Bei Reizung erfolgen Kreislaufstimulation und Mydriasis. Es treten Toleranz und Dysphorie/Halluzinationen auf. **δ-Rezeptoren**: Reizung ruft eine stressinduzierte und spinale Analgesie sowie Atemdepression, Hypotonie und Toleranzentwicklung hervor. Opioide unterscheiden sich in ihren klinischen Effekten durch unterschiedliche Affinität zu den einzelnen Rezeptortypen. Ihre Wirkung kann durch die Wirkstoffe Naloxon oder Naltrexon aufgehoben werden.

Auch experimentelle pupillographische Untersuchungen von Priemer et al.[319a] zeigen, dass sich die Pupillen nach dem Rauchen von Cannabis **erweitern aber auch verengen können**. Die Wirkung von Cannabis hängt u. a. sehr von der **Stimmung** ab, in der sich ein Konsument befindet. Mal macht es müde und schläfrig, mal macht es munter und aktiv. Die Pupillen müssten sich entsprechend verändern.

241 Auch verschiedene Gerichtsentscheidungen bestätigen die **unterschiedlichen Pupillenreaktionen** bei Lichteinfall nach dem Konsum von Haschisch oder Marihuana.

In dem Verfahren AG Ludwigshafen[320] kam der Sachverständige zu dem Ergebnis, dass THC die Pupillen weite. In einem Verfahren vor dem OLG Zweibrücken[321] gaben die Polizeibeamten an, dass die Augen eines Fahrzeugführers nach dem Konsum von Haschisch stark gerötet gewesen seien und die Pupillen beim Anleuchten sehr träge reagierten. Die Polizeibeamten in dem Verfahren vor dem VG München[322] gaben an, dass die Pupillen eines Betroffenen vergrößert waren und auf den Prüfreiz der Taschenlampe nur langsam und träge reagierten. In dem Verfahren VG Regensburg[323] gaben die Polizeibeamten an, die Pupillen hätten eine verlangsamte Lichtreaktion gezeigt. In dem vom VG Sigmaringen[324] zu beurteilenden Verfahren nach dem Konsum von THC gaben die Polizeibeamten hingegen an, dass die Pupillen eines Fahrzeugführers extrem verengt waren, während der Rechtsanwalt des Betroffenen vor dem Gericht vortrug, dass sich die Pupillen nach dem Konsum von Cannabis typischerweise erweitern würden. In zwei vom OLG Düsseldorf[325] zu beurteilenden Verfahren wurden bei den Betroffenen nach dem Konsum von Haschisch tatsächlich erweiterte Pupillen festgestellt und auch das BVerfG[326] führte aus, dass sich die Pupillen **i.d.R.** trotz Lichteinfalls nach THC-Konsum **weiten**.[327]

242 Untersuchungen haben nach Angaben von Skopp/Strohbeck-Kühner/Lutz/Aderjan/Mattern im Kongressbericht 2005 der Deutschen Gesellschaft für Verkehrsmedizin[328] ergeben, dass Polizeibeamte nach dem Konsum von Cannabis bei Kraftfahrzeugführern in **33 % eine enge Pupille** und in **26 % eine weitere Pupille** festgestellt haben.

243 Daraus ergibt sich, dass für THC höchst unterschiedliche Beobachtungen wahrzunehmen sind und konkrete Aussagen zum Pupillenverhalten nur beim nicht antagonistischen Effekt gemacht werden können, zumal Kombinationswirkungen bei einem Polytoxikomanen[329] ein stark abweichendes Erscheinungsbild wiedergeben können. Die Wirkungen können sich **überlagern, addieren, potenzieren** oder auch **aufheben**.[330]

319a BA 1999, 84ff.

320 Vom 8.5.2002, Az. 5416 Js 25820/01.

321 Vom 27.1.2004, DAR 2004, 409ff = BA 2004, 469ff.

322 Vom 6.12.2002, Az. M 6a K 3406/01.

323 Vom 2.2.2004, Az. RO 5 S 221/04.

324 Vom 19.11.2003, Az. 9 K 582/03.

325 Vom 4.3.1993, NZV 1993, 276 und vom 2.5.1994, NJW 1994, 2428f.

326 Vom 20.6.2002, DAR 2002, 405ff = NJW 2002, 2378ff.

327 So auch *Maatz* Grenzwerte absoluter Fahruntüchtigkeit nach Drogenkonsum – aus (revisions)-richterlicher Sicht –, S. 26ff (28) und *Seidl/Schwarze/Betz* § 64 Rechts- und Verkehrsmedizin, Rn. 69.

328 *Bundesanstalt für Straßenwesen* Mensch und Sicherheit, Heft M 171, S. 179.

329 Vgl. *Pschyrembel* S. 1341: Abhängigkeit (Anm. d. Verf.: oder Einnahme) von verschiedenen Suchtstoffen.

330 Vgl. auch Rn. 519.

Sticht/Käferstein[331] führen aus, dass die physische Wirkung eine Erweiterung der Pupillen zur Folge hätte. Geschwinde[332] führt dagegen aus, dass bei Kraftfahrzeugführern unter THC-Einfluss eine leichte **Miosis** zu beobachten sei, während eine **Mydriasis** meist nur bei hohen Dosierungen auftrete. Auch Iffland/Kruse[333] führen aus, dass die Stellung der Pupillen **dosisabhängig** ist.[334] **244**

Der **Bundesgerichtshof**[335] **bestätigt**, dass es keine einheitlichen Aussagen zum Pupillenverhalten gibt und der VGH Baden-Württemberg[336] führt aus, dass die **Größe der Pupillen** individuell, verschieden und vom Tageslicht abhängig ist und z.B. bei Tageslicht mit eher kleinen Pupillenöffnungen gerechnet werden muss. **245**

(5) Gerötete Augen

Zwar gibt es keine einheitlichen Aussagen zum Pupillenverhalten nach THC-Konsum, allerdings erweitern sich nach dem Konsum von Cannabis **zweifellos** die winzigen Blutgefäße, so dass sich die **Augen röten**. **246**

> Gerötete und/oder geschwollene Augen mit Lichtscheuheit oder enge Pupillen ohne entsprechende Lichtreaktionen sowie relativ weite Pupillen stellen daher bei einem Kraftfahrzeugführer, ggf. zusammen mit weiteren Auffälligkeiten, entsprechende Tatsachen dar, die es möglich erscheinen lassen, dass eine verfolgbare Drogenfahrt vorliegt.[337]

Verengte/erweiterte Pupillen und gerötete Augenbindehäute können aber ihre Ursache auch durch **Schlafentzug**[338] und durch **Übermüdung** haben,[339] zumal sich gerötete Augen auch keiner bestimmten **Substanz zuordnen** lassen.[340] **247**

Augenärzte verwenden die Substanz „Atropin“, welche aus Nachtschattengewächsen wie etwa der Tollkirsche (Atropa belladonna) gewonnen wird und neben einer Mydriasis den gleichen Effekt erzielt und auch **Chlorwasser** im Schwimmbad oder eine **Pollenallergie** führt zur Augenrötung. **248**

Das LG Köln[341] führt deshalb zutreffend aus, dass verengte oder erweiterte[342] Pupillen, geschwollene Augen[343] und eine Rötung der Augenbindehaut für sich alleine **nicht die Gewissheit einer Fahrunfähigkeit** rechtfertigen. **249**

(6) Medizinische Untersuchungen der Augen

Trotz widersprüchlicher Angaben über die Reaktion der Pupillen und unterschiedlicher Rechtsprechung hat es aber seine **Berechtigung**, dass die **Augen** und **Pupillen** eines Verkehrsteilnehmers einer genaueren **Untersuchung** unterzogen werden, da zu Art und **250**

331 *Sticht/Käferstein* Grundbegriffe, Toxikokinetik und Toxikodynamik, S. 3.
332 *Geschwinde* Rauschdrogen, Marktformen und Wirkungsweisen, Rn. 125.
333 *Iffland/Kruse* Erkennung cannabisbeeinflusster Verkehrsteilnehmer, S. 142.
334 *Stafford* Cannabis; Haschisch & Marihuana, S. 38 weist darauf hin, dass die **verschiedenen Auswirkungen** auch an der unterschiedlichen Verteilung der Cannabinolmoleküle liegen könnte.
335 Am 3.11.1998, DAR 1999, 31ff = NZV 1999, 48ff = BA 1999, 61ff = NJW 1999, 226ff = BGHSt 44, 219ff.
336 Vom 13.12.2002, Az. 10 S 2200/02.
337 *Janker* DAR 2003, 489ff (489).
338 *OLG Düsseldorf* vom 24.8.1998, StV 1999, 22f.
339 *VGH Baden-Württemberg* vom 13.12.2002, Az. 10 S 2200/02.
340 Vgl. z.B. Rn. 238.
341 Vom 7.6.2004, Az. 104 Qs 124/04.
342 So auch *OLG Düsseldorf* vom 2.5.1994, NJW 1994, 2428f.
343 Bei Cannabis: *Janker* DAR 2003, 489ff (491).

Umfang einer Drogenbeeinflussung als aussagekräftige Parameter die Messung des **Drehnachnystagmus**[344] und die Weitung der Pupillen mit verzögerter oder ausbleibender Hell-/Dunkel-Adaption anhand eines sogenannten „**P/I-Index**“ anerkannt ist.[345]

Der Nachweis einer Fahruntüchtigkeit auf Grund der Reaktion der Pupillen ist daher wissenschaftlich nicht pauschal von der Hand zu weisen ist.

251 Meist werden aber der **Drehnachnystagmus**,[346] die **Ptosis**,[347] die **Pupillenweite** und der **Pupillenschließreflex** gar nicht gemessen oder nur völlig unzureichend geschätzt und selten Feststellungen getroffen, ob denn auch die **Sehfähigkeit tatsächlich beeinträchtigt** war.

Zwar ist anzunehmen, dass sich die Sehfähigkeit nach dem Konsum von THC verschlechtert,[348] in den für dieses Buch untersuchten Gerichtsentscheidungen wurde dieses Messverfahren jedoch niemals angewandt sondern nur höchst selten angemahnt.[349]

So müsste ein Arzt einen **Test zum Pupillenschließreflex** vornehmen, denn es erscheint **problematisch**, allein auf Grund verzögerter oder ausbleibender Hell/Dunkel-Adaption der Pupillen eine Fahrunfähigkeit oder Beeinträchtigung der Fahrfähigkeit **sicher festzustellen**.

Zumindest müssten **Kontrollwerte** einem „**Nüchtern-Test**“ gegenüber gestellt werden.[350]

252 Ohne eine medizinische Untersuchung ist daher auch fraglich, ob eine träge Pupille durch die Verengung der Augenlieder eine **Blendwirkung** nicht wenigstens teilweise mindern oder ausgleichen könnte.

Eine Testsituation anlässlich einer Verkehrskontrolle, bei der ein ungeschütztes Auge einem starken und direkten Lichtstrahl durch eine Taschenlampe ausgesetzt wird, ist der Situation der Lichteinwirkung durch ein entgegenkommendes Fahrzeug mit abgeblendeten Scheinwerfern zumindest nicht gleichzusetzen.[351]

Wichtig ist deshalb auch, wie der **Polizeibeamte** die **Taschenlampe** hielt, mit welchem Lichtkegel er in die Augen leuchtete und welches **Tageslicht** herrschte, um festzustellen, ob der Befund medizinisch verwertbar ist.

344 Der Fahrzeugführer wird mit offenen Augen fünf Mal in 10 sec. um die Vertikalachse gedreht und angehalten. Sodann wird die Dauer des Augenzuckens beim Fixieren eines vorgehaltenen Stiftes oder des Zeigefingers in Sekunden gemessen; s. auch *Freyschmidt* Verteidigung in Straßenverkehrssachen, Rn. 130.

345 Vgl. *Hecker/Röhrich/Neis/Rittner* BA 2003, 85ff (87).

346 Siehe dazu auch *Burhoff* Teil 6, Strafrecht, Rn. 68.

347 Herabhängen des Oberlides. Die Augen werden mehrere Sekunden beobachtet. Verdecken die Oberlider dauernd z.T. die Pupille besteht eine Ptosis. Bei unbeeinträchtigten Personen darf eine solche nicht bestehen.

348 *Heinke* BA 2004, 241ff; *Kauert/Müller-Trudrung* BA 2004, Heft 2, Anhang S. 23ff; *Kauert* BA 2000, 102ff (107).

349 *BGH* am 3.11.1998, DAR 1999, 31ff = NZV 1999, 48ff = BA 1999, 61ff = NJW 1999, 226ff = BGHSt 44, 219ff; *OLG Zweibrücken* am 27.2.2004, Az. 1 Ss 5/04; *OLG Saarbrücken* am 23.1.2002, BA 2004, 72ff = VRS 102, 120ff.

350 Dies gilt auch für alle anderen Tests, vgl. *Hettenbach/Winter/Grunert/Berger/Moosmayer* Führerschein / MPU; Punkte – Alkohol – Drogen, S. 25.

351 *OLG Zweibrücken* vom 27.2.2004, Az. 1 Ss 5/04; **a.M.** *OLG Zweibrücken* vom 10.5.2004, NZV 2005, 164 = BA 2005, 257f.

Diese Auffassung teilt auch das OLG Saarbrücken,[352] wonach eine **Fahruntüchtigkeit anhand von verlangsamten Pupillenreaktionen**,[353] **anderweitigen Beeinträchtigungen der Augen oder Pupillen** oder bei einer „**Blendempfindlichkeit**" somit **nur bei gleichzeitiger medizinisch nachgewiesener Sehunfähigkeit**,[354] nicht jedoch durch Wahrnehmungen der Polizeibeamten angenommen werden kann.[355] **253**

Die Wichtigkeit von zusätzlichen medizinischen Untersuchungen zeigt auch ein Verfahren des LG Köln,[356] bei dem die Polizeibeamten bei einem Fahrzeugführer nach dem Konsum von Cannabis eine Pupillenerweiterung feststellten, während sich aus dem ärztlichen Bericht eine differierende Diagnose ergibt.[357] **254**

Hören Gerichte daher **Polizeibeamte** als **Zeugen**, ohne dass zusätzlich auch verwertbare ärztliche Untersuchungsergebnisse der Augen vorliegen, so stößt es auf Bedenken, wenn in einem Urteil ausgeführt wird, dass an den Aussagen der Beamten **keinerlei Zweifel** bestehen.[358]

Wenn daher auch der **Bundesgerichtshof**[359] ausführt, dass die Beeinträchtigung der Sehfähigkeit auf Grund einer durch Drogeneinwirkung vorhandenen Pupillenstarre und eine Pupillomotorik[360] als **Beweisanzeichen** dafür, dass ein Fahrzeugführer auch fahruntüchtig war, **nicht genügt**, so ist dem zuzustimmen.[361] Es bedarf daher weiterer Beweisanzeichen. **255**

dd) Angaben eines Fahrzeugführers gegenüber der Polizei

Solche „weiteren Beweisanzeichen" für die Fahruntüchtigkeit eines Betroffenen könnten z. B. dessen eigene Angaben gegenüber einem Polizeibeamten bei einer Verkehrskontrolle, etwa zu seinem Wohlbefinden oder zur Einnahme von Betäubungsmitteln sein. **256**

Gemäß § 136 Abs. 1 StPO ist einem Beschuldigten bei Beginn der ersten Vernehmung jedoch zu eröffnen, welche Tat ihm zur Last gelegt wird und welche Strafvorschriften in Betracht kommen. Gemäß § 136 Abs. 1 S. 2 StPO ist er durch den Polizeibeamten darauf hinzuweisen, dass es ihm freisteht, sich nicht zu den Beschuldigungen zu äußern[362] und jederzeit einen Verteidiger[363] beauftragen kann.

352 Vom 23.1.2002, BA 2004, 72ff = VRS 102, 120ff (122).
353 *OLG Bamberg* vom 8.8.2005, DAR 2006, 286 = BA 2006, 238f = StraFo 2006, 85.
354 So auch *OLG Düsseldorf* vom 2.5.1994, NJW 1994, 2428f.
355 So auch *OLG Koblenz* vom 28.4.2005, BA 2006, 231f; **a.M.** *AG München* vom 14.4.2005, Az. 1031 Ds 461 Js 313334/04.
356 Vom 7.6.2004, Az. 104 Qs 124/04.
357 Siehe dazu auch ausführlich *Bundesanstalt für Straßenwesen* Kongressbericht 2005 der Deutschen Gesellschaft für Verkehrsmedizin e.V., S. 175f; vgl. auch Rn. 547.
358 *VG Braunschweig* vom 21.1.2004, SVR 2004, 118f/237f, Urteil Az. 6 B 500/03 S. 3: „Die Kammer hat keinen Zweifel daran, dass die von der Polizei gefertigte Niederschrift den Sachverhalt zutreffend wiedergibt ..."; *AG Ludwigshafen* vom 8.5.2002, Az. 5416 Js 25820/01, Urteil S. 4: „Nachdem das Gericht keine Veranlassung hat, die Angaben der im Drogenbereich besonders geschulten Polizeibeamten in Zweifel zu ziehen ...".
359 Vom 3.11.1998, DAR 1999, 31ff = NZV 1999, 48ff = BA 1999, 61ff = NJW 1999, 226ff = BGHSt 44, 219ff.
360 Pupillenstarre.
361 So auch *OLG Düsseldorf* vom 24.8.1998, StV 1999, 22f und *Gebhardt* Das verkehrsrechtliche Mandat, § 37 Rn. 163.
362 Vgl. auch Belehrung über das Aussageverweigerungsrecht Ziff. 2.5.4 der Richtlinie für die polizeiliche Verkehrsüberwachung vom 12.5.2006, Az. I C 4-3618.2-31, AllMBl 2006, 155ff.
363 Die Arbeitsgemeinschaft Strafrecht des DAV bietet im Internet URL: http://www.ag-strafrecht.de unter „Strafverteidigersuche" einen **Notdienst** nach Städten geordnet an.

Bei einer Verkehrskontrolle müssen Polizeibeamte daher zahlreiche gesetzliche Vorschriften beachten, um unter Drogeneinfluss stehende Fahrzeugführer zu ermitteln und die Fahruntüchtigkeit eines Betroffenen festzustellen.

Andernfalls ist es möglich, dass die **Angaben** eines Fahrzeugführers in einem späteren Strafverfahren **nicht verwertet werden dürfen**.[364]

(1) Beschuldigtenvernehmung versus informatorische Befragung

257 Allerdings sind Angaben, die ein betroffener Kraftfahrzeugführer gegenüber einem im Rahmen einer verdachtsunabhängigen Kontrolle ihn befragenden Polizeibeamten macht verwertbar,[365] wenn lediglich eine „**informatorische Befragung**" vorliegt. Dann liegt kein **Beweisverwertungsverbot** vor.[366]

258 Für die **Unterscheidung** zwischen einer **informatorischen Befragung** und einer **Beschuldigtenvernehmung** ist die Stärke des Tatverdachts bedeutsam. Hierbei hat der Polizeibeamte einen Beurteilungsspielraum, den er jedoch nicht dazu nutzen darf, den Zeitpunkt der Belehrung über das Aussageverweigerungsrecht möglichst weit hinauszuschieben.[367]

259 Neben der Stärke des Tatverdachts ist aber auch von Bedeutung, wie sich das Verhalten eines Polizeibeamten aus Sicht des Fahrzeugführers darstellt. So gibt es polizeiliche Verhaltensweisen, die schon nach ihrem äußeren Erscheinen belegen, dass der Polizeibeamte einem Verkehrsteilnehmer als „Beschuldigter" begegnet, auch wenn er dies nicht direkt zum Ausdruck bringt.[368]

In der Praxis kann etwa festgestellt werden, dass Polizeibeamte ihre Befragung gelegentlich mit den Worten „haben Sie schon einmal etwas mit der Polizei zu tun gehabt?" oder auch mit der Frage „Sie wissen schon, warum wir Sie anhalten?" beginnen.[369]

(2) Belehrung durch Polizeibeamte und Schweigerecht eines Beschuldigten

260 Polizeibeamte haben die Möglichkeit einen Beschuldigten zu vernehmen, sofern dieser Aussagen und Angaben machen will.[370] Einem Beschuldigten steht, da er nicht gezwungen werden kann sich selbst zu belasten[371] und damit an seiner Überführung mitzuwirken jedoch das Recht der Aussagefreiheit zu.[372]

Vor der Vernehmung muss ein Polizeibeamter einen Beschuldigten daher **darauf hinweisen**, dass es ihm freisteht sich zum Tatvorwurf zu äußern oder nicht zur Sache auszusagen.[373]

---

364 *LG Bamberg* vom 8.6.2006, DAR 2006, 637; vgl. auch Rn. 269 und Rn. 628.

365 *BayObLG* vom 21.5.2003, DAR 2003, 529f = BA 2004, 529f.

366 **A.M.** *Heinrich* DAR 2003, 530; s. dazu auch *AG Ellwangen* vom 30.1.2004, BA 2005, 497f.

367 *BayObLG* vom 2.11.2004, NZV 2005, 494f = BA 2006, 312f = NStZ-RR 2005, 175.

368 *BayObLG* vom 2.11.2004, NZV 2005, 494f = BA 2006, 312f = NStZ-RR 2005, 175.

369 Zu den einer straffen Gesprächsführung dienenden „geschlossenen Fragen", zu „offenen Fragen", also solchen, die mit einem einfachen „ja oder nein" nicht beantwortet werden können und zu „Suggestivfragen" („Sie sind doch sicherlich der Meinung, dass ...") s. *Freyschmidt* Verteidigung in Straßenverkehrssachen, Rn. 498.

370 *Harbort* Rauschmitteleinnahme und Fahrsicherheit, Rn. 457.

371 *BVerfG* vom 13.1.1981, NJW 1981, 1431ff = BVerfGE 56, 37ff; *BGH* vom 14.6.1960, BGHSt 14, 358ff (364).

372 *BGH* vom 9.4.1986, NJW 1986, 2261ff = BGHSt 34, 39ff (46); *Harbort* Rauschmitteleinnahme und Fahrsicherheit, Rn. 458.

373 § 163a Abs. 4 S. 2 StPO i.V.m. § 136 Abs. 1 S. 2 StPO; vgl. auch Ziff. 2.5.4 der Richtlinie für die polizeiliche Verkehrsüberwachung vom 12.5.2006, Az. I C 4-3618.2-31, AllMBl 2006, 155ff.

Gleiches gilt auch für Angaben eines Beschuldigten gegenüber einem Sachverständigen[374] oder eines vorläufig Festgenommenen gegenüber einem Beamten des Polizeigewahrsams.[375]

Private Äußerungen außerhalb der Vernehmung unterliegen dagegen nicht der Belehrungspflicht.[376]

Kommen zunächst **mehrere Tatverdächtige** infrage, so dürfen diese formlos und informatorisch befragt werden, um feststellen zu können, gegen wen die Ermittlungen als Beschuldigter zu führen sind.[377] Richtet sich dann der Tatverdacht gegen einen Bestimmten, dann ist dieser spätestens ab diesem Zeitpunkt als Beschuldigter zu belehren.[378] **261**

In der polizeilichen Praxis kommt es allerdings auch vor, die oft jungen und unter dem Verdacht von Drogeneinfluss stehenden Kraftfahrzeugführer zu „**beeinflussen**". **262**

Würde ein Beschuldigter Angaben machen, könne er weiterfahren. Würde er hingegen nicht „kooperieren", so könne er in Polizeigewahrsam genommen werden.[379]

Hettenbach/Winter/Grunert/Berger/Moosmayer[380] sprechen von „einschüchtern".

Teilweise wird durch Polizeibeamte auf einen Beschuldigten auch so lange eingeredet, bis dieser endlich antwortet. Dies geschieht zum Teil auch durch Äußerungen wie „ich rede mit Ihnen" oder „können Sie mich hören?". Gibt ein Betroffener dem Druck nach und daraufhin zu verstehen, dass er sich nicht äußern möchte, erwidert ein Polizeibeamter gelegentlich sogar mit der Frage „warum nicht?", um doch noch ein Gespräch zwischen ihm und einem Verkehrsteilnehmer zu erreichen und einen Gesprächwiderstand zu unterbrechen.

Ein Fahrzeugführer ist jedoch gem. § 136 Abs. 1 S. 2 StPO[381] **berechtigt**, sich zu den gegen ihn erhobenen Beschuldigungen **nicht zu äußern**, was diesem, wie der **BGH**[382] bestätigt, auch nicht als belastendes Indiz angerechnet werden darf.[383] **263**

Auch das OLG Karlsruhe[384] führt aus: Schweigen und eine Aussageverweigerung während der polizeilichen Vernehmung darf **nicht als belastendes Beweisanzeichen** gewertet werden.[385] **264**

---

374 *Harbort* Rauschmitteleinnahme und Fahrsicherheit, Rn. 459.

375 *AG Mannheim* vom 18.1.1993, StV 1993, 182f; *Harbort* Rauschmitteleinnahme und Fahrsicherheit, Rn. 459.

376 *Harbort* Rauschmitteleinnahme und Fahrsicherheit, Rn. 458; vgl. auch *BGH* vom 13.5.1996, JZ 1997, 736ff.

377 *BGH* vom 27.10.1982, NStZ 1983, 86ff; *Kleinknecht/Meyer-Goßner* Strafprozessordnung, Einleitung Rn. 78 und Rn. 79; *Janiszewski* Verkehrsstrafrecht, Rn. 145.

378 *OLG Karlsruhe* vom 18.11.1993, NZV 1994, 122f; *AG Homburg* vom 15.11.1993, zfs 1994, 29f; *Janiszewski* Verkehrsstrafrecht, Rn. 145.

379 Siehe dazu auch *Sommer* Strafanzeige und Strafprozess, S. 43.

380 *Hettenbach/Winter/Grunert/Berger/Moosmayer* Führerschein / MPU; Punkte – Alkohol – Drogen, S. 26.

381 Bei Beginn der ersten Vernehmung ist dem Beschuldigten zu eröffnen, welche Tat ihm zur Last gelegt wird und welche Strafvorschriften in Betracht kommen. Er ist darauf hinzuweisen, dass es ihm nach dem Gesetz freistehe, sich zu der Beschuldigung zu äußern oder nicht zur Sache auszusagen und jederzeit, auch schon vor seiner Vernehmung, einen von ihm zu wählenden Verteidiger zu befragen. Er ist ferner darüber zu belehren, dass er zu seiner Entlastung einzelne Beweiserhebungen beantragen kann. In geeigneten Fällen soll der Beschuldigte auch darauf, dass er sich schriftlich äußern kann, sowie auf die Möglichkeit eines Täter-Opfer-Ausgleichs hingewiesen werden.

382 Vom 26.10.1983, BGHSt 32, 140ff und vom 26.10.1965, BGHSt 20, 281ff.

383 Siehe auch *Gebhardt* Das verkehrsrechtliche Mandat, § 18 Rn. 22ff.

384 Vom 11.11.2004, DAR 2005, 104f und vom 4.8.2004, DAR 2004, 600ff = BA 2005, 382ff.

385 **Beachte:** Ein **pauschales Bestreiten** eines Tatvorwurfs stellt sich als Schweigen und nicht als Tateinlassung dar und darf daher nicht zum Nachteil gewertet werden, vgl. *OLG Karlsruhe* vom 4.8.2004, DAR 2004, 600ff = BA 2005, 382ff.

265 Macht ein Fahrzeugführer von diesem **Schweigerecht** Gebrauch und gibt er nur die **Pflichtangaben** nach § 111 OWiG[386] zu Protokoll, so muss die Strafverfolgungsbehörde versuchen, den Sachverhalt ohne Mitwirkung eines Betroffenen aufzuklären, um einen etwaigen Drogenkonsum und eine Fahruntüchtigkeit feststellen, wobei sie auch **entlastenden Umständen** nachgehen muss, wenn konkrete Anhaltspunkte für solche Umstände ersichtlich sind.[387]

266 Eberth/Müller[388] führen zudem aus, dass **Angaben** eines Beschuldigten zum Betäubungsmittelkonsum auch **Auswirkungen auf die** (verwaltungsrechtliche) **Überprüfung der Fahreignung** haben können.

Einlassungen zum Konsumverhalten und **Eingeständnisse des Konsums** von Drogen bei der Polizei führen tatsächlich[389] zu erheblichen verwaltungsrechtlichen Konsequenzen.[390]

Sommer[391] führt aus, „Reden bringt oft unvorhersehbare Nachteile."

267 Eberth/Müller,[392] Schrank[393] und Gebhardt[394] führen daher aus, dass es aus Sicht eines Verteidigers mit Abstand die wichtigste Regel ist, dass ein **Fahrzeugführer schweigt** und vor Einsicht in die Akten nach § 147 StPO keine Erklärungen abgibt.[395]

268 Die Organe der Rechtspflege haben deshalb in einem etwaigen späteren Strafverfahren zumindest zu **überprüfen**, ob die Beamten ihren **Belehrungspflichten**[396] nach § 163a Abs. 4 StPO[397] nachgekommen sind.[398] Dies gilt auch für Ordnungswidrigkeiten.[399]

386 Vorname, Familienname, Geburtsname, Geburtstag, Geburtsort, Familienstand, Beruf, (**a.M.** *Gebhardt* Das verkehrsrechtliche Mandat, § 9 Rn. 2), Wohnort, Wohnung und Staatsangehörigkeit.

387 *AG Saalfeld* vom 15.4.2003, Az. 675 Js 2593/03.

388 *Eberth/Müller* Verteidigung in Betäubungsmittelsachen, Rn. 116.

389 Vgl. auch Rn. 765 und Rn. 918.

390 *VGH Bayern* vom 21.3.2005, SVR 2006, 76f: „... hat gegenüber der Polizei auch selbst eingeräumt, dass er Amphetamin konsumiert hat ..."; *OVG Niedersachsen* vom 15.11.2002, DAR 2003, 45f: „... hat das polizeiliche Vernehmungsprotokoll selbst durchgelesen, genehmigt und eigenhändig unterschrieben"; *VG Kassel* vom 6.7.2005, Az. 2 G 915/05: „... dieser hat nämlich bei seiner Beschuldigtenvernehmung vor der Polizei erklärt ..."; *VG München* vom 26.5.2004, Az. M 6a S 2632/04: „... hat seine Eignung zum Führen von Kraftfahrzeugen verloren, weil er nach seinen eigenen Angaben vor drei Jahren Kokain konsumiert hat"; *VG München* vom 27.1.2004, SVR 2004, 280: „... Der Antragsteller hat selbst angegeben ..., auf Grund dieser Angaben steht fest ..."; *VG Saarlouis* vom 9.8.2000, zfs 2000, 519f: „... gegenüber den Polizeibeamten auch selbst einräumte"; vgl. auch Rn. 761.

391 *Sommer* Strafanzeige und Strafprozess, S. 31.

392 *Eberth/Müller* Verteidigung in Betäubungsmittelsachen, Rn. 117.

393 *Schrank* Richtiges Verhalten im Strafverfahren, S. 78.

394 *Gebhardt* Das verkehrsrechtliche Mandat, § 18 Rn. 2.

395 Vgl. auch *Freyschmidt* Verteidigung in Straßenverkehrssachen, Rn. 19.

396 Vgl. auch Rn. 614 und Rn. 628.

397 Bei der ersten Vernehmung des Beschuldigten durch Beamte des Polizeidienstes ist dem Beschuldigten zu eröffnen, welche Tat ihm zur Last gelegt wird. Im Übrigen sind bei der Vernehmung des Beschuldigten durch Beamte des Polizeidienstes § 136 Abs. 1 S. 2 bis 4, Abs. 2, 3 StPO und § 136a StPO anzuwenden.

398 *BGH* vom 27.2.1992, NStZ 1992, 294f; zur rechtzeitigen Rüge s. *BGH* vom 9.11.2005, Az. 1 StR 447/05.

399 Vgl. dazu *Gebhardt* Das verkehrsrechtliche Mandat, § 18 Rn. 54ff und ausführlich *Ternig* SVR 2004, 214ff.

(3) Anspruch auf einen (Pflicht-) Verteidiger

Wie unter Rn. 256 ausgeführt, ist ein Beschuldigter durch den vernehmenden Polizeibeamten auch darüber zu informieren, dass er schon vor seiner Vernehmung einen **Verteidiger** konsultieren[400] und zu seiner Entlastung Beweiserhebungen beantragen kann.[401] **269**

> Wird diese **Belehrung** über das Konsultationsrecht unterlassen, so bedingt dies ebenfalls ein **Beweisverwertungsverbot**.[402]

Gleiches gilt aber auch dann, wenn die Belehrung über das Konsultationsrecht zwar erfolgte, die Durchsetzung dieses Rechts aber verhindert[403] oder nicht ermöglicht[404] wurde; anders aber, also kein Verwertungsverbot, wenn ein Beschuldigter ordnungsgemäß auf sein Recht auf Zuziehung eines Verteidigers belehrt wurde, diesen zunächst auch wünschte und dann in freier Entscheidung ohne diesen doch eine Aussage machte.[405]

Dabei ist auch § 140 StPO zu beachten: Erklärt ein Betroffener gegenüber der Polizei, dass er zwar einen Rechtsanwalt befragen wolle, er sich daran aber gehindert sehe, da er sich einen solchen „nicht leisten" könne, darf der konkludent geäußerte Wunsch nach einem Verteidiger nicht einfach übergangen werden. Vielmehr wird zu prüfen sein, ob möglicherweise eine Pflichtverteidigerbestellung in Betracht kommt, so dass ein Verteidiger auch bei **Mittellosigkeit eines Beschuldigten** tätig werden würde.[406]

Nachdem die Beurteilung der Notwendigkeit einer anwaltlichen Verteidigung nicht im Ermessen eines Polizeibeamten liegt und zahlreiche Gründe für die Notwendigkeit einer **Pflichtverteidigerbestellung** in Betracht kommen, wird auch dem Wunsch eines mittellosen Betroffenen nach Zuziehung eines Rechtsanwalts stets zu entsprechen sein.

> So bietet etwa die Arbeitsgemeinschaft Strafrecht des DAV[407] einen **Strafverteidigernotdienst** nach Städten geordnet an.

Ein festgenommener **Ausländer** ist zudem über sein Recht zu belehren, die konsularische Vertretung seines Landes zu informieren.[407a]

(4) Vernehmungsunfähigkeit

Kann ein Betroffener der Vernehmung nicht (mehr) folgen, Fragen in ihrem Sinngehalt nicht (mehr) aufnehmen und in freier Willensentschließung und Willensbetätigung zur Wahrnehmung seiner Verteidigung keine Antworten und Erklärungen in verständlicher Form abgeben, dann ist er **vernehmungsunfähig**.[408] **270**

> Befindet sich ein Beschuldigter in einem solchen Zustand, in dem die freie Willensentschließung und Willensbetätigung beeinträchtigt wird, gleichgültig ob dieser Zustand durch die Ein-

400 §§ 163a Abs. 4 S. 2 i.V.m. 136 Abs. 1 S. 2 StPO.

401 § 163a Abs. 2 StPO.

402 *BGH* vom 29.10.1992, NJW 1993, 338 = JZ 1993, 425f; *Harbort* Rauschmitteleinnahme und Fahrsicherheit, Rn. 460.

403 *BGH* vom 29.10.1992, NJW 1993, 338 = JZ 1993, 425f; *Harbort* Rauschmitteleinnahme und Fahrsicherheit, Rn. 460.

404 Vgl. hierzu auch die folgenden Ausführungen zum Strafverteidigernotdienst.

405 *BGH* vom 12.1.1996, BGHSt 42, 15ff.

406 *BGH* vom 18.10.2005, Az. 1 StR 114/05; s. dazu auch *BGH* vom 9.11.2005, Az. 1 StR 447/05.

407 URL: http://www.ag-strafrecht.de unter „Strafverteidigersuche".

407a *BVerfG* vom 19.9.2006, Az. 2 BvR 2115/01.

408 *BGH* vom 10.1.1958, Az. 5 StR 563/57; *Eberth/Müller* Verteidigung in Betäubungsmittelsachen, Rn. 180; *Harbort* Rauschmitteleinnahme und Fahrsicherheit, Rn. 462.

nahme von Betäubungsmitteln oder auf andere Weise hervorgerufen wurde, dann besteht ein **Vernehmungsverbot** und etwaige in diesem Zustand gemachte **Aussagen** dürfen **nicht verwertet** werden.[409]

271 Ein derartiger Zustand ist aber nur dann gegeben, wenn die Vernehmungs-, bzw. Verhandlungsfähigkeit **aufgehoben** ist.[410]

272 Da jedoch für Betäubungsmittel keine verbindlichen Grenzwerte festgelegt werden können, muss die Vernehmungsunfähigkeit jeweils nach Art und Ausmaß der eingenommenen Substanzen, des erreichten „Rauschstadiums“ sowie der individuellen Stoffgewöhnung eines Beschuldigten bestimmt werden.[411]

Bei der Prüfung, ob ein Beschuldigter vernehmungsfähig war ist daher **festzustellen**, in welcher **körperlichen Verfassung** er sich befand, wann er ggf. einem Arzt vorgestellt wurde, welche Wahrnehmungen dieser machte und welche Pausen zwischen den Vernehmungen stattfanden.[412]

273 So steht bei einem Beschuldigten unter Entzugserscheinungen beispielsweise die Vernehmungsfähigkeit infrage, wenn dieser lediglich Aussagen macht, um die Vernehmung „hinter sich zu bringen“ und in Ruhe gelassen zu werden,[413] wobei die **psychischen Entzugserscheinungen** im Gegensatz zu den **physischen** meist schwer zu erkennen sind. Hinzu kommt, dass Drogenabhängige oft bestrebt sind, ihre körperlichen Entzugserscheinungen zu verheimlichen um das Ausmaß ihrer Abhängigkeit zu verschleiern.

274 Gelangt ein Gutachter zu der Auffassung, dass bei einem Betroffenen eine Vernehmungsunfähigkeit vorgelegen hat, dann können zwar die vom Beschuldigten gemachten **Aussagen nicht verwertet** werden; gleichwohl darf genau diese Tatsache **dann aber als Indiz** der Beeinträchtigung der **Fahrtüchtigkeit**[414] bzw. der sicheren Fahruntüchtigkeit durch Betäubungsmittel herangezogen werden.

ee) Weitere Feststellungen von Alkohol-, Medikamenten- und Drogeneinfluss

275 Ein weiteres Beweisanzeichen für die Fahruntüchtigkeit eines Betroffenen könnte z. B. eine Blut- oder Urinprobe sein, wenngleich auf die Ausführungen unter Rn. 181 und Rn. 191 verwiesen werden kann.[415]

Fraglich ist aber, unter welchen Voraussetzungen bei einem Betroffenen überhaupt eine **Blut- oder Urinprobe** entnommen werden darf:

Ein Fahrzeugführer hat gem. § 81a Abs. 1 StPO **einfache körperliche Untersuchungen** zu gestatten, wenn kein Nachteil für die Gesundheit zu befürchten ist. Hierzu zählt zum Beispiel die Feststellung für das Vorhandensein von Fremdkörpern (hier Drogen) in Körperöffnungen (hier After/Mundhöhle).

Gemäß § 102 StPO darf bei einem Täter oder Beteiligten einer Straftat zudem auch die **Durchsuchung** der Person, der Wohnung oder des Kraftfahrzeuges vorgenommen werden,

409 *Kleinknecht/Meyer-Goßner* Strafprozessordnung, § 136a StPO Rn. 10; *Harbort* Rauschmitteleinnahme und Fahrsicherheit, Rn. 462ff.

410 *BGH* vom 5.10.1983, NStZ 1984, 178f = StV 1984, 61f (62); *Harbort* Rauschmitteleinnahme und Fahrsicherheit, Rn. 463; **a.M.** *OLG Celle* vom 25.3.1971, VRS 41, 206ff („Der Beweiswert solcher Angaben ist jedoch sorgfältig zu prüfen“).

411 *Harbort* Rauschmitteleinnahme und Fahrsicherheit, Rn. 466.

412 Vgl. *BGH* vom 18.11.1983, Az. 2 StR 241/83.

413 *Körner* Betäubungsmittelgesetz, § 29 BtMG Rn. 1128.

414 *Harbort* Rauschmitteleinnahme und Fahrsicherheit, Rn. 467.

415 Vgl. auch Rn. 423.

wenn zu vermuten ist, dass diese Durchsuchung zum Auffinden von Beweismitteln (hier Betäubungsmittel) führt.[416]

Ein Durchsuchen und Entleeren von Hosentaschen, Gepäck und sogar die Aufforderung des vollständigen Entkleidens ist durch den Verkehrsteilnehmer deshalb bei einem **Tatverdacht**[417] zu gestatten.[418]

(1) Blutentnahme nach § 81a Abs. 1 StPO (zugleich nach § 46 Abs. 4 OWiG)

Ein Fahrzeugführer hat auch eine **Blutentnahme gem. § 81a Abs. 1 StPO** zu dulden. **276**

Das Abnehmen einer **Blutprobe** wird von der Literatur allerdings teilweise wegen Verstoß gegen die Menschenwürde, mangelnder Bestimmtheit, aber auch wegen Eingriff in die körperliche Unversehrtheit[419] als **grundgesetzwidrig** angesehen. Die Rechtsprechung und die überwiegende Auffassung in der Literatur sehen aber selbst die **zwangsweise Blutentnahme** als **verfassungskonform** an,[420] wenn der Verhältnismäßigkeitsgrundsatz beachtet wird[421] und wenn ein zur Einleitung eines Ermittlungsverfahrens ausreichender **Tatverdacht**[422] besteht.

Selbst wenn die Tat, derer ein Beschuldigter verdächtigt wird, nur eine **Ordnungswidrigkeit**[423] darstellt, kann eine Blutentnahme angeordnet werden,[424] wobei außer den Verkehrsstraftaten lediglich Ordnungswidrigkeiten nach § 24a StVG[425] infrage kommen dürften und nicht etwa Parkverstöße[426] oder dergleichen.

(a) Tatverdacht. Für einen solchen erforderlichen **Tatverdacht** müssen Indizien vorliegen.[427] Bloße **Vermutungen** für Maßnahmen genügen nicht.[428] **277**

Dieser **Anfangsverdacht** nach § 152 Abs. 2 StPO muss aber weder dringend[429] noch hinreichend[430] sein,[431] er muss aber konkrete Tatsachen aufweisen.[432]

Dies bedeutet für § 316 Abs. 1 StGB, dass Beweisanzeichen für die Fahrunsicherheit infolge der Einnahme von Drogen und Medikamenten vorliegen müssen.[433]

---

416 Beachte aber *BVerfG* v. 4.7.2006, Az. 2 BvR 950/05 und *BVerfG* v. 28.9.2006, Az. 2 BvR 876/06.

417 *Kleinknecht/Meyer-Goßner* Strafprozessordnung, § 102 StPO Rn. 1f.

418 Zur anlass- und verdachtsunabhängigen Personenkontrolle und zur Durchsuchung mitgeführter Sachen s. auch *BayVerfGH* vom 7.2.2006, JZ 2006, 617ff.

419 *OLG Köln* vom 19.11.1965, NJW 1966, 416f.

420 *BVerfG* vom 14.2.1978, NJW 1978, 1149f; *Kleinknecht/Meyer-Goßner* Strafprozessordnung, § 81a StPO Rn. 1; *Janiszewski* Verkehrsstrafrecht, Rn. 370.

421 *BVerfG* vom 2.8.1996, NJW 1996, 3071ff = NStZ 1996, 606f; *BVerfG* vom 14.2.1978, NJW 1978, 1149f; *OLG Köln* vom 17.12.1985, NStZ 1986, 234ff; *Kleinknecht/Meyer-Goßner* Strafprozessordnung, § 81a StPO Rn. 1; *Janiszewski/Jagow/Burmann* Straßenverkehrsrecht, § 81a StPO Rn. 1; *Harbort* Rauschmitteleinnahme und Fahrsicherheit, Rn. 444; *Janiszewski* Verkehrsstrafrecht, Rn. 372.

422 *Kleinknecht/Meyer-Goßner* Strafprozessordnung, § 102 StPO Rn. 1f.

423 § 46 Abs. 4 OWiG: § 81a Abs. 1 S. 2 StPO ist mit der Einschränkung anzuwenden, dass nur die Entnahme von Blutproben und andere geringfügige Eingriffe zulässig sind.

424 *BayObLG* vom 30.10.1963, NJW 1964, 459f; vgl. auch *Janiszewski/Jagow/Burmann* Straßenverkehrsrecht, § 316 StGB Rn. 40 und § 81a StPO Rn. 1 sowie *Bayerisches Staatsministerium des Innern* AllMBl. 2001, 165ff.

425 *Janiszewski/Jagow/Burmann* Straßenverkehrsrecht, § 81a StPO Rn. 1.

426 Vgl. dazu *OVG Nordrhein-Westfalen* vom 18.1.2006, NZV 2006, 224; *Gebhardt* Das verkehrsrechtliche Mandat, § 60 Rn. 13f.

427 *Janker* DAR 2003, 489ff (489); vgl. auch Rn. 228ff.

428 *BGH* vom 18.6.1970, NJW 1970, 1543f.

429 Vgl. etwa §§ 111a, 112 StPO.

430 Vgl. etwa § 203 StPO.

431 *OLG München* vom 3.4.1985, NStZ 1985, 549f.

432 *Hilse* ZVS 1995, 146ff (147) weist darauf hin, dass in der Praxis das Problem beim Alkohol in der Verdachtsgewinnung liegt; dies muss erst recht für Drogen gelten.

433 *Bode* ZVS 1997, 182.

278 Solche **Anhaltspunkte** für das Einwirken von Medikamenten und Drogen sind insbesondere **typische Ausfallerscheinungen** oder **unerklärliche Fahrfehler**, die trotz auszuschließender bzw. nicht eindeutiger Alkoholbeeinflussung festgestellt werden.[434] Als weitere Anhaltspunkte kommen das **Auffinden von Medikamenten**, **Drogen** oder **Gegenständen**, die dem Konsum von Betäubungsmitteln dienen,[435] sowie positive Kenntnisse früherer Verstöße eines Fahrzeugführers gegen das Gesetz über den Verkehr mit Betäubungsmitteln[436] (**Vorstrafen**)[437] in Betracht.[438]

279 **(b) Duldung der Blutentnahme durch einen Arzt.** **Blutentnahmen** durch einen **Arzt**[439] sind auf Grund der vorstehenden Ausführungen somit auch ohne die Einwilligung des Fahrzeugführers zulässig, wie sich bereits aus dem Wortlaut des § 81a Abs. 1 StPO und § 46 Abs. 4 OWiG ergibt.

280 Vom dem Betroffenen wird aber **kein aktives Mitwirken** bei der Durchführung der Blutprobenentnahme verlangt; er muss sie jedoch **passiv dulden**.[440]

Ein Betroffener ist daher auch verpflichtet den **Ärmel aufzukrempeln**[441] oder die **Augen** zu **öffnen**, um eine Rötung festzustellen.[442] Ebenso sind **Freiheitsbeschränkungen** zulässig, um die Entnahme der Blutprobe durchführen zu können, die allerdings nicht länger dauern dürfen.[443]

281 Die Entnahme von Blut kann bei Widerstand unter Anwendung körperlicher Gewalt erzwungen und vorgenommen werden[444] und ein körperlicher Widerstand eines Fahrzeug-

---

434 Vgl. aber auch Rn. 188, Rn. 212 und Rn. 219ff.

435 Vgl. auch Rn. 214, Rn. 333 und Rn. 335.

436 Vgl. *VG Stuttgart* vom 27.7.2006, Az. 10 K 1946/06.

437 Informationssystem INPOL bzw. ZEVIS, vgl. zu letzterem auch *Arzt* SVR 2006, 10ff.

438 *Bayerisches Staatsministerium des Innern* Ziff. 3.2.4, AllMBl. 2001, 165ff. Die – sei es auch nur vorläufige – **Speicherung** der übermittelten Daten bei der Stelle, an welche sie übermittelt und bei der sie aufbewahrt und für den Datenabgleich bereitgehalten werden, greift in das informationelle Selbstbestimmungsrecht derjenigen Personen ein, deren Daten nach einem solchen Datenabgleich Gegenstand weiterer Maßnahmen werden. Zu personenbezogenen erhoben und gespeicherten Daten zum Zwecke der elektronischen Datenverarbeitung (**Rasterfahndung**) s. auch *BVerfG* vom 4.4.2006, Az. 1 BvR 518/02. Zur anlass- und verdachtsunabhängigen **Personenkontrolle** und zur Durchsuchung mitgeführter Sachen s. auch *BayVerfGH* vom 7.2.2006, JZ 2006, 617ff; vgl. dazu auch Rn. 807.

439 *Kleinknecht/Meyer-Goßner* Strafprozessordnung, § 81a StPO Rn. 19.

440 *BGH* vom 9.4.1986, NJW 1986, 2261ff (2263); *OLG Dresden* vom 1.8.2001, NJW 2001, 3643f; *Janiszewski/Jagow/Burmann* Straßenverkehrsrecht, § 81a StPO Rn. 5; *Becker* Alkohol im Straßenverkehr, Rn. 335; *Hentschel* Trunkenheit, Fahrerlaubnisentziehung, Fahrverbot, Rn. 36; *Hentschel* Fahrerlaubnis und Alkohol, Rn. 23; *Harbort* Rauschmitteleinnahme und Fahrsicherheit, Rn. 448; *Janiszewski* Verkehrsstrafrecht, Rn. 370; **a.M.** *OLG Köln* vom 17.10.1961, NJW 1962, 692f; vgl. auch Rn. 291f.

441 *LG Düsseldorf* vom 11.7.1973, NJW 1973, 1930f (1931).

442 *Harbort* Rauschmitteleinnahme und Fahrsicherheit, Rn. 448.

443 *BayObLG* vom 17.1.1984, VRS 66, 275f; *OLG Köln* vom 25.2.1986, VRS 71, 183ff; *OLG Köln* vom 17.12.1985, NStZ 1986, 234ff (236); *OLG Koblenz* vom 23.11.1977, VRS 54, 357ff; *OLG Koblenz* vom 8.2.1973, DAR 1973, 219; *OLG Hamm* vom 2.6.1961, DAR 1962, 131f; *Kleinknecht/Meyer-Goßner* Strafprozessordnung, § 81a StPO Rn. 29; *Janiszewski/Jagow/Burmann* Straßenverkehrsrecht, § 81a StPO Rn. 3; *Hentschel* Fahrerlaubnis und Alkohol, Rn. 14; *Janiszewski* Verkehrsstrafrecht, Rn. 370; **a.M.** *Benfer* NJW 1980, 1611f; *Franz* NJW 1966, 1850f.

444 *OLG Dresden* vom 1.8.2001, NJW 2001, 3643f; *Hilse* ZVS 1995, 146ff (147); *Kleinknecht/Meyer-Goßner* Strafprozessordnung, § 81a StPO Rn. 29; *Becker* Alkohol im Straßenverkehr, Rn. 338; *Hentschel* Fahrerlaubnis und Alkohol, Rn. 7; *Harbort* Rauschmitteleinnahme und Fahrsicherheit, Rn. 442 u. Rn. 448; *Janiszewski* Verkehrsstrafrecht, Rn. 370.

führers könnte sich als **Widerstand gegen Vollstreckungsbeamte** gem. § 113 StGB darstellen.[445]

Die Blutentnahme darf jedoch **nur von Ärzten** nach den Regeln der ärztlichen Kunst, durchgeführt werden,[446] wobei aber zumindest kein verfassungsrechtlicher Anspruch auf Vornahme durch einen Arzt besteht. Ein Arzt in diesem Sinn bedarf weder der Approbation noch der Erlaubnis zur vorübergehenden Ausübung des Arztberufes.[447] Ein Zahnarzt oder Tierarzt kann in diesem Sinne allerdings nicht als Arzt angesehen werden.[448] Mediziner ohne Approbation und ohne Erlaubnis, wie Ärzte im Praktikum oder die früheren Medizinalassistenten (nicht zu verwechseln mit den Assistenzärzten) dürfen eine Blutentnahme nur durchführen, wenn sie unter Aufsicht und Verantwortung eines hauptamtlich tätigen Arztes stehen.[449] **282**

Ist ein Betroffener damit einverstanden, kann die Blutprobe auch von Nichtärzten, wie **medizinisch-technischen Assistenten**, **Krankenschwestern**, **Sanitätern** oder **Medizinstudenten** im Praktikum, entnommen werden.[450] Dieses Einverständnis ist aber nur wirksam, wenn der Einwilligende über die Arzteigenschaft nicht getäuscht wurde. Ohne Zustimmung ist bei Nichtärzten, ausgenommen Ärzte im Praktikum, die Abnahme der Blutprobe, auch unter Aufsicht eines Arztes, **unzulässig.**[451] Die Einwilligung, die ausdrücklich erklärt werden muss, muss sich auch ausdrücklich auf die Blutprobeentnahme beziehen, wobei eine freiwillige Hinnahme noch keine „Einwilligung" ist.[452] Diese Einwilligung kann durch den Betroffenen auch bis zum Schluss des Eingriffes widerrufen werden,[453] allerdings bleibt das bis dahin Ermittelte verwertbar. **283**

> Trotz dieser Vorschriften ist eine Blutprobe allerdings **auch dann verwertbar**, wenn sie von Nichtärzten ohne Einverständnis eines Betroffenen entnommen wurde.[454] **284**

Der Nichtarzt wird sich allerdings ggf. wegen Körperverletzung zu verantworten zu haben.

---

445 *OLG Dresden* vom 1.8.2001, NJW 2001, 3643f.

446 *BGH* vom 17.3.1971, BGHSt 24, 125ff (127); *BayObLG* vom 16.12.1964, DAR 1965, 105f; *Hentschel* Straßenverkehrsrecht, § 81a StPO Rn. 4; *Janiszewski/Jagow/Burmann* Straßenverkehrsrecht, § 81a StPO Rn. 4; *Becker* Alkohol im Straßenverkehr, Rn. 340; *Janiszewski* Verkehrsstrafrecht, Rn. 369.

447 §§ 2 Abs. 1, 2, 2a, 3, 10 Bundesärzteordnung; *Hentschel* Trunkenheit, Fahrerlaubnisentziehung, Fahrverbot, Rn. 8 und Rn. 24.

448 *Kleinknecht/Meyer-Goßner* Strafprozessordnung, § 81a StPO Rn. 19; *Janiszewski/Jagow/Burmann* Straßenverkehrsrecht, § 81a StPO Rn. 4.

449 *BGH* vom 17.3.1971, BGHSt 24, 125ff (128); *BayObLG* vom 16.12.1964, DAR 1965, 105f; *Hentschel* Straßenverkehrsrecht, § 81a StPO Rn. 4; *Kleinknecht/Meyer-Goßner* Strafprozessordnung, § 81a StPO Rn. 19; *Hentschel* Trunkenheit, Fahrerlaubnisentziehung, Fahrverbot, Rn. 25 und Rn. 26; *Hentschel* Fahrerlaubnis und Alkohol, Rn. 18.

450 *BayObLG* vom 16.12.1964, DAR 1965, 105f; *Hentschel* Straßenverkehrsrecht, § 81a StPO Rn. 6; *Janiszewski* Verkehrsstrafrecht, Rn. 369; *Hentschel* Fahrerlaubnis und Alkohol, Rn. 18; *Hentschel* Trunkenheit, Fahrerlaubnisentziehung, Fahrverbot, Rn. 24; **a.M.** *Schmidt* MDR 1970, 461ff (465).

451 *Hentschel* Trunkenheit, Fahrerlaubnisentziehung, Fahrverbot, Rn. 26; **a.M.** *Full/Möhl/Rüth* Straßenverkehrsrecht, § 81a StPO Rn. 15.

452 *Kleinknecht/Meyer-Goßner* Strafprozessordnung, § 81c StPO Rn. 3; zum Fall, dass der Beschuldigte keine Einwilligung erteilt hat vgl. *LG Frankfurt/Main* vom 8.12.1964, NJW 1965, 2024f.

453 *Kleinknecht/Meyer-Goßner* Strafprozessordnung, § 81c StPO Rn. 5.

454 Zur Frage, ob eine Blutprobe auch dann verwertbar ist, wenn diese von einer Krankenschwester oder einem Medizinstudenten abgenommen wurde, s. auch *Hentschel* Fahrerlaubnis und Alkohol, Rn. 9f.

(2) Durchsuchung der Wohnung

285 Führt eine Blutprobe zu einem positiven Ergebnis, steht der Konsum von Betäubungsmitteln also offensichtlich fest, ist auch die Anordnung **erkennungsdienstlicher Maßnahmen**[455] und nach Ansicht des BayObLG[456] auch die **Durchsuchung** der **Wohnung** ohne Durchsuchungsbeschluss[457] wegen „Gefahr im Verzug" zulässig, etwa um dort Betäubungsmittel aufzufinden.[458]

Dies gilt allerdings in der Zeit von 04:00 Uhr morgens bis 21:00 Uhr abends (Sommermonate) bzw. 06:00 Uhr morgens bis 21:00 Uhr abends (Wintermonate)[459] nur unter Einschränkungen, denn es kann nicht hingenommen werden, dass in einer **Großstadt** gegen 18:00 Uhr eine Wohnung allein auf Grund der Anordnung von Polizeibeamten ohne Gefahr im Verzug und ohne den Versuch, einen richterlichen Durchsuchungsbeschluss zu erwirken, durchsucht wird. Sowohl die Strafverfolgungsbehörden als auch die Ermittlungsrichter und Gerichtsorganisation haben im Rahmen des Möglichen sicherzustellen, dass die in der Verfassung vorgesehene Regelzuständigkeit eines Richters gewahrt bleibt. Die Strafverfolgungsbehörden müssen daher **zumindest regelmäßig versuchen**, vor einer Durchsuchung eine richterliche Anordnung zu erlangen. Die Annahme von „Gefahr im Verzug" kann nicht allein mit einem abstrakten Hinweis darauf begründet werden, dass eine richterliche Entscheidung um beispielsweise 18.00 Uhr nicht mehr zu erhalten sei.[460]

(3) Urinentnahme

286 Zwar würde § 81a Abs. 1 S. 2 StPO auch eine Ermächtigungsgrundlage für die Entnahme von Urin darstellen, da es sich dabei ebenfalls um einen vom Gesetz gedeckten **körperlichen Eingriff** handelt,[461] aber bereits aus praktischer und medizinischer Sicht, insbesondere wegen der Gefahr einer Blasenentzündung, ist die **zwangsweise Harnentnahme** mittels **Katheter unzulässig**, [462] während die zwangsweise Entnahme einer Speichel- oder Schweißprobe nicht praktikabel erscheint.[463] Der Einsatz von **Abführmitteln**,[464] um etwaige

455 *VG Neustadt* vom 21.9.2005, Az. 7 K 97/05; *Gebhardt* Das verkehrsrechtliche Mandat, § 8 Rn. 4.

456 Vom 29.10.2002, NZV 2003, 148ff.

457 In einem Durchsuchungsbeschluss muss der Ermittlungsrichter ein dem Beschuldigten angelastetes Verhalten schildern, welches die Voraussetzungen eines Verstoßes gegen ein Strafgesetz erfüllt. Diese Schilderung muss zwar nicht so vollständig wie die Sachverhaltsdarstellung in einer Anklage oder in einem Urteil sein, es müssen aber ein Verhalten oder sonstige Umstände genannt werden, die einen Eingriff in die Unverletzlichkeit der Wohnung rechtfertigen, da ein solcher Eingriff auch von der Schwere der vorgeworfenen Tat abhängig ist. Nur bei Beachtung dieser Grundsätze kann die Verhältnismäßigkeit der Maßnahme vollständig geprüft werden, vgl. *BVerfG* vom 7.9.2006, Az. 2 BvR 1219/05.

458 Zur anlass- und verdachtsunabhängigen Personenkontrolle und zur Durchsuchung mitgeführter Sachen s. auch *BayVerfGH* vom 7.2.2006, JZ 2006, 617ff.

459 Vgl. § 104 Abs. 3 StPO.

460 *BVerfG* vom 28.9.2006, Az. 2 BvR 876/06.

461 *Kleinknecht/Meyer-Goßner* Strafprozessordnung, § 81a StPO Rn. 15.

462 *Kleinknecht/Meyer-Goßner* Strafprozessordnung, § 81a StPO Rn. 21; *Janiszewski/Jagow/Burmann* Straßenverkehrsrecht, § 81a StPO Rn. 2; *Freyschmidt* Verteidigung in Straßenverkehrssachen, Rn. 139; *Becker* Alkohol im Straßenverkehr, Rn. 354; *Gebhardt* Das verkehrsrechtliche Mandat, § 37 Rn. 182; *Kottenhahn* Immunochemisches Drogenscreening von Blut ohne Vorbehandlung, [Diss.], S. 3; *Schöch* Straf-, verwaltungs- und zivilrechtliche Aspekte des Fahrens unter Cannabiseinfluss, S. 225; *Harbort* Rauschmitteleinnahme und Fahrsicherheit, Rn. 451; *Janiszewski* Verkehrsstrafrecht, Rn. 381. Nach *Janker* DAR 2003, 489ff (492) sei die zwangsweise Harnentnahme mittels Katheter „umstritten".

463 *Janker* DAR 2003, 489ff (492).

464 Siehe dazu auch *OLG Karlsruhe* vom 7.5.2004, NStZ 2005, 399f.

geschluckte Drogen aufzufinden, ist zumindest moralisch höchst problematisch und der **Einsatz von Brechmitteln** stellt einen Verstoß gegen Art. 3 der EMRK dar.[465]

Die Entnahme von Urin kann daher auch nicht von einem Arzt wegen der Gefahr der Verletzung des Beschuldigten verlangt werden.[466] Daneben bestünden auch verfassungsrechtliche Bedenken gegen eine solche Anordnung[467] wie ein Verstoß gegen den Verhältnismäßigkeitsgrundsatz und die Menschenwürde, sowohl im Bußgeld-,[468] als auch im Strafverfahren.[469] **287**

Die Möglichkeit, einen Beschuldigten solange in Polizeigewahrsam zu belassen, bis er nolens volens die Urinprobe abgeben muss, würde auf eine unzulässige und von der StPO nicht gedeckte Freiheitsentziehung hinauslaufen.[470] **288**

Allerdings kann (und nach Ziff. 4 der Richtlinien zur Feststellung von Alkohol-, Medikamenten- und Drogeneinfluss bei Straftaten und Ordnungswidrigkeiten soll) durch den Polizeibeamten auf die **freiwillige** Abgabe einer **Urinprobe** hingewirkt werden.[471]

Über die Freiwilligkeit der Abgabe einer **Urinprobe** ist ein Betroffener aktenkundig zu belehren.[472] Ansonsten wäre die gewonnene Harnprobe **unverwertbar.**[473]

Eine Urinprobe ist in einem nach § 316 Abs. 1 StGB geführten Straf- bzw. in einem nach § 24 Abs. 2 StVG geführten Ordnungswidrigkeitenverfahren allerdings ohnehin nicht von ausschlaggebender Bedeutung.[474]

(4) Koordinationstests

Ein den Verdacht einer Fahruntüchtigkeit widerlegendes und einen **Fahrzeugführer somit entlastendes Indiz** könnten von der Polizei bei einer Verkehrskontrolle durchgeführte Untersuchungen und **Koordinationstests** sein. **289**

Die Forderung des BGH,[475] des OLG Zweibrücken[476] und des OLG Saarbrücken,[477] beispielsweise die **Sehfähigkeit** eines Fahrzeugführers festzustellen[478] um einen verdächtigen Kraftfahrzeugführer zu entlasten, ist jedoch nur dann möglich, wenn das Gesetz eine solche Untersuchung ebenfalls gestattet oder ein Fahrzeugführer daran freiwillig mitwirkt. **290**

Wie bereits unter Rn. 275ff ausgeführt, kann ein Fahrzeugführer ohne richterliche Anordnung[479] aber nicht zu einer aktiven Beteiligung an einer Untersuchung gezwungen werden. **291**

---

465 *EGMR* vom 11.7.2006, Nr. 54810/00; vgl. auch *Gaede* HRRS 2006, 241ff.

466 Der Arzt würde sich zudem in diesem Fall wohl auch wegen Körperverletzung strafbar machen.

467 *Janiszewski/Jagow/Burmann* Straßenverkehrsrecht, § 81a StPO Rn. 2; *Janiszewski* Verkehrsstrafrecht, Rn. 381; *Harbort* Rauschmitteleinnahme und Fahrsicherheit, Rn. 451.

468 *Janiszewski* Verkehrsstrafrecht, Rn. 381.

469 *Janiszewski/Jagow/Burmann* Straßenverkehrsrecht, § 81a StPO Rn. 2; *Janiszewski* Verkehrsstrafrecht, Rn. 381.

470 *Burmann* DAR 1987, 134ff (138).

471 *Burmann* DAR 1987, 134ff (138); *Harbort* Rauschmitteleinnahme und Fahrsicherheit, Rn. 451; *Janiszewski* Verkehrsstrafrecht, Rn. 381; vgl. auch Rn. 262.

472 Vgl. *Bayerisches Staatsministerium des Innern* Ziff. 4 der Richtlinien, AllMBl. 2001, 165ff (169).

473 *Janiszewski/Jagow/Burmann* Straßenverkehrsrecht, § 81a StPO Rn. 2.

474 Vgl. Rn. 328 und Rn. 423.

475 Vom 3.11.1998, DAR 1999, 31ff = NZV 1999, 48ff = BA 1999, 61ff = NJW 1999, 226ff = BGHSt 44, 219ff.

476 Vom 27.2.2004, Az. 1 Ss 5/04.

477 Vom 23.1.2002, BA 2004, 72ff = VRS 102, 120ff.

478 Vgl. Rn. 253.

479 *BGH* vom 21.1.2004, DAR 2005, 251f.

Ein Betroffener muss gegenüber einem Polizeibeamten, außer den **Pflichtangaben** nach § 111 OWiG,[480] weder Fragen beantworten[481] noch sich Prüfungen unterziehen, keine **Gehproben** machen,[482] nicht auf einem **Bein stehen**, keinen „**Finger-Nase**-“ und keinen „**Finger-Finger-Test**“ durchführen.[483]

292 Ein Betroffener muss daher auch keine klinischen Untersuchungen[484] wie Geh-[485] oder Trinkversuche,[486] Rombergtest,[487] Finger-Finger- und Finger-Nase-Probe,[488] Schreibproben[489] oder Drehnachnystagmusprüfungen (Postrotatorischer Nystagmus)[490] durchzuführen.

Psychophysische Tests, etwa der „**Rombergtest**“[491] können somit nicht erzwungen werden.[492]

Gleichzeitig ist aber **der Arzt** nicht verpflichtet, einen Fahrzeugführer auf die Freiwilligkeit hinzuweisen.[493]

293 Auch einer Atemalkoholprobe[494] mittels Röhrchentest oder mittels Atemalkoholtestgerät,[495] die für den Betäubungsmittelnachweis ohnehin nicht infrage kommt, muss sich ein

480 Vgl. Rn. 265.

481 *OLG Hamm* vom 10.1.1974, NJW 1974, 713f; *Hentschel* Trunkenheit, Fahrerlaubnisentziehung, Fahrverbot, Rn. 40.

482 *Kleinknecht/Meyer-Goßner* Strafprozessordnung, § 81a StPO Rn. 1ff; *Iffland/Kruse* Erkennung cannabisbeeinflusster Verkehrsteilnehmer, S. 148.

483 *Hentschel* Fahrerlaubnis und Alkohol, Rn. 14.

484 *BayObLG* vom 16.1.1963, NJW 1963, 772f; *Kleinknecht/Meyer-Goßner* Strafprozessordnung, § 81a StPO Rn. 11; *Janiszewski/Jagow/Burmann* Straßenverkehrsrecht, § 316 StGB Rn. 26c und § 81a StPO Rn. 5; *Hentschel* Fahrerlaubnis und Alkohol, Rn. 26; *Janiszewski* Verkehrsstrafrecht, Rn. 380a.

485 *OLG Hamm* vom 9.2.1967, NJW 1967, 1524f; *Janiszewski/Jagow/Burmann* Straßenverkehrsrecht, § 81a StPO Rn. 5; *Janiszewski* Verkehrsstrafrecht, Rn. 380a.

486 *OLG Hamm* vom 21.9.1967, VRS 34, 287ff (289); *Hentschel* Straßenverkehrsrecht, § 81a StPO Rn. 4; *Kleinknecht/Meyer-Goßner* Strafprozessordnung, § 81a StPO Rn. 11; *Hentschel* Trunkenheit, Fahrerlaubnisentziehung, Fahrverbot, Rn. 47.

487 Stehen mit geschlossenen Augen, dicht zusammenstehenden Füßen und vorgehaltenen Armen, vgl. *Janiszewski* Verkehrsstrafrecht, Rn. 380a.

488 *Janiszewski* Verkehrsstrafrecht, Rn. 380a.

489 *Janiszewski/Jagow/Burmann* Straßenverkehrsrecht, § 81a StPO Rn. 5; *Janiszewski* Verkehrsstrafrecht, Rn. 380a.

490 *Kleinknecht/Meyer-Goßner* Strafprozessordnung, § 81a StPO Rn. 11; *Hentschel* Straßenverkehrsrecht, § 81a StPO Rn. 4. *Janiszewski/Jagow/Burmann* Straßenverkehrsrecht, § 81a StPO Rn. 5. Bei der Drehnachnystagmusprüfung dreht sich der Betroffene binnen 10 Sekunden fünf mal um die eigene Achse. Ihm wird sodann in 30 cm Entfernung ein Zeigefinger vor das Auge fixiert. Beim Alkoholisierten schlägt das Auge länger als 5 bis 7 Sekunden nach, vgl. auch *Janiszewski* Verkehrsstrafrecht, Rn. 380a. Vgl. zum begrenzten Beweiswert: *OLG Köln* vom 24.6.1983, VRS 65, 440f; *OLG Zweibrücken* vom 19.1.1996, NZV 1996, 158f; *OLG Zweibrücken* vom 4.10.1983, BA 1984, 534f. Vgl. zur Durchführung in den USA *Katz* ZVS 1993, 53ff.

491 Neurologisches Verfahren zur Feststellung von Gleichgewichtsstörungen und zur Fähigkeit, die „innere Uhr“ richtig einzuschätzen.

492 Vgl. aber auch Rn. 262.

493 *Becker* Alkohol im Straßenverkehr, Rn. 349; **a.M.** *Möller* § 3 Medikamente und Drogen – verkehrsmedizinisch-toxikologische Gesichtspunkte, Rn. 104. Nach Ansicht von *Hentschel* Fahrerlaubnis und Alkohol, Rn. 15 ist die Frage der Belehrung über die Freiwilligkeit umstritten.

494 *BGH* vom 25.6.1970, VRS 39, 184ff; *BayObLG* vom 16.1.1963, NJW 1963, 772f; *Hentschel* Straßenverkehrsrecht, § 81a StPO Rn. 4; *Janiszewski/Jagow/Burmann* Straßenverkehrsrecht, § 316 StGB Rn. 18a; *Bayerisches Staatsministerium des Innern* Richtlinie Ziff. 2.1.1, AllMBl. 2001, 165ff (166); *Hentschel* Fahrerlaubnis und Alkohol, Rn. 23.

495 *OLG Koblenz* vom 27.5.1993, NZV 1993, 444f.

Betroffener nicht unterziehen, da es sich hier um keine **körperliche Untersuchung** nach § 81a StPO handelt.[496]

Stimmt ein Fahrzeugführer einer Atemalkoholmessung mittels Atemalkoholmessgerät[497] oder einem **freiwilligen Koordinationstest** aber zu, so muss der Polizeibeamte auf eine gerichtlich verwertbare **Durchführung** achten:

(a) Einbeindstand-Test. Beim **Einbeinstand-Test**, der das **Gleichgewicht** feststellen soll, ordnet der Beamte an, dass sich ein Fahrzeugführer gerade hinstellt, ein Bein leicht anhebt und diese Position etwa 10 Sekunden beibehält. Der Kopf wird, entgegen gelegentlicher Polizeipraxis, **nicht in den Nacken** gelegt. Die **Augen** bleiben **geöffnet**. Tunlichst ist dieser Test auch mit dem anderen Bein zu wiederholen und auf das Schuhwerk zu achten.[498] Während dieses Tests werden dem Betroffenen einfache Fragen gestellt, etwa nach dem Datum oder Wochentag und auf Schwanken, „Ruderbewegungen" mit den Armen und auf anderweitige Standunsicherheiten geachtet. **294**

(b) Finger-Finger-Test. Beim sogenannten „**Finger-Finger-Test**" steht ein Fahrzeugführer gerade und die Beine sind parallel und direkt nebeneinander zusammenzustellen. Die **Augen** werden **geschlossen** und die Arme seitlich ausgestreckt („Schutzmann-Halt"). Sodann werden die Zeigefingerspitzen bei gestreckten Armen („Dicker Bauch zeigen") langsam vor dem Körper in Nasenhöhe zusammengeführt, um mit den beiden Fingern zusammenzutreffen.[499] Relevanter als die Tatsache, ob sich die beiden Finger möglicherweise leicht verfehlen ist allerdings die Frage, ob sich die Finger eines Fahrzeugführers dabei verkrampften oder der Fahrzeugführer während dieses Tests **zittert.**[500] **295**

(c) Finger-Nase-Test. Beim „**Finger-Nase-Test**" steht ein Fahrzeugführer mit **geschlossenen Augen** gerade. Die Arme sind seitlich am Körper hängend angelegt („Normal stehen"). Er ballt beide Hände zu einer Faust, wobei die Zeigefinger ausstreckt sind. Er führt die Zeigefinger, mehrfach abwechselnd nach Anweisung des Polizeibeamten unchronologisch mal links, mal rechts, wieder rechts, nochmals links etc., zur Nasenspitze, um diese zu treffen.[501] **296**

(d) Zeitempfindungstest. Beim **Zeitempfindungstest**, der beschleunigtes oder verlangsamtes Zeitgefühl misst, ordnet der Polizeibeamte an, dass ein Fahrzeugführer den Kopf geradeaus richtet, die Füße zusammenstellt und die Arme seitlich am Körper hängend anlegt („Normales stehen"). Die **Augen** werden ebenfalls **geschlossen.**[502] Der Fahrzeugführer zählt nach einem Startzeichen des Beamten der „inneren Uhr" folgend 30 Sekunden ab. Ist diese **297**

---

496 *BGH* vom 25.6.1970, VRS 39, 184ff; *BayObLG* vom 16.1.1963, NJW 1963, 772f; *Hentschel* Fahrerlaubnis und Alkohol, Rn. 23.

497 Vgl. dazu *Freyschmidt* Verteidigung in Straßenverkehrssachen, Rn 102ff.

498 Störungen des Gleichgewichts rechtfertigen für sich alleine aber noch nicht die Annahme einer Fahruntüchtigkeit, auch nicht in Verbindung mit „Unkonzentriertheit" und/oder Pupillenveränderungen, vgl. *OLG Koblenz* vom 28.4.2005, BA 2006, 231f. Sonstige Ausfallerscheinungen bei motorischen Bewegungen, z.B. das unsichere Gehen nach einer Kehrtwendung, rechtfertigen auch noch keinen vorläufigen Entzug der Fahrerlaubnis, vgl. *AG Hanau* vom 20.7.2006, Az. 20 Gs 124/06.

499 *Bundesanstalt für Straßenwesen/Universität des Saarlandes* Drogenerkennung im Straßenverkehr, -Schulungsprogramm für Polizeibeamte-, S. 110. Teilweise wird durch den Polizeibeamten gefordert, beim „Finger-Finger-Test" den Kopf in den Nacken zu legen.

500 *Haase/Sachs* DAR 2006, 61ff (63).

501 Wie die in dem Verfahren vor dem *VGH Bayern* vom 13.12.2005, Az. 11 Cs 1350/05 durchgeführte und als „unsicher" eingeschätzte und bewertete „Finger-Nasen-Probe" durchgeführt wurde, ergibt sich aus dem Beschluss (S. 12) nicht.

502 Hier wird durch Polizeibeamte vielfach zusätzlich fälschlicherweise gefordert, dass der Fahrzeugführer ein Bein hebt.

Zeitspanne nach seiner Ansicht verstrichen, teilt er dieses dem Beamten mit.[503] Bei diesem Test wird gleichzeitig auch auf eine etwaige Standunsicherheit geachtet.

298 **(e) Seiltänzer-Gang.** Bei diesem Test soll sich der Betroffene mit Ferse an Fußspitze auf eine Linie stellen. Sodann wird ihm mitgeteilt, dass er auf der vorgegebenen Linie **7 Schritte** machen soll, wobei jeweils die Ferse an die Fußspitze gesetzt wird. Dann soll der Betroffene eine Kehrtwendung machen, wobei der vordere Fuß die Linie nicht verlassen und der Weg erneut zurückgegangen werden soll. Der Polizeibeamte achtet auf die korrekte Ausführung des Tests entsprechend der Anweisungen wie die tatsächliche Anzahl der Schritte, auf einen sicheren Stand und auf etwaige Unterbrechungen.

299 **(f) Fehler bei der Durchführung.** Hinsichtlich der Durchführung von Koordinationstests kommt es in der Hauptverhandlung immer wieder zu **Nachfragen von Verteidigern** und des anwesenden medizinischen **Sachverständigen** des Institut für Rechtsmedizin.[504]

Verlangt ein Polizeibeamter etwa, dass ein Fahrzeugführer einen Fuß nach vorne streckt, seine Augen schließt und den **Kopf** nach hinten in den **Nacken** legt,[505] so sind Störungen des Gleichgewichtssinns selbst bei einem absolut Nüchternen unausweichlich, insbesondere, wenn dieser seine Hände nicht zur Balance nutzt.

Verlangt ein **Polizeibeamter**, dass ein Fahrzeugführer eine Zeit von 30 Sekunden richtig einschätzen und nach dessen Ablauf den Beamten informieren soll, kann ein Verschätzen[506] auch ein reiner **Zufallsbefund** sein, der zu wiederholen gewesen wäre.[507]

Verlangt ein Polizeibeamter zur Kontrolle der Augen, dass der Fahrzeugführer ihm auf seine **Nase** sehen solle, so kann der zu Untersuchende dies nur dann, wenn dieser die Nase überhaupt erkennen konnte. War es hingegen dunkel, so kann dieser Test ungeeignet sein, um eine Beeinträchtigung zu dokumentieren.

300 Stellt ein kontrollierender Polizeibeamter „**Mundtrockenheit**" fest, in dem er angibt, ein Fahrzeugführer habe sich mit der Zunge immer wieder die Innenbacken oder über die Lippen geleckt, was nach Cannabiskonsum häufig beobachtet werden kann,[508] ist fraglich, ob er auch einmal in den Mund hineinsah und ggf. warum er das nicht tat. Die **Verteidigung** könnte bei einem solchen Versäumnis vortragen, dass Mundtrockenheit auch auf Grund von Alkoholkonsum vom Vortag nichts außergewöhnliches sei und daher nicht zwingend auf Drogenkonsum mangels Reduzierung der Speichelproduktion hindeuten muss oder das vermeintliche „Lecken der Innenbacken" tatsächlich auch durch einen Kaugummi oder durch ein Bonbon erfolgt sein könnte.

301 Wenn ein Polizeibeamter in seinem Protokoll angibt, dass **Anordnungen mehrfach wiederholt** werden mussten, so kann durch das Gericht hinterfragt werden, ob diese überhaupt

503 Dazu auch ausführlich: *Haase/Sachs* DAR 2006, 61ff (63); *Bundesanstalt für Straßenwesen/Universität des Saarlandes* Drogenerkennung im Straßenverkehr, -Schulungsprogramm für Polizeibeamte-, S. 104 bis 110.

504 Zur Ladung eines Sachverständigen zwecks mündlicher Erläuterung seines Gutachtens s. *BGH* vom 8.11.2005, SVR 2006, 186f.

505 So durch die Polizeibeamtin in dem Verfahren vor dem *AG München* vom 7.10.2004, Az. 933 Ds 484 Js 114478/04 vorgetragen.

506 In dem Verfahren *AG München* vom 7.10.2004, Az. 933 Ds 484 Js 114478/04 waren es nur 13 sec.

507 Auffällig wäre, wenn der Betroffene die vorgegebene Zeit von 30 sec. mit über 45 sec. oder unter 20 sec. einschätzen würde.

508 *Drasch/von Meyer/Roider/Jägerhuber* BA 2003, 269ff (271).

eindeutig waren. Beispielsweise ist die Anweisung „Drehen Sie die Finger“ derart **unsubstantiiert**, als dass sie durch einen Fahrzeugführer nur dann befolgt werden kann, wenn der Polizeibeamte dem Fahrzeugführer den Test gleichzeitig vormacht.

Hat ein Fahrzeugführer einen freiwilligen Koordinationstest durchgeführt, so muss durch das Strafgericht auch beachtet werden, dass es sich bei diesen Tests durch Polizeibeamte nicht um wissenschaftlich durchgeführte Tests handelt. Ergebnisse stellen daher lediglich Bewertungen von Zeugenaussagen der Polizeibeamten durch das Gericht dar[509] und das OLG Saarbrücken[510] führt sogar aus, dass psychophysische Tests wie etwa der „**Rombergtest**“ für das Belegen einer relativen Fahruntüchtigkeit **ungeeignet** seien.[511] **302**

Die freiwillige Mitwirkung an Untersuchungen und Tests der Polizeibeamten während einer Verkehrskontrolle können einen Kraftfahrzeugführer bei ordnungsgemäßer Durchführung daher vom Tatverdacht der Fahruntüchtigkeit **entlasten**.

Da das **Nichtbestehen eines Koordinationstests** aber eine Fahruntüchtigkeit indiziert und eine etwaige lediglich vorliegende Ordnungswidrigkeit unter Umständen erst zu einer **Straftat** nach § 316 Abs. 1 StGB macht, somit also nicht nur entlastend, sondern auch **belastend** ist,[512] wird ein **Verteidiger** einem Fahrzeugführer allerdings wohl **raten**, keinen der durch die Polizei angebotenen Tests freiwillig durchzuführen.[513] **303**

(g) Ärztliche Schweigepflicht. Solange ein Arzt nicht von der Schweigepflicht entbunden und keine gesetzliche Offenbarungspflicht[514] besteht, hat dieser nicht nur ein Zeugnisverweigerungs**recht** nach § 53 Abs. 1 S. 3 StPO, ganz gleich, um welchen Arzt[515] es sich handelt, sondern ein Arzt unterliegt auch der berufsethischen Schweige**pflicht.** Eine Missachtung der dem Arzt **anvertrauten Angaben** wäre nach § 203 Abs. 1 Nr. 1 StGB strafbar[516] solange ein Fahrzeugführer nicht seine Einwilligung zur Aussage gegenüber Dritten erteilt hat, der Arzt also zur Verpflichtung der Verschwiegenheit entbunden wurde. **304**

Dies gilt grundsätzlich auch bezüglich der Aussagen über die Fahrtauglichkeit eines Patienten.[517] Allgemeine Interessen an der Strafverfolgung, der Rechtssicherung oder des Rechtsgüterschutzes können ein Abweichen von § 203 StGB nicht rechtfertigen.[518]

509 *Haase/Sachs* DAR 2006, 61ff; vgl. auch BT-Drucksache 16/2148 vom 29.6.2006 und BT-Drucksache 16/2264 vom 19.7.2006, BA 2006, 394ff (397).
510 Vom 23.1.2002, BA 2004, 72ff = VRS 102, 120ff (122).
511 Siehe auch *Freyschmidt* Verteidigung in Straßenverkehrssachen, Rn. 136.
512 Im Ergebnis so auch *Becker* Alkohol im Straßenverkehr, Rn. 350; *Hettenbach/Winter/Grunert/Berger/Moosmayer* Führerschein / MPU; Punkte – Alkohol – Drogen, S. 25.
513 Vgl. auch Rn. 262.
514 Etwa aufgrund des Bundesseuchengesetzes.
515 Beispielsweise niedergelassener Arzt, Krankenhausarzt, Amtsarzt, Werksarzt, Truppenarzt, Anstaltsarzt, privater oder beamteter Arzt, vgl. *Körner* Betäubungsmittelgesetz, § 35 BtMG Rn. 234.
516 *Körner* Betäubungsmittelgesetz, § 35 BtMG Rn. 234 und Rn. 236; *Harbort* Rauschmitteleinnahme und Fahrsicherheit, Rn. 204.
517 Nach Schweizer Recht darf ein Arzt ohne Verletzung der ärztlichen Geheimhaltungspflicht in diesen Fällen einer Behörde Meldung erstatten.
518 *Tröndle/Fischer* Strafgesetzbuch, § 203 StGB, Rn. 47.

Fraglich ist daher, nach welcher Rechtsgrundlage ein ärztlicher Befund oder Feststellungen und Wahrnehmungen des Arztes während der Blutentnahme überhaupt verwertet werden dürfen und ob der Arzt dazu „als Zeuge" gehört werden kann, da eine Offenbarungspflicht, etwa wegen rechtfertigendem Notstand nach § 34 StGB, ausscheiden dürfte.[519]

305 Hier greift, trotz zunächst offenbar vorliegender Kollision mit § 203 StGB, die Vorschrift des § 85 StPO, wonach der **Arzt**, der einem Beschuldigten die Blutprobe entnahm, **nicht als Zeuge**, sondern als Sachverständiger gehört wird, wenn er den Auftrag zur Blutentnahme durch eine Strafverfolgungsbehörde erhalten hat.[520]

306 In dieser Konstellation sind Angaben des Arztes auch ohne die Einwilligung eines Betroffenen möglich, sofern der Arzt hinsichtlich seiner Wahrnehmungen **über den Zustand des Fahrzeugführers** auf Grund seiner Sachkunde während der Blutentnahme referiert.[521]

Ob der Arzt allerdings auch **Angaben** eines Fahrzeugführers weitergeben darf, etwa zum Betäubungsmittelkonsum, ist fraglich. Nur durch die Zusatzregelung der Gutachterpflicht des Arztes nach § 75 StPO können (müssen) **Befundtatsachen** mitgeteilt werden, ohne in eine Kollision mit der ärztlichen Schweigepflicht nach § 203 StGB zu gelangen.[522]

519 Zur Ladung eines Sachverständigen zwecks mündlicher Erläuterung seines Gutachtens s. *BGH* vom 8.11.2005, SVR 2006, 186f.

520 *Kleinknecht/Meyer-Goßner* Strafprozessordnung, § 85 StPO Rn. 5.

521 Vgl. dazu auch *OVG Rheinland-Pfalz* vom 21.12.2005, Az. 7 B 11647/05.

522 *Tröndle/Fischer* Strafgesetzbuch, § 203 StGB Rn. 40.

Ärztlicher Befund zur Fahrtüchtigkeit[522a] 307

ÄRZTLICHER UNTERSUCHUNGSBERICHT TOX-Nr.:

Name: ______ Vorname: ______ ☐ m ☐ w Geburtsdatum: ______

Konstitution: ______ Gewicht: ______ kg ☐ gewogen ☐ geschätzt Größe: ______ cm ☐ gemessen ☐ geschätzt

1.Blutentnahme Datum:	Uhrzeit:	**Bei Leichen:**
2.Blutentnahme Datum:	Uhrzeit:	Fäulniserscheinungen:
bei Untersuchung auf Drogen bitte Abnahme von 2 Venülen		Todeszeitpunkt:
Urinasservierung Datum:	☐ mitgebracht	Datum: Uhrzeit:
Urinasservierung zwingend erforderlich bei Straftaten und K.O.-Mittel-Beibringung		Probeentnahme nur aus der Oberschenkelvene!

Pupillenschablone mit ungefähren Werten in mm. Zur maßstabsgerechten Abbildung beim Drucken Seitenanpassung deaktivieren.

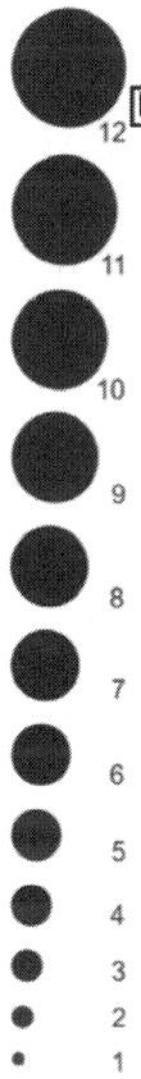

→ Erklärung der Ärztin / des Arztes:

- Die Venülen und der Vordruck "Ärztlicher Untersuchungsbericht" sind von mir mit gleichlautendem Namen versehen worden.
- Die Desinfektion der Haut erfolgte mit ☐ Octenisept ☐ anderes Desinfektionsmittel: ______

Anamnese (k.A. = keine Angaben)

Med. Maßnahmen	☐ keine	☐ Narkose	☐ Transfusion / Infusion:		
Vorfälle	☐ keine	☐ Schock	☐ Blutverlust	☐ Erbrechen	☐ Schädel-Hirn-Trauma
	☐ Sonstige Verletzungen:				
Medikamenten- / Drogeneinnahmen	☐ keine	☐ ja	Art und Menge: Datum, Uhrzeit:		☐ k.A.
Konsumzeichen	☐ keine	☐ Alkoholgeruch	☐ Punktionsstellen	☐	
Krankheiten	☐ keine	☐ Diabetes	☐ Epilepsie	☐ Psychiatrische Erkrankung	☐ ☐ k.A.

Befund → zu Hinweisen zur Durchführung der Tests siehe Rückseite

Pupillengröße	☐ unauffällig	☐ erweitert	☐ verengt	• Pupillendurchmesser: links: mm rechts: mm		
	Vergleichsperson:			• Pupillendurchmesser: links: mm rechts: mm		
	Lichtsituation:	☐ Raumbeleuchtung	☐ Tageslicht	☐ Dämmerung	☐ Dunkelheit	
Pupillenlichtreaktion	☐ prompt	☐ verlangsamt	☐ kaum wahrnehmbar			
Drehnachnystagmus	☐ Nystagmusdauer Sek.		☐ Spontannystagmus			
Seiltänzer-Gang						
geradeaus	☐ sicher	☐ unsicher	☐ hebt die Arme	☐ torkelt	☐ schleppend	☐
Kehrtwende	☐ sicher	☐ unsicher	☐ hebt die Arme	☐ torkelt	☐ korrekte Ausführung	☐
Romberg-Steh-Test	☐ sicher	☐ Zittern	☐ geringes Schwanken		☐ starkes Schwanken	☐ Lidflattern
Zeitempfindungstest		☐ Sek. empfunden als 30 Sek.				
Einbeinstand	☐ sicher	☐ unsicher: L / R / bds.	☐ schwankend	☐ Absetzen nach Sek.		☐ Ausgleichsbewegungen
Finger-Finger-Test	☐ sicher	☐ unsicher	☐ zittrig	☐ suchend	☐ abgehackt ☐ wellig	☐ Abstand ca. cm
Finger-Nase-Test	☐ sicher	☐ unsicher	☐ zittrig	☐ suchend	☐ abgehackt	☐ Abstand ca. cm
Bewegungsablauf	☐ unauffällig	☐ unsicher	☐ verlangsamt			
Bewusstsein	☐ unauffällig	☐ agitiert	☐ sediert	☐ verlangsamt	☐ bewusstlos	☐
Orientierung	☐ unauffällig	☐ örtlich gestört	☐ zeitlich gestört	☐ Vorfallsamnesie		
Denkablauf	☐ geordnet	☐ verworren	☐ perseverierend	☐ sprunghaft	☐	
Sprache	☐ deutlich	☐ verwaschen	☐ lallend	☐ Muttersprache		☐
Verhalten	☐ unauffällig	☐ distanzlos	☐ redselig	☐ aggressiv	☐ unruhig	☐ abweisend
Stimmung	☐ unauffällig	☐ inadäquat	☐ stumpf	☐ depressiv	☐ schwankend	☐ gereizt ☐ euphorisch

Diagnose

Beeinflussungseindruck:	☐ nicht merklich	☐ leicht	☐ deutlich	☐ stark	☐ sehr stark
möglicherweise unter	☐ Alkohol	☐ Drogen	☐ Medikamenten		

Gesamteindruck / Anmerkungen:

Beurteilungshindernis ☐ keines ☐ ja, und zwar:

Name, Anschrift der Ärztin / des Arztes

(Ort und Datum) (Unterschrift der Ärztin / des Arztes)

Modifiziert von L.D.Paul, F.Fischer, R.F.Staack, A.Büttner, Rechtsmedizin München
nach © 2004 R.Hecker, N.Lanzrath, Ch.Rittner, R.Urban, Rechtsmedizin Mainz. mail@drogenerkennung.de

---

522a Der Untersuchungsbericht wurde im Institut für Rechtsmedizin der Universität Mainz erstellt und im Institut für Rechtsmedizin der Universität München modifiziert. Der Abdruck erfolgt mit freundlicher Genehmigung beider Institute.

(5) Ausnahmen bei bevorrechtigten Personen

308 Während, wie vorstehend ausgeführt, Koordinationstests, Alkoholmessungen mittels in Atemalkoholmessgerät oder die Abgabe einer Urinprobe freiwillig sind, hat ein Fahrzeugführer gem. § 81a Abs. 1 StPO bzw. § 46 Abs. 4 OWiG bei einem Tatverdacht **einfache körperliche Untersuchungen** und **Blutentnahmen** durch einen Arzt auch ohne seine Einwilligung zu dulden, sofern kein Nachteil für seine Gesundheit zu befürchten ist.

Fraglich ist aber, ob polizeiliche Maßnahmen oder einfache körperliche Untersuchungen auch bei bevorrechtigten Personen wie etwa **Abgeordneten** oder bei **Ausländern** zulässig sind oder ob diese, etwa wegen ihrer **Immunität** oder einer anderen **Staatsangehörigkeit**, nicht durchgeführt werden können:

309 **Abgeordnete** des Bundes und der Länder sowie Senatoren können nicht wegen einer Straftat ohne Genehmigung des Parlaments zur Verantwortung gezogen, nicht verhaftet oder aus anderen Gründen in ihrer persönlichen Freiheit beschränkt werden.[523] Dies gilt auch für einen Europaabgeordneten.[524]

310 Bei **Diplomaten** und Konsulatsangehörigen kommen §§ 18, 19 GVG zusammen mit dem Wiener Übereinkommen über diplomatische Beziehungen[525] und dem Wiener Übereinkommen über konsularische Beziehungen[526] sowie Nr. 193 bis 199 RiStBV zur Anwendung.

Danach sind Diplomaten und andere bevorrechtigte Personen als Exterritoriale zwar verpflichtet, die geltenden Gesetze und Rechtsvorschriften zu beachten,[527] sie unterliegen aber nach den Regelungen des WÜD und des WÜK nicht der deutschen Gerichtsbarkeit,[528] sofern der Entsendestaat auf dieses Vorrecht nicht verzichtet hat.[529] Hierzu gehören insbesondere die Mitglieder der in der Bundesrepublik Deutschland errichteten diplomatischen Missionen, ihre Familienangehörigen, soweit sie Immunität genießen, und ihre privaten nicht deutschen Bediensteten.[530]

311 Gegen Exterritoriale sind daher, egal ob sie sich auf einer **Dienst- oder Privatfahrt** befanden, Straf- und Bußgeldverfahren[531] einschließlich Verwarnungen mit Verwarnungsgeld nach § 2 BKatV[532] **unzulässig**.

---

523 *Janiszewski* Verkehrsstrafrecht, Rn. 60.

524 *Berr/Hauser/Schäpe* Das Recht des ruhenden Verkehrs, Rn. 512; *Janiszewski* Verkehrsstrafrecht, Rn. 60.

525 BGBl 1964 Teil II S. 957; in Kraft getreten in der Bundesrepublik am 11.12.1964 (BGBl. 1965 Teil II S. 147), auszugsweise abgedruckt bei *Kleinknecht/Meyer-Goßner* Strafprozessordnung, § 18 GVG Rn. 11; vgl. auch Ziff. 8.2 der Richtlinien zur Feststellung von Alkohol-, Medikamenten- und Drogeneinfluss bei Straftaten und Ordnungswidrigkeiten; Sicherstellung und Beschlagnahme von Führerscheinen vom 5.4.2001, AllMBl. 2001, 165ff (171).

526 BGBl 1969 Teil II S. 1585; in Kraft getreten in der Bundesrepublik am 7.10.1971 (BGBl Teil II S. 1285).

527 *Berr/Hauser/Schäpe* Das Recht des ruhenden Verkehrs, Rn. 504.

528 §§ 18 bis 20 GVG; § 46 Abs. 1 OWiG; *Berr/Hauser/Schäpe* Das Recht des ruhenden Verkehrs, Rn. 504; *Rüth/Berr/Berz* Straßenverkehrsrecht, § 24 StVG Rn. 6; *Janiszewski* Verkehrsstrafrecht, Rn. 56; vgl. auch *Körner* Betäubungsmittelgesetz, § 29 BtMG Rn. 523 und Rn. 861, wonach auch ein Diplomat bei Drogendelikten Immunität genießt.

529 *Janiszewski* Verkehrsstrafrecht, Rn. 56.

530 *Berr/Hauser/Schäpe* Das Recht des ruhenden Verkehrs, Rn. 504; *Rüth/Berr/Berz* Straßenverkehrsrecht, § 24 StVG Rn. 6; *Janiszewski* Verkehrsstrafrecht, Rn. 56.

531 *Berr/Hauser/Schäpe* Das Recht des ruhenden Verkehrs, Rn. 505; *Janiszewski* Verkehrsstrafrecht, Rn. 58.

532 *Berr/Hauser/Schäpe* Das Recht des ruhenden Verkehrs, Rn. 505; *Janiszewski/Jagow/Burmann* Straßenverkehrsrecht, § 27 StVG Rn. 3.

Auch alle repressiven Maßnahmen und damit eine **Blutprobeentnahme** darf gegen diesen Personenkreis i.d.R. **nicht** und nur dann durchgeführt werden,[533] wenn der Entsendestaat auf die Exterritorialität verzichtet hat.[534] **312**

Diese Grundsätze gelten auch für **Konsuln** und ihnen gleichgestellte Personen,[535] soweit die Handlungen in Wahrnehmung konsularischer Aufgaben begangen wurden.[536] **313**

Dies gilt auch für Angehörige ausländischer **Honorarkonsulate**.[537] Bei Verkehrsverstößen muss der Gebrauch des Fahrzeugs aber im engen sachlichen Zusammenhang mit der wirksamen Wahrnehmung konsularischer Aufgaben gestanden haben,[538] wobei bei dienstlicher Veranlassung eine Fahrt mit einem Kfz nicht in jedem Fall eine konsulardienstliche Tätigkeit darstellt. Lässt sich die Wahrnehmung konsularischer Amtsgeschäfte bei der Teilnahme am Straßenverkehr aber nicht ausschließen, dann ist das Verfahren wegen des Grundsatzes in dubio pro reo einzustellen, während bei Privatfahrten **Verkehrsverstöße** von Konsularbeamten grundsätzlich uneingeschränkt verfolgbar sind.

Bei Mitgliedern von **NATO**-Truppen sind weitere Besonderheiten zu beachten: Die Mitglieder der in der Bundesrepublik stationierten Truppen der nicht deutschen Vertragsstaaten[539] der NATO, einschließlich des zivilen Gefolges und deren Angehöriger, unterliegen der deutschen Gerichtsbarkeit nur nach Maßgabe von Art. 7 NATO-Truppenstatut.[540] **314**

Die Mitglieder der Truppen der Vereinigten Staaten von Amerika unterliegen bei Verkehrsordnungswidrigkeiten der deutschen Ahndungsbefugnis, da diese Delikte nicht strafbar nach dem Militärrecht der **USA** anzusehen sind.[541] **315**

Anders ist die Rechtslage aber bei den **französischen, britischen** und **kanadischen** Truppen. **316**

---

533 *Kleinknecht/Meyer-Goßner* Strafprozessordnung, § 81a StPO Rn. 35a; *Janiszewski/Jagow/Burmann* Straßenverkehrsrecht, § 81a StPO Rn. 3; Ziff. 8.2 der Richtlinien zur Feststellung von Alkohol-, Medikamenten- und Drogeneinfluss bei Straftaten und Ordnungswidrigkeiten; Sicherstellung und Beschlagnahme von Führerscheinen vom 5.4.2001, AllMBl. 2001, 165ff (171); Rundschreiben des BMI vom 17.8.1993, Az. P I 6- 640 005/1, AllMBl. 1994, 34ff (40); *Janiszewski* Verkehrsstrafrecht, Rn. 58.

534 *Berr/Hauser/Schäpe* Das Recht des ruhenden Verkehrs, Rn. 505; *Janiszewski* Verkehrsstrafrecht, Rn. 56.

535 Siehe auch *OLG Karlsruhe* vom 16.7.2004, DAR 2004, 602f.

536 Art. 43 Abs. 1 WÜK; *OLG Düsseldorf* vom 3.5.1996, DAR 1996, 413ff; *BayObLG* vom 5.11.1991, NJW 1992, 641f; *OLG Schleswig* vom 12.8.1981, VRS 62, 277f; *LG Stuttgart* vom 3.4.1995, NZV 1995, 411f; *Berr/Hauser/Schäpe* Das Recht des ruhenden Verkehrs, Rn. 506; Rundschreiben des BMI vom 17.8.1993, Az. P I 6- 640 005/1, AllMBl. 1994, 34ff (40); *Janiszewski* Verkehrsstrafrecht, Rn. 58.

537 Art. 71 Abs. 1 WÜK; *OLG Schleswig* vom 12.8.1981, VRS 62, 277f; *Berr/Hauser/Schäpe* Das Recht des ruhenden Verkehrs, Rn. 506.

538 *OLG Düsseldorf* vom 3.5.1996, DAR 1996, 413ff; *BayObLG* vom 5.11.1991, NJW 1992, 641f; *OLG Schleswig* vom 12.8.1991, VRS 62, 277f; *LG Stuttgart* vom 3.4.1995, NZV 1994, 411f; *Berr/Hauser/Schäpe* Das Recht des ruhenden Verkehrs, Rn. 506; Ziff. 8.2 der Richtlinien zur Feststellung von Alkohol-, Medikamenten- und Drogeneinfluss bei Straftaten und Ordnungswidrigkeiten; Sicherstellung und Beschlagnahme von Führerscheinen vom 5.4.2001, AllMBl. 2001, 165ff (171); *Janiszewski* Verkehrsstrafrecht, Rn. 58a;

539 Es handelt sich hier um die Streitkräfte Belgiens, Frankreichs, Kanadas, der Niederlande, Großbritanniens und der Vereinigten Staaten von Amerika, vgl. Rundschreiben des BMI vom 17.8.1993, Az. P I 6-640 005/1, AllMBl 1994, 34ff (48).

540 BGBl 1961 Teil II S. 1183ff (1190, 1194); *Kleinknecht/Meyer-Goßner* Strafprozessordnung, § 18 GVG Rn. 8; *Berr/Hauser/Schäpe* Das Recht des ruhenden Verkehrs, Rn. 514. *Janiszewski* Verkehrsstrafrecht, Rn. 59; vgl. auch Bundesanzeiger 2002 Nr. 60a vom 27.3.2002.

541 *OLG Stuttgart* vom 23.11.1966, NJW 1967, 508ff.

317 Die **sowjetischen** Truppen haben die Länder der ehemaligen DDR[542] und daher die Bundesrepublik Deutschland verlassen. Die für sie geltenden Bestimmungen des Aufenthaltsvertrages Bundesrepublik-UdSSR[543] könnten daher lediglich in noch etwaigen anhängigen Verfahren beachtlich sein.

318 Vertreter internationaler Organisationen sind nach völkerrechtlichen Regeln oder völkerrechtlichen Vereinbarungen ebenfalls von der deutschen Gerichtsbarkeit befreit.[544] Hierzu zählen die Vertreter der Mitglieder bei den Haupt- und Nebenorganen der **Vereinten Nationen**, die Bediensteten der Organisation der Vereinten Nationen sowie die Sachverständigen im Auftrag der Vereinten Nationen.[545] Diese genießen unter dem im Gesetz zum Übereinkommen vom 13.02.1946 über die Vorrechte und Immunitäten der Vereinten Nationen[546] genannten Voraussetzungen Immunität, hinsichtlich ihrer in amtlicher Eigenschaft vorgenommenen Handlungen.[547]

319 Auf der Grundlage des Gebietsgrundsatzes gilt das deutsche Straßenverkehrsstraf- und Ordnungswidrigkeitenrecht allerdings ohne Rücksicht auf die **Staatsangehörigkeit** eines Betroffenen für alle im Gebiet der Bundesrepublik Deutschland begangenen Verkehrsverstöße.[548]

320 **Ausländer** werden daher wie Inländer behandelt und genießen keine Bevorrechtigung.[549] Gleiches gilt für **Staatenlose**.[550]

ff) Drogenschnelltests

321 Beweisanzeichen für das Vorliegen einer relativen Fahruntüchtigkeit könnten möglicherweise auch positive Drogenschnelltests der Polizei während einer Verkehrskontrolle sein, denn das VG Sigmaringen[551] schloss beispielsweise auf Grund eines positiven Mahsan®-Kombi/DoA4-Schnelltests auf die Nichteignung zum Führen von Kraftfahrzeugen.

Auch der VGH Bayern[552] hielt den (verwaltungsrechtlichen) Entzug einer Fahrerlaubnis infolge eines positiven Drogenschnelltests für gerechtfertigt, wenn bei einem Fahrzeugführer zudem Betäubungsmittel aufgefunden werden und dieser den Konsum gegenüber den Polizeibeamten eingeräumt hat.

Diese Entscheidungen sind aber allenfalls dann verständlich, wenn sich das Gericht auch mit der Frage befasst, **welcher Drogenschnelltest** verwendet wurde und **welche Aussagekraft** ihm zukommt.[553]

---

542 Vgl. hierzu auch Rundschreiben des BMI vom 17.8.1993, Az. P I 6- 640 005/1, AllMBl. 1994, 34ff (49).

543 BGBl 1990 Teil II S. 1256.

544 § 20 GVG; *Janiszewski* Verkehrsstrafrecht, Rn. 57; Rundschreiben des BMI vom 17.8.1993, Az. P I 6- 640 005/1, AllMBl. 1994, 34ff (36).

545 *Berr/Hauser/Schäpe* Das Recht des ruhenden Verkehrs, Rn. 513.

546 BGBl 1980 Teil II S. 941.

547 *Berr/Hauser/Schäpe* Das Recht des ruhenden Verkehrs, Rn. 513.

548 § 3 StGB; § 5 OWiG; *Janiszewski* Verkehrsstrafrecht, Rn. 55. Die Rechtsprechung lässt im Übrigem auch keine Ungleichbehandlung zwischen der Behandlung deutscher und ausländischer Drogenabhängiger zu, vgl. *Körner* Betäubungsmittelgesetz, § 35 BtMG Rn. 98; vgl. auch *BGH* vom 23.5.1989, NJW 1989, 2337f sowie *BGH* vom 22.8.1996, DAR 1996, 465ff = NZV 1996, 500ff = BGHSt 42, 235ff.

549 *Janiszewski* Verkehrsstrafrecht, Rn. 55; vgl. aber auch *BVerfG* vom 19.9.2006, Az. 2 BvR 2115/01 (Recht auf konsularische Unterstützung).

550 *Rogall* in Karlsruher Kommentar, § 5 OWiG Rn. 19.

551 Am 10.9.2002, Az. 3 K 1583/02.

552 Vom 21.3.2005, SVR 2006, 76f, vgl. dazu auch Rn. 801.

553 *OLG Jena* vom 30.8.2005, NStZ-RR 2006, 220.

Daher sollen einige von der Polizei bei einer Verkehrskontrolle verwendete Drogenschnelltests genauer beschrieben werden:

(1) Wischtest/Schweißtest

Der **Drug-Wipe**®-Test[554] der Herstellerfirma Securetec Detektions-Systeme AG ist ein **322**
Schnelltest zum Nachweis geringer Mengen von Betäubungsmitteln auf Oberflächen, auch kurz „Schweißtest" genannt.[555] Er wird von Zoll, Polizei und Justizvollzugsbeamten vor Ort eingesetzt, um einen Verdacht auf Drogenkonsum zu überprüfen. Der Teststreifen wird dabei zunächst mehrfach über die Hautoberfläche gerieben.[556] Mittels Farbreaktionen von spezifischen Antikörpern ist es möglich, nach ca. ein bis zwei Minuten Drogenspuren nachzuweisen.

Solche **Hauttests** sind für das Belegen einer Fahruntüchtigkeit jedoch **nicht ausreichend**, da damit der **Kontakt**, nicht jedoch die **Einnahme**, also der Konsum von Betäubungsmitteln begründet werden kann.[557]

So verhält es sich insbesondere, wenn der Hauttest positiv auf **Amphetamine** reagiert, da **323**
sich dieses Betäubungsmittel beispielsweise länger im Schweiß[558] der Hautoberfläche nachweisen lässt als im Blut selbst[559] und Substanzen auch erst einige Stunden und bei Heroin sogar viele Tage nach dem Konsum auf der Hautoberfläche erscheinen und demnach keine Zeitnähe mehr zwischen der Verkehrsteilnahme und der Probenentnahme gegeben ist.

Mußhoff[560] hat in einer Fernsehsendung[561] ausgeführt, dass der Konsum von drei Stück **Mohn-** **324**
kuchen einen positiven Drug-Wipe®-Schnelltest zur Folge haben können und ein Polizeibeamter den Verdacht gewinnen muss, der Fahrzeugführer habe ein illegales Opiat konsumiert.

Auch Möller[562] hat in der Fernsehsendung „Stern TV" aufgezeigt, dass der Verzehr Mohn- **325**
kuchen und **Mohnbrötchen** einen positiven Drogenwert anzeigen kann.

Käferstein[563] hat in einer Fernsehsendung ausgeführt,[564] dass der Drug-Wipe®-Schweißtest **326**
eine **Fehlerquote** von 20 % hat und bei Cannabis **jedes fünfte Ergebnis falsch** ist.[565] So soll dieser selbst dann einen positiven Drogenkonsum anzeigen, wenn sich ein Verkehrsteilnehmer zuvor lediglich die Haut mit handelsüblicher Creme eingerieben hat. Im Umkehrschluss ergibt sich daraus aber eine Trefferquote von 80 %, so dass der Test von der Polizei zur Verstärkung eines Verdachts verwendet werden kann.

Auch bei Ecstasy/Amphetamin und Kokain bestehen Fehlerquoten von 18 % bzw. 14 %.[566] Dies entspricht aber einer Trefferquote von über 80 %.

---

554 Siehe dazu auch Neue Westfälische, Bielefelder Tageblatt vom 24.8.2004, „Drogen-Test kostet 183 Führerscheine", S. 1.

555 Auch Urin kann nach *Iffland/Kruse* Erkennung cannabisbeeinflusster Verkehrsteilnehmer, S. 150 mit dem Drug-Wipe®-Test untersucht werden.

556 Wipe = abwischen (Wischtest).

557 *OVG Thüringen* vom 3.3.2004, DAR 2004, 547f = BA 2005, 181ff; *Möller* Drogen, Nachweis und Konsequenzen für Sanktionen und Fahreignung, S. 173ff (187).

558 Siehe zum **Schweiß** auch *Sachs/Pragst* BA 2004, Heft 2, Anhang S. 31ff (32).

559 *Schubert/Mattern* Urteilsbildung in der medizinisch-psychologischen Fahreignungsdiagnostik; Beurteilungskriterien, S. 153.

560 Prof. Dr. Frank *Mußhoff*, Universität Bonn.

561 Am 4.10.2004, Pro-7-Nachrichten 20:00 Uhr.

562 Am 30.4.2003, RTL-Programm, 22:15 Uhr.

563 Prof. Dr. Herbert *Käferstein*, Universität Köln.

564 Am 22.9.2004, RTL-Nachrichten, 19:00 Uhr.

565 So auch am 20.9.2004, WDR Punkt Köln, 17:45 Uhr.

566 *Pütz/Neumeyer* Führerschein in Gefahr – Drogen, Straßenverkehr, Fahrtüchtigkeit und Fahreignung, S. 382.

327 Das Landgericht Bremen[567] schließt aus den Fehlerquoten, dass der Drug-Wipe®-Schweißtest „unzuverlässig“ sei und „gravierende Fehlerquellen“ habe. Angesichts der hohen Trefferquote ist diese kritische Ansicht jedoch überzogen.

(2) Urintest

328 Der **ToxiQUICK**®-Test[568] der Herstellerfirma Biomar Diagnostic Systems GmbH, der **Mahsan**®-Kombi/DOA4-Schnelltest der Fa. Mahsan Diagnostika Vertriebsgesellschaft mbH oder der **Triage**®-8-Test[569] der Fa. Biosite GmbH sind Urinschnelltests.

Sie machen aber **keine Aussage über den Zeitpunkt** der Drogeneinnahme oder die eingenommene Dosis sondern messen beispielsweise nur den Wert der **nicht psychoaktiv wirkenden THC-Carbonsäure**.

Entscheidend ist daher nur, ob die gesuchte Droge überhaupt im Urin vorhanden ist.[570]

Urinschnelltests zeigen somit einen Drogenkonsum an; dieser kann aber **schon viele Stunden** und sogar mehrere Tage **zurückliegen**,[571] so dass bei Cannabis nicht mehr die zentrale Wirkung auf das Nervensystem sondern nur noch der nicht psychoaktiv wirkende Metabolit THC-Carbonsäure angezeigt wird.[572]

329 **(a) Nachweis von Morphin.** Sachs/Pragst,[573] Andresen/Schmoldt[574] und Eisenmenger[575] führen aus, dass bei der Aufnahme von **mohnhaltigen Nahrungsmitteln** ein positiver **Morphinnachweis im Urin** möglich ist.[576] Wird daher anlässlich eines Drogenschnelltests bei einer Verkehrskontrolle **nur ein Opiat** festgestellt, muss zusätzlich auch nach dem **exakten Wirkstoff** geforscht werden.

Das gilt umso mehr, als dass nicht auszuschließen ist, dass sich auf Grund des Konsums von mohnhaltigen Nahrungsmitteln **selbst im Blut** ein **positiver Morphinbefund** führen lässt.[577]

Einen falsch-positiven Eindruck muss ein Polizeibeamter auch dann gewinnen, wenn ein **morphinhaltiges Arzneimittel** eingenommen wurde.[578] Kodein wird z.T. zu Morphin abgebaut. Kodeinhaltige Medikamente zur Behandlung von Husten, bei Grippeerkrankungen, Bronchitis oder Entzündungen der Luftwege sind **Codicaps**®, **Optipect Kodein Forte**®, **Talvosilen**®, **Lonarid**®, **Nedolon P**® und **Zaluosilen**®. Weitere morphinhaltige Medikamente zur Behandlung von starken Schmerzen sind **Capros**®, **Kapanol**®, **Sevrodol**®, **M-long**®, **M-beta**®, **M-dolor**® und **MST-Mundipharma**®.[579]

---

567 Vom 24.2.2004, BA 2005, 498f.

568 Fälschlicherweise wird oft behauptet, der ToxiQUICK®-Test sei ein Speicheltest, vgl. dazu Rn. 334.

569 Auch die Schnelluntersuchung von Blut ist möglich.

570 Vgl. auch Rn. 1204ff.

571 *Möller* Drogen, Nachweis und Konsequenzen für Sanktionen und Fahreignung, S. 173ff (187).

572 *Seidl/Schwarze/Betz* § 64 Rechts- und Verkehrsmedizin, Rn. 54.

573 *Sachs/Pragst* BA 2004, Heft 2, Anhang S. 31ff (32).

574 *Andresen/Schmoldt* BA 2004, 191ff (199).

575 *Eisenmenger* NZV 2006, 24ff (26).

576 Siehe auch Rochholz/Westphal/Wiesbrock/Schütz BA 2004, 319ff.

577 *Andresen/Schmoldt* BA 2004, 191ff (199); *Möller* § 3 Medikamente und Drogen – verkehrsmedizinisch-toxikologische Gesichtspunkte, Rn. 140; *Trafkowski/Mußhoff/Madea* BA 2005, 431ff; *Westphal/Rochholz/Gheorghiu/Leinenkugel/Schütz* BA 2006, 14ff.

578 *Krüger/Schulz/Magerl* Medikamenten und Drogennachweis bei verkehrsunauffälligen Fahrern, S. 41; vgl. dazu auch Rn. 447ff.

579 Vgl. auch Rn. 133.

Bei einer chromatographischen Bestätigungsanalyse reicht es daher auch nicht aus, nur Morphin nachzuweisen.[580]

Auf Grund der andersartigen Struktur der jeweiligen Opioide lassen sich Morphinspuren jedoch in einer Blutprobe identifizieren.[581] **330**

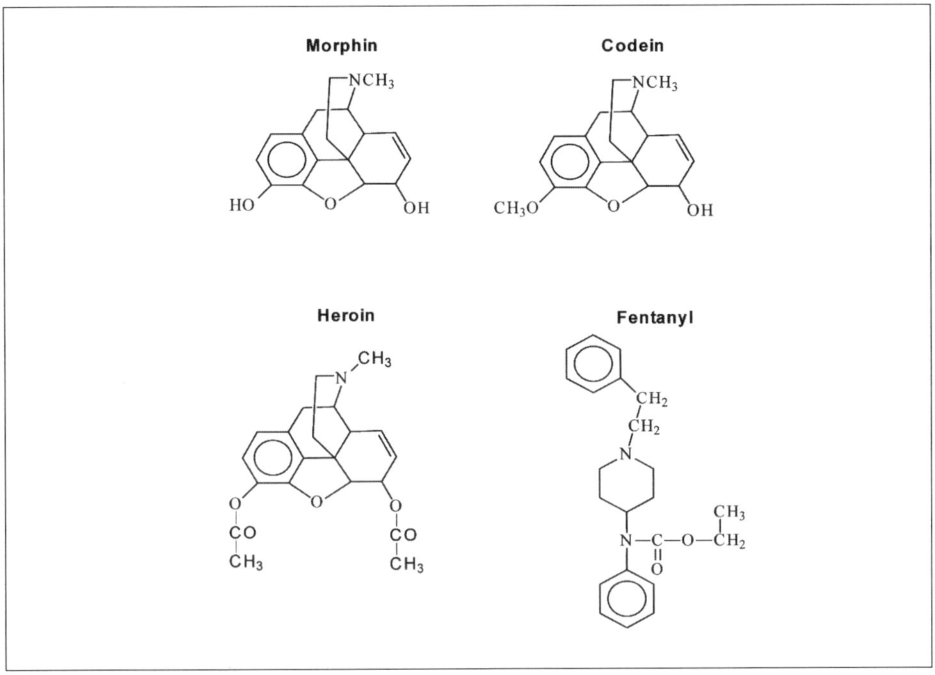

(b) Nachweis von Amphetamin. Auch hinsichtlich des Verdachts auf **Amphetamin**konsum können Urinschnelltests[582] und sogar Blutuntersuchungen ein **falsch-positives Ergebnis** anzeigen, da sich zahlreiche **Medikamente**, z.B. Captagon® (Wirkstoff Fenetyllin), AN1® (Wirkstoff Amphetaminil) und Selegam® (Wirkstoff Selegenin) die zur Behandlung von Narkolepsie oder Hyperaktivität verschrieben werden, zu Amphetamin umwandeln.[583] **331**

Bei Amphetaminen ist eine zusätzliche gaschromatographische-massenspektrometrische Bestätigungsanalyse des Urins zudem besonders wichtig, da Urinproben nach Lagerung Phenylethylamine bilden, was wiederum zu falsch positiven immunchemischen Tests führen kann.

580 Ist die Konzentration von Morphin wesentlich höher als die von Kodein, so ist von einem vorangegangenen Heroinkonsum auszugehen. Heroin und Monoacetylmorphin werden dann nicht gefunden. Ist die Konzentration von Morphin niedriger als die von Kodein, so ist von der Aufnahme eines kodeinhaltigen Arzneimittels auszugehen, das Morphin kann dann vollständig aus der Metabolisierung von Kodein stammen. Bei alleiniger Aufnahme des Wirkstoffes Dihydrocodein wird nur Dihydrocodein nachgewiesen, in wenigen Fällen auch Dihydromorphin, welches aber bei der Messung nicht mit Morphin verwechselt werden kann.

581 *OLG Köln* vom 18.8.2005, DAR 2005, 699ff; vgl. auch Rn. 447ff.

582 *Heinz* Deutsches Ärzteblatt vom 4.12.1998, S. A 3118f.

583 *Seidl/Schwarze/Betz* § 64 Rechts- und Verkehrsmedizin, Rn. 102; s. dazu auch Rn. 455.

332 Im Urin sind Amphetamine zudem je nach pH-Wert des Urins bis zu 3 Tage nachweisbar.[584]

Trotz eines positiven Nachweises im Urin kann eine Beeinflussung auf das Zentralnervensystem und damit eine Fahruntüchtigkeit aber nicht mehr angenommen werden.

Ein **Urinschnelltest** kann daher alleine ebenfalls **keine aktuelle Fahruntüchtigkeit** indizieren.

333 In strafrechtlicher (als auch aus ordnungswidrigkeitenrechtlicher) Hinsicht gilt nach h.M. daher, dass **positive Befunde** allenfalls **Indizien**[585] aber keine Beweismittel darstellen, da Drogenschnelltests nicht geeignet sind, Aussagen über den genauen Zeitpunkt der Einnahme, die konsumierte Menge und die Wirkung zu machen[586] und zur Einschätzung der **aktuellen** kraftfahrspezifischen Leistungsfähigkeit demnach **keine Aussagen** treffen können.[587]

(3) Speicheltest

334 Neben den vorstehenden Drogenschnelltests gibt es beispielsweise einen **Drug-Wipe® II**-, einen **Oratect**™[588] oder einen **DrugTest**®[589] des Herstellers Dräger Safety AG & Co. KGaA.

Durch Überstreichen mit einer Pufferkartusche unter der Zunge und an den Wangeninnenseiten eines Fahrzeugführers wird durch den Polizeibeamten eine Speichelprobe entnommen und vor Ort ausgewertet.

Im Gegensatz zu Urintests beeinträchtigt dieser Test nicht die Intimsphäre eines Verkehrsteilnehmers, wobei sich der Konsum von **Amphetaminen** deutlicher nachweisen lässt als beispielsweise der Cannabiskonsum.[590] Das Ergebnis eines Speicheltests lässt sich durch vorherige Mundspülung oder einem Kaugummi[591] allerdings nicht nur **manipulieren**,[592] so dass ein Polizeibeamter einen unter Drogeneinfluss stehenden Verkehrsteilnehmer möglicherweise nicht sofort erkennen kann, sondern auch der Drug-Wipe®II-Drogenschnelltest kann **falsch-positive Ergebnisse** hinsichtlich Amphetamine und Cannabis aufweisen.[593]

---

584 Vgl. hierzu auch Rn. 1204ff.

585 Vgl. auch Rn. 277f.

586 Wobei sog. Kreuzreaktionen ein falsch positives Ergebnis bewirken können, insbesondere bei Opiaten, vgl. *Drunecky/Schulze* Was können Drogentests im Zusammenhang mit Drogen im Straßenverkehr leisten, S. 4.

587 Dies gilt im Übrigen auch für eine etwaige Haaranalyse, die zwar im Verwaltungsrecht ein verwertbares Mittel ist, das Konsumverhalten eines Fahrzeugführers aufzuklären oder lange zurückliegenden Drogenkonsum nachzuweisen, aber die für die Frage, ob zur Tatzeit eine Fahruntüchtigkeit vorlag, nichts hergibt, vgl. Rn. 1213ff.

588 Dieser Test wird häufig mit dem Toxy-QUICK®-Urintest verwechselt, da er von der gleichen Herstellerfirma stammt, vgl. Rn. 328; vgl. zum Oratect™-Speicheltest auch *Bundesanstalt für Straßenwesen* Kongressbericht 2005 der Deutschen Gesellschaft für Verkehrsmedizin e.V., S. 182f u. S. 186f.

589 Vgl. zum DrugTest® auch *Bundesanstalt für Straßenwesen* Kongressbericht 2005 der Deutschen Gesellschaft für Verkehrsmedizin e.V., S. 182ff und *Möller/Kauert/Tönnes/Schneider/Theunissen/Ramaekers* BA 2006, 361ff (369), wonach dieser Ende des Jahres 2005 vom Markt genommen wurde.

590 *Schubert/Mattern* Urteilsbildung in der medizinisch- psychologischen Fahreignungsdiagnostik; Beurteilungskriterien, S. 151.

591 *Bundesanstalt für Straßenwesen* Kongressbericht 2005 der Deutschen Gesellschaft für Verkehrsmedizin e.V., S. 184.

592 *Schubert/Mattern* Urteilsbildung in der medizinisch-psychologischen Fahreignungsdiagnostik; Beurteilungskriterien, S. 151.

593 Käferstein/Falk/Rothschild BA 2006, 1ff.

So waren bei Untersuchungen in 14,2 % der Testergebnisse des Drogenschnelltests tatsächlich keine Drogensubstanzen im Blut nachzuweisen.[594]

Ein positiver Schnelltest begründet demnach **nur den (Anfangs-)Verdacht**, dass ein Fahrzeugführer Drogen konsumiert hat.[595] 335

Der Grad der Wahrscheinlichkeit ist jedoch nach dem gegenwärtigen Stand der Wissenschaft nicht exakt feststellbar, denn Schnelltests haben eine **Fehlerquote** von etwa 5 %.[596] Daran ändern auch verbesserte Testgeräte nichts.[597]

Dies wird auch von Janker und Daldrup bestätigt. 336

Nach Ansicht von Janker[598] gäben Schnelltests den Polizeibeamten nur zu 97,6 % Hilfestellung. Daldrup[599] stellte eine Fehlerquote von 8,63 % fest.

Auch Schubert/Schneider/Eisenmenger/Stephan[600] führen aus, dass Schnelltests **keinen** 337
zuverlässigen Nachweis bieten und das Probenmaterial auch ausreichend sein muss.[601]

Der Kongressbericht 2005 der Deutschen Gesellschaft für Verkehrsmedizin bescheinigt ins- 338
besondere dem **Oratect**™-Test ein unbefriedigendes Ergebnis.[602]

Die Ermittlungsbehörden sind verpflichtet, wegen aller verfolgbaren Straftaten einzuschrei- 339
ten, sofern ausreichende tatsächliche Anhaltspunkte dafür vorliegen. Drogenschnelltests sind **nützliche Hilfsmittel**, um Polizeibeamten bei einer Verkehrskontrolle vor Ort eine schnelle Orientierung bezüglich dieses **Anfangsverdachts** nach § 152 Abs. 2 StPO zu geben.

Drogenschnelltests können aber auch nach Ansicht des VGH Baden-Württemberg[603] und des 340
OLG Jena[604] **nicht als Beweismittel** herangezogen werden sondern stellen nur einen einleitenden Schritt dar, zumal ein Fahrzeugführer **nicht** zu einem Drogenschnelltest **gezwungen** werden kann.[605]

Neben Fragen der aufgeführten Testunsicherheiten sind auch Fragen zur Anwendung eines 341
Schnelltests von ausschlaggebender Bedeutung, da das Ablesen eines Testergebnisses durch einen Polizeibeamten subjektiv und visuell erfolgt.

---

594 Käferstein/Falk/Rothschild BA 2006, 1ff.
595 Vgl. Rn. 277f.
596 *VG Sigmaringen* vom 10.9.2002, Az. 3 K 1583/02 unter Berufung auf *Berghaus* BA 2002, 321ff (334) (Anm. d. Verf.: Gutachterliche Äußerung spricht von 2,4 %).
597 Vgl. *Süddeutsche Zeitung* vom 16.6.2004, „Test für den Drogentest“, S. 43.
598 *Janker* DAR 2003, 489ff (492).
599 *Daldrup* Abschlussbericht des im Auftrage des Ministeriums für Wirtschaft und Mittelstand, Technologie und Verkehr des Landes Nordrhein-Westfalen durchgeführten Untersuchungsvorhabens „Cannabis im Straßenverkehr“ [Masch.-schr.], Az. 3.4721/03-2/93, Zusammenfassung.
600 *Schubert/Schneider/Eisenmenger/Stephan* Begutachtungs-Leitlinien zur Kraftfahrereignung, Kommentar, 2. Aufl., S. 183.
601 *Krüger/Schulz/Magerl* Medikamenten und Drogennachweis bei verkehrsunauffälligen Fahrern, S. 27 u. S. 35f; *Aderjan/Herbold* Qualitätskontrolle für quantitative Analysen von Betäubungsmitteln im Blut, S. 7; dies gilt auch für eine Urinprobe, vgl. *Innenministerium des Landes NRW* Drogen im Strassenverkehr, S. 16.
602 *Bundesanstalt für Straßenwesen* Mensch und Sicherheit, Heft M 171, S. 183 u. S. 187.
603 Vom 13.12.2002, Az. 10 S 2200/02.
604 Vom 30.8.2005, NStZ-RR 2006, 220 (hier Opiate/Amphetamin-Test der ESA-Test GmbH).
605 *Janker* DAR 2003, 489ff (489); *Müller* SVR 2006, 81ff (zu dessen Durchführung ist regelmäßig die Zustimmung der betroffenen Person erforderlich).

342 Hat ein Fahrzeugführer einem Drogenschnelltest zugestimmt, so muss ein etwaiges positives Ergebnis **mittels Blutuntersuchung nach § 81a Abs. 1 StPO i.V.m. § 46 Abs. 4 OWiG zwingend** abgesichert werden.[606]

343 Für den Beweis eines Drogenkonsums genügt daher auch die Absicherung des Drogenschnelltestbefundes mittels einer chromatographischen Methode nicht, obwohl es dazu zahlreiche rechtsgültige Verfahren mit Dünnschichtchromatographie, Hochleistungsflüssigkeitschromatographie oder Gaschromatographie/Massenspektrometrie gibt.

344 Insofern spielt es auch keine Rolle, ob beispielsweise das zur Raucherentwöhnung entwickelte Medikament **Zyban**® mit dem Wirkstoff[607] **Bupropion** (**Amphebutamon**) einen Drogenschnelltest verfälschen und irrtümlich einen Cannabiskonsum anzeigen kann[608] und es spielt auch keine Rolle, ob ein im **Urin** festgestellter positiver **Opiatbefund** durch einen vor 3 Jahren (!) erfolgten Krankenhausaufenthalt erfolgt sein könne,[609] was gleichwohl derart abwegig ist, als dass sich dazu Ausführungen erübrigen.

Tritt eine Divergenz zwischen den Ergebnissen der Blutuntersuchung und dem Schnelltest auf, so ist das Ergebnis des Schnelltests widerlegt.[610]

5. Rechtsfolgen

a) Strafbarkeit Dritter

345 Wer im öffentlichen Verkehr ein Fahrzeug führt, obwohl er infolge des Konsums von Alkohol oder anderen berauschenden Mitteln nicht in der Lage ist, das Fahrzeug sicher zu führen, macht sich nach § 316 Abs. 1 StGB strafbar.

Fraglich ist hier zunächst, ob sich auch ein **Dritter strafbar** machen kann, obwohl er selbst kein Fahrzeug unter der Wirkung von berauschenden Mitteln führte, etwa ein **Beifahrer**[611] **oder Mitfahrer**.

Die Tat des § 316 StGB ist ein **eigenhändiges Delikt**,[612] da die in dieser Vorschrift genannten Verhaltensweisen in unlösbarem Zusammenhang mit dem Führen eines Fahrzeuges stehen.[613] **Täter** kann daher nur sein, wer ein Fahrzeug führt. Ein Fahrzeug führt, wer selbst alle, oder wenigstens einen Teil, der wesentlichen technischen Einrichtungen bedient, die der Fortbewegung dienen.[614]

606 *Janker* DAR 2003, 489ff (492).
607 Dieser Wirkstoff ist auch als Antidepressivum bekannt.
608 So durch den Rechtsanwalt in dem Verfahren vor dem *VGH Bayern* vom 7.4.2006, Az. 11 Cs 2303/05 vorgetragen, durch den Sachverständigen bei einer **im Blut** nachgewiesenen THC-Konzentration von 4,2 ng/ml und einer THC-COOH-Konzentration von 45,5 ng/ml allerdings als „völlig abwegig" bezeichnet; vgl. auch Rn. 447ff.
609 So tatsächlich von dem Betroffenen in dem Verfahren vor dem *VG Neustadt* am 3.1.2005, Az. 3 L 2790/04 vorgetragen.
610 Vgl. auch Rn. 425.
611 Vgl. auch Rn. 803 und Rn. 807.
612 *Tröndle/Fischer* Strafgesetzbuch, § 316 StGB Rn. 3 und vor § 13 StGB Rn. 23; *Cramer/Sternberg-Lieben* in Schönke/Schröder, § 316 StGB Rn. 22; *Janiszewski/Jagow/Burmann* Straßenverkehrsrecht, § 316 StGB Rn.2; *Cramer* Straßenverkehrsrecht, Band 1, § 316 StGB Rn. 45; *Harbort* Rauschmitteleinnahme und Fahrsicherheit, Rn. 159; *Janiszewski* Verkehrsstrafrecht, Rn. 75 und Rn. 390.
613 *Cramer*, Straßenverkehrsrecht, Band 1, § 315c StGB Rn. 89.
614 *BGH* vom 27.7.1962, DAR 1962, 339f = BGHSt 18, 6ff; *Cramer* Straßenverkehrsrecht, Band 1, § 316 StGB Rn. 45 und § 315c StGB Rn. 90; *Harbort* Rauschmitteleinnahme und Fahrsicherheit, Rn. 159.

Zu denken ist hier aber an eine **Mittäterschaft**, etwa bei vereinbarter arbeitsteiliger Bedienung maßgeblicher Vorrichtungen eines Fahrzeuges,[615] an eine besondere Pflichtensituation[616] oder an eine **Anstiftung** bzw. **Beihilfe**. Eine mittelbare und Nebentäterschaft sind aber nicht möglich.[617] **346**

Anstiftung und Beihilfe sind als Teilnahmehandlungen nach §§ 26, 27 StGB nur möglich, wenn ein Betroffener und unter Betäubungsmitteleinfluss stehender Fahrzeugführer vorsätzlich gehandelt hat.[618] Eine **fahrlässige Teilnahme** ist nicht strafbar.[619] **347**

Die Teilnahme kann durch Anstiftung zur Fahrt im fahrunsicheren Zustand[620] oder als Beihilfe durch **Überlassen eines Fahrzeugs**[621] erfolgen. **348**

Die Teilnahme ist auch durch **Unterlassen** möglich.[622] **349**

Wer den durch Betäubungsmitteleinfluss Fahruntauglichen nicht von der Fahrt abhält, obwohl er auf Grund einer **Garantenstellung** dazu verpflichtet ist,[623] kann sich ebenfalls strafbar machen.[624] **350**

Der private Gastgeber, ein Gastwirt oder ein Diskothekenbesitzer, bei denen Drogen konsumiert wurden, ist allerdings nicht für die anschließende Fahrt eines Betroffenen mit dem Fahrzeug verantwortlich, es sei denn, der Gast ist so mit Betäubungsmitteln voll, dass er erkennbar hilflos ist.[625]

---

615 *BGH* vom 9.7.1959, BGHSt 13, 226ff; *BayObLG* vom 6.10.1978, Az. 1 St 483/77, vgl. auch DAR 1979, 229ff (238); *Cramer/Sternberg-Lieben* in Schönke/Schröder, § 316 StGB Rn. 23; *Janiszewski/Jagow/Burmann* Straßenverkehrsrecht, § 316 StGB Rn. 2; *Janiszewski* Verkehrsstrafrecht, Rn. 329; *Harbort* Rauschmitteleinnahme und Fahrsicherheit, Rn. 159. Zur Sonderregelung beim **Fahrlehrer** siehe § 2 Abs. 15 StVG; *OLG Dresden* vom 19.12.2005, BA 2006, 314ff; vgl. dazu auch *Janiszewski/Jagow/Burmann* Straßenverkehrsrecht, § 316 StGB Rn. 2 und § 2 StVG Rn. 21b; *Janiszewski* Verkehrsstrafrecht, Rn. 329 und Rn. 390.

616 *Cramer* Straßenverkehrsrecht, Band 1, § 315c StGB Rn. 89; *Janiszewski* Verkehrsstrafrecht, Rn. 75.

617 *BGH* vom 27.7.1962, DAR 1962, 339f = BGHSt 18, 6ff; *Janiszewski/Jagow/Burmann* Straßenverkehrsrecht, § 316 StGB Rn. 2; *Cramer/Sternberg-Lieben* in Schönke/Schröder, § 315c StGB Rn. 45; *Janiszewski* Verkehrsstrafrecht, Rn. 390.

618 *Hentschel* Straßenverkehrsrecht, § 316 StGB Rn. 34; *Cramer/Sternberg-Lieben* in Schönke/Schröder, § 315c StGB Rn. 45 und vor § 25 StGB Rn. 29; *Harbort* Rauschmitteleinnahme und Fahrsicherheit, Rn. 159.

619 *Hentschel* Straßenverkehrsrecht, § 316 StGB Rn. 34.

620 *Janiszewski* Verkehrsstrafrecht, Rn. 391; *Harbort* Rauschmitteleinnahme und Fahrsicherheit, Rn. 159.

621 *OLG Koblenz* vom 26.6.1987, NJW 1988, 152; *Hentschel* Straßenverkehrsrecht, § 316 StGB Rn. 34; *Harbort* Rauschmitteleinnahme und Fahrsicherheit, Rn. 159. Überlässt der Halter fahrlässig sein Fahrzeug einem fahrunsicheren Fahrer, dann handelt er ordnungswidrig nach § 31 Abs. 2 StVZO i.V.m. § 24 StVG, vgl. *OLG Hamm* 10.1.1978, BA 1978, 299f; *Hentschel* Straßenverkehrsrecht, § 316 StGB Rn. 34; vgl. auch *LG Koblenz* vom 4.12.2000, BA 2001, 385f.

622 *Janiszewski/Jagow/Burmann* Straßenverkehrsrecht, § 316 StGB Rn. 4.

623 *Janiszewski/Jagow/Burmann* Straßenverkehrsrecht, § 316 StGB Rn. 4.

624 Vgl. auch *VGH Bayern* vom 16.11.2005, Az. 11 Cs 1726/05.

625 *BGH* vom 5.12.1974, BHGSt 26, 35; *OLG Saarbrücken* vom 18.2.1994, NJW-RR 1995, 986ff; *OLG Düsseldorf* vom 20.1.1966, NJW 1966, 1175f; *OLG Oldenburg* vom 29.1.1957, DAR 1957, 300f; *Hentschel*, Straßenverkehrsrecht, § 316 StGB Rn. 36; *Janiszewski/Jagow/Burmann* Straßenverkehrsrecht, § 316 StGB Rn. 4; *Hentschel* Trunkenheit, Fahrerlaubnisentziehung, Fahrverbot, Rn. 330; vgl. zu Sonderregelungen beim Gastwirt auch *Janiszewski* Verkehrsstrafrecht, Rn. 391a. Es ist aber zulässig dem Drogenkonsumenten den Zündschlüssel zur Verhinderung einer Fahrt mit dem Kfz wegzunehmen.

351 Demgegenüber begründet gemeinsames Konsumieren von Drogen keine Garantenstellung.[626] Aus Absprachen, sich gegenseitig bei Entstehung lebensbedrohlicher Lagen nach Drogenkonsum zu helfen, ebenso wie bei Absprachen unter Lebenspartnern von Drogenkonsumenten gegenseitig Hilfe zu leisten oder herbeizuholen, kann sich eine solche Garantenstellung aber theoretisch ergeben.[627]

b) Strafzumessung

352 Wird ein Betroffener nach § 316 Abs. 1 StGB verurteilt, so stellt sich weiter die Frage, welche Strafe dieser zu erwarten hat.

Die vorsätzliche und fahrlässige Begehungsform des § 316 StGB[628] wird mit **Freiheitsstrafe bis zu einem Jahr** oder mit **Geldstrafe** bestraft.[629] Da Freiheitsstrafe und Geldstrafe gleichwertig nebeneinander stehen, ist die Entscheidung hierüber nach den Grundsätzen des § 47 StGB zu treffen.[630] Für die Bemessung der festzusetzenden Geldstrafe ist dabei § 40 StGB maßgebend.[631]

Bei Ersttätern mit mittlerer Schuld dürfte die Geldstrafe dabei das ein- bis zweifache des Monatsnettoeinkommens, also **30 bis 60 Tagessätze** betragen.[632]

353 Die Vorschrift des § 315c Abs. 1 S. 1 Buchstabe a) StGB (**Gefährdung des Straßenverkehrs**) gilt entsprechend, wobei die Freiheitsstrafe hier **bis zu fünf Jahre** betragen kann.

Kommt es unter dem Einfluss von Alkohol oder anderen berauschenden Mitteln zu einem Verkehrsunfall mit Todesfolge, so kann, neben zivilrechtlichen Ansprüchen, auch eine Verurteilung wegen **fahrlässiger Tötung** gem. § 222 StGB erfolgen.[633]

354 Auf die Sondervorschriften des § 10 StGB für **Heranwachsende** nach dem JGG soll in diesem Buch nicht speziell eingegangen werden.[634] Heranwachsender nach § 1 Abs. 2 JGG ist, wer zwar 18 Jahre alt, aber noch nicht **21 Jahre alt** ist. Maßgeblich ist das Alter zur **Tatzeit**.[635] Begeht ein Heranwachsender eine Straftat, so wendet der Richter nicht das allgemeine Strafrecht, sondern nach § 105 JGG das **Jugendstrafrecht** an, wenn die Gesamtwürdigung der Persönlichkeit des Heranwachsenden ergibt, dass dieser zur Zeit der Tat nach seiner sittlichen und geistigen Entwicklung noch einem Jugendlichen gleichstand oder es sich nach

---

626 *Janiszewski/Jagow/Burmann* Straßenverkehrsrecht, § 316 StGB Rn. 4; **a.M.** wohl *VGH Bayern* vom 16.11.2005, Az. 11 Cs 1726/05; anders bei Zechtour des Halters, vgl. *BGH* vom 24.10.1957, VRS 13, 470f.

627 *Eberth/Müller* Verteidigung in Betäubungsmittelsachen, Rn. 27. Zum **Entzug der Fahrerlaubnis** nach § 69 Abs. 1 StGB gegen einen **Beifahrer** s. *BGH* vom 17.2.2004, NZV 2005, 50 = BA 2005, 317 sowie *BGH* vom 9.10.2003, BA 2004, 169.

628 Zu den Rechtsfolgen bei Vorliegen einer Ordnungswidrigkeit vgl. Rn. 407f und Rn. 732.

629 *Cramer/Sternberg-Lieben* in Schönke/Schröder, § 316 StGB Rn. 32; *Cramer* Straßenverkehrsrecht, Band 1, § 316 StGB Rn. 49; *Janiszewski* Verkehrsstrafrecht, Rn. 394.

630 *Cramer/Sternberg-Lieben* in Schönke/Schröder, § 316 StGB Rn. 32; *Cramer* Straßenverkehrsrecht, Band 1, § 316 StGB Rn. 49; *Janiszewski* Verkehrsstrafrecht, Rn. 394.

631 *Stree* in Schönke/Schröder, § 47 StGB Rn. 7.

632 *AG Köln* vom 19.6.1990, DAR 1990, 430f; vgl. auch *Janiszewski* Verkehrsstrafrecht, Rn. 396. Zum Tagessatz bei einem Sozialhilfeempfänger s. *OLG Hamburg* vom 18.7.2001, NStZ 2001, 655f.

633 So beispielsweise am 14.9.2005 vor dem Amtsgericht Gummersbach geschehen, vgl. Süddeutsche Zeitung vom 15.9.2005, S. 12 sowie Rn. 397.

634 Vgl. aber Rn. 658 und Rn. 712.

635 Vgl. zur Anwendung von Jugendstrafrecht oder allgemeinem Strafrecht bei Heranwachsenden *BGH* vom 9.8.2001, NStZ 2002, 204ff sowie *Laubenthal* JZ 2002, 807ff (812).

der Art, den Umständen oder den Beweggründen der Tat um eine Jugendverfehlung handelt. Letztere Alternative wird wohl gerade für Betäubungsmittelkonsum gelten müssen.[636]

Durch die am Strafprozess beteiligten Juristen ist dieser Aspekt daher bei der Abwägung der Strafzumessung eines „jungen Erwachsenen" zu prüfen.

aa) Grundsätze

355 Nach § 46 StGB ist die **Schuld** eines Täters, auch bei Verkehrsstraftaten,[637] Grundlage der **Strafzumessung**.[638] Schuldangemessene Strafe bedeutet dabei, bei gleicher Schuldschwere eine gleich schwere Strafe zu erreichen.[639] Oberste Richtschnur für jede Strafzumessung ist dabei der Strafzweck.[640] Gegenstand der richterlichen Bewertung sind bei der Strafzumessung die Tat und der Täter.[641] Die schuldangemessene Strafe darf dabei weder unter- noch überschritten werden.[642]

bb) Abwägungsgesichtspunkte

356 Die Strafzumessung ist Aufgabe des Tatrichters,[643] wobei das Gericht nach § 46 Abs. 2 S. 1 StGB die **Milderungs- und Schärfungsgründe** nach ihrem Gewicht und ihrer Bedeutung zu bewerten und gegeneinander abzuwägen hat.[644] In § 46 Abs. 2 S. 2 StGB ist eine nicht abschließende Zusammenfassung von Umständen enthalten, die namentlich bei der **Strafzumessung zu berücksichtigen** sind.

357 Diese Abwägungsgesichtspunkte kommen auch bei Nebenstrafen, beispielsweise bei § 44 StGB zum Tragen. Bei Maßregeln der Sicherung und Besserung, beispielsweise in § 69 StGB, sind die aus den Strafzwecken abgeleiteten Grundsätze jedoch nicht anwendbar.[645]

cc) Doppelverwertung

358 In § 46 Abs. 3 StGB ist das Verbot der Doppelverwertung normiert. Dies bedeutet, Umstände, die schon **Merkmale des** gesetzlichen **Tatbestandes** sind, dürfen bei der Strafzumessung nicht nochmals berücksichtigt werden.[646]

636 Vgl. Rn. 25.
637 *Hentschel* Trunkenheit, Fahrerlaubnisentziehung, Fahrverbot, Rn. 466; *Janiszewski* Verkehrsstrafrecht, Rn. 677b.
638 *Stree* in Schönke/Schröder, § 46 StGB Rn. 8.
639 *Stree* in Schönke/Schröder, § 46 StGB Rn. 9b.
640 *Stree* in Schönke/Schröder, § 46 StGB Rn. 3.
641 *BGH* vom 30.7.1981, NStZ 1981, 389f; *Stree* in Schönke/Schröder, § 46 StGB Rn. 4.
642 *Janiszewski* Verkehrsstrafrecht, Rn. 677b.
643 *Stree* in Schönke/Schröder, § 46 StGB Rn. 7; *Janiszewski* Verkehrsstrafrecht, Rn. 677a.
644 *BGH* vom 3.6.1986, Az. 2 StR 191/86; *BGH* vom 2.5.1986, Az. 2 StR 41/86; *BGH* vom 9.4.1986, Az. 2 StR 133/86; *BGH* vom 16.1.1986, Az. 1 StR 641/85; *BGH* vom 27.11.1985, Az. 2 StR 621/85, vgl. auch NStZ 1986, 493ff (495); *Stree* in Schönke/Schröder, § 46 StGB Rn 6; *Janiszewski* Verkehrsstrafrecht, Rn. 677a.
645 *OLG Frankfurt/Main* vom 5.7.1972, VRS 44, 184ff (186); *Stree* in Schönke/Schröder, § 46 StGB Rn. 69.
646 *Stree* in Schönke/Schröder, § 46 StGB Rn. 45; *Janiszewski* Verkehrsstrafrecht, Rn. 687a. Zum Doppelverwertungsverbot bei betäubungsmittelrechtlichen Entscheidungen s. auch *Kotz/Rahlf* NStZ-RR 2001, 65ff (68).

dd) Strafzumessungsempfehlungen

359 Da die Strafzumessung ureigenste Aufgabe des Tatrichters ist,[647] ist eine **schematische Strafzumessung**, wie sie bei Verkehrsordnungswidrigkeiten durch den Bußgeldkatalog vorgegeben ist, mit dem Grundsatz des § 46 StGB unvereinbar und daher unzulässig.[648]

Gleiches gilt auch für die Anwendung von Strafzumessungsempfehlungen, ohne Berücksichtigung des Einzelfalles.[649] Davon zu unterscheiden ist allerdings der Erfahrungsaustausch zwischen Richtern des gleichen oder unterschiedlicher Gerichte, um bei häufig vorkommenden Verkehrsdelikten zu einer im Interesse der Gerechtigkeit grundsätzlich wünschenswerten, weitgehend gleichartigen Behandlung gleichgelagerter Fälle zu gelangen.[650]

c) Absehen von Strafe

360 Nach § 60 StGB kann das Gericht[651] von der Strafe absehen,[652] wenn die **Tatfolgen**, die den Täter getroffen haben, so schwer sind, dass die Verhängung der Strafe offensichtlich verfehlt wäre und der Täter **keine Freiheitsstrafe von mehr als einem Jahr** verwirkt hätte. Die Bestimmung wird durch § 153b StPO ergänzt und ist nicht auf bestimmte Straftatbestände beschränkt,[653] so dass sie bei § 316 Abs. 1 StGB nicht ausgeschlossen ist.[654]

361 Vom Täter oder nahen Angehörigen erlittene **Verletzungen mit Dauerfolgen**, bei Angehörigen **auch Tötungen**,[655] können die Anwendung des § 60 StGB rechtfertigen.[656]

362 Von dieser Regelung kann auch im **Jugendstrafrecht** und zwar auch bei Erziehungsmaßregeln und Zuchtmitteln Gebrauch gemacht werden.[657]

363 Durch das Absehen von Strafe wird zwar die Anordnung einer Nebenstrafe, so das Fahrverbot nach § 44 StGB ausgeschlossen, nicht aber eine etwaige Fahrerlaubnisentziehung nach § 69 StGB.[658]

---

647 *BGH* vom 1.8.2000, NJW 2000, 3010ff (3013); *OLG Köln* vom 28.12.2000, BA 2002, 276ff = VRS 100, 68ff.

648 *BayObLG* vom 29.8.1978, Az. 2 St 238/78, vgl. auch DAR 1979, 229ff (236); *Hentschel* Straßenverkehrsrecht, § 316 StGB Rn. 38; *Hentschel* Trunkenheit, Fahrerlaubnisentziehung, Fahrverbot, Rn. 468.

649 *Hentschel* Straßenverkehrsrecht, § 316 StGB Rn. 38; *Hentschel* Trunkenheit, Fahrerlaubnisentziehung, Fahrverbot, Rn. 470.

650 *BayObLG* vom 29.8.1978, Az. 2 St 238/78, vgl. auch DAR 1979, 229ff (236); *Hentschel* Straßenverkehrsrecht, § 316 StGB Rn. 38; *Hentschel* Trunkenheit, Fahrerlaubnisentziehung, Fahrverbot, Rn. 469 f; *Janiszewski* Verkehrsstrafrecht, Rn. 397.

651 Nicht durch Strafbefehl, der auf einen Strafausspruch gerichtet ist, vgl. *Janiszewski* Verkehrsstrafrecht, Rn. 697; **a.M.** *Mansperger* NStZ 1984, 258.

652 *Janiszewski* Verkehrsstrafrecht, Rn. 697.

653 *OLG Celle* vom 21.12.1970, NJW 1971, 575f = VRS 40, 251ff; *Janiszewski* Verkehrsstrafrecht, Rn. 697.

654 *OLG Celle* vom 14.3.1989, BA 1989, 420ff = NStZ 1989, 385f.

655 *OLG Celle* vom 21.12.1970, NJW 1971, 575f = VRS 40, 251ff; *Janiszewski* Verkehrsstrafrecht, Rn. 699; **a.M.** *OLG Köln* vom 29.6.1971, VRS 41, 415ff; *AG Köln* vom 13.1.1982, BA 1982, 191f.

656 *OLG Celle* vom 14.3.1989, BA 1989, 420ff = NStZ 1989, 385f; *BayObLG* vom 9.6.1983, VRS 65, 279f; *LG Frankenthal* vom 5.12.1978, DAR 1979, 337; *AG Freiburg* vom 12.11.1991, VRS 83, 50f; *Hentschel* Trunkenheit, Fahrerlaubnisentziehung, Fahrverbot, Rn. 508; *Janiszewski* Verkehrsstrafrecht, Rn. 697 und Rn. 698.

657 *BayObLG* vom 26.6.1991, NJW 1992, 1520f = NStZ 1991, 584f; *Hentschel* Trunkenheit, Fahrerlaubnisentziehung, Fahrverbot, Rn. 508; *Janiszewski* Verkehrsstrafrecht, Rn. 697.

658 *OLG Hamm* vom 14.12.1971, VRS 43, 19f; *AG Freiburg* vom 12.11.1991, VRS 83, 50f; *Janiszewski* Verkehrsstrafrecht, Rn. 700; vgl. hierzu auch Rn. 703ff.

d) Verwarnung mit Strafvorbehalt

Sofern besondere Umstände in der Tat und Persönlichkeit eines Täters es angezeigt erscheinen lassen, ihn von Strafe zu verschonen und die Verteidigung der Rechtsordnung dies zulässt, ist auch eine Verwarnung nach § 59 StGB bei Verkehrsdelikten nicht ausgeschlossen,[659] obwohl sie dort lediglich äußerst selten angewandt wird.[660] **364**

Diese **besonderen Umstände** können in ungewöhnlich geringem Gewicht des Unrechts- und Schuldgehalts der Tat, in ihren ungewöhnlich schweren Folgen für den Täter oder in anderen Umständen liegen, die der Tat gegenüber Durchschnittsfällen das besondere Gepräge einer Ausnahme vom gewöhnlichen Erscheinungsbild geben.[661] **365**

Ist ein Betroffener während der letzten 3 Jahre vor der Tat mit Strafvorbehalt verwarnt oder zu Strafe verurteilt worden, dann ist eine Verwarnung mit Strafvorbehalt nach § 59 Abs. 2 StGB aber i.d.R. **ausgeschlossen**[662] und nur ausnahmsweise zulässig.[663] **366**

e) Strafmilderungsgründe

Das Vorliegen einer erheblich **verminderten Schuldfähigkeit** nach § 21 StGB[664] kann nach § 49 Abs. 1 StGB strafmildernd sein. Bei Verkehrsstraftaten unter Einfluss berauschender Mittel wird aber eine Strafmilderung nach den **§§ 21, 49 Abs. 1 StGB**, obwohl sie nicht grundsätzlich ausgeschlossen ist,[665] nur ausnahmsweise, unter besonderer Berücksichtigung des Einzelfalles, in Betracht kommen,[666] etwa wenn die **enthemmende Wirkung** der Rauschmittel ausnahmsweise **unbekannt** war oder **besondere Vorkehrungen** das Autofahren nach Rauschmitteleinnahme fernliegend erscheinen ließen.[667] Anders ist dies allerdings, wenn einem Betroffenen bei der Drogeneinnahme bekannt war, dass er danach ein Kfz führen wird.[668] **367**

Einem **Drogenabhängigen** darf die Milderungsmöglichkeit allerdings nicht versagt werden, wenn dieser aus unwiderstehlichem Drang Rauschmittel zu sich genommen hat, da ihm dies nicht vorwerfbar ist.[669] **368**

---

659 *OLG Stuttgart* vom 10.5.1994, NZV 1994, 405f; *OLG Düsseldorf* vom 28.6.1991, VRS 81, 370f; *OLG Düsseldorf* vom 15.5.1984, NStZ 1985, 362ff; *Stree* in Schönke/Schröder, § 59 StGB Rn. 15; *Janiszewski* Verkehrsstrafrecht, Rn. 693a.

660 Vgl. *Janiszewski* Verkehrsstrafrecht, Rn. 693 und kritisch Rn. 696.

661 *OLG Düsseldorf* vom 28.6.1991, VRS 81, 370f; *OLG Celle* vom 14.3.1989, BA 1989, 420ff = NStZ 1989, 385f; vgl. auch *Tröndle/Fischer* Strafgesetzbuch, § 59 StGB Rn. 4.

662 *Janiszewski* Verkehrsstrafrecht, Rn. 694.

663 *Tröndle/Fischer* Strafgesetzbuch, § 59 StGB Rn. 3.

664 Vgl. dazu *BGH* vom 26.5.2000, DAR 2000, 574f; *BGH* vom 15.3.2000, BA 2001, 48f, *BGH* vom 9.7.1996, BA 1997, 150ff = NStZ 1996, 592ff; *OLG Düsseldorf* vom 3.11.2005, BA 2006, 42f; *OLG Hamm* vom 31.1.2005, BA 2006, 41f.

665 *OLG Hamm* vom 30.3.2000, BA 2001, 291f; *OLG Karlsruhe* vom 8.10.1990, NZV 1990, 277f; *OLG Karlsruhe* vom 13.10.1989, DAR 1991, 393 = VRS 81, 19f; *OLG Stuttgart* vom 14.4.1983, VRS 65, 354f.

666 *OLG Köln* vom 13.1.1987, DAR 1987, 126f; *OLG Hamm* vom 5.4.1984, BA 1984, 538f.

667 *OLG Koblenz* vom 12.1.1989, VRS 76, 424ff; *OLG Hamm* vom 5.4.1984, BA 1984, 538f.

668 *BGH* vom 6.11.1984, VRS 69, 118f; *OLG Hamm* vom 5.4.1984, BA 1984, 538f; *BayObLG* vom 16.6.1978, Az. 1 St 95/78, vgl. auch DAR 1979, 229ff (236); vgl. aber auch *BayObLG* vom 30.3.1984, VRS 67, 219ff; *OLG Stuttgart* vom 14.4.1983, VRS 65, 354f; *Janiszewski* Verkehrsstrafrecht, Rn. 680 (alle zum Alkohol).

669 *OLG Karlsruhe* vom 8.1.1991, VRS 80, 440ff (443); *BayObLG* vom 14.11.1990, Az. RReg 2 St 276/90, vgl. auch NStZ 1991, 268.

369 Auch bei **Beschaffungsdelikten** von Drogenabhängigen kommt § 21 StGB in Betracht,[670] so etwa, wenn ein Täter unter starken Entzugserscheinungen leidet und durch diese dazu getrieben wurde, sich mittels einer Straftat Drogen zu verschaffen.[671]

370 Auch das **Befahren wenig belebter Straßen**[672] oder die Tatsache, dass die gefahrene Strecke **nur wenige Meter** betrug,[673] können, ebenso wie die Mitschuld dessen, der einen erkennbar fahrunsicheren Fahrer um Mitnahme gebeten hat,[674] strafmildernd berücksichtigt werden.[675]

f) Strafschärfungsgründe

371 Im Rahmen der Strafzumessung im Verkehrsrecht haben vor allem **Vorstrafen** eine entsprechende Bedeutung.[676] Vorstrafen, auch auf anderen Gebieten, sind strafschärfend verwertbar, wenn sie einen Täter als Verkehrsteilnehmer beleuchten,[677] wobei ihre Verwertbarkeit ergründet werden muss.[678]

Der Berücksichtigung durch Vorstrafen sind durch § 51 BZRG[679] allerdings Grenzen gesetzt. Danach dürfen getilgte und tilgungsreife Vorstrafen, mit Ausnahme der in § 52 BZRG geregelten Fälle, dem Täter nicht mehr vorgehalten und bei der Strafzumessung nicht mehr strafschärfend berücksichtigt werden.[680]

Dieses Verwertungsverbot findet auch auf im Verkehrszentralregister vermerkte Straftaten Anwendung, da es umfassend gilt.[681]

---

670 *BGH* vom 19.10.2000, NStZ-RR 2001, 81f; *Eberth/Müller* Verteidigung in Betäubungsmittelsachen, Rn. 183.

671 *BGH* vom 23.8.2000, NStZ 2001, 82f; vgl. auch *OLG Düsseldorf* vom 3.11.2005, BA 2006, 42f; *OLG Hamm* vom 31.1.2005, BA 2006, 41f.

672 *Cramer/Sternberg-Lieben* in Schönke/Schröder, § 316 StGB Rn. 32; *Cramer* Straßenverkehrsrecht, Band 1, § 316 StGB Rn. 49; einschränkend *LG Verden* vom 8.7.1975, DAR 1976, 137f.

673 *BayObLG* vom 24.1.2005, DAR 2005, 458f; *OLG Karlsruhe* vom 13.10.1989, DAR 1991, 393 = VRS 81, 19f; *Hentschel* Straßenverkehrsrecht, § 316 StGB Rn. 41.

674 *BGH* vom 28.4.1961, VRS 21, 54ff; *Hentschel* Straßenverkehrsrecht, § 316 StGB Rn. 41. Zu den zivilrechtlichen Aspekten s. *OLG Hamm* vom 21.6.1995, NZV 1996, 33f und *OLG Schleswig* vom 7.12.1994, NZV 1995, 357.

675 Vgl. auch Rn. 664.

676 *Stree* in Schönke/Schröder, § 46 StGB Rn. 31.

677 *KG* vom 2.12.1965, VRS 30, 200ff.

678 *OLG Koblenz* vom 22.9.1977, VRS 54, 192; *OLG Zweibrücken* vom 23.1.1969, VRS 38, 40f; *Hentschel* Straßenverkehrsrecht, § 316 StGB Rn. 44.

679 Vgl. zur Verfassungsmäßigkeit *BVerfG* vom 27.11.1973, NJW 1974, 179ff.

680 *BGH* vom 9.9.1982, NStZ 1983, 19; *BGH* vom 19.7.1972, BGHSt 24, 378ff; *OLG Frankfurt/Main* vom 25.2.1997, NZV 1997, 245; *Hentschel* Straßenverkehrsrecht, § 316 StGB Rn. 44; *Stree* in *Schönke/Schröder*, vor § 38 StGB Rn. 61 und § 46 StGB Rn. 31; *Janiszewski* Verkehrsstrafrecht, Rn. 790; vgl. auch *BGH* vom 22.2.1973, BGHSt 25, 141ff; und *BGH* vom 8.6.1977, Az. 2 StR 160/77, s. auch DAR 1978, 146ff (150).

681 *BVerwG* vom 17.12.1976, VM 1977, 81ff; *OLG Karlsruhe* vom 5.1.1973, NJW 1973, 291f.

Eintragungen im **Verkehrszentralregister,**[682] die eine negative rechtsuntreue Einstellung eines Betroffenen kennzeichnen, können ebenfalls strafschärfend berücksichtigt werden,[683] soweit sie nicht getilgt oder tilgungsreif sind.[684] 372

Auch eine **vorsätzliche Tatbegehung** darf strafschärfend berücksichtigt werden.[685] 373

g) Freiheitsstrafe

Nach § 47 StGB sind Freiheitsstrafen unter 6 Monaten nur noch als ultima ratio zulässig,[686] 374
wenn dies zur Einwirkung auf einen Täter oder zur Verteidigung der Rechtsordnung[687] unerlässlich ist.[688] Ansonsten ist eine **Freiheitsstrafe unter 6 Monaten durch** eine **Geldstrafe**[689] zu ersetzen.[690] Damit hat sich der Gesetzgeber grundsätzlich gegen die kurze Freiheitsstrafe entschieden.[691]

Die Verhängung einer Freiheitsstrafe ist aber dann **unerlässlich**, wenn aufgrund einer 375
Gesamtwürdigung aller die Tat und den Täter kennzeichnender Umstände die notwendige Einwirkung auf einen Täter oder die Verteidigung der Rechtsordnung eine Freiheitsstrafe unverzichtbar erscheinen lassen,[692] weil andere Sanktionen nicht ausreichend sind. Dies ist aber zu begründen.[693]

---

682 Es werden nach § 28 Abs. 3 StVG auch alle rechtskräftigen Entscheidungen der Strafgerichte eingetragen, soweit sie wegen einer im Zusammenhang mit dem Straßenverkehr rechtswidrig begangenen Tat, so auch die Beleidigung wegen „Vogel" zeigen gegenüber einem anderen Verkehrsteilnehmer, begangen wurden, vgl. *OLG Zweibrücken* vom 13.8.2001, DAR 2002, 40f.

683 *Janiszewski* Verkehrsstrafrecht, Rn. 678a.

684 *BayObLG* vom 21.3.1996, DAR 1996, 243; *OLG Frankfurt/Main* vom 25.2.1997, NZV 1997, 245. Zur Frage ob die Grundsätze der Ausnahme vom Verwertungsverbot nach § 52 Abs. 2 BZRG auch bei getilgten oder tilgungsreifen Eintragungen von Verkehrsordnungswidrigkeiten, die nur im Verkehrszentralregister eingetragen sind, ebenfalls angewandt werden dürfen gibt es unterschiedliche Auffassungen, vgl. *Himmelreich* Fahrverbot, Führerscheinentzug, Band 2, Verwaltungsrecht, Rn. 114.

685 *OLG Schleswig* vom 17.11.1980, BA 1981, 370ff; *OLG Saarbrücken* vom 21.2.1974, NJW 1974, 1391ff; *Hentschel* Straßenverkehrsrecht, § 316 StGB Rn. 42.

686 *Tröndle/Fischer* Strafgesetzbuch, § 47 StGB Rn. 1; *Hentschel* Trunkenheit, Fahrerlaubnisentziehung, Fahrverbot, Rn. 488; *Janiszewski* Verkehrsstrafrecht, Rn. 644.

687 Vgl. *Hentschel* Straßenverkehrsrecht, § 315c StGB Rn. 50.

688 *OLG Köln* vom 18.5.2001, NJW 2001, 3491ff; *OLG Hamm* vom 2.6.1999, VRS 97, 410ff; *OLG Düsseldorf* vom 5.8.1996, VD 1996, 258ff = zfs 1996, 432; *Stree* in Schönke/Schröder, § 47 StGB Rn. 1.

689 Bei Jugendlichen und Heranwachsenden wird die Geldstrafe nach § 5ff JGG durch ein Sanktionssystem ersetzt, welches primär auf erzieherische Wirkung ausgerichtet ist, vgl. *Janiszewski* Verkehrsstrafrecht, Rn. 640.

690 *BayObLG* vom 19.4.1991, Az. 1 St 16/91, vgl. auch DAR 1992, 361ff (363); *BayObLG* vom 22.3.1991, Az. 1 St 12/91, vgl. auch DAR 1992, 361ff (363); *OLG Celle* vom 15.1.1970, NJW 1970, 872f; *Hentschel* Straßenverkehrsrecht, § 315c StGB Rn. 46 und Rn. 47; *Stree* in Schönke/Schröder, § 47 StGB Rn. 4 und Rn. 19.

691 *OLG Düsseldorf* vom 25.6.1990, VRS 80, 13ff; *Hentschel* Straßenverkehrsrecht, § 315c StGB Rn. 46 und Rn. 47.

692 *BGH* vom 8.5.1996, NStZ 1996, 429; *BGH* vom 24.1.1994, NJW 1994, 1165f; *OLG Köln* vom 18.5.2001, NJW 2001, 3491ff; *OLG Hamm* vom 2.6.1999, VRS 97, 410ff; *OLG Düsseldorf* vom 5.8.1996, VD 1996, 258ff = zfs 1996, 432; *OLG Düsseldorf* vom 6.5.1996, NZV 1997, 47f; *OLG Düsseldorf* vom 6.4.1994, VRS 89, 193ff; *Tröndle/Fischer* Strafgesetzbuch, § 47 StGB Rn. 7; *Hentschel* Straßenverkehrsrecht, § 315c StGB Rn. 46, Rn. 47 sowie Rn. 48; *Stree* in Schönke/Schröder, § 47 StGB Rn. 10.

693 *OLG Braunschweig* vom 29.10.1969, VRS 38, 37f; *Hentschel* Straßenverkehrsrecht, § 315c StGB Rn. 46 und Rn. 47; *Stree* in Schönke/Schröder, § 47 StGB Rn. 19.

376 Beim Führen eines Fahrzeuges unter dem Einfluss berauschender Mittel, sofern keine Abweichungen vom Durchschnittsfall gegeben sind, lassen trotz der erheblichen Gefahren, die von einer solchen Tat ausgehen, die Verhängung einer Freiheitsstrafe nicht regelmäßig als unerlässlich erscheinen, da ansonsten bei praktisch allen diesen Fällen eine Freiheitsstrafe verhängt werden müsste.[694]

377 Insbesondere beim **Ersttäter** wird bei einer folgenlosen Trunkenheitsfahrt nach § 316 StGB eine Freiheitsstrafe kaum in Betracht kommen;[695] anders aber bei einer Trunkenheitsfahrt mit schwerwiegenden Folgen.[696]

378 Bei **einschlägig vorbestraften** Tätern kommt es auf die Umstände des Einzelfalles an.[697] Bei rückfälligen Tätern, auch bei **mehrfach** Rückfälligen,[698] darf nicht schematisch auf Freiheitsstrafe erkannt werden.[699] Dies bedeutet, dass eine Freiheitsstrafe unter 6 Monaten auch hier nur in Betracht kommt, wenn dies aufgrund besonderer Umstände der Einwirkung auf den Täter oder zur Verteidigung der Rechtsordnung unerlässlich ist.[700] Daher wird besonders bei einem **Wiederholungstäter**, allerdings nicht schon bei einem Ersttäter, eine Freiheitsstrafe eher in Betracht kommen.[701] Jedoch ist dies nicht zwingend.[702]

694 *Hentschel* Trunkenheit, Fahrerlaubnisentziehung, Fahrverbot, Rn. 489

695 *OLG Düsseldorf* vom 25.6.1990, VRS 80, 13ff; *Janiszewski* Verkehrsstrafrecht, Rn. 396 und Rn. 645. Vgl. zu einem Ausnahmefall *OLG Frankfurt/Main* vom 24.11.1971, DAR 1972, 48f (Täter der zur Zechtour aufgebrochen war flüchtete vor Polizei, dabei gefährdete er andere, in dem er bei einer Geschwindigkeit von 100 km/h innerorts Rotlichtampeln missachtete und den Tatbestand des § 113 StGB erfüllte).

696 *OLG Stuttgart* vom 22.6.2006, Az. 1 Ss 236/06; *OLG Koblenz* vom 21.1.1982, VRS 63, 43ff (45); *OLG Koblenz* vom 11.10.1977, VRS 54, 348ff; *BayObLG* vom 9.11.1971, MDR 1972, 339f; *OLG Hamm* vom 19.11.1970, VRS 40, 342ff; *Hentschel* Trunkenheit, Fahrerlaubnisentziehung, Fahrverbot, Rn. 497; *Janiszewski* Verkehrsstrafrecht, Rn. 645. Leichte Unfallfolgen allein rechtfertigen dagegen nicht die Verhängung der Freiheitsstrafe, vgl. *OLG Hamm* vom 30.4.1970, MDR 1970, 693; *Hentschel* Trunkenheit, Fahrerlaubnisentziehung, Fahrverbot, Rn. 498.

697 *BayObLG* vom 29.10.1991, DAR 1992, 184f; *OLG Schleswig* vom 27.4.1981, NJW 1982, 116f; *BayObLG* vom 14.12.1976, Az. 1 St 492/76, vgl. auch DAR 1977, 197ff (202); *BayObLG* vom 26.4.1976, Az. 2 St 21/76, vgl. auch DAR 1977, 197ff (202); *OLG Hamm* vom 28.2.1972, DAR 1972, 244f; *OLG Hamm* vom 25.6.1971, VRS 41, 410ff; *Hentschel* Trunkenheit, Fahrerlaubnisentziehung, Fahrverbot, Rn. 493.

698 *BayObLG* vom 29.10.1991, DAR 1992, 184f; *OLG Hamm* vom 28.2.1972, DAR 1972, 244f; *LG Waldshut* vom 19.8.1969, BA 1970, 323ff; *Hentschel* Trunkenheit, Fahrerlaubnisentziehung, Fahrverbot, Rn. 494; vgl. auch *BayObLG* vom 21.7.1988, VRS 76, 130ff = JZ 1989, 696f.

699 *BayObLG* vom 14.12.1976, Az. 1 St 492/76, vgl. auch DAR 1977, 197ff (202); *BayObLG* vom 26.4.1976, Az. 2 St 21/76, vgl. auch DAR 1977, 197ff (202); *OLG Hamm* vom 25.6.1971, VRS 41, 410ff; *OLG Karlsruhe* vom 26.3.1971, DAR 1971, 188f; *OLG Karlsruhe* vom 5.2.1970, DAR 1970, 132; *Hentschel* Straßenverkehrsrecht, § 315c StGB Rn. 46 und Rn. 47.

700 *OLG Köln* vom 8.1.1982, zfs 1982, 157; *OLG Koblenz* vom 29.11.1979, BA 1980, 226ff (228); *Cramer/Sternberg-Lieben* in Schönke/Schröder, § 316 StGB Rn. 32; *Cramer* Straßenverkehrsrecht, Band 1, § 316 StGB Rn. 49; *Janiszewski* Verkehrsstrafrecht, Rn. 394.

701 *OLG Karlsruhe* vom 30.3.1978, VRS 55, 341ff; *OLG Koblenz* vom 22.10.1970, VRS 40, 96ff; *OLG Hamm* vom 15.6.1970, VRS 40, 11f; *Cramer/Sternberg-Lieben* in Schönke/Schröder, § 316 StGB Rn. 32; *Cramer* Straßenverkehrsrecht, Band 1, § 316 StGB Rn. 49; *Janiszewski* Verkehrsstrafrecht, Rn. 395 und Rn. 396.

702 *BayObLG* vom 29.10.1991, DAR 1992, 184f; *OLG Hamm* vom 8.6.1977, VRS 54, 28ff; *OLG Frankfurt/Main* vom 24.11.1971, DAR 1972, 48f; *AG Landstuhl* vom 26.8.1975, BA 1976, 60f; *Hentschel* Straßenverkehrsrecht, § 316 StGB Rn. 39; *Cramer/Sternberg-Lieben* in Schönke/Schröder, § 316 StGB Rn. 32; *Cramer* Straßenverkehrsrecht, Band 1, § 316 StGB Rn. 49.

Diese Grundsätze kommen sowohl bei fahrlässigen als auch bei vorsätzlichen Taten zum Tragen.[703]

aa) Bewährung

Im Verkehrsstrafbereich ist bei Freiheitsstrafen eine Strafaussetzung zur Bewährung nach den §§ 56ff StGB nicht ausgeschlossen.[704] Die Bewilligung einer Strafaussetzung zur Bewährung und die Anordnung von Maßregeln nach den §§ 69, 69a StGB – auch wegen charakterlicher Ungeeignetheit – schließen sich nicht gegenseitig aus.[705] **379**

(1) Freiheitsstrafe unter 6 Monaten

> Bei einer **günstigen Sozialprognose** muss durch das Gericht bei einer Freiheitsstrafe unter 6 Monaten nach § 56 StGB die obligatorische Aussetzung der Strafe **zur Bewährung** erfolgen.[706] **380**

Dies gilt auch in den Fällen, in denen die Verhängung einer Freiheitsstrafe zur Einwirkung auf den Täter oder zur Verteidigung der Rechtsordnung geboten war.[707]

Eine **günstige Sozialprognose** liegt dann vor, wenn zu erwarten ist, dass der Verurteilte sich die Verurteilung als Warnung dienen lassen und künftig[708] keine Straftaten mehr begehen wird.[709] **381**

> Hierfür ist **keine sichere Überzeugung** des Gerichts erforderlich, sondern es genügt bereits eine **entsprechende Wahrscheinlichkeit**.[710] **382**

Einschlägige Vorstrafen sind zwar für die Prognose von wesentlicher Bedeutung, schließen aber die Strafaussetzung zur Bewährung nicht ohne weiteres aus.[711] **383**

> So kann bei einem Mehrfachtäter beispielsweise eine Nachschulungsmaßnahme oder Verkehrstherapie eine günstige Prognose rechtfertigen.[712]

---

703 *OLG Hamm* vom 15.6.1970, VRS 40, 11f; *Cramer/Sternberg-Lieben* in Schönke/Schröder, § 316 StGB Rn. 32; *Cramer* Straßenverkehrsrecht, Band 1, § 316 StGB Rn. 49.

704 *BGH* vom 18.7.1989, NZV 1989, 400; *OLG Hamm* vom 20.3.1990, DAR 1990, 308f; *Janiszewski* Verkehrsstrafrecht, Rn. 681.

705 *BGH* vom 15.5.2001, DAR 2001, 463ff = NZV 2001, 434ff = NJW 2001, 3134ff = JR 2002, 113f; *Tröndle/Fischer* Strafgesetzbuch, § 56 StGB Rn. 2 und § 69 StGB Rn. 5; *Stree* in Schönke/Schröder, § 56 StGB Rn. 12 und § 69 StGB Rn. 21; *Hentschel* Trunkenheit, Fahrerlaubnisentziehung, Fahrverbot, Rn. 648; **a.M.** *OLG Düsseldorf* vom 2.9.1999, NZV 2000, 51 = VRS 98, 36ff; vgl. auch Rn. 646ff.

706 *Hentschel* Straßenverkehrsrecht, § 315c StGB Rn. 57; *Stree* in Schönke/Schröder, § 47 StGB Rn. 17.

707 Rückschluss aus § 56 Abs. 3 StGB.

708 Also nicht nur während der Dauer der Bewährungsfrist, vgl. *BayObLG* vom 16.10.1981, VRS 62, 37ff.

709 § 56 Abs. 1 S. 1 StGB; vgl. *BGH* vom 15.5.2001, DAR 2001, 463ff = NZV 2001, 434ff = NJW 2001, 3134ff = JR 2002, 113f.

710 *Tröndle/Fischer* Strafgesetzbuch, § 56 StGB Rn. 5ff.

711 *OLG Koblenz* vom 23.6.1988, NZV 1988, 230f; *OLG Koblenz* vom 21.8.1986, VRS 71, 446f; *OLG Koblenz* vom 17.10.1985, VRS 70, 144ff (146); *OLG Hamm* vom 29.2.1972, DAR 1972, 245f; *BayObLG* vom 25.1.1972, Az. 2 St 219/71, vgl. auch DAR 1973, 197ff (207); *BayObLG* vom 28.11.1969, Az. 1b St 264/69, vgl. auch DAR 1970ff, 253 (263); *Hentschel* Straßenverkehrsrecht, § 316 StGB Rn. 47.

712 *LG Hannover* vom 31.7.1986, BA 1987, 352ff; *Hentschel* Trunkenheit, Fahrerlaubnisentziehung, Fahrverbot, Rn. 500.

384 Bei erneuter **Tatbegehung innerhalb der Bewährungszeit** wird, da dies auf eine schlechte Prognose hindeutet, jedoch nur in Ausnahmefällen eine nochmalige Strafaussetzung infrage kommen.[713] Jedoch schließt eine Tatbegehung innerhalb der Bewährungszeit nicht grundsätzlich erneute Strafaussetzung aus.[714]

(2) Freiheitsstrafe zwischen 6 Monaten bis zu 1 Jahr

385 Bei einer Freiheitsstrafe von 6 Monaten bis zu einem Jahr ist die Freiheitsstrafe bei günstiger Sozialprognose nach § 56 Abs. 1 StGB zur Bewährung auszusetzen, es sei denn, die **Verteidigung der Rechtsordnung** gebietet deren Vollstreckung.[715] In diesem Fall wäre die Aussetzung der Freiheitsstrafe zur Bewährung nach § 56 Abs. 3 StGB unzulässig.[716] Dies gilt auch bei Zweifeln an einer günstigen Sozialprognose.[717]

386 Ist angesichts der schwerwiegenden Besonderheiten des Falles zu besorgen, dass die Aussetzung für das allgemeine Rechtsempfinden unverständlich erscheint und das Vertrauen der Bevölkerung[718] in die Unverbrüchlichkeit des Rechts und in den Schutz der Rechtsordnung vor schwerwiegenden Angriffen dadurch erschüttert werden könnte, dann gebietet die **Verteidigung der Rechtsordnung** die Vollstreckung einer solchen Freiheitsstrafe.[719] Insbesondere bei **schwerwiegenden Unfallfolgen** im Zusammenhang mit einer Drogenfahrt, falls kein **Mitverschulden** des Opfers vorlag,[720] werden die Voraussetzungen des § 56 Abs. 3 StGB für eine Versagung der Strafaussetzung zur Bewährung öfter gegeben sein.[721]

Als solch schwerwiegende Unfallfolgen sind neben der Tötung auch irreparable, nicht wieder gutzumachende Dauerschäden anzusehen.[722]

---

713 *BayObLG* vom 21.12.1993, VRS 86, 453ff (457); *BayObLG* vom 28.6.1991, Az. 1 St 71/91, vgl. auch DAR 1992, 361ff (364); *BayObLG* vom 8.2.1991, Az. 1 St 1/91, vgl. auch DAR 1992, 361ff (363); *OLG Hamm* vom 29.2.1972, DAR 1972, 245f.

714 *BGH* vom 17.10.1996, NStZ-RR 1997, 68; *Hentschel* Trunkenheit, Fahrerlaubnisentziehung, Fahrverbot, Rn. 502.

715 *Hentschel* Straßenverkehrsrecht, § 315c StGB Rn. 57; *Janiszewski* Verkehrsstrafrecht, Rn. 681a.

716 *BGH* vom 18.7.1989, NZV 1989, 400; *BGH* vom 19.7.1968, NJW 1968, 1787ff = BGHSt 22, 192ff (196); *OLG Karlsruhe* vom 26.2.1993, DAR 1993, 397f; *OLG Stuttgart* vom 17.7.1990, NZV 1991, 80f; *OLG Hamm* vom 20.3.1990, DAR 1990, 308f; *Hentschel* Straßenverkehrsrecht, § 315c StGB Rn. 57.

717 *BayObLG* vom 26.4.1972, Az. 1 St 57/72, vgl. auch DAR 1973, 197ff (207).

718 Entscheidend ist hier die Gesamtbevölkerung und nicht ein bestimmter Personenkreis, vgl. *BGH* vom 21.1.1971, BHGSt 24, 64ff (66); *BGH* vom 8.12.1970, BGHSt 24, 40ff (45); *OLG* Karlsruhe vom 26.2.1993, DAR 1993, 397f; *OLG* Koblenz vom 28.1.1988, VRS 75, 37ff (39).

719 *BGH* vom 17.3.1994, BA 1995, 61f = NStZ 1994, 336; *BGH* vom 27.8.1986, NStZ 1987, 21; *BGH* vom 3.6.1986, Az. 1 StR 179/86, vgl. auch DAR 1987, 187ff (199); *BGH* vom 21.1.1971, BGHSt 24, 64ff (66); *BGH* vom 8.12.1970, BGHSt 24, 40ff (45), *OLG Karlsruhe* vom 26.2.1993, DAR 1993, 397f; *OLG Hamm* vom 25.11.1992, BA 1994, 130ff; *OLG Koblenz* vom 22.4.1992, NZV 1992, 451f; *OLG Hamm* vom 20.3.1990, DAR 1990, 308f; *BayObLG* vom 24.5.1985, VRS 69, 283ff; *OLG Koblenz* vom 6.3.1980, VRS 59, 339; *OLG Koblenz* vom 29.10.1979, VRS 59, 33ff.

720 *OLG Dresden* vom 21.8.1998, DAR 1999, 36f; *LG Koblenz* vom 12.8.1986, MDR 1987, 602; *AG Alzey* vom 31.10.1977, DAR 1978, 166.

721 *BGH* vom 17.3.1994, BA 1995, 61f = NStZ 1994, 336; *OLG Stuttgart* vom 22.6.2006, Az. 1 Ss 236/06; *OLG Koblenz* vom 29.2.2000, BA 2002, 274ff; *BayObLG* vom 24.5.1995, VRS 69, 283ff; *OLG Köln* vom 7.5.1993, NZV 1993, 357; *OLG Karlsruhe* vom 15.3.1993, NZV 1993, 322; *BayObLG* vom 20.6.1980, VRS 59, 188ff; *OLG Karlsruhe* vom 1.2.1979, VRS 57, 189ff.

722 *BGH* vom 17.3.1994, BA 1995, 61f = NStZ 1994, 336; *BGH* vom 21.1.1971, BGHSt 24, 64ff (68); *OLG Koblenz* vom 29.2.2000, BA 2002, 274ff; *OLG Karlsruhe* vom 1.2.1979, VRS 57, 189ff; *Hentschel* Trunkenheit, Fahrerlaubnisentziehung, Fahrverbot, Rn. 504; *Janiszewski* Verkehrsstrafrecht, Rn. 684.

Begeht ein Täter **schwerwiegende Straftaten**, um sich der **Verfolgung** wegen der Drogenfahrt zu entziehen, indem er etwa auf einen Polizeibeamten, ohne Rücksicht auf die Folgen, zufährt, dann ist die Aussetzung der Vollstreckung der Freiheitsstrafe wegen § 56 Abs. 3 StGB äußerst fragwürdig.[723] **387**

bb) Weitere strafrechtliche Rechtsgrundlagen

Unterbricht ein fahruntüchtiger Betroffener seine Fahrt, etwa um einen Bekannten zu besuchen, eine Diskothek aufzusuchen oder um zu tanken, so stellt sich die Frage, ob er für den Fall, dass er danach erneut das Fahrzeug unter dem nach wie vor andauernden Einfluss von berauschenden Mitteln in fahruntüchtigem Zustand führt (und den Strafverfolgungsorganen mehrere Fahrten bekannt werden), **mehrfach** oder zumindest härter bestraft wird. **388**

Bei § 316 StGB handelt es sich um eine Dauerstraftat,[724] die mit dem Fahrtantritt beginnt und regelmäßig erst mit dem **geplanten** Abschluss der Fahrt endet[725] sofern ein Betroffener durch den Abbau der berauschenden Substanzen nicht wieder vorher fahrtüchtig wird.[726] **389**

Die Tat ist als eine Tat i.S.d. § 264 StPO anzusehen, wobei **kurze Fahrunterbrechungen** nicht die Einheitlichkeit der Tat beseitigen.[727] Gleichwohl kann nach einer Fahrtunterbrechung und **neuem Entschluss** zur Weiterfahrt eine **zweite Tat** gegeben sein.[728] **390**

Eine Fahrtunterbrechung in diesem Sinn wird aber nicht bei nur ganz kurzen Unterbrechungen wie Tanken oder kurzer Rast angenommen werden können,[729] auch nicht, wenn ein Betroffener bei einer Polizeikontrolle den Entschluss fasst weiterzufahren, um so der **391**

---

723 *OLG Hamm* vom 3.4.1973, NJW 1973, 1891f; *Hentschel* Trunkenheit, Fahrerlaubnisentziehung, Fahrverbot, Rn. 506; vgl. auch Rn. 726.

724 *BGH* vom 14.3.1975, VRS 49, 185; *BGH* vom 13.3.1975, VRS 49, 177ff; *BGH* vom 10.4.1973, VRS 48, 354ff; *BayObLG* vom 5.5.1995, DAR 1995, 411f = NZV 1995, 456; *Tröndle/Fischer* Strafgesetzbuch, § 316 StGB Rn. 4b; *Cramer* Straßenverkehrsrecht, Band 1, § 316 StGB Rn. 30.

725 *BGH* vom 14.3.1975, VRS 49, 185; *BGH* vom 13.3.1975, VRS 49, 177ff; *BGH* vom 10.4.1973, VRS 48, 354ff; *BayObLG* vom 5.5.1995, DAR 1995, 411f = NZV 1995, 456; *Tröndle/Fischer* Strafgesetzbuch, § 316 StGB Rn. 4b; **a.M.** *OLG Celle* vom 6.4.1967, VRS 33, 113f.

726 *BGH* vom 17.2.1983, NJW 1983, 1744f; *BGH* vom 14.3.1975, VRS 49, 185; *BGH* vom 10.4.1973, VRS 48, 354ff; *OLG Düsseldorf* vom 25.9.1996, NZV 1997, 192f; *BayObLG* vom 5.5.1995, DAR 1995, 411f = NZV 1995, 456; *BayObLG* vom 2.10. 1986, Az. RReg 2 St 136/86, vgl. auch NStZ 1987, 112ff (114); *BayObLG* vom 27.2.1980, BayObLGSt 1980, 13ff; *Hentschel* Straßenverkehrsrecht, § 316 StGB Rn. 37; *Cramer/Sternberg-Lieben* in Schönke/Schröder, § 316 StGB Rn. 33; *Cramer* Straßenverkehrsrecht, Band 1, § 316 Rn. 32.

727 *BGH* vom 14.10.1983, VRS 66, 20f (Polizeikontrolle; ebenso bei Änderung der Fahrtrichtung um Polizeikontrolle zu entgehen, vgl. *BGH* vom 10.4.1973, VRS 48, 354ff); *BGH* vom 11.12.1974, VRS 48, 178ff (von vorneherein beabsichtigte Fahrtunterbrechung); *BayObLG* vom 22.12.1992, NZV 1993, 162f; *BayObLG* vom 29.9.1981, Az. 2 St 263/81, vgl. auch DAR 1982, 241ff (250) (Tanken); *OLG Celle* vom 11.11.1965, DAR 1966, 137 (von vorneherein beabsichtigte Fahrt mit 90 Min. Unterbrechung); *Hentschel* Straßenverkehrsrecht, § 316 StGB Rn. 37; **a.M.** *BayObLG* vom 26.10.2001, DAR 2002, 78f = NStZ 2002, 155f (mehrere Taten bei Geschwindigkeitsüberschreitungen auf einheitlicher Fahrt); *OLG Celle* vom 26.7.1994, NZV 1995, 197f (Fahrtunterbrechung bei Geschwindigkeitsüberschreitung); *OLG Köln* vom 16.8.1988, DAR 1988, 428f (Hin- und Rückfahrt); *BayObLG* vom 2.10.1986, Az. RReg 2 St 136/86, vgl. auch NStZ 1987, 112ff (114) (Lokalbesuch); *BayObLG* vom 17.2.1970, VRS 38, 448ff (mehrstündige Fahrtunterbrechung); vgl. auch *Beck/Berr* OWi-Sachen im Straßenverkehrsrecht, Rn. 434a.

728 *BGH* vom 5.11.1969, BGHSt 23, 141ff; *OLG Köln* vom 16.8.1988, DAR 1988, 428f; *Tröndle/Fischer* Strafgesetzbuch, § 316 StGB Rn. 4b.

729 *BayObLG* vom 29.9.1981, Az. 2 St 263/81, vgl. auch DAR 1982, 241ff (250); *Janiszewski* Verkehrsstrafrecht, Rn. 77.

Polizei zu entkommen[730] oder die Fahrt unter Einfluss berauschender Mittel durch mehrere Diskothekenbesuche unterbricht, bei denen er Drogen zu sich nimmt.[731]

392 Die Dauerstraftat wird aber dann **unterbrochen**, wenn ein Betroffener bei der Fahrtunterbrechung nicht die Absicht hatte weiterzufahren, da dann die Weiterfahrt auf einem **neuen Entschluss** beruht.[732]

(1) Tateinheit

393 Liegt nur eine Handlung vor, ist stets nur eine Strafe zu verhängen, unabhängig davon, ob die Handlung mehrere Straftatbestände oder denselben Straftatbestand mehrmals erfüllt; man spricht dann von Tateinheit oder **Idealkonkurrenz**.[733]

Die Strafe ist dabei nach § 52 Abs. 2 StGB unmittelbar dem entweder mehrmals verletzten Strafgesetz oder bei Erfüllung mehrerer Tatbestände dem strengsten dieser Strafgesetze zu entnehmen, deren Strafrahmen nicht überschritten werden dürfen.[734] Bei Zweifeln, ob Tateinheit oder Tatmehrheit gegeben ist, kommt der Grundsatz in dubio pro reo zur Anwendung.[735]

394 Auch zwischen § 24a Abs. 1 StVG (Alkohol) und Abs. 2 (Betäubungsmittel) ist Tateinheit möglich.[736]

Dieser Fall tritt beispielsweise auf, wenn bei einem Betroffenen eine BAK von über 0,5‰ (ohne Ausfallerscheinungen, also lediglich eine Ordnungswidrigkeit nach 24a Abs. 1 Nr. 1 StVG) und Morphin festgestellt wird.[737] In einem solchen Fall wäre ein Betroffener zwar wegen **zweier** tateinheitlich begangener Ordnungswidrigkeiten schuldig zu sprechen; zu verhängen wäre aber nur die am schwersten wiegende Rechtsfolge.[738]

(2) Tatmehrheit

395 Hat ein Betroffener mehrere Straftaten begangen, erforderlich ist also eine Mehrheit selbständiger Straftaten desselben Täters, dann spricht man von Tatmehrheit oder **Realkonkurrenz**.[739] Eine Handlungsmehrheit liegt vor, wenn mehrere natürliche Einzelhandlungen jeweils rechtlich selbständig bewertet werden oder wenn mehrere rechtliche Handlungseinheiten selbständig nebeneinander stehen.[740] Bei Straftaten ist zunächst für jede Straftat eine Einzelstrafe nach dem für sie maßgebenden Strafrahmen festzusetzen.[741] Die Einzelstrafen

---

730 *BGH* vom 14.10.1983, VRS 66, 20f; *BGH* vom 14.3.1975, VRS 49, 185; *BGH* vom 10.4.1973, VRS 48, 354ff; *Janiszewski* Verkehrsstrafrecht, Rn. 324; **a.M.** *OLG Koblenz* vom 25.4.1974, VRS 47, 340ff.

731 *BayObLG* vom 2.10.1986, Az. RReg 2 St 136/86, vgl. auch NStZ 1987, 112ff (114); *Janiszewski* Verkehrsstrafrecht, Rn. 324 (jeweils für Alkoholfahrt).

732 *Cramer/Sternberg-Lieben* in Schönke/Schröder, § 316 StGB Rn. 33.

733 § 52 StGB; § 19 OWiG; vgl. *Stree* in Schönke/Schröder, vor § 52 StGB Rn. 2.

734 *Stree* in Schönke/Schröder, vor § 52 StGB Rn. 2.

735 *BGH* vom 5.5.1987, StV 1988, 202f; *BGH* vom 25.4.1983, NStZ 1983, 364f (365); *BGH* vom 2.9.1981, Az. 3 StR 222/81, vgl. auch *Holtz* MDR 1982, 100ff (101); *BGH* vom 1.4.1980, Az. 5 StR 123/80, vgl. auch *Holtz* MDR 1980, 628ff (628); *BGH* vom 20.12.1979, Az. 4 StR 652/79, vgl. auch *Holtz* MDR 1980, 453ff (455); *BGH* vom 18.4.1972, Az. 5 StR 67/72, vgl. auch *Dallinger* MDR 1972, 922ff (923); *Stree* in Schönke/Schröder, § 52 StGB Rn. 48.

736 *Hentschel* Straßenverkehrsrecht, § 24a StVG Rn. 28.

737 Vgl. auch Rn. 187.

738 Vgl. dazu auch Rn. 600ff.

739 *Stree* in Schönke/Schröder, § 53 StGB Rn. 1; für Ordnungswidrigkeiten ist § 20 OWiG einschlägig; vgl. dazu auch Rn. 600ff.

740 *Stree* in Schönke/Schröder, § 53 StGB Rn. 4.

741 *Stree* in Schönke/Schröder, vor § 52 StGB Rn. 3 und § 53 StGB Rn. 10.

werden dann zu einer **Gesamtstrafe** nach § 54 StGB, durch Erhöhung der schwersten Einzelstrafe, zusammengezogen.[742]

So besteht beispielsweise zwischen einer Drogenfahrt nach § 316 Abs. 1 StGB und dem nach- 396
folgendem **unerlaubten Entfernen vom Unfallort** nach § 142 StGB **Tatmehrheit.**[743]

Bei Fällen der Polizeiflucht, wenn ein Kraftfahrer versucht, der Polizei zu entkommen, weil er eine Überführung wegen „Trunkenheit im Verkehr" befürchtet und dabei mehrere Straftatbestände begeht, stehen diese jedoch im Verhältnis der **Tateinheit** zueinander.[744]

Unfall mit brennendem Tanklaster 397

Fahrer stand unter Drogen

Köln (dpa[745]) – Der spektakuläre Unfall, bei dem ein brennender Tanklastwagen eine Autobahnbrücke bei Köln schwer beschädigt hatte, ist vermutlich durch Drogenkonsum ausgelöst worden. Der Fahrer des PKW, der Ende August auf der A4 mit dem Tanklaster zusammengestoßen war, stand unter Cannabis-Einfluss. Das ergab ein gerichtsmedizinisches Gutachten, das am Mittwoch der Kölner Staatsanwaltschaft vorgelegt wurde. Danach sei davon auszugehen, dass der 29-jährige das Rauschgift kurz vor dem Unfall konsumiert habe. Der Beschuldigte sitzt in Untersuchungshaft. Nach dem Zusammenstoß stürzte der mit mehr als 30.000 Litern Treibstoff beladene Transporter von der Wiehltalbrücke bei Gummersbach, explodierte und brannte völlig aus. Der Fahrer des LKW kam ums Leben. Die nach wie vor gesperrte Brücke soll bis Oktober zunächst provisorisch wieder hergestellt werden; die endgültigen Reparaturarbeiten beginnen im Frühjahr 2005.

---

742 *Stree* in Schönke/Schröder, vor § 52 StGB Rn. 3 und § 53 StGB, Rn. 12 ff. Zur **Gesamtstrafenbildung** vgl. auch *BGH* vom 21.9.2005, SVR 2006, 188. Zum **Härteausgleich** bei nachträglicher Gesamtstrafenbildung vgl. *LG Cottbus* vom 25.7.2001, NStZ 2002, 149ff.

743 *BGH* vom 17.2.1983, NJW 1983, 1744f; *BGH* vom 10.4.1973, VRS 48, 354ff; *BGH* vom 17.2.1967, BGHSt 21, 203ff; *OLG Düsseldorf* vom 10.2.1999, NZV 1999, 388f; *OLG Zweibrücken* vom 29.6.1994, BA 1995, 235f; *OLG Stuttgart* vom 27.7.1984, VRS 67, 356f; *BayObLG* vom 7.7.1981, VRS 61, 351ff; *OLG Celle* vom 12.5.1981, VRS 61, 345ff; *BayObLG* vom 18.7.1980, VRS 59, 336ff; *KG* vom 28.3.1968, DAR 1968, 244; *Hentschel* Straßenverkehrsrecht, § 142 StGB Rn. 72. **a.M.** *BGH* vom 4.8.1955, VRS 9, 350ff; *KG* vom 20.2.1961, DAR 1961, 145f; *OLG Köln* vom 9.8.1966, DAR 1967, 139; *Werner* DAR 1990, 11ff (12); *Cramer/Sternberg-Lieben* in Schönke/Schröder, § 315c StGB Rn. 57; *Cramer* Straßenverkehrsrecht, Band 1, § 315c StGB Rn. 104.

744 *BGH* vom 20.2.2001, DAR 2001, 316; *BGH* vom 8.7.1997, NStZ-RR 1997, 331f; *BGH* vom 27.4.1995, DAR 1995, 334f; *BGH* vom 12.1.1995, NZV 1995, 196f; *BGH* vom 19.5.1993, Az. 4 StR 259/93, vgl. auch DAR 1994, 177ff (180); *BGH* vom 23.2.1984, Az. 4 StR 41/84, vgl. auch DAR 1985, 184ff (190); *BGH* vom 14.10.1983, VRS 66, 20f; *BGH* vom 23.8.1983, VRS 65, 428ff; *BGH* vom 17.2.1983, NJW 1983, 1744f; *BGH* vom 9.3.1978, VRS 56, 141ff; *OLG Koblenz* vom 29.6.1978, VRS 56, 38ff; *Werner* DAR 1990, 11ff (12); *Hentschel* Straßenverkehrsrecht, § 142 StGB Rn. 72 und § 316 StGB Rn. 37.

745 Abdruck der dpa-Meldung vom 15.9.2004 mit freundlicher Genehmigung der Deutschen Presse-Agentur GmbH, Hamburg; vgl. auch Rn. 353.

II. Der Tatbestand der Ordnungswidrigkeit gem. § 24a Abs. 2 StVG

398 Entfällt eine Verurteilung nach § 316 Abs. 1 StGB, weil ein Fahrzeugführer nicht forensisch gesichert fahrunfähig ist, bleibt das Führen von Kraftfahrzeugen unter „Drogeneinwirkung" seit dem 01.08.1998 gem. § 24a Abs. 2 StVG dennoch eine Ordnungswidrigkeit.

399 Stellt die Staatsanwaltschaft ein Ermittlungsverfahren wegen des Verdachts der Trunkenheit im Verkehr gem. § 316 Abs. 1 StGB nach § 170 Abs. 2 StPO ein, so kann gegen einen Betroffenen dennoch ein Bußgeldbescheid erlassen werden.

Anders als bei § 316 Abs. 1 StGB ist von der Vorschrift des § 24a Abs. 2 StVG jedoch nur das Führen von **Kraft**fahrzeugen erfasst.[746]

1. Erlass eines Bußgeldbescheides

400 Geht die Polizei, respektive die Staatsanwaltschaft auf Grund ihrer Ermittlungen und Untersuchungen davon aus, dass bei einem Kraftfahrzeugführer keine Fahruntüchtigkeit nach § 316 Abs. 1 StVG vorlag, kommt es trotz Vorliegen einer Ordnungswidrigkeit nicht stets zu einem Gerichtsverfahren.

Beim Vorliegen einer Ordnungswidrigkeit nach § 24a Abs. 2 StVG wird vielmehr (zunächst) (nur) ein **Bußgeldbescheid** erlassen.

401 Dieser Bußgeldbescheid wird rechtskräftig und vollstreckbar, wenn er nicht innerhalb von **zwei Wochen** nach ordnungsgemäßer **Zustellung** schriftlich in **deutscher Sprache** oder zur **Niederschrift** bei der ausstellenden Behörde mit dem Rechtsmittel des **„Einspruch"** angefochten wird.[747]

Ein Kraftfahrzeugführer ist nicht verpflichtet, seinen Einspruch zu **begründen**.

Ohne eine solche Begründung wird die Bußgeldbehörde einen Bescheid jedoch in aller Regel nicht zurücknehmen, sondern die Akten der Staatsanwaltschaft vorlegen, die diese ihrerseits an das zuständige Amtsgericht zur Entscheidung weiterleitet und es somit i.d.R. erst dann zu einer **Hauptverhandlung** kommt.

402 Es stellt sich daher die Frage, **welches Ziel** ein Kraftfahrzeugführer mit dem **Rechtsmittel** verfolgt, warum er also einen erlassenen Bußgeldbescheid nicht akzeptiert.

Gründe für einen Einspruch könnten etwa die **nicht ordnungsgemäße Zustellung** des Bußgeldbescheides, eine **etwaige Verjährung** der Ordnungswidrigkeit, die in dem Bescheid getroffenen **Sanktionen** oder die Nichtgewährung einer sog. „**Vier-Monats-Frist**" sein,[748] so dass hierzu – wegen kaum konträrer Meinungen in der Rechtsprechung und Literatur nur kurz – Folgendes zu erwähnen ist:

746 Vgl. Rn. 86 und Rn. 649.

747 Siehe auch *Gebhardt* Das verkehrsrechtliche Mandat, § 30 Rn. 6ff.

748 Zur Einspruchsbeschränkung s. *OLG Zweibrücken* vom 12.1.2006, DAR 2006, 342f; *OLG Bamberg* vom 31.3.2005, DAR 2006, 399f; *OLG Jena* vom 4.3.2005, VRS 109, 50ff; *Gebhardt* Das verkehrsrechtliche Mandat, § 30 Rn. 32ff.

a) Zustellung und Ablauf der Rechtsmittelfrist

Ein Bußgeldbescheid gilt auch mit dem Tag der ordnungsgemäßen, d.h. wirksamen **Niederlegung** oder durch **Einlegung in den Briefkasten** der **Wohnung**[749] eines Betroffenen durch den Postmitarbeiter[750] als zugestellt.[751] Fällt das Ende der zweiwöchigen Einspruchsfrist auf einen Samstag, Sonntag oder allgemeinen Feiertag, so endet die Frist mit dem Ablauf des folgenden Werktages.[752] **403**

War ein Kraftfahrzeugführer ohne sein Verschulden verhindert, diese Frist zur Einlegung des Einspruchs einzuhalten, etwa weil er verreist war, so kann er binnen einer Woche nach Wegfall des Hinderungsgrundes unter entsprechender Glaubhaftmachung (Urkunden, Eidesstattliche Versicherung von Zeugen, Reisedokumente, Arbeitgeberbescheinigungen etc.) die **Wiedereinsetzung in den vorigen Stand** beantragen.[753]

b) Verjährung

Fahrlässige Ordnungswidrigkeiten nach § 24a Abs. 2 StVG verjähren gem. § 31 Abs. 2 Nr. 4 OWiG in **sechs Monaten**.[754] **404**

> Eine dreimonatige Verjährungsfrist gem. § 26 Abs. 3 StVG gilt nicht für Ordnungswidrigkeiten nach § 24a StVG.[755]

Durch die am Verfahren beteiligten Juristen ist daher zu prüfen, ob die Ordnungswidrigkeit verjährt sein könnte. Diese Frage soll in dem vorliegenden Buch aber nicht weiter vertieft werden.[756]

---

749 Zur Zustellung in den Geschäftsräumen statt in der Wohnung s. *OLG Bamberg* vom 12.12.2005, SVR 2006, 272; zur Zustellung an „Postadresse“ s. *OLG Jena* vom 24.1.2006, Az. 1 Ss 277/05.

750 Auf dem gelben (früher blauen) Briefumschlag heißt es dazu sinngemäß: „Mit dieser Sendung werden dem Betroffenen in gesetzlich vorgeschriebener Form die im Umschlag enthaltenen Schriftstücke förmlich zugestellt. Die förmliche Zustellung eines Schriftstückes dient dem Nachweis, dass dem Adressaten in gesetzlich vorgeschriebener Form Gelegenheit gegeben worden ist, von dem Schriftstück Kenntnis zu nehmen und wann dies geschehen ist. Den Tag der Zustellung vermerkt der Postzusteller auf der Vorderseite des Briefumschlages. Wird der Zustellungsadressat oder eine zum Empfang des Schriftstückes berechtigte Person in der angegebenen Wohnung nicht angetroffen, kann das Schriftstück in einen zu der Wohnung gehörenden Briefkasten eingelegt werden und gilt mit der Einlegung ebenfalls als zugestellt.“

751 Zur Wirksamkeit eines Bußgeldbescheides bei Schreibfehler des Namens und falschem Geburtsdatum s. *OLG Hamm* vom 3.3.2005, DAR 2005, 524; zur Wirksamkeit eines Bußgeldbescheides bei Ersatzzustellung an Familienangehörigen s. *OLG Koblenz* vom 14.2.2005, Az. 1 Ss 341/04; zur Zustellung an einen Rechtsanwalt s. *AG Moers* vom 8.6.2005, DAR 2005, 703f; zur Zustellung an einen Betroffenen trotz bei der Behörde eingereichter Verteidigervollmacht (§ 51 Abs. 3 OWiG) s. AG Chemnitz vom 19.3.2004, Az. 11 OWi 12/04; zur Zustellung eines Beschlusses nach § 111a StPO s. Rn. 621f.

752 Beispiel: Zustellung am Montag, den 2.10.2006, Fristablauf somit Montag, den 16.10.2006. Anders aber bei Zustellung am Samstag, den 7.10.2006, Fristablauf nicht am Samstag, den 21.10.2006 sondern erst am Montag, den 23.10.2006; vgl. auch § 222 ZPO, §§ 187, 188, 193 BGB.

753 Siehe auch *Gebhardt* Das verkehrsrechtliche Mandat, § 30 Rn. 14.

754 *OVG Saarland* vom 24.5.2004, DAR 2004, 546f = BA 2005, 82ff; *BayObLG* vom 28.1.2004, DAR 2004, 405; dazu ausführlich *BayObLG* vom 16.6.1999, Az. 2 ObOWi 270/99; *Ferner* SVR 2004, 374ff (376); *Beck/Berr* OWi-Sachen im Straßenverkehrsrecht, Rn. 165.

755 *Hentschel* Fahrerlaubnis und Alkohol, Rn. 609; *Gebhardt* Das verkehrsrechtliche Mandat, § 28 Rn. 11, § 37 Rn. 149 sowie § 37 Rn. 185.

756 Siehe dazu ausführlich *Beck/Berr* OWi-Sachen im Straßenverkehrsrecht, Rn. 164ff.

405 Erörterungsbedürftig sind vielmehr die Fälle, in denen die Staatsanwaltschaft ein Verfahren nach § 316 Abs. 1 StVG angeklagt hat, während das Gericht nicht zu einem solchen Urteil gelangte.

Fraglich ist hier, ob ein Kraftfahrzeugführer **freizusprechen** ist,[757] weil die lediglich vorliegende Ordnungswidrigkeit **verjährt** sein könnte,[758] denn das Verfahren ist in einem solchen Fall nicht nach § 260 Abs. 3 StPO einzustellen.[759]

406 Ist auf Grund der materiell-rechtlichen Tateinheit nach § 52 StGB, § 21 Abs. 1 S. 1 OWiG verfahrensrechtlich von derselben Tat i.S.v. § 264 StPO auszugehen, so ist das Amtsgericht nicht nur berechtigt, sondern zur Vermeidung eines **Strafklageverbrauchs** nach Art. 103 Abs. 3 GG sogar verpflichtet, den Unrechtsgehalt der eigentlichen Tat, wie sie sich nach dem Ergebnis der Hauptverhandlung darstellt, nach allen tatsächlichen und rechtlichen Gesichtspunkten auszuschöpfen.[760] Es handelt sich insoweit um eine **zulässige Umgestaltung des Tatvorwurfs**.

Ein Fahrzeugführer wird deshalb **nur dann freizusprechen** sein, wenn auch die Verfolgungsverjährung eingetreten ist und keine verjährungsunterbrechenden Maßnahmen ergriffen wurden.[761]

c) Rechtsfolgen

407 Die (strafrechtliche)[762] Konsequenz beim Vorliegen einer Ordnungswidrigkeit ist eine **Geldbuße** bis zu EUR 1.500,00[763] und nicht, wie oft angenommen, i.H.v. EUR 250,00[764] und eines i.d.R. einmonatigen **Fahrverbotes** nach § 25 StVG,[765] sowie 4 **Punkte** im Verkehrszentralregister,[766] also die Sanktion nach Nr. 242 BKatV (TBNR 424648).[767]

Hierzu kommen die Gebühren und Auslagen der Bußgeldbehörde, welche nochmals mehr als EUR 100,00 betragen können.

---

757 Zur Entschädigung für den Fall, dass Anklage nach § 316 Abs. 1 StGB erhoben wurde, dann jedoch lediglich eine Verurteilung wegen einer Ordnungswidrigkeit erfolgte vgl. Rn. 645.

758 Zur Verjährungsunterbrechung durch Erhebung der öffentlichen Klage s. *OLG Hamburg* vom 8.8.2005, DAR 2005, 642f; *OLG München* vom 30.5.2005, DAR 2005, 525ff.

759 *Hentschel* Fahrerlaubnis und Alkohol, Rn. 611; vgl. auch *Gebhardt* Das verkehrsrechtliche Mandat, § 30 Rn. 53; s. aber auch *Gebhardt* aaO. § 28 Rn. 1.

760 *OLG München* vom 30.5.2005, DAR 2005, 525ff (526).

761 Zur Verfolgungsverjährung bei falscher Tattagangabe s. *OLG Köln* vom 26.3.2004, DAR 2005, 229f; zur Verjährungsunterbrechung bei Übersendung eines Anhörungsbogens s. *BGH* vom 22.5.2006, Az. 5 StR 578/05; *OLG Hamm* vom 10.10.2005, Az. 3 Ss OWi 573/05; *OLG Dresden* vom 10.5.2005, DAR 2005, 570ff = VRS 109, 57ff = VM 2006, 29; *AG Stralsund* vom 27.5.2003, Az. 92 OWi 458/03; *König* DAR 2006, 230ff; *König* DAR 2005, 572; *Kucklick* DAR 2005, 611ff; *Gebhardt* Das verkehrsrechtliche Mandat, § 28 Rn. 15ff; zur Verjährungsunterbrechung bei Akteneinsicht des Prozessbevollmächtigten s. *OLG Hamm* vom 27.9.2005, Az. 3 Ss OWi 355/05. Zur Verfolgungsverjährung s. auch *AG Rotenburg/Fulda* vom 13.4.2005, Az. 54 OWi 3 Js 932/05.

762 **Beachte** Rn. 732.

763 Vgl. § 24a Abs. 4 StVG; in einem Verfahren des *BayObLG* vom 12.2.2004, DAR 2004, 457ff = BA 2005, 318ff wurde durch das vorinstanzliche Amtsgericht beispielsweise eine Geldbuße i.H.v. EUR 500,00 und ein dreimonatiges Fahrverbot verhängt.

764 Regelsatz.

765 *BayObLG* vom 20.1.2003, NZV 2003, 252f.

766 Anlage 13 zu § 40 FeV.

767 Zu den Rechtsfolgen beim Vorliegen einer Straftat nach § 316 Abs. 1 StGB vgl. Rn. 352ff.

Im **Wiederholungsfall** beträgt die Regelgeldbuße EUR 500,00 mit einem dreimonatigen Fahrverbot nach § 25 StVG (Nr. 242.1 BKatV / TBNR 424649) und bei einer weiteren Zuwiderhandlung gegen § 24a Abs. 2 StVG beträgt die Geldbuße i.d.R. EUR 750,00 bei einem ebenfalls dreimonatigen Fahrverbot nach § 25 StVG (Nr. 242.2 BKatV / TBNR 424650). **408**

aa) Geldbuße

Bei geringfügigen Ordnungswidrigkeiten[768] sind gem. § 17 Abs. 3 S. 2 zweiter Halbsatz OWiG **Feststellungen zu den Einkommensverhältnissen** eines Kraftfahrzeugführers i.d.R.[769] überflüssig.[770] **409**

Obwohl Betroffene dies oft anders empfinden, wird eine Geldbuße i.H.v. EUR 250,00[771] als Sanktion für eine „geringfügige Ordnungswidrigkeit" angesehen.

Wird durch das Gericht eine Regelgeldbuße von EUR 250,00 festgesetzt, so muss sich aus den Urteilsgründen aber wenigstens ergeben, ob ein Betroffener in außergewöhnlich schlechten oder guten wirtschaftlichen Verhältnissen lebt,[772] wobei entsprechende Angaben seitens eines Fahrzeugführers freiwillig sind.[773] Statt dieser Feststellungen sind aber auch Angaben zum Beruf oder dem sozialen Status ausreichend. Das gilt auch, soweit für den begangenen Verstoß im Bußgeldkatalog für Verkehrsordnungswidrigkeiten eine Regelbuße vorgesehen ist.[774]

Aus der Natur des Regelsatzes ergibt sich, dass bei Vorliegen von Milderungsgründen bzw. bei erschwerten Umständen der für den Regelfall vorgesehene Betrag zu unterschreiten bzw. zu erhöhen ist.[775] **410**

Grundlagen für die Zumessung einer Geldbuße nach § 17 Abs. 3 OWiG sind die Bedeutung der Ordnungswidrigkeit, der Vorwurf der einen Kraftfahrzeugführer trifft und ggf. dessen wirtschaftliche Verhältnisse,[776] mit der Folge, dass eine **Geldbuße** gem. § 17 Abs. 3 OWiG **auch geringer** ausfallen kann.[777] Im Falle einer Vorsatztat darf der Regelsatz aber nicht pauschal verdoppelt werden.[778] Das AG München[779] verhängte daher beispielsweise gegen eine 18-Jährige Schülerin wegen eines Verstoßes nach § 24a Abs. 2 StVG nur eine Geldbuße i.H.v. EUR 150,00. Einem Betroffenen kann außerdem gem. § 18 OWiG, § 93 OWiG **Ratenzahlung** gewährt werden.[780] **411**

---

768 *OLG Brandenburg* vom 4.11.2003, Az. 2 Ss (OWi) 96B/03.
769 *OLG Dresden* vom 8.12.2004, DAR 2005, 164.
770 *BayObLG* vom 24.6.2004, DAR 2004, 593f; *OLG Saarbrücken* vom 11.4.2002, BA 2004, 173ff = VRS 102, 458ff (460); **a.M.** *OLG Hamm* vom 19.8.2004, Az. 1 Ss OWi 504/04; *Heinrich* DAR 2004, 594.
771 Bei EUR 500,00 s. *OLG Dresden* vom 8.12.2004, DAR 2005, 164 und *OLG Jena* vom 10.11.2004, Az. 1 Ss 264/04.
772 *OLG Hamm* vom 22.2.2005, Az. 3 Ss OWi 61/05; *OLG Hamburg* vom 19.11.2003, BA 2005, 484ff.
773 *Hettenbach/Winter/Grunert/Berger/Moosmayer* Führerschein / MPU; Punkte – Alkohol – Drogen, S. 30.
774 *OLG Hamburg* vom 19.11.2003, BA 2005, 484ff.
775 *AG Kiel* vom 22.2.2002, Az. 41 Owi 557 Js 60277/01; **a.M.** *BayObLG* vom 24.6.2004, DAR 2004, 593f; *OLG Saarbrücken* vom 23.1.2002, BA 2004, 72ff = VRS 102, 120ff.
776 *OLG Dresden* vom 10.1.2006, DAR 2006, 222f.
777 *Hentschel* Straßenverkehrsrecht, § 24a StVG Rn. 27.
778 *OLG Koblenz* vom 19.8.2004, DAR 2004, 719.
779 Vom 21.4.2005, Az. 1035 Ds 486 Js 318636/04.
780 Siehe dazu auch § 42 StGB.

bb) Fahrverbot nach § 25 StVG[781]

412 Bei außergewöhnlichen Umständen der Tat oder einem erheblichen Zeitablauf[782] kann das Gericht davon absehen, ein **Regelfahrverbot** zu verhängen,[783] unter Umständen unter gleichzeitiger Erhöhung der Geldbuße.[784]

413 Da bei einer Ordnungswidrigkeit nach § 24a StVG die Anordnung eines Fahrverbotes bereits im Gesetz nach § 24 Abs. 1 S. 2 StVG „in der Regel" vorgeschrieben ist, kommt ein Absehen vom einem Fahrverbot jedoch nur beim Vorliegen ganz besonderer Ausnahmeumstände[785] äußerer oder innerer Art in Betracht.[786]

414 Die Regelsanktion eines befristeten Fahrverbots kann aber beispielsweise entfallen, wenn ein Kraftfahrzeugführer an einer anerkannten verkehrspsychologischen Intensivberatung teilgenommen hat, da es einer Einwirkung in Form eines „Denkzettels" als Besinnungsfunktion nicht bedarf, wenn davon ausgegangen auszugehen ist, dass ein Betroffener sein Verhalten bereits nachhaltig verändert hat.[787]

Dies gilt auch dann, wenn dieser Voreintragungen im Verkehrszentralregister aufweist.[788]

cc) Vier-Monats-Frist

415 Wurde innerhalb der letzten zwei Jahre gegen einen Kraftfahrzeugführer kein Fahrverbot nach § 25 StVG verhängt, wird diesem gem. § 25 Abs. 2a S. 1 StVG eine sog. „Vier-Monats-Frist" eingeräumt. Das Fahrverbot wird wirksam, sobald der Führerschein bei der Vollstreckungsbehörde in amtliche Verwahrung gelangt; respektive, wenn ein Kraftfahrzeugführer seinen Führerschein nicht binnen vier Monate nach Rechtskraft des Bußgeldbescheides bzw. Urteils in amtliche Verwahrung gibt.[789]

Der Verkehrsteilnehmer erhält somit die Möglichkeit, den Antritt des Fahrverbotes binnen vier Monate durch eigene Disposition wie etwa Urlaub am Arbeitsplatz oder Schulferien selbst zu bestimmen.[790]

416 Wurde diese „Vier-Monats-Frist" nicht gewährt,[791] beginnt das Fahrverbot nach § 25 Abs. 2 StVG mit **Rechtskraft** der Entscheidung[792] und der Führerschein muss zur Vermeidung einer möglichen Beschlagnahme in amtliche Verwahrung gelangen.[793]

---

781 Vgl. zum Fahrverbot nach § 44 StGB Rn. 703ff.

782 *OLG Bamberg* vom 14.2.2006, DAR 2006, 337; *OLG Düsseldorf* vom 19.1.2005, Az. 5 SS OWi 106/04.

783 *OLG Saarbrücken* vom 11.4.2002, BA 2004, 173ff = VRS 102, 458ff (459); *AG Kiel* vom 22.2.2002, Az. 41 Owi 557 Js 60277/01.

784 *OLG Jena* vom 10.11.2004, Az. 1 Ss 264/04.

785 Zur „außergewöhnlichen Härte" s. OLG *Hamm* vom 31.1.2006, Az. 3 Ss OWi 799/05; *OLG Karlsruhe* vom 5.9.2005, SVR 2006, 191f; *OLG Jena* vom 10.1.2005, DAR 2005, 166f = BA 2005, 379ff; *OLG Karlsruhe* vom 27.10.2004, DAR 2005, 228f.

786 Zum Absehen vom Fahrverbot s. auch *Berr* DAR 1990, 150 und *Ferner* SVR 2004, 12ff.

787 *AG Rendsburg* vom 1.12.2005, NZV 2006, 611; *AG Bad Segeberg* vom 5.7.2005, Az. 8 OWi 552 Js 57351/04; vgl. auch Rn. 653ff und Rn. 695ff.

788 *AG Essen* vom 25.11.2005, DAR 2006, 344f.

789 Zur Frage der Rechtskraft bei Verlust des Führerscheines, so dass dieser nicht abgegeben werden kann s. *LG Essen* vom 31.10.2005, NZV 2006, 166f und *AG Neunkirchen* vom 26.1.2005, BA 2005, 499f.

790 Zur Rückgabe des Führerscheines vgl. Rn. 706.

791 Zur Rechtsbeschwerde dagegen s. *OLG Dresden* vom 10.1.2006, DAR 2006, 122f.

792 *Hentschel* Straßenverkehrsrecht, § 25 StVG Rn. 30; *Janiszewski/Jagow/Burmann* Straßenverkehrsrecht, § 25 StVG Rn. 14a; *Becker* Alkohol im Straßenverkehr, Rn. 72.

793 Zum Durchsuchungsbeschluss zum Auffinden des Führerscheines s. *BVerfG* vom 9.2.2005, NStZ-RR 2005, 203ff; *LG Berlin* vom 25.10.2005, NZV 2006, 385f; *LG Limburg* vom 29.9.2003, BA 2004, 546ff; *Gramse* DAR 2003, 156ff; *Hentschel* Fahrerlaubnis und Alkohol, Rn. 1302.

Von diesem Zeitpunkt an ist einem Betroffenen das Führen von **Kraft**fahrzeugen **jeder Art**[794] im öffentlichen Straßenverkehr **im Inland**[795] verboten, falls keine Ausnahmen[796] zugelassen wurden. Das Verbot gilt auch, wenn der amtlich zu verwahrende Führerschein noch nicht der zuständigen Verwaltungsbehörde übergeben[797] oder ein Wiedereinsetzungsantrag gestellt wurde.[798] Eine etwaige **Missachtung des Fahrverbots** ist ein Vergehen nach § 21 StVG, welches bei Vorsatz einen Strafrahmen bis zu einer Freiheitsstrafe von einem Jahr und bei Fahrlässigkeit einen Strafrahmen von bis zu 6 Monaten vorsieht.[799] **417**

Ist die Ordnungswidrigkeit nicht verjährt, wurde der Bußgeldbescheid frist- und ordnungsgemäß zugestellt und sind die darin festgesetzten Regelsanktionen einschließlich der Gewährung einer Vier-Monats-Frist zur Abgabe des Führerscheines nicht zu beanstanden, so kann, von prozess- und rechtskrafttaktischen Gründen abgesehen,[800] die Begründung zur Einlegung des Rechtsmittels des Einspruchs gegen einen Bußgeldbescheid wohl nur darin zu sehen sein, dass der Polizei anlässlich einer Verkehrskontrolle bzw. der Bußgeldbehörde Rechtsfehler unterlaufen wären. **418**

Schäpe[801] führt allerdings aus, dass sich ein Kraftfahrzeugführer auch einer **Verschlechterungsgefahr** nach § 81 OWiG bewusst sein muss. **419**

So sind in der Praxis zahlreiche Fälle bekannt, wonach die Staatsanwaltschaft im Falle eines **Einspruchs** gegen einen Bußgeldbescheid der Bußgeldbehörde **Anklage nach § 316 Abs. 1 StGB** erhoben hat.

Ein Kraftfahrzeugführer trägt daher ohne vorherige anwaltliche Beratung ein entsprechendes **Risiko**, denn die **Rücknahme des Einspruchs** ist nach Überleitung in ein Strafverfahren nicht mehr möglich.[802] **420**

---

794 Vgl. auch Rn. 683.

795 *Bouska* DAR 1995, 93ff; *Janiszewski/Jagow/Burmann* Straßenverkehrsrecht, § 25 StVG Rn. 14a.

796 Zum Beispiel Führen eines Leichenwagens, s. *OLG Naumburg* vom 7.5.2003, DAR 2003, 573f; zum Beispiel Führen eines Geldtransporters, s. AG Lüdinghausen vom 14.6.2005, BA 2006, 160f; s. dazu auch *OLG Hamm* vom 15.9.2005, DAR 2006, 99; *Krumm* SVR 2006, 94f; *Krumm* DAR 2004, 56ff.

797 *BayObLG* vom 29.12.1986, VRS 72, 278ff.

798 *OLG Köln* vom 25.2.1986, VRS 71, 48ff.

799 *Hentschel* Straßenverkehrsrecht, § 25 StVG Rn. 34; *Janiszewski/Jagow/Burmann* Straßenverkehrsrecht, § 25 StVG Rn. 3; vgl. auch *Feiertag* DAR 2002, 150ff.

800 Vgl. Rn. 1061 und Rn. 1156.

801 *Schäpe* Teil 7, Ordnungswidrigkeitenverfahren, Rn. 265.

802 *Gebhardt* Das verkehrsrechtliche Mandat, § 30 Rn. 1 u. Rn. 44ff.

421 Bußgeldbescheid[803]

Bußgeldstelle LRA   Tel.

Buchungs-/Aktenzeichen

Bitte stets angeben

Bußgeldbescheid

Herrn, Frau, Firma

Ausfertigung an:
Verteidiger / gesetzlichen Vertreter / Zustellungsbevollm.

Sprechzeiten:
Montag bis Freitag:
8.30 – 11.30 Uhr
Dienstag: 13.00 – 15.00 Uhr
Donnerstag: 13.00 – 17.30 Uhr

Ihnen wird zur Last gelegt, am , um Uhr in

als Führer/in des PKW, ,
folgende Ordnungswidrigkeit(en) nach § 24a StVG begangen zu haben:

Sie führten das Kraftfahrzeug unter Wirkung des berauschenden Mittels *).
§ 24a Abs. 2, 3, § 25 StVG; 242 BKat; § 4 Abs. 3 BKatV
Nach § 25 Abs. 2a StVG wird bestimmt, dass das unten angeordnete Fahrverbot erst wirksam wird, wenn der Führerschein nach Rechtskraft der Bußgeldentscheidung in amtliche Verwahrung gelangt, spätestens jedoch mit Ablauf von 4 Monaten seit Eintritt der Rechtskraft.

* Cannabinoide

Beweismittel: Gutachten

Zeuge: PM   PR

Bußgeldbescheid enthält
Fahrverbot

Wegen dieser Ordnungswidrigkeit(en) wird gegen Sie:

1. eine Geldbuße festgesetzt (§ 17 OWiG) in Höhe von			250,00 €
2. ein Fahrverbot angeordnet (§ 25 StVG) auf die Dauer von	1 Monat(en)		
3. Außerdem haben Sie die Kosten des Verfahrens zu tragen: (§§ 105, 107 OWiG) in Verbindung mit §§ 464 (1), 465 StPO)		Gebühr	12,50 €
		Auslagen der Verw.	5,60 €
4. Vorgesehene Bewertung mit	4 Punkt(en)	Auslagen der Polizei	112,09 €
		Zusammen	380,19 €

, den   Tel.

weitere Angaben zur Person des/der Betroffenen:
Geburtsdatum: Geburtsort :

Bußgeldstelle
Ausgang am

Rechtsbehelfsbelehrung, Hinweise für den Fall eines Fahrverbots und Zahlungsaufforderung siehe Rückseite

---

803 Aus dem abgedruckten Bußgeldbescheid ergibt sich, dass im Blut eines Kraftfahrzeugführers „**Cannabinoide**“ festgestellt wurden. *Krüger/Schulz/Magerl* Medikamenten und Drogennachweis bei verkehrsunauffälligen Fahrern, S. 39 weisen allerdings darauf hin, dass Cannabinoide als **Oberbegriff** für etwa 70 strukturell ähnliche Inhaltsstoffe von Cannabis stehen. Der wichtigste Bestandteil ist das psychoaktive Delta-9-Tetrahydrocannabinol. Ob dieses auch nachgewiesen wurde ergibt sich aus diesem Bußgeldbescheid allerdings nicht. Siehe dazu auch Rn. 23, Rn. 189f sowie Rn. 428.

2. Rechtsfehler der Bußgeldbehörde

Gemäß § 24a Abs. 2 S. 1 StVG handelt ordnungswidrig (nur), wer unter der Wirkung eines in der Anlage zu dieser Vorschrift genannten berauschenden Mittels im Straßenverkehr ein Kraftfahrzeug führt. Nach dem Wortlaut von Satz 2 des Gesetzes liegt eine solche Wirkung (nur) vor, wenn eine in dieser Anlage **genannte Substanz im Blut** nachgewiesen wird. Dies gilt gem. § 24a Abs. 2 S. 3 StVG nicht, wenn die Substanz aus der bestimmungsgemäßen Einnahme eines für einen konkreten Krankheitsfall verschriebenen **Arzneimittels** herrührt. **422**

Um beim Erlass eines Bußgeldbescheides Rechtsfehler zu vermeiden, hat die Verwaltungsbehörde unter Beachtung dieser Vorschrift daher hinsichtlich des **Nachweises im Blut**, hinsichtlich der **nachgewiesenen Substanz** und hinsichtlich eines **Arzneimittelkonsums** zunächst die folgenden Bestimmungen zu beachten und der Rechtsanwalt die nachstehenden Grundsätze zu überprüfen:

a) Nachweis im Blut

Eine Ordnungswidrigkeit nach § 24a Abs. 2 StVG liegt u. a. (nur) dann vor, wenn **im Blut** (im Blutserum[804]) eines Kraftfahrzeugführers eine Substanz festgestellt wird, die in der Anlage zu § 24a Abs. 2 StVG aufgeführt ist. **423**

Bereits aus dem Wortlaut des § 24a Abs. 2 S. 2 StVG ergibt sich unzweifelhaft, dass die Substanz eines berauschenden Mittels **im Blut** eines Kraftfahrzeugführers nachgewiesen werden muss.[805]

Der Nachweis der Ordnungswidrigkeit nach § 24a Abs. 2 StVG erfolgt ausschließlich auf Grund einer Blutuntersuchung, wie sich auch zweifelsfrei aus der Begründung zum Änderungsgesetz zu Absatz 2 und Absatz 5 des § 24a StVG ergibt.[806]

Eine Verurteilung nach § 24a Abs. 2 StVG setzt deshalb voraus, dass eine Blutuntersuchung durchgeführt wurde.

Ordnungswidrigkeitensanktionen nach § 24a Abs. 2 StVG entstehen daher **nicht** aus der polizeilichen Pupillenkontrolle, aus den Ergebnissen von Koordinationstests oder eines Drogenschnelltests, nicht aus einer möglichen polizeilichen **Urin**untersuchung, nicht aus aufgefundenen Betäubungsmitteln und auch nicht auf Grund einer Aussage gegenüber Polizeibeamten.[807] **424**

Verläuft eine Urinprobe auf Amphetamine, Methamphetamin und Kokain daher beispielsweise positiv, die Blutprobe hingegen negativ, so ist ein Kraftfahrzeugführer **freizusprechen**,[808] respektive kein Bußgeldbescheid zu erlassen. **425**

Hat die Polizei die Abnahme und Untersuchung einer Blutprobe gem. § 81a Abs. 1 StPO i.V.m. § 46 Abs. 4 OWiG nicht angeordnet,[809] ist eine **Verurteilung** nach § 24a Abs. 2 StVG **ausgeschlossen**.[810] **426**

804 Vgl. dazu Rn. 162ff, Rn. 168.

805 *BayObLG* vom 12.2.2004, DAR 2004, 457ff = BA 2005, 318ff; *OLG Hamm* vom 9.5.2000, Az. 5 Ss OWi 137/00; *AG Saalfeld* vom 11.2.2003, NStZ 2004, 49.

806 Gesetzentwurf der Bundesregierung, Drucksache 13/3764 vom 8.2.1996, S. 5.

807 *Hentschel* Straßenverkehrsrecht, § 24a StVG Rn. 21; *Nehm* Auf der Suche nach Drogengrenzwerten, S. 359ff (363).

808 *AG Saalfeld* vom 11.2.2003, NStZ 2004, 49.

809 Vgl. auch Rn. 276ff.

810 Vgl. auch Rn. 342.

b) Nachgewiesene Substanz

427 Die Vorschrift des § 24a Abs. 2 S. 2 StVG enthält neben der Nachweispflicht im Blut respektive Blutserum eine weitere Bestimmung dahingehend, wonach eine Ordnungswidrigkeit nur dann vorliegt, wenn im Blut eines Kraftfahrzeugführers **eine Substanz nachgewiesen** wird, welche in der Anlage zu § 24a Abs. 2 StVG genannt ist.[811]

Im Vergleich zur Vorschrift des § 316 Abs. 1 StGB, die zumindest sämtliche in den Anlagen zum BtMG genannten Substanzen umfasst,[812] enthält die Anlage zu § 24a Abs. 2 StVG jedoch nur die Auflistung folgender Betäubungsmittel:

428

(Berauschendes) Mittel	(Nachgewiesene) Substanz
Cannabis	Tetrahydrocannabinol
Heroin	Morphin
Morphin	Morphin
Kokain	Benzoylecgonin
Amphetamin	Amphetamin
Designer-Amphetamin	MDE
Designer-Amphetamin	MDMA[813]

429 Auf Grund dieser Auflistung ließe sich zwar fragen, ob der Tatbestand der Ordnungswidrigkeit erfüllt ist, wenn ein Kraftfahrzeugführer „**Crack**“[814] konsumiert hat, da in der Anlage zu § 24a StVG zwar die nachweisbare Substanz Benzoylecgonin, hinsichtlich des Mittels aber nur Kokain aufgeführt ist.[815] Kokain und Crack sind jedoch keine pharmakologisch und chemisch unterschiedlichen „Substanzen“[816] und nur darauf kommt es an.[817]

430 Hinterfragen ließe sich auch, ob eine Ordnungswidrigkeit vorliegt, wenn im Blut eines Kraftfahrzeugführers nach dem Konsum von **Kokain** statt Benzoylecgonin der Metabolit Methylecgonin nachgewiesen wurde.[818]

Nach Ansicht des OLG Jena[819] und des (aufgelösten) BayObLG[820] ist der Tatbestand der Ordnungswidrigkeit i.S.v. § 24a Abs. 2 StVG **beim Nachweis von anderen**, als den vorstehend aufgeführten **Substanzen**, z. B. beim Nachweis von Methamphetamin, jedoch nicht erfüllt,[821] somit also auch nicht beim Nachweis von Methylecgonin.

811 Vgl. *Müller* SVR 2006, 81ff.
812 Vgl. Rn. 94ff, Rn. 137.
813 Beispielsweise bei Ecstasy.
814 Vgl. Rn. 83.
815 Der Arbeitskreis VI des 44. Deutschen Verkehrsgerichtstages 2006 empfahl, als Substanz Kokain in die Anlage zu § 24a Abs. 2 StVG mit aufzunehmen.
816 *Haasen/Zurhold/Prinzleve* Safer use: Kokain und Crack, S. 233.
817 *OLG Jena* vom 26.1.2005, DAR 2005, 465f = NStZ 2005, 413f = BA 2005, 321f; *BayObLG* vom 12.2.2004, DAR 2004, 457ff = BA 2005, 318ff.
818 Beim Benzoylecgonin ist zu berücksichtigen, dass es nicht nur als Stoffwechselprodukt auftritt, sondern dass es auch in den Pulverproben durch den Zerfall von Kokain enthalten ist.
819 Vom 26.1.2005, DAR 2005, 465f = NStZ 2005, 413f = BA 2005, 321f.
820 Vom 12.2.2004, DAR 2004, 457ff = BA 2005, 318ff.
821 Siehe auch *Nehm* Auf der Suche nach Drogengrenzwerten, S. 359ff (363).

Vielmehr kann der Gesetzgeber die Anlage zu § 24a StVG gem. § 24a Abs. 5 StVG auf Grund neuester Erkenntnisse vervollständigen[822] und nach wissenschaftlichen Erkenntnissen ergänzen.[823] In der medizinischen Wissenschaft bestehen seit Einführung des Gesetzes zwischenzeitlich auch gesicherte Erkenntnisse über die psychische und physische Wirkung von anderen, als den derzeit in der Anlage zu § 24a Abs. 2 StVG genannten Drogen.[824] Das Bundesministerium für Verkehr, Bau- und Wohnungswesen[825] plante deshalb im Sommer des Jahres 2005, z. B. auch „Methamphetamin" in die Anlage zu § 24a StVG mit aufzunehmen und das Straßenverkehrsgesetz entsprechend zu ändern. Dies entspricht auch der Empfehlung des Arbeitskreis VI des 44. Deutschen Verkehrsgerichtstages 2006.[826] **431**

Auch **Levomethadonhydrochlorid** oder zahlreiche **Medikamentenwirkstoffe** sind in der Anlage zu § 24a Abs. 2 StVG nicht genannt, so dass beim Nachweis dieser Substanzen keine Ordnungswidrigkeit vorliegen kann.[827] **432**

Auch die Droge „**Khat**"[828] ist zwar in der Anlage I zum Gesetz über den Verkehr mit Betäubungsmitteln, aber weder als Mittel noch als Substanz in der Anlage zu § 24a StVG erwähnt.[829] Auch **Crystal** lässt sich in der Anlage zu § 24a Abs. 2 StVG nicht finden. **433**

Auf Grund der begrenzten Anlage zu § 24a Abs. 2 StVG ist daher auch einer Schlagzeile in der JWO-VerkehrsR[830] zuzustimmen, in der es heißt „Fahren unter dem Einfluss von **Speed** nicht ordnungswidrig",[831] wenngleich in der forensischen Toxikologie „Speed" als Amphetamin angesehen wird. **434**

> Keinen Zweifel kann es jedoch daran geben, dass im Blut bzw. Blutserum eines Kraftfahrzeugführers nach dem Konsum des Mittels Cannabis (Haschisch bzw. Marihuana) die Substanz Tetrahydrocannabinol (THC) oder nach dem Konsum des Mittels Designer-Amphetamin (Ecstasy) die Substanz Methylendioxymethylamphetamin (MDMA) nachgewiesen werden kann und sodann bei einem positiven Befund offensichtlich eine Ordnungswidrigkeit vorzuliegen scheint.

aa) Resorptionsphase bei Alkohol

Es wird als bekannt vorausgesetzt, dass hinsichtlich des Konsums von Alkohol bei einer BAK von mindestens 0,5‰ seit dem 01.05.1998 bzw. 01.04.2001[832] gem. § 24a Abs. 1 StVG eine Ordnungswidrigkeit vorliegt. **435**

Es entspricht der gefestigten Rechtsprechung und einhelligen Meinung in der Literatur, dass die Tatsache, dass sich ein Kraftfahrzeugführer während des Führens eines Kraftfahrzeuges möglicherweise noch in der **Resorptionsphase** befand, unbeachtlich ist. Es ist daher

822 *OLG Jena* vom 26.1.2005, DAR 2005, 465f = NStZ 2005, 413f = BA 2005, 321f; *BayObLG* vom 12.2.2004, DAR 2004, 457ff = BA 2005, 318ff.
823 *Janker* DAR 2003, 489ff (490).
824 Siehe dazu *Albrecht* SVR 2005, 81ff (82).
825 Az. S 31/36.08.05-10/63 Vm 05.
826 *Müller* SVR 2006, 81ff regt gar an, die Anlage zu § 24a Abs. 2 StVG ersatzlos zu streichen und statt dessen auf alle Betäubungsmittel nach den Anlagen zum BtMG zu verweisen.
827 Vgl. auch Rn. 444.
828 Siehe dazu *BGH* vom 28.10.2004, BA 2005, 377ff = NJW 2005, 163ff; *Geiger* DAR 2004, 690ff (695); *Köhler* Rauschdrogen und andere psychotrope Substanzen; Formen, Wirkungen, Wirkmechanismen, S. 134f.
829 Cathinon (Aminophenylpropanon).
830 2004, 90.
831 Siehe auch *Eberth/Müller* Verteidigung in Betäubungsmittelsachen, Rn. 11.
832 Vgl. zu den unterschiedlichen Daten Rn. 11.

irrelevant, ob die Alkoholkonzentration während des Führens eines Kraftfahrzeuges möglicherweise noch unter 0,5‰ lag und diese BAK erst infolge Zeitablaufs durch das Verbringen eines Kraftfahrzeugführers zur Blutentnahme erreicht wurde.[833] Es genügt bereits, dass sich der Alkoholgehalt im Körper eines Fahrzeugführers im Anstieg auf einen Wert von mindestens 0,5‰ befand. Die Behauptung eines „**Sturztrunkes**",[834] also dem hastigen Konsum einer großen Menge Alkohol kurz vor Fahrtantritt, so dass der Alkohol während der Fahrt möglicherweise noch nicht oder nicht vollständig in die Blutbahn gelangte, ist daher **irrelevant**.[835] Derartige Überlegungen müssen auch für Betäubungsmittel angestellt werden:

bb) Resorptionsphase bei Betäubungsmitteln

436 Auch beim **oralen Konsum** von Tetrahydrocannabinol durch selbstgebackene Plätzchen oder Kuchen[836] tritt eine Wirkung erst verzögert[837] und nach 30 Minuten[838] bis zwei Stunden,[839] ein,[840] wobei die maximale Konzentration auch erst nach vier bis sechs Stunden[841] nachweisbar sein kann.[842]

437 Darum ist nicht auszuschließen, dass ein Kraftfahrzeugführer derartiges Gebäck konsumiert und unmittelbar danach ein Kraftfahrzeug geführt hat, ohne dass ein Nachweis im Blut (Blutserum) möglich gewesen wäre.

438 Erst infolge der polizeilichen Verkehrskontrolle und des Verbringens eines Fahrzeugführers zur Blutentnahme, also nach einem Zeitablauf von beispielsweise einer Stunde, könnte das oral aufgenommene Cannabisprodukt eine Wirkung entfaltet haben und (vollständig) in den Blutkreislauf gelangt sein, so dass dieser **während der Fahrt** möglicherweise noch nicht unter der Wirkung von Tetrahydrocannabinol stand[843] und folglich keine Ordnungswidrigkeit vorläge.[844]

439 Da insofern noch keine ausreichenden Urteile vorliegen bleibt es abzuwarten, ob die **Rechtsprechung** derartige Einwände an die Handhabung analog der Behauptung eines Sturztrunkes und der Resorptionsphase bei Alkohol anpassen.

440 Das OLG Jena[845] und das BayObLG[846] sprachen einen Fahrzeugführer, in dessen Blutprobe sich die Substanz Methamphetamin nachweisen ließ, allerdings vom Vorwurf der Ordnungswidrigkeit frei und führten zur Begründung aus: Es muss nachgewiesen sein, dass sich **während der Fahrt** die Substanz Amphetamin im Blut des Fahrzeugführers befunden hat

833 Vgl. dazu auch *Hentschel* Fahrerlaubnis und Alkohol, Rn. 61, Rn. 164 u. Rn. 560.
834 Siehe dazu *Hentschel* Fahrerlaubnis und Alkohol, Rn. 221ff.
835 *Freyschmidt* Verteidigung in Straßenverkehrssachen, Rn. 109; *Hentschel* Fahrerlaubnis und Alkohol, Rn. 221ff.
836 Vgl. auch Rn. 28.
837 *Aderjan* Toxikologischer Cannabisnachweis, S. 155; *Möller* § 3 Medikamente und Drogen – verkehrsmedizinisch-toxikologische Gesichtspunkte, Rn. 77.
838 *Geschwinde* Rauschdrogen, Marktformen und Wirkungsweisen, Rn. 113.
839 *Salger* DAR 1994, 433ff (435).
840 Nach Ansicht von *Grotenhermen* Cannabis, Straßenverkehr und Arbeitswelt, S. 305: 30 bis 90 Min. bzw. *Grotenhermen/Karus* Cannabis, Straßenverkehr und Arbeitswelt, S. 319: 60 bis 120 Min.
841 Zwei bis drei Stunden: *Seidl/Schwarze/Betz* § 64 Rechts- und Verkehrsmedizin, Rn. 72.
842 *Mußhoff* Aussagemöglichkeiten über Cannabisgewohnheiten aus chemisch-toxikologischer Sicht, S. 71; **a.M.** *Schulz/Vollrath/Klimesch/Szegedi* Fahruntüchtigkeit durch Cannabis, Amphetamine und Cocain, S. 24, wonach mit einem maximalen THC-Spiegel nach 60 bis 90 Min. zu rechnen ist.
843 Siehe dazu auch *König* in LK, § 316 StGB Rn. 155; *Hentschel* Fahrerlaubnis und Alkohol, Rn. 586.
844 Vgl. dazu auch Rn. 547.
845 Vom 26.1.2005, DAR 2005, 465f = NStZ 2005, 413f = BA 2005, 321f.
846 Vom 12.2.2004, DAR 2004, 457ff = BA 2005, 318ff.

und nicht, dass sich Methamphetamin im Körper zu Amphetamin umwandeln werde.[847] Eine erweiterte Tatbestandsauslegung ist wegen der unzulässigen Analogie gem. Art. 103 Abs. 2 GG, § 3 OWiG nicht möglich.

c) Sonderregelung für Arzneimittelkonsum

Die Vorschrift des § 24a Abs. 2 S. 3 StVG führt aus, dass **keine Ordnungswidrigkeit** vorliegt, wenn die im Blut bzw. Blutserum[848] nachgewiesene Substanz aus der bestimmungsgemäßen Einnahme eines für einen konkreten Krankheitsfall verschriebenen Arzneimittels herrührt. 441

So gibt es beispielsweise THC-haltige Arzneimittel wie Marinol® oder Dronabinol®.[849] Tetrahydrocannabinol hat, in der Medizin richtig angewandt, eine antiepileptische, brechreizhindernde, blutdrucksenkende, stimmungsaufhellende und schmerzhemmende Wirkung, wenngleich der Einsatz von Cannabis in der Medizin nicht ganz unumstritten ist.[850] 442

Cannabis wird bei Glaukomen zur Senkung des Augeninnendruckes,[851] bei Multiple-Sklerose-Patienten[852] sowie zur Behandlung bei krebskranken- und HIV-positiven Patienten eingesetzt, um Übelkeit und den Brechreiz durch eine Chemotherapie zu lindern[853] oder den Appetit zu fördern.

> Das Medikament muss jedoch **ärztlich verschrieben** und die Einnahme muss zur Behandlung eines **konkreten Krankheitsfalles** verordnet worden sein.[854] 443

Auch **Tranquilizer**[855] können ärztlich verschrieben werden. Ob ein sicheres Führen eines Kraftfahrzeuges unter der akuten Wirkung solcher Medikamente möglich ist kann zwar bezweifelt werden, ist hinsichtlich der Vorschrift des § 24a Abs. 2 StVG aber irrelevant. So forderte die SPD-Bundestagsfraktion[856] beispielsweise bereits im Jahre 1997 auch **Benzodiazepine** in die unter Rn. 428 erwähnte Anlage mit aufzunehmen. Diese **Arzneimittel** sind aber bisher **nicht** in der dazugehörigen Anlage **genannt**.[857] 444

Vielmehr schließt die Einnahme solcher Medikamente eine Fahruntüchtigkeit und wie unter Rn. 94ff ausgeführt,[858] damit auch eine mögliche Verurteilung nach § 316 Abs. 1 StGB nicht aus.[859] 445

847 Methamphetamin kann wie Cannabis geraucht, wie Kokain nasal konsumiert oder wie Heroin injiziert werden, vgl. *Müller* SVR 2006, 81ff.
848 Vgl. Rn. 168.
849 Erlaubnis nach § 3 Abs. 2 BtMG.
850 *Deutsche Hauptstelle für Suchtfragen* Cannabis gesundheitsschädlicher als bisher angenommen, Newsletter 7-05 vom 7.4.2005.
851 *Stafford* Cannabis; Haschisch & Marihuana, S. 43 u. S. 70 sowie S. 74.
852 *BVerwG* vom 19.5.2005, Az. 3 C 17/04.
853 *Stafford* Cannabis; Haschisch & Marihuana, S. 45 u. S. 70 sowie S. 74.
854 Zur Selbstmedikation mit Cannabisprodukten s. *BVerfG* vom 30.6.2005, BA 2006, 37ff.
855 Siehe dazu *Püschel/Iwersen-Bergmann* Drogen – ihre Wirkungen, Nebenwirkungen, Wechselwirkungen, S. 98f; vgl. auch Rn. 102ff.
856 *SPD-Bundestagsfraktion* Gesetzesentwurf Drogen im Straßenverkehr muss grundlegend überarbeitet werden, Pressemitteilung vom 20.2.1997, S. 1.
857 Vgl. Rn. 432.
858 Vgl. auch Rn. 137.
859 So auch *Freyschmidt* Verteidigung in Straßenverkehrssachen, Rn. 141 und *Gebhardt* Das verkehrsrechtliche Mandat, § 37 Rn. 155.
860 *(nicht besetzt)*

446 Darüber hinaus verlangt die Vorschrift des § 24a Abs. 2 S. 3 neben der ärztlichen Verordnung und einem konkreten Krankheitsfall auch, dass das Medikament **bestimmungsgemäß eingenommen** worden sein muss.

Da ein[861] **Medikamentenmissbrauch** und eine **Überdosierung** keine bestimmungsgemäße Einnahme ist, bedarf es dazu keiner weiteren Ausführungen.[862]

aa) Verwechslungsfähiger Arzneimittelkonsum

447 Behauptet ein Kraftfahrzeugführer, dass eine im Blut,[863] Urin[864] oder im Speichel[865] nachgewiesene Substanz aus der Einnahme eines für einen konkreten Krankheitsfall ärztlich verordneten Arzneimittels herrührt und er keine illegalen Drogen konsumiert habe,[866] so ist allerdings fraglich, ob diese Angaben nachgeprüft werden könnten und zutreffend sind, oder ob es sich dabei nur um eine **„Schutzbehauptung"** handeln könnte, die sodann zu widerlegen ist.

(1) Tramadol

448 So gab ein Kraftfahrzeugführer in einem Verfahren vor dem OLG Köln,[867] in dessen Blut sich die Substanz Morphin nachweisen ließ, beispielsweise an, dass dieser weder das Mittel Heroin noch Morphin konsumiert hätte sondern nur das Substitutionsmittel Polamidon[868] sowie eine Tramal®-Schmerztablette.

449 Wenngleich die Richtigkeit dieser Einlassung zumindest ordnungswidrigkeitenrechtlich dahingestellt bleiben kann,[869] weil eine nachgewiesene Substanz auch aus der bestimmungsgemäßen Einnahme eines für einen konkreten Krankheitsfall ärztlich verordneten Arzneimittels herrühren muss und eine **Eigenmedikation** nicht darunter subsumiert werden kann, schloss der Sachverständige des Institut für Rechtsmedizin diese Einlassung auf Grund der **andersartigen Struktur** der darin enthaltenen Opioide auch aus.[870]

450 Häufig zur Behandlung von starken Schmerzen angewandte Substanzen[871] sind **Piritramid, Pentazocin, Pethidin, Tilidin und Tramadol.** Davon ist gerade auch das **Tramadol** auch in der Drogenszene bekannt. So wurde im Jahre 2002 vom Institut für Rechtsmedizin der Universität München Tramadol in Blutproben von Kraftfahrzeugführern im Zusammenhang mit Verkehrsdelikten insgesamt 27 Mal nachgewiesen, davon 6 Mal in Konzentrationen von über 1 mg/l, also in Konzentrationen, die auf einen **Missbrauch** hindeuten.

---

861 *(nicht besetzt)*
862 *Maatz* BA 1999, 145ff (148).
863 **Beachte** Rn. 424.
864 Vgl. dazu auch Rn. 328ff.
865 Vgl. dazu auch Rn. 334.
866 Siehe auch Rn. 342.
867 Vom 18.8.2005, DAR 2005, 699ff.
868 Vgl. Rn. 59.
869 Für einen Abstinenznachweis im Verwaltungsverfahren allerdings Bedeutung haben könnte.
870 Vgl. auch Rn. 330.
871 Vgl. auch Rn. 133.

(2) Zyban

In einem Verfahren vor dem VGH Bayern[872] ließ ein Betroffener, in dessen Blutserum sich eine THC-Konzentration von 4,2 ng/ml nachweisen ließ, durch seinen Verteidiger vortragen, dass dieser kein Haschisch oder Marihuana geraucht habe, sondern nur das zur Nikotinentwöhnung entwickelte Medikament Zyban®[873] einnahm, was der zugezogene Sachverständige jedoch als „völlig abwegig" ausschloss. 451

(3) Nachweisgrenzwerte

Betroffene behaupten auch gelegentlich, dass sie keine illegalen Betäubungsmittel konsumiert hätten, sondern z. B. nur eine vom Zahnarzt verordnete Tablette **Dolomo**®, in der sich Codeinphosphat befindet. 452

Kodein wird zum Teil zu Morphin abgebaut, dessen Nachweis dann fälschlicherweise zum Erlass eines Bußgeldbescheides oder zu einer Verurteilung nach § 24a Abs. 2 StVG führen könnte. 453

Eine ungerechtfertigte Verurteilung scheidet aber aus, nicht nur, weil an dem Konzentrationsverhältnis von Kodein zu Morphin festgestellt werden kann, dass das Morphin nur aus dem Kodein stammt, sondern auch, weil bei bestimmungsgemäßem Gebrauch die Morphin-Konzentration i.d.R. nicht den von der Kommission für Grenzwertfragen bei Arznei- und Suchtstoffen (Grenzwertkommission) vom 20.11.2002 festgelegten Grenzwert erreicht.[874] 454

bb) Nachweis von Amphetamin und Methamphetamin

Jedoch können hinsichtlich des Verdachts auf Amphetaminkonsum Blutuntersuchungen ein **positives Ergebnis** anzeigen, wenn die Medikamente **Captagon**® (**Fenetyllin**) oder **AN1**® (**Amphetaminil**) eingenommen wurden, die zur Behandlung von Narkolepsie oder Hyperaktivität verschrieben werden, da sich beide Medikamente zu Amphetamin umwandeln.[875] 455

Bei einer therapeutischen Anwendung von Amphetaminil lassen sich Blutkonzentrationen von über 25 ng/ml feststellen,[876] so dass auf Grund der nachgewiesenen Konzentrationshöhe Ordnungswidrigkeitensanktionen nicht ausgeschlossen wären.

Da sich Amphetamin auch noch dann nachweisen lässt, wenn der Wirkstoff Amphetamil bereits abgebaut ist und somit nur noch Amphetamin nachweisbar ist, kann der Konsum dieser beiden Medikamente zu einer irrigen Annahme führen.

Zwar kann diese sodann durch eine Untersuchung der Haare ausgeräumt werden, da sich Fenetyllin und Amphetamil, im Gegensatz zu einer Feststellung im Blut oder Urin, dort länger nachweisen lassen, allerdings sind in den Haaren nur solche Konzentration nachzuweisen, die auf einen Medikamentenmissbrauch hindeuten würden. 456

---

872 Vom 7.4.2006, Az. 11 Cs 2303/05.
873 Bupropion/Amphebutamon; vgl. auch Rn. 344.
874 Vgl. dazu auch Rn. 522.
875 Siehe dazu auch Rn. 331.
876 Vgl. Rn. 522.

Es bleibt jedoch die Tatsache, dass sich mittels einer **ärztlichen Bescheinigung** und bei dem Medikament Captagon® auch mittels eines **BtMG-Rezeptes** eine rein medizinische Verwendung nachweisen ließe.

457 Kann zusätzlich auch MDMA nachgewiesen werden, erübrigt sich dies jedoch, da der Konsum von illegalen Betäubungsmitteln damit feststeht.

458 Das Medikament **Ritalin**® führt hingegen auf Grund seiner andersartigen Struktur nicht zu falsch-positiven Ergebnissen.

Eine **ungerechtfertigte Verurteilung** wegen des Konsums eines amphetaminhaltigen Medikamentes ist somit nicht zu erwarten.

459 Dennoch müssen die an einem Straf- oder Ordnungswidrigkeitenverfahren beteiligten Juristen Kenntnis von dieser **theoretischen Möglichkeit** haben, um sie **verbindlich ausschließen** zu können, zumal auch die Substanzen Benzphetamin (Appetitzügler), Clobenzorex (Appetitzügler, Psychostimulans), Deprenyl (Parkinson), DimethylAmphetamin (Appetitzügler, Psychostimulans), EthylAmphetamin (Appetitzügler, Psychostimulans), Fencamin, Fenprofazone, Fenproporex, Mefenorex, Mesocarb und Prenylamin im Körper zu Amphetamin abgebaut werden.[877]

3. Begriff der Wirkung i.S.v. § 24a Abs. 2 StVG

460 Nach Satz 1 der Vorschrift des § 24a Abs. 2 StVG handelt ordnungswidrig (nur), wer „**unter der Wirkung**" eines der in der Anlage zu der Vorschrift genannten berauschenden Mittels im Straßenverkehr ein Kraftfahrzeug führt. Eine solche „Wirkung" soll nach Satz 2 vorliegen, wenn im Blut[878] eine in dieser Anlage genannte Substanz,[879] bei Cannabiskonsum also Tetrahydrocannabinol oder bei Ecstasykonsum MDMA nachgewiesen wird.

461 Das OVG Niedersachsen[880] führte hingegen aus, dass ein Fahrzeugführer „**unter dem Einfluss**" von Ecstasy ein Fahrzeug geführt habe, wenn bei diesem entsprechende Drogenwirkstoffe im Blut nachgewiesen wurden.

462 Obwohl eine Substanz im Blutserum nachzuweisen ist nahm sie aber möglicherweise „**keinen Einfluss mehr**" oder „**noch keinen Einfluss**" auf das Zentralnervensystem und damit auf die Fahrtüchtigkeit eines Betroffenen.

463 Wenn Gerichte[881] eine THC-Konzentration mit „**an der Nachweisgrenze**" bzw. mit „**als Spur vorhanden**" angeben, so kann das offensichtlich nur das Vorhandensein von THC allgemein heißen.[882] Die Feststellung aber, dass von einer (noch) Einfluss nehmenden Konzentration auszugehen ist und ein Fahrzeugführer zum Tatzeitpunkt unter „Einfluss" von Cannabinoiden stand, ist beim **reinen Nachweis von Drogenwirkstoffen** im Blutserum eines Kraftfahrzeugführers noch nicht belegt.

877 Siehe auch *Mußhoff* Illegal or legitimate use? Precursor compounds to Amphetamine and Methamphetamine, S. 15ff.

878 Gemeint ist wohl im Blutserum, vgl. Rn. 162ff und Rn. 541.

879 Vgl. Rn. 428.

880 Vom 16.6.2003, DAR 2003, 432f.

881 *VG Augsburg* vom 3.2.2004, DAR 2004, 287f = BA 2005, 261f; *VG Regensburg* vom 2.2.2004, Az. RO 5 S 221/04.

882 So auch *VG Regensburg* vom 2.2.2004, Az. RO 5 S 221/04.

Vergleichbar könnte auch ein Stück Würfelzucker erwähnt werden, welches in einen See geworfen wird. Der Zucker könnte zwar möglicherweise nachgewiesen werden; einen Einfluss auf die Wasserqualität nahm er aber nicht.

Der Begriff der „Wirkung“ i.S.v. § 24a Abs. 2 StVG meint allerdings nicht etwa die **Drogenqualität** oder dass das Betäubungsmittel eine „Wirkung“ auf das **Zentralnervensystem** gezeigt hätte.[883] **464**

Der Begriff der „Wirkung“ i.S.v. § 24a Abs. 2 StVG ist vielmehr **zunächst immer dann erfüllt**, wenn (unabhängig von der **Höhe der** nachgewiesenen **Konzentration**[884]) eine in der Anlage zu § 24a Abs. 2 StVG genannte Substanz im Blut bzw. Blutserum festgestellt werden kann.

Anhand der im Blutserum nachgewiesenen Drogenkonzentration[885] lässt sich somit (lediglich) feststellen und nachweisen, ob ein Fahrzeugführer **unter der Wirkung** von Cannabis ein Fahrzeug führte[886] und daher möglicherweise ordnungswidrig handelte. Wurden durch ein Labor keinerlei positive Drogensubstanzen im Blut eines Kraftfahrzeugführers vorgefunden, liegt demnach keine „Wirkung“ i.S.v. § 24a Abs. 2 StVG vor. **465**

Wenn Berghaus/Krüger/Wehner/Grotenhermen[887] im Kongressbericht 2005 der Deutschen Gesellschaft für Verkehrsmedizin daher von der „Wirkungszeit und Wirkungsdauer eines Joints“ sprechen aber nicht die Nachweiszeit von Tetrahydrocannabinol im Blut, sondern mögliche Leistungseinbußen in Bezug auf die Sicherheit des Straßenverkehrs meinen, so ist dies missverständlich. **466**

Bei juristischer Verwendung des Begriffes „Wirkung“ ist deshalb stringent dahingehend zu definieren und differenzieren, ob damit eine Wirkung im Sinne des Gesetzes, also **der reine Nachweis** im Blut, oder aber mögliche Leistungseinbußen, also ein Einfluss auf das Zentralnervensystem gemeint sind. **467**

Dies erklärt auch, warum Angaben der Gerichte und in der Literatur über die „Wirkung“ von THC beispielsweise erheblich variieren. **468**

Quelle	**Angabe „Wirkung“ von THC**
AG Ludwigshafen[888]	30 Minuten
BVerfG[889]	12 Stunden (oraler Konsum)
AG Landau / Pfalz[890]	16 Stunden.
Kannheiser[891]	24 Stunden[892]
Himmelreich[893]	24 Stunden

883 *OLG Saarbrücken* vom 23.1.2002, BA 2004, 72ff = VRS 102, 120ff (123); *OLG Saarbrücken* vom 19.12.2000, Az. Ss (B) 69/00; *Nehm* Auf der Suche nach Drogengrenzwerten, S. 359ff (363).
884 Hierzu werden im Folgenden noch Ausführungen gemacht.
885 Mittels (kapillar-)gaschromatographisch-massenspektrometrischer Untersuchung (GC/MS).
886 Daldrup/Käferstein/Köhler/Maier/Mußhoff BA 2000, 39ff (45).
887 *Bundesanstalt für Straßenwesen* Mensch und Sicherheit, Heft M 171, S. 47.
888 Vom 8.5.2002, Az. 5416 Js 25820/01.
889 Vom 9.3.1994, NJW 1994, 1577ff.
890 Vom 30.10.2003, Az. 7021 Js 2112/03; vgl. *OLG Zweibrücken* vom 27.1.2004, DAR 2004, 409ff = BA 2004, 469ff.
891 Prof. Dr. Werner *Kannheiser*, Ludwig-Maximilians-Universität München.
892 *Kannheiser* NZV 2000, 58ff (64).
893 *Himmelreich* DAR 2002, 26ff (27).

a) Nullwertgrenze

469 Entgegen der Alkoholvorschrift von § 24a Abs. 1 StVG (Promillegrenze AAK 0,25 mg/l bzw. BAK 0,5‰) bestimmt der Wortlaut der Vorschrift des § 24a Abs. 2 StVG nicht, dass eine Ordnungswidrigkeit erst beim Nachweis einer bestimmten Höhe einer Drogenkonzentration vorliegt.

Einige Strafgerichte[894] nahmen daher in der Vergangenheit an, dass eine Ordnungswidrigkeit auch dann vorliegt, selbst wenn die nachgewiesene Tetrahydrocannabinol-Konzentration beispielsweise **unter 1 ng/ml** liegt und verurteilten Kraftfahrzeugführer deshalb entsprechend.[895]

470 Dieser „Nullwert" stößt jedoch auf Bedenken: Kauert[896] führt aus, dass der Grenzwert einen „vernünftigen" Abstand zum Nachweis-Grenzwert haben sollte um beispielsweise Fehlmessungen infolge von Passiv-Rauchen[897] oder Nahrungsmittel[898] abzusichern. Das Bundesinstitut für gesundheitlichen Verbraucherschutz und Veterinärmedizin hat zwar THC-Grenzwertvorschläge für Nahrungsmittel erarbeitet,[899] gleichwohl weist Nehm[900] zu Recht auf den Gerechtigkeitsgedanken hin, wonach eine Verurteilung oder ein Freispruch auch von der Messmethode und technischen Ausstattung des Institutes abhängig sein könnte.[901]

471 Der Nachweis von Drogenwirkstoffen im Blut eines Kraftfahrzeugführers könnte zudem eventuell auch dann möglich sein, wenn dieser zwar Betäubungsmittel konsumierte, jedoch infolge eines zwischenzeitlich längeren Zeitablaufs seit dem Konsum keinerlei Leistungseinbußen in Hinblick auf die Sicherheit des Straßenverkehrs mehr zu erwarten sind.

Eine Verurteilung könnte daher dem Grundsatz der **Verhältnismäßigkeit** widersprechen und gegen das **Übermaßverbot** verstoßen.[902]

472 Es ließe sich auch hinterfragen, ob die Alkoholvorschrift des § 24a Abs. 1 StVG nicht dergestalt geändert werden müsste, dass hier ebenfalls die 0,0‰-Grenze eingeführt wird, um dem **Gleichheitsgebot** des Grundgesetzes zu genügen.

Es kann doch nicht angehen, in einem Fall einen Konsumenten einer geringen Menge von einem unter Rn. 428 genannten Mittel, dessen Wirkstoff im Blut nachgewiesen wird, zu bestrafen, während derjenige, der bereits einige alkoholische Getränke zu sich genommen hat, aber noch nicht den Grenzwert von 0,5‰ erreichte, bei derselben folgenlosen Fahrt und

894 *OLG Zweibrücken* vom 13.11.2003, Az. 1 Ss 215/03; *OLG Zweibrücken* vom 3.5.2001, DAR 2002, 135f = BA 2002, 129f = NStZ 2002, 95f; *AG Kandel* vom 11.9.2003, Az. 7084 Js 9433/03.

895 In den hier bis zu einem Beschluss des *BVerfG* vom 21.12.2004, DAR 2005, 70ff = NZV 2005, 270ff = BA 2005, 156ff = NJW 2005, 349ff = SVR 2005, 77f untersuchten Entscheidungen hatte nur das *BayObLG* am 21.1.2003, NZV 2003, 252f die Ansicht vertreten, dass eine Ordnungswidrigkeit erst bei einer Tetrahydrocannabinol-Konzentration von mehr als 1 ng/ml vorliegt, diese Rechtsansicht allerdings am 26.2.2004, BA 2006, 47ff (Az. 1 ObOWi 45/04) wieder revidiert.

896 *Kauert* BA 2002, 102ff (108).

897 Vgl. Rn. 587ff.

898 Vgl. Rn. 324, Rn. 329, Rn. 498 und Rn. 582ff.

899 Getränke: 0,005 mg THC/kg; Hanföle: 5 mg THC/kg; Andere Hanflebensmittel 0,15 mg/kg; maximale Tagesdosis 1-2 µg THC/kg Körpergewicht.

900 Kay *Nehm*, Generalbundesanwalt beim BGH a.D.

901 *Nehm* Auf der Suche nach Drogengrenzwerten, S. 359ff (364); vgl. auch Rn. 169 und Rn. 1134.

902 Das Gebot der Verhältnismäßigkeit im engeren Sinn verlangt, dass die Schwere des Eingriffs bei einer Gesamtabwägung nicht außer Verhältnis zu dem Gewicht der ihn rechtfertigenden Gründe stehen darf.

beim Nichtvorliegen von Anzeichen für eine Fahruntüchtigkeit nicht belangt werden kann.[903]

Hinzu kommt außerdem, dass nach zahlreichen wissenschaftlichen Untersuchungen bereits bei einer BAK von 0,2‰ bis 0,3‰ erhebliche verkehrsgefährdende Leistungsminderungen vorkommen[904] und bei 0,3‰ schon relative Fahrunsicherheit gegeben sein kann;[905] gleichwohl wird auf Grund dieser Erkenntnis aber nicht daran gedacht, die Promillegrenze entsprechend auf diese Grenzwerte zu senken sondern nur für Fahranfänger wird über andere Promillegrenzen diskutiert. **473**

aa) Entscheidung des OLG Zweibrücken

Auf Grund der nach dem Wortlaut des § 24a Abs. 2 StVG offenbar bestehenden „Nullwertgrenze" verurteilte daher auch das AG Kandel[906] einen Kraftfahrzeugführer mit einer Tetrahydrocannabinol-Konzentration von „nur" 0,5 ng/ml wegen fahrlässigen Führens eines Kraftfahrzeuges unter der Wirkung von Cannabis und dessen Rechtsmittel blieb vor dem OLG Zweibrücken[907] ohne Erfolg. Das Oberlandesgericht begründete seine Rechtsauffassung wie folgt: **474**

Nach den Feststellungen des AG Kandel konsumierte der Fahrzeugführer am Abend des 18.11.2002 gegen 21.30 Uhr Cannabis. Dennoch fuhr er am Nachmittag des darauf folgenden Tages um 13.30 Uhr[908] ein Kraftfahrzeug. Die Auswertung einer gem. § 81a StPO entnommenen Blutprobe erbrachte nach einer im Institut für Rechtsmedizin der Universität Mainz angefertigten Untersuchung eine grenzwertige Reaktion auf Cannabinoide. Der psychoaktive Hauptwirkstoff des Cannabis THC wurde im Serum im Spurenbereich < als 0,5 ng/ml nachgewiesen. Die Konzentration des pharmakologisch inaktiven THC-Hauptstoffwechselproduktes THC-Carbonsäure im Serum (THC-COOH) betrug 6 ng/ml.[909]

Einer Verurteilung nach § 24a Abs. 2 StVG stehe nicht entgegen, dass Tetrahydrocannabinol vorliegend nur noch im Spurenbereich nachweisbar sei, da die Vorschrift des § 24a Abs. 2 StVG **nicht den Nachweis einer bestimmten Menge** oder eine Einbuße in der Leistungsfähigkeit eines Kraftfahrzeugführers erfordere. Vielmehr enthalte die Vorschrift eine **„echte Nullwertgrenze"**. Bei der Norm handelt es sich wegen der generell abstrakten Gefährlichkeit des Konsums von Drogen der in der Anlage zu der Vorschrift genannten Art um einen abstrakten Gefährdungstatbestand als Vorfeld oder Auffangtatbestand gegenüber der an engere Voraussetzungen geknüpften Strafvorschrift des § 316 StGB.

Insbesondere begründete das Oberlandesgericht seine Rechtsauffassung dahingehend, **475**

- dass der Gesetzgeber auch nicht willkürlich gehandelt habe, wenn er das Verbot des Führens eines Kraftfahrzeuges unter Alkoholwirkung nach § 24a Abs. 1 StVG an qualifizierte Grenzwerte und das Verbot des Fahrens unter bestimmte Betäubungsmittel an eine Nullwertgrenze knüpfte. Der Gesetzgeber sah sich vielmehr nicht in der Lage, die bestehende Ahndungslücke anders als durch den Verzicht auf exakte Drogengrenzwerte zu schließen, da bei den einzelnen Drogen, im Vergleich zum Alkohol, noch keine Quantifizierbarkeit der Dosis-Wirkungsbeziehung besteht.

903 Vgl. Rn. 11.
904 *Janiszewski* Verkehrsstrafrecht, Rn. 343.
905 Vgl. Rn. 174 und Rn. 523.
906 Vom 11.9.2003, Az. 7084 Js 9433/03.
907 Vom 13.11.2003, Az. 1 Ss 215/03.
908 Somit nach Ablauf von 16 Stunden, wobei es sich hier um die Angaben des Betroffenen handelt.
909 Angaben zur OH-THC-Konzentration werden in der Entscheidung nicht gemacht.

Sind aber Betäubungsmittel und insbesondere Cannabis unstreitig geeignet, das sichere Führen von Kraftfahrzeugen zu beeinträchtigen und nimmt die Zahl der Entdeckungen von drogenpositiven Kraftfahrern weiter zu, so könne der Gesetzgeber mit einem von ihm als tauglich eingeschätzten Mittel, hier der Nullwertregelung des § 24a Abs. 2 StVG, dieser Gefahr begegnen.

- dass es zwar zutreffe, dass das in § 24a Abs. 2 StVG genannte Verbot am Straßenverkehr teilzunehmen sich auf den Zeitpunkt der tatsächlichen Beeinträchtigung der Leistungsfähigkeit beziehen soll und Fälle denkbar sind, in denen die Wirkstoffmenge nur (noch) so gering ist, dass eine Auswirkung auf die Leistungsfähigkeit nicht (mehr) messbar ist oder jedenfalls nicht über das hinausgeht, was das Straßenverkehrsrecht als Folgen von Unpässlichkeiten und Irritationen verschiedenster Art (geringfügige Ermüdung, leichte Stimmungsschwankungen, Erkältung usw.) in Kauf nimmt.
  Die Grenze, ab der ein Fahrzeugführer „unter der Wirkung“ eines berauschenden Mittels stehe und ab der die notwendige objektive Mindest-Tatschwere beginnt sei aber erreicht, wenn die Blut-Wirkstoff-Konzentration so hoch ist, dass ein zuverlässiger blutanalytischer Nachweis möglich sei.

bb) Gesetzentwurf der Bundesregierung

476 Die Rechtsauffassung des OLG Zweibrücken[910] über eine „**absolute Nullwertgrenze**“ ist bei genauerer Beachtung des Gesetzesentwurfes der Bundesregierung vom 08.02.1996 (BT-Drucks. 13/3764) jedoch nicht zwingend und bei genauerer Betrachtung des Gesetzentwurfs findet eine über einen bestehenden „Nullwert“ in § 24a Abs. 2 StVG entgegenstehende Auffassung insbesondere folgende Argumentation:

(1) Nachweisdauer von THC im Blutserum[911]

477 Das Jugendgericht des AG Saalfeld[912] führte aus, dass die Nachweisdauer von illegalen Drogen im Blut nur „kurz“ bemessen sei. Ein positiver Blutwirkstoffbefund dokumentiere deshalb einen „zeitnahen“ Drogenkonsum. Der Nachweis einer Substanz im Blut stelle somit sicher, dass nur die Phase der „akuten Wirkung“ zur Tatzeit erfasst werde, da Drogen nur jeweils **wenige Stunden im Blut nachweisbar** seien. Demnach beweise die nachgewiesene Substanz im Blut eines Kraftfahrzeugführers einen „engen“ zeitlichen Zusammenhang zwischen der Drogeneinnahme und der abgenommenen Blutprobe.

Der Sachverstände in einem Verfahren vor dem AG Nördlingen[913] führte aus, dass eine nachgewiesene **THC-Konzentration von 1,7 ng/ml** darauf hindeute, dass ein Fahrzeugführer nicht, wie von ihm angegeben, **vor 14 Stunden Cannabis konsumiert** haben könne, sondern der Konsum innerhalb der letzten drei bis vier Stunden vor der Blutentnahme erfolgt sein müsse.

Das VG München[914] führte ebenfalls aus, dass eine bei einem Kraftfahrzeugführer nachgewiesene THC-Konzentration von 1,6 ng/ml auf einen „**engen zeitlichen Zusammenhang**“ zwischen dem Konsum von Cannabis und dem Führen eines Kraftfahrzeuges schließen lasse.

478 Hinsichtlich der Nachweiszeit von Tetrahydrocannabinol im Blut eines Fahrzeugführers haben Gerichte und Literatur zwar unterschiedliche Auffassungen; folgt man diesen nach-

910 Vom 13.11.2003, Az. 1 Ss 215/03.
911 Zur Nachweiszeit von THC-COOH im Blutserum s. Rn. 897ff.
912 Vom 11.2.2003, NStZ 2004, 49.
913 (Zweigstelle Donauwörth) vom 3.11.2003, BA 2006, 47ff.
914 Vom 17.3.2005, Az. M 6b S 433/05.

stehenden wenn auch variierenden Ausführungen der Gerichte aber, so bedeutet das beispielsweise für THC, dass ein Fahrzeugführer für den Fall, dass das Labor eine positive THC-Konzentration nachweisen kann, zumindest „einige Stunden“ vor der Blutabnahme, d. h. gleichzeitig nur wenige Stunden vor der Verkehrskontrolle Cannabis konsumiert haben muss.

479

Quelle	**Nachweiszeit von THC im Blut**
VGH Bayern[915]	relativ kurze Zeit
VGH Baden-Württemberg[916]	3 bis 4 Stunden
OVG Thüringen[917]	6 Stunden
OVG Niedersachsen[918]	6 Stunden
Kauert[919]	7 bis 8 Stunden
Geiger[920]	wenige Stunden[921]
BVerfG[922]	mehrere Stunden

Auch der Gesetzgeber ging beim Entwurf des Gesetzes zur Änderung des Straßenverkehrsgesetzes am 08.02.1996 davon aus, dass die Feststellung einer der in der Anlage zu dieser Vorschrift genannten Substanz im Blut eines Kraftfahrzeugführers im Hinblick darauf, dass sie dort nur wenige Stunden nachgewiesen werden könnten, eine Aussage über einen engen zeitlichen Zusammenhang zwischen Einnahme des berauschenden Mittels und der Blutentnahme gestatte.[923] **480**

In der Praxis ist es jedoch Gang und Gäbe, dass Konsumenten konsequent etwas anderes **behaupten** und sich auch von etwaigen gegenteiligen Meinungen der Gerichte, Sachverständigen und in der Literatur nicht davon abbringen lassen, fest und glaubhaft zu behaupten, dass diese in diesem engen zeitlichen Zeitraum **kein THC** konsumiert haben. **481**

So sollen im Blut eines vom BVerfG[924] zu beurteilenden Verfahrens noch **16 Stunden**, in einem vom OLG Zweibrücken[925] zu beurteilenden Verfahren noch **18 Stunden** und in einem Verfahren vor dem BGH[926] noch **20 Stunden** nach dem Konsum von Cannabis posi-

915 Vom 3.2.2004, SVR 2004, 396f.
916 Vom 7.3.2003, DAR 2003, 236f.
917 Vom 11.5.2004, BA 2005, 183ff = SVR 2004, 438f.
918 Vom 11.7.2003, DAR 2003, 480f = BA 2004, 183ff.
919 *Kauert* Öffentliche Anhörung zum Gesetzentwurf der Bundesregierung zur Änderung des Straßenverkehrsgesetzes Drs 13/3764 Drogen im Straßenverkehr vom 20.1.1997, S. 4.
920 Harald *Geiger*, Präsident des VG München.
921 *Geiger* DAR 2004, 690ff (693).
922 Vom 20.6.2002, DAR 2002, 405ff = NJW 2002, 2378ff.
923 Vgl. Gesetzentwurf der Bundesregierung, Drucksache 13/3764 vom 8.2.1996, S. 5.
924 Vom 21.12.2004, DAR 2005, 70ff = NZV 2005, 270ff = BA 2005, 156ff = NJW 2005, 349ff = SVR 2005, 77f.
925 Vom 3.5.2001, DAR 2002, 135f = BA 2002, 129f = NStZ 2002, 95f.
926 Vom 25.5.2000, DAR 2000, 481f.

tive THC-Konzentrationen im Blut nachweisbar gewesen sein. Oft wird diesen Aussagen mit erheblicher Skepsis begegnet.[927]

482 So wird in einigen Gerichtsentscheidungen[928] ausgeführt, dass die Angaben der Fahrzeugführer als **„Schutzbehauptung“** zu werten seien und dass es beispielsweise nicht möglich sei, dass eine festgestellte THC-Konzentration von 3,8 ng/ml auf Grund eines vor 16 Stunden zurückliegenden Cannabiskonsums nachgewiesen werden könne. Das VG Lüneburg[929] führt etwa aus, dass eine THC-Konzentration von 4 ng/ml zweifelsfrei auf einen „nur wenige Stunden“ zurückliegenden Konsum hindeute.

483 Man darf zwar sicher unterstellen, dass viele Fahrzeugführer eher dazu tendieren, zu behaupten, der Konsum von Drogen läge schon länger zurück, als dies in Wahrheit der Fall ist, zumal ein behaupteter Drogenkonsum „vor 3 Tagen“ mathematisch 72 Stunden, umgangssprachlich aber auch nur 26 Stunden[930] bedeuten könnte; gleichzeitig können solche Behauptungen von Fahrzeugführern jedoch **nicht pauschal als „Schutzbehauptung“** gewertet werden, denn aus zahlreichen Veröffentlichungen ergibt sich, dass ein positiver Nachweis von THC im Blut eines Verkehrsteilnehmers auch **bedeutend längere Zeit nach dem Konsum nicht forensisch gesichert ausgeschlossen** werden kann, insbesondere bei regelmäßigen Cannabiskonsumenten.[931]

484

Quelle	Nachweiszeit von THC im Blut
VG Regensburg[932]	12 Stunden
Bratzke[933]	12 Stunden
Sticht/Käferstein[934]	12 Stunden
Geschwinde[935]	12 Stunden
Krüger/Schulz/Magerl[936]	12 Stunden

927 *OVG Thüringen* vom 11.5.2004, BA 2005, 183ff = SVR 2004, 438f: „Die Behauptung des Betroffenen, der Cannabiskonsum habe weit vor der Blutentnahme gelegen, ist als Schutzbehauptung zu werden“; *OVG Niedersachsen* vom 11.7.2003, DAR 2003, 480f = BA 2004, 183ff: „Die Behauptung des Antragstellers, der Cannabiskonsum habe 16 Stunden vor der Blutentnahme gelegen, ist als Schutzbehauptung zu werten. Vielmehr muss die Aufnahme einer wirksamen Cannabisdosis zeitnah im Abstand weniger Stunden stattgefunden haben“; *VG Lüneburg* vom 22.3.2004, DAR 2005, 54f = BA 2005, 504f = SVR 2004, 198f: „Der vor wenigen Stunden zurückliegende Konsum ist zweifelsfrei“.

928 *OVG Thüringen* vom 11.5.2004, BA 2005, 183ff = SVR 2004, 438f; *OVG Niedersachsen* vom 11.7.2003, DAR 2003, 480f = BA 2004, 183ff; *VG Lüneburg* vom 22.3.2004, DAR 2005, 54f = BA 2005, 504f = SVR 2004, 198f.

929 Vom 22.3.2004, DAR 2005, 54f = BA 2005, 504f = SVR 2004, 198f.

930 Sonntag 23:00 Uhr bis Mittwoch 01:00 Uhr.

931 „Chronischen Konsumenten“, vgl. *Eisenmenger* NZV 2006, 24ff; s. auch Rn. 199.

932 Vom 2.2.2004, Az. RO 5 S 221/04, Beschluss S. 6.

933 *Bratzke* Zur Fahrtüchtigkeit unter Drogeneinfluss aus rechtsmedizinischer Sicht, S. 4.

934 *Sticht/Käferstein* Grundbegriffe, Toxikokinetik und Toxikodynamik, S. 10.

935 *Geschwinde* Rauschdrogen, Marktformen und Wirkungsweisen, Rn. 221.

936 *Krüger/Schulz/Magerl* Medikamenten und Drogennachweis bei verkehrsunauffälligen Fahrern, S. 35.

Der Sachverständige in dem Verfahren vor dem OVG Rheinland-Pfalz[937] führte sogar aus, dass selbst bis zu **24 Stunden** nach dem Konsum von Cannabis eine THC-Konzentration von **2 ng/ml** ermittelt werden könne.[938] **485**

Schubert/Schneider/Eisenmenger/Stephan geben die Nachweiszeit von THC im Blut mit bis zu **46 Stunden** an [939] und auch nach Geiger[940] soll THC selbst nach 46 Stunden noch im Blut nachweisbar sein. Dabei handelte es sich allerdings um einen Druckfehler.[941] Die Verfasser wollten die Nachweiszeit stattdessen mit 4-6 Stunden angeben. **486**

Auch Aderjan[942] führt aus, dass der Nachweis von THC im Serum nach 46 Stunden **nicht völlig ausgeschlossen** werden könne.[943]

Wenn der Gutachter in dem Verfahren vor dem VG Stuttgart[944] allerdings ausführt, dass eine THC-Konzentration von 12 ng/ml (und eine THC-OH Konzentration von 7,2 ng/ml sowie eine THC-COOH-Konzentration von 118 ng/ml) für einen „**zeitnahen Cannabiskonsum**“ spricht, so stößt dies auf keine Bedenken.

Wenn ein Fahrzeugführer beispielsweise angibt, dass eine THC-Konzentration von 4,6 ng/ml von einem „vor Tagen“ erfolgten Konsum herrührt, ist diese Einlassung ebenfalls unrichtig[945] und auch eine THC-Konzentration von 6,9 ng/ml (OH-THC 2,8 ng/ml, THC-COOH 49,2 ng/ml) zeigt entgegen der Einlassung eines Fahrzeugführers in dem Verfahren vor dem OLG Hamm,[946] dass der letzte Konsum von Cannabis nicht „vor drei Tagen“ erfolgt sein kann.

Huestis/Henningfield/Cone[947] haben für die Berechnung des letzten Konsumzeitpunktes eine **Formel** entwickelt, welche die Abschätzung erleichtert, ob zwischen dem Konsum von Cannabis und dem Führen eines Kraftfahrzeuges eine **Zeitnähe** besteht:

Log t (Stunden) = (0,576 × log [THC-COOH]/[THC]) – 0,176

Berechnet mit der o. g. Formel[948] läge bei einer THC-Konzentration von 2 ng/ml und einer THC-COOH-Konzentration von 20 ng/ml die wahrscheinlichste Zeitdifferenz zwischen der letzten Aufnahme von THC und der Blutentnahme bei 2,5 Stunden.[949]

Log t (Stunden) = (0,576 × Logarithmus [20 : 2]) – 0,176
Log t (Stunden) = (0,576 × Logarithmus [10]) – 0,176

Wegen der Fehlerbreite und des selbst nicht einfach **zu berechnenden Logarithmus** darf diese Formel jedoch **nur unter Hinzuziehung eines Sachverständigen** angewandt werden.

937 Vom 13.1.2004, DAR 2004, 413f = BA 2004, 293f.
938 So auch *Grotenhermen/Karus* Cannabis, Straßenverkehr und Arbeitswelt, S. 336.
939 *Schubert/Schneider/Eisenmenger/Stephan* Begutachtungs-Leitlinien zur Kraftfahrereignung, Kommentar, 1. Aufl., S. 115, Tab. 1.
940 *Geiger* Aktuelle Probleme des Fahrerlaubnisrechts unter besonderer Berücksichtigung von Alkohol und Drogenauffälligkeit [Masch.-schr. vom 15.10.2003], S. 11.
941 Vgl. auch *Geiger* DAR 2004, 690ff (693), dort Fußnote 22; *Schubert/Schneider/Eisenmenger/Stephan* Begutachtungs-Leitlinien zur Kraftfahrereignung, Kommentar, 2. Aufl., S. 178, Tab. 1.
942 Prof. Dr. Rolf *Aderjan*, Universität Heidelberg.
943 *Aderjan* Toxikologischer Cannabisnachweis, S. 157.
944 Vom 27.7.2006, Az. 10 K 1946/06.
945 *AG München* vom 14.4.2005, Az. 1031 Ds 461 Js 313334/04.
946 Vom 3.5.2005, DAR 2005, 640ff = NZV 2005, 428f = BA 2006, 232ff.
947 *Huestis/Henningfield/Cone* Blood cannabinoids; 1. Absorption of THC and formation of 11-OH-THC and THCCOOH during and after smoking marijuana, S. 276ff (283).
948 Vgl. aber auch Rn. 196ff und Rn. 206.
949 2,5118864.

Ernstlich anzuzweifeln ist deshalb auch die Einlassung eines Betroffenen in dem Verfahren vor dem AG Rockenhausen,[950] wonach die bei diesem festgestellten Konzentrationen von 2,1 ng/ml THC und 19 ng/ml THC-COOH[951] von einem Konsum herrühren, der vor „3 Tagen" erfolgt sei.

Auch die Einlassung eines Fahrzeugführers vor dem AG Stollberg,[952] bei dem eine THC-Konzentration von **unter 1,0 ng/ml** nachgewiesen werden könnte, obwohl seit dem letzten Cannabiskonsum 72 Stunden vergangen gewesen sein sollen, klingt **unglaubwürdig**; eine verlässliche Berechnung des Konsumzeitpunktes auf Grund der festgestellten THC-Konzentration im Serum gelingt allerdings unter forensischen Gerichtspunkten nicht zuverlässig.[953]

Untersuchungen haben gezeigt, dass auch 27 Stunden nach dem Konsum von Cannabis mit einem Wirkstoffgehalt von 3,55 % noch ein Nachweis einer THC-Konzentration von 0,5 ng/ml möglich war.[954]

487 Grotenhermen/Karus[955] führen sogar aus, dass der Nachweis von THC im Blut „noch Tage" nach dem Konsum erfolgen kann und präzisieren diese Aussage dahingehend, dass bei gewohnheitsmäßigen Konsumenten **bis zu 4 Wochen** nach dem Konsum eine THC-Konzentration bis zu 0,3 ng/ml im Blut möglich ist.[956]

So konnte zum Beispiel 10 Tage nach dem Konsum von 56 mg Tetrahydrocannabinol noch eine THC-Konzentration von 0,13 ng/ml gemessen werden.[957]

488 Auch das BVerfG[958] bestätigt, dass es der technische Fortschritt ermögliche, dass sich Tetrahydrocannabinol **mehrere Tage** und unter Umständen sogar Wochen nach dem Konsum nachweisen lasse. Ein derart langer Nachweis ist allerdings i.d.R. nur im Urin möglich und nur das nicht psychoaktiv wirkende Abbauprodukt Tetrahydrocannabinol-Carbonsäure (THC-COOH) lässt sich einige Tage oder nach regelmäßigem Konsum auch noch nach Wochen im Blutserum nachweisen,[959] was allerdings für die Frage, ob zur Tatzeit eine Ordnungswidrigkeit i.S.v. § 24a Abs. 2 StVG vorlag nichts hergibt.[960]

489 Ergibt eine Blutprobe einen positiven Befund von aktivem Tetrahydrocannabinol, so führt das zu dem Ergebnis, dass ein Fahrzeugführer auch **während der letzten 24 Stunden**[961] Cannabis konsumiert haben könnte und nicht, dass der Konsum von Haschisch oder Marihuana „vor wenigen Stunden" stattgefunden haben muss; wobei bei der oralen Aufnahme von

---

950 Vom 12.4.2006, Az. 6072 Js 4574/06.

951 Die OH-THC-Konzentration wird nicht angegeben.

952 Vom 28.10.2004, Az. 3 OWi 510 Js 30112/04.

953 *Daldrup/Meininger* Begutachtung der Fahruntüchtigkeit unter Cannabis im Strafverfahren, S. 202.

954 *Grotenhermen/Karus* Cannabis, Straßenverkehr und Arbeitswelt, S. 336.

955 *Grotenhermen/Karus* Cannabis, Straßenverkehr und Arbeitswelt, S. 336 u. S. 340f.

956 Vgl. auch Rn. 541.

957 *Grotenhermen/Karus* Cannabis, Straßenverkehr und Arbeitswelt, S. 336.

958 Vom 21.12.2004, DAR 2005, 70ff (73) = NZV 2005, 270ff = BA 2005, 156ff = NJW 2005, 349ff = SVR 2005, 77f.

959 *Eisenmenger* NZV 2006, 24ff; vgl. auch Rn. 897ff.

960 Vgl. Rn. 464.

961 So *Schubert/Mattern* Urteilsbildung in der medizinisch-psychologischen Fahreignungsdiagnostik; Beurteilungskriterien, S. 145 und *Schubert/Schneider/Eisenmenger/Stephan* Begutachtungs-Leitlinien zur Kraftfahrereignung, Kommentar, 2. Aufl., S. 178, Tab. 1.

Cannabis auch noch 30 Stunden nach dem Konsum THC im Blutserum nachgewiesen werden kann.[962]

Der Vorstellung des Gesetzgebers und der Rechtsmeinungen zahlreicher Gerichte, die in der Anlage zu § 24a Abs. 2 StVG aufgeführten Substanzen seien **nur in engem zeitlichem Zusammenhang** mit dem Konsum des berauschenden Mittels im Blut nachweisbar, ist damit zumindest für THC die **Grundlage entzogen**. **490**

(2) Einflussdauer auf das Zentralnervensystem

Die Rechtsauffassung einer „**absoluten Nullwertgrenze**" in der Vorschrift des § 24a Abs. 2 StVG findet bei genauerer Prüfung des Gesetzentwurfes nach Ansicht des BVerfG[963] ferner folgende Gegenargumentation:

Der Gesetzgeber ging auch davon aus, dass die **Einfluss- und Nachweisdauer** bei den einzel- **491**
nen Drogen **übereinstimmen**. Es wurde angenommen, dass beispielsweise Cannabis auf das Zentralnervensystem eines Kraftfahrzeugführers einwirkt und zu einer Beeinträchtigung oder Einschränkung der Fahrtüchtigkeit führt, wenn im Blut des Verkehrsteilnehmers Substanzen von Tetrahydrocannabinol nachweisbar waren.

Die Regelung des § 24a Abs. 2 StVG beruhte auf der Annahme, dass bei einem solchen **492**
Nachweis die Möglichkeit einer Beeinträchtigung der Leistungsfähigkeit eines Betroffenen gegeben ist, der durch das Verbot des § 24a Abs. 2 StVG entgegengewirkt werden sollte,[964] so dass die der Ordnungswidrigkeiten-Vorschrift zugrunde liegende Annahme einer abstrakten Verkehrsgefährdung eingetroffen und eine Sanktionierung nach § 24a Abs. 2 StVG gerechtfertigt war.

Infolge der zwischenzeitlich längeren Nachweiszeit von Drogensubstanzen im Blutserum **493**
(der Konsum eines Betäubungsmittels also schon längere Zeit vor der Fahrt erfolgte) kann aber von der **Möglichkeit einer Beeinträchtigung auf das Zentralnervensystem** bzw. einer Beeinträchtigung der Leistungsfähigkeit nicht mehr zwingend ausgegangen werden.[965]

So führen Madea/Mußhoff/Lackenmeier[966] beispielsweise aus, dass noch **12 Stunden** nach **494**
dem Konsum von Cannabis im Blut eines Verkehrsteilnehmers Tetrahydrocannabinol festgestellt werden könne; ein akuter Einfluss allerdings nur bis zu **7 Stunden** nach dem Konsum möglich sei.

Die Annahme des Gesetzgebers von der **Identität der Einfluss- und Nachweiszeit** trifft daher **495**
zumindest für Cannabis nicht mehr zu und die Nachweiszeit und Beeinflussung des Zentralnervensystems sind daher **nicht immer zwingend identisch**.[967]

962 *Seidl/Schwarze/Betz* § 64 Rechts- und Verkehrsmedizin, Rn. 77.

963 Vom 21.12.2004, DAR 2005, 70ff = NZV 2005, 270ff = BA 2005, 156ff = NJW 2005, 349ff = SVR 2005, 77f; so auch *OLG Zweibrücken* vom 13.4.2005, DAR 2005, 408f = NZV 2005, 430f = BA 2006, 235f.

964 Vgl. Gesetzentwurf der Bundesregierung, Drucksache 13/3764 vom 8.2.1996, S. 4f.

965 Vgl. Rn. 462.

966 *Madea/Mußhoff/Lachenmeier* Spezielle Analyten: Cannabinoide, S. 180.

967 *BVerfG* vom 21.12.2004, DAR 2005, 70ff = NZV 2005, 270ff = BA 2005, 156ff = NJW 2005, 349ff = SVR 2005, 77f; *Kreuzer* Rechtspolitische Aspekte und strassenverkehrsrechtliche Relevanz des Cannabiskonsums, S. 206; *SPD-Bundestagsfraktion* Fragenkatalog für die Anhörung am 19. Februar 1997, Punkt 11.

496 Bei Beachtung weiterer Untersuchungen ergibt sich aber auch, dass Leistungseinbußen **auch noch längere Zeit nach dem Konsum möglich** und nicht forensisch gesichert ausgeschlossen sind.[968]

Geschwinde[969] führt beispielsweise aus, dass auch noch nach **10 bis 12 Stunden** ein Einfluss auf das Zentralnervensystem möglich ist und zwar insbesondere dann, wenn ein Fahrzeugführer Cannabis oral konsumiert hat.

Köhler[970] führt sogar aus, dass noch **24 Stunden** nach dem Konsum von Cannabis die Fahrtüchtigkeit beeinträchtigt sein kann.

Berghaus/Schulz/Szegedi[971] kommen zu dem Ergebnis, dass nach dem Rauchen von 18 mg Tetrahydrocannabinol selbst nach **48 Stunden** Leistungseinbußen **nicht völlig ausgeschlossen** sind.

Salger und Maatz[972] fordern deshalb ein Fahrverbot für 72 Stunden nach dem Konsum von Cannabis.

497 Um sowohl einen Einfluss auf das Zentralnervensystem als auch eine Wirkung i.S.v. § 24a Abs. 2 StVG mit an Sicherheit grenzender Wahrscheinlichkeit **auszuschließen** wird zumindest ein Fahrverbot von 48 Stunden nach dem Konsum von Cannabis opportun sein.[973]

Wenn Schubert/Schneider/Eisenmenger/Stephan[974] nur einen „Sicherheitsabstand" von 10 Stunden zwischen dem Konsum von Cannabis und dem Führen eines Kraftfahrzeuges fordern, so reicht dies jedenfalls nicht in jedem Fall aus.[975]

cc) Grenzwertkommission

498 Die Rechtsauffassung des OLG Zweibrücken[976] über eine „absolute Nullwertgrenze" in der Vorschrift des § 24a Abs. 2 StVG ist auch unter Beachtung der Ansicht der Arbeitsgruppe für Grenzfragen und Qualitätskontrolle der Deutschen Gesellschaft für Rechtsmedizin, der Deutschen Gesellschaft für Verkehrsmedizin und der Gesellschaft für Forensische und Toxikologische Chemie (Kommission für Grenzwertfragen bei Arznei- und Suchtstoffen [Grenzwertkommission]) vom 20.11.2002 nicht zwingend:

Nach Ansicht des Gesetzgebers handelt ein Kraftfahrzeugführer zwar dann ordnungswidrig, wenn dieser „unter der Wirkung", also dem Nachweis einer Substanz im Blut bzw. Blutserum ein Kraftfahrzeug führt; bei Schaffung des Gesetzes in den Jahren 1994[977] bis 1996 war ein sicherer[978] bzw. zuverlässiger und zweifelsfreier analytischer Nachweis jedoch nur ab einer Konzentration von 1 ng/ml und mehr Tetrahydrocannabinol möglich.[979]

---

968 Vgl. auch Rn. 595.
969 *Geschwinde* Rauschdrogen, Marktformen und Wirkungsweisen, Rn. 115.
970 *Köhler* Rauschdrogen und andere psychotrope Substanzen; Formen, Wirkungen, Wirkmechanismen, S. 140.
971 *Berghaus/Schulz/Szegedi* Cannabis und Fahrtüchtigkeit; Ergebnisse der experimentellen Forschung, S. 77.
972 *Salger/Maatz* NZV 1993, 329ff (331).
973 Vgl. auch Rn. 528.
974 *Schubert/Schneider/Eisenmenger/Stephan* Begutachtungs-Leitlinien zur Kraftfahrereignung, Kommentar, 1. Aufl., S. 123, Ziff. 4.2.4; *Schubert/Schneider/Eisenmenger/Stephan* Begutachtungs-Leitlinien zur Kraftfahrereignung, Kommentar, 2. Aufl., S. 193.
975 **Beachte** auch Rn. 594ff.
976 Vom 13.11.2003, Az. 1 Ss 215/03.
977 Drucksache des Deutschen Bundestages 456/95.
978 *Albrecht* SVR 2005, 81ff (82).
979 Siehe dazu auch *Aderjan/Herbold* Qualitätskontrolle für quantitative Analysen von Betäubungsmitteln im Blut, S. 10ff u. S. 40 sowie S. 42.

Die Vorschrift des § 24a Abs. 2 StVG führte deshalb bei Einführung des Gesetzes am 01.08.1998 auch nicht bereits bei Vorliegen geringster Konzentrationen durch Nahrungsmittel[980] wie Hanfbier[981] oder durch Passiv-Rauchen von Cannabis zu Sanktionen.[982]

Der Gesetzgeber ging bei seiner Einschätzung der durch die Aufnahme bestimmter Betäubungsmittel zu erwartenden Leistungsbeeinträchtigungen im Straßenverkehr zwar davon aus, dass solche dann eintreten, wenn die Blut-Wirkstoff-Konzentration eine solche Höhe erreicht hat, dass ein zuverlässiger blutanalytischer Nachweis möglich ist.[983] Vom blutanalytischen Wirkstoffnachweis werden nach klaren wissenschaftlichen Feststellungen aber nur Konzentrationen erfasst, die **deutlich oberhalb des Nullwertes** liegen.[984]

Die Grenzwertkommission hatte bei Einführung der Vorschrift des § 24a Abs. 2 StVG sogar vorgeschlagen, den sicheren Nachweis von THC und damit eine Wirkung i.S.d. Gesetzes erst bei einer Konzentration von 2 ng/ml anzusetzen[985] und auch die SPD-Bundestagsfraktion forderte vor Einführung der Vorschrift des § 24a Abs. 2 StVG den THC-Grenzwert bei 2 ng/ml festzulegen.[986] Allerdings wollte die Deutsche Gesellschaft für Rechtsmedizin auch „Nachwirkungen“ absichern und forderte daher vor Einführung des Gesetzes, dass der (seinerzeit) „**analytische Grenzwert**“ für das Vorliegen einer Ordnungswidrigkeit **genügen** solle.[987] Dieser betrug für Tetrahydrocannabinol 1 ng/ml.[988]

Nur infolge des technischen Fortschritts haben sich die Verhältnisse aber geändert und die **499**
durch die Grenzwertkommission festgesetzte und „nachweisfähige Grenze“[989] von 1 ng/ml THC im Serum und mehr ist zwischenzeitlich überholt,[990] denn der Sachverständige in dem Verfahren vor dem AG Landau/Pfalz[991] war beispielsweise im Oktober 2003 in der Lage, auch eine THC-Konzentration von nur 0,95 ng/ml nachzuweisen und in dem Verfahren vor dem OLG Zweibrücken[992] konnte der Sachverständige THC „im Spurenbereich“[993] feststel-

980 Siehe dazu *Below/Rosenstock/Lignitz* BA 2005, 442ff.

981 Siehe dazu Kongressbericht 2005 der Deutschen Gesellschaft für Verkehrsmedizin e.V., S. 170ff.

982 So *BayObLG* vom 20.1.2003, NZV 2003, 252f.

983 *BVerfG* vom 21.12.2004, DAR 2005, 70ff = NZV 2005, 270ff = BA 2005, 156ff = NJW 2005, 349ff = SVR 2005, 77f; *Gesetzentwurf der Bundesregierung*, Drucksache 13/3764 vom 8.2.1996, S. 5.

984 *BayObLG* vom 20.1.2003, NZV 2003, 252f; *Stein* NZV 1999, 441ff; vgl. auch Rn. 169 und Rn. 500.

985 *Schmitt/Herbold/Aderjan* BA 1999, 362ff (367); *Aderjan/Herbold* Qualitätskontrolle für quantitative Analysen von Betäubungsmitteln im Blut, S. 43; vgl. auch *Albrecht* SVR 2005, 81ff (82).

986 Vgl. *SPD-Bundestagsfraktion* Arbeitsgruppe Verkehr, Änderungsantrag (Entwurf), S. 1 Punkt 2: „Dies gilt nur, wenn 2,0 ng/ml und mehr eine [sic] der in Anlage 2 genannten Substanz im Blut nachgewiesen wird“.

987 *Brinkmann* Statement zum Thema „Drogen im Straßenverkehr“ der Deutschen Gesellschaft für Rechtsmedizin [Masch.-schr. vom 7.2.1997].

988 *OVG Thüringen* vom 11.5.2004, BA 2005, 183ff = SVR 2004, 438f; *OVG Niedersachsen* vom 11.7.2003, DAR 2003, 480f = BA 2004, 183ff; *BayObLG* vom 20.1.2003, NZV 2003, 252f.

989 So *BayObLG* vom 20.1.2003, NZV 2003, 252f unter Berufung auf *Kauert* BA 2002, 102ff (108).

990 **A.M.** *OLG München* vom 13.3.2006, DAR 2006, 287ff = NZV 2006, 277ff = BA 2006, 239ff = NJW 2006, 1606f = VRS 110, 296ff = VM 2006, 34 = NJW-Spezial 2006, 259 = StV 2006, 532ff = NStZ 2006, 535ff = SVR 2006, 391f (Bei einem Grenzwert von 1 ng/ml handele es sich um einen analytischen Grenzwert, ab dem die untersuchenden Labors einen sicheren Nachweis der Substanz im Blut gewährleisten können).

991 Vgl. *OLG Zweibrücken* vom 27.1.2004, DAR 2004, 409ff = BA 2004, 469ff.

992 Vom 3.5.2001, DAR 2002, 135f = BA 2002, 129f = NStZ 2002, 95f.

993 Im chemischen Sinne eine Konzentration, die nicht nur detektierbar, sondern auch quantitativ auswertbar ist.

len.[994] In einem Verfahren vor dem VG Augsburg[995] war THC „als Spur vorhanden“[996] und in einem Beschluss des VG Regensburg[997] heißt es, dass THC „an der Nachweisgrenze“[998] festzustellen war.

500 Nehm[999] weist zutreffend darauf hin, dass ein überaus exakt arbeitendes Labor mit feinster Messtechnik zwischenzeitlich durchaus in der Lage ist, auch einen THC-Konzentrationsnachweis von unter 1 ng/ml zu erbringen. Entsprechend DIN 32645 können heutzutage bei der gaschromatographisch-massenspektrometrischen Untersuchung **Messwerte ab 0,25 ng/ml als „positiv“** gewertet werden.[1000]

Zwar könnte hinterfragt werden, ob der Gesetzgeber möglicherweise davon ausging, dass die Wissenschaft und Technik zukünftig auch in der Lage sein könnte, geringere Konzentrationen nach einem längeren Zeitablauf nachweisen und ob der Gesetzgeber deshalb möglicherweise beabsichtigt auf eine Erwähnung eines „Grenzwertes“ in der Vorschrift des § 24a Abs. 2 StVG verzichtete; dafür gibt der Gesetzentwurf jedoch nichts her.

501 Daher rechtfertigt auch nach einem verwaltungsrechtlichen Urteil des OVG Rheinland-Pfalz[1001] nur eine Konzentration von mehr als 1 ng/ml die Annahme eines zeitnahen Cannabis-Konsums und auch das OVG Niedersachsen[1002] sieht den Grenzwert bei 1 ng/ml THC.[1003]

dd) Verfassungskonforme Anwendung des § 24a Abs. 2 StVG

502 Auf Grund der vorstehenden Argumente, des technischen Fortschritts seit Einführung des Gesetzes und des verbesserten Nachweises von Drogensubstanzen im Blutserum eines Kraftfahrzeugführers kann eine absolute Nullwertgrenze in der Vorschrift des § 24a Abs. 2 StVG zu Ergebnissen führen, die dem Einzelnen nicht mehr zugemutet werden können und die vom Gesetzgeber offensichtlich auch nicht gewollt waren.

Da sich die Nachweisdauer für das Vorhandensein von THC im Blut wesentlich erhöht hat und sich Spuren von Tetrahydrocannabinol auch über viele Stunden und sogar Tage im Blutserum nachweisen lassen, während ein Einfluss auf das Zentralnervensystem bereits nach kürzerer Zeit abgeklungen sein dürfte,[1004] ist der Tatbestand der „Wirkung“ in der Vorschrift des § 24a Abs. 2 StVG **verfassungskonform auszulegen**.

503 Mit Rücksicht darauf kann nicht mehr jeder Nachweis einer illegalen Drogensubstanz im Blutserum eines Kraftfahrzeugführers für eine Verurteilung nach § 24a Abs. 2 StVG ausreichen und ein „absoluter Nullwert“ besteht, auch wenn der Wortlaut des § 24a Abs. 2 StVG (anders als bei § 24a Abs. 1 StVG[1005]) dies nicht ausdrücklich erwähnt, nicht.

994 Ein genauer Wert fehlt.
995 Vom 3.2.2004, DAR 2004, 287f = BA 2005, 261f.
996 Es fehlt eine genaue Angabe.
997 Vom 2.2.2004, Az. RO 5 S 221/04.
998 Es fehlt auch hier eine genaue Angabe.
999 *Nehm* Auf der Suche nach Drogengrenzwerten, S. 359ff (364).
1000 *Bundesanstalt für Straßenwesen* Kongressbericht 2005 der Deutschen Gesellschaft für Verkehrsmedizin e.V., S. 174.
1001 Vom 13.1.2004, DAR 2004, 413f = BA 2004, 293f.
1002 Vom 11.7.2003, DAR 2003, 480f = BA 2004, 183ff.
1003 Vgl. auch Rn. 748.
1004 Vgl. aber Rn. 496.
1005 Vgl. Rn. 469.

> Vielmehr muss im Blutserum eines Kraftfahrzeugführers eine Konzentration festgestellt werden, die es entsprechend dem Charakter der Vorschrift als ein abstraktes Gefährdungsdelikt **überhaupt als (theoretisch) möglich erscheinen lässt**, dass dieser am Straßenverkehr teilgenommen hat, obwohl seine Fahrtüchtigkeit eingeschränkt gewesen sein könnte.[1006]

Dies entspricht nicht nur dem **Grundsatz der Verhältnismäßigkeit** sondern auch der Ansicht des **Bundesverfassungsgerichts**.[1007]

> Nachgewiesene minimalste Konzentrationen einer unter Rn. 428 aufgeführten Betäubungsmittelsubstanz im Blutserum eines Kraftfahrzeugführers rechtfertigen daher noch keine Verurteilung wegen einer Ordnungswidrigkeit nach § 24a Abs. 2 StVG. Folglich ist in diesem Falle auch kein Bußgeldbescheid zu erlassen.

b) Einführung eines Grenzwertes

Der zwischenzeitliche technische Fortschritt seit Einführung der Vorschrift des § 24a Abs. 2 StVG ermöglicht es, dass im Blutserum eines Kraftfahrzeugführers eine positive Drogensubstanz selbst dann festgestellt werden kann, wenn von der **Möglichkeit** einer Beeinträchtigung auf das Zentralnervensystem nicht mehr auszugehen ist. 504

Das BVerfG[1008] führte deshalb aus, dass eine Verurteilung wegen einer Ordnungswidrigkeit gem. § 24a Abs. 2 StVG ausschließlich und nur auf Grund des Nachweises einer äußerst geringen Drogenkonzentration im Blut eines Kraftfahrzeugführers **gegen das Übermaß und den Verhältnismäßigkeitsgrundsatz verstoßen** würde.

> Vielmehr muss im Blut bzw. Blutserum[1009] eines Kraftfahrzeugführers eine Konzentrationshöhe festgestellt werden, die es [scil: überhaupt] als möglich erscheinen lässt, dass ein Verkehrsteilnehmer ein Kraftfahrzeug führte, obwohl seine Fahrtüchtigkeit eingeschränkt war.

> Um den **Begriff der „Wirkung"** i.S.v. § 24a Abs. 2 S. 2 StVG daher **verhältnismäßig und verfassungskonform auszulegen** ist fraglich, **ab welcher Konzentrationshöhe** einer Drogensubstanz eine Fahrtüchtigkeit eingeschränkt sein **kann**, eine solche also überhaupt theoretisch möglich ist, respektive, ab welcher Konzentration eine Beeinträchtigung für die Sicherheit des Straßenverkehrs mit an Sicherheit grenzender Wahrscheinlichkeit nicht mehr möglich und somit auszuschließen ist.

aa) Grenzwert für Tetrahydrocannabinol

Das BVerfG[1010] führte für die Substanz Tetrahydrocannabinol nach dem Konsum von Haschisch oder Marihuana aus, dass die **Möglichkeit** einer eingeschränkten Fahrtüchtigkeit von der Wissenschaft z.T. **erst bei Konzentrationen von über 1 ng/ml** angenommen werde.[1011] Andere Meinungen gingen dagegen davon aus, dass schon, aber auch **erst ab** diesem von der Arbeitsgruppe für Grenzfragen und Qualitätskontrolle der Deutschen Gesell- 505

1006 *Krause* SVR 2006, 300f.
1007 Vom 21.12.2004, DAR 2005, 70ff = NZV 2005, 270ff = BA 2005, 156ff = NJW 2005, 349ff = SVR 2005, 77f; s. dazu auch *OLG Köln* vom 30.6.2005, DAR 2005, 646f = BA 2006, 236ff.
1008 Vom 21.12.2004, DAR 2005, 70ff = NZV 2005, 270ff = BA 2005, 156ff = NJW 2005, 349ff = SVR 2005, 77f.
1009 Vgl. Rn. 162ff und Rn. 541.
1010 Vom 21.12.2004, DAR 2005, 70ff = NZV 2005, 270ff = BA 2005, 156ff = NJW 2005, 349ff = SVR 2005, 77f.
1011 Vgl. auch Rn. 149ff.

schaft für Rechtsmedizin, der Deutschen Gesellschaft für Verkehrsmedizin und der Gesellschaft für Forensische und Toxikologische Chemie (Grenzwertkommission) in ihrem Beschluss zu § 24a Abs. 2 StVG vom 20.11.2002 angegebenen Grenzwert von 1 ng/ml eine „Wirkung" im Sinne dieser Vorschrift nicht mehr auszuschließen sei, während **im Bereich darunter** eine solche „Wirkung" nicht belegt werden könne.

Die Entscheidung des Bundesverfassungsgerichts kann daher dahingehend interpretiert werden, dass erst ab einer nachgewiesenen THC-Konzentration von 1 ng/ml eine Beeinträchtigung der Fahrtüchtigkeit möglich ist und der Begriff der Wirkung i.S.v. § 24a Abs. 2 StVG somit erst dann vorliegt, wenn im Blutserum eines Kraftfahrzeugführers eine THC-Konzentration von mind. 1 ng/ml nachgewiesen werden konnte.

506 Der Bund gegen Alkohol und Drogen im Straßenverkehr führte nach Bekanntwerden des Beschlusses des BVerfG deshalb auf seiner Internethomepage aus: „Das Bundesverfassungsgericht hat mit Beschluss vom 21.12.2004 – 1 BvR 2652/03 – entschieden, dass der Nachweis des Cannabis-Wirkstoffs THC im Blut eines Kraftfahrers nur dann eine Ordnungswidrigkeit nach § 24a Abs. 2 des Straßenverkehrsgesetzes (StVG) darstelle, wenn die gemessene Konzentration den Grenzwert von **1 ng/ml übersteigt** ..."

507 Die JWO-VerkehrsR online[1012] führte aus, „dass eine Verurteilung wegen einer Ordnungswidrigkeit nach § 24a Abs. 2 StVG voraussetze, dass bei der Blutuntersuchung **mindestens** (noch[1013]) **1 ng/ml** Tetrahydrocannabinol **nachgewiesen** werden".

508 Dietz[1014] führt aus: „Strafrechtlich wird künftig ein Kraftfahrer und Cannabiskonsument mit einer THC-Konzentration von **weniger als 1 ng/ml straflos** bleiben".

509 Schäpe[1015] führt aus: „Verfahren, in denen eine Cannabisfahrt mit **weniger als 1 ng/ml** im Blut vorgeworfen wird, sind entweder nach § 47 OWiG einzustellen oder führen zum **Freispruch**".

510 Wie die Praxis zeigt, ist es auf Grund des Beschlusses des BVerfG[1016] aber nicht zwingend, dass die Strafverfolgungsbehörden sämtliche Verfahren, in denen ein Verkehrsteilnehmer mit einer THC-Konzentration von unter 1 ng/ml ein Kraftfahrzeug führte, einstellen.

Vielmehr könnte hinterfragt werden, ob die Fahrtüchtigkeit eines Betroffenen, in dessen Blutserum sich eine Konzentration von weniger als 1 ng/ml THC nachweisen ließ, theoretisch ebenfalls eingeschränkt gewesen sein kann, oder ob, wie das BVerfG ausführt, Leistungseinbußen tatsächlich erst ab einer Konzentration von 1 ng/ml THC möglich, in Konzentrationen darunter also definitiv ausgeschlossen sind.[1017]

(1) Wirksame Einzeldosis

511 Leistungseinbußen und die Möglichkeit einer Beeinträchtigung der Fahrtüchtigkeit könnten trotz einer THC-Konzentration von < 1 ng/ml vielleicht dann vorliegen, wenn ein Kraftfahrzeugführer kurze Zeit vor dem Führen eines Kraftfahrzeuges ein Cannabisprodukt in einer sehr geringen Menge mit einem geringen THC-Wirkstoffgehalt konsumierte, und nicht, wie von ihm angegeben, vor längerer Zeit.

1012 Nr. 4/2005, S. 2.
1013 Vgl. auch Rn. 511.
1014 *Dietz* NVwZ 2005, 410ff.
1015 *Schäpe* Teil 7, Ordnungswidrigkeitenverfahren, Rn. 293.
1016 Vom 21.12.2004, DAR 2005, 70ff = NZV 2005, 270ff = BA 2005, 156ff = NJW 2005, 349ff = SVR 2005, 77f.
1017 Vgl. dazu auch *Krause* SVR 2006, 300f.

Auch eine nachgewiesene BAK von 0,5‰ kann durch das Trinken von „nur“ zwei Flaschen Bier entstanden sein, es wäre aber auch möglich, dass ein Betroffener durch den Konsum mehrerer Flaschen Bier ursprünglich eine viel höhere BAK aufwies und lediglich zum Zeitpunkt der Verkehrskontrolle „noch“ eine BAK von 0,5‰ festzustellen war.

Die nachgewiesene Konzentration von 1 ng/ml wäre daher keine ursprünglich höher gewesene Konzentration (kein „Abbauwert“), weshalb auch nicht davon gesprochen werden kann, dass für die Annahme einer Ordnungswidrigkeit auf Grund des abstrakten Gefährdungsdelikts zum Tatzeitpunkt **„noch“**[1018] eine THC-Konzentration von 1 ng/ml vorliegen müsse.

Nach Ansicht des BGH[1019] genügen zur Erzielung einer „Rauschwirkung“, also zur Erzie- **512**
lung eines Einflusses auf das Zentralnervensystem, 15 mg Tetrahydrocannabinol.[1020]

Möller[1021] und Geschwinde[1022] führen aber aus, dass die wirksame Einzeldosis von Tetrahy- **513**
drocannabinol zwischen 2 mg und 20 mg liegt. So kann bereits der Konsum einer Menge von 10 mg THC ausreichend sein,[1023] unter anderem je nach Applikationsart, Inhalationstiefe, Körpergewicht des Konsumenten, körperlicher und seelischer Verfassung oder Gewöhnung, um einen Einfluss auf das Zentralnervensystem und damit eine Beeinträchtigung der Leistungsfähigkeit zu erzielen.

> Bei an Cannabis **gewöhnte Konsumenten** können schon 2 mg bis 5 mg[1024] THC bzw. 3 mg bis **514**
> 6 mg[1025] THC genügen, um einem Effekt auszulösen.[1026]
> Dies entspricht etwa 2 bis 3 Zügen an einer mit Haschisch oder Marihuana vermischten Zigarette mit einem THC-Wirkstoffgehalt von 4 %,[1027] wobei die unterste, einen spürbaren Effekt auslösende THC-Einzeldosis beim Rauchen von Cannabis bei 2 mg liegt[1028] und der Nachweis einer THC-Konzentration im Blutserum deshalb möglicherweise ebenfalls **unter 1 ng/ml** liegt.[1029]

1018 Vgl. Rn. 507.
1019 Vom 20.12.1995, Az. 3 StR 245/95.
1020 So auch *OVG Thüringen* vom 11.5.2004, BA 2005, 183ff = SVR 2004, 438f; *OVG Niedersachsen* vom 11.7.2003, DAR 2003, 480f = BA 2004, 183ff; *OVG Nordrhein-Westfalen* vom 22.11.2001, DAR 2002, 185ff (188); *VG Münster* vom 13.9.2004, SVR 2005, 116f; *Eberth/Müller* Verteidigung in Betäubungsmittelsachen, Rn. 78.
1021 *Möller* § 3 Medikamente und Drogen – verkehrsmedizinisch-toxikologische Gesichtspunkte, Rn. 74.
1022 *Geschwinde* Rauschdrogen, Marktformen und Wirkungsweisen, Rn. 117.
1023 *Madea/Mußhoff/Lachenmeier* Spezielle Analyten: Cannabinoide, S. 179, Ziff. 4.2.3.1.
1024 *Geschwinde* Rauschdrogen, Marktformen und Wirkungsweisen, Rn. 117.
1025 *Grotenhermen* Cannabis, Straßenverkehr und Arbeitswelt, S. 166 u. S. 305.
1026 Beim Konsum von Alkohol scheint dies wohl genau umgekehrt zu sein.
1027 Vgl. auch Rn. 827ff.
1028 *Berghaus* Vergleich der Cannabiswirkungen mit den Alkoholwirkungen auf der Basis der experimentellen Forschung, S. 233; *Sticht/Käferstein* Grundbegriffe, Toxikokinetik und Toxikodynamik, S. 2; *Grotenhermen* Cannabis, Straßenverkehr und Arbeitswelt, S. 305; s. auch *Bundesanstalt für Straßenwesen* Kongressbericht 2005 der Deutschen Gesellschaft für Verkehrsmedizin e.V., S. 46f.
1029 Auf die Frage, ob in einem solchen Fall dann auch der Nachweis von 11-Hydroxy-Tetrahydrocannabinol (11-OH-THC) möglich ist, soll hier nicht eingegangen werden, vgl. Rn. 534 und Rn. 895; s. dazu auch *Huestis/Henningfield/Cone* Blood cannabinoids; 1. Absorption of THC and formation of 11-OH-THC and THCCOOH during and after smoking marijuana, S. 276ff.

(2) Konsumierter Wirkstoffgehalt

515 Es ist auch unstreitig, dass ein Fahrzeugführer zur Erzielung eines Einflusses auf das Zentralnervensystem weniger Cannabis konsumieren muss, wenn der sich darin befindliche THC-Wirkstoff stärker ist.[1030]

Damit nach dem Konsum von Cannabis überhaupt ein Einfluss auf das Zentralnervensystem eintritt, muss dem Organismus zwischen 2 mg und 20 mg[1031] THC zugeführt werden.

> Diese erforderliche Menge kann sich in einem Gramm Haschisch befinden, aber auch nur in 0,25 g Haschisch. Es kommt daher nicht (nur) darauf an, welche Gewichtsmenge Cannabis durch einen Kraftfahrzeugführer konsumiert wurde, sondern auch, wie stark das Tetrahydrocannabinol war, das sich in dieser Menge befand.

516 Auch Bier kann einen unterschiedlichen Alkoholgehalt aufweisen und die Aussage eines Fahrzeugführers, „nur zwei Bier getrunken zu haben" sagt noch nichts über dessen Blutalkoholkonzentration aus.[1032] Bezeichnet ein Kraftfahrzeugführer den Konsum von Haschisch demnach mit „einem Joint", so ist überhaupt nicht definiert, welche Menge an Delta-9 Tetrahydrocannabinol er enthielt.[1033]

Da auf Grund des meist **unbekannten Wirkstoffgehalts**[1034] eine genaue Dosierung nicht möglich ist, sind die jeweiligen Wirkungen folglich nicht zwingend vorhersehbar.[1035]

(3) Subjektives Einflussempfinden

517 Unterstellt man, dass eine **THC-Konzentration im Blut schneller abnimmt als der Einfluss auf das Zentralnervensystem** bzw. dass das subjektive Einflussempfinden („High-Gefühl") bei einem Kraftfahrzeugführer noch vorhanden sein kann, obwohl nur noch eine sehr geringe (oder möglicherweise sogar überhaupt keine) THC-Konzentration (mehr) nachweisbar ist,[1036] könnte dies ebenfalls erklären, warum bei einem Kraftfahrzeugführer bei einer äußerst niedrigen THC-Konzentration[1037] noch vermeintliche Leistungseinbußen und relativ deutliche Ausfallerscheinungen vorhanden sein und beobachtet werden könnten.[1038]

1030 Vgl. auch Rn. 820ff.

1031 *Geschwinde* Rauschdrogen, Marktformen und Wirkungsweisen, Rn. 117; *Möller* § 3 Medikamente und Drogen – verkehrsmedizinisch-toxikologische Gesichtspunkte, Rn. 74; **a.M.** ab 7 mg: *Schubert/Schneider/Eisenmenger/Stephan* Begutachtungs-Leitlinien zur Kraftfahrereignung, Kommentar, 2. Aufl., S. 172; **a.M.** 10 mg: *Madea/Mußhoff/Lachenmeier* Spezielle Analyten: Cannabinoide, S. 179, Ziff. 4.2.3.1; **a.M.** 15 mg: *BGH* vom 20.12.1995, Az. 3 StR 245/95; *OVG Thüringen* vom 11.5.2004, BA 2005, 183ff = SVR 2004, 438f; *OVG Niedersachsen* vom 11.7.2003, DAR 2003, 480f = BA 2004, 183ff; *OVG Nordrhein-Westfalen* vom 22.11.2001, DAR 2002, 185ff (188); *VG Münster* vom 13.9.2004, SVR 2005, 116f; *Eberth/Müller* Verteidigung in Betäubungsmittelsachen, Rn. 78.

1032 Vgl. Rn. 821.

1033 *Bratzke* Zur Fahrtüchtigkeit unter Drogeneinfluss aus rechtsmedizinischer Sicht, S. 4; vgl. auch Rn. 595.

1034 *Vollrath/Löbmann/Krüger/Schöch/Widera/Mettke* Fahrten unter Drogeneinfluss – Einflussfaktoren und Gefährdungspotenzial, S. 15; vgl. auch 594ff und Rn. 827ff.

1035 *Geschwinde* Rauschdrogen, Marktformen und Wirkungsweisen, Rn. 146.

1036 Siehe dazu die Untersuchungen von *Chiang/Barnett* Marijuana effect and delta-9-tetrahydrocannabinol plasma level, S. 234ff; siehe auch Rn. 189f.

1037 Siehe als mögliche weitere Ursache auch die Ausführungen zur Messungenauigkeit unter Rn 169.

1038 Vgl. auch Rn. 528.

Die nachstehende Graphik[1039] zeigt den Zusammenhang von Wirkung und THC-Konzentrationen. Sie beruht auf den Daten von Chia Whei Nora **Chiang** vom National Institute on Drug Abuse in Rockville, Maryland, USA und Gene **Barnett**.[1040]

518

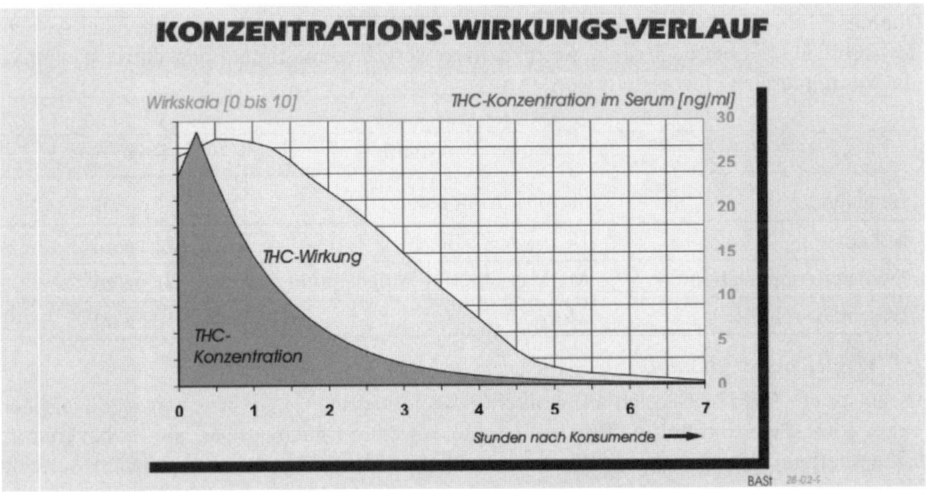

(4) *Mischkonsum*

Leistungseinbußen und die **Möglichkeit** einer Beeinträchtigung der Fahrtüchtigkeit können **trotz einer THC-Konzentration von < 1 ng/ml** möglicherweise auch dann **nicht ausgeschlossen** werden, wenn ein Kraftfahrzeugführer neben einer geringen Menge Tetrahydrocannabinol im Blut auch Alkohol oder andere Drogen konsumiert hat,[1041] da sich deren Wirkungen gegenseitig potenzieren.[1042] Bereits ab einer BAK von 0,3‰ in Kombination von Alkohol und Drogen können sich Fahrfehler und Ausfallerscheinungen unbestritten verstärken.[1043] 519

Beim Zusammenwirken von verschiedenen Betäubungsmitteln, Drogen und Alkohol sowie Betäubungsmitteln und Medikamenten, kann unstreitig ebenfalls eine Fahrunsicherheit herbeigeführt werden.[1044] Daher ist auch die kritische Beurteilung des Konsums von Cannabis in Verbindung mit anderen Stoffen, vor allem Alkohol, aus Gründen der Verkehrssicherheit gerechtfertigt.[1045] Feste Beurteilungsmaßstäbe über die Auswirkung der verschiedenen Kombinationen auf die Fahrsicherheit gibt es jedoch nicht.[1046] 520

1039 Abdruck der Graphik mit freundlicher Genehmigung der Bundesanstalt für Straßenwesen, Bergisch Gladbach.
1040 *Chiang/Barnett* Marijuana effect and delta-9-tetrahydrocannabinol plasma level, S. 234ff.
1041 Vgl. aber auch Rn. 187.
1042 *Granitzka* Polizeiliche Praxis der Erkennung drogenbeeinflußter Fahrer, S. 53; vgl. auch Rn. 243.
1043 *Schöch* Straf- und verwaltungsrechtliche Aspekte des Fahrens unter Drogeneinfluß, S. 62 u. S. 63.
1044 *Harbort* Rauschmitteleinnahme und Fahrsicherheit; Indikatoren – Analysen – Maßnahmen, Rn. 152.
1045 Vgl. auch Rn. 923.
1046 *BayObLG* vom 24.2.1978, BA 1980, 220f; *OLG Frankfurt/Main* vom 28.4.1965, DAR 1966, 106f; *Janiszewski/Jagow/Burmann* Straßenverkehrsrecht, § 316 StGB Rn. 28; *Harbort* Rauschmitteleinnahme und Fahrsicherheit; Indikatoren – Analysen – Maßnahmen, Rn. 152.

521 Obwohl der Konsum mehrerer verschiedener Substanzen zu einem Risiko für die Verkehrssicherheit führen kann (Mischkonsum)[1047] gelten die von der Arbeitsgruppe für Grenzfragen und Qualitätskontrolle der Deutschen Gesellschaft für Rechtsmedizin, der Deutschen Gesellschaft für Verkehrsmedizin und der Gesellschaft für Forensische und Toxikologische Chemie (Grenzwertkommission) festgesetzten und entwickelten Grenzwerte nach Ansicht des AG Brühl[1048] aber auch dann, wenn mehrere verschiedene Betäubungsmittelsubstanzen „im Spurenbereich" festgestellt werden.[1049]

522

Mittel	Substanz	Grenzwert
Cannabis	Tetrahydrocannabinol	1 ng/ml
Kokain	Benzoylecgonin	75 ng/ml[1050]
Designer-Amphetamin	MDMA / MDE / Amphetamin	25 ng/ml[1051]
Heroin/Morphin	Morphin	10 ng/ml[1052]

(5) Vergleich mit Alkohol

523 Es entspricht für den Bereich alkoholischer Beeinflussung der gesicherten medizinischen Erkenntnis, dass Alkohol im Blut zwar schon ab 0,03‰ nachweisbar ist,[1053] aber erst ab 0,2‰ überhaupt messbar wird und verkehrsrelevante Wirkungen erst ab 0,3‰ in Betracht kommen.[1054]

Seltene Ausnahmen sind davon **aber möglich** und auch ein Fahrzeugführer, der weniger als 0,3‰ im Blut hat, kann fahruntüchtig sein![1055]

524 Nach Ansicht von Brinkmann[1056] werden trotz standardisierter Versuchsbedingungen höchst unterschiedliche Blutspiegel und Abweichungen von bis zu 300 % erreicht und auch bei gleichen THC-Konzentrationen können die Auswirkungen **höchst unterschiedlich** sein.

Nick[1057] stellt fest, dass wegen der individuellen Reaktion eines jeden einzelnen Körpers ein verbindliches Wirkungsspektrum nicht festgestellt werden kann. Manche Betroffene werden bei sehr geringen Mengen bereits hoch euphorisch, andere verfallen bei gleicher Menge

1047 Siehe dazu auch *Bundesanstalt für Straßenwesen / Universität des Saarlandes* Drogenerkennung im Straßenverkehr, -Schulungsprogramm für Polizeibeamte-, S. 70ff; *Vollrath/Löbmann/Krüger/Schöch/Widera/Mettke* Fahrten unter Drogeneinfluss – Einflussfaktoren und Gefährdungspotenzial, S. 158.

1048 Vom 22.7.2005, Az. 52 OWi 88/05.

1049 Vgl. auch Rn. 187.

1050 *Eisenmenger* NZV 2006, 24ff.

1051 *OLG München* vom 13.3.2006, DAR 2006, 287ff = NZV 2006, 277ff = BA 2006, 239ff = NJW 2006, 1606f = VRS 110, 296ff = VM 2006, 34 = NJW-Spezial 2006, 259 = StV 2006, 532ff = NStZ 2006, 535ff = SVR 2006, 391f; *OLG Zweibrücken* vom 13.4.2005, DAR 2005, 408f = NZV 2005, 430f = BA 2006, 235f; *Eisenmenger* NZV 2006, 24ff.

1052 *OLG Köln* vom 18.8.2005, DAR 2005, 699ff; *Eisenmenger* NZV 2006, 24ff.

1053 *Maatz* Rechtliche Anforderungen an medizinische Befunde zur Beurteilung der Fahrtüchtigkeit bei Fahrten unter Drogeneinfluss, S. 15.

1054 *Riemenschneider/Paetzold* DAR 1997, 60ff (63), dort Fußnote 45.

1055 *OLG Hamm* vom 23.9.2003, BA 2004, 357ff; *Tröndle/Fischer* Strafgesetzbuch, § 316 StGB Rn. 31; *Freyschmidt* Verteidigung in Straßenverkehrssachen, Rn. 117; s. auch Rn 174 und Rn. 473.

1056 *Brinkmann* Statement zum Thema „Drogen im Straßenverkehr" der Deutschen Gesellschaft für Rechtsmedizin [Masch.-schr. vom 7.2.1997].

1057 *Nick* DAR 2003, 82f.

in stärkere Verwirrung und wiederum andere fühlen sich subjektiv überhaupt nicht beeinträchtigt.[1058] Gilt diese Feststellung von Nick zwar für Ecstasy, so hat eine analoge Aussage auch für THC zu gelten. Kauert[1059] hat bereits im Jahre 1996 ausgeführt, dass sich zwar zwischen Dosis und Blutkonzentration eine mathematische Berechnung vornehmen lässt, das Ausmaß der Wirkung jedoch von vielen unterschiedlichen und individuellen Einflussfaktoren abhängt.[1060] Daran hat sich bis heute nichts geändert. Die Rauschfolgen nach Cannabiskonsum sind „unberechenbar".[1061]

Ein Grenzwert, der eine Beeinträchtigung für die Verkehrssicherheit verbindlich und definitiv **ausschließt**, kann auf Grund der vorstehenden Ausführungen deshalb wohl auch nicht gezogen werden,[1062] und es ist, jedenfalls einzelfallbezogen und anders als das BVerfG[1063] meint, wohl auch **nicht verbindlich und definitiv auszuschließen**, dass trotz eines Nachweises einer THC-Konzentration von unter 1 ng/ml im Blutserum eines Betroffenen **Leistungseinbußen möglich** sind,[1064] weshalb die von der Rechtsprechung definierten „Grenzwerte" daher selbst keine medizinisch-naturwissenschaftlichen Aussagen sind sondern nur das Ergebnis von deren juristischer Bewertung.[1065] **525**

Diese Auffassung bestätigt auch der VGH Bayern,[1066] der ausführt, dass bei einem Kraftfahrzeugführer durchaus körperliche oder andere gesundheitliche Besonderheiten vorliegen könnten, die bei diesem auch bei nur geringerer Drogenkonzentration eine Fahrtüchtigkeit infrage stellen, wenn nicht gar ausschließen, denn – anders als bei Alkohol – sind die Auswirkungen von Betäubungsmitteln bei den einzelnen Konsumenten höchst unterschiedlich.[1067] **526**

Diese Ansicht wird auch durch das nachstehende Schreiben von Daldrup[1068] gestützt, der zumindest – und anders als das BVerfG ausführt[1069] – trotz eines Nachweises einer THC-Konzentration von unter 1,0 ng/ml „Auffälligkeiten" nicht vollumfänglich ausschließt, wenngleich es natürlich immer unwahrscheinlicher wird, dass etwaige Auffälligkeiten eines Verkehrsteilnehmers auf den Konsum von Cannabis zurückzuführen sind, je geringer die nachgewiesene Drogensubstanz war. **527**

1058 *Stafford* Cannabis; Haschisch & Marihuana, S. 47 weist darauf hin, dass es beispielsweise bei Erstkonsumierern nicht ungewöhnlich ist, dass diese überhaupt keine Beeinträchtigung verspüren.

1059 *Kauert* DAR 1996, 447ff (451).

1060 Vgl. Rn. 176.

1061 *Wirth/Swoboda* zfs 2004, 102ff (102).

1062 So auch der Sachverständige in dem Verfahren *OVG Rheinland-Pfalz* vom 13.1.2004, DAR 2004, 413f = BA 2004, 293f; vgl. auch Rn. 148 und Rn. 181ff.

1063 Vom 21.12.2004, DAR 2005, 70ff = NZV 2005, 270ff = BA 2005, 156ff = NJW 2005, 349ff = SVR 2005, 77f.

1064 Wissenschaftliche kontrollierte Studien gibt es hierzu aber bisher nicht. Gesichert ist vielmehr lediglich, dass Leistungseinbußen zumindest ab einer THC-Konzentration von 1 ng/ml möglich sind; **a.M.** wohl auch *OLG Köln* vom 30.6.2005, NStZ-RR 2005, 385 das ausführt: „Eine Wirkung i.S. des § 24a Abs. 2 StVG kann nur dann angenommen werden kann, wenn die betreffende Substanz in einer Konzentration nachweisbar ist, die eine Beeinträchtigung der Fahrsicherheit **zumindest als möglich** erscheinen lässt; die fahreinschränkende Wirkung bei Cannabiskonsum aber nach dem derzeitigen wissenschaftlichen Erkenntnisstand erst bei 1,0 ng/ml liege".

1065 *Maatz* Grenzwerte absoluter Fahruntüchtigkeit nach Drogenkonsum – aus (revisions)richterlicher Sicht –, S. 26.

1066 Vom 24.8.2004, Az. 11 Cs 1422/04; vgl. auch Rn. 1144.

1067 Vgl. auch Rn. 180.

1068 Prof. Dr. Thomas *Daldrup*, Universität Düsseldorf.

1069 Vgl. Rn. 505.

528 **Schreiben Prof. Dr. Daldrup**

Prof. Dr. Thomas Daldrup

INSTITUT FÜR RECHTSMEDIZIN
UNIVERSITÄTSKLINIKUM DER
HEINRICH-HEINE-UNIVERSITÄT DÜSSELDORF

Prof. Dr. Th. Daldrup • Institut für Rechtsmedizin

Telefon:
Fax:
E-Mail:

Datum: 20.06.2006
Tox-Nr.: Prof. Da/Bi
(Bei Schriftverkehr und Ladung bitte immer angeben!)

Betr.: THC-Konzentration von unter 1,0 ng/ml

die Zahl der schweren Unfälle steigt in der Gruppe der Cannabiskonsumenten, in deren Blut eher niedrige THC-Konzentrationen nachgewiesen werden. THC weist ein vielfältiges Wirkmuster auf. Möglicherweise überwiegt in der Nachwirkphase (siehe auch meine Studie zum Thema Cannabis im Straßenverkehr) bei dann eher niedriger THC-Konzentration die Angst und die Kitikfähigkeit mindernde Wirkung, was beim Kraftfahrzeugfahrer fataler Weise zur Selbstüberschätzung des eigenen Leistungsvermögens und ggfls. zu einer enthemmten und risikoreichen Fahrweise führt. Jeder Cannabiskonsument muss also damit rechnen, dass er auch oder gerade in der Nachwirkphase fahruntüchtig wird.

Wird nun THC im Blutserum in einer Konzentration von unter 1 ng/ml aufgefunden, so bedeutet dies, dass immer noch Wirkstoffe im Körper u.a. im zentralen Nervensystem vorhanden ist. Es bedarf daher einer Einzelfallprüfung unter Berücksichtigung u.a. des Zeitintervalls zwischen Tat und Blutentnahme, des Cannabis Influence Factors (CIF) sowie der Konsumgewohnheiten, um zu der Entscheidung zu kommen, ob auffälliges Fahr- und sonstiges Verhalten auf die Cannabiswirkung zurückzuführen ist oder nicht. Richtig ist aber auch, dass es bei THC-Konzentrationen im Serum bzw. Blut deutlich unter 1 ng/ml immer weniger wahrscheinlich wird, dass Ursache für von Zeugen beobachtete Auffälligkeiten die Cannabiseinwirkung war.

Institut für Rechtsmedizin 2

Zum Schluss, basierend auf meinen seit nunmehr über 12 Jahren durchgeführten Studien zum Thema Cannabis und Straßenverkehr meine Empfehlung:

Nach einem leichten Joint 24 Stunden kein Kraftfahrzeug mehr führen; wird mehr konsumiert, ist eine Abstinenzphase von 48 Stunden mindestens notwendig.

Mit freundlichen Grüßen

Prof. Dr. Th. Daldrup

bb) Verurteilungen nach § 24a Abs. 2 StVG trotz Nachweis einer THC-Konzentration unter 1 ng/ml

Wie vorstehend ausgeführt ist wohl **nicht verbindlich und definitiv auszuschließen**, dass 529
(zumindest in Einzelfällen) bei einem Kraftfahrzeugführer trotz eines Nachweises einer THC-Konzentration von unter 1 ng/ml im Blutserum **Leistungseinbußen möglich** sind.[1070]

Fraglich ist aber, ob diese theoretisch nicht vollständig auszuschließende Möglichkeit einer Beeinträchtigung der Fahrtüchtigkeit trotz einer THC-Konzentration von unter 1 ng/ml auch eine Verurteilung nach § 24a Abs. 2 StVG rechtfertigt, falls bei einem Betroffenen trotz einer THC-Konzentration von unter 1 ng/ml tatsächlich „Beeinträchtigungen" oder „Auffälligkeiten" festgestellt werden konnten.

(1) Entscheidungen der Oberlandesgerichte

Zu dieser Problematik sind nicht nur zwischen den Oberlandesgerichten widersprüchliche 530
Entscheidungen ergangen, sondern auch konträre Beschlüsse von Oberlandesgerichten ein und denselben Bundeslandes.[1071] Während das OLG München[1072] ausführt, dass der von der Arbeitsgruppe für Grenzfragen und Qualitätskontrolle der Deutschen Gesellschaft für Rechtsmedizin, der Deutschen Gesellschaft für Verkehrsmedizin und der Gesellschaft für Forensische und Toxikologische Chemie (Kommission für Grenzwertfragen bei Arznei- und Suchtstoffen [Grenzwertkommission]) festgelegte Schwellenwert nicht zwingend erreicht

1070 So muss auch darauf hingewiesen werden, dass der Betroffene in dem Verfahren vor dem Bundesverfassungsgericht nur eine THC-Konzentration von 0,5 ng/ml aufwies und offensichtlich dennoch derart „auffällig" war, als dass die Polizei sich veranlasst sah, bei diesem eine Blutuntersuchung anzuordnen, vgl. Rn. 179.

1071 Vgl. dazu auch *Xanke* Straßenverkehrsstrafrecht, Teil 2 / 1.2.3; *Krause* SVR 2006, 300f.

1072 Vom 13.3.2006, DAR 2006, 287ff = NZV 2006, 277ff = BA 2006, 239ff = NJW 2006, 1606f = VRS 110, 296ff = VM 2006, 34 = NJW-Spezial 2006, 259 = StV 2006, 532ff = NStZ 2006, 535ff = SVR 2006, 391f.

sein muss, sofern bei einem Betroffenen (wohl von der Polizei anlässlich einer Verkehrskontrolle) eine Beeinträchtigung festgestellt werden konnte, eine **Verurteilung** nach § 24a Abs. 2 StVG[1073] (und selbst eine solche nach § 316 Abs. 1 StGB[1074]) also **möglich** ist, verlangen das OLG Bamberg,[1075] das OLG Köln[1076] und das OLG Zweibrücken[1077] mindestens den Nachweis dieses Schwellenwertes, andernfalls komme eine Verurteilung und somit auch ein Bußgeldbescheid nicht infrage.

(2) Meinungen der Literatur

531 Auch in der Literatur bestehen entsprechende konträre Auffassungen. Während Dietz,[1078] Schäpe[1079] und wohl auch Wehowsky[1080] für eine Verurteilung nach § 24a Abs. 2 StVG mindestens den Nachweis des von der Arbeitsgruppe für Grenzfragen und Qualitätskontrolle der Deutschen Gesellschaft für Rechtsmedizin, der Deutschen Gesellschaft für Verkehrsmedizin und der Gesellschaft für Forensische und Toxikologische Chemie (Kommission für Grenzwertfragen bei Arznei- und Suchtstoffen [Grenzwertkommission]) festgesetzten Schwellenwertes fordern, halten Albrecht[1081] und König[1082] eine Sanktionierung auch dann für möglich, wenn diese Konzentration im Blutserum nicht nachgewiesen wurde.

(3) Verurteilung oder Freispruch

Für die strittige Problematik, ob ein Betroffener freizusprechen oder zu verurteilen ist, falls bei diesem trotz einer THC-Konzentration von unter 1 ng/ml „Beeinträchtigungen" oder „Auffälligkeiten" festgestellt wurden, können folgende Argumente angeführt und in die Entscheidung einbezogen werden:

532 **(a) Argumente, die für eine Verurteilung sprechen.** Bei der Vorschrift des § 24a Abs. 2 StVG handelt es sich um einen abstrakten Gefährdungstatbestand. Es kommt daher nicht darauf an, ob bei einem Betroffenen etwaige Leistungseinbußen, Auffälligkeiten oder gar Fahrfehler festgestellt wurden.

Es genügt, wie das BVerfG[1083] zutreffend ausführt, dass eine Beeinträchtigung der Leistungsfähigkeit eines Kraftfahrzeugführers (theoretisch) **möglich** ist und die in der Ordnungswidrigkeiten-Vorschrift zugrunde liegende Annahme einer abstrakten Verkehrsgefährdung eintrat.

Jedoch kann der Auffassung des BVerfG nicht zugestimmt werden, wonach eine abstrakte Verkehrsgefährdung ausschließlich nur und erst ab einer nachgewiesenen THC-Konzentration von 1 ng/ml möglich sei. Zumindest in Einzelfällen kann eine Leistungsminderung auch bei geringeren THC-Konzentrationen nicht vollumfänglich ausgeschlossen werden.[1084]

1073 So auch *LG München I* vom 3.8.2005, BA 2006, 43f; so auch *AG München* vom 30.11.2005, Az. 942 Ds 482 Js 108156/05 bei 0,7 ng/ml THC.

1074 So die Anklageschrift der Staatsanwaltschaft beim LG München I, Az. 482 Js 108156/05.

1075 Vom 8.8.2005, DAR 2006, 286 = BA 2006, 238f = StraFo 2006, 85.

1076 Vom 30.6.2005, NStZ-RR 2005, 385.

1077 Vom 13.4.2005, DAR 2005, 408f = NZV 2005, 430f = BA 2006, 235f.

1078 *Dietz* NVwZ 2005, 410ff.

1079 *Schäpe* Teil 7, Ordnungswidrigkeitenverfahren, Rn. 293.

1080 *Wehowsky* BA 2006, 125ff.

1081 *Albrecht* SVR 2005, 81ff (84).

1082 *König* DAR 2006, 286f.

1083 Vom 21.12.2004, DAR 2005, 70ff = NZV 2005, 270ff = BA 2005, 156ff = NJW 2005, 349ff = SVR 2005, 77f.

1084 Vgl. auch Rn. 178ff.

Unter einer verfassungsgemäßen Auslegung des Begriffs der „Wirkung" i.S.v. § 24a Abs. 2 S. 2 StVG und unter Beachtung des abstrakten Gefährdungstatbestands ist somit vielmehr eine Tetrahydrocannabinol-Konzentration zu subsumieren, die „**deutlich über Null**" liegt.[1085]

Insofern wäre nicht nur dem OLG München[1086] zuzustimmen,[1087] sondern insbesondere auch den Ausführungen von Albrecht,[1088] der darauf hinweist, dass eine **Verurteilung nach § 24a Abs. 2 StVG, trotz einer THC-Konzentration unter 1 ng/ml möglich** ist, insbesondere und gerade, wenn ein Gutachter zu der Auffassung gelangt, dass die festgestellten Auffälligkeiten (z.B. auffällige Pupillen[1089]) auf den Konsum von Cannabis zurückzuführen sind.[1090]

Eine Verurteilung nach § 24a Abs. 2 StVG wäre deshalb dann möglich, wenn auch ein forensischer Sachverständiger nach Würdigung der Zeugenaussagen der Polizeibeamten oder anderer Aufzeichnungen[1091] zu dem Schluss kommt, dass die festgestellten Beeinträchtigungen trotz einer THC-Konzentration von unter 1 ng/ml auf den Konsum von Cannabis zurückzuführen sind. **533**

Hierzu wird der medizinische Sachverständige aber nicht nur die THC-Konzentration, sondern auch die Konzentration der THC-Carbonsäure (THC-COOH) und die Konzentration des 11-Hydroxy-THC (11-OH-THC) zu beachten haben, da **nur alle drei Werte in einer Gesamtwürdigung** eine verlässliche Aussage über mögliche Leistungseinbußen trotz einer THC-Konzentration von < 1,0 ng/ml machen können.[1092] Die THC-OH-Konzentration hat bei dieser Beurteilung ergänzende Bedeutung, da THC-OH ohne THC im Blut praktisch nicht angetroffen wird.[1093] THC-COOH dient dabei zusätzlich als Plausibilitätskontrolle, da THC-Blutspiegel ohne THC-COOH nicht auftreten können. **534**

(b) Argumente, die für einen Freispruch sprechen. Die Problematik und konträren Entscheidungen der Oberlandesgerichte, ob ein Kraftfahrzeugführer nach § 24a Abs. 2 StVG verurteilt werden kann, liegt an der Ausführung des BVerfG,[1094] wonach „die Wissenschaft" erst ab einer THC-Konzentration von 1 ng/ml Leistungseinbußen für möglich halte.[1095] **535**

Tatsächlich aber sind sich die einzelnen medizinischen Sachverständigen in dieser Frage wohl nicht vollumfänglich übereinstimmend einig. Es mag deshalb, wie Albrecht[1096] zutreffend ausführt, durchaus möglich sein, dass ein Gutachter zu der Auffassung gelangt, dass etwaige Auffälligkeiten trotz einer THC-Konzentration von unter 1 ng/ml auf den Konsum von Cannabis zurückzuführen sind.

1085 So auch *Allgemeiner Deutscher Automobil-Club* Adajur-Newsletters vom 1.3.2005 (Leitsatz) sowie Leitsatz der Redaktion der NZV zum Beschluss des BVerfG vom 21.12.2004, NZV 2005, 270ff (270); s. auch Rn. 500.

1086 Vom 13.3.2006, DAR 2006, 287ff = NZV 2006, 277ff = BA 2006, 239ff = NJW 2006, 1606f = VRS 110, 296ff = VM 2006, 34 = NJW-Spezial 2006, 259 = StV 2006, 532ff = NStZ 2006, 535 = SVR 2006, 391f.

1087 Vgl. auch *König* DAR 2006, 286f.

1088 *Albrecht* SVR 2005, 81ff (84).

1089 Vgl. Rn. 233ff.

1090 Vgl. auch Rn. 528.

1091 Vgl. Rn. 307.

1092 Siehe dazu *Huestis/Henningfield/Cone* Blood cannabinoids; 1. Absorption of THC and formation of 11-OH-THC and THCCOOH during and after smoking marijuana, S. 276ff.

1093 **Beachte** aber auch *Iffland/Kruse* Erkennung cannabisbeeinflusster Verkehrsteilnehmer, S. 144, vgl. Rn. 895.

1094 Vom 21.12.2004, DAR 2005, 70ff = NZV 2005, 270ff = BA 2005, 156ff = NJW 2005, 349ff = SVR 2005, 77f.

1095 Vgl. Rn. 505.

1096 *Albrecht* SVR 2005, 81ff (84).

Als Grundlage kann und darf jedoch nur herangezogen werden, was in den maßgeblichen Fachkreisen allgemein und **zweifelsfrei** als richtig anerkannt ist.[1097]

Einzelne Meinungen oder Ansichten und „persönliche Überzeugungen“[1098] eines gehörten Sachverständigen haben daher außen vor zu bleiben.[1099]

Dies wird auch dann gelten müssen, wenn kein Zweifel an der Sachkunde des Gutachters besteht und dessen Ausführungen überzeugend sind.

Nach Auffassung der Grenzwertkommission, nämlich der Arbeitsgruppe für Grenzfragen und Qualitätskontrolle der Deutschen Gesellschaft für Rechtsmedizin, der Deutschen Gesellschaft für Verkehrsmedizin und der Gesellschaft für Forensische und Toxikologische Chemie kann eine THC-Wirkung **unterhalb (!) von 1 ng/ml** nicht belegt werden.[1100]

Eine Veröffentlichung von Möller/Kauert/Tönnes/Schneider/Theunissen/Ramaekers[1101] aus dem Jahre 2006 stützt diese Ansicht. Die Wissenschaftler führen dazu sinngemäß aus: „Bei Messwerten < 1 ng/ml waren keine messbaren Leistungsunterschiede zu erkennen“.

Demzufolge ist dem OLG Bamberg,[1102] dem OLG Köln[1103] und dem OLG Zweibrücken[1104] zuzustimmen und ein **Kraftfahrzeugführer freizusprechen**, respektive auf Grund des Verhältnismäßigkeitsgrundsatzes die prozessuale Lösung zu wählen und das Verfahren nach dem Opportunitätsgedanken gem. § 47 Abs. 2 OWiG[1105] **einzustellen**.

(4) Meinungen von Sachverständigen

536 Die Frage, ob eine Ordnungswidrigkeit gem. § 24a Abs. 2 StVG vorliegt, kann in den Fällen einer nachgewiesenen THC-Konzentration von unter 1 ng/ml zwar kaum losgelöst von Erkenntnissen der Medizin und der Toxikologie getroffen werden kann; sie unterliegt aber nicht allein rechts- bzw. verkehrsmedizinischer oder toxikologischer Beurteilung, sondern ist eine **Rechtsfrage**, deren normative Bewertung in erster Linie **richterliche Aufgabe** ist.[1106]

In der Praxis wird es gleichwohl ganz entscheidend auf die Ausführungen des dem Verfahren zugezogenen Sachverständigen ankommen.

1097 *OLG Düsseldorf* vom 2.5.1994, NJW 1994, 2428f.

1098 *OLG Düsseldorf* vom 2.5.1994, NJW 1994, 2428f.

1099 Vgl. auch Rn. 1004.

1100 Vgl. auch Rn. 540.

1101 BA 2006, 361ff (373).

1102 Vom 8.8.2005, DAR 2006, 286 = BA 2006, 238f = StraFo 2006, 85.

1103 Vom 30.6.2005, NStZ-RR 2005, 385.

1104 Vom 13.4.2005, DAR 2005, 408f = NZV 2005, 430f = BA 2006, 235f.

1105 Die Verfolgung von Ordnungswidrigkeiten liegt im pflichtgemäßen Ermessen der Verfolgungsbehörde. Solange das Verfahren bei ihr anhängig ist, kann sie es einstellen. Ist das Verfahren bei Gericht anhängig und hält dieses eine Ahndung nicht für geboten, so kann es das Verfahren mit Zustimmung der Staatsanwaltschaft in jeder Lage einstellen. Die Zustimmung ist nicht erforderlich, wenn durch den Bußgeldbescheid eine Geldbuße bis zu einhundert Euro verhängt worden ist und die Staatsanwaltschaft erklärt hat, sie nehme an der Hauptverhandlung nicht teil. Der Beschluss ist nicht anfechtbar. Die Einstellung des Verfahrens darf nicht von der Zahlung eines Geldbetrages an eine gemeinnützige Einrichtung oder sonstige Stelle abhängig gemacht oder damit in Zusammenhang gebracht werden.

1106 Siehe dazu auch *Maatz* Rechtliche Anforderungen an medizinische Befunde zur Beurteilung der Fahrtüchtigkeit bei Fahrten unter Drogeneinfluss, S. 10f, vgl. § 261 StPO.

Der **Vorsitzende der** Arbeitsgruppe für Grenzfragen und Qualitätskontrolle der Deutschen Gesellschaft für Rechtsmedizin, der Deutschen Gesellschaft für Verkehrsmedizin und der Gesellschaft für Forensische und Toxikologische Chemie (**Grenzwertkommission**)[1107] vertritt mit Schreiben vom 30.05.2006 die Meinung, dass es keine belastbaren wissenschaftlichen Daten dafür gibt, dass „Auffälligkeiten" bei Kraftfahrern mit THC-Konzentrationen unterhalb von 1,0 ng/ml im Blutserum auf die Beeinflussung durch Cannabis zurückzuführen sind.[1108] **537**

Diese Meinung wird auch von Grotenhermen[1109] gestützt, der mit Schreiben vom 12.06. 2006 ausführt, dass es bei einem Nachweis einer Konzentration im Blutserum von bis zu 1,0 ng/ml **sehr wahrscheinlich ist**, dass eine etwaige „Beeinträchtigung" der Fahrtüchtigkeit **nicht auf den Konsum von THC zurückzuführen** ist,[1110] sofern kein Mischkonsum[1111] bzw. kein zusätzlicher Konsum von Alkohol nachzuweisen wurde.[1112] **538**

Solange eine Entscheidung des Bundesgerichtshofs gem. § 121 Abs. 2 GVG nicht vorliegt und mangels bisheriger kontrollierter wissenschaftlicher Studien zu der Frage, ob etwaige festgestellte „Auffälligkeiten" bei Betroffenen, die mit einer THC-Konzentration von unter 1 ng/ml ein Kraftfahrzeug führten, überhaupt auf eine Beeinflussung des Zentralnervensystems infolge von Cannabiskonsum zurückgeführt werden können (diese andernfalls **„andere Ursachen"** gehabt haben müssen), **werden entsprechende Verfahren wohl nach dem Grundsatz in dubio pro reo zu entscheiden sein.** **539**

1107 Prof. Dr. Rainer *Mattern*, Universität Heidelberg.

1108 Vgl. Rn. 540.

1109 Dr. med. Franjo *Grotenhermen*, Nova Institut, Hürth.

1110 Vgl. Rn. 541.

1111 Vgl. Rn. 519ff.

1112 Zwar ist es, wie sich etwa aus dem Schreiben unter Rn. 528 ergibt, nicht auszuschließen, dass festgestellte „Ausfallerscheinungen" bei einer THC-Konzentration von unter 1 ng/ml doch auf den Konsum von Cannabis zurückzuführen sind, allerdings lässt sich dies nicht forensisch gesichert nachweisen. Etwaige „Auffälligkeiten" könnten vielmehr auch **andere Ursachen** gehabt haben; vgl. auch Rn. 207ff.

540 **Schreiben des Vorsitzenden der Grenzwertkommission Prof. Dr. Mattern**

Professor Dr. med. Rainer Mattern
Geschäftsführender Direktor
Institut für Rechtsmedizin und Verkehrsmedizin
Universitätsklinikum Heidelberg

30.5.2006 M/t

Drogenbuch: THC-Konzentration von unter 1,0 ng/ml
Ihre Anfrage vom 24.5.2006

Als derzeitiger Vorsitzender der Grenzwertkommission kann ich bestätigen, was der Beschluss des Bundesverfassungsgerichts ausgeführt hat, dass nämlich nach Auffassung dieser Kommission oberhalb eines Wertes von1 ng THC pro ml Serum eine Wirkung von THC im Sinne einer Beeinträchtigung der Fahrsicherheit nicht mehr ausgeschlossen werden kann. Unterhalb von 1 ng/ml kann nach Auffassung der Grenzwertkommission eine solche Wirkung nicht belegt werden.

Meine persönliche Meinung ist, dass es keine belastbaren wissenschaftlichen Daten dafür gibt, dass Auffälligkeiten bei Kraftfahrern mit Konzentrationen unterhalb von 1,0 ng THC/ml Serum auf die Cananbisbeeinflussung zurückzuführen sind.

Mir sind keine kontrollierten Studien bekannt, aus denen ein solcher Schluss abgeleitet werden kann. Ob es solche Wirkungen bei THC-Konzentrationen unter 1 ng/ml geben kann, muss ich mangels wissenschaftlicher Quellen offen lassen.

Mit freundlichen Grüßen

Prof. Dr. med. R. Mattern

Schreiben Dr. Grotenhermen[1113] 541

nova Institut
für Ökologie und Innovation

nova-Institut GmbH, Goldenbergstraße 2, D-50354 Hürth

eine Dienstleistung der
nova-Institut GmbH
Goldenbergstraße 2
D-50354 Hürth
Tel: +49 (0)2233 – 94 36 84
Fax: +49 (0)2233 – 94 36 83
E-Mail: contact@nova-Institut.de
Internet: www.nova-Institut.de

12. Juni 2006

Drogenbuch. THC-Konzentration von unter 1,0 ng/ml

gern komme ich Ihrer Bitte nach und beantworte Ihre Frage, die Sie mir in Ihrem Schreiben vom 24. Mai 2006 gestellt haben.

Da sich Ihre Frage auf den Beschluss des Bundesverfassungsgerichts vom 21.12.2004 bezieht, seien zum Inhalt des Beschlusses zwei Vorbemerkungen erlaubt.

Erstens wird zwar überwiegend davon ausgegangen, dass das Bundesverfassungsgericht sich auf die THC-Konzentration im Blutserum bezieht. Aus dem Beschluss geht das Untersuchungsmedium jedoch nicht hervor. Das Gericht bezieht sich auf die Empfehlungen der Grenzwertkommission aus dem Jahr 2002, aus denen das Untersuchungsmedium ebenfalls nicht hervorgeht, worauf Prof. Günter Berghaus vom Institut für Rechtsmedizin der Universität Köln hingewiesen hat. Es heißt dort lediglich, dass die genannten Werte bei der Untersuchung von Blutproben gelten. Es bleibt offen, ob es sich bei dem Untersuchungsmedium um Blut oder um Blutserum handelt. In Deutschland werden THC-Konzentrationen zwar im Allgemeinen auf das Blutserum, in anderen Ländern, wie beispielsweise den USA, jedoch auf das Gesamtblut bezogen. Der Alkoholgehalt wird auch in Deutschland auf das Blut bezogen. Ein Wert von 1,0 ng/ml Blut entspricht etwa 2,0 ng/ml Blutserum.

Zweitens - auch darauf hat Prof. Berghaus hingewiesen - hat weder das Bundesverfassungsgericht noch die Grenzwertkommission die Grenze bei 1,0 ng/ml THC gezogen, sondern bei 1 ng/ml THC. Dies entspricht nach mathematischer Konvention einem Bereich zwischen 0,5 und 1,4 ng/ml, während ein Grenzwert von 1,0 ng/ml einem engeren Bereich zwischen 0,95 ng/ml und 1,04 ng/ml entspricht. So wird auch der Grenzwert der

nova-Institut für politische und ökologische Innovation GmbH · Geschäftsführer: Michael Karus und Dirk Schubert · Sitz der Gesellschaft: Hürth, Amtsgericht Köln · HRB Nr. 44144
Konto 528 684 009, Kölner Bank · BLZ 371 600 87 · S.W.I.F.T.-Code KOLNDE33 · IBAN-Code: DE 74371600870528684009
USt-IdNr. DE 811 827 699 · Umsatzsteuer-Nr. 224 / 5731 / 0281

1113 Vgl. zu den Vorbemerkungen auch Rn. 162ff und Rn. 460 sowie Rn. 542ff.

absoluten Fahruntüchtigkeit nach Alkoholkonsum mit 1,10 Promille und nicht mit 1,1 Promille angegeben, da bei 1,09 Promille noch keine absolute Fahruntüchtigkeit vorliegt.

Die Antwort auf die Frage lässt sich wie folgt zusammenfassen: Beim Rauchen einer Cannabiszigarette sinkt die THC-Konzentration im Blutserum je nach Dosis von Maximalwerten in einer Größenordnung zwischen 50 und 400 ng/ml etwa fünf Minuten nach Beginn des Konsums innerhalb von etwa fünf bis 20 Stunden auf Konzentrationen unter 1,0 ng/ml. Fahrrelevante Beeinträchtigungen, wie sie einem Alkoholgehalt im Blut von 0,3 oder 0,5 Promille entsprechen, werden etwa zwei bis vier Stunden nach dem Konsum beobachtet. Geringe Beeinträchtigungen, wie sie mit empfindlichen Messverfahren nachgewiesen werden können, können allerdings über diesen Zeitraum hinaus bestehen. Wurden keine weiteren Drogen, inklusive Alkohol, nachgewiesen, so ist beim Nachweis von 1,0 ng/ml THC im Blutserum der THC-Konsum sehr wahrscheinlich nicht für eine festgestellte verkehrsrelevante Beeinträchtigung der Fahrtüchtigkeit ursächlich verantwortlich.

Es sei an dieser Stelle allen betroffenen Führerscheininhabern und Rechtsanwälten, die mit dieser Materie konfrontiert sind, ans Herz gelegt, frühzeitig entsprechenden gutachterlichen Rat, der beim nova-Institut zu diesem Thema nicht teuer ist, einzuholen. Gerichte, Führerscheinstellen und Gutachterstellen für medizinisch-psychologische Untersuchungen sind über die Thematik oft unzureichend informiert und häufig dankbar für die Darstellung der für den konkreten Fall relevanten wissenschaftlichen Datenlage.

Mit freundlichen Grüßen

Dr. med. Franjo Grotenhermen

(5) Die erste Dezimalstelle

542 Das Bundesverfassungsgericht spricht in seiner Entscheidung[1114] von einer THC-Konzentration i.H.v. **1 ng/ml**. Auch die Arbeitsgruppe für Grenzfragen und Qualitätskontrolle der Deutschen Gesellschaft für Rechtsmedizin, der Deutschen Gesellschaft für Verkehrsmedizin und der Gesellschaft für Forensische und Toxikologische Chemie (Grenzwertkommission) führt aus,[1115] dass **unterhalb eines Wertes von 1 ng/ml** THC pro ml Serum eine Beeinträchtigung der Fahrsicherheit nicht belegt werden kann.

Grotenhermen weist in seinem Schreiben unter Rn. 541 allerdings zu Recht auf die Problematik hin, ob darunter auch eine THC-Konzentration von z. B. 1,1 ng/ml[1116] zu subsumieren ist.

543 Bei einer Aufgliederung in 1 ng/ml, 2 ng/ml, 3 ng/ml usw. wäre wohl tatsächlich davon auszugehen, dass unter einer THC-Konzentration von 1 ng/ml auch eine solche **bis zu 1,49 ng/ml** erfasst sein könne. Bußgeldbescheide und Ausführungen von Fahrerlaubnisbe-

1114 Vom 21.12.2004, DAR 2005, 70ff = NZV 2005, 270ff = BA 2005, 156ff = NJW 2005, 349ff = SVR 2005, 77f.

1115 Vgl. Rn. 540.

1116 Vgl. dazu auch Rn. 180 und Rn. 1144.

hörden nennen jedoch **einstellige**[1117] und ärztliche Untersuchungsergebnisse gar **zweistellige Dezimalstellen**.[1118]

Bei einem Vergleich mit Alkoholmessergebnissen bleibt zumindest die **dritte Dezimalstelle außer Betracht**.[1119] Eine AAK von 0,259 mg/l führt daher zu dem Einzelmessergebnis,[1120] dass ein Betroffener mit einer AAK von 0,25 mg/l (und nicht mit 0,26 mg/l) ein Fahrzeug führte.[1121] Ließe man auch die zweite Dezimalstelle außer Betracht, so wird man analog davon ausgehen müssen, dass ein Betroffener, in dessen Blutserum eine **THC-Konzentration von 1,09 ng/ml** festgestellt werden konnte juristisch eine solche von 1,0 ng/ml aufwies. **544**

Damit ist allerdings noch strittig, ob unter der Bezeichnung „**1 ng/ml**" eine THC-Konzentration **von bis zu 1,4 ng/ml** gemeint ist. **545**

Soweit ersichtlich wurde diese spezielle Einzelfrage bisher noch nicht von der strafrechtlichen obergerichtlichen Rechtsprechung entschieden.

Zwar dürfte zwischen einer THC-Konzentration im Blutserum von 1,0 ng/ml und einer solchen von 1,1 ng/ml bzw. 1,4 ng/ml hinsichtlich etwaiger Leistungseinbußen und der Sicherheit des Straßenverkehrs **kein signifikant großer Unterschied** bestehen;[1122] im Interesse der Verkehrssicherheit dürfte ein etwaiger Schwellenwert von den Gerichten aber wohl eher am unteren und nicht am oberen Rand angesetzt werden.

Der VGH Baden-Württemberg[1123] und das OVG Schleswig-Holstein[1124] führen dazu aus, dass ein Trennungsvermögen zwischen der Einnahme von Betäubungsmitteln und dem Führen eines Kraftfahrzeuges verneint werden muss, wenn sich im Blutserum eines Betroffenen eine THC-Konzentration von mindestens **1,0** ng/ml nachweisen ließ. **546**

cc) Rückrechnungen

Nach Ansicht des VGH Baden-Württemberg[1125] gelte es als wissenschaftlich gesichert, dass sich Tetrahydrocannabinol nach dem Konsum von Cannabis „relativ schnell" abbaut und die THC-Konzentration daher entsprechend schnell sinkt. **547**

1117 Vgl. z.B. Rn. 952.
1118 Vgl. z.B. Rn. 1231.
1119 *OLG Hamm* vom 14.11.2005, DAR 2006, 339 = BA 2006, 404; *OLG Köln* vom 5.1.2001, DAR 2001, 179f.
1120 Vgl. dazu auch Rn. 11 und Rn. 469.
1121 Auf den Mittelwert soll hier nicht weiter eingegangen werden.
1122 Vgl. auch Rn. 1147.
1123 Vom 27.3.2006, NZV 2006, 560 = BA 2006, 412ff = NJW 2006, 2135ff.
1124 Vom 9.5.2005, Az. 4 MB 43/05.
1125 Vom 27.3.2006, NZV 2006, 560 = BA 2006, 412ff = NJW 2006, 2135ff und vom 15.11.2004, BA 2005, 187ff.

Dieser „relativ schnelle" Blutspiegelrückgang lässt sich durch die hohe Fettlöslichkeit erklären.[1126]

Zwar ist eine exakte Rückrechnung, **vergleichbar der Widmark'schen Formel** bei Alkohol, nicht möglich,[1127] dennoch muss demnach offensichtlich wohl bedacht werden, dass die Tetrahydrocannabinol-Konzentration während des Führens eines Kraftfahrzeuges höher gewesen sein muss, als der vom Labor analysierte Blutwert, wenn infolge des Verbringens eines Kraftfahrzeugführers zur Blutentnahme längere Zeit verging.

Die gelegentliche Diskrepanz zwischen den Beobachtungen der Polizei bei einer Verkehrskontrolle und den Vermerken des Arztes während der Untersuchung[1128] stützt diese Rechtsansicht.

Dies könnte insbesondere dann von Relevanz sein, wenn bei einem Kraftfahrzeugführer eine THC-Konzentration festgestellt wurde, die nur knapp unter dem von der Arbeitsgruppe für Grenzfragen und Qualitätskontrolle der Deutschen Gesellschaft für Rechtsmedizin, der Deutschen Gesellschaft für Verkehrsmedizin und der Gesellschaft für Foren-

---

1126 *Sticht/Käferstein* Grundbegriffe, Toxikokinetik und Toxikodynamik, S. 9 stellten fest, dass **eine Stunde** nach dem Rauchen von 15 mg THC bei einem 70 kg schweren Mann (nur noch) eine THC-Konzentration im Plasma von **14 ng/ml** festgestellt werden könnte.
Zu ähnlichen Werten kommen auch *Berghaus/Krüger/Vollrath* Beeinträchtigung fahrrelevanter Leistungen nach Rauchen von Cannabis und nach Alkoholkonsum – eine vergleichende Metaanalyse experimenteller Studien, S. 103, wonach nach dem Rauchen von 20 mg Tetrahydrocannabinol nach **einer Stunde** (nur noch) eine THC-Konzentration von **11 ng/ml** gemessen werden könne.
Grotenhermen/Karus Cannabis, Straßenverkehr und Arbeitswelt, S. 326 kommen zu dem Ergebnis, dass bei der inhalativen Aufnahme von 30 mg THC nach ca. **2,5 Stunden** eine THC-Konzentration im Plasma (vgl. dazu auch Rn. 162) von **8 ng/ml bis 10 ng/ml** ermittelt werden kann; s. auch *Grotenhermen/Karus* Cannabis, Straßenverkehr und Arbeitswelt, Tab. 15.3, S. 330.
Berghaus Vergleich der Cannabiswirkungen mit den Alkoholwirkungen auf der Basis der experimentellen Forschung, S. 229 führt aus, dass eine 70 kg schwere Person nach Ablauf von **2 Stunden** nach dem Rauchen von 15 mg THC etwa **5 ng/ml** im Blutplasma aufweist.
Der Sachverständige in dem Verfahren vor dem *VG München* vom 6.12.2002, Az. M 6a K 3406/01 führte aus, dass eine THC-Konzentration von **3,52 ng/ml** besage, dass ein Fahrzeugführer innerhalb der letzten **4 Stunden** vor der Blutentnahme Cannabis konsumiert haben müsse, da die THC-Konzentration im Blut nach dem Konsumende sehr hoch sei, diese aber sehr schnell abfalle und nach etwa **5 Stunden** nur noch eine THC-Konzentration von ca. **0,5 ng/ml bis 1,0 ng/ml** THC ermittelt werden könne.
Grotenhermen/Karus Cannabis, Straßenverkehr und Arbeitswelt, S. 331 führen allerdings aus, dass bei starken Konsumenten auch nach **5 Stunden** eine THC-Plasma-Konzentration von **5 ng/ml** ermittelt werden kann.
Nach Ansicht von *Madea/Mußhoff/Lachenmeier* Spezielle Analyten: Cannabinoide, S. 180 deutet eine THC-Konzentration von weniger als **1,0 ng/ml** darauf hin, dass der Konsum von Cannabis vor mehr als **6 Stunden** erfolgt sein müsse.
Sticht/Käferstein Grundbegriffe, Toxikokinetik und Toxikodynamik, S. 9 haben jedoch berechnet, dass selbst **6 Stunden** nach dem Rauchen von 15 mg THC bei einem 70 kg schweren Mann noch eine THC-Konzentration im Plasma von **3,0 ng/ml** möglich ist.
Der Sachverständige in dem Verfahren vor dem *AG Nördlingen* (Zweigstelle Donauwörth) vom 3.11.2003, BA 2006, 47ff führte aus, dass i.d.R. davon auszugehen sei, dass sich nach einem Zeitablauf von **8 Stunden** nur noch eine THC-Konzentration von unter **1,0 ng/ml** ermitteln lasse; vgl. auch Rn. 486.

1127 So auch *Wirth/Swoboda* zfs 2004, 102ff (102).

1128 Vgl. auch Rn. 254.

sische und Toxikologische Chemie (Kommission für Grenzwertfragen bei Arznei- und Suchtstoffen [Grenzwertkommission]) festgesetzten Grenzwert (z.B. 0,9 ng/ml THC) liegt.[1129]

Daher ist zu erörtern, ob und in welcher Form „Rückrechnungen" der THC-Konzentration eines Betroffenen zum Zeitpunkt des Führens eines Kraftfahrzeuges möglich sind.

Das VG München[1130] führt bei einer nachgewiesenen THC-Konzentration von 1,5 ng/ml **548**
beispielsweise aus: „Im Übrigen liegt es in Hinblick darauf, dass die untersuchte Blutprobe erst 86 Min. nach Ende der Fahrt abgenommen wurde, zumindest nahe, dass zum Zeitpunkt des Führens eines Kraftfahrzeuges eine THC-Konzentration oberhalb von 2,0 ng/ml vorlag". Mit anderen Worten wäre die THC-Konzentration daher innerhalb von knapp 90 Min. von mindestens 2,0 ng/ml auf 1,5 ng/ml gefallen.

Der VGH Bayern[1131] führt aus, dass die nachgewiesene THC-Konzentration eines Betroffenen von 5,4 ng/ml angesichts der erst 2 Std. 13 Min. nach der Verkehrskontrolle durchgeführten Blutuntersuchung zum Zeitpunkt des Führens eines Kraftfahrzeuges „wesentlich" höher gewesen sein muss.

Auch der VGH Baden-Württemberg[1132] führt aus, dass die THC-Konzentration eines **549**
Betroffenen zum Zeitpunkt des Führens eines Kraftfahrzeuges höher gewesen sein müsse als zum 73 Minuten späteren Zeitpunkt der Blutentnahme.[1133]

Nach Ansicht von Geiger[1134] kann **sicher** davon ausgegangen werden, dass eine THC-Konzentration von 1,0 ng/ml zum Zeitpunkt des Führens eines Kraftfahrzeuges höher war, wenn die Blutentnahme erst „einige Zeit" nach Fahrtende erfolgte.

Sticht/Käferstein[1135] führen allerdings aus, dass die **maximale Konzentration**[1136] von THC im **550**
Blut oder Serum nach dem Rauchen von Cannabisprodukten zwar i.d.R. innerhalb der ersten Stunde nach dem Konsum erreicht ist;[1137] **in der Eliminationsphase werde THC jedoch nur langsam abgebaut und ausgeschieden.**[1138]

Salger[1139] und Aderjan[1140] führen dazu aus, dass **Rückrechnungen** zwischen Konsumzeitpunkt und Blutentnahme **nicht zuverlässig** gelingen.[1141]

1129 Dies könnte auch für ein verwaltungsrechtliches Verfahren von Relevanz sein, wenn man davon ausgeht, dass bei einer nachgewiesenen THC-Konzentration von 2,0 ng/ml noch kein sofortiger Entzug der Fahrerlaubnis stattfindet, vgl. dazu Rn. 1124ff.

1130 Am 22.9.2005, Az. M 6b S 2748/05, Beschluss S. 21.

1131 Vom 20.6.2006, Az. 11 Cs 43/05.

1132 Vom 15.11.2005, NZV 2006, 221ff = BA 2006, 249ff = VRS 110, 374ff = NVwZ 2006, 720.

1133 Vgl. im Umkehrschluss aber auch Rn. 438.

1134 *Geiger* Aktuelle Rechtsprechung zum Recht der Fahrerlaubnisse [Masch.-schr. vom 18.10.2006], S. 10.

1135 *Sticht/Käferstein* Grundbegriffe, Toxikokinetik und Toxikodynamik, S. 10.

1136 Vgl. dazu Rn. 541, Rn. 575ff und Rn. 827.

1137 Anders beim oralen Konsum, vgl. Rn. 436.

1138 So auch *VG Sigmaringen* vom 9.2.2006, Az. 7 K 55/06.

1139 *Salger* DAR 1994, 433ff (435).

1140 *Aderjan* Stellungnahme zur öffentlichen Anhörung zum Gesetzentwurf der Bundesregierung [Masch.-schr. vom 4.2.1997], S. 4.

1141 Insbesondere bei der Untersuchung von Blutproben nach Kokainkonsum sind Rückrechnungen ausgeschlossen, weil sich Kokain auch in einer abgenommenen Blutprobe abbaut.

Auch Kauert[1142] führt aus, dass eine **Rückrechnung nicht realisierbar** ist, wenn während der Tatzeit und der Blutentnahme die Eliminationsphase vorherrschte, da die Abfallquote von THC während dieser Zeit kaum ins Gewicht fällt. Die gleiche Ansicht vertreten auch Seidl/Schwarze/Betz.[1143]

Maatz[1144] wies bereits im Jahre 1994 darauf hin, dass es nicht gelingt, ausgehend von einer bestimmten Blutspiegelkonzentration Rückrechnungen vorzunehmen, um Anhaltspunkte für die Beeinträchtigung der Fahrtüchtigkeit zum Zeitpunkt der Verkehrskontrolle zu gewinnen.

Zwerger[1145] bestätigte auch 12 Jahre später anlässlich eines Referates vor dem 44. Verkehrsgerichtstag 2006 in Goslar, dass insbesondere und **gerade bei relativ niedrigen Werten Rückrechnungen** der Konzentration auf den Vorfallszeitpunkt **nicht möglich** sind.

Wenn das VG Freiburg[1146] daher beispielsweise ausführt, dass die bei einem Betroffenen nachgewiesene THC-Konzentration von 1,0 ng/ml wegen des zeitlichen Abstands zwischen der Autofahrt um 06:00 Uhr und der um 09:00 Uhr erfolgten Blutentnahme „mit großer Wahrscheinlichkeit" bei mindestens 2 ng/ml lag, die THC-Konzentration also binnen 3 Stunden „mit großer Wahrscheinlichkeit" von 2,0 ng/ml auf 1,0 ng/ml sank, so handelt es sich dabei lediglich um eine wissenschaftlich nicht belegte Annahme.

Relevant für die Frage, ob sich ein Betroffener einer Ordnungswidrigkeit nach § 24a Abs. 2 StVG schuldig gemacht hat sind daher nicht etwaige grobe Rückrechnungen, sondern die zum Zeitpunkt der Blutentnahme gem. § 46 Abs. 4 OWiG festgestellte und nachgewiesene Betäubungsmittelkonzentrationen.

dd) Grenzwert für andere Substanzen

551 Um den Begriff der Wirkung i.S.v. § 24a Abs. 2 StVG nicht nur für Tetrahydrocannabinol sondern **auch für andere berauschende Mittel verhältnismäßig und verfassungskonform** auszulegen ist fraglich, ob die von der Arbeitsgruppe für Grenzfragen und Qualitätskontrolle der Deutschen Gesellschaft für Rechtsmedizin, der Deutschen Gesellschaft für Verkehrsmedizin und der Gesellschaft für Forensische und Toxikologische Chemie (Grenzwertkommission) vom 20.11.2002 erarbeiteten Konzentrationswerte auch für andere Substanzen gelten, da der Beschluss des BVerfG[1147] nur zu Tetrahydrocannabinol Stellung nimmt.

552 Dies wird von der Literatur[1148] und Rechtsprechung[1149] übereinstimmend zu Recht bejaht, da ansonsten Zweifel an der **Verletzung des Gleichheitsgrundsatzes** bestünden.[1150]

1142 *Kauert* BA 2002, 102ff (108).

1143 *Seidl/Schwarze/Betz* § 64 Rechts- und Verkehrsmedizin, Rn. 2.

1144 *Maatz* Rechtliche Anforderungen an medizinische Befunde zur Beurteilung der Fahrtüchtigkeit bei Fahrten unter Drogeneinfluss, S. 13.

1145 *Zwerger* BA 2006, 105ff (110).

1146 Vom 1.3.2005, Az. 1 K 151/05.

1147 Vom 21.12.2004, DAR 2005, 70ff = NZV 2005, 270ff = BA 2005, 156ff = NJW 2005, 349ff = SVR 2005, 77f.

1148 *Bönke* NZV 2005, 272ff (273); *Eisenmenger* NZV 2006, 24ff; *Hentschel* Fahrerlaubnis und Alkohol, Rn. 585; *Schriftleitung der Zeitschrift Blutalkohol* BA 2005, 160; *Wehowsky* BA 2006, 125ff (129).

1149 *OLG München* vom 13.3.2006, DAR 2006, 287ff = NZV 2006, 277ff = BA 2006, 239ff = NJW 2006, 1606f = VRS 110, 296ff = VM 2006, 34 = NJW-Spezial 2006, 259 = StV 2006, 532ff = NStZ 2006, 535ff = SVR 2006, 391f (für Amphetamin); *OLG Köln* vom 18.8.2005, DAR 2005, 699f (für Morphin); *OLG Zweibrücken* vom 13.4.2005, DAR 2005, 408f = NZV 2005, 430f = BA 2006, 235f (für alle Substanzen und speziell für Amphetamin).

1150 Siehe zudem auch Rn. 452ff und Rn. 470.

Ein Kraftfahrzeugführer, der mit weniger als 1 ng/ml (**wohl 1,0 ng/ml**[1151]) Delta-9-THC im Blut (**wohl im Blutserum**[1152]) oder mit einer BAK von weniger als 0,5‰ ein Kraftfahrzeug führt, kann i.d.R. nicht belangt werden.

Daher gelten **für die Substanzen Benzoylecgonin, MDMA / MDE / Amphetamin und Morphin** ebenfalls die folgenden von der Arbeitsgruppe für Grenzfragen und Qualitätskontrolle der Deutschen Gesellschaft für Rechtsmedizin, der Deutschen Gesellschaft für Verkehrsmedizin und der Gesellschaft für Forensische und Toxikologische Chemie (Grenzwertkommission) beschlossenen Konzentrationen.[1153]

Mittel	Nachgewiesene Substanz	Grenzwert
Kokain	Benzoylecgonin	75 ng/ml
Designer-Amphetamin	MDMA / MDE / Amphetamin	25 ng/ml
Heroin / Morphin	Morphin	10 ng/ml

Gleichzeitig muss jedoch darauf hingewiesen werden, dass die typischen Auswirkungen des **553**
Konsums von **Kokain** bei einem Nachweis einer nur sehr geringen Benzoylecgonin-Konzentration in das Gegenteil umschlagen können.[1154] Im depressiven Stadium, in Phasen also, wo nur noch wenig (oder gar kein[1155]) Kokain mehr im Blut vorhanden ist, können ebenfalls psychophysische Ausfälle auftreten, die nicht mit dem sicheren Führen eines Kraftfahrzeuges zu vereinbaren sind (indirekte Kokainwirkung)[1156] und die deshalb ebenfalls eine Ordnungswidrigkeit indizieren.

4. Vorsatz oder Fahrlässigkeit gem. § 24a Abs. 3 StVG

Nach der Vorschrift des § 15 StGB, die grundsätzlich lediglich vorsätzliches Handeln unter **554**
Strafe stellt, ist fahrlässiges Handeln **nur dann strafbar**, wenn das Gesetz dies ausdrücklich bestimmt.[1157] Bei fast allen Verkehrsstraftaten und Ordnungswidrigkeiten ist dies aber der Fall,[1158] so auch gem. § 24a Abs. 3 StVG.

Ordnungswidrig handelt somit auch, wer die Tat des Führens eines Kraftfahrzeuges unter der Wirkung eines in der Anlage zu dieser Vorschrift genannten Mittels fahrlässig begeht.

Fahrlässiges Handeln i.S.v. § 10 OWiG liegt vor, wenn ein Verkehrsteilnehmer die **Sorgfalt**, **555**
zu der er nach den Umständen und seinen subjektiven persönlichen Fähigkeiten verpflichtet und imstande ist, außer Acht lässt, also pflichtwidrig handelt, und deshalb den gesetzlichen Tatbestand verwirklicht,[1159] die Tatbestandsverwirklichung nicht erkennt bzw. nicht

1151 Vgl. Rn. 541ff.
1152 Vgl. Rn. 168 und Rn. 541.
1153 Zur Problematik, wenn mehrere verschiedene Substanzen unter dem Grenzwert nachgewiesen wurden vgl. Rn. 521.
1154 *Krüger/Schulz/Magerl* Medikamenten und Drogennachweis bei verkehrsunauffälligen Fahrern, S. 34; *Schulz/Vollrath/Klimesch/Szegedi* Fahruntüchtigkeit durch Cannabis, Amphetamine und Cocain, S. 37; vgl. auch *Eisenmenger* NZV 2006, 24ff (26).
1155 Vgl. für Tetrahydrocannabinol auch Rn. 189, Rn. 517 und Rn. 528.
1156 *Iten* Fahren unter Drogen- oder Medikamenteneinfluss, S. 145.
1157 Ebenso § 10 OWiG.
1158 Ausnahmen finden sich etwa bei § 142 StGB (Unerlaubtes Entfernen vom Unfallort), § 248b StGB (Unbefugter Gebrauch eines Fahrzeugs) und § 323c StGB (Unterlassene Hilfeleistung).
1159 *BGH* vom 17.11.1994, NZV 1995, 157ff = BGHSt 40, 341ff; *BayObLG* vom 16.1.1996, DAR 1996, 152f.

voraussieht (**unbewusste Fahrlässigkeit**) oder die Möglichkeit der Tatbestandsverwirklichung zwar erkennt, aber mit ihr nicht einverstanden ist und ernsthaft darauf vertraut, diese werde nicht eintreten (**bewusste Fahrlässigkeit**).[1160]

556 Der Täter will bei der fahrlässigen Handlung, im Gegensatz zum Vorsatz, den gesetzlichen Tatbestand nicht verwirklichen. Er tut es aber wegen Verletzung der gebotenen und möglichen Sorgfalt dennoch. Verwirklicht ein Betroffener den Tatbestand rechtswidrig und vorwerfbar, ohne die Verwirklichung zu erkennen oder zu wollen, dann ist Fahrlässigkeit gegeben.[1161]

557 Das Gesetz **differenziert nicht** zwischen der **bewussten** und der **unbewussten** Fahrlässigkeit. Für die Schwere des Pflichtverstoßes und damit für die Strafzumessung kann diese Differenzierung aber Bedeutung haben:

558 Bei der **unbewussten Fahrlässigkeit** erkennt der Täter nicht, dass er einen Straftatbestand verwirklicht; er denkt nicht an die Rechtsverletzung, obwohl er sie bei Anwendung der pflichtgemäßen Sorgfalt hätte voraussehen müssen.

559 Bei der **bewussten Fahrlässigkeit** denkt der Täter an den Pflichtenverstoß oder Erfolg und hält ihn für möglich. Er verdrängt aber diesen Gedanken und vertraut pflichtwidrig darauf, dass die Rechtsgutverletzung nicht eintreten werde.

560 Die Frage, ob ein Kraftfahrzeugführer vorsätzlich oder fahrlässig handelte ist beispielsweise deshalb von **rechtlicher Bedeutung**, da die fahrlässige Begehungsweise ausdrücklich nach § 260 Abs. 4 S. 1 StPO i.V.m. § 46 Abs. 1 OWiG Aufnahme in die rechtliche Bezeichnung der Tat in der Urteilsformel finden muss.[1162] Zwar sind an die Urteilsgründe im Ordnungswidrigkeitenverfahren keine hohen Anforderungen zu stellen; die Rechtsanwendung muss jedoch klar, eindeutig und lückenlos sein.[1163]

Der Tatrichter muss daher **im Urteil angeben**, ob Vorsatz oder Fahrlässigkeit vorliegt.[1164]

561 Ein solches etwaiges **Versäumnis des Tatrichters** führt allerdings noch nicht zwingend zur Aufhebung des amtsgerichtlichen Urteils, wenn sich aus der Benennung der Vorschrift von § 24a Abs. 3 StVG im Tenor erkennen lässt,[1165] dass das Amtsgericht von einem fahrlässigen Führen eines Kraftfahrzeuges unter der Wirkung eines berauschenden Mittels ausgegangen ist.[1166]

562 Ob ein Kraftfahrzeugführer fahrlässig handelte, kann unter anderem dann von Relevanz sein, wenn es um die Frage geht, ob eine **Rechtschutzversicherung** Kostendeckung gewährt[1167] bzw. etwaige geleistete Zahlungen von einem Versicherungsnehmer zurückfordert.[1168]

1160 *OLG Bremen* vom 17.2.2006, NZV 2006, 276f. Zur Fahrlässigkeit nach THC-Konsum auch ausführlich: *OLG Hamm* vom 3.5.2005, DAR 2005, 640ff = NZV 2005, 428f = BA 2006, 232ff.

1161 *Tröndle/Fischer* Strafgesetzbuch, § 15 StGB Rn. 12; *Rüth/Berr/Berz* Straßenverkehrsrecht, § 24 StVG Rn. 39; *Janiszewski* Verkehrsstrafrecht, Rn. 98.

1162 *OLG Köln* vom 18.8.2005, DAR 2005, 699ff.

1163 *OLG Hamm* vom 22.2.2005, Az. 3 Ss OWi 61/05.

1164 *BayObLG* vom 24.2.2000, DAR 2000, 366f; *OLG Koblenz* vom 19.1.1990, VRS 78, 362f; *Hentschel* Straßenverkehrsrecht, § 24a StVG Rn. 26; *Janiszewski/Jagow/Burmann* Straßenverkehrsrecht, § 24a StVG Rn. 6.

1165 So auch, wenn in einem Bußgeldbescheid lediglich der Regelsatz festgesetzt wurde, da die Behörde somit zu erkennen gibt, dass sie lediglich von einem fahrlässigen Handeln ausgeht, vgl. *LG Regensburg* vom 6.10.2005, NZV 2006, 218.

1166 *OLG Köln* vom 18.8.2005, DAR 2005, 699ff; *OLG Bamberg* vom 31.3.2005, DAR 2006, 399f.

1167 *Freyschmidt* Verteidigung in Straßenverkehrssachen, Rn. 146 u. Rn. 391; *Gebhardt* Das verkehrsrechtliche Mandat, § 38 Rn. 72; s. dazu auch *Hering* SVR 2006, 165ff; zum Deckungsschutz bei Erreichen der 18-Punkte-Grenze s. *BGH* vom 5.7.2006, Az. IV ZR 153/05.

1168 *Gebhardt* Das verkehrsrechtliche Mandat, § 15 Rn. 15ff.

Die Vorschrift des § 24a Abs. 3 StVG stellt die mögliche fahrlässige Begehung einer Ordnungswidrigkeit nicht nur ausdrücklich fest sondern ist bei Verurteilungen auch die Regel, da ein **Vorsatz**[1169] i.d.R. **kaum nachweisbar** ist.[1170] **563**

Anders ist dies nur, wenn ein Verkehrsteilnehmer die **Drogenwirkung erkannt** hat und dennoch am öffentlichen Straßenverkehr teilnahm. **564**

Das OWiG enthält, ebenso wenig wie das StGB, keine **Begriffsbestimmung des Vorsatzes.**[1171] Gegenstand und Inhalt des Vorsatzes müssen daher aus den Irrtumsvorschriften der §§ 16, 17 StGB und aus den allgemeinen Prinzipien der Verbrechenslehre entwickelt werden:[1172] **565**

Ein **vorsätzliches Handeln liegt vor**, wenn ein Täter die Umstände kennt, die sein Tun gesetzwidrig machen und er die Zuwiderhandlung auch in seinen Willen aufgenommen hat.[1173] **566**

Vorsatz setzt daher das **Wissen und Wollen** eines Kraftfahrzeugführers voraus.[1174]	**567**

Erklärt ein Kraftfahrzeugführer daher, dass er sich nicht fahrunsicher gefühlt habe oder schweigt er hierzu auf Nachfrage des Gerichts,[1175] wird dieser wohl nur wegen Fahrlässigkeit verurteilt werden können.[1176] **568**

a) Höhe der Drogenkonzentration

Das OLG Hamm[1177] hob ein auf Fahrlässigkeit lautendes erstinstanzliches Urteil jedoch auf und begründete dies damit, dass ein Kraftfahrzeugführer auf Grund des vorangegangenen Haschischkonsums **hätte erkennen können und müssen**, dass er noch unter der Wirkung der Droge stand, wenn in Anbetracht einer vorliegenden deutlichen **Überschreitung des** von der Arbeitsgruppe für Grenzfragen und Qualitätskontrolle der Deutschen Gesellschaft für Rechtsmedizin, der Deutschen Gesellschaft für Verkehrsmedizin und der Gesellschaft für Forensische und Toxikologische Chemie (Grenzwertkommission) festgesetzten „**Grenzwertes**“ die Annahme naheliegen könnte, dass ein Kraftfahrzeugführer entweder zeitnäher oder aber in weit größerer Menge **als von ihm angegeben** Haschisch konsumiert hat. **569**

Beides könnte möglicherweise die Feststellung rechtfertigen, dass ein Kraftfahrzeugführer zur Tatzeit die fortdauernde Wirkung des Rauschmittels **zumindest hätte erkennen können.**[1178]

Diese gegebenenfalls unter Hinzuziehung eines Sachverständigen zu beantwortenden Fragen hatte das Amtsgericht jedoch offen gelassen bzw. nicht weiter verfolgt.

1169 Siehe dazu *OLG Dresden* vom 3.3.2005, Az. Ss (OWi) 49/05; *AG Stollberg* vom 28.10.2004, Az. 3 OWi 510 Js 30112/04.

1170 Stellungnahme des Bundesrates zum Gesetzentwurf der Bundesregierung, Drucksache 13/3764 vom 8.2.1996, S. 7; dazu auch ausführlich: *Ferner* SVR 2004, 374ff.

1171 *Harbort* NZV 1996, 432ff (433); *Cramer/Sternberg-Lieben* in Schönke/Schröder, § 15 StGB Rn. 6; *Rüth/Berr/Berz* Straßenverkehrsrecht, § 24 StVG Rn. 36.

1172 *Cramer/Sternberg-Lieben* in Schönke/Schröder, § 15 StGB Rn. 7; *Herzberg* JuS 1996, 377ff.

1173 *Rüth/Berr/Berz* Straßenverkehrsrecht, § 24 StVG Rn. 37.

1174 Siehe dazu auch ausführlich *Hentschel* Fahrerlaubnis und Alkohol, Rn. 400ff u. Rn. 596ff.

1175 Siehe deshalb auch *OLG Hamm* vom 1.6.2005, BA 2005, 481f.

1176 *Hentschel* Fahrerlaubnis und Alkohol, Rn. 401.

1177 Vom 3.5.2005, DAR 2005, 640ff = NZV 2005, 428f = BA 2006, 232ff.

1178 Vgl. dazu auch Rn. 524.

570 Hohe nachgewiesene Drogenkonzentrationen sind jedoch noch **kein ausreichendes Indiz** für eine Vorsatztat.[1179]

571 Auch auf eine vorsätzliche Trunkenheit im Verkehr kann i.d.R. nicht bereits aus einer hohen Blutalkoholkonzentration zur Tatzeit geschlossen werden.[1180]

aa) Maximalkonzentration nach dem Rauchen von Cannabis

572 Berghaus[1181] stellte fest, dass bei „normalem" Rauchen[1182] von Cannabis mit einem THC-Wirkstoffgehalt von 20 mg eine THC-Konzentration im Blutplasma von **bis zu 60 ng/ml** ermittelt werden kann. Grotenhermen[1183] führt aus, dass bei dieser Wirkstoffmenge auch eine Konzentration von etwa **110 ng/ml** möglich ist und eine THC-Konzentration von 60 ng/ml nur nach der inhalativen Aufnahme einer Menge von 10 mg entsteht. Vollrath/Löbmann/Krüger/Schöch/ Widera/Mettke[1184] führen dagegen aus, dass nach dem inhalativen Konsum von 20 mg THC nach 40 bis 60 Minuten nur eine THC-Konzentration von 15 ng/ml erreicht werde.

573 Das Rauchen von Marihuana (0,9 g) mit einem THC-Wirkstoffgehalt von 33,8 mg kann nach Ansicht von Bratzke[1185] eine THC-Konzentration im Blutplasma von **über 150 ng/ml** ergeben.

574 Dies deckt sich auch mit der Tabelle von Grotenhermen,[1186] der bei inhalativem Konsum von 30 mg Tetrahydrocannabinol zu einer THC-Konzentration im Plasma von **160 ng/ml** kommt.

575 Aderjan[1187] führt aus, dass nach inhalativer Zufuhr von Tetrahydrocannabinol auch eine **THC-Konzentration von 300 ng/ml** nicht ausgeschlossen ist.[1188] Grotenhermen[1189] gibt dazu ganz konkrete Werte an und führt aus, dass nach dem Rauchen von Marihuana mit einem THC-Wirkstoffgehalt von 3,55 % eine THC-Konzentration im Plasma von 267 ng/ml ermittelt wurde.

bb) Untersuchungen von Huestis/Henningfield/Cone[1190]

576 Die nachstehende Tabelle aus einer Studie von Huestis/Henningfield/Cone[1191] mit 6 Probanden nach einmaligem inhalativem Konsum einer niedrigen und einer höheren Dosis zeigt die Konzentrationsbereiche von THC, THC-OH und THC-COOH:

1179 Vgl. Rn. 176.

1180 *OLG Hamm* vom 21.7.2004, DAR 2005, 101f = BA 2005, 390f; *LG Dresden* vom 28.7.2005, Az. 9 Ns 706 Js 1764/05; s. dazu auch *Krumm* SVR 2006, 292ff.

1181 *Berghaus* Kurze Zusammenfassung der Beantwortung der gestellten Fragen [Masch.-schr. vom 20.1.1997], S. 9 u. S. 11.

1182 Die beim Rauchen von Cannabis aufgenommene THC-Menge hängt auch von der individuellen **Rauchdynamik**, also der Rauchzeit oder den Pausen zwischen den Zügen ab, vgl. *Berghaus/Schulz/Szegedi* Cannabis und Fahrtüchtigkeit; Ergebnisse der experimentellen Forschung, S. 94.

1183 *Grotenhermen* Cannabis, Straßenverkehr und Arbeitswelt, S. 310, Abb. 14.10.

1184 *Vollrath/Löbmann/Krüger/Schöch/Widera/Mettke* Fahrten unter Drogeneinfluss – Einflussfaktoren und Gefährdungspotenzial, S. 56.

1185 *Bratzke* Zur Fahrtüchtigkeit unter Drogeneinfluss aus rechtsmedizinischer Sicht, S. 18, Abb. 5.

1186 *Grotenhermen* Cannabis, Straßenverkehr und Arbeitswelt, S. 310, Abb. 14.10.

1187 *Aderjan* Toxikologischer Cannabisnachweis, S. 157.

1188 Selbst eine solche von 400 ng/ml ist möglich, vgl. Rn. 541.

1189 *Grotenhermen* Cannabis, Straßenverkehr und Arbeitswelt, S. 305.

1190 Vgl. auch die Untersuchungen von Huestis/Henningfield/Cone unter Rn. 979ff.

1191 *Huestis/Henningfield/Cone* Blood cannabinoids; 1. Absorption of THC and formation of 11-OH-THC and THCCOOH during and after smoking marijuana, S. 276ff.

Dosis	Substanz	Höchste Konzentration [ng/ml]	Zeit bis zur höchsten Konzentration [ng/ml] [Stunden]	Nachweisdauer [Stunden]	Konzentration nach dem ersten Zug [ng/ml]
1,75 mg	THC	84,4 (50-129)	0,14 (0,10-0,17)	7,2 (3-12)	7,0 (0-20)
3,55 mg	THC	162,2 (76-267)	0,14 (0,08-0,17)	12,5 (6-27)	18,1 (1,8-37,0)
1,75 mg	THC-OH	6,7 (3,3-10,4)	0,25 (0,15-0,38)	4,5 (0,54-12)	0,2 (0-1,2)
3,55 mg	THC-OH	7,5 (3,8-16)	0.20 (0,15-0,25)	11,2 (2,2-27)	–
1,75 mg	THC-COOH	24,5 (15-54)	2,43 (0,8-4,0)	84,0 (48-168)	0,2 (0-1,1)
3,55 mg	THC-COOH	54,0 (22-101)	1,35 (0,54-2,21)	152,0 (72-168)	0,2 (0-1,0)

Es liegt auf der Hand, dass die Konzentrationen noch erheblich höher sein können, wenn der konsumierte THC-Wirkstoffgehalt stärker war.[1192] **577**

b) Wissentlicher Drogenkonsum

Wenn ein Kraftfahrzeugführer Betäubungsmittel zu sich genommen hat, so könne dies nach Ansicht des OLG Köln[1193] nur vorsätzlich geschehen sein; von daher werde dann zumindest fahrlässig nicht bedacht, während des Führens eines Kraftfahrzeuges unter der Wirkung eines berauschenden Mittels zu stehen. **578**

Man darf wohl tatsächlich unterstellen, dass ein Konsument von Drogen eigentlich weiß, dass er nach dessen Einnahme fahruntüchtig ist. Daher könnte **Dolus directus**, auch unbedingter oder **direkter Vorsatz** genannt, vorliegen, sofern ein Täter als sicher voraussieht, dass sein Handeln zur Verwirklichung des gesetzlichen Tatbestandes führt. Will man dem aber nicht zustimmen, so sollte man wenigstens unterstellen dürfen, dass viele Betroffene mit einer Fahruntüchtigkeit rechnen müssen und diese somit zumindest billigend in Kauf nehmen (**Dolus eventualis**). **579**

Diese Vorsatzform, auch **bedingter Vorsatz** genannt, ist gegeben, wenn ein Täter die Tatbestandsverwirklichung zwar nicht anstrebt, sie aber für möglich hält und billigend in Kauf nimmt, d. h., mit ihr einverstanden ist, mag ihm auch der Erfolgseintritt an sich unerwünscht sein.[1194] **580**

Von der bewussten Fahrlässigkeit, bei der der Täter auf das Ausbleiben des Erfolgs vertraut, unterscheidet sich der dolus eventualis, dass bei ihm der Erfolg billigend in Kauf genommen wird.[1195] **581**

Dabei darf jedoch nicht übersehen werden, dass auch die **Drogeneinnahme selbst ohne Wissen und Wollen** eines Kraftfahrzeugführers erfolgen kann:[1196]

1192 Vgl. Rn. 827ff.

1193 Vom 18.8.2005, DAR 2005, 699ff.

1194 *BGH* vom 4.11.1988, NJW 1989, 781ff (783); *Cramer/Sternberg-Lieben* in Schönke/Schröder, § 15 StGB Rn. 72; *Rüth/Berr/Berz* Straßenverkehrsrecht, § 24 StVG Rn. 37; *Janiszewski* Verkehrsstrafrecht, Rn. 89.

1195 *BGH* vom 4.11.1988, NJW 1989, 781ff (783); *BGH* vom 7.6.1983, NStZ 1983, 407 = VRS 65, 351f; *BayObLG* vom 17.7.1986, VRS 71, 463ff (465); *Herzberg* JZ 1988, 573ff; *Rüth/Berr/Berz* Straßenverkehrsrecht, § 24 StVG Rn. 37; *Janiszewski* Verkehrsstrafrecht, Rn. 89.

1196 Dazu auch ausführlich *Nick* DAR 2003, 82f; vgl. auch Rn. 666.

aa) Nahrungsmittel

582 Hat ein Kraftfahrzeugführer eine Substanz durch Nahrungsmittel aufgenommen,[1197] ohne zu wissen, dass sich darin Drogen befanden, konnte er vom Konsum **keine Kenntnis** haben. Ohne eine solche Kenntnis ist jedoch nach Ansicht des OLG Zweibrücken[1198] der Vorwurf des fahrlässigen Verhaltens hinsichtlich der Teilnahme am Straßenverkehr unter Drogenwirkung nicht haltbar.

583 So verhält es sich nach Ansicht des OLG Hamm[1199] auch, wenn ein Kraftfahrzeugführer einen **Kuchen mit Haschisch** zu sich genommen hat, der ihm als gewöhnlicher Apfelkuchen angeboten wurde.

584 Behauptet ein Kraftfahrzeugführer auf Grund der nachgewiesenen Drogenkonzentration im Blutserum etwa, dass er bei einer Party aus **fremden Gläsern** getrunken habe, ohne zu wissen, dass sich darin Drogen befanden, da Ecstasy[1200] beispielsweise wasserlöslich, geruchs- und geschmacksneutral und eine solche Einlassung daher nicht zwingend ausgeschlossen ist,[1201] lässt dies Spekulationen über einen Freispruch zu.[1202] Nach Ansicht des OVG Rheinland-Pfalz[1203] müsse das Trinken aus fremden Gläsern in einer Diskothek aber zumindest als „fahrlässig“ bezeichnet werden, da ein Betroffener dort mit dem „Auftauchen von Drogen“ rechnen müsse. Dies gelte nach Ansicht des VG Ansbach[1204] auch und wohl gerade dann, wenn ein Betroffener in einer Diskothek arbeite.

585 Die bloße Behauptung, eine andere Person habe dem Verkehrsteilnehmer Betäubungsmittel in das eigene Getränk gemischt, klingt jedoch **wenig plausibel** und wurde daher durch den VGH Hessen[1205] wie auch durch das VG München[1206] und das VG Neustadt[1207] als reine Schutzbehauptung zurückgewiesen.

Vielmehr bedarf es eines substantiierten und nachvollziehbaren Vortrages, wie es zu einer unwissentlichen Aufnahme von Betäubungsmitteln gekommen sein soll.[1208] Der Vortrag, ein Betroffener könne sich das medizinisch-toxikologische Untersuchungsergebnis „nicht anders erklären“, genügt diesen Anforderungen nicht,[1209] wenn nicht einmal vorgetragen wird, in welcher Lokalität der unbewusste Konsum erfolgt sein soll, wer als „Täter“ in Betracht kommt und welches Motiv dieser gehabt haben soll.

586 Dies gelte auch nach Ansicht des KG[1210] insbesondere dann, wenn ein Kraftfahrzeugführer wissentlich in der „Drogenszene“ verkehrte, da die anschließende Fahrt mit dem Kraftfahr-

1197 Vgl. dazu auch Rn. 324, Rn. 329, Rn. 470 und Rn. 498.
1198 Vom 27.2.2004, Az. 1 Ss 5/04.
1199 Vom 9.5.2000, Az. 5 Ss 137/00.
1200 Bei einem Nachweis von 110 ng/ml MDMA ausgeschlossen durch *VG München* vom 26.4.2005, Az. M 6b 603/05; **a.M.** jedoch bei einem Nachweis von 110 ng/ml MDMA durch *VGH Bayern* vom 13.12.2005, Az. 11 Cs 1350; bei einem Nachweis von 142 ng/ml MDMA auch ausgeschlossen durch *VGH Baden-Württemberg* vom 22.11.2004, BA 2006, 247ff.
1201 Siehe auch *VGH Bayern* vom 23.2.2006, Az. 11 Cs 1968/05; *VGH Bayern* vom 13.12.2005, Az. 11 Cs 1350/05.
1202 Vgl. dazu auch *Hentschel* Fahrerlaubnis und Alkohol, Rn. 603.
1203 Vom 4.10.2005, Az. 7 A 10667/05.
1204 Vom 31.3.2005, Az. 10 S 773/05.
1205 Am 14.1.2002, zfs 2002, 599f.
1206 Vom 26.4.2005, Az. M 6b S 603/05.
1207 Vom 30.5.2005, Az. 3 L 844/05.
1208 *VGH Bayern* vom 13.12.2005, Az. 11 Cs 1350/05.
1209 *VG Ansbach* vom 31.3.2005, Az. 10 S 773/05.
1210 Vom 7.10.2002, DAR 2003, 82.

zeug dann **zumindest sorgfaltswidrig** und damit fahrlässig ist.[1211] Hat sich ein Kraftfahrzeugführer jedoch nicht in der Drogenszene aufgehalten, sondern behauptet dieser, dass ihm ein Bekannter unwissentlich Drogen in ein Glas Wasser mischte, ist der Vorwurf der Fahrlässigkeit nicht haltbar.[1212]

bb) Passiv-Rauchen von Cannabis

In einem Verfahren vor dem VGH Baden-Württemberg[1213] trug ein Kraftfahrzeugführer, in **587**
dessen Blutprobe sich eine positive THC-Konzentration von 5 ng/ml nachweisen ließ, vor, er habe selbst kein Cannabis konsumiert. Die bei ihm gemessene THC-Konzentration sei nur durch das „Passiv-Rauchen" von Cannabis entstanden.

Der dem Verfahren beigezogene Sachverständige **schloss eine solche Einlassung allerdings aus**, wenn die Tetrahydrocannabinol-Konzentration 5 ng/ml und die Tetrahydrocannabinol-Carbonsäurekonzentration 36 ng/ml beträgt. Nach Ansicht der Deutschen Hauptstelle für Suchtfragen[1214] erzeugt nämlich ein passiver Konsum von Haschisch kaum einen relevanten Wirkstoffgehalt im Blut,[1215] zumindest aber nicht eine Tetrahydrocannabinol-Konzentration von 5,0 ng/ml.

Möller[1216] führt zwar aus, dass „Passiv-Rauchen" von Cannabis eine geringe positive THC- **588**
Konzentration im Blut verursachen kann, diese jedoch unter 1,0 ng/ml liegt.

Zu dieser Rechtsansicht kommt auch das VG Augsburg,[1217] wonach ein passiver Konsum **589**
von Cannabis keine messbaren Spuren im Blut hinterlässt, zumindest aber nicht eine Tetrahydrocannabinol-Konzentration von 1,2 ng/ml.

Bei älteren Untersuchungen von Cone/Johnson[1218] und Perez-Reyes et al.[1219] wurden unter **590**
extremen Bedingungen auch im Blut niedrige THC-Konzentrationen nachgewiesen. Bei einer neuen Studie von Kardos et al.[1220] verliefen die immunchemischen Urintests auf Gesamtcannabinoide (bis auf eine Ausnahme) negativ, was den Schluss zuließ, dass im Blut in dieser Zeit kein THC nachweisbar gewesen wäre. Auch der als einzige Ausnahme positive Fall lag in einem so niedrigen Bereich, als dass ein **positiver THC-Befund** bei einer entsprechenden **Blutprobe nicht vorstellbar** gewesen wäre.

Berghaus/Krüger/Wehner/Grotenhermen führen im Kongressbericht 2005 der Deutschen **591**
Gesellschaft für Verkehrsmedizin[1221] allerdings aus, dass Studien nachgewiesen hätten, dass auch nach dem passiven Konsum von Cannabis eine **THC-Konzentration** im Serum von 1,3 ng/ml und sogar eine solche von 6,3 ng/ml **möglich** sein soll. Berghaus et al. beziehen sich

1211 Vgl. dazu auch *VGH Bayern* vom 23.2.2006, Az. 11 Cs 1968/05; *Hentschel* Fahrerlaubnis und Alkohol, Rn. 604.

1212 *OLG Zweibrücken* vom 27.2.2004, Az. 1 Ss 5/04; vgl. auch Rn. 666.

1213 Vom 10.5.2004, DAR 2004, 604ff = NZV 2005, 214f = BA 2005, 189ff = SVR 2004, 397f.

1214 *Deutsche Hauptstelle für Suchtfragen* Die Sucht und ihre Stoffe, Nr. 6.

1215 Das *VG Augsburg* vom 17.2.2004, Az. Au 3 K 20/04 führt aus, dass ein passiver Konsum von Cannabis (allenfalls) eine positive Konzentration **im Urin** anzeigen könne.

1216 *Möller* §3 Medikamente und Drogen – verkehrsmedizinisch-toxikologische Gesichtspunkte, Rn. 79 u. Rn. 139.

1217 Vom 17.2.2004, Az. Au 3 K 20/04.

1218 *Cone/Johnson* Contact highs and urinary cannabinoid excretion after passive exposure to marijuana smoke, S. 247ff.

1219 *Perez-Reyes/Di Guiseppi/Mason/Davis* Passive inhalation of marihuana smoke and urinary excretion of cannabinoids, S. 36ff.

1220 *Kardos/Niedbala/Salamone/Bronsgeest/Fritch/Cone* Passive Cannabis Smoking Exposure and Oral Fluid Testing.

1221 Seite 47.

dabei auf eine Veröffentlichung von Skopp/Pötsch,[1222] wonach nach dem passiven Konsum von Cannabis sogar eine THC-Konzentration von 18,8 (!) ng/ml möglich sei.

592 Ob eine solche derart hohe THC-Konzentration in der Praxis tatsächlich im Blutserum ermittelt werden kann, mag dahinstehen.

> Neueste Untersuchungen an der Universität Tübingen durch Wehner/Wildemann/Köhling[1223] haben zumindest ergeben, dass eine **THC-Konzentration von 2,0 ng/ml bei „passivem Konsum"** von Cannabis **auf keinen Fall forensisch gesichert ausgeschlossen** werden kann.[1224]

Dies ist auch nachvollziehbar, da sich in einem geschlossenen Pkw beispielsweise nur ca. 4 bis 5m^3 Luft befinden.

593 **In der Praxis** kann die Einlassung eines lediglich passiven Konsums von Cannabis aber nur dann akzeptiert werden, wenn sich ein Betroffener und der Konsument auf engstem Raum aufgehalten haben[1225] und gleichwohl muss dann **zumindest von einem fahrlässigen Verhalten** gesprochen werden. Wenn ein Kraftfahrzeugführer behauptet, „er habe sich zwei Stunden in einem kleinen umschlossenen Nebenraum einer Technoveranstaltung aufgehalten in dem ca. 100 Personen über die ganze Zeit hinweg Cannabis konsumiert haben sollen und der ganze ‚Chill-out-Raum' mit dicken Cannabis-Nebelschwaden durchzogen gewesen sei",[1226] wer sich demnach also über einen längeren Zeitraum wissentlich in einer stark cannabishaltigen Luftatmosphäre aufhält, muss sich darüber im Klaren sein,[1227] durch das Einatmen THC aufzunehmen.[1228]

c) Fehlvorstellung über die Wirkung

594 Ein Kraftfahrzeugführer, bei dem im Anschluss an eine Autofahrt eine positive THC-Konzentration festgestellt wird, hat offensichtlich bewusst Cannabis konsumiert. Dies lässt ihn daher auch als charakterlich ungeeignet erscheinen, ein Kraftfahrzeug zu führen, weil dieser bei der Fahrt das Risiko eingegangen ist, dass seine Fahreignung durch den Konsum von Cannabis beeinträchtigt ist.

Es verwundert auf Grund der unterschiedlichen, etwa im Internet veröffentlichten Ansichten über die Nachweiszeit von THC allerdings nicht, dass einige Verkehrsteilnehmer bereits wenige Stunden nach dem Konsum wieder ein Kraftfahrzeug führen und sich der Konsequenzen ihres Handelns nicht ausreichend bewusst sind und auch Gerichte haben fälschlicherweise entschieden, dass THC nur einige Stunden nach dem Konsum „wirken" würde und nachweisbar wäre.[1229]

1222 *Skopp/Pötsch* ArchKrim. 2001, 137ff (142).

1223 *Wehner/Wildemann/Köhling* BA 2006, 349ff (359).

1224 Vgl. auch *Krause* DAR 2006, 175f.

1225 Auch *Eisenmenger* NZV 2006, 24ff (25) schließt den positiven Nachweis einer THC-Konzentration im Blut nicht aus, wenn „Extrembedingungen" vorlagen.

1226 So die Einlassung eines Betroffenen in dem Verfahren *VGH Baden-Württemberg* vom 10.5.2004, DAR 2004, 604ff = NZV 2005, 214f = BA 2005, 189ff = SVR 2004, 397f.

1227 Vgl. Rn. 564.

1228 *VGH Baden-Württemberg* vom 10.5.2004, DAR 2004, 604ff = NZV 2005, 214f = BA 2005, 189ff = SVR 2004, 397f.

1229 Vgl. Rn. 479.

Schubert/Schneider/Eisenmenger/Stephan[1230] fordern zudem nur ein Fahrverbot von 10 Stunden nach dem Konsum von Cannabis.[1231]

Wenn ein Kraftfahrzeugführer aber wissentlich Cannabis zu sich nimmt und danach ein Fahrzeug führt, ist die Annahme, die Droge sei zwischenzeitlich abgebaut und deshalb nicht mehr nachweisbar, als „Fehlvorstellung über die Dauer der Wirkung" **grundsätzlich unerheblich**, denn ein Kraftfahrer muss die Unberechenbarkeit von Rauschdrogen ebenso wie atypische Rauschverläufe in Rechnung stellen. **Es ist nicht erforderlich**, das sich ein Kraftfahrzeugführer einen „spürbaren" oder „messbaren" Wirkstoffeffekt oder gar eine Minderung der Fahrtüchtigkeit vorstellt bzw. vorstellen könnte.[1232] Ebenso wenig ist es notwendig, dass ein Kraftfahrzeugführer den Vorgang, der die „Wirkung" ausmacht, physiologisch und biochemisch exakt einordnet bzw. einordnen könnte.

Dies bestätigt auch das OLG Zweibrücken.[1233] Das Gericht führte aus, dass ein Fahrzeug- **595**
führer nicht damit rechnen kann, nicht mehr unter der Wirkung von Cannabis zu stehen, die vor allem von der Art der Dosis des genossenen Rauschmittels abhängt und dieser daher auch nicht davon ausgehen kann, jedenfalls nicht am Nachmittag des nach dem Konsum folgenden Tages, ein Kfz führen zu können, weil ihm die konkreten Bezugspunkte dafür, dass das genossene Cannabis nicht mehr nachweisbar sein werde, fehlen.[1234]

> Ein Fahrzeugführer kann weder feststellen, welche Dosis er konsumiert hat, noch kennt er in den meisten Fällen die Qualität des konsumierten Betäubungsmittels.

Nach einer derart „unkontrollierten" Drogenaufnahme darf sich ein Fahrzeugführer daher auch nach dem Ablauf eines Zeitraums von 18 Stunden nicht darauf verlassen, dass der vorangegangene Drogenkonsum in keinem Fall mehr erweislich sein wird.[1235]

Auch ein Konsument von alkoholischen Getränken kann weder vor dem, während des oder nach dem Trinken genau voraussehen, welche Alkoholkonzentration er haben wird,[1236] wobei hier allerdings wenigstens noch der Alkoholgehalt auf der Flasche angegeben ist.[1237]

Diese Ansicht wird zusätzlich durch das Ordnungswidrigkeitenverfahren vor dem AG **596**
Nördlingen[1238] gestützt, in dem bei einem Fahrzeugführer eine THC-Konzentration von 1,7 ng/ml nachgewiesen werden konnte, obwohl nach dessen Angaben seit dem Konsum von Cannabis mehr als 14 Stunden vergangen waren.

Auf Grund der Rechtsbeschwerde des Betroffenen führte das BayObLG[1239] dazu aus: Die Nachprüfung des sorgfältig begründeten Urteils auf Grund der zulässigen Rechtsbe-

1230 *Schubert/Schneider/Eisenmenger/Stephan* Begutachtungs-Leitlinien zur Kraftfahrereignung, Kommentar, 1. Aufl., S. 123, Ziff. 4.2.4; *Schubert/Schneider/Eisenmenger/Stephan* Begutachtungs-Leitlinien zur Kraftfahrereignung, Kommentar, 2. Aufl., S. 193.

1231 Vgl. auch Rn. 497.

1232 So auch *OLG Bremen* vom 17.2.2006, NZV 2006, 276f; *OLG Zweibrücken* vom 13.4.2005, DAR 2005, 408f = NZV 2005, 430f = BA 2006, 235f; *AG Rockenhausen* vom 12.4.2006, Az. 6072 Js 4574/06.

1233 Vom 3.5.2001, DAR 2002, 135f = BA 2002, 129f = NStZ 2002, 95f.

1234 Ähnlich auch *OVG Hamburg* vom 15.12.2005, BA 2006, 427ff = NJW 2006, 1367ff (1370) = VRS 110, 388ff.

1235 Vgl. auch Rn. 496.

1236 *OLG Jena* vom 4.3.2005, VRS 109, 61f; vgl. auch Rn. 516.

1237 Siehe auch *VGH Bayern* vom 20.6.2005, Az. 11 Cs 43/05.

1238 (Zweigstelle Donauwörth) vom 3.11.2003, BA 2006, 47ff.

1239 Vom 26.2.2004, BA 2006, 47ff.

schwerde hat **keinen Rechtsfehler** zum Nachteil des Betroffenen ergeben. Die angegriffene Entscheidung steht mit der Rechtsprechung des BayObLG[1240] in Einklang und begegnet auch keinen verfassungsrechtlichen Bedenken.

Wann, und in welcher Menge, ein Betroffener berauschende Mittel i.S.v. § 24a Abs. 2 StVG zu sich genommen hat, weiß nur der Fahrzeugführer selbst; er trägt deshalb auch im vollen Umfang das Risiko, dass beim (späteren) Führen eines Kraftfahrzeuges noch Substanzen des berauschenden Mittels im Blutserum nachgewiesen werden können.

597 Es kommt somit nicht darauf an, dass ein Verkehrsteilnehmer beim Führen eines Kraftfahrzeuges bemerkte, dass er unter der Wirkung von THC fährt, denn in einem solchen Fall wäre die Ordnungswidrigkeit **vorsätzlich** begangen worden.

Es kommt folglich auch nicht darauf an, ob die unter Rn. 486 aufgeführten Behauptungen von Betroffenen der Wahrheit entsprechen.

598 Das **Bundesverfassungsgericht**[1241] hat diese Ansicht bestätigt.[1242]

d) Notstand

599 Eine Ordnungswidrigkeit kann im Einzelfall unter Notstandsgesichtspunkten nach § 16 OWiG gerechtfertigt sein.[1243] Liegt ein derartiger Rechtfertigungsgrund[1244] vor, kann selbstverständlich auch kein Fahrverbot verhängt werden.[1245] So ist der Fall denkbar, dass ein Arzt, der unter Wirkung eines berauschenden Mittels steht, wegen eines Notfalls zu einem Patienten gerufen wird.[1246]

5. Ordnungswidrigkeit und gleichzeitiger Besitz von Betäubungsmitteln

600 Gegen einen Kraftfahrzeugführer, der im Besitz von Betäubungsmitteln ist, wird i.d.R. ein strafrechtliches Verfahren wegen eines Verstoßes nach § 29 Abs. 1 S. 1 Nr. 3 BtMG eingeleitet werden.[1247]

Fraglich ist allerdings, ob ein Kraftfahrzeugführer mit **zwei Verfahren** rechnen muss, wenn er während des Begehens einer Ordnungswidrigkeit gem. § 24a Abs. 2 StVG auch Betäubungsmittel mit sich führt, weil gem. § 264 StPO **Tatidentität** vorliegen, oder auch **Strafklageverbrauch** eingetreten sein könnte.[1248]

1240 Vom 20.1.2003, NZV 2003, 252f.

1241 Vom 25.1.2005, BA 2006, 47ff.

1242 **a.M.** wohl *OLG Hamm* vom 3.5.2005, DAR 2005, 640ff = NZV 2005, 428f = BA 2006, 232ff, wonach es Feststellungen darüber bedarf, ob der Betroffene die Möglichkeit der fortdauernden Wirkung kennt oder zumindest hätte erkennen können.

1243 *Beck/Berr* OWi-Sachen im Straßenverkehrsrecht, Rn. 295a.

1244 Siehe dazu *Krumm* SVR 2006, 19ff.

1245 *OLG Karlsruhe* vom 8.8.2005, DAR 2005, 644f.

1246 *Beck/Berr* OWi-Sachen im Straßenverkehrsrecht, Rn. 295e; vgl. auch *LG Potsdam* vom 14.3.2001, NZV 2001, 360 = BA 2002, 53ff (von einer vorläufigen Fahrerlaubnisentziehung ist trotz dringenden Tatverdachts abzusehen, wenn es sich lediglich um ein einmaliges, menschlich nachvollziehbares Versagen im Straßenverkehr handelt, wie die alkoholisierte Fahrt zum Unfallort eines nahen Angehörigen); *LG Heilbronn* vom 10.7.1985, DAR 1987, 29 (Benachrichtigung vom schweren Unfall eines nahen Angehörigen und Fahrt im fahruntüchtigen Zustand zur Unfallstelle, um sich um diesen zu kümmern); vgl. hierzu auch Rn. 627 und Rn. 666.

1247 Vgl. aber auch Rn. 12 und Rn. 851f.

1248 Vgl. auch Rn. 395f.

Das LG München II[1249] verneint eine Tatidentität, wenn ein Verkehrsteilnehmer ein Kraftfahrzeug unter der Wirkung berauschender Mittel führt und hierbei Betäubungsmittel ohne einen erkennbaren Beziehungs- bzw. Bedingungszusammenhang als Teil seines persönlichen Gewahrsams besitzt. Die objektiven tatbestandlichen Ausführungshandlungen dieser beiden Delikte würden sich nicht einmal teilweise decken; sie stellten bei natürlicher Betrachtungsweise, ungeachtet der zeitlichen Überschneidung bei der Tatbegehung, zwei selbstständige, auf gesondert gefassten Tatentschlüssen beruhende körperliche Willensbetätigungsakte dar. Sachlich-rechtlich selbstständige Taten sind grundsätzlich auch prozessual selbstständig. Ein Betroffener würde die tatsächliche Sachherrschaft über die mitgeführten Drogen auch dann nicht verlieren, wenn er nicht am öffentlichen Straßenverkehr teilnimmt. Beide Tatbestände knüpfen zwar an die Existenz eines Betäubungsmittels (im Blutserum bzw. als körperliche Sache) an, greifen aber in ihrer Struktur nicht ineinander. Die Fahrt verfolgt in den meisten Fällen nicht den Zweck (**anders** als bei Transport- oder Fluchtfällen) den Drogenbesitz aufrechtzuerhalten bzw. abzusichern. Die Begehung der Ordnungswidrigkeit dient auch nicht dazu, die Betäubungsmittel zu transportieren, zu finanzieren, an einen sicheren Ort zu bringen, sie zu verstecken oder dem staatlichen Zugriff zu entziehen. Die Verlagerung des Besitzes ist lediglich eine zwangsläufige Begleitfolge der mit dem Kraftfahrzeug bewirkten und bezweckten Ortsveränderung. Die Mitnahme der Betäubungsmittel bezieht sich andererseits auch nicht auf die Fahrtätigkeit als solche; sie dient einem Kraftfahrzeugführer insbesondere nicht dazu, sich durch den Konsum der Drogen die Fahrt zu erleichtern.

Das OLG Köln[1250] verneint hingegen zwei Verfahren, da das Führen eines Kraftfahrzeuges **601**
unter der Wirkung von Betäubungsmitteln und der gleichzeitige Besitz von Betäubungsmitteln im Kofferraum eines Kraftfahrzeuges **nur eine Tat** im prozessualen Sinne bilden.

Der Begriff der „Tat" im Ordnungswidrigkeitenverfahren ist identisch mit dem auch für **602**
das Strafverfahren maßgeblichen Tatbegriff des Art. 103 GG. Tat i.S.v. Art. 103 GG ist ein konkretes Vorkommnis, ein einheitlicher geschichtlicher Vorgang, der sich von anderen ähnlich oder gleichartig gelagerten Fällen unterscheidet. Zu diesem Vorgang gehört das gesamte Verhalten eines Betroffenen, soweit es nach natürlicher Lebensauffassung einen einheitlichen Lebensvorgang darstellt. Zwischen den einzelnen Verhaltsweisen eines Täters muss eine „innere Verknüpfung" bestehen, dergestalt, dass ihre **getrennte Aburteilung** in verschiedenen Verfahren als unnatürliche Aufspaltung eines einheitlichen Lebensvorgangs empfunden würde.

Das Führen eines Kraftfahrzeuges unter der Wirkung von Drogen und der Besitz von **603**
Betäubungsmitteln bilden einen **einheitlichen Lebenssachverhalt**, dessen getrennte Aburteilung einen einheitlichen Lebensvorgang unnatürlich aufspalten würde, wenn ein Betroffener den Drogenbesitz während der Fahrt ausgeübt hat. Oft handelt es sich bei der konsumierten Droge und der mitgeführten Droge auch um Betäubungsmittel derselben Art.

Die Umstände, die zum Besitz und zum Konsum geführt haben, können nicht ausschließbar den Schuldumfang sowohl der Ordnungswidrigkeit nach § 24a Abs. 2 StGB, als auch der Straftat des unerlaubten Besitzes von Betäubungsmitteln kennzeichnen und für die Rechtsfolgenentscheidung gleichermaßen von Bedeutung sein.

Deshalb führt auch das OLG Oldenburg[1251] aus, dass ein Kraftfahrzeugführer lediglich **604**
wegen des unerlaubten Besitzes von Betäubungsmitteln i.S.v. § 29 Abs. 1 S. 1 Nr. 3 BtMG

1249 Vom 8.2.2001, Az. 1 Qs 20/01.
1250 Vom 5.10.2004, DAR 2005, 107f = NZV 2005, 210f = BA 2006, 40f.
1251 Vom 14.8.2001, Az. Ss 196/01.

verurteilt werden kann, zu dem die „Rauschfahrt" hinzugetreten sei, denn mit der Fahrt werde die Verfügungsmacht über das Betäubungsmittel im Kofferraum aufrechterhalten und diese stelle (stets) einen tatbestandserheblichen Tatbeitrag zum Betäubungsmitteldelikt dar. Da bereits **materiell-rechtlich Tateinheit** zwischen beiden Delikten bestehe, liege auch prozessual nur eine Tat i.S.v. § 264 StPO vor.

605 Das OLG Oldenburg[1252] verneint ein zusätzliches Ordnungswidrigkeitenverfahren auch dann, wenn eine Blutprobe den Nachweis ergibt, dass ein Fahrzeugführer zum Zeitpunkt der Fahrt unter der Wirkung von Tetrahydrocannabinol stand, bei der Durchsuchung des Kraftfahrzeuges[1253] zudem in einer Reisetasche im Kofferraum ca. 3,5 g Haschisch aufgefunden werden und wenn das Verfahren wegen des Verstoßes gegen das BtMG von der Staatsanwaltschaft gegen eine Geldbuße **eingestellt** wurde, da das Verfahrenshindernis des (beschränkten) **Strafklageverbrauchs** nach § 153a Abs. 1 S. 5 StPO eingetreten sei.

606 Auf Grund der **uneinheitlichen Rechtsprechung** sah sich das OLG Stuttgart[1254] veranlasst, dem **BGH** gem. § 121 Abs. 2 GVG i.V.m. § 79 Abs. 3 S. 1 OWiG ein Verfahren vorzulegen, bei dem ein Kraftfahrzeugführer unter der Wirkung von Kokain am Straßenverkehr teilnahm und bei dem zusätzlich auch Kokain aufgefunden wurde.

Der **Bundesgerichtshof**[1255] entschied, dass zwischen dem unerlaubten Besitz von Betäubungsmitteln und der zeitgleich begangenen Ordnungswidrigkeit des Führens eines Kraftfahrzeuges unter der Wirkung eines berauschenden Mittels verfahrensrechtlich **nicht zwangsläufig Tatidentität** i.S.v. § 264 StPO besteht und ein Kraftfahrzeugführer für den Fall, dass er während des Begehens einer Ordnungswidrigkeit nach § 24a Abs. 2 StVG zudem auch Drogen mit sich führte mit **zwei Verfahren** rechnen muss, **wenn** das Mitführen der Betäubungsmittel im Kraftfahrzeug in keinem inneren Beziehungs- bzw. Bedingungszusammenhang mit dem Fahrvorgang stand.[1256]

1252 Vom 14.8.2001, Az. Ss 196/01.

1253 Zur anlass- und verdachtsunabhängigen Personenkontrolle und zur Durchsuchung mitgeführter Sachen s. auch *BayVerfGH* vom 7.2.2006, JZ 2006, 617ff, vgl. auch Rn. 807ff.

1254 Vom 29.9.2003, Az. 2 Ss 356/03.

1255 Vom 27.4.2004, DAR 2005, 223f = NZV 2005, 52f = BA 2005, 242f; vgl. auch *Tepperwien* DAR 2005, 241ff (259).

1256 Vgl. auch *Hentschel* Fahrerlaubnis und Alkohol, Rn. 606f; *Gebhardt* Das verkehrsrechtliche Mandat, § 42 Rn. 16. Zum Verbot einer doppelten Bestrafung bei rechtskräftigem Bußgeldbescheid wegen Benutzung eines Mobiltelefones während der Fahrt und späterer Ahndung wegen Alkoholisierung s. *OLG Saarbrücken* vom 24.3.2006, Az. SS B 2-06 3/06.

III. Strafrechtliche Rechtsfolgen für die Fahrerlaubnis

Das Führen eines Fahrzeuges unter dem Einfluss[1257] von Betäubungsmitteln gem. § 316 Abs. 1 StGB[1258] kann neben den unter Rn. 345ff aufgezeigten Rechtsfolgen auch strafrechtliche Sanktionen für die Fahrerlaubnis, namentlich den (strafrechtlichen)[1259] Verlust der Fahrerlaubnis (Fahrerlaubnissperre)[1260] als auch ein Fahrverbot nach § 44 StGB[1261] zur Folge haben. **607**

Das Recht zum Führen von Kraftfahrzeugen ist allerdings ein Bestandteil des **Grundrechts auf allgemeine Handlungsfreiheit** nach Art. 2 Abs. 1 GG.[1262]

Die Wegnahme des Führerscheines eines Betroffenen durch einen Polizeibeamten oder der Entzug der Fahrerlaubnis durch das Gericht könnte daher gegen den Verfassungsgrundsatz der Verhältnismäßigkeit verstoßen.[1263]

Dieses Grundrecht darf deshalb nur unter besonderen Voraussetzungen eingeschränkt werden:

1. Sicherstellung und Beschlagnahme des Führerscheines

Bei **Gefahr im Verzug** nach § 98 Abs. 1 S. 1 StPO darf die Polizei den Führerschein eines Kraftfahrzeugführers gem. § 94 Abs. 3 StPO auch ohne richterlichen Beschluss direkt am Begehungsort einbehalten.[1264] Dies wird bei Alkohol- und Drogenfahrten auch regelmäßig praktiziert.[1265] **608**

Gefahr im Verzug liegt vor, wenn die Gefahr besteht, dass ein Kraftfahrer ohne Abnahme des Führerscheines noch weitere Fahrten unter Drogeneinfluss unternehmen werde.[1266]

Der Polizeibeamte hat dabei pflichtgemäß zu entscheiden, ob Gefahr im Verzug gegeben ist,[1267] wobei seine Erwägungen nicht der **richterlichen Nachprüfung** unterliegen.[1268] Ein **Irrtum eines Polizeibeamten** in tatsächlicher oder rechtlicher Hinsicht berührt daher nicht die Wirksamkeit der Entscheidung.[1269] **609**

1257 Vgl. zum Begriff Rn. 467.

1258 Zu den Rechtsfolgen bei Vorliegen einer Ordnungswidrigkeit vgl. Rn. 407ff.

1259 Vgl. zum verwaltungsrechtlichen Entzug der Fahrerlaubnis Rn. 732ff.

1260 Hierzu ausführlich: *Freyschmidt* Verteidigung in Straßenverkehrssachen, Rn. 281ff sowie *Hentschel* Fahrerlaubnis und Alkohol, Rn. 622ff.

1261 Zum Fahrverbot nach § 25 StVG s. Rn. 407f und Rn. 412ff.

1262 *Hentschel* Fahrerlaubnis und Alkohol, Rn. 706 und Rn. 829.

1263 Das Gebot der Verhältnismäßigkeit im engeren Sinn verlangt, dass die Schwere des Eingriffs bei einer Gesamtabwägung nicht außer Verhältnis zu dem Gewicht der ihn rechtfertigenden Gründe stehen darf, vgl. auch *Hentschel* Fahrerlaubnis und Alkohol, Rn. 829.

1264 Dazu ausführlich: *Janker* SVR 2005, 100ff; *Janker* DAR 2003, 489ff (492); *Trupp* NZV 2004, 389ff.

1265 Führt ein Verkehrsteilnehmer seinen Führerschein nicht mit sich, so kann dessen Wohnung durchsucht werden, vgl. *Hentschel* Fahrerlaubnis und Alkohol, Rn. 1302. Zum **Durchsuchungsbeschluss** zwecks Auffinden des Führerscheines s. auch Rn. 416.

1266 *BGH* vom 23.5.1969, NJW 1969, 1308ff = BGHSt 22, 385ff; *OLG Hamm* vom 21.11.1968, VRS 36, 66ff; *Hentschel* Straßenverkehrsrecht, § 111a StPO Rn. 13; *Kleinknecht/Meyer-Goßner* Strafprozessordnung, § 111a StPO Rn. 15; **a.M.** *OLG Köln* vom 9.1.1968, NJW 1968, 666ff.

1267 *Hentschel* Trunkenheit, Fahrerlaubnisentziehung, Fahrverbot, Rn. 895.

1268 *BGH* vom 23.5.1969, NJW 1969, 1308ff = BGHSt 22, 385ff; *OLG Stuttgart* vom 11.12.1968, NJW 1969, 760f; *OLG Köln* vom 9.1.1968, NJW 1968, 666ff; *Hentschel* Fahrerlaubnis und Alkohol, Rn. 639.

1269 *OLG Stuttgart* vom 11.12.1968, NJW 1969, 760f; *OLG Köln* vom 9.1.1968, NJW 1968, 666ff.

a) Einverständnis eines Betroffenen mit der Sicherstellung

610 Ist ein Kraftfahrzeugführer mit der formlosen Inverwahrnahme seines Führerscheines „einverstanden“, so spricht man von „**Sicherstellung**“.[1270] Widerspricht ein Kraftfahrzeugführer jedoch gegenüber dem Polizeibeamten der Einbehaltung, wird der Führerschein also nicht „freiwillig“ herausgegeben und ist ein Betroffener demnach nicht mit der Maßnahme einverstanden, so ist der Führerschein durch den Polizeibeamten nach § 94 Abs. 3 StPO zu **beschlagnahmen**.[1271] Dies setzt jedoch eine tatsächliche körperliche Wegnahme des Führerscheines voraus.[1272] Eine Beschlagnahme ohne tatsächliche körperliche Wegnahme des Führerscheines ist unwirksam.[1273]

611 Bei der Inverwahrnahme eines Führerscheines handelt sich um eine strafprozessuale Maßnahme, die im Rahmen eines gegen einen Beschuldigten geführten Ermittlungsverfahrens ergriffen werden kann. Hierdurch soll vermieden werden, dass ein Betroffener in dem Zeitraum bis zur Gerichtsverhandlung weiterhin Kraftfahrzeuge führt und so eine Gefährdung für andere Verkehrsteilnehmer darstellt. Durch die Einbehaltung des Führerscheines soll somit eine Sicherungsfunktion wahrgenommen werden.

Daraus folgt, dass die **Beschlagnahme** des Führerscheines nach § 94 Abs. 3 StPO **nur bei Vorliegen der Voraussetzungen des § 111a StPO zulässig** ist.[1274]

612 Daraus ergibt sich auch, dass die **Beschlagnahme eines Führerscheines** erst sechs[1275] oder acht[1276] Monate nach der Tat **nicht mehr verhältnismäßig** wäre,[1277] da dann kein unmittelbarer zeitlicher Zusammenhang mehr mit der Tat besteht.[1278]

613 Auch beim vermeintlichen **Vorliegen einer Ordnungswidrigkeit** nach § 24a Abs. 2 StVG, kommt eine Beschlagnahme des Führerscheines nicht in Betracht,[1279] wohl aber ein Weiterfahrverbot.[1280]

Der Polizeibeamte hat daher die schwierige Aufgabe, bereits an Ort und Stelle zu beurteilen und zu entscheiden, ob **seiner Meinung nach** eine Straftat nach § 316 Abs. 1 StGB oder lediglich eine Ordnungswidrigkeit nach § 24a Abs. 2 StVG vorliegt.[1281]

1270 *Freyschmidt* Verteidigung in Straßenverkehrssachen, Rn. 109; *Hentschel* Fahrerlaubnis und Alkohol, Rn. 1293.

1271 *OLG Köln* vom 9.1.1968, NJW 1968, 666ff; *OLG Schleswig* vom 6.9.1967, VRS 34, 460ff; *LG Gera* vom 27.2.1966, NStZ-RR 1996, 235f.

1272 *Hentschel* Fahrerlaubnis und Alkohol, Rn. 637; *Hentschel* Trunkenheit, Fahrerlaubnisentziehung, Fahrverbot, Rn. 890.

1273 *OLG Schleswig* vom 6.9.1967, VRS 34, 460ff; *OLG Stuttgart* vom 17.4.1968, VRS 35, 138f.

1274 Vgl. Rn. 623ff.

1275 *LG Frankfurt/Main* vom 27.9.2004, DAR 2005, 109.

1276 *LG Cottbus* vom 14.6.2004, Az. 23 Qs 35/04.

1277 **Beachte** dazu aber auch *BVerfG* vom 15.3.2005, NZV 2005, 379f = BA 2006, 151f sowie Rn. 629.

1278 *Gebhardt* Das verkehrsrechtliche Mandat, § 43 Rn. 12.

1279 *LG Köln* vom 7.6.2004, Az. 104 Qs 124/04.

1280 *OVG Hamburg* vom 15.12.2005, BA 2006, 427ff = NJW 2006, 1367ff (1370) = VRS 110, 388ff; *Janker*, DAR 2003, 489ff (493); *Hettenbach* s. BA 2006, 135ff (141) weist in einem Referat anlässlich des 44. Verkehrsgerichtstag 2006 in Goslar darauf hin, dass Polizeibeamte in Baden-Württemberg z. T. bereits bei Vorliegen eines positiven Drogenschnelltests den Führerschein eines Betroffenen beschlagnahmen, vgl. dazu aber Rn. 321ff.

1281 Zum Irrtum des Polizeibeamten s. Rn. 609.

b) Späterer Widerspruch gegen die Sicherstellung

War ein Betroffener mit der Abgabe des Führerscheines „einverstanden", handelt es sich um eine Sicherstellung, die formlos erfolgen kann und stets zulässig ist.[1282] Es wird dabei aber die Kenntnis eines Verkehrsteilnehmers vorausgesetzt, dass **keine Herausgabepflicht** besteht, worüber andererseits jedoch **keine Belehrung** zu erfolgen braucht.[1283] **614**

In einem derartigen Fall der „unwidersprochenen" und „freiwilligen Herausgabe" des Führerscheines erübrigt sich eine vorläufige Fahrerlaubnisentziehung **durch das Gericht**, da die Sicherung der Allgemeinheit wegen weiterer Gefährdungen gewährleistet ist.[1284] **615**

Äußert sich der Polizeibeamte daher beispielsweise dahingehend, in dem er gegenüber einem Verkehrsteilnehmer angibt „Ihr Führerschein wird einbehalten", so müsste ein Betroffener, falls er damit nicht einverstanden ist, dem sofort ausdrücklich widersprechen. In den meisten Fällen ist dies aber nicht der Fall, sondern die Betroffenen „fügen sich" der Aussage, in dem Glauben, die Maßnahme des Polizeibeamten werde schon richtig sein.[1285] **616**

Allerdings macht eine „freiwillige Herausgabe" **die Überprüfung der Maßnahme durch einen Richter** und die Anordnung der gerichtlichen vorläufigen Fahrerlaubnisentziehung nach § 111a StPO lediglich solange entbehrlich, solange ein Beschuldigter seine Entscheidung nicht ändert und den Führerschein, entgegen seiner ersten Erklärung gegenüber einem Polizeibeamten, nicht doch zurückverlangt,[1286] etwa infolge der anwaltlichen Beratung nach dem Vorfall. **617**

Es bedarf dann jedoch eines entsprechenden **Antrags** des Kraftfahrzeugführers **auf gerichtliche Entscheidung** gem. § 98 Abs. 2 S. 2 StPO[1287] bzw. eines Widerspruchs gegen die Einbehaltung durch einen Verteidiger, da das Gericht sonst nicht eigenständig tätig wird.[1288] **618**

Die Herbeiführung der Entscheidung eines Richters ist demnach auch (noch) dann möglich, wenn ein Kraftfahrzeugführer zunächst mit der Sicherstellung, also der formlosen Einbehaltung desselben, gegenüber der Polizei „einverstanden" war.[1289] **619**

War die Inverwahrnahme des Führerscheines **durch die Polizei unverhältnismäßig**, so ist diese durch das **Amtsgericht, in dessen Bezirk** die Beschlagnahme oder Sicherstellung **stattgefunden hat**,[1290] aufzuheben und die Rückgabe des Führerscheines anzuordnen.[1291] **620**

1282 *OLG Hamm* vom 20.2.1974, VRS 47, 201ff; *OLG Stuttgart* vom 11.12.1968, NJW 1969, 760f; *OLG Köln* vom 9.1.1968, NJW 1968, 666ff.

1283 *Kleinknecht/Meyer-Goßner* Strafprozessordnung, § 94 StPO Rn. 12, vgl. auch Rn. 256ff und Rn. 628.

1284 *OLG Karlsruhe* vom 26.10.1998, DAR 1999, 86f = NZV 1999, 345f = VRS 96, 205ff; *Michel* DAR 1997, 393f; *Hentschel* Trunkenheit, Fahrerlaubnisentziehung, Fahrverbot, Rn. 855; **a.M.** *Janiszewski/Jagow/Burmann* Straßenverkehrsrecht, § 111a StPO Rn. 6; *Cramer* Straßenverkehrsrecht, Band 1, § 69 StGB Rn. 62.

1285 Siehe hierzu auch Rn. 262.

1286 *Hentschel* Trunkenheit, Fahrerlaubnisentziehung, Fahrverbot, Rn. 856; vgl. auch *BayObLG* vom 4.7.1996, NStZ-RR 1997, 51f.

1287 *Freyschmidt* Verteidigung in Straßenverkehrssachen, Rn. 20 und Rn. 294f.

1288 **Beachte** aber auch Rn. 267.

1289 *Freyschmidt* Verteidigung in Straßenverkehrssachen, Rn. 293; *Gebhardt* Das verkehrsrechtliche Mandat, § 43 Rn. 14.

1290 § 98 Abs. 2 S. 3 StPO.

1291 *Freyschmidt* Verteidigung in Straßenverkehrssachen, Rn. 284 und Rn. 715. Zur Entschädigung s. Rn. 640ff.

2. Vorläufiger Entzug der Fahrerlaubnis gem. § 111a StPO

621 Hat ein Kraftfahrzeugführer der Beschlagnahme des Führerscheines gegenüber dem Polizeibeamten unverzüglich vor Ort widersprochen (oder ändert er seine Entscheidung auf freiwillige Herausgabe und der Sicherstellung) so muss über die Beschlagnahme ein entsprechender **richterlicher Beschluss** gem. § 111a StPO erwirkt und dem Betroffenen persönlich zugestellt werden.[1292] Der vorläufige Entzug der Fahrerlaubnis wird dann mit Bekanntgabe an den Beschuldigten wirksam.[1293]

622 Die Zustellung an einen Verteidiger oder eine Ersatzzustellung genügen nicht.[1294]

Fraglich ist daher, ob das **Amtsgericht, in dessen Bezirk die Beschlagnahme bzw. Sicherstellung stattfand**, einem Herausgabeantrag zustimmen oder unter welchen Voraussetzungen es die vorläufige Entziehung der Fahrerlaubnis durch Beschluss gem. § 111a StPO anordnen und die Beschlagnahme durch den Polizeibeamten somit bestätigen wird:

623 Sind **dringende Gründe** für die Annahme vorhanden, dass einem Kraftfahrzeugführer in einem späteren Strafverfahren die Fahrerlaubnis gem. § 69 Abs. 1 StGB entzogen werden wird, weil dieser sich als **ungeeignet** zum Führen von Kraftfahrzeugen erwiesen hat, so **kann**[1295] ihm das Gericht gem. § 111a StPO durch Beschluss die Fahrerlaubnis bereits vorläufig entziehen.

624 Ein „**dringender Grund**" setzt, analog dem Begriff des „dringenden Tatverdachts" gem. § 112 StPO, eine hohe, fast an Sicherheit grenzende Wahrscheinlichkeit voraus, dass das Gericht in einer späteren Hauptverhandlung die Fahrerlaubnis gem. § 69 Abs. 1 StGB entziehen wird.[1296]

Ein „genügender Anlass zu der Annahme" oder ein „hinreichender Verdacht" analog § 203 StPO genügen nicht.[1297]

Vielmehr muss eine hohe, fast an Gewissheit bestehende Wahrscheinlichkeit, ähnlich wie für den Erlass eines Haftbefehls[1298] bestehen.[1299]

625 Eine Nichteignung bzw. Ungeeignetheit zum Führen von Kraftfahrzeugen i.S.v. § 69 Abs. 1 StGB liegt stets, aber auch nur dann vor, wenn ohne die Entziehung der Fahrerlaubnis in Zukunft weitere Verletzungen der Kraftfahrerpflichten zu befürchten sind, also aus der Belassung der Fahrerlaubnis Gefahren für die Sicherheit des Straßenverkehrs erwachsen.[1300]

1292 *Freyschmidt* Verteidigung in Straßenverkehrssachen, Rn. 294.

1293 § 35 Abs. 2 S. 2 StPO; *BGH* vom 20.9.1962, NJW 1962, 2104ff; *OLG Köln* vom 22.1.1991, NZV 1991, 360; *OLG Stuttgart* vom 22.3.1990, VRS 79, 303; *LG Frankenthal* vom 2.2.1979, DAR 1979, 341ff; *Janiszewski/Jagow/Burmann* Straßenverkehrsrecht, § 111a StPO Rn. 3.

1294 *Janker* Straßenverkehrsdelikte, Rn. 451; zur Zustellung eines Bußgeldbescheides s. Rn. 403.

1295 Es handelt sich nach dem Wortlaut der Vorschrift des § 111a Abs. 1 S. 1 StPO um eine Ermessensentscheidung: „... so kann der Richter...".

1296 *Freyschmidt* Verteidigung in Straßenverkehrssachen, Rn. 285 und Rn. 308; *Gebhardt* Das verkehrsrechtliche Mandat, § 43 Rn. 5.

1297 *Hentschel* Fahrerlaubnis und Alkohol, Rn. 1224.

1298 Zu den Voraussetzungen eines Haftbefehls vgl. *Kleinknecht/Meyer-Goßner* Strafprozessordnung, § 112 StPO Rn. 4ff.

1299 *BVerfG* vom 25.4.1995, VRS 90, 1ff; *LG Zweibrücken* vom 6.3.2002, BA 2002, 287f = VRS 102, 380f; *Hentschel* Straßenverkehrsrecht, § 111a StPO Rn. 4.

1300 *LG Mühlhausen* vom 30.12.2002, NZV 2003, 206f = BA 2004, 179ff.

Diese Ungeeignetheit kann insbesondere auf einer charakterlichen Unzuverlässigkeit beruhen, die aus der rechtswidrigen Tat als Anknüpfungspunkt hervorgeht und einen Täter gerade in seiner Eigenschaft als Kraftfahrzeugführer als unzuverlässig erscheinen lässt.

Die Zulässigkeit des vorläufigen Fahrerlaubnisentzugs gem. § 111a StPO setzt daher dringende Gründe für die Annahme voraus, dass einem Kraftfahrzeugführer die Fahrerlaubnis nach **§ 69 Abs. 1 StGB** entzogen werden wird.[1301] 626

Da es bei der rauschmittelbedingten Fahruntüchtigkeit nach § 316 Abs. 1 StGB aber keine Grenzwerte gibt,[1302] wird das Gericht darlegen müssen, inwieweit dringende Gründe für ein Vorliegen des § 316 Abs. 1 StGB sprechen.

a) Absehen vom vorläufigen Entzug der Fahrerlaubnis

Etwaige „**außergewöhnliche Härten**", zum Beispiel der **Verlust des Arbeitsplatzes** oder andere wirtschaftliche oder persönliche Nachteile, sind beim (vorläufigen) Entzug der Fahrerlaubnis **nicht zu berücksichtigen** und **irrelevant.**[1303] 627

Von einer vorläufigen Fahrerlaubnisentziehung trotz dringendem Tatverdacht ist jedoch **dann abzusehen**, wenn es sich lediglich um ein **einmaliges**, menschlich nachvollziehbares **Versagen** im Straßenverkehr handelt, wie beispielsweise die alkoholisierte Fahrt zum Unfallort eines nahen Angehörigen.[1304]

Auch bei einem **Verstoß gegen die Belehrungspflichten** als Beschuldigter ist die vorläufige Entziehung der Fahrerlaubnis aufzuheben.[1305] 628

Auch bei einer **mehrere Monate zurückliegenden Tat** können dringende Gründe vorliegen, da § 111a StPO der Aufgabe dient, die Allgemeinheit vor ungeeigneten und gefährlichen Kraftfahrern zu schützen.[1306] Es besteht daher kein Vertrauensschutz eines Beschuldigten, die Maßnahme dürfe **nach einer längeren Zeit** nicht mehr erfolgen.[1307] In einem derartigen 629

1301 Vgl. Rn. 646ff.

1302 Siehe hierzu Rn. 181ff und Rn. 191.

1303 *BVerwG* vom 28.6.1996, Az. 11 B 38/96; vgl. auch Rn. 693, Rn. 1019, Rn. 1042 und Rn. 1161.

1304 *LG Potsdam* vom 14.3.2001, NZV 2001, 360 = BA 2002, 53ff; vgl. auch Rn. 599 und Rn. 659.

1305 *LG Koblenz* vom 25.5.2002, DAR 2002, 326f; vgl. auch Rn. 256ff und Rn. 614.

1306 *Hentschel* Trunkenheit, Fahrerlaubnisentziehung, Fahrverbot, Rn. 849.

1307 *BVerfG* vom 15.3.2005, NZV 2005, 379f = BA 2006, 151f (nach fast 7 Monaten); *OLG Düsseldorf* vom 4.4.2002, VRS 103, 300ff = VD 2002, 267ff (nach 9 Monaten); *OLG Hamm* vom 13.12.2001, NZV 2002, 380 = BA 2002, 222 = VRS 102, 56ff = zfs 2002, 199f; *OLG Düsseldorf* vom 3.5.1996, DAR 1996, 413ff; *OLG Koblenz* vom 24.6.1987, VRS 73, 292f; *OLG Koblenz* vom 30.10.1984, VRS 68, 118f (nach 11 Monaten); *OLG Koblenz* vom 12.6.1984, BA 1985, 180f = VRS 67, 254f (nach 18 Monaten); *OLG Koblenz* vom 13.5.1983, VRS 65, 448f; *LG Mühlhausen* vom 18.10.1996, Az. 1 Qs 244/96 (nach 6 Monaten); *Piesker* NZV 2002, 297ff (300); *Hentschel* Straßenverkehrsrecht, § 111a StPO Rn. 5; *Kleinknecht/Meyer-Goßner* Strafprozessordnung, § 111a StPO Rn. 3; **a.M.** *OLG Düsseldorf* vom 12.10.1999, DAR 2000, 127 = NZV 2001, 354f (27 Monate nach der Tat); *LG Nürnberg-Fürth* vom 13.4.2000, DAR 2000, 374 (12 Monate nach der Tat); *LG Tübingen* vom 30.7.1998, zfs 1998, 484f; *LG Saarbrücken* vom 18.1.1996, zfs 1996, 153 (nach 5 Monaten); *LG Ravensburg* vom 22.5.1995, zfs 1995, 314 (nach 6 Monaten); *LG Hagen* vom 5.4.1994, NZV 1994, 334; *LG Darmstadt* vom 5.9.1989, DAR 1989, 473 (nach 14 Monaten); *LG Trier* vom 24.5.1982, VRS 63, 210f (nach 14 Monaten); *Bezirksgericht Meiningen* vom 23.1.1992, DAR 1992, 192 (nach 5 Monaten); *AG Homburg* vom 12.12.1990, zfs 1991, 214 (nach 8 Monaten); *Kreisgericht Saalfeld* vom 16.8.1993, MDR 1993, 1224, vgl. auch NStZ 1994, 272ff (275) (Anm.: In der Übergangsphase DDR/Bundesrepublik waren eine zeitlang noch Bezirksgerichte bzw. Kreisgerichte tätig); *Janiszewski/Jagow/Burmann* Straßenverkehrsrecht, § 111a StPO Rn. 4a; *Janiszewski* Verkehrsstrafrecht, Rn. 752d; *Janker* Straßenverkehrsdelikte, Rn. 449; vgl. auch Rn. 612.

Fall ist jedoch besonders sorgfältig die Einhaltung und Beachtung des **Verhältnismäßigkeitsgrundsatzes** zu prüfen.[1308]

Das LG Frankfurt/Main[1309] führt beispielsweise aus, dass zumindest eine vorläufige Entziehung der Fahrerlaubnis nach einem Ablauf von 6 Monaten nicht mehr notwendig erscheint und die Vermutung, dass ein Betroffener zum Führen von Kraftfahrzeugen ungeeignet sei, als widerlegt angesehen werden könne.

Das **Bundesverfassungsgericht**[1310] sieht einen vorläufigen Entzug einer Fahrerlaubnis fast **sieben Monate nach der Tat** jedoch noch als **verhältnismäßig** an.[1311]

b) Beschwerde über den vorläufigen Entzug der Fahrerlaubnis

630 Bestätigt das Amtsgericht die Sicherstellung oder Beschlagnahme des Führerscheines und entzieht es dem Betroffenen vorläufig die Fahrerlaubnis, so sind für die **Beschwerde** über die vorläufige Entziehung der Fahrerlaubnis die **Landgerichte** gem. § 304ff StPO zuständig.

Die **keiner Frist** unterliegende Beschwerde des Beschlusses über die vorläufige Entziehung der Fahrerlaubnis nach § 111a StPO ist gem. § 306 Abs. 1 StPO gleichwohl **bei dem Gericht einzulegen**, welches den Beschluss erlassen hat.[1312]

631 Die vorläufige Fahrerlaubnisentziehung ist nach § 111a Abs. 2 StPO dann **aufzuheben**, wenn sich im Laufe des Verfahrens herausstellt, dass der Grund für die Maßnahme weggefallen ist.[1313]

Von Amts wegen muss daher in jeder Lage des Verfahrens sorgfältig geprüft werden, ob die Voraussetzungen der Anordnung weiterhin bestehen.[1314]

Im Übrigen gebietet das Rechtstaatsgebot eine **beschleunigte Bearbeitung** eines Ermittlungsverfahrens, wenn es den vorläufigen Fahrerlaubnisentzug zum Inhalt hat.[1315]

632 Die **Aufhebung des vorläufigen Fahrerlaubnisentzuges** ist dann geboten, wenn vor der Hauptverhandlung der **Maßregelzweck bereits** durch die vorläufige Maßnahme als **erreicht** anzusehen ist[1316] oder eine endgültige Entziehung **wegen Zeitablaufs** unwahrscheinlich wird.[1317]

1308 *OLG Hamm* vom 13.12.2001, NZV 2002, 380 = BA 2002, 222 = VRS 102, 56ff = zfs 2002, 199f; *OLG Düsseldorf* vom 12.10.1999, DAR 2000, 127 = NZV 2001, 354f.

1309 Vom 27.9.2004, DAR 2005, 109 = BA 2006, 154.

1310 Vom 15.3.2005, NZV 2005, 379f = BA 2006, 151f.

1311 Siehe nach einem Ablauf von 5 Monaten auch *LG Würzburg* vom 2.6.2005, BA 2006, 154f.

1312 *Freyschmidt* Verteidigung in Straßenverkehrssachen, Rn. 308.

1313 *OLG München* vom 21.10.1976, DAR 1977, 49f; *OLG Stuttgart* vom 14.12.1967, VRS 35, 19; *OLG Bremen* vom 26.10.1966, VRS 31, 454f; *Hentschel* Straßenverkehrsrecht, § 111a StPO Rn. 9.

1314 *OLG Frankfurt/Main* vom 26.2.1981, NJW 1981, 1680f; *OLG Karlsruhe* vom 4.10.1974, VM 1975, 68f; *Hentschel* Straßenverkehrsrecht, § 111a StPO Rn. 9; *Kleinknecht/Meyer-Goßner* Strafprozessordnung, § 111a Rn. 10; *Janiszewski/Jagow/Burmann* Straßenverkehrsrecht, § 111a StPO Rn. 10.

1315 *BVerfG* vom 3.6.2005, NStZ-RR 2005, 276.

1316 *OLG Düsseldorf* vom 11.11.1999, VRS 98, 190ff; *OLG München* vom 21.10.1976, DAR 1977, 49f; *OLG München* vom 3.2.1975, DAR 1975, 132f; *Hentschel* Straßenverkehrsrecht, § 111a StPO Rn. 9; *Hentschel* Fahrerlaubnis und Alkohol, Rn. 387 und Rn. 616.

1317 *OLG Koblenz* vom 12.6.1984, BA 1985, 180f = VRS 67, 254f; *OLG Koblenz* vom 6.6.1984, BA 1984, 539f (540) = VRS 67, 256f; *OLG Frankfurt/Main* vom 28.10.1991, DAR 1992, 187; *OLG München* vom 21.10.1976, DAR 1977, 49f; *OLG München* vom 3.2.1975, DAR 1975, 132f; *Kleinknecht/Meyer-Goßner* Strafprozessordnung, § 111a StPO Rn. 11; *Janiszewski/Jagow/Burmann* Straßenverkehrsrecht, § 111a StPO Rn. 10; vgl. dazu auch *Janiszewski* DAR 1989, 135ff (137).

Dagegen rechtfertigt der bloße Zeitablauf der erstinstanzlichen Sperrfrist **während eines Berufungsverfahrens** nicht zwingend die Aufhebung.[1318]

Allerdings ist es nicht zulässig und ein Verstoß gegen das verfassungsrechtliche Übermaßgebot, die Aufrechterhaltung der vorläufigen Maßnahme durch das Berufungsgericht damit zu begründen, mit länger dauernden Fahrerlaubnismaßnahmen sei bei Berufungseinlegung zu rechnen, um damit einen Angeklagten für seine Rechtsmitteleinlegung gleichsam zu bestrafen.[1319]

> Gleichwohl müssen bei der Frage der Aufhebung eines vorläufigen Fahrerlaubnisentzugs gem. § 111a Abs. 2 StPO die besonderen Umstände des Einzelfalles, der Grund der Verzögerung des Verfahrens und die allgemeine Sicherheit der Bevölkerung Berücksichtigung finden, so dass nicht generell bei einer langen Verfahrensdauer oder bei einer vermeidbaren Verzögerung des Verfahrens die Aufhebung des Fahrerlaubnisentzuges infrage kommt.[1320]

Umstritten ist, ob **bei Revisionseinlegung** zugunsten des Angeklagten, die vorläufige Fahr- **633**
erlaubnisentziehung analog § 111a Abs. 2 StPO aufzuheben ist, wenn die im letzten tatrichterlichen Urteil für die Dauer der Fahrerlaubnissperre festgesetzte Frist bereits verstrichen ist, bevor über die Revision entschieden wurde.[1321]

Ist bei einer etwaigen Verwerfung der Revision die Frist nach § 69 Abs. 5 S. 2 StGB bereits abgelaufen und bei einer etwaigen Zurückverweisung nicht mit einer weiteren Sperre zu rechnen,[1322] so dürfte die Maßnahme aufzugeben sein.[1323]

c) Entschädigung

Für unberechtigte vorläufige Führerscheinmaßnahmen (nicht aber für eine Blutprobe nach **634**
§ 81a StPO[1324]) kann eine Entschädigung nach § 2 Abs. 2 Nr. 5 StrEG verlangt werden.[1325]

1318 *BGH* vom 29.9.1961, VRS 21, 335ff (338); *OLG Düsseldorf* vom 18.3.1999, NZV 1999, 389f = BA 1999, 246ff = VRS 97, 124ff; *OLG Düsseldorf* vom 3.3.1990, DAR 1990, 355 = VRS 79, 23f; *OLG Düsseldorf* vom 12.7.1988, NZV 1988, 194f = VRS 75, 356ff; *OLG Koblenz* vom 22.2.1985, VRS 69, 130f; *OLG Koblenz* vom 6.6.1984, BA 1984, 539f (540) = VRS 67, 256f; *OLG München* vom 21.10.1976, DAR 1977, 49ff; *OLG München* vom 3.2.1975, DAR 1975, 132f (allerdings anders, falls die Dauer der vorläufigen Maßnahme die im Ersturteil festgesetzte Sperrfrist ganz erheblich übersteigt).

1319 **a.M.** *OLG Düsseldorf* vom 18.3.1999, NZV 1999, 389f = BA 1999, 246ff = VRS 97, 124ff, *OLG Frankfurt/Main* vom 28.10.1991, DAR 1992, 187; *OLG Düsseldorf* vom 3.3.1990, DAR 1990, 355 = VRS 79, 23f; *OLG Düsseldorf* vom 12.7.1988, NZV 1988, 194f = VRS 75, 356ff; *OLG Hamm* vom 29.4.1985, BA 1985, 409f; vgl. auch *OLG Hamm* vom 25.8.2005, NZV 2006, 50f.

1320 *BVerfG* vom 3.6.2005, NStZ-RR 2005, 276.

1321 Vgl. dazu auch *OLG Karlsruhe* vom 18.3.2004, BA 2006, 152.

1322 *OLG Frankfurt/Main* vom 1.3.1989, DAR 1989, 311; *OLG Köln* vom 28.11.1980, zfs 1981, 188; *OLG Hamburg* vom 23.5.1978, DAR 1978, 256; *OLG Bremen* vom 24.9.1973, DAR 1973, 332; *LG Oldenburg* vom 27.9.1966, DAR 1967, 50f; *Hentschel* Straßenverkehrsrecht, § 69a StGB Rn. 11 und § 111a StPO Rn. 9; *Janiszewski/Jagow/Burmann* Straßenverkehrsrecht, § 111a StPO Rn. 11; *Cramer* Straßenverkehrsrecht, Band 1, § 69a StGB Rn. 15; *Hentschel* Trunkenheit, Fahrerlaubnisentziehung, Fahrverbot, Rn. 873 und Rn. 874; *Hentschel* Fahrerlaubnis und Alkohol, Rn. 628; *Janiszewski* Verkehrsstrafrecht, Rn. 757.

1323 Vgl. dazu auch bei übermäßig langer Verfahrensdauer *OLG Karlsruhe* vom 9.2.2005, BA 2006, 152ff.

1324 *Göhler* Ordnungswidrigkeitengesetz, § 110 OWiG Rn. 3; *Janiszewski* Verkehrsstrafrecht, Rn. 764.

1325 *Hentschel* Straßenverkehrsrecht, § 111a StPO Rn. 11; *Janiszewski/Jagow/Burmann* Straßenverkehrsrecht, § 111a StPO Rn. 16; *Becker* Alkohol im Straßenverkehr, Rn. 444.

Hat ein Betroffener durch den Vollzug dieser Maßnahme einen Schaden erlitten, wird dieser nach § 2 Abs. 1 StrEG aus der Staatskasse entschädigt, soweit er **freigesprochen** oder das Verfahren gegen ihn **eingestellt** wurde oder das Gericht die **Eröffnung des Hauptverfahrens** gegen diesen abgelehnte.[1326]

635 Bei der Beschränkung der Strafverfolgung gem. **§ 154a StPO** handelt es sich um keine **Einstellung**, sondern um eine Verfolgungsbeschränkung, so dass eine Entschädigung ausgeschlossen ist.

aa) Zu ersetzender Schaden

636 Es sind **konkrete** adäquate **Vermögensnachteile**[1327] sowie **nachgewiesene Mehraufwendungen**, etwa Fahrgelder oder Kosten für die Beschäftigung eines Fahrers oder sonstige wirtschaftliche Nachteile,[1328] nicht aber die bloße Beeinträchtigung der Nutzungsmöglichkeit[1329] oder das Unvermögen kein Kfz zu führen[1330] zu ersetzen.[1331]

637 Auch der **Verlust des Arbeitsplatzes** kann eine entschädigungspflichtige Maßnahme auslösen, falls die Kündigung auf der durch die Maßnahmen entfallene Einsatzfähigkeit des Arbeitnehmers als Kraftfahrer beruht.[1332]

638 Ein Antragsteller trägt dabei allerdings die Beweislast für das Entstehen des Schadens[1333] und eine abstrakt berechnete **pauschale Entschädigung** kann nicht verlangt werden.[1334]

639 Der Entschädigungsanspruch umfasst auch die gesetzlichen **Anwaltsgebühren** zur Beseitigung entschädigungspflichtiger Maßnahmen, falls keine Erstattung nach §§ 464ff StPO erfolgte.[1335]

640 Eine Entschädigungspflicht besteht auch dann, wenn der Führerschein durch den Betroffenen, um einer „zwangsweisen Sicherstellung“ zuvorzukommen, „freiwillig“ herausgegeben

1326 *Janiszewski* Verkehrsstrafrecht, Rn. 764.

1327 *BGH* vom 31.10.1974, DAR 1975, 79f = NJW 1975, 347f = VersR 1975, 257f; *OLG Schleswig* vom 26.6.1997, VersR 1999, 200; *Hentschel* Trunkenheit, Fahrerlaubnisentziehung, Fahrverbot, Rn. 1085.

1328 *BGH* vom 19.9.1978, DAR 1979, 171f; *BGH* vom 31.10.1974, DAR 1975, 79f = NJW 1975, 347f = VersR 1975, 257f; *LG München I* vom 5.10.1972, DAR 1973, 98f.

1329 *OLG Düsseldorf* vom 8.3.1973, VersR 1973, 1148f; *LG München I* vom 5.10.1972, DAR 1973, 98f; **a.M.** *OLG Schleswig* vom 29.9.1985, NJW-RR 1986, 775f; *Göhler* Ordnungswidrigkeitengesetz, § 110 OWiG Rn. 21.

1330 *BGH* vom 18.9.1975, NJW 1975, 2341ff = JZ 1976, 278ff; *Kleinknecht/Meyer-Goßner* Strafprozessordnung, Anhang A 5, § 7 StrEG Rn. 4; *Hentschel* Trunkenheit, Fahrerlaubnisentziehung, Fahrverbot, Rn. 1086; **a.M.** *Nickel* DAR 1972, 181ff.

1331 *Hentschel* Straßenverkehrsrecht, § 111a StPO Rn. 11; *Kleinknecht/Meyer-Goßner* Strafprozessordnung, Anhang A 5, § 7 StrEG Rn. 4; *Janiszewski* Verkehrsstrafrecht, Rn. 772.

1332 *BGH* vom 21.1.1988, NJW 1988, 1141f; *OLG Schleswig* vom 25.4.1996, VersR 1997, 841f; *Hentschel* Trunkenheit, Fahrerlaubnisentziehung, Fahrverbot, Rn. 1088.

1333 *LG Flensburg* vom 11.6.1991, DAR 1991, 460f = JurBüro 1991, 1382f; *LG Karlsruhe* vom 27.4.1984, AnwBl 1985, 158f; *Kleinknecht/Meyer-Goßner* Strafprozessordnung, Anhang A 5, § 7 StrEG Rn. 1; *Göhler* Ordnungswidrigkeitengesetz, § 110 OWiG Rn. 21.

1334 *BGH* vom 31.10.1974, DAR 1975, 79f = NJW 1975, 347f = VersR 1975, 257f.

1335 *BGH* vom 11.11.1976, NJW 1977, 957ff = BGHZ 68, 86ff; *BGH* vom 18.9.1975, NJW 1975, 2341ff = JZ 1976, 278ff; *OLG Schleswig* vom 26.6.1997, VersR 1999, 200; *Hentschel* Straßenverkehrsrecht, § 111a StPO Rn. 11; *Kleinknecht/Meyer-Goßner* Strafprozessordnung, Anhang A 5, § 7 StrEG Rn. 5; *Göhler* Ordnungswidrigkeitengesetz, § 110 OWiG Rn. 21; **a.M.** *OLG München* vom 31.7.1975, MDR 1976, 56f; *GStA Nürnberg* vom 27.10.1972, MDR 1973, 160 f; vgl. auch *Stoll* JZ 1976, 281ff (284); § 464b StPO wurde durch das OLG-Vertretungsänderungsgesetz vom 23.7.2002 (BGBl. I S. 2850ff [2853]) geändert.

wurde,[1336] da zu den entschädigungsfähigen Strafverfolgungsmaßnahmen nach § 2 Abs. 3 StrEG auch die Sicherstellung und Beschlagnahme eines Führerscheines gehören.[1337] Gleiches trifft zu, wenn einer Sicherstellung oder Beschlagnahme nicht widersprochen bzw. keine richterliche Entscheidung nach § 98 Abs. 2 StPO beantragt wurde.[1338]

bb) Kein Entschädigungsanspruch

Wird die vorläufige Entziehung der Fahrerlaubnis aufgehoben, ist eine **Entschädigung** nach dem StrEG jedoch **zu versagen**, wenn die Ursache für die vorläufige Entziehung durch den Kraftfahrzeugführer gesetzt wurde.[1339] **641**

Grob fahrlässig handelte sowohl derjenige, der die Strafverfolgungsmaßnahme missbräuchlich oder in sonst unlauterer Weise veranlasst hat,[1340] als auch der, der die **Sorgfalt** des § 276 BGB in besonders hohem Maße verletzte oder unbeachtet ließ, obwohl dies im gegebenen Fall jedem verständigen Menschen hätte einleuchten müssen,[1341] um sich vor Schaden durch Strafverfolgungsmaßnahmen zu schützen.[1342] **642**

Missbräuchliche oder ohne vernünftigen oder billigungswerten Grund gezeigte Verhaltensweisen eines Beschuldigten sind beispielsweise grob fahrlässig, wenn dieser sich wahrheitswidrig selbst belastet,[1343] widersprechende oder lückenhafte Einlassungen[1344] (etwa über Rauschmittel- oder Medikamenteneinnahme) macht oder wenn er wesentlich entlastende Tatsachen, ausgenommen der Fall des § 5 Abs. 2 S. 2 StrEG,[1345] verschweigt.[1346] **643**

1336 *BGH* vom 31.10.1974, DAR 1975, 79f = NJW 1975, 347f (348) = VersR 1975, 257f; *OLG Hamm* vom 20.2.1974, VRS 47, 201ff; *AG Osnabrück* vom 7.9.1983, DAR 1984, 94f; *Hentschel* Straßenverkehrsrecht, § 111a StPO Rn. 11; *Hentschel* Trunkenheit, Fahrerlaubnisentziehung, Fahrverbot, Rn. 1054.

1337 *Janiszewski* Verkehrsstrafrecht, Rn. 764.

1338 *LG Memmingen* vom 12.8.1976, NJW 1977, 347; *Hentschel* Trunkenheit, Fahrerlaubnisentziehung, Fahrverbot, Rn. 1054; *Janiszewski* Verkehrsstrafrecht, Rn. 764.

1339 *OLG Hamm* vom 3.4.2003, BA 2004, 264f; *OLG Zweibrücken* vom 14.2.2003, DAR 2003, 431f; *OLG Saarbrücken* vom 23.1.2002, BA 2004, 72ff = VRS 102, 120ff; *BayObLG* vom 14.4.1994, NJW 1994, 2427f;
a.M. *LG Bremen* vom 24.2.2004, BA 2005, 498f, da ein Drogenschnelltest „unzuverlässig" ist.

1340 *BayObLG* vom 25.4.1973, NJW 1973, 1938f; *OLG Stuttgart* vom 13.7.1981, NStZ 1981, 484; *Hentschel* Trunkenheit, Fahrerlaubnisentziehung, Fahrverbot, Rn. 1064; vgl. auch *OLG Frankfurt/Main* vom 29.7.1975, NJW 1975, 1895f (betrunkener Beifahrer behauptet wahrheitswidrig das Kfz geführt zu haben).

1341 *BGH* vom 2.11.1986, Az. 2 StR 364/86, *BGH* vom 3.2.1983, Az. 1 StR 823/82, vgl. auch MDR 1983, 447ff (450); vgl. auch *Holtz* MDR 1987, 279ff (280); *OLG Oldenburg* vom 18.7.1995, VRS 91, 77f; *Kleinknecht/Meyer-Goßner* Strafprozessordnung, Anhang A 5, § 5 StrEG Rn. 9.

1342 *BGH* vom 2.11.1986, Az. 2 StR 364/86, *BGH* vom 3.2.1983, Az. 1 StR 823/82, vgl. auch MDR 1983, 447ff (450); vgl. auch *Holtz* MDR 1987, 279ff (280); *BayObLG* vom 14.4.1994, NZV 1994, 285f; *Hentschel* Straßenverkehrsrecht, § 111a StPO Rn. 12; *Janiszewski* Verkehrsstrafrecht, Rn. 767.

1343 *OLG Zweibrücken* vom 22.3.1985, NStZ 1986, 129 = VRS 69, 287ff; *Hentschel* Trunkenheit, Fahrerlaubnisentziehung, Fahrverbot, Rn. 1073.

1344 *OLG Karlsruhe* vom 9.7.1997, VRS 94, 268ff; *OLG Frankfurt/Main* vom 15.1.1980, Az. 4 Ws 170/79, vgl. auch *Sieg* MDR 1980, 907; *Hentschel* Trunkenheit, Fahrerlaubnisentziehung, Fahrverbot, Rn. 1073.

1345 Die Entschädigung wird nicht dadurch ausgeschlossen, dass der Beschuldigte sich darauf beschränkt hat nicht zur Sache auszusagen oder dass er es unterlassen hat, ein Rechtsmittel einzulegen.

1346 *KG* vom 1.2.1983, VRS 64, 373ff; *Kleinknecht/Meyer-Goßner* Strafprozessordnung, Anhang A 5, § 5 StrEG Rn. 7.

Maßnahmen allerdings, die auch beim berechtigten Schweigen eines Beschuldigten angeordnet worden wären, geben keinen Anlass zum Ausschluss der Entschädigung.[1347]

cc) Anklage nach § 316 Abs. 1 StGB versus Verurteilung nach § 24a Abs. 2 StVG

644 Ein Betroffener trägt bei grob fahrlässiger Verursachung der vorläufigen Führerscheinmaßnahme grundsätzlich das volle Risiko der vorläufigen Entziehung seiner Fahrerlaubnis.[1348]

645 Daher scheidet eine Entschädigung i.d.R. wohl auch dann aus, wenn ein Kraftfahrzeugführer **nach § 316 Abs. 1 StGB angeklagt** wurde, der Tatrichter jedoch zu dem Urteil gelangte, dass **lediglich eine Ordnungswidrigkeit nach § 24a Abs. 2 StVG** vorlag.[1349] Gleichwohl kann in einem solchen Fall eine **Billigkeitsentschädigung** nach § 4 StrEG gewährt werden.[1350]

Eine Entschädigung ist somit möglich, wenn bei einer Verkehrsstraftat die Fahrerlaubnis vorläufig entzogen wurde, dann allerdings nur eine Verurteilung wegen einer Verkehrsordnungswidrigkeit erfolgte.[1351]

3. Entzug der Fahrerlaubnis gem. § 69 Abs. 1 StGB[1352]

646 Wird ein Kraftfahrzeugführer wegen einer rechtswidrigen Tat, die er bei oder im Zusammenhang mit dem Führen eines **Kraftfahrzeuges** oder unter Verletzung der Pflichten eines Kraftfahrzeugführers begangen hat, verurteilt oder nur deshalb nicht verurteilt, weil seine Schuldunfähigkeit erwiesen oder nicht auszuschließen ist,[1353] so entzieht ihm das Gericht die Fahrerlaubnis (Fahrerlaubnissperre), wenn sich aus der Tat ergibt, dass dieser zum Führen von Kraftfahrzeugen ungeeignet ist.

647 Auch im Strafbefehlsverfahren ist die Maßnahme zulässig.[1354]

648 Die Entziehung der Fahrerlaubnis ist auch bei bloßer Geldstrafe,[1355] nicht aber bei **Einstellung des Verfahrens nach § 153 StPO**[1356] statthaft. Ebenso wenig ist sie bei einer Bewährungsstrafe (§ 56 StGB) ausgeschlossen,[1357] wobei es aber einer eingehenderen Begründung

---

1347 *Sieg* MDR 1980, 907; *Becker* Alkohol im Straßenverkehr, Rn. 794.

1348 *KG* vom 1.2.1983, VRS 64, 373ff; *Janiszewski* Verkehrsstrafrecht, Rn. 769.

1349 Siehe zu dieser Konstellation auch Rn. 405f.

1350 *Janiszewski* Verkehrsstrafrecht, Rn. 765.

1351 *OLG Hamm* vom 17.10.1974, VRS 49, 56ff; *Hentschel* Trunkenheit, Fahrerlaubnisentziehung, Fahrverbot, Rn. 1056; *Janiszewski* Verkehrsstrafrecht, Rn. 765; **a.M.** *BayObLG* vom 14.4.1994, NJW 1994, 2427f, wonach eine Entschädigung nicht zu bewilligen ist, wenn ein Betroffener unter der Wirkung von Cannabis ein Kraftfahrzeug führte (hier 1,4 ng/ml), eine Fahruntüchtigkeit aber nicht festgestellt werden konnte und eine Verurteilung deshalb ausscheidet, da der Betroffene den vorläufigen Entzug der Fahrerlaubnis selbst grob fahrlässig verursacht hat. (Eine Verurteilung nach § 24a Abs. 2 StVG war im Jahre 1994 noch nicht möglich, vgl. Rn. 398).

1352 Früher § 42 m StGB.

1353 Siehe *Hentschel* Fahrerlaubnis und Alkohol, Rn. 694.

1354 Mit der Beschränkung nach § 407 Abs. 2 Satz 1 Nr. 2 StPO, wonach die Sperrfrist gem. § 69a StGB nicht mehr als 2 Jahre beträgt, vgl. *Hentschel* Straßenverkehrsrecht, § 69 StGB Rn. 10 und *Janiszewski/Jagow/Burmann* Straßenverkehrsrecht, § 69 StGB Rn. 3; kritisch allerdings *Stree* in Schönke/Schröder, § 69 StGB Rn. 25, da ohne Hauptverhandlung keine Prognose möglich ist.

1355 *Tröndle/Fischer* Strafgesetzbuch, § 69 StGB Rn. 5; vgl. dazu Rn. 352ff.

1356 *Stree* in Schönke/Schröder, § 69 StGB Rn. 26.

1357 *Tröndle/Fischer* Strafgesetzbuch, § 69 StGB Rn. 5; *Hentschel* Straßenverkehrsrecht, § 69 StGB Rn. 9; *Stree* in Schönke/Schröder, § 69 StGB Rn. 21; *Cramer* Straßenverkehrsrecht, Band 1, § 69 StGB Rn. 24.

bedarf, weshalb trotz günstiger Prognose[1358] eine Ungeeignetheit zum Führen von Kraftfahrzeugen vorliegt.[1359]

Die Straftat muss allerdings im Zusammenhang mit dem **Führen**[1360] (nicht in Zusammenhang mit dem Besitz) eines **Kraftfahrzeugs**,[1361] wozu auch führerscheinfreie Kraftfahrzeuge[1362] (z.B. Mofa), nicht aber geschleppte Kraftfahrzeuge[1363] oder Fahrräder[1364] sowie Schienenfahrzeuge[1365] zählen[1366] oder unter Verletzung der Pflichten eines Kraftfahrzeugführers begangen worden sein (§ 69 Abs. 1 S. 1 StGB).[1367] **649**

Hat ein Betroffener weder vor, bei oder nach Begehung der Tat ein **Kraftfahrzeug geführt** **650**
und wurde die Tat auch nicht unter Verletzung einer spezifisch einem Kraftfahrer im Straßenverkehr obliegenden Pflicht begangen, dann kann dies eine strafrechtliche Fahrerlaubnisentziehung nach § 69 Abs. 1 StGB nicht rechtfertigen, selbst wenn sich die Tat **gegen einen Kraftfahrer** gerichtet hat oder angesichts ihrer Schwere auf eine charakterliche Unzuverlässigkeit des Täters hinweist.[1368]

Ist die rechtswidrige Tat dagegen ein Vergehen der **Gefährdung des Straßenverkehrs** gem. **651**
§ 315c StGB, der **Trunkenheit im Verkehr** gem. § 316 Abs. 1 StGB oder des **unerlaubten Entfernens vom Unfallort** gem. § 142 Abs. 1 StGB, so ist ein Kraftfahrzeugführer gem. § 69 Abs. 2 StGB i.d.R. als ungeeignet zum Führen von Kraftfahrzeugen anzusehen (**Katalogtat**) und die Fahrerlaubnis durch den Strafrichter zu entziehen.[1369]

Das bedeutet aber nicht, dass ein Entzug der Fahrerlaubnis bei einer solchen Verurteilung **652**
stets stattfinden muss.[1370] Vielmehr sind **Ausnahmen** vom Entzug einer Fahrerlaubnis möglich:[1371]

1358 Vgl. Rn. 379ff.

1359 *BGH* vom 9.4.1965, VRS 29, 14f; *BGH* vom 22.7.1960, VRS 19, 192ff (197); *OLG Hamm* vom 15.2.1957, DAR 1957, 186f.

1360 Vgl. Rn. 87ff.

1361 Es kommt die Definition in § 1 Abs. 2 StVG zur Anwendung, also Landfahrzeuge, die durch Maschinenkraft bewegt werden, ohne an Bahngleise gebunden zu sein, vgl. *Rüth/Berr/Berz* Straßenverkehrsrecht, § 1 StVG Rn. 4 ff.

1362 *OLG Düsseldorf* vom 28.5.1974, VM 1975, 20; *BayObLG* vom 5.10.1954, NJW 1955, 561ff; **a.M.** *LG Oldenburg* vom 30.10.1984, BA 1985, 186; *LG Oldenburg* vom 29.2.1988, BA 1988, 199f; *AG Winsen* vom 5.7.1982, NJW 1983, 353f.

1363 *OLG Frankfurt/Main* vom 26.11.1984, NJW 1985, 2961f; *Stree* in Schönke/Schröder, § 69 StGB Rn. 11.

1364 *BVerwG* vom 24.1.1989, DAR 1989, 193f (194) = NJW 1989, 1623f; *LG Mainz* vom 18.6.1985, DAR 1985, 390f; *Berr* DAR 1989, 194. **a.M.** *AG Salzgitter* vom 12.11.1981, Az. 11 Ds 223 Js 30252.

1365 *BVerwG* 30.4.1999, NZV 2000, 309; *BayObLG* vom 6.4.1993, NZV 1993, 239f; **a.M.** *LG München II* vom 27.10.1992, NZV 1993, 83f. Zur 1,1‰-Grenze beim Führen von Schienenfahrzeugen s. *AG Regensburg* vom 13.9.2004, BA 2006, 47.

1366 Vgl. auch Rn. 86 und Rn. 399.

1367 *Janiszewski/Jagow/Burmann* Straßenverkehrsrecht, § 69 StGB Rn. 5; *Cramer* Straßenverkehrsrecht, Band 1, § 69 StGB Rn. 19; *Harbort* Rauschmitteleinnahme und Fahrsicherheit, Rn. 548.

1368 *BGH* vom 10.10.2000, DAR 2001, 81f = BA 2001, 376f; **a.M.** *OLG Karlsruhe* vom 5.9.2005, DAR 2005, 695 = NZV 2005, 590 („Reifenstecher"); vgl. dazu auch Rn. 729.

1369 Vgl. dazu auch *Hentschel* Fahrerlaubnis und Alkohol, Rn. 767ff.

1370 *LG München I* vom 11.2.2004, NZV 2005, 56.

1371 Vgl. *Freyschmidt* Verteidigung in Straßenverkehrssachen, Rn. 290.

a) Absehen vom Entzug der Fahrerlaubnis (Prognose)

653 Maßgebliches Kriterium für die Prognoseentscheidung der Ungeeignetheit zum Führen von Kraftfahrzeugen ist insbesondere der **Zeitpunkt der tatrichterlichen Urteilsfindung**[1372] und **nicht der Zeitpunkt der Tat**, so dass nicht nur zwischenzeitlich aufgetretene Umstände, z.B. eine absolvierte **Therapie**,[1373] die Absolvierung eines anerkannten **Nachschulungskurses**[1374] oder eine **nachgewiesene Drogenfreiheit** berücksichtigt werden **können**,[1375] sondern sich der Tatrichter in seiner Urteilsbegründung auch mit der Frage auseinandersetzen muss, ob ein Kraftfahrzeugführer **überhaupt noch ungeeignet** zum Führen von Kraftfahrzeugen ist[1376] oder ob der Eignungsmangel möglicherweise weggefallen sein könnte.[1377]

654 Daher **kann** zwar auch eine **nach der Tat** des § 316 Abs. 1 StGB (i.V.m. Fahren ohne Fahrerlaubnis) **erworbene Fahrerlaubnis** entzogen werden,[1378] muss sie aber nicht.

655 Das AG Bad Hersfeld[1379] verzichtete bei einem wegen Trunkenheit im Verkehr Verurteilten beispielsweise auf den Entzug der Fahrerlaubnis und sprach nur ein dreimonatiges Fahrverbot aus, wenn dieser an einem **Kurs** für sogenanntes „kontrolliertes Trinken" teilnahm.

Auch das AG Görlitz[1380] verzichtete trotz Verurteilung nach § 316 Abs. 1 StGB auf den Entzug der Fahrerlaubnis und ordnete nur ein Fahrverbot an, wenn ein Betroffener nach der Tat freiwillig an einer **verkehrspsychologischen Intensivberatung** teilnahm.[1381]

Die **Prognose** der Ungeeignetheit **zum Zeitpunkt der Urteilsfindung** wird jedoch in der gerichtlichen Praxis nicht immer ausreichend gewürdigt.

656 So verurteilte das AG München[1382] beispielsweise einen **20-jährigen** Verkehrsteilnehmer wegen „Fahren ohne Fahrerlaubnis" und gleichzeitiger „Trunkenheit im Verkehr", da dieser unter dem Einfluss von THC ein Kraftfahrzeug führte, ohne im Besitz einer gültigen Fahrerlaubnis zu sein.

Zwischen Tattag und Urteilsfindung war fast ein Jahr vergangen und der Angeklagte hatte in dieser Zwischenzeit die Fahrerlaubnis ordnungsgemäß erworben und **seit dem beanstandungsfrei**[1383] am Straßenverkehr teilgenommen.

Zumindest in der mündlichen Begründung[1384] des amtsgerichtlichen Urteils ging der Tatrichter nicht auf diesen Umstand ein sondern entzog die Fahrerlaubnis „katalogmäßig" für einen Zeitraum von 6 Monaten.

1372 *OLG Oldenburg* vom 17.1.2005, BA 2006, 403f = zfs 2005, 260f; *Himmelreich* NZV 2005, 337ff (338).

1373 *AG Hannover* vom 20.8.2004, Az. 224-421/03; *Höcher/Höcher* SVR 2004, 286ff; *Himmelreich* DAR 2005, 130ff.

1374 *OLG Karlsruhe* vom 4.8.2004, DAR 2004, 600ff = BA 2005, 382ff; *OLG Oldenburg* vom 17.1.2005, BA 2006, 403f = zfs 2005, 260f; s. dazu auch *Hillmann* DAR 2005, 601ff (602) sowie *Hentschel* Fahrerlaubnis und Alkohol, Rn. 802ff.

1375 Vgl. auch Rn. 414 und Rn. 695ff.

1376 *OLG Hamm* vom 30.12.2004, Az. 4 Ss 438/04.

1377 Vgl. auch Rn. 1033.

1378 *BGH* vom 2.6.1987, Az. 4 StR 253/87, vgl. auch *Janiszewski* NStZ 1987, 545ff (546); *AG München* vom 14.4.2005, Az. 1031 Ds 461 Js 313334/04.

1379 Vom 22.9.2004, Az. 3 Js 5003/04.

1380 Vom 14.12.2004, Az. 4 Cs 150 Js 16976/04.

1381 Siehe dazu auch Rn. 1064ff.

1382 Vom 14.4.2005, Az. 1031 Ds 461 Js 313334/04.

1383 Siehe dazu auch *LG München I* vom 11.2.2004, NZV 2005, 56; *Hentschel* Fahrerlaubnis und Alkohol, Rn. 754ff; s. auch Rn. 661f.

1384 Vgl. Rn. 1088.

Es ist jedoch nicht regelmäßig und automatisch von der Nichteignung i.S.v. § 69 Abs. 1 StGB auszugehen, wenn eine Tat nach § 316 Abs. 1 StGB verwirklicht wurde, obwohl diese Taten für einen besonderen Grad des Versagens und einer Verantwortungslosigkeit im Straßenverkehr und damit zugleich für eine künftige Gefahr im Straßenverkehr sprechen. **657**

In der Rechtsprechung ist anerkannt, dass auch bei **Vorliegen eines Regelfalles** nach § 69 Abs. 2 StGB **zu prüfen** ist, ob von der Maßregel der Fahrerlaubnisentziehung abgesehen werden kann, wenn ein Kraftfahrzeugführer zum Zeitpunkt des Urteils nicht mehr als ungeeignet zum Führen von Kraftfahrzeugen anzusehen ist,[1385] zumal sich gerade bei **jugendlichen** und **heranwachsenden Tätern** zusätzliche Besonderheiten ergeben.[1386]

b) Fahrerlaubnisentziehung bei Jugendlichen und Heranwachsenden

Die Fahrerlaubnisentziehung ist gegenüber Jugendlichen[1387] (§ 1 Abs. 2 JGG) und Heranwachsenden (§§ 1 Abs. 2, 105 JGG) auch dann erlaubt, wenn lediglich eine Verurteilung unter Absehen von Strafe (§§ 7, 27 JGG) erfolgt und lediglich ein Schuldspruch (§ 27 JGG) ergeht.[1388] **658**

Ferner ist der Entzug der Fahrerlaubnis neben der Verhängung einer Erziehungsmaßregel (§§ 9ff JGG)[1389] oder eines Zuchtmittels (§ 13ff JGG)[1390] und, falls die Reife eines Jugendlichen verneint wird (§ 3 JGG),[1391] durch den Jugendrichter (§ 39 JGG) dann erlaubt,[1392] wenn die gesetzlichen Voraussetzungen vorliegen und der im Jugendstrafrecht vorherrschende Erziehungsgedanke berücksichtigt wird,[1393] da § 69 Abs. 1 StGB nur von einer „Verurteilung“ und nicht von einer „Verurteilung zu einer Strafe“ spricht.[1394]

Eine Weisung an den Jugendlichen, den Führerschein für eine bestimmte Zeit „zu den Akten zu reichen“, ist dagegen nicht zulässig.[1395]

c) Weitere Gründe zum Absehen vom Entzug der Fahrerlaubnis

Die Ungeeignetheit zum Führen eines Kraftfahrzeuges muss in jedem Fall (noch) zum Zeitpunkt des Urteils und der Hauptverhandlung fortbestehen, ansonsten ist der strafrechtliche Entzug der Fahrerlaubnis ausgeschlossen.[1396] **659**

1385 *OLG Karlsruhe* vom 4.8.2004, DAR 2004, 600ff (602) = BA 2005, 382ff; *OLG Karlsruhe* vom 20.2.2003, DAR 2003, 235f; s. dazu ausführlich *Himmelreich* NZV 2005, 337ff.

1386 Siehe dazu auch *Freyschmidt* Verteidigung in Straßenverkehrssachen, Rn. 298 und Rn. 314; *Hentschel* Fahrerlaubnis und Alkohol, Rn. 640f; s. auch Rn. 354.

1387 Vgl. aber *AG Saalfeld* vom 19.6.2001, DAR 2002, 137f.

1388 *Tröndle/Fischer* Strafgesetzbuch, § 69 StGB Rn. 5; *Janiszewski* Verkehrsstrafrecht, Rn. 707.

1389 *Hentschel* Straßenverkehrsrecht, § 69 StGB Rn. 9; *Stree* in Schönke/Schröder, § 69 StGB Rn. 19; *Cramer* Straßenverkehrsrecht, Band 1, § 69 StGB Rn. 24; **a.M.** *OLG Celle* vom 31.3.1954, VRS 6, 356f; vgl. auch *Becker* Alkohol im Straßenverkehr, Rn. 933.

1390 *BGH* vom 11.11.1954, BGHSt 6, 394ff (zu § 42 m [alt] StGB); **a.M.** *OLG Celle* vom 31.3.1954, VRS 6, 356f.

1391 *BayObLG* vom 28.10.1958, BayObLGSt 1958, 263ff (264); *Janiszewski/Jagow/Burmann* Straßenverkehrsrecht, § 69 StGB Rn. 2.

1392 *BGH* vom 25.4.1991, NStZ 1991, 384f; *OLG Celle* vom 31.3.1954, VRS 6, 356f; *AG Bremen-Blumenthal* vom 10.4.2001, StV 2002, 372ff.

1393 Bezirksgericht Meiningen vom 11.9.1991, Az. Ns Ds 5 Js 943/1991, vgl. auch NStZ 1992, 269; *Janiszewski* Verkehrsstrafrecht, Rn. 707; vgl. zur Jugendstrafe nach § 17 Abs. 2 JGG aus erzieherischen Gründen bei schwerwiegenden Verkehrsdelikten auch *OLG Braunschweig* vom 14.12.2001, NZV 2002, 194.

1394 *Stree* in Schönke/Schröder, § 69 StGB Rn. 18.

1395 *OLG Düsseldorf* vom 8.3.1968, NJW 1968, 2156f.

1396 *BGH* vom 11.8.1998, StV 1999, 18.

660 Hier ist eine **Gesamtwürdigung** erforderlich. Eine erstmalige Tat,[1397] ein einmaliges situationsbedingtes Fehlverhalten,[1398] ein erheblicher Zeitablauf[1399] oder keine einschlägigen Vorstrafen können die Ungeeignetheit nach § 69 Abs. 1 StGB in Zweifel ziehen.[1400]

661 Eine automatische Ausnahme ist aber auch bei einem **langjährig unbeanstandet fahrenden Ersttäter** nicht gegeben.[1401] Ein **beanstandungsfreies Fahren während des Strafverfahrens**, auch wenn es sich um das erstmalige Versagen eines langjährig bewährten Kraftfahrers handelt, ist ebenfalls nicht ausreichend,[1402] um vom Entzug der Fahrerlaubnis zwingend abzusehen.[1403]

662 Etwas anderes gilt aber unter Umständen dann, wenn ein Betroffener nach der Tat lange Zeit verkehrsgerecht gefahren ist[1404] und es sich nicht um schwerwiegende Straftaten gehandelt hat.[1405]

663 Ein derartiger Ausnahmefall ist möglicherweise auch dann gegeben, wenn der **Zweck der Maßregel** bereits **durch die vorläufige Führerscheinmaßnahme** den Betroffenen hinreichend gewarnt hat, von ihm keine weitere Gefährdungen zu erwarten sind und dieser deshalb als erreicht angesehen werden kann,[1406] besonders wenn ein Betroffener dadurch schwere **berufliche oder wirtschaftliche Nachteile** erlitten hat.[1407] Ein erstmaliges Versagen, auch eines langjährig bewährten Kraftfahrers, reicht für sich allein, insbesondere bei einer Fahrt unter berauschenden Mitteln oder Alkohol, allerdings nicht aus, um den Regelfall zwingend zu verneinen, auch wenn die Fahrerlaubnis schon längere Zeit vorläufig entzogen war.[1408]

1397 *AG Waldbröl* vom 17.5.2005, Az. 4 Ds 864/04.

1398 *Hentschel* Fahrerlaubnis und Alkohol, Rn. 714.

1399 *OLG Karlsruhe* vom 4.8.2004, DAR 2004, 600ff = BA 2005, 382ff; *AG Waldbröl* vom 17.5.2005, Az. 4 Ds 864/04.

1400 *BGH* vom 17.11.1998, VRS 96, 103; vgl. auch Rn. 627ff.

1401 *KG* vom 10.7.1980, VRS 60, 109ff; *LG Saarbrücken* vom 21.5.1999, BA 1999, 310f; *LG Saarbrükken* vom 13.2.1997, zfs 1998, 152f; *Hentschel* NJW 1999, 686ff (695). Siehe dazu auch *BGH* vom 15.5.1959, VRS 17, 21ff (25); *LG Hamburg* vom 7.6.1984, BA 1985, 64ff (66 und 68); **a.M.** *LG Saarbrücken* vom 1.10.1991, BA 1992, 398; *LG Saarbrücken* vom 30.6.1981, DAR 1981, 395; *AG St. Ingbert* vom 4.3.1997, zfs 1998, 153; *AG Homburg* vom 3.7.1996, zfs 1996, 354f; *AG Esslingen* vom 1.2.1982, BA 1982, 382ff; *Janiszewski/Jagow/Burmann* Straßenverkehrsrecht, § 69 StGB Rn. 14.

1402 Vgl. auch Rn. 1041.

1403 *OLG Stuttgart* vom 7.1.1997, NZV 1997, 316ff; *OLG Düsseldorf* vom 3.5.1996, DAR 1996, 413ff; *OLG Karlsruhe* vom 1.2.1985, VRS 68, 360f; *OLG Koblenz* vom 30.10.1984, VRS 68, 118f; *OLG Koblenz* vom 12.6.1984, BA 1985, 180f = VRS 67, 254f; *OLG Koblenz* vom 1.9.1983, VRS 66, 40ff; *OLG Koblenz* vom 7.10.1982, VRS 64, 125ff (127); *KG* vom 10.7.1980, VRS 60, 109ff; **a.M.** *LG Wuppertal* vom 30.1.1986, NJW 1986, 1769; *LG Trier* vom 24.5.1982, VRS 63, 210f; *LG Düsseldorf* vom 10.4.1980, zfs 1980, 187.

1404 *BGH* vom 11.9.1991, Az. 3 StR 345/91, vgl. auch MDR 1992, 15ff (17); *BGH* vom 16.1.1958, VRS 14, 282ff (286); *LG Dresden* vom 30.6.1998, zfs 1999, 122f; *LG Wuppertal* vom 30.1.1986, NJW 1986, 1769; *LG Düsseldorf* vom 10.4.1980, zfs 1980, 187; **a.M.** *OLG Stuttgart* vom 7.1.1997, NZV 1997, 316ff.

1405 *BGH* vom 5.7.1978, Az. 2 StR 122/78, vgl. auch MDR 1978, 984ff (986); *Stree* in Schönke/Schröder, § 69 StGB Rn. 52; *Cramer* Straßenverkehrsrecht, Band 1, § 69 StGB Rn. 39.

1406 *BGH* vom 11.9.1991, VRS 82, 19f; *OLG Frankfurt/Main* vom 3.4.1996, NStZ-RR 1996, 235; *OLG Köln* vom 29.7.1994, VRS 90, 123ff; *OLG Brandenburg* vom 6.7.1994, NStZ 1995, 52f; *BayObLG* vom 26.7.1991, Az. 1 St 102/91; *OLG Düsseldorf* vom 18.10.1985, VRS 70, 137ff; *KG* vom 10.7.1980, VRS 60, 109ff; vgl. auch *LG Köln* vom 1.2.1980, zfs 1980, 381; *Bär* DAR 1992, 361ff (364f).

1407 *Stree* in Schönke/Schröder, § 69 StGB Rn. 52 und Rn. 53; vgl. aber auch Rn. 627 und Rn. 693.

1408 **A.M.** *LG Saarbrücken* vom 30.6.1981, DAR 1981, 395 bei 25-jähriger unbeanstandete Fahrpraxis und vorläufiger Fahrerlaubnisentziehung von fast 6 Monaten bei Trunkenheitsfahrt mit 2,6 ‰ und Verkehrsunfallflucht.

Ebenso ist ein Absehen vom Entzug der Fahrerlaubnis möglich, wenn die Fahrzeugbenutzung nur eine untergeordnete Rolle spielte oder es sich um Bagatelltaten an der unteren Grenze der in § 69 Abs. 2 StGB genannten Tatbestände handelt,[1409] etwa wenn ein Fahrer unter rauschmittelbedingter Fahrunsicherheit sein Fahrzeug nachts auf einem Parkplatz umparkte,[1410] **nur einige Meter fuhr**, um einen verkehrsstörenden Zustand zu beseitigen[1411] oder besonders vorsichtig eine **kurze Fahrt** auf verkehrsstiller öffentlicher Straße unternahm.[1412] **664**

Der letztere Grund, der früher angesichts der geringeren Dichte des Kfz-Verkehrs in Einzelfällen noch zutreffend war, da eine ernstliche Gefährdung anderer Verkehrsteilnehmer wenig wahrscheinlich schien, dürfte aber heute angesichts der praktisch überall hohen Verkehrsdichte nur noch selten der Fall sein.[1413] Ist allerdings zweifelhaft, ob ein derartiges kurzes Fahrverhalten beabsichtigt war, ist nach dem Grundsatz in dubio pro reo zu entscheiden.[1414] **665**

Auch kann bei einer **notstandsähnlichen Situation**[1415] (der unter Rauschmitteleinfluss stehende Fahrer bringt seinen Bekannten, der durch ungewolltes injizieren einer Überdosis Heroin mit dem Tode ringt, mit seinem Kfz schnell in ein Krankenhaus), bei nicht vorhersehbarer Mitwirkung von Medikamenten[1416] oder bei heimlichem unbemerktem Beimischen von Drogen[1417] ein Ausnahmefall gegeben sein. **666**

1409 *Stree* in Schönke/Schröder, § 69 StGB Rn. 42; vgl. auch Rn. 370.

1410 *OLG Köln* vom 28.12.2000, BA 2002, 276ff = VRS 100, 68ff; *OLG Karlsruhe* vom 8.2.1990, NZV 1990, 277f; *OLG Celle* vom 3.1.1990, DAR 1990, 150; *OLG Düsseldorf* vom 7.1.1988, NZV 1988, 29f = VRS 74, 259ff = VD 1988, 33ff; *OLG Düsseldorf* vom 19.3.1987, VRS 73, 142ff; *OLG Stuttgart* vom 15.10.1986, BA 1987, 431ff = NJW 1987, 142; *LG Köln* vom 29.8.1988, DAR 1989, 115 = zfs 1988, 331; *LG Aachen* vom 9.10.1985, Az. 64 Qs 120/85, vgl. auch NStZ 1986, 401ff (404); *AG Gifthorn* vom 31.1.1996, zfs 1996, 193;
Berr DAR 1990, 150; *Rüth/Berr/Berz* Straßenverkehrsrecht, § 24a StVG Rn. 17; **a.M.** *LG Dessau* vom 30.11.1994, zfs 1995, 73.

1411 *OLG Köln* vom 26.8.1993, NZV 1994, 157ff; *OLG Köln* vom 31.8.1990, VRS 81, 21f; *OLG Düsseldorf* vom 5.4.1990, VRS 79, 103ff; *BayObLG* vom 12.7.1988, Az. 2 St 172/88, vgl. auch *Janiszewski* NStZ 1988, 543ff (543f); *OLG Düsseldorf* vom 7.1.1988, NZV 1988, 29f = VRS 74, 259ff = VD 1988, 33ff; *OLG Hamm* vom 17.9.1987, DAR 1988, 63 = VRS 74, 136f; *OLG Düsseldorf* vom 19.3.1987, VRS 73, 142ff; *OLG Stuttgart* vom 15.10.1986, BA 1987, 431ff = NJW 1987, 142; *LG Gera* vom 5.7.1999, DAR 1999, 420f (20 Meter); *LG Aachen* vom 9.10.1985, Az. 64 Qs 120/85, vgl. auch NStZ 1986, 401ff (404); *AG München* vom 7.10.1996, DAR 1997, 162 (Ausparken); *AG Regensburg* vom 4.2.1985, zfs 1985, 123; *AG Wiesbaden* vom 3.8.1984, zfs 1984, 319; vgl. auch *LG Dessau* vom 30.11.1994, zfs 1995, 73.

1412 *OLG Karlsruhe* vom 12.10.2000, DAR 2001, 469 = BA 2002, 221 (300 Meter Fahrstrecke); *OLG Düsseldorf* vom 5.4.1990, VRS 79, 103ff; *OLG Düsseldorf* vom 7.1.1988, NZV 1988, 29f = VRS 74, 259ff = VD 1988, 33ff; *OLG Düsseldorf* vom 19.3.1987, VRS 73, 142ff; *LG Köln* vom 29.8.1988, zfs 1988, 331; vgl. auch Rn. 370; **a.M.** *OLG Hamm* vom 18.7.1995, NZV 1995, 496; *Piesker* NZV 2002, 297ff (301); *Rüth* in Full/Möhl/Rüth Straßenverkehrsrecht, § 69 StGB Rn. 36.

1413 So schon *OLG Hamm* am 11.11.1974, VRS 48, 450f.

1414 *Stree* in Schönke/Schröder, § 69 StGB Rn. 41.

1415 *OLG Karlsruhe* vom 8.8.2005, DAR 2005, 644f; *LG Potsdam* vom 14.3.2001, NZV 2001, 360 = BA 2002, 53ff (Von einer vorläufigen Fahrerlaubnisentziehung ist trotz dringenden Tatverdachts abzusehen, wenn es sich lediglich um ein einmaliges, menschlich nachvollziehbares Versagen im Straßenverkehr handelt, wie die alkoholisierte Fahrt zum Unfallort eines nahen Angehörigen); *LG Heilbronn* vom 10.7.1985, DAR 1987, 29 (Benachrichtigung vom schweren Unfall eines nahen Angehörigen und Fahrt im fahruntüchtigen Zustand zur Unfallstelle, um sich um diesen zu kümmern); *OLG Hamm* vom 14.8.1956, DAR 1957, 77f (Arbeitnehmer tritt Fahrt nur auf Drängen seines Arbeitgebers an, vgl. dazu auch *VG Neustadt* vom 15.12.2005, Az. 3 L 2108/05); vgl. auch Rn. 599.

1416 *OLG Oldenburg* vom 17.4.1956, DAR 1956, 253 (Einnahme von „Klosterfrau-Melissengeist" zur Erkältungsbekämpfung).

1417 *Cramer* Straßenverkehrsrecht, Band 1, § 69 StGB Rn. 48 für den Fall des heimlichen schütten von Schnaps in Bier; *Becker* Alkohol im Straßenverkehr, Rn. 173 für den Fall von unbemerkten schütten von Alkohol ins Glas; s. auch Rn. 578ff.

667 Bei Vorliegen eines einmaligen oder vorübergehenden, lediglich situationsbedingten Fehlverhaltens von geringerem Gewicht, nicht aber bei besonders verantwortungslosem Verhalten,[1418] kann ebenfalls ein Ausnahmefall vorliegen.[1419]

668 Bei der Frage, ob eine Fahrerlaubnis zu entziehen ist, kommt es auch darauf an, ob davon ausgegangen werden kann, dass der Kraftfahrzeugführer seine Fahrerlaubnis zukünftig nicht mehr „missbraucht" und zu einer Gefahr für die Allgemeinheit wird.[1420]

669 Daher ist auch das **Nachtatverhalten** eines Kraftfahrzeugführers zu berücksichtigen,[1421] denn die gerichtliche Fahrerlaubnisentziehung ist, im Gegensatz zum Fahrverbot nach § 44 StGB,[1422] rechtsdogmatisch **eine Maßregel der Sicherung und Besserung** (§ 61 Nr. 5 StGB)[1423] **und keine Strafe**,[1424] auch wenn sie von einem Betroffenen häufig als „Strafe" empfunden wird und ihn diese Maßregel meist auch härter trifft als die eigentliche Strafe.[1425]

670 Die Verhängung und die Dauer einer Fahrerlaubnisentziehung hängen daher (lediglich) von der **Ungeeignetheitsprognose** und nicht von der Tatschwere oder dem Schuldgrad,[1426] nicht vom Sühnebedürfnis,[1427] der Abschreckung[1428] und auch nicht von wirtschaftlichen Interessen[1429] ab.

d) Dauer der Fahrerlaubnisentziehung

671 Die Dauer der Fahrerlaubnisentziehung (**Fahrerlaubnissperre**) kann durch das Strafgericht zeitlich begrenzt (§ 69a Abs. 1 S. 1 StGB) oder für immer (§ 69a Abs. 1 S. 2 StGB) angeordnet werden, wobei eine lebenslange Sperre nur in Fällen schwerster Verkehrskriminalität in Betracht kommt.[1430]

672 Die Sperre darf wegen der Vorschrift des § 69a Abs. 5 S. 1 StGB nur nach Zeitabschnitten und nicht nach einem kalendermäßigen Endtermin bemessen werden.[1431]

1418 *Janiszewski/Jagow/Burmann* Straßenverkehrsrecht, § 69 StGB Rn. 15; *Janiszewski* Verkehrsstrafrecht, Rn. 719a.

1419 *BGH* vom 23.6.1992, NStZ 1992, 586f.

1420 *BGH* vom 11.8.1998, StV 1999, 18.

1421 *OLG Oldenburg* vom 17.1.2005, BA 2006, 403f = zfs 2005, 260f.

1422 Vgl. dazu Rn. 703ff.

1423 *BGH* vom 9.6.2000, Az. 3 StR 142/00, vgl. auch NStZ 2001, 301ff (304); *BGH* vom 10.2.1961, NJW 1961, 1269ff = BGHSt 15, 393ff; *BGH* vom 14.12.1954, NJW 1955, 557ff = BGHSt 7, 165ff (168).

1424 *Pießkalla/Leitgeb* NZV 2006, 185ff.

1425 *BGH* vom 10.2.1961, NJW 1961, 1269ff = BGHSt 15, 393ff (398); *OLG Hamm* vom 3.5.1955, DAR 1955, 222; *Hentschel* Straßenverkehrsrecht, § 69 StGB Rn. 1; *Stree* in Schönke/Schröder, § 69 StGB Rn. 2; *Janiszewski* Verkehrsstrafrecht, Rn. 705.

1426 *BGH* vom 10.2.1961, NJW 1961, 1269ff = BGHSt 15, 393ff (397);

1427 *BGH* vom 11.9.1956, VRS 11, 425; **a.M.** *OLG Frankfurt/Main* vom 23.9.1967, NJW 1968, 1793ff (1794).

1428 *OLG Düsseldorf* vom 15.10.1992, VRS 84, 287f; *Harbort* Rauschmitteleinnahme und Fahrsicherheit, Rn. 544; **a.M.** *BGH* vom 19.7.1968, NJW 1968, 1787ff = BSHSt 22, 192ff.

1429 *BVerwG* vom 8.8.1956, VM 1956, 73.

1430 *OLG Hamm* vom 18.8.2005, Az. 4 Ss 307/05.

1431 *Cramer* Straßenverkehrsrecht, Band 1, § 69a StGB Rn. 6 führt dazu aus: „Eine kalendermäßige Bemessung hat nur dann einen Sinn, wenn das Urteil sogleich mit seiner Verkündung rechtskräftig wird, weil es mit Rechtsmitteln nicht mehr anfechtbar ist. Nur bei solchen Urteilen besteht die Wahl zwischen einer Bestimmung nach Zeitabschnitten oder nach einem kalendermäßigen Endtermin".

Bei der zeitlich begrenzten Sperre gem. § 69a Abs. 1 S. 1 StGB beträgt das **Mindestmaß** normalerweise **6 Monate**.[1432] **673**

Das **Höchstmaß** ist in diesem Fall auf maximal **5 Jahre** begrenzt.[1433] **674**

Das Mindestmaß erhöht sich allerdings gem. § 69a Abs. 3 StGB auf ein Jahr, wenn gegen einen Betroffenen in den letzten 3 Jahren vor der Tat bereits schon einmal eine gerichtliche (auch isolierte) Sperre angeordnet wurde. **675**

Hinsichtlich der **Bemessungsgrundlage** wird der Tatrichter zu beurteilen haben, wie lange der Eignungsmangel voraussichtlich noch bestehen wird. Maßgebend sind dabei die Beurteilung der **Persönlichkeit** des Betroffenen, sein **Vorleben** und sein **früheres Verhalten im Straßenverkehr**.[1434] **676**

Verwertbare **Vorstrafen**, auch aus dem Bereich der allgemeinen Kriminalität, dürfen bei der Fristbemessung mit berücksichtigt werden, sofern aus diesen auch auf die Gefährlichkeit als Verkehrsteilnehmer geschlossen werden kann.[1435] **677**

Eine **nach der Tat** des § 316 Abs. 1 StGB begangene **andere**, **weitere Straftat** der allgemeinen Kriminalität darf hingegen nicht fristverlängernd berücksichtigt werden,[1436] wobei dieser Umstand bei der Beurteilung der Ungeeignetheitsprognose gleichwohl zwangsläufig zum Tragen kommen und in der menschlich nachvollziehbaren Entscheidung des Richters Berücksichtigung finden dürfte, auch wenn er dies nicht in den schriftlichen Entscheidungsgründen erwähnt.

Die Schwere der Schuld und sonstige Strafzumessungsgründe dürfen ebenfalls nicht ins Gewicht fallen.[1437] Der Verschuldensgrad wirkt sich aber dann – und nur dann – auf die Dauer der vom Strafrichter zu prognostizierenden Ungeeignetheit aus, wenn dieser Hinweise auf die charakterliche Unzuverlässigkeit des Täters und den Grad seiner Ungeeignetheit zu geben vermag.[1438] **678**

Generalisierende Erwägungen wie etwa Durchschnittstaxen haben – ebenso wie generalpräventive Gesichtspunkte – wegen des Maßregelcharakters außer Betracht zu bleiben.[1439] **679**

Auch die Dauer des Neuerteilungsverfahrens, selbst wenn mit einer mehrmonatigen Bearbeitungszeit zu rechnen sein dürfte,[1440] darf nicht „sperrfristverkürzend" berücksichtigt werden.[1441] **680**

1432 *OLG Düsseldorf* vom 21.12.1995, NStZ-RR 1996, 182f; *Hentschel* Fahrerlaubnis und Alkohol, Rn. 864.

1433 § 69a Abs. 1 S. 1 StGB.

1434 *BGH* vom 2.11.1954, BGHSt 6, 398ff (400).

1435 *OLG Hamm* vom 22.7.1960, DAR 1961, 230f.

1436 *BGH* vom 10.2.1961, NJW 1961, 1269ff = BGHSt 15, 393ff; *Schendel* Doppelkompetenz von Strafgericht und Verwaltungsbehörde zur Entziehung der Fahrerlaubnis: Systematische Erläuterung des § 4 Abs. 2 u. Abs. 3 StVG, [Diss.], S. 58; **a.M.** *OLG Hamm* vom 16.11.1956, DAR 1957, 187 (bei körperlichen Mängeln, die möglicherweise erst auf Grund einer fachärztlichen Untersuchung nach der Tat zum Bewusstsein gekommen sind).

1437 *BGH* vom 14.5.1998, NZV 1998, 418; *BGH* vom 27.2.1991, Az. 3 StR 476/90; *BGH* vom 25.9.1990, VM 1991, 17; *Nehm* DAR 1992, 241ff (244).

1438 *BGH* vom 14.5.1998, NZV 1998, 418; *BGH* vom 20.11.1990, NStZ 1991, 183; *BGH* vom 25.9.1990, VM 1991, 17; *BGH* vom 11.8.1987, Az. 1 StR 578/86, vgl. auch DAR 1988, 217ff (227) und MDR 1987, 977ff (979).

1439 *BGH* vom 16.11.1989, zfs 1991, 284; vgl. auch NStZ 1990, 221ff (225) und NStZ 1990, 329ff (332); vgl. auch *BGH* vom 19.7.1968, NJW 1968, 1787ff (1788) = BGHSt 22, 192ff.

1440 Vgl. Rn. 1265ff.

1441 *Hentschel* Straßenverkehrsrecht, § 69a StGB Rn. 2.

681 Allerdings kann, wie bereits unter Rn. 653ff ausgeführt, beispielsweise die Teilnahme an einer anerkannten Nachschulung / Verkehrstherapie[1442] bei der Fristbemessung Bedeutung erlangen,[1443] insbesondere dann, wenn noch weitere positiv zu würdigende Umstände hinzutreten.

682 Auch bei Erlass eines **Strafbefehls** ist die fristverkürzende Berücksichtigung einer Nachschulung möglich.[1444]

e) Konsequenzen hinsichtlich des Entzugs der Fahrerlaubnis

683 Mit der **Rechtskraft der Entscheidung** erlischt die Fahrerlaubnis endgültig und in vollem Umfang für **alle Führerscheinklassen.**[1445] Hat ein Betroffener unter dem Einfluss von Betäubungsmitteln einen Pkw (Führerscheinklasse alt III bzw. neu B) geführt und entzieht ihm das Gericht daher die Fahrerlaubnis, so darf ein Betroffener auch keinen LKW oder ein Motorrad mehr führen, selbst wenn er auch die Führerscheinklassen alt II bzw. neu C oder die Fahrerlaubnis der Klasse alt I bzw. A neu besaß.[1446]

684 Von einer etwaigen vorhandenen **ausländischen Fahrerlaubnis** darf in diesem Fall unstreitig[1447] zumindest **während der Dauer der Sperrfrist in der Bundesrepublik Deutschland** kein Gebrauch gemacht werden.

685 Eine etwaige während dieser Sperrfrist auch in Deutschland rechtswidrig und wohl eher versehentlich neu erteilte Fahrerlaubnis muss wieder entzogen werden.[1448] Ein solcher Fehler der Behörde könnte z.B. durch eine Änderung des Familiennamens eines Betroffenen oder eine anderweitige Unachtsamkeit der ausstellenden Behörde in Betracht kommen.

686 Der Fahrerlaubnisentzug dauert auch nach Ablauf der Sperrfrist bis zur Neuerteilung der Fahrerlaubnis durch die Verwaltungsbehörde an.

687 Nach Ablauf der vom Gericht festgesetzten Frist hat ein Betroffener (im Gegensatz zum Fahrverbot) daher keinen automatischen Anspruch auf Neuerteilung[1449] der Fahrerlaubnis, sondern die Verwaltungsbehörde hat seinen Antrag wie einen Antrag auf Ersterteilung der Fahrerlaubnis zu behandeln,[1450] wobei ihm aber ggf. die Erleichterungen des § 20 Abs. 2 FeV zu Gute kommen.

1442 Siehe dazu auch Rn. 695ff und Rn. 1064ff.

1443 Siehe z.B. *LG Dresden* vom 11.2.2002, DAR 2002, 280f; *LG Hof* vom 12.10.2000, NZV 2001, 92f; *AG Hof* vom 27.2.2002, DAR 2002, 328; *Piesker* NZV 2002, 297ff (300).

1444 Vgl. dazu auch *Hentschel* Trunkenheit, Fahrerlaubnisentziehung, Fahrverbot, Rn. 637 und Rn. 706.

1445 Siehe auch Rn. 417.

1446 Zu den seit dem 1.1.1999 veränderten Fahrerlaubnisklassen s. Anlage 3 zu § 6 Abs. 7 FeV.

1447 Auf die Frage, ob ein Betroffener nach Ablauf der Sperrfrist in der **Bundesrepublik Deutschland** wieder ein Kraftfahrzeug führen darf, wenn er **nach** Ablauf dieser Sperrfrist **im Ausland eine neue Fahrerlaubnis** erworben hat, soll hier nicht weiter eingegangen werden, da diese Frage, trotz Entscheidung des *EuGH* vom 29.4.2004, DAR 2004, 333ff (Fall „Kapper") (vgl. auch *Allgemeiner Deutscher Automobil-Club* Mitteilungen der Juristischen Zentrale, Nr. 16/2006) *sowie des EuGH* vom 6.4.2006, DAR 2006, 375ff = BA 2006, 307ff (Fall „Halbritter") kontrovers diskutiert wird; vgl. dazu auch *BVerwG* vom 17.11.2005, NZV 2006, 330f = BA 2006, 323ff = NJW 2006, 1151f; *Ludovisy* DAR 2006, 9ff; *Ludovisy* DAR 2006, 532ff; *Geiger* Aktuelle Rechtsprechung zum Recht der Fahrerlaubnisse [Masch.-schr. vom 18.10.2006], S. 1ff.

1448 *OVG Bremen* vom 21.3.1975, DAR 1975, 307f; *Hentschel* Straßenverkehrsrecht, § 69a StGB Rn. 1.

1449 Umgangssprachlich „Wiedererteilung"

1450 *BVerfG* vom 18.11.1966, DAR 1967, 47ff; *BVerwG* vom 20.12.1963, NJW 1964, 608ff.

Nach Ablauf der Sperrfrist[1451] muss die Fahrerlaubnis daher bei der Verwaltungsbehörde **neu beantragt** und formell neu erteilt werden und der Führerschein wird nicht automatisch an den Betroffenen zurückgegeben.[1452] **688**

4. Verkürzung der Maßregel gem. § 69a Abs. 7 StGB

Gemäß § 69a Abs. 7 StGB kann das Gericht die **Sperre** für die Neuerteilung der Fahrerlaub- **689**
nis **vorzeitig aufheben**, sofern die Sperrzeit bereits **mindestens drei Monate andauerte**[1453] und ein Betroffener zum Führen von Kraftfahrzeugen nicht mehr ungeeignet ist.[1454]

Fraglich ist daher, wann und unter welchen konkreten Voraussetzungen das Gericht eine Sperrzeit verkürzen kann.

Dies soll an folgendem Beispiel erläutert werden:

Das AG Kronach hatte am 18.12.2002 gegen einen Verurteilten wegen unerlaubten Handel- **690**
treibens mit Betäubungsmitteln in nicht geringer Menge in fünf Fällen auf eine Gesamtfreiheitsstrafe von zwei Jahren sechs Monaten erkannt, dem Verurteilten die Fahrerlaubnis entzogen und seinen Führerschein eingezogen. Außerdem wurde angeordnet, dass die Verwaltungsbehörde dem Betroffenen vor Ablauf von einem Jahr sechs Monaten keine neue Fahrerlaubnis erteilen darf.

Am 10.11.2003 beantragte der Betroffene, die festgesetzte Sperre für die Wiedererteilung der Fahrerlaubnis vorzeitig aufzuheben.

Der Antrag wurde zurückgewiesen und die **sofortige Beschwerde** war unbegründet,[1455] denn es ergab sich für das Gericht kein Grund zu der Annahme, dass der Betroffene zum Führen von Kraftfahrzeugen nicht mehr ungeeignet ist, wie dies § 69a Abs. 7 S. 1 StGB für die **vorzeitige Aufhebung der Sperre** voraussetzt. Es fehlte an **neuen Tatsachen**, die eine von der Prognose des erkennenden Erstgerichts abweichende Bewertung der Eignungsfrage tragen könnten.[1456]

Nach einhelliger Meinung kann eine vorzeitige Aufhebung der Sperre nur auf (erheblich) **691**
neue, d. h. auf solche Tatsachen gestützt werden, die bei der ursprünglichen Urteilsfindung noch nicht bekannt waren und die eine negative Prognose jetzt nicht mehr zu tragen vermögen.[1457]

Das **Erfordernis neuer Tatsachen** beruht nach h.M. auf der Überlegung, dass die Änderung **692**
einer rechtskräftigen Entscheidung dem erkennenden Gericht grundsätzlich versagt bleibt und eine zur Zeit der früheren Entscheidung bereits bekannte und bei der Bemessung der Sperrfrist bereits berücksichtigte Tatsache demzufolge nicht noch einmal und vor allem nicht zur Korrektur einer rechtskräftig ausgesprochenen Rechtsfolge verwertet werden darf. Eine lediglich andere Beurteilung der bei Bemessung der Sperrfrist verwerteten Tat-

1451 Der Antrag auf Neuerteilung kann bereits 3 Monate vor Ablauf der Sperrfrist gestellt werden.
1452 Siehe dazu Rn. 1265ff.
1453 Für einen Wiederholungstäter gilt eine Frist von einem Jahr, vgl. *Hentschel* Fahrerlaubnis und Alkohol, Rn. 1025.
1454 *KG* vom 27.4.2004, DAR 2004, 657 = BA 2005, 494ff; dazu ausführlich *Himmelreich* DAR 2005, 130ff und *Himmelreich* NZV 2005, 337ff.
1455 *OLG Hamburg* vom 29.3.2004, BA 2005, 246ff.
1456 *AG Rostock* vom 5.10.2004, DAR 2005, 169.
1457 Vgl. auch *LG Aachen* vom 25.11.2005, SVR 2006, 193f.

sachen rechtfertigt nicht die vorzeitige Aufhebung der Sperre, da dies eine unzulässige Urteilsberichtigung darstellen würde.

693 So reicht etwa der Umstand, dass seit der Entziehung der Fahrerlaubnis bereits ein Großteil der festgesetzten Sperrzeit **beanstandungsfrei verstrichen** ist, für sich allein zu deren vorzeitiger Aufhebung in aller Regel ebenso wenig aus, wie eine **zwischenzeitliche Strafverbüßung**[1458] oder **beruflich-wirtschaftliche Nachteile**.[1459]

694 Auch der Umstand, dass ein Betroffener wegen der Erwartung künftigen Wohlverhaltens nach § 57 StGB bedingt aus der Strafhaft entlassen wurde (**Reststrafe zur Bewährung**) und sich seither eine „nicht ganz unerhebliche Zeit" beanstandungsfrei in Freiheit befindet, rechtfertigt für sich alleine **keine vorzeitige Aufhebung der Sperre**.

695 Eine andere Entscheidung kann, wie vorstehend ausgeführt, unstrittig nur getroffen werden, wenn bei einem Verurteilten ein substantiiert belegtes verändertes Verantwortungsbewusstsein vorliegt und dieser insbesondere eine **Therapie** oder **verkehrspsychologische Beratung** in Anspruch nahm oder andere anerkannte[1460] **Schulungsmaßnahmen** absolvierte.[1461]

Die obergerichtliche Rechtsprechung erkennt **Nachschulungsmaßnahmen** nahezu einhellig als eine Maßnahme an, die wirksam dazu beitragen kann, den in der Straftat offenbar gewordenen Mangel im verantwortungsbewussten Verhalten als Kraftfahrzeugführer zu beseitigen.[1462]

Dies bestätigen auch zahlreiche gerichtliche Entscheidungen bei Trunkenheitsdelikten gem. § 316 Abs. 1 StGB.[1463]

696 Das AG Stadtroda[1464] erkennt z. B. bei einem Alkoholbetroffenen Beratungsgespräche bei einer Suchtberatungsstelle an und verkürzte die Sperrfrist für die Wiedererteilung der Fahrerlaubnis gem. § 69a Abs. 7 StGB, insbesondere wenn ein Betroffener Therapiekosten i.H.v. EUR 1.841,00 investierte.[1465]

1458 Vgl. auch Rn. 708.

1459 Es können aber auch dringende berufliche oder wirtschaftliche Interessen eine vorzeitige Aufhebung der Sperre rechtfertigen, wenn sich die Entziehung in der zurückliegenden Zeit für den Verurteilten schwerer als ursprünglich angenommen ausgewirkt hat. Zur vorzeitigen Aufhebung der Sperre kann insoweit auch die Aussicht eines Arbeitslosen auf eine Arbeitsstelle, für welche die Fahrerlaubnis benötigt wird, führen, sofern nach Lage der Dinge positive Auswirkungen auf die Geeignetheit des Verurteilten zum Führen von Kraftfahrzeugen zu erwarten sind.

1460 *LG Köln* vom 4.8.2005, DAR 2005, 702; *AG Rendsburg* vom 1.12.2005, NZV 2006, 182; *AG Eggenfelden* vom 10.2.2005, NZV 2005, 545 = BA 2006, 158; *Hentschel* Fahrerlaubnis und Alkohol, Rn. 827.

1461 Vgl. auch Rn. 414 und Rn. 653ff.

1462 *Hentschel* Fahrerlaubnis und Alkohol, Rn. 822.

1463 Vgl. auch Rn. 1064ff.

1464 Vom 4.6.2004, DAR 2004, 543.

1465 Allerdings hat das Gericht übersehen, dass es einer medizinisch-psychologischen Untersuchung bedurft hätte, da der Betroffene seinerzeit mit (erheblich) mehr als 1,6‰ ein Kraftfahrzeug führte. Nach einer Entscheidung des *LG Leipzig* vom 26.9.2003, Az. 1a Qs 142/03 steht jedoch eine bisher nicht absolvierte aber nach der Fahrerlaubnisverordnung durchzuführende medizinisch-psychologische Untersuchung einer Sperrzeitverkürzung nicht entgegen; s. dazu auch *Himmelreich* NZV 2005, 337ff (342). *Höcher* § 65 Verkehrstherapie für die juristische Praxis, Rn. 83f führt aus, dass die Gerichte z. T. nach der Absolvierung einer Verkehrstherapie auf den Entzug der Fahrerlaubnis gem. § 69 Abs. 1 StGB verzichten und dass auf Grund der dadurch entstandenen Bindungswirkung auch keine MPU mehr angeordnet werden könne. Dies gilt jedoch nicht für alle Fälle, vgl. Rn. 1077ff.

Das LG Köln[1466] erkennt eine 40-stündige Verkehrstherapie bei einem anerkannten Institut an und verkürzte die Sperrfrist ebenfalls. 697

Das AG Hof[1467] verkürzte die Sperrfrist um immerhin einen Monat, weil ein Betroffener an sieben Gruppengesprächen des TÜV von jeweils drei Stunden teilnahm.[1468] 698

Gleichzeitig ist aber nicht jede Art der Therapie auch ein Grund, eine Sperrfrist vorzeitig aufzuheben. Wenn ein Betroffener beispielsweise bereits sechs Mal wegen Verkehrsstraftaten verurteilt wurde und nunmehr an einer Selbsthilfegruppe und dem Besuch von Gruppengesprächen teilnimmt, ist er deshalb nicht wieder charakterlich geeignet, ein Kraftfahrzeug zu führen. Das Kammergericht[1469] führte dazu aus, dass die Teilnahme an einer Selbsthilfegruppe zwar positiv zu bewerten, in Anbetracht der langjährigen Problematik jedoch nicht ausreichend ist.[1470] 699

> Doch selbst für einen **Wiederholungstäter** ist eine Sperrzeitverkürzung nach § 69a Abs. 7 StGB **möglich**[1471] und § 69a Abs. 7 StGB verlangt auch nicht die volle Überzeugung des Richters von der Wiedereignung sondern nur eine **hohe Wahrscheinlichkeit**.[1472] 700

Ein Antrag auf Sperrzeitverkürzung wird jedoch möglicherweise bei einem Betroffenen **abzulehnen** sein, der zwar an einer Nachschulungsmaßnahme teilnahm, diese aber zum Zeitpunkt der Hauptverhandlung noch nicht vollständig abgeschlossen hatte, wenn das Strafgericht diese Teilnahme bereits positiv bei der Strafzumessung gewürdigt hat. 701

Eine (nochmalige) Würdigung in Form einer Verkürzung der Sperrfrist wegen des nun vorliegenden Abschlusses der Schulungsmaßnahme käme nämlich einer **doppelten Sperrzeitverkürzung** gleich und dessen Würdigung würde zumindest keine **erheblich** neue Tatsache darstellen.[1473] 702

5. Fahrverbot nach § 44 StGB

Neben der Fahrerlaubnisentziehung nach § 69 StGB kennt das Gesetz auch das Fahrverbot nach § 44 StGB.[1474] Hier handelt es sich, im Gegensatz zur Fahrerlaubnisentziehung, die eine Maßregel der Besserung und Sicherung darstellt[1475] um eine **Nebenstrafe**,[1476] die nur neben einer Geld- oder Freiheitsstrafe angeordnet werden darf. 703

1466 Vom 4.8.2005, DAR 2005, 702.

1467 Am 8.12.2003, BA 2005, 496f.

1468 Siehe auch Verkürzung um 2 Monate: *AG Stendal* vom 29.11.2005, DAR 2006, 108.

1469 Vom 27.4.2004, DAR 2004, 657 = BA 2005, 494ff.

1470 So auch *LG Flensburg* vom 8.4.2005, DAR 2005, 409f = BA 2006, 157; s. auch *Hentschel* Fahrerlaubnis und Alkohol, Rn. 826.

1471 *AG Wuppertal* vom 27.5.2003, DAR 2004, 169.

1472 *LG Leipzig* vom 26.9.2003, Az. 1a Qs 142/03; *Himmelreich* NZV 2005, 337ff (338); *Scheufen/Müller-Rath* NZV 2006, 353ff (356); vgl. auch *Hentschel* Trunkenheit, Fahrerlaubnisentziehung, Fahrverbot, Rn. 792.

1473 **a.M.** *LG Potsdam* vom 2.11.2004, BA 2006, 156f, da der Betroffene zum Zeitpunkt des Urteils eine Verkehrstherapie zwar begonnen, diese aber noch nicht in einem erheblichen Umfang abgeschlossen hatte, so dass darin „neue Tatsachen“ zu sehen sind.

1474 Siehe auch Rn. 412ff.

1475 Vgl. Rn. 669.

1476 *BVerfG* vom 16.7.1969, BVerfGE 27, 36ff (41); *BGH* vom 28.11.1991, DAR 1992, 69ff (70); *BGH* vom 12.7.1979, BGHSt 29, 58ff; *BGH* vom 18.5.1972, DAR 1972, 246f = BGHSt 24, 348ff.

704 Die Fahrerlaubnisentziehung nach § 69 StGB und das Fahrverbot nach § 44 StGB schließen einander grundsätzlich aus,[1477] da das Fahrverbot, im Gegensatz zur Fahrerlaubnisentziehung, nur bei einem Betroffenen in Betracht kommt, der sich **noch nicht als ungeeignet zum Führen von Kraftfahrzeugen** erwiesen hat.[1478] Die Voraussetzungen des § 69 StGB sind daher stets zuerst zu prüfen.[1479]

705 Diese Nebenstrafe ist in erster Linie als Warnungs- und Besinnungsstrafe (sogenannte „**Denkzettelstrafe**") bei weniger gravierendem Unrecht, das den Täter noch nicht als ungeeignet zum Führen von Kraftfahrzeugen erwiesen hat, vorwiegend spezialpräventiv[1480] für nachlässige und leichtsinnige Kraftfahrer gedacht.[1481] Dabei kann aber auch der Strafzweck der Generalprävention[1482] nach allgemeinen Grundsätzen berücksichtigt werden.[1483]

706 Obwohl das Fahrverbot nach § 44 StGB eine Strafe ist, stellt es im Verhältnis zur Vorschrift des § 69 StGB die geringere Maßnahme dar.[1484]

Das Fahrverbot dient, im Gegensatz zur Fahrerlaubnisentziehung, nur der kurzfristigen Ausschließung von Kraftfahrzeugführern **bis zu 3 Monaten** vom Straßenverkehr.

Vor allem aber lässt das Fahrverbot, im Gegensatz zu § 69 StGB, den Bestand der Fahrerlaubnis unberührt, bewirkt also nicht den Verlust der Fahrerlaubnis, sondern verbietet einem Betroffenen lediglich, von der weiter bestehenden Fahrerlaubnis während einer bestimmten Zeit Gebrauch zu machen.[1485] Nach Ablauf der Verbotsfrist braucht daher keine neue Fahrerlaubnis bei der Verwaltungsbehörde beantragt werden,[1486] sondern ein Betroffener bekommt seinen alten Führerschein wieder ausgehändigt und darf danach zunächst[1487] sofort wieder ein Kraftfahrzeug führen.[1488]

707 Die **Vier-Monats-Frist** des § 25 StVG[1489] kommt bei § 44 StGB zwar **nicht zur Anwendung**, nach § 51 Abs. 1 u. Abs. 5 StGB wird die Zeit einer etwaigen vorläufigen Entziehung der Fahrerlaubnis gem. § 111a StPO oder eine Sicherstellung, Verwahrung oder Beschlagnahme nach § 94 StPO aber auf das Fahrverbot **angerechnet**.

708 **Nicht angerechnet** wird nach § 44 Abs. 3 S. 2 StGB aber die Zeit, in der sich ein Betroffener in einer JVA (Untersuchungshaft, Jugendarrest) befand. Auch etwaige Vollzugslockerun-

---

1477 *OLG Karlsruhe* vom 21.12.1979, VRS 59, 111f; *OLG Düsseldorf* vom 29.4.1971, VM 1972, 23; *OLG Düsseldorf* vom 9.7.1969, VM 1970, 68; *OLG Celle* vom 19.10.1967, NJW 1968, 1102f.

1478 *OLG Düsseldorf* vom 29.4.1971, VM 1972, 23; *Cramer* Straßenverkehrsrecht, Band 1, § 44 StGB Rn. 10.

1479 *OLG Düsseldorf* vom 9.7.1969, VM 1970, 68; *OLG Celle* vom 19.10.1967, NJW 1968, 1102f.

1480 *BGH* vom 18.5.1972, DAR 1972, 246f = BGHSt 24, 348ff; *OLG Stuttgart* vom 10.12.1997, DAR 1998, 153f; *OLG Düsseldorf* vom 8.7.1992, NZV 1993, 76f; *OLG Köln* vom 3.12.1991, NZV 1992, 159; *OLG Düsseldorf* vom 28.12.1984, VRS 68, 262f.

1481 *BVerfG* vom 16.7.1969, BVerfGE 27, 36ff (41); *BGH* vom 18.5.1972, DAR 1972, 246f = BGHSt 24, 348ff; *Piesker* NZV 2002, 297ff (298).

1482 Vgl. dazu *Hassemer* NStZ 1989, 553ff (554).

1483 *OLG Hamm* vom 17.3.1988, DAR 1988, 280f (281); *BayObLG* vom 17.1.1967, DAR 1967, 138f; **a.M.** *OLG Köln* vom 16.1.1996, NZV 1996, 286.

1484 *OLG Celle* vom 19.10.1967, NJW 1968, 1102f; *Janiszewski/Jagow/Burmann* Straßenverkehrsrecht, § 44 StGB Rn. 2.

1485 *Hentschel* Straßenverkehrsrecht, § 44 StGB Rn. 2; *Janiszewski/Jagow/Burmann* Straßenverkehrsrecht, § 44 StGB Rn. 2.

1486 Vgl. Rn. 687f.

1487 **Beachte** aber Rn. 732.

1488 *Janiszewski/Jagow/Burmann* Straßenverkehrsrecht, § 44 StGB Rn. 2; *Janiszewski* Verkehrsstrafrecht, Rn. 649.

1489 Vgl. Rn. Rn. 415.

gen (Hafturlaub, Freigang) während der Verbüßung einer Haftstrafe werden nicht angerechnet.

Um statt eines Fahrerlaubnisentzugs gem. § 69 StGB ein Fahrverbot nach § 44 StGB anzuordnen muss zunächst eine Straftat, also ein Verbrechen oder ein Vergehen (§ 12 StGB) vorliegen. **709**

Eine **Ordnungswidrigkeit** (bei der aber ggf. ein Fahrverbot nach § 25 StVG in Betracht kommt[1490]) ist nicht ausreichend.

Diese strafbare Handlung muss den Straftatbestand rechtswidrig und schuldhaft, wobei verminderte Schuldfähigkeit nach § 21 StGB ausreichend ist, erfüllt haben. **710**

Unerheblich ist aber, ob die Tat **vorsätzlich oder fahrlässig** begangen wurde.[1491] **711**

Im Gegensatz zur Entziehung der Fahrerlaubnis gem. § 69 StGB kann das Fahrverbot also **nicht bei einem Freispruch** wegen nicht auszuschließender Schuldunfähigkeit oder bei **Absehen von Strafe** nach § 60 StGB verhängt werden,[1492] falls nicht die Grundsätze der actio libera in causa[1493] oder des Vollrauschtatbestandes nach § 323a StGB[1494] zur Anwendung gelangen.[1495]

Neben dem Urteil des Strafrichters ist das Fahrverbot auch im **Strafbefehlsverfahren** nach §§ 407 Abs. 2 Nr. 1, 409 Abs. 1 S. 2 StPO,[1496] im **Jugendgerichtsverfahren**[1497] neben Erziehungsmaßregeln und Zuchtmitteln nach § 8 Abs. 3 JGG,[1498] aber auch bei Aussetzung der Verhängung der Jugendstrafe nach § 27 JGG [1499] sowie im vereinfachten Jugendverfahren **712**

1490 Vgl. Rn. 407f und Rn. 412ff.

1491 *Cramer* Straßenverkehrsrecht, Band 1, § 44 StGB Rn. 15.

1492 *OLG Hamburg* vom 22.6.1965, DAR 1965, 215f.

1493 Nach der Rechtsprechung des *BGH* vom 22.8.1996, DAR 1996, 465ff = NZV 1996, 500ff = BGHSt 42, 235ff kommen aber die Grundsätze der actio libera in causa im Verkehrsstrafrechtsbereich praktisch nicht mehr zur Anwendung.

1494 *Cramer/Sternberg-Lieben* in Schönke/Schröder, § 323a StGB Rn. 5 ff; *Cramer* Straßenverkehrsrecht, Band 1, § 44 StGB Rn. 15.

1495 Nach § 20 StGB handelt ohne Schuld, wer bei Begehung der Tat wegen einer krankhaften seelischen Störung, wegen einer tiefgreifenden Bewußtseinsstörung oder wegen Schwachsinns oder einer schweren anderen seelischen Abartigkeit unfähig ist, das Unrecht der Tat einzusehen oder nach dieser Einsicht zu handeln. Aufgrund des dem Strafrecht zugrunde liegenden Schuldprinzips können Betroffene, die schuldlos handelten, nicht bestraft werden. Die actio libera in causa behandelt den Fall, in dem sich der Täter vor Begehung der Tat vorsätzlich in einen Zustand der Schuldunfähigkeit versetzt hat, etwa durch die Herbeiführung eines Vollrausches, um in diesem Zustand die Tat ohne Schuld und ohne Bestrafung begehen zu können. Ebenso werden in diesem Zusammenhang die Fälle der vorverlegten Schuld diskutiert, bei denen der Täter schon beim Berauschen den später in schuldunfähigem Zustand herbeigeführten Erfolg hätte voraussehen können und müssen. An dieser Stelle tritt die Rechtsfigur der actio libera in causa dazwischen und schaltet § 20 StGB für diese Fälle aus.

1496 *Janiszewski/Jagow/Burmann* Straßenverkehrsrecht, § 44 StGB Rn. 15; *Hentschel* Trunkenheit, Fahrerlaubnisentziehung, Fahrverbot, Rn. 904.

1497 Vgl. auch Rn. 354 und Rn. 658.

1498 *BayObLG* vom 18.4.1969, Az. 1a St 79/69, vgl. auch DAR 1970, 253ff (261); *Hentschel* Trunkenheit, Fahrerlaubnisentziehung, Fahrverbot, Rn. 911; *Stree* in Schönke/Schröder, § 44 StGB Rn. 9; *Janiszewski/Jagow/Burmann* Straßenverkehrsrecht, § 44 StGB Rn. 15; *Cramer* Straßenverkehrsrecht, Band 1, § 44 StGB Rn. 34.

1499 *Stree* in Schönke/Schröder, § 44 StGB Rn. 9; *Cramer* Straßenverkehrsrecht, Band 1, § 44 StGB Rn. 34; **a.M.** *Hentschel* Straßenverkehrsrecht, § 44 StGB Rn. 9; *Janiszewski/Jagow/Burmann* Straßenverkehrsrecht, § 44 StGB Rn. 15.

nach § 76 JGG[1500] als auch bei Strafaussetzung zur **Bewährung** nach § 56 StGB[1501] **zulässig**. Dagegen ist ein Fahrverbot nach § 44 StGB bei **Verwarnung mit Strafvorbehalt** gem. § 59 StGB[1502] **ausgeschlossen**.

6. Entzug der Fahrerlaubnis wegen anderer Betäubungsmitteldelikte

713 Eine Fahrerlaubnis kann nicht nur bei einem Verstoß gegen § 316 Abs. 1 StGB, § 315c StGB oder § 142 StGB strafrechtlich nach § 69 Abs. 1 StGB entzogen werden,[1503] sondern auch bei „sonstigen strafbaren Handlungen", sofern diese im Zusammenhang mit dem Führen eines Fahrzeuges begangen wurden, wenn sich daraus eine mangelnde (charakterliche) Eignung zum Führen von Kraftfahrzeugen ergibt.[1504]

714 Der Fahrerlaubnisentzug nach § 69 Abs. 1 StGB kommt daher möglicherweise auch dann in Betracht, wenn ein Kraftfahrzeugführer eine andere Straftat in Verbindung mit Drogen begeht, ohne selbst Drogen konsumiert oder unter dessen Einfluss am Straßenverkehr teilgenommen zu haben.

Hier könnte demnach der Entzug der Fahrerlaubnis beispielsweise beim **Handel mit Betäubungsmitteln**, beim **Transport von Drogen** mit dem Pkw oder beim **Besitz von Drogen** in Betracht kommen.

715 Handelt es sich bei einer Straftat um eine schwerwiegende Tat, beispielsweise ein Verstoß gegen das BtMG, so kann nach einer Entscheidung des **Bundesgerichtshofs**[1505] aus dem **Jahre 1998** davon ausgegangen werden, dass ein Betroffener **ebenfalls** zum Führen eines Kraftfahrzeuges **ungeeignet** ist.[1506]

716 Auch das OLG Düsseldorf[1507] hielt den Entzug einer Fahrerlaubnis für rechtmäßig, wenn ein Betroffener Haschisch in die Bundesrepublik Deutschland einführt, welches zum Eigenverbrauch bestimmt war und die Tat mit einer Bewährungsstrafe geahndet wurde. Diese Rechtsansichten sind jedoch nicht zwingend, wie andere Entscheidungen zeigen:

a) Transport von Drogen

717 Der einmalige Transport von Betäubungsmitteln in nicht geringer Menge und eine entsprechende Verurteilung nach dem BtMG rechtfertigt nicht zwingend die Feststellung der Ungeeignetheit und den Entzug der Fahrerlaubnis nach § 69 Abs. 1 StGB.[1508]

Der Transport von 1,5 kg Heroin mit einem Pkw und die damit belegte charakterliche Unzuverlässigkeit rechtfertigt nicht den Entzug der Fahrerlaubnis, wenn besondere Umstände des Einzelfalls vorliegen.[1509]

1500 *Hentschel* Trunkenheit, Fahrerlaubnisentziehung, Fahrverbot, Rn. 905.
1501 *Stree* in Schönke/Schröder § 44 StGB Rn. 10; *Cramer* Straßenverkehrsrecht, Band 1, § 44 StGB Rn. 34.
1502 *OLG Stuttgart* vom 10.5.1994, NZV 1994, 405f; *BayObLG* vom 4.12.1981, VRS 62, 264ff; *BayObLG* vom 30.9.1975, MDR 1976, 65; **a.M.** *Schöch* JR 1978, 74f.
1503 Vgl. Rn. 651.
1504 Dazu auch ausführlich *Hentschel* Fahrerlaubnis und Alkohol, Rn. 655ff.
1505 Vom 17.11.1998, VRS 96, 103.
1506 Vgl. aber auch Rn. 719ff.
1507 Vom 23.4.1997, NZV 1997, 364.
1508 *BGH* vom 17.11.1998, VRS 96, 103.
1509 *BGH* vom 11.8.1998, StV 1999, 18.

Der Missbrauch eines Kraftfahrzeuges als Transportmittel für illegale Drogen genügt auch nach Ansicht des OLG Stuttgart[1510] für sich alleine nicht für die Annahme, dass ein Betroffener gem. § 69 Abs. 1 StGB zum Führen von Kraftfahrzeugen charakterlich ungeeignet ist.

Das gilt auch bei einer Verurteilung zu einer sechsjährigen Haftstrafe wegen Einfuhr von Betäubungsmitteln in nicht geringer Menge in 13 Fällen.[1511]

Auch der Transport von 120 g Marihuana mit einem Pkw aus Holland und damit unter Umständen ein **Verbrechenstatbestand**[1512] begründet alleine noch nicht die Vermutung, dass ein Betroffener zum Führen von Kraftfahrzeugen ungeeignet ist. Vielmehr ist eine umfassende **Gesamtwürdigung** erforderlich.[1513]

Selbst der Transport vom 18 kg Haschisch und/oder 1 kg Heroin mit einem Pkw aus den Niederlanden nach Deutschland rechtfertigt für sich alleine ebenfalls noch nicht die Annahme der Ungeeignetheit i.S.v. § 69 Abs. 1 StGB. Es bedarf vielmehr einer näheren Begründung einer solchen Entscheidung auf Grund einer umfassenden Gesamtwürdigung.[1514]

b) Handel mit Betäubungsmitteln

Auch eine Verurteilung zu einer Haftstrafe von 3 Jahren wegen unerlaubtem Handeltreiben **718**
mit Betäubungsmitteln in 20 Fällen rechtfertigt für sich alleine nicht den Entzug der Fahrerlaubnis.[1515]

Die Benutzung eines Kraftfahrzeuges zur Begehung einer Straftat begründet nicht den Umstand, dass ein Betroffener zum Führen von Kraftfahrzeugen ungeeignet ist.[1516] Dies gilt auch beim Handeltreiben mit 1 kg Kokain.[1517]

> Das Handeln mit Betäubungsmitteln, noch dazu in großer Menge, deutet allerdings i.d.R. auf eine erhebliche charakterliche Unzuverlässigkeit hin, insbesondere, wenn ein Betroffener im Rahmen des Tatgeschehens ein Kfz führt.

Der Zweite Strafsenat des BGH[1518] sah im Januar 2004 bei der Verurteilung wegen des Handeltreibens mit Betäubungsmitteln von einem Maßregelausspruch daher nur ab, weil es das erstinstanzliche Landgericht unterlassen hatte, die Persönlichkeit des Angeklagten mit in Abwägung zu ziehen, da das Gewicht der Tatbeiträge, bei denen das Kraftfahrzeug benutzt wurde, genügend gewürdigt werden muss, denn die Benutzung eines Kraftfahrzeuges könnte auch nur von untergeordneter Bedeutung gewesen sein.

1510 Vom 20.11.2003, BA 2004, 531ff = StV 2004, 27f; **a.M.** *BGH* vom 13.5.2004, Az. 1 ARS 31/03.

1511 *BGH* vom 6.4.2004, BA 2005, 57f.

1512 Enthält ein Cannabisprodukt mindestens 7,5 g THC, ist das Tatbestandsmerkmal der „nicht geringen Menge" erfüllt, vgl. *BGH* vom 20.12.1995, Az. 3 StR 245/95 und *BGH* vom 18.7.1984, BGHSt 33, 8ff. Das entspricht 500 Konsumeinheiten zu je 15 mg THC (500 × 15 mg = 7.500 mg = 7,5 g) bzw. 250 g Haschisch schlechter Qualität, 150 g Haschisch mittlerer Qualität oder ca. 100 g Haschisch guter Qualität, vgl. *Hettenbach/Winter/Grunert/Berger/Moosmayer* Führerschein / MPU; Punkte – Alkohol – Drogen, S. 50. Vgl. auch *Patzak/Marcus/Goldhausen* NStZ 2006, 259ff (260); vgl. auch Rn. 817ff und Rn. 852.

1513 *BGH* vom 3.12.2002, DAR 2003, 128.

1514 *BGH* vom 16.1.2003, DAR 2003, 231; *BGH* vom 17.12.2002, NStZ-RR 2003, 122.

1515 *BGH* vom 5.11.2002, DAR 2003, 126f.

1516 *BGH* vom 21.1.2004, BA 2004, 261; *BGH* vom 5.11.2002, DAR 2003, 126f.

1517 *BGH* vom 17.12.2002, NStZ-RR 2003, 122.

1518 Vom 21.1.2004, BA 2004, 261.

c) Veränderte Rechtsprechung des Bundesgerichtshof

719 Im Jahre 2003 und 2004 veränderte und konkretisierte der Bundesgerichtshof[1519] seine unter Rn. 715 aufgeführte Rechtsprechung zur charakterlichen Ungeeignetheit zum Führen von Kraftfahrzeugen und zum entsprechenden Entzug der Fahrerlaubnis nach § 69 Abs. 1 StGB.

Der Bundesgerichtshof entschied, dass der Umstand der Benutzung eines Kraftfahrzeuges zur Begehung einer Straftat, die nicht von § 69 Abs. 2 StGB erfasst ist, also keine **Gefährdung des Straßenverkehrs**, keine **Trunkenheit im Verkehr**, kein **Unerlaubtes Entfernen vom Unfallort** und keine entsprechenden Taten im **Vollrausch** gem. § 323a StGB,[1520] für sich alleine **nicht** den Entzug der Fahrerlaubnis begründen.

Im konkreten Fall wurde ein Betroffener wegen schwerem Raub zu sieben Jahre Freiheitsstrafe verurteilt und ihm zugleich die Fahrerlaubnis entzogen, da er mit dem Kraftfahrzeug zu den Tatorten fuhr. Dieser Maßregelausspruch hielt in der Revision nicht stand.

720 Der Vierte Strafsenat des **Bundesgerichtshof**[1521] spezifizierte im September 2003 die **Voraussetzungen für den Entzug der Fahrerlaubnis** gem. § 69 Abs. 1 StGB und verneinte einen solchen beispielsweise dann, wenn ein Betrüger zur Ausführung seiner Straftaten zwar mit einem Kraftfahrzeug bei Tankstellen vorfährt und dort mit gefälschten Kreditkarten Benzin tankt, wenn ein Täter mit einem Kraftfahrzeug zu einem Einbruch fährt, das Opfer dabei fesselt und die Beute mit dem Pkw abtransportiert oder wenn ein Drogendealer 13 kg Haschisch verkauft und dabei seinen Pkw benutzt, wobei 975 g Haschisch in dem Pkw aufgefunden werden, da sich die Ungeeignetheit zum Führen von Kraftfahrzeugen **nur dann** aus der Tat ergibt, wenn aus dieser konkreten Tat Anhaltspunkte dafür zu erkennen sind, dass der Täter bereit wäre, die **Sicherheit des Straßenverkehrs** seinen eigenen kriminellen Interessen unterzuordnen.

721 Der BGH forderte daher einen **spezifischen Zusammenhang zwischen Tat und Verkehrssicherheit**.

Mit der charakterlichen Ungeeignetheit darf nicht die allgemeine Kriminalitätsbekämpfung zum Schutzzweck der Maßregel erhoben und zur Strafe verfälscht werden.[1522] Die Vorschrift des § 69 StGB dient vielmehr der Sicherheit des Straßenverkehrs.[1523]

722 Mit Beschluss vom 16.09.2003[1524] hatte der 4. Senat deshalb bei den anderen Strafsenaten des BGH gem. § 132 GVG angefragt, ob dieser Rechtsauffassung beigetreten wird. Der 3. und 5. Senat[1525] hatten dem zugestimmt bzw. der Rechtsauffassung nicht widersprochen. Der 2. Senat hielt eine Befassung des Großen Senats für wünschenswert, hatte jedoch mit Urteil vom 26.09.2003[1526] die gleiche Rechtsauffassung vertreten. Nur der Erste Senat wollte die „alte Rechtsprechung" zunächst nicht aufgeben.[1527]

723 Der **Große Senat für Strafsachen des BGH** stimmte den überwiegenden Rechtsmeinungen jedoch am 27.04.2005 zu.[1528]

1519 Vom 9.1.2003, DAR 2003, 230 und vom 6.7.2004, DAR 2004, 530f.
1520 Früher § 330a StGB.
1521 Vom 16.9.2003, DAR 2003, 563ff = BA 2004, 164ff.
1522 Dazu ausführlich *Hentschel* NZV 2004, 57ff (60); *Sowada* NStZ 2004, 169ff.
1523 *Pießkalla/Leitgeb* NZV 2006, 185ff.
1524 DAR 2003, 563ff.
1525 Vgl. *BGH* vom 14.5.2003, BA 2004, 66ff = NStZ 2003, 658ff.
1526 NStZ 2004, 144ff.
1527 Beschluss vom 13.5.2004, Az. 1 ARS 31/03.
1528 DAR 2005, 452ff = NZV 2005, 486ff = BA 2005, 311ff (Az. GSSt 2/04).

aa) Bezug zum Straßenverkehr

Ein **Entzug der Fahrerlaubnis** nach § 69 Abs. 1 StGB kommt nach der Entscheidung des Großen Senat des BGH vom 27.04.2005 **nur dann** in Betracht, wenn aus der begangenen Straftat eines Betroffenen Anhaltspunkte dafür zu erkennen sind, dass dieser bereit ist, die Sicherheit des Straßenverkehrs seinen eigenen kriminellen Interessen unterzuordnen.[1529] **724**

Zwischen der Straftat und der Sicherheit des Straßenverkehrs muss daher ein **verkehrsspezifischer Zusammenhang** bestehen.[1530]

Beim **Transport von Drogen** mit dem Kraftfahrzeug[1531] oder dem **Handeltreiben** mit Betäubungsmitteln[1532] scheidet daher ein (strafrechtlicher) Entzug der Fahrerlaubnis gem. § 69 Abs. 1 StGB i.d.R. aus.[1533] **725**

Dies bedeutet jedoch nicht, dass nur der unter Drogeneinfluss stehende und gem. § 316 Abs. 1 StGB verurteilte Kraftfahrzeugführer mit einem Fahrerlaubnisentzug zu rechnen hat. **726**

Auch ein Drogendealer, der sich beispielsweise der Verhaftung durch Flucht mit dem Pkw widersetzen will und dabei sodann eine Straftat nach § 315c StGB begeht, muss mit dem Entzug der Fahrerlaubnis rechnen.[1534]

Die Maßregelanordnung wegen charakterlicher Ungeeignetheit hält der Revision auch dann stand, wenn ein Kraftfahrzeugführer nicht nach § 315c StGB verurteilt oder dieser Anklagepunkt nach **§ 154 Abs. 2 StPO eingestellt** wurde, sofern sich ein Kraftfahrzeugführer durch **Flucht** der Festnahme entziehen will und dabei innerorts mit mehr als 100 km/h und unter Missachtung der Verkehrsregelungen und der Lichtzeichenanlagen ein Kraftfahrzeug führt.[1535] **727**

Dies dürfte wohl auch für einen **Versicherungsbetrüger** gelten, der ein Kraftfahrzeug zur **Manipulation von Verkehrsunfällen** benutzt.[1536] **728**

bb) Typische Verkehrsdelikte

Einem Betroffenen ist die Fahrerlaubnis nach § 69 Abs. 1 S. 1 StGB auch dann wegen charakterlicher Ungeeignetheit zu **entziehen**, wenn **kein typisches Verkehrsdelikt** vorliegt, sondern wenn die im Zusammenhang mit dem Führen eines Kraftfahrzeuges begangene Straftat als sogenannte **Zusammenhangstat** zu sehen ist. **729**

Dabei kommt es nicht darauf an, ob das Kraftfahrzeug vor, während oder nach der begangenen Straftat geführt wurde; wesentlich ist nach Ansicht des OLG Karlsruhe[1537] vielmehr,

---

1529 **Beachte** aber auch Rn. 1015ff.

1530 *BGH* vom 27.4.2005, DAR 2005, 452ff = NZV 2005, 486ff = BA 2005, 311ff; *Pießkalla/Leitgeb* NZV 2006, 185ff.

1531 *BGH* vom 24.8.2005, Az. 1 StR 335/05.

1532 *BGH* vom 19.9.2005, Az. 1 StR 274/05.

1533 Hinterfragt werden könnte hier allerdings, ob die verwaltungsrechtliche Anordnung einer medizinisch-psychologischen Begutachtung wegen charakterlicher Mängel und Zweifeln an der Fahreignung möglich ist.

1534 Vgl. Rn. 387.

1535 *BGH* vom 1.9.2005, DAR 2006, 30; s. auch *BGH* vom 4.10.1967, BGHSt 22, 6ff (Gefährlicher Eingriff).

1536 *Hentschel* Fahrerlaubnis und Alkohol, Rn. 671.

1537 Vom 5.9.2005, DAR 2005, 695 = NZV 2005, 590; vgl. auch *König/Seitz* DAR 2006, 121ff (121).

dass das Führen eines Kraftfahrzeuges einem Täter für die **Vorbereitung**, **Durchführung** oder der anschließenden **Verdeckung der Straftat** dienlich ist.[1538]

730 Führt man sich vor Augen, dass ein **Sexualstraftäter** sein Kraftfahrzeug dazu benutzt, um Kinder an einen einsamen Ort zu bringen und dort zu missbrauchen oder ein im Personenbeförderungsdienst beschäftigter Kraftfahrer[1539] ihm anvertraute geistig behinderte Frauen aus einer Behindertenwerkstatt nicht sogleich nach Hause, sondern **unter Ausnutzung des Kraftfahrzeuges** an einen einsamen Ort fährt, um sie dort zu vergewaltigen, liegen zwar keine Straftaten in Zusammenhang mit dem Straßenverkehr und der Verkehrssicherheit vor;[1540] die Betroffenen sind aber gleichwohl **charakterlich keinesfalls geeignet**, ein Kraftfahrzeug zu führen. Ein solcher Täter setzt das Kraftfahrzeug **gezielt als Mittel** ein, um die Taten zu begehen.[1541]

Eine charakterliche Ungeeignetheit zum Führen von Kraftfahrzeugen liegt auch dann vor, wenn ein Täter sein Opfer gewaltsam in sein Auto zieht und es beim Fahren sexuell belästigt.[1542]

731 Das gelte nach Ansicht des Ersten Senats des BGH[1543] auch für einen **Rauschgiftkurier**, der mit einem dazu eigens umgebauten und einem „Versteck" versehenen Kraftfahrzeug um seines eigenen Vorteils willen nicht geringe Mengen von Betäubungsmitteln transportiert oder von Mittätern gar deshalb zum Fahrer bestimmt wird, da er der einzige Tatbeteiligte ist, der eine Fahrerlaubnis besitzt.[1544]

1538 Vgl. hierzu aber auch Rn. 650.

1539 Sog. „Berufskraftfahrer".

1540 Vgl. dazu auch *BGH* vom 25.2.1954, NJW 1954, 1167f.

1541 Siehe auch *BGH* vom 19.9.2005, NStZ 2006, 334; s. aber gleichwohl auch *BGH* vom 21.6.2005, DAR 2005, 520f = NZV 2005, 589f.

1542 *BGH* vom 19.9.2005, Az. 1 StR 296/05.

1543 *BGH* vom 13.5.2004, Az. 1 ARS 31/03; **a.M.** *OLG Stuttgart* vom 20.11.2003, BA 2004, 531ff = StV 2004, 27f; **a.M.** auch *BGH* vom 8.11.2005, BA 2006, 403.

1544 Zur strafrechtlichen Beurteilung einer einmaligen Fahrt zur Beförderung von Betäubungsmitteln s. *BGH* vom 5.8.2005, Az. StR 254/05.

Kapitel 3
Verwaltungsrechtliche Maßnahmen

Besonders dann, wenn keine Verurteilung nach § 316 Abs. 1 StGB erfolgt und die Fahrerlaubnis nicht nach § 69 Abs. 1 StGB entzogen wird, sondern „nur“ eine Ordnungswidrigkeit nach § 24a Abs. 2 StVG vorliegt und ein Fahrverbot nach § 25 StVG ausgesprochen wird, glauben viele Betroffene, der Führerschein wäre „gerettet“ und die Sache nach Zahlung der Geldbuße erledigt.[1] **732**

> Dieses ist ein erheblicher Irrglaube, da sodann in aller Regel noch die Fahrerlaubnisbehörde auf einen Betroffenen zukommen wird[2] und die Fahrerlaubnis verwaltungsrechtlich entziehen könnte.[3]

Örtlich **zuständig** ist dabei nach § 73 FeV[4] die Verwaltungsbehörde, in deren Bezirk ein Betroffener zur Zeit der Einleitung eines Entziehungsverfahrens wohnt oder sich aufhält,[5] wobei die tatsächlichen Verhältnisse maßgebend sind.[6] Die Bestimmung des § 73 Abs. 2 S. 2 FeV findet auf die Fahrerlaubnisentziehung keine Anwendung.[7] Bei Tätigwerden einer örtlich unzuständigen Behörde besteht allerdings kein Anspruch auf Aufhebung der Entziehung.[8] Für Betroffene ohne ständigen Aufenthalt im Inland ist jede inländische untere Verwaltungsbehörde zuständig.[9]

Es verbleibt daher beim Vorliegen einer Ordnungswidrigkeit nach § 24a Abs. 2 StVG nicht bei einem Fahrverbot, sondern zum Teil muss mit einem Fahrerlaubnisverlust von mehr als einem Jahr gerechnet werden.[10] Zumindest führen Betäubungsmitteldelikte oft zur verwaltungsrechtlichen Anordnung der Beibringung eines ärztlichen Gutachtens.[11]

Viele Betroffene wissen dieses nicht oder erfahren dies nicht rechtzeitig,[12] obwohl ein solcher Hinweis wohl zu den **Belehrungspflichten eines Verteidigers** gehört.[13]

---

1 Vgl. auch Rn. 1084.
2 *BVerwG* vom 21.1.1994, NJW 1994, 1672.
3 Und zwar nicht nur dann, wenn ein Betroffener nur mit einem Mofa am Straßenverkehr teilgenommen hat, vgl. *OVG Hamburg* vom 20.6.2005, VRS 109, 210ff = SVR 2006, 77f, sondern auch, wenn dieser mit einem Fahrrad am Straßenverkehr teilnahm, vgl. *VG Neustadt* vom 16.3.2006, SVR 2006, 314f; *Berr* DAR 1989, 194.
4 Früher § 68 Abs. 1 StVZO.
5 *Hentschel* Straßenverkehrsrecht, § 3 StVG Rn. 12; *Rüth/Berr/Berz* Straßenverkehrsrecht, § 4 StVG Rn. 4.
6 *BVerwG* vom 17.2.1981, VM 1981, 50ff = VRS 61, 227ff; *VGH Hessen* vom 26.11.1985, VRS 70, 398ff; *OVG Niedersachsen* vom 23.3.1979, DAR 1980, 30f; *VGH Bayern* vom 1.3.1979, BayVBl. 1979, 567f; *VG Düsseldorf* vom 28.1.1977, DAR 1977, 279.
7 *BVerwG* vom 8.9.1994, NZV 1995, 86; *OVG Niedersachsen* vom 8.9.1994, VD 1995, 160; *VGH Hessen* vom 26.11.1985, VRS 70, 398ff.
8 *BVerwG* vom 8.9.1994, NZV 1995, 86; *BVerwG* vom 17.2.1981, VM 1981, 50ff = VRS 61, 227ff; *VG Minden* vom 20.2.1991, NZV 1991, 366.
9 § 73 Abs. 3 FeV; *Hentschel* Straßenverkehrsrecht, § 73 FeV Rn. 7.
10 *OVG Berlin* vom 15.1.2004, SVR 2004, 396; *VG Braunschweig* vom 30.7.2003, NVwZ-RR 2003, 900f.
11 Vgl. z.B. Rn. 803.
12 *Hettenbach/Winter/Grunert/Berger/Moosmayer* Führerschein / MPU; Punkte – Alkohol – Drogen, S. 45.
13 Siehe auch *Freyschmidt* Verteidigung in Straßenverkehrssachen, Rn. 338.

I. Verdacht auf Betäubungsmittelkonsum

1. Ärztliches Gutachten gem. § 14 Abs. 1 S. 1 Nr. 2 FeV[14]

a) Alle Betäubungsmittel außer Cannabis

733 In allen durch Tatsachen tragenden berechtigten **Verdachtsfällen** also objektiven Tatsachen, dass ein Betroffener Betäubungsmittel **konsumiert** haben **könnte**, darf oder wohl treffender **muss**[15] die Fahrerlaubnisbehörde die Beibringung eines **ärztlichen Gutachtens** gem. §§ 14 Abs. 1 S. 1 Nr. 2, 11 Abs. 2 S. 1 der **Fahrerlaubnisverordnung**[16] (FeV) anordnen.

Grundlage für die Beurteilung, **ob** ein Betroffener Drogen konsumiert hat, ist regelmäßig ein ärztliches Gutachten[17] und nicht etwa eine medizinisch-psychologische Untersuchung, sofern ein Betroffener den Konsum **bestreitet** und ihm dieser nicht anderweitig **nachgewiesen** werden kann.

Nach dem Wortlaut des § 14 Abs. 1 S. 1 Nr. 2 FeV gilt dies für **alle** Betäubungsmittel, also auch für Cannabis.[18] Das **Bundesverfassungsgericht**[19] und das **Bundesverwaltungsgericht**[20] haben dies jedoch für unzulässig erklärt, so dass zur Anordnung eines ärztlichen Gutachtens beim **Verdacht auf Cannabiskonsum** unter Rn. 768ff gesonderte Ausführungen gemacht werden.

aa) Kein ärztliches Gutachten beim Beweis

734 Besteht hingegen **nicht nur der Verdacht**, dass ein Betroffener Betäubungsmittel **außer Cannabis** konsumiert hat, sondern ist die Einnahme von Betäubungsmitteln **außer Cannabis bewiesen**, führt dies gem. § 46 Abs. 1 S. 2 FeV i.V.m. der Anlage 4 zu §§ 11, 13, 14 FeV und § 11 Abs. 1 S. 2 FeV in der Regel zur **Nichteignung** zum Führen von Kraftfahrzeugen, auch ohne dass es eines (weiteren) ärztlichen- oder medizinisch-psychologischen Gutachtens bedarf, wie sich zweifelsfrei aus § 11 Abs. 7 FeV ergibt.

Ein **Zweifel** und der **Verdacht** (wenn Tatsachen die Annahme begründen), dass ein Betroffener Betäubungsmittel konsumiert haben könnte, bestehen dann seitens der Fahrerlaubnisbehörde[21] keine (mehr), so dass § 14 Abs. 1 S. 1 Nr. 2 FeV nicht mehr zur Anwendung kommt und es keines ärztlichen Gutachtens nach § 14 Abs. 1 S. 1 Nr. 2 FeV mehr bedarf, wenn der **Konsum bereits erwiesen ist**.[22]

bb) Keine Ermessensentscheidung der Fahrerlaubnisbehörde

735 Ob die Fahrerlaubnisbehörde ihr bekannt gewordene Informationen verwertet steht dabei nicht in ihrem **Ermessen**. Liegen ihr Informationen über etwaige Fahreignungsmängel auf Grund von möglichem Betäubungsmittel**konsum** vor, so **muss** sie diesen nachgehen[23] und

---

14 Der Wortlaut der Vorschrift ist im Anhang abgedruckt.

15 Vgl. Rn. 735.

16 Verordnung über die Zulassung von Personen zum Straßenverkehr und zur Änderung straßenverkehrsrechtlicher Vorschriften vom 18.8.1998, in Kraft getreten am 1.1.1999.

17 *OVG Bremen* vom 30.6.2003, DAR 2004, 284f.

18 *VGH Baden-Württemberg* vom 5.11.2001, DAR 2002, 183ff.

19 Vom 20.6.2002, DAR 2002, 405ff = NJW 2002, 2378ff (Az. 1 BvR 2062/96).

20 Vom 5.7.2001, DAR 2001, 522f = NJW 2002, 78ff (Az. 3 C 13/01).

21 Das gilt gleichermaßen für den Gutachter der Begutachtungsstelle für Fahreignung, vgl. *Hettenbach/Winter/Grunert/Berger/Moosmayer* Führerschein / MPU; Punkte – Alkohol – Drogen, S. 139.

22 **Beachte** aber auch Rn. 944ff.

23 *VGH Bayern* vom 31.8.2004, Az. 11 ZB 857/04.

bei Anhaltspunkten für die Einnahme[24] von Betäubungsmitteln **außer Cannabis** gem. §§ 14 Abs. 1 **S. 1 Nr.** FeV, 11 Abs. 2 S. 1 FeV die Beibringung eines ärztlichen Gutachtens anordnen.[25]

cc) Unterscheidung zwischen „ärztlichem Gutachten" und „Drogenscreening"

Eine ärztliche Begutachtung muss gem. § 11 Abs. 2 S. 3 Nr. 1 FeV durch einen **Arzt mit verkehrsmedizinischer Qualifikation** erfolgen,[26] wobei nach Ansicht des VG Berlin[27] aus **Gründen der Verhältnismäßigkeit** i.d.R. **zunächst die Anordnung eines Drogenscreenings** genügt.[28] **736**

Soweit § 14 Abs. 1 S. 1 Nr. 2 FeV (oder § 14 Abs. 1 S. 2 FeV) ein ärztliches Gutachten rechtfertigt, ist dieses aber nicht auf ein bloßes „Drogenscreening" beschränkt, wenn das Messergebnis keine ausreichende Aussage über das Konsumverhalten enthält.[29] Auch der VGH Hessen[30] wertet ein angeordnetes Drogenscreening noch nicht als ärztliches Gutachten i.S.v. Satz 2 der Vorbemerkung der Anlage 4 zu §§ 11, 13, 14 FeV.[31] Im Übrigen müssen dem Gutachter für eine ärztliche Begutachtung nicht nur einseitig durch einen Betroffenen vorgetragene Informationen vorliegen, sondern der Gutachter muss auch im Besitz der Fahrerlaubnisakte, also der vollständigen Unterlagen sein.[32]

b) Verdachtsmomente und Erkenntnisse über Mängel

Welche **konkreten Tatsachen** die Annahme begründen, dass der Inhaber einer Fahrerlaubnis Betäubungsmittel nach dem BtMG eingenommen haben könnte, bleibt durch § 14 Abs. 1 S. 1 Nr. 2 FeV allerdings unbeantwortet. **737**

Fraglich ist daher zunächst, wie die Fahrerlaubnisbehörde Anhaltspunkte und Erkenntnisse über den Verdacht des Konsums von Betäubungsmitteln gewinnen kann und **welche Anhaltspunkte und Tatsachen** zu einem Fahrerlaubnisüberprüfungs- oder Fahrerlaubnisentzugsverfahren führen:

So könnte die Fahrerlaubnisbehörde beispielsweise „auf gut Glück" die **Beibringung eines ärztlichen Gutachtens anordnen**, etwa weil ein Betroffener ein subjektives „drogentypisches Erscheinungsbild"[33] hat und auf Grund dieses ärztlichen Gutachtens könnte dann möglicherweise festgestellt werden, ob ein Betroffener auch Betäubungsmittel konsumierte.

---

24 Anders beim **Besitz** von Betäubungsmitteln gem. § 14 **Abs. 1 Satz 2** FeV.

25 Gem. § 14 Abs. 1 S. 1 FeV „ordnet die Behörde an"; *OVG Niedersachsen* vom 15.11.2002, DAR 2003, 45f; *VGH Baden-Württemberg* vom 5.11.2001, DAR 2002, 183ff; *VG Düsseldorf* vom 15.2.2006, Az. 6 K 3761/05; *VG Berlin* vom 7.11.2002, Az. 11 A 747/02; *VG Stuttgart* vom 17.7.2002, BA 2004, 101ff; *Geiger* VBlBW 2004, 1ff (4).

26 *OVG Niedersachsen* vom 8.3.2006, VkBl. 2006, 483f.

27 Vom 21.3.2000, NJW 2000, 2440ff.

28 **a.M.** *VGH Bayern* vom 13.12.2005, Az. 11 Cs 1350/05, wonach ein Betroffener ein Jahr lang jeden Monat, also insgesamt 12 Urinscreenings beizubringen hat.

29 *VGH Baden-Württemberg* vom 5.11.2001, DAR 2002, 183ff.

30 Vom 14.1.2002, zfs 2002, 599f.

31 Fraglich ist daher, welcher Aussagekraft einem Drogenscreening bzw. einem ärztlichen Gutachten überhaupt zukommt. So führt das *OVG Nordrhein-Westfalen* vom 1.12.2003, Az. 19 B 2258/03 beispielsweise aus, dass nur eine medizinisch-psychologische Untersuchung klären könne, in welchem Ausmaß ein Betroffener Kokain konsumiert habe, während der *VGH Bayern* vom 25.1.2006, DAR 2006, 349ff = BA 2006, 422ff = SVR 2006, 393f ausführt, dass sich durch eine Haaranalyse nicht zwingend ein mehrfacher Cannabiskonsum nachweisen lasse.

32 *OVG Niedersachsen* vom 8.3.2006, VkBl. 2006, 483f; *Ebner* § 56 Medizinisch-psychologische Untersuchung, Rn. 48.

33 Vgl. dazu Rn. 228.

738 Die Verpflichtung zur Beibringung eines Gutachtens über den eigenen Drogenkonsum beeinträchtigt einen Fahrerlaubnisinhaber allerdings in seinem Grundrecht auf allgemeine Handlungsfreiheit gem. Art. 2 Abs. 1 GG.[34] Im Hinblick auf den **Grundsatz der Verhältnismäßigkeit**[35] ist eine solche Beeinträchtigung daher nur angemessen, wenn der Fahrerlaubnisbehörde **bereits zuvor hinreichend konkrete Verdachtsmomente** bekannt sind, die einen Eignungsmangel als naheliegend erscheinen lassen.[36]

Angesichts der Schwere eines Grundrechtseingriffs sind **strenge Anforderungen** an die Verhältnismäßigkeit einer Maßnahme im Einzelfall zu stellen.[37] Mithin steht es auch nicht im freien Ermessen der Behörde, wann sie von einem **Anfangsverdacht** ausgehen darf.

Die Anordnung zur Beibringung eines ärztlichen Gutachtens muss sich daher auf solche Mängel beziehen, die bei vernünftiger lebensnaher Einschätzung die ernsthafte Besorgnis begründen, dass sich ein Betroffener als Führer eines Kraftfahrzeuges nicht verkehrsgerecht umsichtig verhalten werde.[38] Tatsachen müssen objektiv einen Sachverhalt erkennen lassen, aus dem die Verwaltungsbehörde Rückschlüsse auf eine mit **hoher Wahrscheinlichkeit** feststehende Nichteignung zum Führen von Kraftfahrzeugen ziehen kann.[39]

739 Deshalb ist es **unzulässig**, auf einen **bloßen Verdacht** hin, quasi „ins blaue hinein" eine entsprechende ärztliche Untersuchung anzuordnen.[40]

740 Es ist daher zunächst Sache der Verwaltungsbehörde,[41] einen solchen **objektiven Tatsachennachweis** zu führen.[42]

741 Bevor die Fahrerlaubnisbehörde tätig wird, müssen ihr deshalb **konkrete** und verwertbare **Anhaltspunkte** dafür vorliegen, dass ein Betroffener zum Führen von Kraftfahrzeugen ungeeignet sein könnte oder Mängel besitzt, die zumindest Zweifel an der Eignung zum Führen von Fahrzeugen aufkommen lassen. **Vermutungen** reichen nicht aus.[43]

aa) Auffälligkeiten bei einer Verkehrskontrolle

742 Ein solcher erforderlicher objektiver und durch Tatsachen tragender Verdacht, dass ein Betroffener Betäubungsmittel einnahm, könnten beispielsweise gerötete Augen,[44] auffällige Pupillen[45] oder positive Drogenschnelltests[46] während einer Verkehrskontrolle sein.

---

34 *BVerfG* vom 24.6.1993, DAR 1993, 427ff = BA 1993, 358ff.

35 Das Gebot der Verhältnismäßigkeit im engeren Sinn verlangt, dass die Schwere des Eingriffs bei einer Gesamtabwägung nicht außer Verhältnis zu dem Gewicht der ihn rechtfertigenden Gründe stehen darf.

36 *BVerfG* vom 30.1.2003, BA 2004, 459f; *BVerfG* vom 20.6.2002, DAR 2002, 405ff = NJW 2002, 2378ff; *BVerwG* vom 5.7.2001, DAR 2001, 522f = NJW 2002, 78ff; *VGH Baden-Württemberg* vom 4.7.2003, DAR 2004, 113ff = BA 2004, 285ff; *VGH Baden-Württemberg* vom 16.6.2003, DAR 2004, 49ff = BA 2004, 282ff; *VG Braunschweig* vom 10.2.2004, BA 2004, 297f.

37 *VG Stuttgart* vom 27.1.2004, Az. 3 K 62/04.

38 *BVerwG* vom 5.7.2001, DAR 2001, 522f = NJW 2002, 78ff; *OVG Saarland* vom 29.12.2005, SVR 2006, 272f; *Hillmann* DAR 2006, 128ff (131).

39 *VG Lüneburg* vom 22.3.2004, DAR 2005, 54f = BA 2005, 504f = SVR 2004, 198f.

40 *BVerwG* vom 5.7.2001, DAR 2001, 522f = NJW 2002, 78ff.

41 Vgl. aber Rn. 1036.

42 *VG Stuttgart* vom 27.1.2004, Az. 3 K 62/04; § 2 Abs. 7 StVG.

43 *Geiger* DAR 2003, 97ff (98); *Sachs/Pragst* BA 2004, Heft 2, Anhang S. 31ff (31).

44 Vgl. Rn. 246ff.

45 Vgl. Rn. 233ff.

46 Vgl. Rn. 321ff.

Wie im Kapitel 2 ausgeführt, sind **gerötete Augen**, **auffällige Pupillen** oder **Drogenschnelltests** allerdings alleine keine zuverlässigen Mittel, den Drogenkonsum eines Betroffenen zu belegen. Gerötete Augen oder auffällige Pupillen können auch andere Ursachen haben und Drogenschnelltests zeigen oft ein falsches Ergebnis an. **743**

Bestätigt eine **Blutuntersuchung nach § 81a Abs. 1 StPO i.V.m. § 46 Abs. 4 OWiG** keine Betäubungsmitteleinnahme, so scheidet nicht nur eine Ordnungswidrigkeit nach § 24a Abs. 2 StVG aus,[47] sondern es wäre, wie der VGH Baden-Württemberg[48] bestätigt, auch die Anordnung eines ärztlichen Gutachtens durch die Verwaltungsbehörde **rechtswidrig**, es sei denn, dass eine Gutachtensanordnung auf Grund anderer weiterer Fakten gerechtfertigt wäre. **744**

Eine von der Polizei durchgeführte Verkehrskontrolle, bei welcher ein Betroffener gerötete Augen oder verengte Pupillen hatte, genügt dem erforderlichen Anfangsverdacht daher ebenso wenig wie ein etwaiger von der Polizei durchgeführter positiver Drogenschnelltest.[49] **745**

bb) Erkenntnisse aus polizeilichen Ermittlungen

Ein erforderlicher objektiver Tatsachennachweis, der die Anordnung der Verwaltungsbehörde zur Beibringung eines ärztlichen Gutachtens rechtfertigt, könnten aber weitere **polizeiliche Ermittlungsergebnisse** sein. **746**

(1) Verstoß gegen datenschutzrechtliche Vorschriften

In der Praxis ist es Gang und Gäbe, dass bereits die ermittelnde Polizei die Verwaltungsbehörde informiert, noch ehe es zu einer etwaigen Verurteilung gekommen ist.[50] **747**

Hierbei stellt sich allerdings zunächst die Frage, ob ein Verstoß gegen **datenschutzrechtliche Vorschriften** vorliegen könnte.[51]

Dies muss jedoch verneint werden, denn durch § 49a OWiG sind die Ermittlungsbehörden nicht nur berechtigt, sondern nach § 2 Abs. 12 StVG ist die Polizei sogar **verpflichtet**, etwaige Tatsachen, die auf Fahreignungsmängel schließen lassen, der Fahrerlaubnisbehörde mitzuteilen.[52] Danach hat die Polizei Informationen über Tatsachen eines Betroffenen, die auf nicht nur vorübergehende Mängel hinsichtlich der Eignung zum Führen von Kraftfahrzeugen schließen lassen, den Fahrerlaubnisbehörden zu übermitteln, soweit dies für die Überprüfung der Eignung oder Befähigung aus der Sicht der übermittelnden Stelle erforderlich ist.[53]

(a) Nachweis von THC unter 1 ng/ml. Zwar besteht bei einem **Nachweis von THC im Blutserum** eines Betroffenen auch bei einer Konzentration **von unter 1 ng/ml** der berechtigte Verdacht, dass dieser aktiv Cannabis konsumiert hat; fraglich ist dabei aber, ob die Polizei eine Fahrerlaubnisbehörde auch in einem solchen Fall unterrichten darf. **748**

---

47 Vgl. Rn. 423ff.

48 Vom 13.12.2002, Az. 10 S 2200/02.

49 *VGH Baden-Württemberg* vom 13.12.2002, Az. 10 S 2200/02; **a.M.** *VGH Bayern* vom 21.3.2005, SVR 2006, 76f, vgl. Rn. 801f.

50 So z.B. in dem Verfahren *VG München* vom 27.1.2004, SVR 2004, 280; *VG Stuttgart* vom 17.7.2002, BA 2004, 101ff; *VG Saarlouis* vom 9.8.2000, zfs 2000, 519f.

51 Siehe dazu auch Rn. 807.

52 *VGH Baden-Württemberg* vom 28.10.2004, DAR 2005, 352ff; *VGH Baden-Württemberg* vom 14.9.2004, NZV 2005, 168 = BA 2005, 396ff = NJW 2005, 234ff.

53 **Beachte** aber Rn. 750 und Rn. 1077ff.

Dies wird von Albrecht[54] mit der Begründung **verneint**, dass die Polizei oder Bußgeldbehörde gem. § 49a Abs. 2 OWiG solche **geringen Erkenntnisse nicht** an die Fahrerlaubnisbehörde weiterleiten darf. Dietz[55] ist hinsichtlich der Frage, ob die Polizei etwaige Daten an die Fahrerlaubnisbehörde weitergeben darf, wenn sich im Blutserum eines Betroffenen „nur" eine THC-Konzentration von unter 1 ng/ml ermitteln ließ ganz **anderer Meinung**.

Soweit ersichtlich ist diese spezielle Einzelfrage bisher nicht gerichtlich entschieden worden.

Diese Frage dürfte sich hingegen kaum stellen, wenn neben einer THC-Konzentration von unter 1 ng/ml **zusätzlich auch Alkohol** nachgewiesen werden konnte.[56]

In der Praxis kommt es gleichwohl auch vor, dass die Polizei selbst dann eine Mitteilung an die Fahrerlaubnisbehörde verfasst, obwohl sich im Blutserum eines Kraftfahrzeugführers nur noch der THC-Metabolit THC-COOH feststellen ließ.[57]

749 **(b) Weitere Mitteilungsvorschriften.** Auch durch § 2c StVG wird die Fahrerlaubnisbehörde durch das Kraftfahrt-Bundesamt[58] informiert, wenn ein Betroffener während der „Probezeit" eine punktebewährte Ordnungswidrigkeit beging. Ferner erlangt die Fahrerlaubnisbehörde durch die Abschlussverfügung der Staatsanwaltschaft nach Nr. 45 Abs. 2 MiStra Kenntnis von einem etwaigen Fahreignungszweifel. Daten werden ferner durch § 60 FeV i.V.m. § 30 StVG und § 28 Abs. 3 StVG sowie § 474 Abs. 2 StPO übermittelt und gespeichert.[59]

(2) Unschuldsvermutung

750 Die Fahrerlaubnisbehörde darf gem. § 3 Abs. 3 S. 1 StVG einen Sachverhalt nicht berücksichtigen, solange gegen den Inhaber einer Fahrerlaubnis ein **Strafverfahren anhängig** ist, in welchem die Entziehung einer Fahrerlaubnis gem. § 69 StGB in Betracht kommt.[60] Dies bedeutet, die Fahrerlaubnisbehörde darf den dort untersuchten Sachverhalt nicht zur Begründung der Entziehung einer Fahrerlaubnis heranziehen,[61] auch nicht bei der Entscheidung über die sofortige Vollziehung gem. § 80 Abs. 2, 3 VwGO.[62] Tut sie dies dennoch, dann verletzt sie einen Betroffenen in seinen Rechten.[63] Eine solche Anordnung ist rechtswidrig und im Verwaltungsrechtsweg aufzuheben.[64]

---

54 *Albrecht* SVR 2005, 81ff (85); so auch *Wehowsky* BA 2006, 125ff (131).

55 *Dietz* NVwZ 2005, 410ff (411).

56 Nach Nr. 9.2.2 der Anlage 4 zu §§ 11, 13, 14 FeV besteht Eignung zum Führen von Kraftfahrzeugen bei einem (gelegentlichen!) Cannabiskonsumenten (unter anderem!) nur dann, wenn dieser zwischen dem Konsum von Cannabis und dem Führen eines Kraftfahrzeuges trennt **und** wenn u. a. **kein zusätzlicher Konsum von Alkohol** oder anderen psychoaktiv wirkenden Stoffen vorliegt.

57 Vgl. *VG Sigmaringen* vom 9.2.2006, Az. 7 K 55/06.

58 Ähnlich gelagert sind die Fälle, in denen das Kraftfahrt-Bundesamt eine Mitteilung über eine Ordnungswidrigkeit oder eine Verkehrsstraftat erhalten hat und daraufhin „Punkte" im Verkehrszentralregister einträgt. Zur **gerichtlichen Überprüfung** einer Mitteilung an das Kraftfahrt-Bundesamt s. *OLG Jena* vom 13.7.2006, Az. 1 VAS 6/05; *OLG Stuttgart* vom 18.8.2005, NZV 2006, 93f.

59 Siehe auch Art. 40 Abs. 3 PAG.

60 *VGH Bayern* vom 14.2.2006, Az. 11 Cs 1210/05; *OVG Rheinland-Pfalz* vom 3.10.1962, DAR 1962, 375f; *VG Saarlouis* vom 18.1.1993, zfs 1993, 107f; **a.M.** wohl *VG Sigmaringen* vom 30.9.2005, Az. 9 K 394/04.

61 *Bonk* BA 1994, 238ff (243); *Hentschel* Straßenverkehrsrecht, § 3 StVG Rn. 18; *Rüth/Berr/Berz* Straßenverkehrsrecht, § 4 StVG Rn. 48.

62 *OVG Rheinland-Pfalz* vom 3.10.1962, DAR 1962, 375f; *VG Meiningen* vom 2.3.1994, DAR 1994, 251 = zfs 1994, 392; *VG Saarlouis* vom 18.1.1993, zfs 1993, 107f.

63 *OVG Rheinland-Pfalz* vom 10.5.2006, Az. 10 B 10371/06.

64 *OVG Bremen* vom 14.8.1981, zfs 1981, 323f.

Da die Fahrerlaubnisbehörde nach § 3 Abs. 3 S. 1 StVG einen Sachverhalt, der Gegenstand eines anhängigen und noch nicht rechtskräftig abgeschlossenen **Straf**verfahrens ist, **nicht berücksichtigen darf**, können bis zum rechtskräftigen Abschluss eines **Straf**verfahrens auch Erkenntnisse aus polizeilichen Ermittlungsverfahren von der Fahrerlaubnisbehörde nicht verwertet werden.[65]

Ein Strafverfahren ist dabei vom Vorverfahren (dies ist bereits dann der Fall, wenn die Polizei wegen des Verdachts einer strafbaren Handlung Ermittlungen begonnen hat[66]) bis zur Rechtskraft der Entscheidung bzw. der Einstellung des Verfahrens als anhängig zu betrachten.[67] Eine Entziehung der Fahrerlaubnis aus anderen Gründen, die nicht Gegenstand des Strafverfahrens sind, ist der Fahrerlaubnisbehörde aber nicht verwehrt,[68] falls diese Tatsachen für eine Fahrerlaubnisentziehung ausreichen.[69] Das verwaltungsgerichtliche Entziehungsverfahren läuft in diesem Fall neben dem anhängigen Strafverfahren.[70]

Dieser Grundsatz, dass ein Betroffener so lange **unschuldig** ist, bis seine **Schuld bewiesen** **751**
wurde, greift daher nicht zwangsläufig, da diese „**Unschuldsvermutung**" nur für Strafverfahren, aber nicht für Ordnungswidrigkeiten gilt.[71] Daher entfaltet auch nur ein **Urteil**[72] eines Strafrichters gem. § 3 Abs. 4 S. 1 StVG und ein **Strafbefehl**[73] gegenüber der Fahrerlaubnisbehörde grundsätzlich[74] Bindungswirkung.[75]

---

65 **Ausnahmen:** Von der Bindung an das Strafverfahren ausgenommen sind nach § 3 Abs. 3 S. 2 StVG besondere Fahrerlaubnisse, die von **Dienststellen der Bundeswehr, des Bundesgrenzschutzes, oder der Polizei für Dienstfahrzeuge** (§ 2 Abs. 10 StVG, § 68 Abs. 3 StVZO, § 26 FeV) erteilt worden sind, oder wenn es sich um die **Fahrerlaubnis zur Fahrgastbeförderung** (§ 48 FeV, *BGH* vom 3.12.1970, VRS 40, 263) handelt, vgl. *Hentschel* Straßenverkehrsrecht, § 48 FeV Rn. 17; *Rüth/Berr/Berz* Straßenverkehrsrecht, § 4 StVG Rn. 50f; *Janiszewski/Jagow/Burmann* Straßenverkehrsrecht, § 3 StVG Rn. 11; *Himmelreich* Fahrverbot, Führerscheinentzug, Band 2, Verwaltungsrecht, Rn. 165.
Bonk BA 1994, 238ff (244); *Schendel* Doppelkompetenz von Strafgericht und Verwaltungsbehörde zur Entziehung der Fahrerlaubnis: Systematische Erläuterung des § 4 Abs. 2 u. Abs. 3 StVG, S. 8. Die Fahrerlaubnisbehörde ist durch die Einleitung des Strafverfahrens, unter Verwertung der dem Beschuldigten zur Last liegenden Tat, nicht gehindert, in diesen Fällen die Fahrerlaubnis zu entziehen, vgl. *Rüth/Berr/Berz* Straßenverkehrsrecht, § 4 StVG Rn. 50; *Janiszewski/Jagow/Burmann* Straßenverkehrsrecht, § 3 StVG Rn. 11.

66 *VG Saarlouis* vom 8.1.1993, zfs 1993, 107f; *Krieger* DAR 1963, 7ff (9).
Bonk BA 1994, 238ff (244).

67 *Hentschel* Straßenverkehrsrecht, § 3 StVG Rn. 16; *Himmelreich* Fahrverbot, Führerscheinentzug, Band 2, Verwaltungsrecht, Rn. 163.
Bonk BA 1994, 238ff (244); *Rüth/Berr/Berz* Straßenverkehrsrecht, § 4 StVG Rn. 46; *Janiszewski/Jagow/Burmann* Straßenverkehrsrecht, § 3 StVG Rn. 10.

68 *BVerwG* vom 15.7.1988, NZV 1988, 238f = NJW 1989, 116ff = VRS 79, 379ff; *BVerwG* vom 11.1.1988, DAR 1988, 247 = NZV 1988, 37f = VRS 74, 468; *OVG Niedersachsen* vom 23.1.1995, zfs 1996, 198f.

69 *Himmelreich* Fahrverbot, Führerscheinentzug, Band 2, Verwaltungsrecht, Rn. 164.

70 *Krieger* DAR 1963, 7ff (9); *Himmelreich* Fahrverbot, Führerscheinentzug, Band 2, Verwaltungsrecht, Rn. 164.

71 *VGH Bayern* vom 14.2.2006, Az. 11 Cs 1210/05; *VGH Baden-Württemberg* vom 22.11.2004, BA 2006, 247ff; VG Meiningen vom 17.3.2006, Az. 2 E 96/06; siehe aber § 3 Abs. 4 S. 2 zweiter Halbsatz StVG.

72 Zu **Beschlüssen** des Strafgerichts s. *Himmelreich* NZV 2005, 337ff (343).

73 § 3 Abs. 4 S. 2 StVG.

74 Jedenfalls bei der Entziehung, vgl. *VG Frankfurt/Main* vom 7.5.2003, DAR 2003, 384f.

75 *VG Oldenburg* vom 17.2.2004, SVR 2004, 398; *VG Frankfurt/Main* vom 22.8.2001, NJW 2002, 80f. **Beachte** hierzu auch Rn. 1077ff.

(3) Nichtverwertbarkeit von Beweismitteln

752 Strafprozessuale Verfahrensfehler oder verbotene polizeiliche Vernehmungsmethoden gem. §§ 136, 136a, 163a StPO führen ggf. zu einer **Nichtverwertbarkeit von Beweismitteln**.[76] Diese können von der Verwaltungsbehörde jedoch genauso herangezogen werden,[77] wie eine in einem Strafverfahren entnommene Haarprobe.[78]

(4) Weitere verwertbare Erkenntnisse, Anhaltspunkte und Tatsachen

753 Auch **Zeugenaussagen** und sogar **Tagebuchaufzeichnungen** eines bereits verstorbenen Dritten über den Konsum eines Betroffenen können von der Fahrerlaubnisbehörde herangezogen werden, um Zweifel an der Fahreignung zu begründen[79] und Erkenntnisse über den Drogenkonsum eines Betroffenen zu gewinnen.

754 Auch **anonymen Hinweisen** darf nachgegangen werden, sie sind aber mit der nötigen Skepsis zu behandeln.[80]

755 Die Fahrerlaubnisbehörde darf auch Abschriften von Strafurteilen erhalten.[81]

756 Für die Einleitung eines Fahrerlaubnisentziehungs- oder Überprüfungsverfahrens ist es daher zunächst **grundsätzlich ohne Bedeutung**, woher die Informationen der Verwaltungsbehörde stammen, die Zweifel an der Fahreignung begründen.[82] Liegen der Fahrerlaubnisbehörde daher Erkenntnisse aus polizeilichen Ermittlungsverfahren vor,[83] so kann sie diese unter Beachtung von § 3 Abs. 3 S. 1 StVG verwenden.

cc) Einlassungen zum Eigenverbrauch und Eingeständnis von Drogenkonsum

757 Eine weitere konkrete und durch die Fahrerlaubnisbehörde verwertbare Tatsache, den vermuteten Drogenkonsum eines Betroffenen zu bekräftigen, könnte auch dessen **eigene Aussage** in einem Straf- oder Ermittlungsverfahren wegen des **Besitzes**[84] **von Betäubungsmitteln** sein.

(1) Einlassungen eines Verteidigers

758 Um einer Bestrafung nach § 29 Abs. 1 S. 3 BtMG zu entgehen und die Einstellung eines Strafverfahrens zu erreichen, räumen **Verteidiger** oftmals ein, dass dessen Mandant die Drogen zum **Eigenverbrauch** besessen habe,[85] denn das **BVerfG**[86] führt zu den Vorschriften

76 Vgl. Rn. 256ff.

77 *VGH Hessen* vom 26.10.1998, StV 1999, 23f; *VG Oldenburg* vom 4.2.2003, BA 2004, 188f; *VG München* vom 7.1.2002, Az. M 6b S 5601/01; *Geiger* VBlBW 2004, 1ff (2).

78 *VGH Baden-Württemberg* vom 30.9.2003, DAR 2004, 471ff = BA 2004, 288ff.

79 *BVerfG* vom 14.9.1989, BVerfGE 80, 367ff; *BGH* vom 9.7.1987, BGHSt 34, 397ff; *VGH Baden-Württemberg* vom 16.6.2003, DAR 2004, 49ff = BA 2004, 282ff; *Geiger* VBlBW 2004, 1ff (2).

80 Siehe auch *Ziegert* Alkohol- und drogenauffällige Kraftfahrer aus der Sicht der Fahrerlaubnisverordnung, S. 7ff (14).

81 *VGH Baden-Württemberg* vom 14.9.2004, NZV 2005, 168 = BA 2005, 396ff = NJW 2005, 234ff; *Ebner* § 56 Medizinisch-psychologische Untersuchung, Rn. 77.

82 *Geiger* DAR 2004, 184ff (187).

83 So deshalb wohl auch, wenn die Information durch einen „verdeckten Ermittler" („V-Mann") stammt.

84 Vgl. auch Rn. 787ff und Rn. 791ff.

85 In Fällen des Erwerbs oder des Besitzes von Cannabisprodukten in kleineren Mengen zum gelegentlichen Eigenverbrauch im Einzelfall, haben die Strafgerichte dem verfassungsrechtlichen Übermaßverbot durch Absehen von Strafe angemessen Rechnung zu tragen, vgl. *BVerfG* vom 29.6.2004, BA 2004, 460ff (465); *BVerfG* vom 9.3.1994, NJW 1994, 1577ff (1582f).

86 Am 29.6.2004, BA 2004, 460ff und am 9.3.1994, NJW 1994, 1577ff (1582f).

des unerlaubten Erwerbs[87] und des unerlaubten Besitzes[88] von Cannabisprodukten aus, dass der Gesetzgeber dem verfassungsrechtlichen **Übermaßverbot** genügt, weil er es den Strafverfolgungsorganen ermöglicht, einem geringen individuellen Unrechts- und Schuldgehalt der Tat im Einzelfall durch das Absehen von Strafverfolgung oder Strafe angemessen Rechnung zu tragen.[89] Hierzu zählen insbesondere die Vorschriften des § 29 Abs. 5 BtMG[90] und des § 31a Abs. 1 BtMG.[91]

(2) Einlassungen eines Betroffenen

Aber nicht nur Verteidiger,[92] sondern auch Betroffene geben während der polizeilichen **759**
Vernehmung oftmals an, dass sie schon einmal Drogen „probiert" hätten, obwohl diese auf polizeiliches Befragen hin schlichtweg **schweigen**[93] oder völlig konsequenzenlos[94] die **Unwahrheit** sagen könnten, da ein Betroffener in einem Strafverfahren bzw. strafrechtlichen Ermittlungsverfahren keiner Wahrheitspflicht unterliegt.[95]

Liegen der Fahrerlaubnisbehörde **Erkenntnisse** aus eigenen **Einlassungen**[96] **eines Betroffenen** vor, so bereitet die Verwertung dieser Angaben keine großen Probleme, wie zahlreiche Entscheidungen der Verwaltungsgerichte bestätigen: **760**

---

87 § 29 Abs. 1 S. 1 Nr. 1 BtMG.

88 § 29 Abs. 1 S. 1 Nr. 3 BtMG; s. dazu auch *Kotz/Rahlf* NStZ-RR 2005, 193ff (195).

89 Vgl. zur „geringen Menge" Rn. 852.

90 Das Gericht kann von einer Bestrafung nach den Absätzen 1, 2 und 4 absehen, wenn der Täter die Betäubungsmittel lediglich zum Eigenverbrauch in geringer Menge anbaut, herstellt, einführt, ausführt, durchführt, erwirbt, sich in sonstiger Weise verschafft oder besitzt.

91 Hat das Verfahren ein Vergehen nach § 29 Abs. 1, 2 oder 4 BtMG zum Gegenstand, so kann die Staatsanwaltschaft von der Verfolgung absehen, wenn die Schuld des Täters als gering anzusehen wäre, kein öffentliches Interesse an der Strafverfolgung besteht und der Täter die Betäubungsmittel lediglich zum Eigenverbrauch in geringer Menge anbaut, herstellt, einführt, ausführt, durchführt, erwirbt, sich in sonstiger Weise verschafft oder besitzt. Von der Verfolgung soll abgesehen werden, wenn der Täter in einem Drogenkonsumraum Betäubungsmittel lediglich zum Eigenverbrauch, der nach § 10a BtMG geduldet werden kann, in geringer Menge besitzt, ohne zugleich im Besitz einer schriftlichen Erlaubnis für den Erwerb zu sein.

92 *VGH Bayern* vom 8.4.2003, Az. 11 Cs 2775/02: „Dies ergibt sich nicht nur aus den Angaben des Betroffenen in dem Ermittlungsverfahren, sondern in einer jeden Zweifel ausschließenden Weise auch aus dem **Schreiben des Rechtsanwalts** an das Landratsamt".

93 Vgl. Rn. 256ff.

94 Zur Glaubwürdigkeit des Vorbringens eines Beschuldigten im Verwaltungsverfahren, wenn dieser bei der Polizei nachweislich falsche Angaben gemacht hat s. *VGH Bayern* vom 25.1.2006, DAR 2006, 349ff = BA 2006, 422ff = SVR 2006, 393f. **Beachte** aber auch: Ein **pauschales Bestreiten** eines Tatvorwurfs stellt sich als Schweigen und nicht als Tateinlassung dar und darf daher nicht zum Nachteil gewertet werden: *OLG Karlsruhe* vom 4.8.2004, DAR 2004, 600ff = BA 2005, 382ff.

95 Als **spätere Erklärung gegenüber der Fahrerlaubnisbehörde** bliebe wohl nur noch die Einlassung, dass der Betroffene im Straf- bzw. Ermittlungsverfahren keiner Wahrheitspflicht unterlag, denn der bloße Handel mit Betäubungsmitteln ist für sich genommen kein Anlass für ein verwaltungsrechtliches Fahrerlaubnisentziehungsverfahren, vgl. *VG Stuttgart* vom 17.7.2002, BA 2004, 101ff; *VG Stuttgart* vom 6.5.2002, Az. 3 K 1289/02 und der Besitz von Betäubungsmitteln ist noch kein zwingendes Indiz dafür, dass diese auch konsumiert werden, vgl. *OVG Nordrhein-Westfalen* vom 22.11.2001, DAR 2002, 185ff. Vielmehr könnte auch vom Handeltreiben mit Betäubungsmitteln ausgegangen werden, ohne selbst Drogen zu konsumieren, vgl. *OVG Hamburg* vom 21.1.2005, Az. 3 Bs 479/04; *VGH Bayern* vom 29.6.1999, DAR 2000, 228ff; *Geiger* DAR 2003, 97ff (100), so dass der Konsum von Betäubungsmitteln dann bestritten werden kann, wenn das Strafverfahren **rechtskräftig** abgeschlossen ist. Aus welchem anderen Grund ein Betroffener gegenüber der Polizei einen Drogenkonsum zugegeben haben soll ist ansonsten, von den unter Rn. 262ff erwähnten Ausnahmen abgesehen, nicht nachzuvollziehen.

96 *VG Braunschweig* vom 21.1.2004, SVR 2004, 118f/237f: „... Der Antragsteller hat während der polizeilichen Vernehmung eingeräumt ..."; *OVG Rheinland-Pfalz* vom 21.11.2000, DAR 2001, 183: „... Der Antragsteller hat den einmaligen Konsum zugestanden ...".

761 Beispielsweise führt das OVG Niedersachsen[97] dazu aus, „... der Betroffene hat das polizeiliche Vernehmungsprotokoll selbst durchgelesen, genehmigt und eigenhändig unterschrieben“.

Das VG Saarlouis[98] führt aus, „... da der Betroffene gegenüber den Polizeibeamten auch selbst einräumte ...“.[99]

762 Gibt ein Betroffener in einem strafrechtlichen Ermittlungsverfahren somit einen Eigenverbrauch von Betäubungsmitteln zu, ist diese Einlassung durch die Verwaltungsbehörde verwertbar und kann beim Konsum von „harten Drogen“ sogar zum Entzug einer Fahrerlaubnis führen.[100]

763 Das VG München[101] führt dazu beispielsweise aus, „... der Betroffene hat seine Eignung zum Führen von Kraftfahrzeugen verloren, weil er nach seinen eigenen Angaben ...“.[102]

764 Dies ist jedoch nicht der Fall, wenn ein Betroffener **nur den beabsichtigten Eigenverbrauch** zugegeben hat, denn ist der sichere **Nachweis** des Konsums von Betäubungsmitteln nicht erbracht und wird ein solcher lediglich **vermutet**, ist ein Entzug der Fahrerlaubnis durch die Fahrerlaubnisbehörde (zunächst) nicht möglich.[103]

765 Räumt ein Betroffener, um einer möglichen Bestrafung wegen des **Besitzes** von Betäubungsmitteln gem. § 29 Abs. 5 BtMG, § 31a Abs. 1 BtMG zu entgehen,[104] den **Eigenverbrauch** ein, so kann dies zu erheblichen verwaltungsrechtlichen Konsequenzen führen.[105]

dd) Medizinische Befunde nach § 81a Abs. 1 StPO i.V.m. § 46 Abs. 4 OWiG

766 Liegen auf Grund eines Straf- oder Ordnungswidrigkeitenverfahrens **medizinische Befunde** über eine **Blutuntersuchung** vor, ist ein Bestreiten des Konsums von Betäubungsmitteln kaum sinnvoll[106] und dieser muss als erwiesen angesehen werden.[107] Eine dahingehende Einlassung, die **Blutprobe** sei **„vertauscht“** worden, führte bisher in keinem bekannten Fall zum Erfolg.[108]

---

97 Vom 15.11.2002, DAR 2003, 45f.

98 Vom 9.8.2000, zfs 2000, 519f.

99 *VG Kassel* vom 6.7.2005, Az. 2 G 915/05: „... dieser hat nämlich bei seiner Beschuldigtenvernehmung vor der Polizei erklärt ...“; *VG München* vom 27.1.2004, SVR 2004, 280: „... Der Antragsteller hat selbst angegeben ..., auf Grund dieser Angaben steht fest ...“.

100 Vgl. beispielsweise *VGH Bayern* vom 21.3.2005, SVR 2006, 76f.

101 Vom 26.5.2004, Az. M 6a S 2632/04.

102 *VGH Bayern* vom 21.3.2005, SVR 2006, 76f: „... hat gegenüber der Polizei auch selbst eingeräumt, dass er Amphetamin konsumiert hat ...“; *VGH Bayern* vom 8.3.2006, Az. 11 Cs 1572/05: „ ... ausweislich des Protokolls der Polizei hat dieser angegeben, bis vor ca. 3 Monaten (selten) Ecstasy konsumiert zu haben. Wegen dieses selbst eingeräumten Konsums von Ecstasy ist die Fahreignung ausgeschlossen ...“.

103 *VGH Baden-Württemberg* vom 13.12.2002, Az. 10 S 2200/02.

104 In Fällen des Erwerbs oder des Besitzes von Cannabisprodukten in kleineren Mengen zum gelegentlichen Eigenverbrauch im Einzelfall, haben die Strafgerichte dem verfassungsrechtlichen Übermaßverbot durch Absehen von Strafe angemessen Rechnung zu tragen, vgl. *BVerfG* vom 29.6.2004, BA 2004, 460ff (465); *BVerfG* vom 9.3.1994, NJW 1994, 1577ff (1582f).

105 *Pütz/Neumeyer* Führerschein in Gefahr – Drogen, Strassenverkehr, Fahrtüchtigkeit und Fahreignung, S. 391 sprechen daher von „Vorsicht Falle“.

106 Vgl. aber Rn. 578ff.

107 **a.M.** *VGH Bayern* vom 13.12.2005, Az. 11 Cs 1350/05 bei Nachweis von 110 ng/ml MDMA, da Ecstasy wasserlöslich und geschmacksneutral ist und möglicherweise ohne Kenntnis konsumiert wurde; vgl. auch Rn. 582ff.

108 Vgl. z.B. *VGH Bayern* vom 13.12.2005, Az. 11 Cs 1350/05; s. dazu auch *Freyschmidt* Verteidigung in Straßenverkehrssachen, Rn. 156f.

Liegen der Fahrerlaubnisbehörde medizinische Befunde gem. § 81a Abs. 1 StPO i.V.m. § 46 Abs. 4 OWiG über positive Blutanalysen vor, so führt dies nicht nur zu einem Fahrerlaubnisüberprüfungsverfahren gem. § 14 Abs. 1 S. 1 Nr. 2 FeV sondern i.d.R. zu einem Fahrerlaubnis**entziehungs**verfahren.[109] **767**

c) Ärztliches Gutachten beim Verdacht auf Einnahme von Cannabis

Die Verwaltungsbehörde ordnet gem. § 14 Abs. 1 S. 1 Nr. 2 FeV die Beibringung ärztlichen Gutachtens an, wenn Tatsachen die Annahme begründen, dass der Inhaber einer Fahrerlaubnis Betäubungsmittel nach dem BtMG eingenommen hat. Auf die Frage, ob ein Betroffener auch unter dem Einfluss oder der Wirkung von Betäubungsmitteln ein **Kraftfahrzeug geführt** haben soll,[110] kommt es dabei nicht an. **768**

Auch der durch objektive Tatsachen hinreichend begründete **Verdacht des einmaligen Konsums** eines Betäubungsmittels, z. B. eine einzige **Ecstasy-Pille** während einer Party oder der Verdacht des einmaligen Probierens von **Kokain** reicht demnach aus, um verwaltungsrechtliche Maßnahmen einzuleiten und die Beibringung eines ärztlichen Gutachtens anzuordnen.[111] **769**

Fraglich ist jedoch, ob die Vorschrift des § 14 Abs. 1 S. 1 Nr. 2 FeV auch beim Verdacht des Konsums von **Cannabis** anzuwenden ist.

aa) Wortlaut von § 14 Abs. 1 S. 1 Nr. 2 FeV und Vergleich mit dem BtMG

Nach dem Wortlaut[112] des § 14 Abs. 1 S. 1 Nr. 2 FeV bezieht sich die Vorschrift auf **alle Betäubungsmittel** nach dem Gesetz über den Verkehr mit Betäubungsmitteln. Da Tetrahydrocannabinol in der Betäubungsmittelgesetzanlage[113] aufgeführt ist, bezieht sich § 14 Abs. 1 S. 1 Nr. 2 FeV also auch auf Haschisch und Marihuana.[114] **770**

Deshalb genügt zumindest **nach dem Wortlaut** des § 14 Abs. 1 S. 1 Nr. 2 FeV auch der **Verdacht** des **erstmaligen und einmaligen Konsums** von **Cannabis.**[115] **771**

bb) Einmalige Einnahme und Vergleich mit Ziff. 9.1 der Anlage 4 zu §§ 11, 13, 14 FeV

Die Anordnung zur Beibringung eines ärztlichen Gutachtens bei dem objektiven und durch Tatsachen tragenden Verdacht, dass ein Betroffener ein Mal Cannabis konsumiert haben könnte ergibt sich aber nicht nur aus dem Wortlaut des § 14 Abs. 1 S. 1 Nr. 2 FeV i.V.m. dem BtMG, sondern wird auch durch einen Vergleich mit Ziff. 9.1 der Anlage 4 zu §§ 11, 13, 14 **772**

---

109 Vgl. Rn. 734.

110 *VGH Bayern* vom 8.4.2003, Az. 11 Cs 2775/02.

111 Siehe dazu aber auch die Ausführungen des *BVerwG* zum **Grundsatz der Verhältnismäßigkeit** vom 9.6.2005, DAR 2005, 581ff = NZV 2006, 52f = BA 2006, 49ff.

112 Zur Vorbereitung von Entscheidungen ordnet die Behörde an, dass ein ärztliches Gutachten beizubringen ist, wenn Tatsachen die Annahme begründen, dass die Einnahme **von Betäubungsmitteln** i.S.d. BtMG vorliegt.

113 Vgl. Rn. 22.

114 Dies gilt wohl zunächst für alle Betäubungsmittel, die in einer der Anlagen zum BtMG (vgl. Rn. 22) aufgeführt sind. Auf die Frage, ob das Mittel oder die Substanz auch in der Anlage zu § 24a Abs. 2 StVG aufgeführt ist (vgl. Rn. 427f), kommt des dabei nicht an. *Müller* SVR 2006, 81ff führt beispielsweise zu Methamphetamin zutreffend aus: „Folglich ist es möglich, einem solchen Fahrzeugführer dessen Fahrerlaubnis im Verwaltungsrechtsweg zu entziehen.“

115 *VGH Baden-Württemberg* vom 5.11.2001, DAR 2002, 183ff.

FeV gestützt und von einigen Gerichten aus dem Wort „**Einnahme**“[116] geschlossen, worunter auch ein **einmaliges Konsumieren** erfasst werden kann.

773 Der **Begriff „Einnahme“** findet sich auch in Ziff. 9.1 der Anlage 4 zu §§ 11, 13, 14 FeV und es kann nicht gesehen werden, dass der Verordnungsgeber unter dem Wort „Einnahme“ in Ziff. 9.1 der Anlage 4 zu §§ 11, 13, 14 FeV etwas anderes subsumieren wollte als in § 14 Abs. 1 S. 1 Nr. 2 FeV.[117] Somit wäre die Anordnung zur Beibringung eines ärztlichen Gutachtens selbst bei einem Verdacht des einmaligen Konsums von Cannabis gerechtfertigt.

774 Diese Auffassung teilte auch der VGH Baden-Württemberg,[118] in dem er ausführte, dass die Fahrerlaubnisbehörde auch in den Fällen eines nur **einmaligen Cannabiskonsums** gem. § 14 Abs. 1 S. 1 Nr. 2 FeV berechtigt sei, die Beibringung eines **ärztlichen Gutachtens** anzuordnen. Dabei forderte das Gericht nicht nur ein Drogenscreening, sondern eine fachärztliche Untersuchung, da nur diese über das Konsumverhalten Aufschluss geben könne.

775 Allerdings könnte die Anordnung zur Beibringung eines **ärztlichen Gutachtens** gem. § 14 Abs. 1 S. 1 Nr. 2 FeV beim **Verdacht des Konsums von Cannabis gegen das Übermaß** und **gegen das allgemeine Persönlichkeitsrecht** verstoßen.[119]

cc) Entscheidungen des BVerfG und BVerwG

776 Nach der vorstehenden Interpretation der Vorschrift des § 14 Abs. 1 S. 1 Nr. 2 FeV würde auch der Verdacht auf einen **einmaligen Zug** an einer Haschisch oder Marihuana enthaltenden Zigarette genügen,[120] um die Beibringung eines ärztlichen Gutachtens anzuordnen und zwar selbst dann, wenn dies ohne **Zusammenhang mit dem Straßenverkehr** geschehen wäre.

Aus dem Verdacht eines einmaligen „Mitrauchens“ oder „Probierens“ von Cannabis kann aber kein hinreichender Gefahrenverdacht hergeleitet werden, der einen Eignungsmangel zum Führen von Kraftfahrzeugen als naheliegend erscheinen lässt.[121]

777 Es bestehen daher sogar Zweifel an der Rechtmäßigkeit, wenn die Fahrerlaubnisbehörde die Beibringung eines **ärztlichen Gutachtens** nicht nur bei einem Verdacht, sondern auch in den Fällen eines **einmaligen** zugestandenen oder sogar **bewiesenen** Cannabiskonsums anordnen würde.

> Ein nachgewiesener **einmaliger** Konsum von Cannabis, ohne konkrete Verknüpfung mit der Teilnahme am Straßenverkehr und ohne das Hinzutreten „weiterer Umstände“ rechtfertigt keine Aufforderung, ein **Drogenscreening** beizubringen oder einer **fachärztlichen Untersuchung** Folge zu leisten.[122]

---

116 Siehe dazu *OVG Brandenburg* vom 22.7.2004, BA 2006, 60ff = SVR 2004, 437f (mit Sitz in Frankfurt/Oder, seit 1.7.2005 OVG Berlin-Brandenburg mit Sitz in Berlin); *OVG Rheinland-Pfalz* vom 21.11.2000, DAR 2001, 183.

117 Vgl. zum Begriff „Einnahme“ bei Ecstasy oder Kokain Rn. 996ff.

118 Vom 5.11.2001, DAR 2002, 183ff.

119 *VG Berlin* vom 21.3.2000, NJW 2000, 2440ff; *Hentschel* Straßenverkehrsrecht, § 14 FeV Rn. 2.

120 *Hentschel* Straßenverkehrsrecht, § 14 FeV Rn. 2.

121 Bei der einmaligen **Einnahme von Ecstasy oder Kokain** ist die überwiegende Rechtsprechung hingegen anderer Ansicht.

122 *BVerfG* vom 20.6.2002, DAR 2002, 405ff = NJW 2002, 2378ff; *BVerwG* vom 5.7.2001, DAR 2001, 522f = NJW 2002, 78ff; *OVG Thüringen* vom 3.3.2004, DAR 2004, 547f = BA 2005, 181ff; *OVG Thüringen* vom 28.8.2002, DAR 2003, 91ff; *VGH Bayern* vom 29.6.1999, DAR 2000, 228ff (Haaranalyse); *VG Berlin* vom 21.3.2000, NJW 2000, 2440ff.

Selbst ein nachgewiesener **gelegentlicher Konsum** von Cannabis, ohne konkrete Verknüpfung mit der Teilnahme am Straßenverkehr und ohne das hinzutreten „weiterer Umstände"[123] rechtfertigt keine Aufforderung, sich einem Drogenscreening zu unterziehen oder sich fachärztlich untersuchen zu lassen.[124] **778**

Ein nachgewiesener gelegentlicher Konsum von Cannabis, ohne Zusammenhang und Verknüpfung bzw. **ohne Bezug mit dem Straßenverkehr**, gibt **keinen Anlass** zu der Annahme, dass ein Betroffener zum Führen von Kraftfahrzeugen ungeeignet sei und rechtfertigt somit auch nicht die Anordnung einer **medizinisch-psychologischen Untersuchung**.[125] **779**

Nach Ansicht von Albrecht[126] und Wehowsky[127] gelte dies sogar dann, wenn ein Betroffener nach dem Konsum von Cannabis ein Kraftfahrzeug führte, seine im Rahmen von § 81a Abs. 1 StPO i.V.m. § 46 Abs. 4 OWiG gemessene Tetrahydrocannabinol-**Konzentration** aber **unter 1 ng/ml** lag.[128] **780**

Die Anordnung zur Beibringung eines ärztlichen Gutachtens gem. § 14 Abs. 1 S. 1 Nr. 2 FeV beim bloßen **Verdacht**, dass ein Betroffener einmal **Cannabis** konsumiert haben könnte, scheidet damit trotz objektiv vorliegender Verdachtsmomente und entgegen dem Wortlaut von § 14 Abs. 1 S. 1 Nr. 2 zweifelsfrei aus. **781**

dd) Ärztliches Gutachten beim Verdacht auf regelmäßigen Konsum von Cannabis

Wie ausgeführt, rechtfertigt ein **einmaliger** (und sogar **gelegentlicher**) Cannabiskonsum ohne konkrete Verknüpfung mit der **Teilnahme bzw. einem Bezug zum Straßenverkehr** (und ohne das Hinzutreten weiterer bedeutsamer Umstände) keinen **Verdacht auf „Dauerkonsum"** und damit weder eine Aufforderung, sich einer medizinisch-psychologischen Untersuchung zu unterziehen, noch eine solche, sich fachärztlich auf Dauerkonsum begutachten zu lassen. **782**

Die Anordnung der Behörde, **ein Drogenscreening** beizubringen, um über das Konsumverhalten eines Betroffenen Klarheit zu erhalten, verstößt aber weder gegen das Übermaß noch gegen das allgemeine Persönlichkeitsrecht, wenn nach den Umständen des Falles hinreichend aussagekräftige Anzeichen für den **Verdacht** bestehen, dass ein Betroffener **regelmäßig**[129] also **nicht nur einmalig** oder **gelegentlich** Haschisch konsumiert.[130] **783**

---

123 Vgl. dazu Rn. 1102ff.

124 *BVerwG* vom 5.7.2001, DAR 2001, 522f = NJW 2002, 78ff; *OVG Hamburg* vom 27.8.2003, DAR 2004, 411f = BA 2005, 501ff = SVR 2004, 317f; *Himmelreich* DAR 2002, 60ff (61).

125 *BVerfG* vom 20.6.2002, DAR 2002, 405ff = NJW 2002, 2378ff; *BVerfG* vom 9.3.1994, NJW 1994, 1577ff (1580); *BVerfG* vom 24.6.1993, DAR 1993, 427ff = BA 1993, 358ff; *BVerwG* vom 5.7.2001, DAR 2001, 522f = NJW 2002, 78ff; *VGH Baden-Württemberg* vom 10.5.2004, DAR 2004, 604ff = NZV 2005, 214f = BA 2005, 189ff = SVR 2004, 397f; *OVG Thüringen* vom 3.3.2004, DAR 2004, 547f = BA 2005, 181ff; *VGH Baden-Württemberg* vom 4.7.2003, DAR 2004, 113ff = BA 2004, 285ff; *OVG Niedersachsen* vom 15.11.2002, DAR 2003, 45f; *OVG Thüringen* vom 28.8.2002, DAR 2003, 91ff; *VGH Bayern* vom 29.6.1999, DAR 2000, 228ff.

126 *Albrecht* SVR 2005, 81ff (85).

127 *Wehowsky* BA 2006, 125ff (131).

128 **a.M.** *Dietz* NVwZ 2005, 410ff (411).

129 Vgl. zum Begriff Rn. 879ff.

130 *BVerfG* vom 20.6.2002, DAR 2002, 405ff = NJW 2002, 2378ff; *BVerwG* vom 5.7.2001, DAR 2001, 522f = NJW 2002, 78ff; *BVerwG* vom 23.8.1996, DAR 1997, 81.

784 Wie sich aus der **verfassungsgemäßen Auslegung** von § 14 Abs. 1 S. 1 FeV ergibt,[131] ist die Anordnung zur Beibringung eines ärztlichen Gutachtens demnach bei Anhaltspunkten gerechtfertigt, die bei vernünftiger lebensnaher Einschätzung die ernsthafte Besorgnis und den **Verdacht** begründen, ein Betroffener konsumiere **regelmäßig** Cannabis.

Dies ist jedoch noch nicht der Fall, wenn während einer Wohnungsdurchsuchung mehrere Hanfpflanzen gefunden werden.[132]

785 Die Anordnung eines **ärztlichen Gutachtens** setzt aber nicht voraus, dass ein regelmäßiger Konsum von Cannabis über einen längeren Zeitraum detailliert belegt ist.[133]

Jedoch scheidet die Anordnung einer **medizinisch-psychologischen Untersuchung** beim bloßen aber durch Tatsachen untermauerten **Verdacht** auf **regelmäßigen Cannabiskonsum** zunächst ebenfalls aus.[134]

ee) Kein ärztliches Gutachten bei erwiesenem regelmäßigen Konsum von Cannabis

786 Kann die Fahrerlaubnisbehörde die **regelmäßige Einnahme von Cannabis nachweisen**,[135] so ist die Fahreignung auf Grund der Häufigkeit des Konsums[136] gem. § 46 Abs. 1 S. 2 FeV i.V.m. Ziff. 9.2.1 der Anlage 4 zu §§ 11, 13, 14 FeV nach §§ 3 Abs. 1 S. 1 StVG und § 46 Abs. 1

131 Wenn Tatsachen die Annahme begründen.

132 *VGH Bayern* vom 23.2.2004, Az. 11 BV 249/03; **a.M.** wohl *VG Kassel* vom 24.6.2004, BA 2006, 253ff.

133 *VGH Baden-Württemberg* vom 4.7.2003, DAR 2004, 113ff = BA 2004, 285ff.

134 *BVerfG* vom 20.6.2002, DAR 2002, 405ff = NJW 2002, 2378ff; *BVerfG* vom 24.6.1993, DAR 1993, 427ff = BA 1993, 358ff; *BVerwG* vom 5.7.2001, DAR 2001, 522f = NJW 2002, 78ff; *BVerwG* vom 23.8.1996, DAR 1997, 81; *VGH Bayern* vom 25.1.2006, DAR 2006, 349ff = BA 2006, 422ff = SVR 2006, 393f; *VGH Bayern* vom 23.2.2004, Az. 11 BV 249/03; *VGH Baden-Württemberg* vom 4.7.2003, DAR 2004, 113ff = BA 2004, 285ff; *VG Oldenburg* vom 4.2.2003, BA 2004, 188f; **a.M.** wohl *VG Kassel* vom 24.6.2004, BA 2006, 253ff (256).

135 Hier dürfte wohl das Ergebnis einer Blutuntersuchung nach § 81a Abs. 1 StPO i.V.m. § 46 Abs. 4 OWiG und die Höhe der gemessenen THC-Carbonsäure im Serum in Betracht kommen.

136 Ungeeignet zum Führen von Kraftfahrzeugen ist ein Fahrerlaubnisinhaber schon dann, wenn körperliche Mängel festgestellt werden, welche die Fähigkeiten beseitigen, ein Kraftfahrzeug sicher zu führen. Der Eintritt einer Gefährdung oder gar eines Verkehrsunfalls muss nicht erst abgewartet werden, vgl. *VG Neustadt* vom 17.1.2005, Az. 4 L 2998/04; *Hentschel* Fahrerlaubnis und Alkohol, Rn. 698. Unabhängig von der Frage, ob ein Betroffener auch unter der verwaltungsrechtlich relevanten Wirkung von Cannabis am Straßenverkehr teilnahm, führt der **regelmäßige Konsum** von Cannabis zu einer im Hinblick auf die Sicherheit des Straßenverkehrs nicht mehr hinnehmbaren Herbsetzung der verkehrsbezogenen Fähigkeiten eines Konsumenten. Ein regelmäßiger Cannabiskonsum beeinträchtigt die Aufmerksamkeitsleistung ebenso wie die Tatsache, diese zu fokussieren und irrelevante Reize auszuschalten (vgl. dazu auch Rn. 22ff). Der regelmäßige Konsum von Cannabis beeinflusst die Verarbeitungsgeschwindigkeit solcher Reize und das Kurzzeitgedächtnis, vgl. *VGH Baden-Württemberg* vom 4.7.2003, DAR 2004, 113ff = BA 2004, 285ff. Die hohe Bedeutung des Schutzgutes der Sicherheit des öffentlichen Straßenverkehrs rechtfertigt es, solche ungeeigneten Kraftfahrer von der Teilnahme am Straßenverkehr auszuschließen, vgl. *BVerwG* vom 5.7.2001, DAR 2001, 522f = NJW 2002, 78ff und dadurch auch in ihre allgemeine **Handlungsfreiheit** gem. Art. 2 Abs. 1 GG und ggf. auch in ihre **Berufsfreiheit** nach Art. 12 Abs. 1 GG einzugreifen, vgl. *VGH Baden-Württemberg* vom 15.5.2002, DAR 2002, 370f, so dass dazu keine weitere Ausführungen veranlasst sind und die Fahrerlaubnis entzogen werden muss; vgl. aber auch Rn. 933 und Rn. 1016ff.

S. 1 FeV in der Regel ausgeschlossen[137] und die Anordnung zur Beibringung eines ärztlichen Gutachtens nach § 14 Abs. 1 S. 1 Nr. 2 FeV unterbleibt.[138]

d) Ärztliches Gutachten beim Besitz von Betäubungsmitteln

Ein hinreichender Verdacht, dass ein Betroffener Betäubungsmittel konsumiert haben **787**
könnte, der die Anordnung zur Beibringung eines ärztlichen Gutachtens gem. § 14 Abs. 1 S. 1 Nr. 2 FeV zur Folge hat, könnte auch die schlichte Tatsache sein, dass dieser im Besitz von Betäubungsmitteln angetroffen wurde, selbst wenn er gegenüber der Polizei schweigt, einen Eigenverbrauch nicht einräumt und auch sonst keinerlei Angaben zur Sache macht.

Der Besitz von Cannabis als solcher gibt jedoch nach Ansicht des OVG Nordrhein-Westfa- **788**
len[139] weder hinreichenden Anlass dafür, dass ein Betroffener bereits früher Haschisch konsumiert hat, noch darauf, dass dieser einen Teil des von ihm aktuell besessenen Haschisch oder Marihuana zu sich nahm.

Der möglicherweise erst beabsichtigte Konsum wird durch § 14 Abs. 1 S. 1 Nr. 2 FeV nicht erfasst, wonach die **begründete Annahme bestehen muss, dass die Einnahme von Betäubungsmittel vorliegt.**

Der bloße Besitz von Betäubungsmitteln stellt daher noch keine Tatsache dar, welche die **789**
Annahme begründet, dass ein Betroffener auch Drogen konsumiert.

Führte ein Betroffener daher beispielsweise 1 g Haschisch mit sich, ist dies **keine Tatsache**, die für sich alleine die Annahme begründet, dass bei diesem eine Einnahme von Cannabis vorgelegen und somit ein Konsum stattgefunden hat.

Die abstrakte Möglichkeit einer entsprechenden, auf einen **zukünftigen Konsum** gerichte- **790**
ten Absicht stellt auch nach Ansicht des VGH Bayern[140] kein hinreichendes Indiz dafür dar, dass bereits zum Zeitpunkt der Gutachtensanordnung ein entsprechendes tatsächliches Konsumverhalten vorhanden war. Zu einem anderen Ergebnis wird man aber dann kommen müssen, wenn ein Betroffener gegenüber der Polizei einräumt, zuletzt vor 8 Monaten Betäubungsmittel (selbst) konsumiert zu haben.[141]

Die Anordnung der Fahrerlaubnisbehörde zur Beibringung eines ärztlichen Gutachtens gem. **§ 14 Abs. 1 Satz 1 Nr. 2 FeV** beim bloßen **Besitz** von Cannabis **scheidet deshalb** ebenfalls **aus.**[142]

---

137 *VGH Baden-Württemberg* vom 4.7.2003, DAR 2004, 113ff = BA 2004, 285ff; *VGH Baden-Württemberg* vom 16.6.2003, DAR 2004, 49ff = BA 2004, 282ff; *VGH Baden-Württemberg* vom 30.5.2003, DAR 2003, 481f; *VG München* vom 8.11.2004, Az. M 6b S 5112/04; *VG Braunschweig* vom 10.2.2004, BA 2004, 297f; *VG Saarlouis* vom 9.8.2000, zfs 2000, 519f; **a.M.** *Hillmann* zfs 2004, 49ff (54), der sogar die Anordnung einer MPU für unzulässig hält; s. aber auch *BVerfG* vom 3.5.1996, Az. 1 BvR 398/96, wonach selbst bei regelmäßigem Cannabiskonsum eine Kraftfahrereignung nicht pauschal ausgeschlossen ist, sondern erst dann, wenn „weitere Umstände" vorliegen oder hinreichend gesichert ist, dass ständiger Cannabiskonsum die individuelle Fahreignung ausschließt.

138 Vgl. auch Rn. 734 und Rn. 767.

139 Vom 22.11.2001, DAR 2002, 185ff.

140 Vom 23.2.2004, Az. 11 BV 249/03.

141 *VG Düsseldorf* vom 15.2.2006, Az. 6 K 3761/05.

142 **Beachte** hierzu aber die folgenden Ausführungen zu § 14 Abs. 1 S. 2 FeV.

2. Besitz von Betäubungsmitteln gem. § 14 Abs. 1 S. 2 FeV

791 Wie unter Rn. 787ff ausgeführt, scheidet die Anordnung zur Beibringung eines ärztlichen Gutachtens gem. § 14 Abs. 1 S. 1 Nr. 2 FeV beim bloßen Besitz von Betäubungsmitteln aus.

Dennoch **kann**[143] durch die Fahrerlaubnisbehörde gem. § 14 **Abs. 1 Satz 2** FeV die Beibringung eines **ärztlichen** Gutachtens dann angeordnet werden, wenn ein Betroffener Betäubungsmittel i.S.d. BtMG **widerrechtlich** besitzt oder besessen hat, denn der **Verdacht auf Einnahme** von Betäubungsmitteln gem. **§ 14 Abs. 1 S. 1 Nr. 2 FeV** und der **Besitz** von Betäubungsmitteln gem. **§ 14 Abs. 1 S. 2 FeV** umfassen zwei unterschiedliche Lebenssachverhalte.[144]

Klärungsbedürftig ist daher, wann und unter welchen Voraussetzungen eine solche Anordnung zur Beibringung eines ärztlichen Gutachtens gem. § 14 Abs. 1 S. 2 FeV **beim bloßen Besitz** von Betäubungsmitteln konkret zulässig ist.[145]

a) Ärztliches Gutachten beim Besitz von Betäubungsmitteln zum Eigenverbrauch

792 Nach Ansicht des OVG Hamburg[146] muss die Fahrerlaubnisbehörde bei einem **Besitz von 252,6 g Cannabiskraut** und der Angabe eines Betroffenen gegenüber der Polizei, dass diese Menge für den Eigenverbrauch bestimmt gewesen sei, davon ausgehen, dass bei diesem nicht nur ein gelegentlicher Konsum von Cannabis sondern ein **Dauerkonsum** vorliegt, der die Anordnung zur Beibringung eines ärztlichen Gutachtens rechtfertigt.[147]

793 Andererseits ist der Besitz von Betäubungsmitteln jedoch noch kein zwingendes Indiz dafür, dass diese auch konsumiert werden.[148] Vielmehr könnte auch vom Handeltreiben mit Betäubungsmitteln ausgegangen werden, ohne selbst Drogen zu konsumieren[149] und der bloße **Handel** mit Betäubungsmitteln wäre für sich genommen **kein Anlass** für ein verwaltungsrechtliches Fahrerlaubnisentziehungs- oder Überprüfungsverfahren.[150]

794 Nur durch den geltend gemachten **Eigenkonsum** in „geringer Menge", also den selbst zugestandenen Konsum, kommt aber unter Umständen eine Einstellung des strafrechtlichen Ermittlungsverfahrens in Betracht.[151]

795 Bei der Behauptung eines Betroffenen, die widerrechtlich besessenen Betäubungsmittel i.S.d. BtMG seien **zum Eigenverbrauch** bestimmt gewesen, **kann** daher die Anordnung zur Beibringung eines ärztlichen Gutachtens gem. § 14 Abs. 1 S. 2 FeV in Betracht kommen.

---

143 Im Gegensatz dazu § 14 Abs. 1 **Satz 1 Nr. 2** FeV.

144 *OVG Nordrhein-Westfalen* vom 22.11.2001, DAR 2002, 185ff; *VGH Baden-Württemberg* vom 5.11.2001, DAR 2002, 183ff.

145 Der Besitz muss **widerrechtlich** sein und es muss sich um ein Betäubungsmittel handeln, welches in einer der Anlagen zum **BtMG** aufgeführt ist.

146 Vom 27.8.2003, DAR 2004, 411f = BA 2005, 501ff = SVR 2004, 317f.

147 Vgl. dazu auch Rn. 783.

148 *OVG Nordrhein-Westfalen* vom 22.11.2001, DAR 2002, 185ff.

149 *OVG Hamburg* vom 21.1.2005, Az. 3 Bs 479/04; *VGH Bayern* vom 29.6.1999, DAR 2000, 228ff; *Geiger* DAR 2003, 97ff (100).

150 *VG Stuttgart* vom 17.7.2002, BA 2004, 101ff; *VG Stuttgart* vom 6.5.2002, Az. 3 K 1289/02.

151 Vgl. dazu Rn. 757ff.

aa) Ärztliches Gutachten beim Besitz einer „kleinen Menge"

Problematisch ist jedoch, ob die Fahrerlaubnisbehörde die Beibringung eines ärztlichen Gutachtens gem. § 14 Abs. 1 S. 2 FeV auch dann anordnen darf, wenn ein Betroffener **keine Einlassung** zum Eigenverbrauch abgibt und dieser lediglich eine **„kleine Menge"** Betäubungsmittel besaß. **796**

Nach Ansicht des OVG Nordrhein-Westfalen[152] bietet der Besitz einer „kleinen Menge" von **1 g Haschisch** keinen Anlass für besondere Erwägungen dahingehend, ob der festgestellte Drogenbesitz nicht für den **Eigenverbrauch** gedacht wäre sondern eher auf eine Weitergabe hindeute. Gerade weil es sich also nur um eine „geringe Menge" handelt, läge ein starkes Indiz für den Eigenverbrauch vor, zumal ein Betroffener bei einer anderen Einlassung auch strafrechtlich verurteilt werden würde.[153] Nach Ansicht des Gerichts könne daher als hinreichend gesichert angenommen werden, dass eine solche „kleine" vorgefundene Menge nur für einen so geringfügigen Konsum ausreicht, als dass ein Eigenverbrauch als gesichert angesehen werden könne. Auf das Schweigen eines Betroffenen kommt es daher nicht an.

Folglich wäre auch für den Fall, dass ein Betroffener von seinem Recht nach § 163a Abs. 4 S. 2 i.V.m. § 136 Abs. 1 S. 2 StPO Gebrauch macht und dieser im Besitz einer „kleinen Menge" Betäubungsmittel angetroffen wurde die Anordnung zur Beibringung eines ärztlichen Gutachtens gem. § 14 Abs. 1 S. 2 FeV zulässig. **797**

Diese Entscheidung und die Vorschrift des § 14 Abs. 1 S. 2 FeV ist zwar durchaus einleuchtend, da der Besitz von Betäubungsmitteln darauf hindeutet, dass diese auch konsumiert werden, insbesondere bei nur kleinen Mengen, andererseits ist ein Betroffener jedoch gem. § 136 Abs. 1 S. 2 StPO[154] berechtigt, sich zu den gegen ihn erhobenen Beschuldigungen nicht zu äußern, was diesem, wie der BGH[155] bestätigt hat, **nicht als belastendes Indiz** angerechnet werden darf.[156] Auch das OLG Karlsruhe[157] führt aus: Schweigen und eine Aussageverweigerung während der polizeilichen Vernehmung darf **nicht als belastendes Beweisanzeichen** gewertet werden.[158] **798**

Insofern wäre aber wohl auch im Verwaltungsrecht bei einem Besitz einer „kleinen Menge" Betäubungsmittel und der offenen Frage, ob diese zum Eigenverbrauch bestimmt war oder ob ein Betroffener damit Handel treiben wollte, von dem Grundsatz „in dubio pro reo" auszugehen.

---

152 Am 22.11.2001, DAR 2002, 185ff.

153 In Fällen des Erwerbs oder des Besitzes von Cannabisprodukten in kleineren Mengen zum gelegentlichen Eigenverbrauch im Einzelfall, haben die Strafgerichte dem verfassungsrechtlichen Übermaßverbot durch Absehen von Strafe angemessen Rechnung zu tragen, vgl. *BVerfG* vom 29.6.2004, BA 2004, 460ff (465); *BVerfG* vom 9.3.1994, NJW 1994, 1577ff (1582f).

154 Bei Beginn der ersten Vernehmung ist dem Beschuldigten zu eröffnen, welche Tat ihm zur Last gelegt wird und welche Strafvorschriften in Betracht kommen. Er ist darauf hinzuweisen, dass es ihm nach dem Gesetz freisteht, sich zu der Beschuldigung zu äußern oder nicht zur Sache auszusagen und jederzeit, auch schon vor seiner Vernehmung, einen von ihm zu wählenden Verteidiger zu befragen. Er ist ferner darüber zu belehren, dass er zu seiner Entlastung einzelne Beweiserhebungen beantragen kann. In geeigneten Fällen soll der Beschuldigte auch darauf, dass er sich schriftlich äußern kann, sowie auf die Möglichkeit eines Täter-Opfer-Ausgleichs hingewiesen werden.

155 Vom 26.10.1983, BGHSt 32, 140ff und vom 26.10.1965, BGHSt 20, 281ff.

156 Siehe auch *Gebhardt* Das verkehrsrechtliche Mandat, § 18 Rn. 22ff.

157 Vom 11.11.2004, DAR 2005, 104f und vom 4.8.2004, DAR 2004, 600ff = BA 2005, 382ff.

158 Ein **pauschales Bestreiten** eines Tatvorwurfs stellt sich als Schweigen und nicht als Tateinlassung dar und darf daher nicht zum Nachteil gewertet werden: *OLG Karlsruhe* vom 4.8.2004, DAR 2004, 600ff = BA 2005, 382ff.

Selbst, wenn man diese Ansicht nicht vertreten wollte, so ist hinsichtlich des Besitzes einer „kleinen Menge" verschiedener Betäubungsmittel allerdings zu differenzieren:

bb) Besitz einer „kleinen Menge" von „harten Drogen"

799 Der Besitz einer „kleinen Menge" Betäubungsmittel, also auch **Ecstasy**[159] oder **Kokain,**[160] kann die Annahme begründen, dass ein Betroffener diese Betäubungsmittel selbst konsumieren möchte, sofern dieser einen Eigenverbrauch nicht **ausdrücklich bestreitet**,[161] so dass für die Verwaltungsbehörde hinreichend objektive Tatsachen für den Verdacht der Einnahme von Betäubungsmittel vorliegen, welche die Anordnung zur Beibringung eines **ärztlichen Gutachtens** nach § 14 Abs. 1 S. 2 FeV rechtfertigen.

800 Unklar ist insoweit ein Beschluss des OVG Hamburg,[162] wonach einem Betroffenen die Fahrerlaubnis **sofort entzogen** worden sei, weil in dessen Kraftfahrzeug **Ecstasy aufgefunden** wurde. Dass sich der Entzug der Fahrerlaubnis jedoch auf § 11 Abs. 8 FeV[163] stützte wird aus dem Beschluss nicht hinreichend ersichtlich.

801 Zu einer anderen Entscheidung kommt jedoch der VGH Bayern,[164] wenn bei einem Betroffenen während einer Verkehrskontrolle **Amphetamin aufgefunden** wird und der von der Polizei veranlasste Urin-Drogenschnelltest positiv verläuft. Selbst wenn die anschließend durchgeführte Blutuntersuchung zu einem negativen Ergebnis führe, hält der VGH Bayern[165] sogar den **sofortigen Entzug** einer Fahrerlaubnis für gerechtfertigt, sofern ein Betroffener während der Verkehrskontrolle auch den Konsum von Amphetamin zugegeben[166] haben soll.[167]

802 Diese Maßnahme lässt sich allerdings nicht durch den bloßen Besitz von Amphetamin, noch aus einem positiven Drogenschnelltest[168] rechtfertigen, sondern nur aus der eigenen Einlassung eines Betroffenen.[169]

803 Unabhängig von der Frage, ob ein Betroffener **Führer eines Kraftfahrzeuges** war, ob er nur als **Beifahrer**[170] in einem Kraftfahrzeug saß oder ob überhaupt **kein Bezug zum Straßenverkehr** vorliegt,[171] **kann** der **Besitz von „harten Drogen"** demnach zumindest zur Anordnung der Beibringung eines **ärztlichen Gutachtens** gem. § 14 Abs. 1 S. 2 FeV führen.

---

159 *OVG Hamburg* vom 21.1.2005, Az. 3 Bs 479/04; *OVG Rheinland-Pfalz* vom 10.8.1999, DAR 1999, 518ff.

160 *OVG Nordrhein-Westfalen* vom 1.12.2003, Az. 19 B 2258/03.

161 **Beachte** aber § 29 Abs. 5 BtMG, § 31a Abs. 1 BtMG.

162 Vom 12.1.2005, Az. 3 Bs 479/04.

163 Weigert sich der Betroffene, sich untersuchen zu lassen, oder bringt er der Fahrerlaubnisbehörde von ihr geforderte Gutachten nicht fristgerecht bei, darf sie bei ihrer Entscheidung auf die Nichteignung des Betroffenen schließen.

164 Vom 21.3.2005, SVR 2006, 76f.

165 Vom 21.3.2005, SVR 2006, 76f.

166 Dies wurde zwar später bestritten; ein Betroffener erweckt so aber den Eindruck eines zur Erzielung des Rechtserfolges angepassten Vortrages. Ähnlich auch *VG Aachen* vom 24.11.2004, VRS 108, 68ff.

167 **Beachte** daher Rn. 762ff.

168 Vgl. Rn. 742ff.

169 Vgl. Rn. 757ff.

170 *VGH Bayern* vom 9.6.2005, Az. 11 Cs 478/05. Zum Entzug der Fahrerlaubnis nach § 69 Abs. 1 StGB gegen einen Beifahrer s. *BGH* vom 17.2.2004, NZV 2005, 50 = BA 2005, 317 sowie *BGH* vom 9.10.2003, BA 2004, 169.

171 *VG Düsseldorf* vom 15.2.2006, Az. 6 K 3761/05.

b) Ärztliches Gutachten beim Besitz von Cannabis

Nach § 14 Abs. 1 S. 2 FeV **kann**[172] die Beibringung eines **ärztlichen** Gutachtens angeordnet **804**
werden, wenn ein Betroffener Betäubungsmittel i.S.d. BtMG **widerrechtlich** besitzt oder besessen hat.

Für die Frage, ob die Fahrerlaubnisbehörde auch beim bloßen **Besitz von Cannabis** ein ärztliches Gutachten nach § 14 Abs. 1 S. 2 FeV anordnen darf, kommt es allerdings auf die Umstände des konkreten Einzelfalles an:
Nach Ansicht des **Bundesverfassungsgerichts**[173] rechtfertigen beim bloßen Besitz von Cannabis nur Tatsachen die Anordnung zur Beibringung eines Drogenscreenings gem. § 14 Abs. 1 S. 2 FeV, die auch einen **Bezug zum Straßenverkehr** aufweisen und die darauf hindeuten, jemand habe während der Teilnahme am Straßenverkehr Cannabis konsumiert.

Die Anordnung der Fahrerlaubnisbehörde zur Beibringung eines ärztlichen Gutachtens ist **805**
somit zumindest (nur) dann verfassungsrechtlich unbedenklich, wenn ein Cannabisbesitz im **Zusammenhang mit der Teilnahme am Straßenverkehr** feststeht, da ansonsten ein unlösbarer Widerspruch zu den unter Rn. 776ff gemachten Ausführungen bestünde.[174]

aa) Besitz von Cannabis mit Bezug zum Straßenverkehr

Zu erörtern ist daher, was unter einem „Bezug zum Straßenverkehr" oder unter einem „Zusammenhang mit der Teilnahme am Straßenverkehr" zu subsumieren ist.

Nach Ansicht des VGH Baden-Württemberg[175] bestehen an der Anordnung zur Beibrin- **806**
gung eines **ärztlichen Gutachtens** keine Bedenken, wenn im **Aschenbecher** eines Kraftfahrzeuges Reste eines „Joints" gefunden werden.

Dies gilt ferner, wenn in einem Kraftfahrzeug eine **Haschischpfeife** aufgefunden wird.[176]

So verhält es sich auch, wenn im **Handschuhfach** eines Kraftfahrzeuges vier rauchfertige **807**
„Joints" aufgefunden werden,[177] da damit ein Bezug zum Straßenverkehr geschaffen wird und derartige Umstände bei objektiver Betrachtung die berechtigte Annahme nahelegen, dass im engen zeitlichen Zusammenhang mit der Teilnahme am Straßenverkehr Cannabis konsumiert wird oder wurde.

---

172 Vgl. im Gegensatz dazu § 14 Abs. 1 **Satz 1 Nr. 2** FeV.
173 Vom 8.7.2002, DAR 2002, 410f (Az. 1 BvR 2428/95).
174 Ein nachgewiesener einmaliger oder gelegentlicher Konsum von Cannabis ohne konkrete Verknüpfung mit der Teilnahme am Straßenverkehr und ohne das Hinzutreten weiterer Umstände rechtfertigt keine Anordnung einer Untersuchung oder Begutachtung, vgl. *BVerfG* vom 20.6.2002, DAR 2002, 405ff = NJW 2002, 2378ff; *BVerwG* vom 23.8.1996, DAR 1997, 81; *BVerwG* vom 5.7.2001, DAR 2001, 522f = NJW 2002, 2378ff.
175 Vom 4.7.2003, DAR 2003, 113ff = BA 2004, 285ff.
176 *OVG Saarland* vom 7.1.1999, DAR 1999, 137.
177 *VG Berlin* vom 7.11.2002, Az. 11 A 747/02.

Allerdings ist zu beachten, ob die Drogen nicht möglicherweise dem **Beifahrer** gehörten.[178]

808 Alleine aus dem Auffinden von Cannabis in einem Kraftfahrzeug kann jedoch nicht auf eine „**weitere Tatsache**" i.S.v. § 14 Abs. 1 S. 4 FeV geschlossen werden.[179]

Die Anordnung einer **medizinisch-psychologischen Untersuchung** beim bloßen Besitz von Cannabis während der Fahrt oder beim Auffinden von Drogenresten oder Drogenutensilien in einem Kraftfahrzeug ist daher ebenfalls **nicht zulässig**.[180]

bb) Auffinden von Cannabis in einem Kraftfahrzeug

809 Nach Ansicht des VGH Bayern[181] knüpfen sich Zweifel an der Kraftfahreignung durch das Auffinden von Cannabis **in einem Kraftfahrzeug** (nur) dann, wenn unter dieser Voraussetzung gleichzeitig auch **Anhaltspunkte für Cannabiskonsum** bestehen.

Zu klären ist daher, ob **generell jedes Auffinden von Cannabis in einem Kraftfahrzeug** eine ärztliche Begutachtung nach § 14 Abs. 1 S. 2 FeV rechtfertigt, z. B. auch dann, wenn das Betäubungsmittel in einem **parkenden Fahrzeug** aufgefunden oder im **Kofferraum** transportiert wurde oder wenn das vorgefundene Cannabisharz (Haschisch) oder Cannabiskraut (Marihuana) **nicht konsumfertig zubereitet**, sondern im Rohzustand „versteckt" war.

---

178 Vgl. dazu *Hillmann* zfs 2004, 49ff (54); *Ziegert* Alkohol- und drogenauffällige Kraftfahrer aus der Sicht der Fahrerlaubnisverordnung, S. 7ff (13). Obwohl für die Frage einer Fahruntüchtigkeit nach § 316 Abs. 1 StGB oder einer Ordnungswidrigkeit nach § 24a Abs. 2 StVG eigentlich irrelevant (**a.M.** *VGH Bayern* vom 16.11.2005, Az. 11 Cs 1726/05), werden in der Praxis auch **Beifahrer** überprüft (Informationssystem INPOL bzw. ZEVIS vgl. zu letzterem auch *Arzt* SVR 2006, 10ff) und sodann festgehalten, dass sich der Fahrzeugführer in Begleitung einer Person befand, die bereits durch Betäubungsmittelkonsum polizeilich aufgefallen war (so vorgetragen durch die Polizeibeamtin in dem Verfahren *AG München* vom 7.10.2004, Az. 933 Ds 484 Js 114478/04; vgl. auch *Drasch/von Meyer/Roider/Jägerhuber* BA 2003, 269ff [274]). Der KAN ist wohl das für die Bayerische Polizei bedeutendste und am meisten genutzte elektronische Informationssystem. Darin werden auch Daten von Personen gespeichert, die keine Beschuldigten in einem Strafverfahren mehr sind. Diese Daten sind landesweit grundsätzlich für alle bayerischen Polizeivollzugsbeamten und z. T auch für Polizeiangestellte abrufbar. Wesentliche Voraussetzung für die Speicherung personenbezogener Daten im KAN ist, dass auch nach Abschluss eines Strafverfahrens ein Tatverdacht von ausreichender Substanz gegen die gespeicherte Person fortbesteht. Dies ist regelmäßig der Fall bei der Verurteilung durch ein Gericht und sei es auch im Wege des Strafbefehlsverfahrens. Aber auch bei der Verfahrenseinstellung durch Gericht oder Staatsanwaltschaft und sogar bei einem gerichtlichen Freispruch kann der Tatverdacht gegen einen Betroffenen fortbestehen, weil Anhaltspunkte für die Täterschaft sprechen, die aber für eine Anklageerhebung bzw. für eine Verurteilung nicht ausreichten. Zum Auskunftsverlangen über gespeicherte Daten s. Art. 48 PAG. Vgl. auch 18. Tätigkeitsbericht des Bayerischen Landesbeauftragten für den Datenschutz vom 18.12.1998, Ziff. 5 ff. Zu personenbezogenen erhoben und gespeicherten Daten zum Zwecke der elektronischen Datenverarbeitung (**Rasterfahndung**) s. auch *BVerfG* vom 4.4.2006, Az. 1 BvR 518/02. Siehe hierzu auch die Ausführungen des *BayVerfGH* vom 7.2.2006, JZ 2006, 617ff zur anlass- und verdachtsunabhängigen Personenkontrolle (**Schleierfahndung**) und zur Durchsuchung mitgeführter Sachen. **Beachte** aber auch Rn. Rn. 756. Zum Entzug der Fahrerlaubnis nach § 69 Abs. 1 StGB gegen einen **Beifahrer** s. *BGH* vom 17.2.2004, NZV 2005, 50 = BA 2005, 317 sowie *BGH* vom 9.10.2003, BA 2004, 169; zum verwaltungsrechtlichen Entzug der Fahrerlaubnis gegen einen Beifahrer s. *VGH Bayern* vom 16.11.2005, Az. 11 Cs 1726/05.

179 Vgl. auch Rn. 1104ff.

180 *BVerfG* vom 24.6.1993, DAR 1993, 427ff = BA 1993, 358ff; *BVerwG* vom 5.7.2001, DAR 2001, 522f = NJW 2002, 78ff.

181 Vom 29.6.1999, DAR 2000, 228ff.

Führte ein Betroffener bei einer **Verkehrskontrolle 4 g Marihuana** mit sich,[182] stößt die Anordnung zur Beibringung eines ärztlichen Gutachtens nach Ansicht des OVG Nordrhein-Westfalen[183] auf keine Bedenken.[184] **810**

Dieser Ansicht ist jedoch zu widersprechen und dem muss auch vergleichend entgegengehalten werden, dass sich niemand einer Überprüfungsmaßnahme aussetzen muss, wenn er im Kofferraum seinen Kasten Bier transportiert[185] und solange sich das Betäubungsmittel im Rohzustand in der **Hosentasche** eines Fahrzeugführers befindet, fehlt wohl ein **konkreter Bezug** zum Straßenverkehr. **811**

Der VGH Baden-Württemberg[186] führt deshalb aus, „ein bloßer Bezug zum Straßenverkehr, der sich alleine aus dem **Auffinden von Cannabis in einem Auto**[187] ergibt", rechtfertigt die Anordnung zur Beibringung eines ärztlichen Gutachtens nicht. „Der bloße Besitz von Cannabis **während des Fahrens** reicht dafür nicht aus".[188] **812**

Dem muss allerdings auch vergleichend entgegengehalten werden, dass es beispielsweise in einigen Bundesstaaten der USA untersagt ist, Alkohol **in der Fahrgastzelle** eines Kraftfahrzeuges zu transportieren, so dass sich ein Verdacht, während der Fahrt zu trinken, erst gar nicht aufdrängt.

Auf Grund der Widersprüchlichkeit der Rechtsansichten werden von der obergerichtlichen Rechtsprechung daher zumindest noch Entscheidungen zum Besitz von Betäubungsmitteln **im Kofferraum** eines Kraftfahrzeuges zu treffen sein, der wohl nicht die Anordnung zur Beibringung eines ärztlichen Gutachtens gem. § 14 Abs. 1 S. 2 FeV rechtfertigen dürfte, da damit zwar ein „Zusammenhang mit der Teilnahme am Straßenverkehr", nicht aber auch ein „konkreter Bezug zum Straßenverkehr" geschaffen wird. **813**

In Anwendung der Rechtsprechung des **Bundesverfassungsgerichts**[189] ist die Anordnung zur Beibringung eines Gutachtens, über den bloßen Besitz einer „kleinen Menge" Cannabis hinaus, **(nur) dann zulässig**, wenn auch hinreichend konkrete Verdachtsmomente dafür bestehen, dass ein Betroffener **während der Teilnahme am Straßenverkehr** Cannabis konsumiert oder konsumiert hat.

Entsprechend führt wohl auch der bloße Transport einer **„kleinen Menge"** Cannabis im Kofferraum eines Kraftfahrzeuges, das bloße Verstecken einer „kleinen Menge" Cannabis in der Fahrgastzelle eines Kraftfahrzeuges oder der bloße Besitz einer „kleinen Menge" Haschisch oder Marihuana im Rohzustand in der Fahrgastzelle eines Kraftfahrzeuges **nicht** zur Anordnung einer ärztlichen Begutachtung.[190]

182 Wo das Betäubungsmittel **genau** gefunden wurde ergibt sich aus der Entscheidung nicht.
183 Vom 15.3.2002, DAR 2003, 283f.
184 So wohl auch bei **19 g Haschisch**, vgl. *OVG Nordrhein-Westfalen* vom 7.1.2003, DAR 2003, 187ff.
185 Vgl. auch Rn. 6.
186 Vom 4.7.2003, DAR 2004, 113ff (114).
187 Wo „in einem Auto" das Betäubungsmittel **genau** gefunden wurde ergibt sich auch aus dieser Entscheidung nicht.
188 *VGH Baden-Württemberg* vom 4.7.2003, DAR 2004, 113ff (114).
189 Vom 8.7.2002, DAR 2002, 410f.
190 **a.M.** bei 4 g Marihuana: *OVG Nordrhein-Westfalen* vom 15.3.2002, DAR 2003, 283f.

c) Auffinden von Cannabis außerhalb des Kraftfahrzeuges

814 Die Anordnung der Behörde, ein ärztliches Gutachten beizubringen, verstößt nach Ansicht der höchstrichterlichen Rechtsprechung[191] weder gegen das Übermaß noch gegen das allgemeine Persönlichkeitsrecht, wenn nach den Umständen des konkreten Falles hinreichend aussagekräftige Anzeichen für den **Verdacht** bestehen, dass ein Betroffener **regelmäßig**, also **nicht nur einmalig** oder **gelegentlich** Haschisch konsumiert.

815 Zweifelsfrei rechtswidrig wäre die Anordnung zur Beibringung eines Drogenscreenings deshalb beispielsweise dann, wenn ein Betroffener **außerhalb eines Kraftfahrzeuges** (hier am **Flughafen**) mit **0,17 g Marihuana** angetroffen wird.[192]

816 Die Anordnung zur Beibringung eines Drogenscreenings ist auch rechtswidrig, wenn in der **Wohnung** eines Betroffenen eine Tabak-Haschisch-Mischung, drei Cellophanbeutelchen mit Hanfsamen und ein Cellophanbeutelchen mit zwei Tabletten aufgefunden werden und sich dieser dahingehend äußert, dass diese Utensilien einem Freund gehören.[193]

Auch 15 vorgefundene Hanfpflanzen bieten **keine gesicherte Annahme von regelmäßigem Cannabiskonsum**[194] und auch der Anbau von Hanfpflanzen[195] für sich alleine lässt nicht auf **einen regelmäßigen** und damit fahreignungsrelevanten **Konsum schließen**.[196]

Fände man bei einer Wohnungsdurchsuchung Hanfpflanzen, so wäre das zwar strafbar,[197] führt aber auch nach Ansicht des VGH Bayern[198] noch nicht zu der **Annahme eines regelmäßigen** und damit fahreignungsausschließenden **Konsums**.[199]

Zu einer anderem Meinung wird man aber wohl dann kommen müssen, wenn bei einem Betroffenen **294 g Marihuana** aufgefunden werden, da dies einen Verdacht auf regelmäßigen Konsum von Cannabis indiziert.[200]

aa) Auffinden einer „kleinen Menge"

817 Nach Ansicht des OVG Nordrhein-Westfalen[201] ist deshalb auch nicht von Eignungszweifeln und damit von der Möglichkeit der Anordnung zur Beibringung eines ärztlichen Gutachtens auszugehen, wenn die bei einem Betroffenen aufgefundene Menge Haschisch nur für einen **einmaligen Konsum** ausreicht.[202]

818 Der Besitz einer „**kleinen Menge**" Cannabis für sich alleine rechtfertigt auch nach Ansicht des VG Braunschweig[203] nicht, einem Betroffenen **vier Drogenscreenings** abzuverlangen.

819 Der Besitz einer „**kleinen Menge**" Haschisch deutet auch nicht darauf hin, dass ein Betroffener nicht zwischen dem Konsum von Cannabis und dem Führen von Kraftfahrzeugen

---

191 *BVerfG* vom 20.6.2002, DAR 2002, 405ff = NJW 2002, 2378ff; *BVerwG* vom 5.7.2001, DAR 2001, 522f = NJW 2002, 78ff; *BVerwG* vom 23.08.1996, DAR 1997, 81.
192 *OVG Thüringen* vom 3.3.2004, DAR 2004, 547f = BA 2005, 181ff.
193 *VG Neustadt* vom 24.4.2002, Az. 3 L 988/02.
194 *VG Kassel* vom 24.6.2004, BA 2006, 253ff.
195 *VG Oldenburg* vom 17.2.2004, SVR 2004, 398.
196 Vgl. dazu Rn. 778.
197 *Endriß/Malek* Betäubungsmittelstrafrecht, Rn. 195.
198 Vom 23.2.2004, Az. 11 BV 249/03.
199 Vgl. dazu auch Rn. 782ff.
200 *OVG Schleswig-Holstein* vom 6.6.2005, Az. 4 LB 10/04.
201 Vom 22.11.2001, DAR 2002, 185ff.
202 Vgl. aber gleichwohl Rn. 832f.
203 Vom 10.2.2004, BA 2004, 297f.

trennen könnte.[204] Schon von daher scheidet in einem solchen Fall auch die Anordnung einer **medizinisch-psychologischen Untersuchung** aus.[205]

Fraglich ist allerdings, was unter den Begriff einer „kleinen Menge" zu subsumieren, bzw. ob die Anordnung eines ärztlichen Gutachtens gem. § 14 Abs. 1 S. 2 FeV von der aufgefundenen **Gewichtsmenge**[206] abhängig ist.

bb) Ermittelter THC-Wirkstoffgehalt

Nach Ansicht des OVG Nordrhein-Westfalen[207] und des OVG Hamburg[208] kommt es bei **820**
der Frage, ob die Verwaltungsbehörde die Beibringung eines ärztlichen Gutachtens anordnen kann, wenn ein Betroffener außerhalb eines Kraftfahrzeuges Cannabisprodukte besitzt, **nicht auf die besessene Gewichtsmenge** an.

Die Gerichte begründen ihre Entscheidung damit, dass die Häufigkeit des Konsums von Cannabis nicht von der besessenen Gewichtsmenge, sondern von dem Wirkstoffgehalt des Tetrahydrocannabinol und somit vom Wirkstoffgehalt je Konsumeinheit abhängig sei.[209]

Dies ist auch am **Beispiel von Alkohol** zu verdeutlichen: Um eine BAK von 1,6‰ zu erzie- **821**
len, benötigt ein ca. 80 kg schwerer Mann etwa acht Gläser Bier à 0,5 l oder etwa acht Gläser Wein à 0,25 l oder aber ca. 24 Gläser Schnaps à 2 cl.[210] Die Trinkmenge ist also vom Alkoholgehalt der einzelnen Getränke abhängig.[211]

Auch Bier kann einen unterschiedlichen Alkoholgehalt aufweisen und die Aussage eines Betroffenen, „nur zwei Bier getrunken zu haben" sagt noch nichts über dessen Blutalkoholkonzentration aus. Bezeichnet ein Kraftfahrzeugführer den Konsum von Haschisch demnach mit „einem Joint", so ist **überhaupt nicht definiert**, welche Menge an Delta-9 Tetrahydrocannabinol er enthielt.[212]

Je höher der Wirkstoffgehalt des in dem besessenen Cannabis befindlichen Tetrahydrocannabinol ist, je weniger Haschisch muss folglich konsumiert werden, um den gleichen Rauscheffekt zu erzielen.

Deshalb bedarf es zunächst der Klärung, welcher THC-Wirkstoffgehalt sich überhaupt in einer bestimmten Gewichtsmenge Cannabis befindet:

204 *BVerfG* vom 20.6.2002, DAR 2002, 405ff = NJW 2002, 2378ff.
205 *BVerwG* vom 5.7.2001, DAR 2001, 522f = NKW 2002, 78ff; *BVerfG* vom 24.6.1993, DAR 1993, 427ff = BA 1993, 358ff.
206 Bejaht beim Besitz von 252,6 g Marihuana von *OVG Hamburg* vom 23.8.2003, DAR 2004, 411f = BA 2005, 501ff; verneint beim Besitz von 0,17 g Marihuana von *OVG Thüringen* vom 3.3.2004, DAR 2004, 547f = BA 2005, 181ff.
207 Vom 22.11.2001, DAR 2002, 185ff und vom 7.1.2003, DAR 2003, 187ff.
208 Vom 27.8.2003, DAR 2004, 411f = BA 2005, 501ff = SVR 2004, 317f.
209 Vgl. zur wirksamen Einzeldosis Rn. 512ff.
210 Um eine BAK von 1,3‰ zu erreichen, benötigt ein 70 kg schwerer Mann etwa 4 l Bier oder 19 Schnäpse, vgl. *Hettenbach/Winter/Grunert/Berger/Moosmayer* Führerschein / MPU; Punkte – Alkohol – Drogen, S. 129.
211 Vgl. auch *Patzak/Marcus/Goldhausen* NStZ 2006, 259ff (260 dort unter II.).
212 *Bratzke* Zur Fahrtüchtigkeit unter Drogeneinfluss aus rechtsmedizinischer Sicht, S. 4.

(1) Wirkstoffgehalt bei Haschisch

822 In der Regel liegt der THC-Wirkstoffgehalt bei Haschisch[213] zwischen 5 % und 12 %.[214] Cannabis kann aber auch eine THC-Konzentration von nur 0,1 % aber auch von 15 % aufweisen.[215]

823 Durch das Bayerische Landeskriminalamt wurden im Jahr 2002 insgesamt 696 Haschisch-Proben untersucht. Der Durchschnittswert bei Haschisch wurde mit 7,6 %[216] ermittelt; der höchste THC-Gehalt betrug 27,8 %.

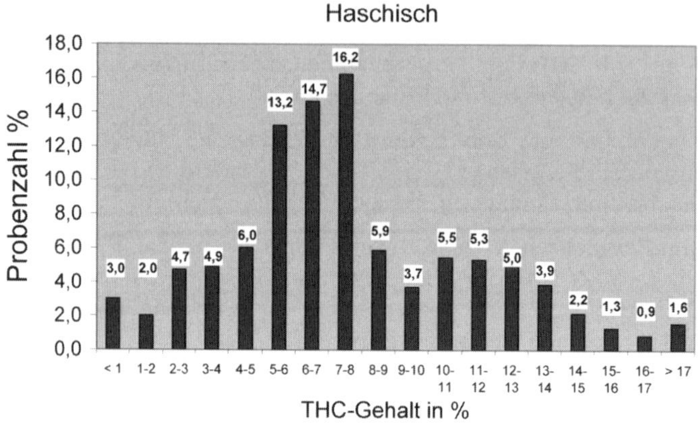

(2) Wirkstoffgehalt bei Marihuana

824 Bei Marihuana beträgt der THC-Gehalt i.d.R. nur etwa 1 % bis 7 %,[217] während er bei Haschischöl erheblich höher liegt.[218]

825 Das BVerfG[219] als auch das VG Münster[220] gehen bei **Marihuana** von einem „mittleren Wirkstoffgehalt" von **2 % bis 4 %** aus,[221] während Joachimski[222] ausführt, dass der durchschnittliche THC-Gehalt bei Marihuana **nur bei 1 %** liegt.

826 Durch das Bayerische Landeskriminalamt wurden im Jahr 2002 insgesamt 544 Marihuana-Proben untersucht. Die durchschnittliche THC-Konzentration betrug 6,7 %;[223] der höchste THC-Gehalt wurde mit 26,3 % ermittelt.

---

213 Vgl. dazu auch Rn. 23.

214 Nach Ansicht *Sticht/Käferstein* Grundbegriffe, Toxikokinetik und Toxikodynamik, S. 2: THC-Wirkstoffgehalt 5-15 %. Nach Ansicht von *Grotenhermen* Cannabis, Straßenverkehr und Arbeitswelt, S. 297: THC-Wirkstoffgehalt 5-20 %.

215 *Eberth/Müller* Verteidigung in Betäubungsmittelsachen, Rn. 4.

216 Untersuchungen des LKA Rheinland-Pfalz aus dem Jahre 2004 gehen bei Haschisch von einem Durchschnittswert von 9 % aus, vgl. *Patzak/Marcus/Goldhausen* NStZ 2006, 259ff (260).

217 Nach Ansicht *Sticht/Käferstein* Grundbegriffe, Toxikokinetik und Toxikodynamik, S. 2: THC-Wirkstoffgehalt etwa 2-5 %. Nach Ansicht von *Grotenhermen* Cannabis, Straßenverkehr und Arbeitswelt, S. 297: THC-Wirkstoffgehalt 1-20 %.

218 Nach Ansicht des *BVerfG* vom 9.3.1994, NJW 1994, 1577ff (1580): 15 %-70 %. Nach Ansicht von *Joachimski* Grundzüge des Betäubungsmittelrechts: Bis zu 90 %. Nach Ansicht von *Wager/Kallin/Kruse* Betäubungsmittelstrafrecht, Rn. 20: 20 %-70 %.

219 Vom 9.3.1994, NJW 1994, 1580.

220 Vom 13.9.2004, SVR 2005, 116f.

221 Vgl. auch *Patzak/Marcus/Goldhausen* NStZ 2006, 259ff (262).

222 *Joachimski* Grundzüge des Betäubungsmittelrechts.

223 Untersuchungen des LKA Rheinland-Pfalz aus dem Jahre 2004 gehen bei Marihuana von einem Durchschnittswert von 8 % aus, vgl. *Patzak/Marcus/Goldhausen* NStZ 2006, 259ff (260).

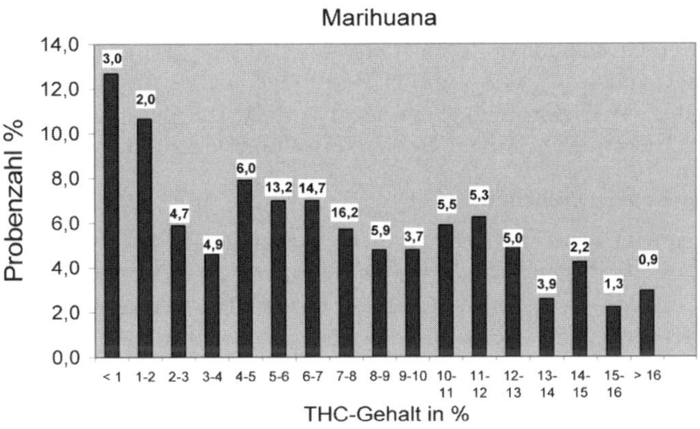

(3) Mittlerer Wirkstoffgehalt

Der Wirkstoffgehalt kann je nach Herkunft und Verarbeitung sehr unterschiedlich sein. **827**
Nach **Ansicht des Bundesverfassungsgerichts**[224] kann er bei Cannabiskraut (Marihuana) schlechter Qualität unter 2 %, bei mittlerer Qualität 2 % bis 4 % und bei guter Qualität 5 % und mehr liegen; bei Cannabisharz (Haschisch) von schlechter Qualität liegt der Wirkstoffgehalt unter 5 %, bei mittlerer Qualität zwischen 5 % und 8 % und steigt bei guter Qualität auf bis zu 10 % und mehr; extrahiertes Haschischöl hat einen Wirkstoffgehalt von unter 15 % (schlechte Qualität) bis zu 70 % (sehr gute Qualität).

Auf Grund der völlig unterschiedlichen THC-Konzentrationen geht die Rechtsprechung oftmals von einem **„mittleren Wirkstoffgehalt“** aus und bestimmt diesen bei Haschisch mit **5 % bis 8 %**.[225] **828**

Eberth/Müller[226] weisen allerdings darauf hin, dass der Tetrahydrocannabinol-Wirkstoffgehalt auch bei 0,1 % liegen kann. **829**

Das OVG Hamburg[227] berechnete beim Besitz von **Marihuana** die mittlere Wirkstoffkonzentration mit **5 % bis 8 %**, während das VG Münster[228] bei **Marihuana** nur von einem mittleren Wirkstoffgehalt von **2 % bis 4 %** ausging. **830**

Patzak/Marcus/Goldhausen[229] weisen jedoch darauf hin, dass der durchschnittliche THC-Wirkstoffgehalt in den letzten Jahren erheblich angestiegen ist[230] und im Jahre 2004 für **Haschisch 9 %** und für **Marihuana 8 %** betrug.

Es ist zumindest strafrechtlich unzweifelhaft, dass im Urteil neben den Angaben über die **831**
Art und Gewichtsmenge des besessenen Cannabis dessen **Qualität** mit angegeben werden muss und von wesentlicher Bedeutung ist. Vom Tatrichter sind dazu konkrete Feststellun-

224 Vom 9.3.1994, NJW 1994, 1577ff.
225 *BVerfG* vom 9.3.1994, NJW 1994, 1577ff (1580); *BGH* vom 20.12.1995, Az. 3 StR 245/95; *OVG Nordrhein-Westfalen* vom 22.11.2001, DAR 2002, 185ff (188).
226 *Eberth/Müller* Verteidigung in Betäubungsmittelsachen, Rn. 4.
227 Vom 27.8.2003, DAR 2004, 411f = BA 2005, 501ff = SVR 2004, 317f.
228 Vom 13.9.2004, SVR 2005, 116f.
229 *Patzak/Marcus/Goldhausen* NStZ 2006, 259ff (260/262).
230 So auch Ministerium für Justiz, Arbeit und Europa des Landes Schleswig-Holstein, Medien-Information vom 9.7.2006.

gen zu treffen; ansonsten ist von der für einen Betroffenen günstigsten Qualität auszugehen, die nach den Umständen in Betracht kommt.[231] Ist eine genaue Bestimmung des Wirkstoffgehalts nicht möglich, etwa, weil ein Betroffener keine Angaben zu Herkunft oder Preis macht oder ein **Wirkstoffgutachten** nicht vorliegt, hat der Grundsatz **„in dubio pro reo"** zu gelten. Nichts anderes kann für das Verwaltungsverfahren gelten.

cc) Begriff der Konsumeinheiten

832 Nach Ansicht einiger Gerichte[232] kommt es bei der Frage, ob die Verwaltungsbehörde die Beibringung eines ärztlichen Gutachtens anordnen kann, wenn ein Betroffener außerhalb eines Kraftfahrzeuges im Besitz von Cannabis angetroffen wurde, **nicht auf die besessene Gewichtsmenge**, sondern auf den ermittelten oder in Ermangelung eines solchen auf den „mittleren" THC-Wirkstoffgehalt an, wobei hierbei davon ausgegangen wird, dass „zur Erzielung einer Rauschwirkung"[233] 15 mg THC genügen.[234]

833 Nach Ansicht des OVG Nordrhein-Westfalen[235] reicht eine bei einem Betroffenen aufgefundene Menge von **1 g Haschisch** bei einem **Wirkstoffgehalt von 5 %** deshalb für drei bis vier Konsumeinheiten und bei einem **Wirkstoffgehalt von 8 %** für fünf bis sechs Konsumeinheiten.

Ein **einmaliger Konsum** von Cannabis könne somit **ausgeschlossen** werden und sei widerlegt. Vielmehr deute eine solche Menge auf die „Vorratshaltung eines **gewohnheitsmäßigen Konsumenten**" hin. Dies hätte demnach die Beibringung eines ärztlichen Gutachtens gem. § 14 Abs. 1 S. 2 FeV zur Folge, obwohl keinerlei Bezug zum Straßenverkehr oder Bezug zu einem Kraftfahrzeug vorliegt.

834 Ähnlich argumentiert das OVG Nordrhein-Westfalen[236] auch in einer anderen Entscheidung, wonach ein Besitz von **19 g Haschisch**, mit dem etwa 50 bis 100 Konsumeinheiten hergestellt werden könnten, darauf schließen lasse, dass sich ein Betroffener einen Vorrat für einen mehrmaligen über Tage und Wochen wiederholten „Eigenkonsum" anlegen wolle und somit ebenfalls nicht nur von einem „gelegentlichen" Konsum ausgegangen werden könne sondern vielmehr der Verdacht eines „Dauerkonsums" vorliege.

835 Noch eindeutiger ist auch die Rechtsauffassung des OVG Hamburg:[237] Wird ein Betroffener im **Besitz von 252,6 g** Cannabiskraut mit einem **THC-Wirkstoffgehalt von 38,18 g** angetroffen, könnten damit rund 2.545 Konsumeinheiten hergestellt werden. Gibt ein Betroffener gegenüber der Polizei auch noch ausdrücklich an, dass diese Menge für den Eigenverbrauch bestimmt gewesen sei (um damit möglicherweise auch dem strafrechtlich viel stärker sanktionierten Tatbestand des „Handeltreibens" zu entgehen) so muss die Fahrerlaubnisbehörde in eigener Konsequenz der Einlassung eines Betroffenen davon ausgehen, dass bei diesem nicht nur ein gelegentlicher Konsum von Cannabis vorliegt sondern ein Dauerkon-

231 *OLG Hamm* vom 18.11.2004, Az. 2 Ss 485/04.

232 Zum Beispiel *OVG Nordrhein-Westfalen* vom 22.11.2001, DAR 2002, 185ff und vom 7.1.2003, DAR 2003, 187ff sowie *OVG Hamburg* vom 27.8.2003, DAR 2004, 411f = BA 2005, 501ff = SVR 2004, 317f.

233 Vgl. hierzu auch Rn. 512ff.

234 *BGH* vom 20.12.1995, Az. 3 StR 245/95; *OVG Thüringen* vom 11.5.2004, BA 2005, 183ff = SVR 2004, 438f; *OVG Niedersachsen* vom 11.7.2003, DAR 2003, 480f = BA 2004, 183ff; *OVG Nordrhein-Westfalen* vom 22.11.2001, DAR 2002, 185ff (188); *VG Münster* vom 13.9.2004, SVR 2005, 116f; *Eberth/Müller* Verteidigung in Betäubungsmittelsachen, Rn. 78.

235 Vom 22.11.2001, DAR 2002, 185ff.

236 Vom 7.1.2003, DAR 2003, 187ff.

237 Vom 27.8.2003, DAR 2004, 411f = BA 2005, 501ff = SVR 2004, 317f.

sum, so dass auch in einem solchen Fall die Anordnung zur Beibringung eines ärztlichen Gutachtens gem. § 14 Abs. 1 S. 2 FeV zulässig wäre.

Allerdings stellt sich hier zunächst die weitere Frage, wie die Verwaltungsgerichte eigentlich solche mathematischen Berechnungen vornehmen.

(1) Theoretische Berechnung der Konsumeinheiten

Zur Ermittlung der Konsumeinheiten der Verwaltungsgerichte kann folgende Berechnungsart vorgenommen werden:[238] **836**
Bei ∅ 5 % THC-Wirkstoffgehalt (= 50 mg/g) : 15 mg THC-Gehalt pro Konsumeinheit mal Gewichtsmenge;
bei ∅ 8 % THC-Wirkstoffgehalt (= 80 mg/g) : 15 mg THC-Gehalt pro Konsumeinheit mal Gewichtsmenge.

Beispiel: Besitz von 1 g Haschisch[239] **837**

Bei ∅ 5 % THC-Wirkstoffgehalt (= 50 mg/g) : 15 mg THC-Gehalt pro Konsumeinheit × Gewichtsmenge

50 mg/g : 15 mg = 3,33 mg × 1 g = 3 bis 4 Konsumeinheiten

Bei ∅ 8 % THC-Wirkstoffgehalt (= 80 mg/g) : 15 mg THC-Gehalt pro Konsumeinheit × Gewichtsmenge

80 mg/g : 15 mg = 5,33 mg × 1 g = 5 bis 6 Konsumeinheiten[240]

Beispiel: Besitz von 19 g Haschisch[241] **838**

Bei ∅ 5 % THC-Wirkstoffgehalt (= 50 mg/g) : 15 mg THC-Gehalt pro Konsumeinheit × Gewichtsmenge

50 mg/g : 15 mg = 3,33 mg × 19 g = 63 Konsumeinheiten

Bei ∅ 8 % THC-Wirkstoffgehalt (= 80 mg/g) : 15 mg THC-Gehalt pro Konsumeinheit × Gewichtsmenge

80 mg/g : 15 mg = 5,33 mg × 19 g = 101 Konsumeinheiten[242]

Beispiel: Besitz von 252,6 g Marihuana[243] **839**

Bei ∅ 5 % THC-Wirkstoffgehalt (= 50 mg/g) : 15 mg THC-Gehalt pro Konsumeinheit × Gewichtsmenge

50 mg/g : 15 mg = 3,33 mg × 252,6 g = 841 Konsumeinheiten

Bei ∅ 8 % THC-Wirkstoffgehalt (= 80 mg/g) : 15 mg THC-Gehalt pro Konsumeinheit × Gewichtsmenge

80 mg/g : 15 mg = 5,33 mg × 252,6 g = 1.346 Konsumeinheiten

Das OVG Hamburg ging jedoch davon aus, dass mit der aufgefundenen Menge nicht höchstens 1.346 Konsumeinheiten hergestellt werden könnten sondern rund 2.545[244] Konsumeinheiten à 15 mg THC.[245] Somit muss der Wirkstoffgehalt 15,1 % betragen haben.[246] **840**

238 Vgl. auch Rn. 512ff.
239 *OVG Nordrhein-Westfalen* vom 22.11.2001, DAR 2002, 185ff.
240 Vgl. Rn. 833.
241 *OVG Nordrhein-Westfalen* vom 7.1.2003, DAR 2003, 187ff.
242 Vgl. Rn. 834.
243 *OVG Hamburg* vom 27.8.2003, DAR 2004, 411f = BA 2005, 501ff = SVR 2004, 317f.
244 2543.
245 Vgl. Rn. 835 und Rn. 792.
246 2.545 Konsumeinheiten : 252,6 g Gewichtsmenge = 10,075; 10,075 × 15 mg THC/Konsumeinheit = 151 mg; entspricht 15,1 % Wirkstoffgehalt.

(2) Tatsächliche Praxis eines Konsumenten

841 Wie ausgeführt, kommt es nach Ansicht einiger Gerichte[247] bei dem Verdacht, dass ein Betroffener „regelmäßig" und „dauernd" Cannabis konsumiert, was die Anordnung zur Beibringung eines ärztlichen Gutachtens gem. § 14 Abs. 1 S. 2 FeV rechtfertigen würde, **nicht auf die besessene Gewichtsmenge**, sondern auf den THC-Wirkstoffgehalt je Konsumeinheit bzw. auf den „mittleren Wirkstoffgehalt" des von der Polizei aufgefundenen Haschischs oder Marihuanas an.

Wenn die Fahrerlaubnisbehörde auf Grund der bei einem Betroffenen aufgefundenen Menge zu einer hohen Zahl von „Konsumeinheiten" kommt, um **theoretisch** eine „Rauschwirkung" zu erzielen, ist das mathematisch zwar nicht zu beanstanden; für die **Praxis eines Konsumenten** geben diese mathematischen Ergebnisse der Verwaltungsgerichte jedoch nichts her, da ein Betroffener seinen „Joint" oder seine Pfeife **nach Gewichtsmenge** anfertigt, es sei denn, diesem wäre bewusst, dass das besessene Cannabis „stärker" ist.

Für den Laien wird es allerdings kaum möglich sein, den Wirkstoffgehalt des sich in dem Cannabis befindlichen Tetrahydrocannabinol genau zu kennen.[248]

842 Dies bestätigen auch Entscheidungen der Strafgerichte. So führt das OLG Zweibrücken[249] beispielsweise aus: „Ein Fahrzeugführer kann nicht damit rechnen, dass er nicht mehr unter der Wirkung von Cannabis steht, die vor allem von der Art und der Dosis des genossenen Rauschmittels abhängt. Ein Betroffener kann daher nicht davon ausgehen, am Nachmittag des nach dem Konsum folgenden Tages ein Kfz führen zu können, **weil ihm die konkreten Bezugspunkte** dafür, dass das konsumierte Cannabis nicht mehr nachweisbar sein werde, **fehlen**."

843 Ein Betroffener wird daher **in der Praxis** für **einen „Joint" etwa 1 g Haschisch** verwenden[250] und bei einer aufgefundenen Menge von **1 g Haschisch höchstens zwei „Joints"** rauchen und bei **19 g Haschisch** höchstens **20 oder 30**.

844 Bei der Frage, ob bei einem Betroffenen ein Eignungszweifel für das Führen von Kraftfahrzeugen vorliegt, der die Beibringung eines ärztlichen Gutachtens gem. § 14 Abs. 1 S. 2 FeV rechtfertigt, können die Ermittlung des THC-Wirkstoffgehalts und die Berechnung einer theoretisch erzielbaren Rauschwirkung mittels **mathematischer Formeln** demnach nicht weiterhelfen.

(3) Berechnung der Verwaltungsgerichte versus Berechnung im Strafrecht

845 Dass für die Anordnung zur Beibringung eines ärztlichen Gutachtens gem. § 14 Abs. 1 S. 2 FeV keine mathematischen Berechnungen vorzunehmen sind, sondern die Konsumhäufigkeit anhand der tatsächlichen Praxis eines Konsumenten zu ermitteln ist, findet seine Stütze auch bei einem Vergleich mit dem Strafrecht:

846 Während das OVG Nordrhein-Westfalen[251] davon ausgeht, dass eine bei einem Betroffenen aufgefundene Gewichtsmenge von **1 g Haschisch** bei einem Wirkstoffgehalt von 5 % für drei

247 Zum Beispiel *OVG Nordrhein-Westfalen* vom 22.11.2001, DAR 2002, 185ff und vom 7.1.2003, DAR 2003, 187ff sowie *OVG Hamburg* vom 27.8.2003, DAR 2004, 411f = BA 2005, 501ff = SVR 2004, 317f.

248 *Geschwinde* Rauschdrogen, Marktformen und Wirkungsweisen, Rn. 147.

249 Vom 3.5.2001, DAR 2002, 135f = BA 2002, 129f = NStZ 2002, 95f.

250 0,5 g bis 3,0 g Haschisch: *BayObLG* vom 20.1.2003, NZV 2003, 252f; 0,5 g Haschisch: *Dietz* NVwZ 2005, 410ff, dort Fußnote 29.

251 Vom 22.11.2001, DAR 2002, 185ff.

bis vier Konsumeinheiten und bei einem Wirkstoffgehalt von 8 % für **fünf bis sechs Konsumeinheiten** reicht, werden nach Ansicht des VG Oldenburg,[252] für **einen „Joint“** oder eine Pfeife **0,5 g bis 1 g Marihuana** benötigt.[253]

Das BayObLG[254] ging davon aus, dass mit **3 g bis 6 g Haschisch** nur etwa **zwei bis drei Konsumeinheiten** hergestellt werden können, für **einen „Joint“** demnach **ca. 2 g Haschisch** benötigt werden, während das VG Berlin[255] bei einer wöchentlichen Gewichtsmenge von 2 g davon spricht, dass bei einem Betroffenen nicht mehr nur von einem „gelegentlichen“ Konsum ausgegangen werden könne. **847**

Die Rechtsprechung der Strafgerichte und der Verwaltungsgerichte deckt sich daher offensichtlich hinsichtlich des **Begriffes der „Konsumeinheiten“** nicht. **848**

Da die Fahrerlaubnisbehörde beim Besitz von Cannabisprodukten gem. § 14 Abs. 1 S. 2 FeV ein ärztliches Gutachten wohl anhand der vorgefundenen Menge anordnen wird und daraus Rückschlüsse über das Konsumverhalten trifft, ist die Klärung dieses offensichtlichen **Widerspruchs zwischen Straf- und Verwaltungsrecht** von erheblicher Relevanz,[256] soweit ersichtlich aber bisher nicht von der Rechtsprechung erörtert worden.

dd) Kein ärztliches Gutachten beim Besitz einer „geringen Menge“

Wie ausgeführt, eignen sich theoretische mathematische Berechnungen über den THC-Wirkstoffgehalt nicht für die Frage, ob die Fahrerlaubnisbehörde die Beibringung eines ärztlichen Gutachtens gem. § 14 Abs. 1 S. 2 FeV anordnen kann,[257] wenn ein Betroffener außerhalb eines Kraftfahrzeuges im Besitz von Cannabis angetroffen wird. **849**

Solche Berechnungen mögen allenfalls für ein **Strafverfahren** wegen eines Verstoßes gegen das Gesetz über den Verkehr mit Betäubungsmitteln[258] Verwendung finden.

Wenn ein Betroffener nur im **Besitz einer Menge von 2 bis 3 Gramm Haschisch** ist,[259] konsumiert dieser ungeachtet der sich daraus möglicherweise theoretisch ergebenen 16 Konsumeinheiten **tatsächlich in der Praxis** wohl **höchstens sechs „Joints“**.

Mit einer aufgefundenen Gewichtsmenge von 19 g Haschisch könnten zwar theoretisch über 100 rauscherzeugende Konsumeinheiten hergestellt werden,[260] ein Betroffener wird in der Praxis aber wohl höchstens 20 oder 30 „Joints“ konsumieren.

---

252 Vom 17.2.2004, SVR 2004, 398.

253 So auch Fragenkatalog zur Effizienzkontrolle der *Bundesanstalt für Straßenwesen/Universität des Saarlandes* Drogenerkennung im Straßenverkehr, Anhang A-5-13, wonach die richtige Antwort auf die Frage Nummer 4 „Nennen Sie die übliche Konsummengen von Haschisch und Marihuana“ laute: „0,1 g bis 0,2 g Haschisch; 0,5 g bis 1 g Marihuana“.

254 Vom 20.1.2003, NZV 2003, 252f.

255 Vom 23.1.2003, Az. 4 A 455/02.

256 Zumal das „Schulungsprogramm für Polizeibeamte“ der *Bundesanstalt für Straßenwesen/Universität des Saarlandes* Drogenerkennung im Straßenverkehr, Anhang A-5-13, Frage Nummer 4 ausführt, dass für einen „Joint“ nur eine Gewichtsmenge von 0,1 g bis 0,2 g Haschisch benötigt wird.

257 **a.M.** *OVG Nordrhein-Westfalen* vom 22.11.2001, DAR 2002, 185ff und vom 7.1.2003, DAR 2003, 187ff; **a.M.** auch *OVG Hamburg* vom 27.8.2003, DAR 2004, 411f = BA 2005, 501ff = SVR 2004, 317f.

258 Enthält ein Cannabisprodukt mindestens 7,5 g THC, ist das Tatbestandsmerkmal der „nicht geringen Menge“ erfüllt, vgl. *BGH* vom 20.12.1995, Az. 3 StR 245/95 und *BGH* vom 18.7.1984, BGHSt 33, 8ff. Das entspricht 500 Konsumeinheiten zu je 15 mg THC (500 × 15 mg = 7.500 mg = 7,5 g) bzw. 250 g Haschisch schlechter Qualität, 150 g Haschisch mittlerer Qualität oder ca. 100 g Haschisch guter Qualität, vgl. *Hettenbach/Winter/Grunert/Berger/Moosmayer* Führerschein / MPU; Punkte – Alkohol – Drogen, S. 50.

259 *BayObLG* vom 20.1.2003, NZV 2003, 252f.

260 *OVG Nordrhein-Westfalen* vom 7.1.2003, DAR 2003, 187ff.

Daraus ergibt sich aber möglicherweise noch nicht[261] zwingend der **Verdacht eines regelmäßigen Konsums** von Cannabis, der – und nur der – die Fahrerlaubnisbehörde berechtigen würde,[262] die **Beibringung eines ärztlichen Gutachtens** nach § 14 Abs. 1 S. 2 FeV anzuordnen.

Ungeklärt ist deshalb, **ab welcher Gewichtsmenge** Haschisch oder Marihuana die Fahrerlaubnisbehörde die Beibringung eines ärztlichen Gutachtens gem. § 14 Abs. 1 S. 2 FeV anordnen kann.[263]

850 Geiger[264] führt dazu aus, dass zur Anordnung der Beibringung eines ärztlichen Gutachtens eine Menge aufgefunden werden muss, die nicht nur den Schluss auf eine „Vorratshaltung" zulässt, sondern eine solche, die auf „häufigen" Konsum hindeutet. Eine bestimmte Gewichtsmenge, ab wann dies der Fall sein soll, kann so aber nicht festgelegt werden.

851 Ohne verwaltungsrechtliche Sanktionen wird der Besitz von Haschisch oder Marihuana nach Ansicht des VG Münster[265] aber dann sein, wenn es sich bei der aufgefundenen Gewichtsmenge um eine **„geringe Menge" i.S.v. § 29 Abs. 5 BtMG, § 31a Abs. 1 BtMG** handelt, die jedoch in den einzelnen Bundesländern unterschiedlich gehandhabt wird und von 3 g bis 30 g reicht.[266]

852 Als „geringe Menge" Haschisch[267] für den Eigenverbrauch[268] nach § 29 Abs. 5 BtMG i.V.m. § 31a Abs. 1 BtMG[269] werden z.B. in Bayern drei[270] bis sechs[271] Gramm Haschisch bzw. 3 „Konsumeinheiten" à 15 mg angesehen, während der Besitz von 30 g Haschisch oder Marihuana in Hessen oder Schleswig-Holstein i.d.R. zur Einstellung des Verfahrens führt.[272] Das letztgenannte Bundesland plant allerdings, die sog. „Eigenbedarfsgrenze" auf sechs Gramm abzusenken.[273]

853 Nach Ansicht von Kalus[274] rechtfertigt erst der Besitz von **mehr als 10 g** oder der mehrfache Besitz kleinerer Mengen in einem kurzen Zeitraum eine Überprüfung, wobei der zehn bis

---

261 **a.M.** *OVG Nordrhein-Westfalen* vom 7.1.2003, DAR 2003, 187ff; **a.M.** auch bereits bei einem Besitz von 2 g Haschisch: *VG Berlin* vom 23.1.2003, Az. 4 A 455/02.

262 *BVerfG* vom 20.6.2002, DAR 2002, 405ff = NJW 2002, 2378ff; *BVerwG* vom 5.7.2001, DAR 2001, 522f = NJW 2002, 78ff; *BVerwG* vom 23.8.1996, DAR 1997, 81.

263 Sofern kein Bezug oder Zusammenhang mit der Teilnahme am Straßenverkehr besteht, vgl. *BVerfG* vom 8.7.2002, DAR 2002, 410f.

264 *Geiger* NZV 2003, 272ff (274).

265 Vom 13.9.2004, SVR 2005, 116f.

266 Siehe dazu auch *BVerfG* vom 9.3.1994, NJW 1994, 1577ff (1583).

267 Für **Ecstasy** und **Methamphetamin** höchstens 30 g Base, für **Kokain** höchstens 5 g Kokainhydrochlorid; für **Amphetamin** jedoch nur 10 g, vgl. *Winkler* BA 2005, 236f; zur geringen Menge s. auch *BGH* vom 9.10.1996, Az. 3 StR 220/96; *Eberth/Müller* Verteidigung in Betäubungsmittelsachen, Rn. 78 u. Rn. 88; *Geschwinde* Rauschdrogen, Marktformen und Wirkungsweisen, Rn. 865; *Wagner/Kallin/Kruse* Betäubungsmittelstrafrecht, Rn. 78; *Winkler* NStZ 2005, 315ff; *Winkler* NStZ 2006, 328ff; und zur Addition mehrerer „geringer Mengen" s. *BGH* vom 16.1.2003, NStZ 2003, 434.

268 Umgangssprachlich „Eigenbedarf" genannt.

269 Vgl. dazu Rn. 758.

270 *Joachimski* Grundzüge des Betäubungsmittelrechts, dort III. Absehen von Strafe und Einstellung des Verfahrens.

271 *BGH* vom 17.12.2002, NStZ-RR 2003, 122; *BayObLG* vom 20.1.2003, NZV 2003, 252f; *Geschwinde* Rauschdrogen, Marktformen und Wirkungsweisen, Rn. 216; *Wagner/Kallin/Kruse* Betäubungsmittelstrafrecht, Rn. 78.

272 Siehe dazu auch *Schwedhelm* Festlegung des Mengenbegriffs „nicht geringe Menge" durch BGH und BVerfG, URL: http://www.fb1.uni-essen.de/schwedhelm/materialien/StrafR/BtM/BtM_sk27.pdf; *Kotz/Rahlf* NStZ-RR 2005, 193ff.

273 Vgl. Ministerium für Justiz, Arbeit und Europa des Landes Schleswig-Holstein Medien-Information vom 9.7.2006.

274 *Kalus* § 2 Verwaltungsrecht, Rn. 147 u. Rn. 263 (S. 248).

zwanzigmalige Besitz von jeweils 3 g bis 5 g innerhalb von 2 Jahren noch nicht darunter fällt.[275]

Dietz[276] hält verwaltungsrechtliche Maßnahmen dagegen schon bei einem **Besitz von 5 g** für zulässig. **854**

Dies deckt sich auch mit den Ausführungen einer (anderen) Entscheidung des OVG Hamburg,[277] wonach der **Besitz von 4 g** Cannabis noch nicht zu Eignungsbedenken führt. **855**

Diese Rechtsansicht bestätigt auch das **Bundesverfassungsgericht**[278] beim bloßen Besitz einer Gewichtsmenge von **5 g Haschisch**[279] ohne konkrete Verknüpfung mit der Teilnahme am Straßenverkehr. **856**

Obwohl ein Betroffener im Besitz einer Gewichtsmenge von 5 g Haschisch bei einem THC-Wirkstoffgehalt von 8 % theoretisch auch 25 Konsumeinheiten herstellen könnte,[280] um eine „Rauschwirkung" zu erzielen,[281] vertritt das **Bundesverfassungsgericht**[282] die Auffassung, dass nicht nur die Anordnung zur Beibringung eines fachärztlichen Gutachtens gem. § 14 Abs. 1 S. 2 FeV[283] sondern auch die Beibringung eines Drogenscreenings (ohne konkrete Verknüpfung mit der Teilnahme am Straßenverkehr und ohne das vorliegen „weiterer Umstände" oder „weiterer Tatsachen") **unzulässig** ist.[284] **857**

Solche „weiteren Umstände" lägen nach Ansicht des VGH Bayern[285] allerdings dann vor, wenn ein Betroffener zwar nur als **Beifahrer** in einem Kraftfahrzeug mitfuhr, dieser aber mit dem Fahrzeugführer gemeinsam auf einem Parkplatz Cannabis rauchte und er den Fahrer anschließend nicht davon abhielt, mit dem Kraftfahrzeug weiterzufahren, obwohl er eine entsprechende Rechtspflicht gehabt habe und ihm hätte bewusst sein müssen, dass der Fahrer damit den Tatbestand des § 24a Abs. 2 StVG erfüllt. Es bestünden daher Eignungszweifel dahingehend, ob auch der Betroffene das Führen eines Kraftfahrzeuges und den Konsum von Cannabis trennen könne.[286] **858**

---

275 *VG Trier* vom 6.11.1003, Az. 2 L 1685/03.

276 *Dietz* NVwZ 2004, 410ff (411).

277 Vom 3.12.2002, BA 2004, 280ff; vgl. aber auch *OVG Hamburg* vom 27.8.2003, DAR 2003, 411f = BA 2005, 501ff = SVR 2004, 317f.

278 Vom 20.6.2002, DAR 2002, 405ff = NJW 2002, 2378ff.

279 Beim **Besitz von 1,2 g Haschisch** s. *BVerfG* vom 1.8.2002, BA 2004, 251f; beim **Besitz von 0,7 g Cannabis** s. *BVerfG* vom 30.1.2003, BA 2004, 459f.

280 Vgl. zur theoretischen Berechnung Rn. 836ff.

281 Vgl. zur wirksamen Einzeldosis Rn. 511ff.

282 Vom 20.6.2002, DAR 2002, 405ff = NJW 2002, 2378ff; so auch *BVerfG* vom 8.7.2002, DAR 2002, 410f beim Besitz einer „**kleinen Menge**".

283 Diese Entscheidung bezog sich zwar noch auf § 15b StVZO a.F., sie dürfte aber gleichwohl auch für die seit dem 1.1.1999 in Kraft getretene FeV Anwendung finden, vgl. *BVerfG* vom 9.6.2005, DAR 2005, 581ff = NZV 2006, 52f = BA 2006, 49ff; *VGH Bayern* vom 16.11.2005, Az. 11 Cs 1726/05.

284 Dies gilt auch dann, wenn ein Betroffener einräumt, dass der Besitz des Betäubungsmittels dem beabsichtigten „Eigenkonsum" diente und wird zudem auch dem **Grundsatz der Verhältnismäßigkeit** gerecht, denn das *BVerfG* führte am 29.6.2004, BA 2004, 460ff und am 9.3.1994, NJW 1994, 1577ff (1582f) zu den Vorschriften des unerlaubten Erwerbs (§ 29 Abs. 1 S. 1 Nr. 1 BtMG) und des unerlaubten Besitzes (§ 29 Abs. 1 S. 1 Nr. 3 BtMG) [s. dazu auch *Kotz/Rahlf* NStZ-RR 2005, 193ff (195)] von Cannabisprodukten aus, dass der Gesetzgeber dem verfassungsrechtlichen **Übermaßverbot** genügt, weil er es den Strafverfolgungsorganen ermöglicht, einem geringen individuellen Unrechts- und Schuldgehalt der Tat im Einzelfall durch das Absehen von Strafverfolgung oder Strafe angemessen Rechnung zu tragen. Hierzu zählen insbesondere die Vorschriften des § 29 Abs. 5 BtMG und des § 31a Abs. 1 BtMG.

285 Vom 16.11.2005, Az. 11 Cs 1726/05.

286 Vgl. zur Garantenstellung Rn. 350.

II. Rechtsgrundlagen für den verwaltungsrechtlichen Entzug einer Fahrerlaubnis

859 Gemäß § 3 Abs. 1 S. 1 StVG i.V.m. der insofern fast gleich lautenden Vorschrift des § 46 Abs. 1 S. 1 FeV hat die Fahrerlaubnisbehörde **eine bestehende Fahrerlaubnis** zu **entziehen**, wenn sich deren Inhaber als **ungeeignet** zum Führen von Kraftfahrzeugen erweist.

860 Die Vorschrift des § 3 Abs. 1 S. 1 StVG lautet wörtlich: „Erweist sich jemand als ungeeignet oder nicht befähigt zum Führen von Kraftfahrzeugen, so hat ihm die Fahrerlaubnisbehörde die Fahrerlaubnis zu entziehen."

Die Vorschrift des § 46 Abs. 1 S. 1 FeV lautet wörtlich: „Erweist sich der Inhaber einer Fahrerlaubnis als ungeeignet zum Führen von Kraftfahrzeugen, hat ihm die Fahrerlaubnisbehörde die Fahrerlaubnis zu entziehen."

861 Werden der Fahrerlaubnisbehörde hingegen Tatsachen bekannt, die (**lediglich**) Bedenken (**Zweifel**) begründen, dass ein Fahrerlaubnisinhaber ungeeignet zum Führen von Kraftfahrzeugen sein könnte, so kommt ein Entzug der Fahrerlaubnis zunächst nicht in Betracht sondern es finden gem. § 46 Abs. 3 FeV die Vorschriften von § 11 FeV[287] und § 14 FeV[288] Anwendung.

Die Vorschrift des § 46 Abs. 3 FeV führt dazu wörtlich aus: „Werden Tatsachen bekannt, die Bedenken begründen, dass der Inhaber einer Fahrerlaubnis zum Führen eines Kraftfahrzeugs ungeeignet oder bedingt geeignet ist, finden die §§ 11 bis 14 entsprechend Anwendung."

862 Fraglich ist daher, wann sich ein Fahrerlaubnisinhaber als **ungeeignet** zum Führen von Kraftfahrzeugen erwiesen hat und wann sich[289] der Inhaber einer Fahrerlaubnis nur **möglicherweise** als ungeeignet zum Führen von Kraftfahrzeugen erwiesen hat, also (lediglich) Zweifel an dessen Fahreignung bestehen.

1. Anlage 4 zu §§ 11, 13, 14 FeV

863 Für die Frage, ob sich ein Fahrerlaubnisinhaber als **ungeeignet** zum Führen von Kraftfahrzeugen erwiesen hat **oder** ob **nur Bedenken** gegen seine Eignung zum Führen von Kraftfahrzeugen bestehen, ist im Verwaltungsrecht gem. § 46 Abs. 1 S. 2 FeV und i.V.m. § 46 Abs. 3 FeV[290] auch gem. § 11 Abs. 2 S. 2 FeV, § 11 Abs. 1 S. 2 FeV und § 11 Abs. 3 S. 2 FeV auf **die Anlage 4 zu §§ 11, 13, 14 FeV** zurückzugreifen.

864 In dieser Anlage 4 zu §§ 11, 13, 14 FeV sind „Erkrankungen und **Mängel**" aufgeführt, bei deren Vorliegen die Fahreignung regelmäßig nicht gegeben ist oder angezweifelt werden kann. Dieser **Anlage 4** zu §§ 11, 13, 14 FeV kommt daher **entscheidende Bedeutung** zu,

---

287 Zwar gelten die Vorschriften des **§ 11 FeV** nach dessen Wortlaut nur für einen „Bewerber" um eine Fahrerlaubnis, also nicht für einen Betroffenen, der bereits einen Führerschein besitzt; gleichwohl kommen nach § 46 Abs. 3 FeV diese Vorschriften **auch für einen Fahrerlaubnisinhaber** in Betracht.

288 Die Vorschriften des § 11 FeV und § 14 FeV sind im Anhang vollständig abgedruckt.

289 Neben den vorstehenden Ausführungen zum Verdacht des Betäubungsmittelkonsums (vgl. Rn. 733ff) und dem Besitz von Betäubungsmitteln (vgl. Rn. 791ff).

290 *BVerwG* vom 9.6.2005, DAR 2005, 581ff = NZV 2006, 52f = BA 2006, 49ff; *VGH Baden-Württemberg* vom 5.11.2001, DAR 2002, 183ff.

denn bei Vorliegen der in der Anlage 4 zu §§ 11, 13, 14 FeV genannten Tatsachen sind die dort aufgeführten verwaltungsrechtlichen Eignungsbewertungen zu treffen.

Betäubungsmittel, andere psychoaktiv wirkende Stoffe und Arzneimittel **865**

9.1 Einnahme von Betäubungsmitteln im Sinne des Betäubungsmittelgesetzes (ausgenommen Cannabis)
Eignung oder bedingte Eignung: Nein

9.2. Einnahme von Cannabis:

9.2.1 Regelmäßige Einnahme von Cannabis
Eignung oder bedingte Eignung: Nein

9.2.2 Gelegentliche Einnahme von Cannabis
Eignung oder bedingte Eignung: **Ja, aber nur**

- wenn Trennung von Konsum und Fahren erfolgt
- wenn kein zusätzlicher Gebrauch von Alkohol oder anderen psychoaktiv wirkenden Stoffen vorliegt
- wenn keine Störung der Persönlichkeit vorliegt
- und wenn kein Kontrollverlust vorliegt

9.3. Abhängigkeit von Betäubungsmitteln im Sinne des Betäubungsmittelgesetzes oder von anderen psychoaktiv wirkenden Stoffen
Eignung oder bedingte Eignung: Nein

9.4. Missbräuchliche Einnahme (regelmäßig übermäßiger Gebrauch) von psychoaktiv wirkenden Arzneimitteln und anderen psychoaktiv wirkenden Stoffen
Eignung oder bedingte Eignung: Nein

9.5. Nach Entgiftung und Entwöhnung / nach einjähriger Abstinenz
Eignung oder bedingte Eignung: Ja (Kontrollen)

9.6. Dauerbehandlung mit Arzneimitteln
Eignung oder bedingte Eignung: Nein[291]

9.6.2. Beeinträchtigung der Leistungsfähigkeit zum Führen von Kraftfahrzeugen unter das erforderliche Maß
Eignung oder bedingte Eignung: Nein

Bei Beachtung der Ausführungen zum Betäubungsmittelkonsum der Anlage 4 zu §§ 11, 13, 14 FeV wird ersichtlich, dass (gem. Ziff. 9.2.2 unter bestimmten Voraussetzungen) **nur bei der gelegentlichen Einnahme von Cannabis** eine Eignung zum Führen von Kraftfahrzeugen besteht. **866**

In allen anderen Fällen des (nachgewiesenen) Drogenkonsums, des Drogenmissbrauchs oder der Drogenabhängigkeit besteht eine Fahreignung gem. § 46 Abs. 1 S. 2 FeV und § 11 Abs. 1 S. 2 FeV also offensichtlich nicht und führt gem. § 46 Abs. 1 S. 1 FeV i.V.m. § 3 Abs. 1

291 Manche Medikamente, die auf das Zentralnervensystem einwirken, stellen in richtiger Dosierung und nach ärztlicher Verordnung eine Fahrtüchtigkeit allerdings gerade erst wieder her. So wäre beispielsweise ein sicheres Führen eines Kraftfahrzeuges bei einem Diabeteserkrankten ohne die Gabe von Insulin praktisch ausgeschlossen.
Die ärztlich verordnete Einnahme von morphinhaltigem Valoron®N (Tilidin/Naloxon) kann jedoch die (verwaltungsrechtliche) Fahreignung in Zweifel ziehen, vgl. *VG München* vom 26.7.2005, Az. M 6a S 1890/05. Siehe dazu auch *Gebhardt* Das verkehrsrechtliche Mandat, § 37 Rn. 176.

S. 1 StVG zum **Entzug** der Fahrerlaubnis wegen Nichteignung zum Führen von Kraftfahrzeugen.

867 Die Anlage 4 zu §§ 11, 13, 14 FeV wirft allerdings einige Fragen auf:

- Nachdem, mit Ausnahme vom gelegentlichen Cannabiskonsum gem. Ziff. 9.2.2 der Anlage 4 zu §§ 11, 13, 14 FeV, die Nichteignung zum Führen von Kraftfahrzeugen in allen anderen Fällen des Drogenkonsums, Drogenmissbrauchs und der Drogenabhängigkeit erwiesen, die Fahreignung also **ausgeschlossen scheint**, bleibt zunächst fraglich, warum es die Fahrerlaubnisverordnung gem. § 46 Abs. 3 FeV i.V.m. § 11 Abs. 2 S. 2 FeV für möglich hält, nur **Bedenken** an der Fahreignung zu haben.[292]
- Nach § 3 Abs. 1 S. 1 StVG i.V.m. der insofern fast gleich lautenden Vorschrift des § 46 Abs. 1 S. 1 FeV hat die Fahrerlaubnisbehörde **eine bestehende Fahrerlaubnis** zu entziehen, wenn sich deren Inhaber als ungeeignet zum Führen von Kraftfahrzeugen erweist. Nach § 46 Abs. 1 S. 2 FeV gilt dies insbesondere dann, wenn ein Fahrerlaubnisinhaber einen Mangel nach der Anlage 4 zu §§ 11, 13, 14 FeV aufweist. In den Vorschriften des § 11 FeV für die **Erteilung einer Fahrerlaubnis** verweist auch § 11 Abs. 2 S. 2 FeV auf die Anlage 4 zu §§ 11, 13, 14 FeV, spricht aber nicht von „ungeeignet". Nach dieser Vorschrift begründen Mängel gemäß der Anlage 4 zu §§ 11, 13, 14 FeV nur „insbesondere Bedenken" gegen die Eignung zum Führen von Kraftfahrzeugen. Es kann aber nicht sein, den Inhaber einer Fahrerlaubnis anders als „ungeeignet" zu definierten, als den Bewerber um eine Fahrerlaubnis, wenn es sich um denselben Mangel handelt. Entweder besteht bei einem Mangel nach der Anlage 4 zu §§ 11, 13, 14 FeV eine Nichteignung zum Führen von Kraftfahrzeugen oder es bestehen nur Bedenken gegen eine Eignung.
- Die Vorschrift des § 11 Abs. 1 S. 2 FeV führt aus,[293] dass die körperlichen und geistigen Anforderungen für den Bewerber um eine Fahrerlaubnis **nicht erfüllt** sind, wenn bei diesem ein Mangel nach der Anlage 4 zu §§ 11, 13, 14 FeV vorliegt. Auch § 11 Abs. 2 S. 2 FeV verweist auf die Anlage 4 zu §§ 11, 13, 14 FeV, spricht aber nur von **„Bedenken"** zum Führen von Kraftfahrzeugen. Somit bürgen die Vorschriften des § 11 Abs. 2 S. 2 FeV und § 11 Abs. 1 S. 2 FeV einen Widerspruch in sich selbst.

868 Deshalb ist es unerlässlich, auch die Vorbemerkung der Anlage 4 zu §§ 11, 13, 14 FeV zu beachten. Der Nichteignungskatalog der Anlage 4 zu §§ 11, 13, 14 FeV gilt nämlich nach **Satz 3** der Vorbemerkung **nur für den Regelfall** und eine **Einzelfallprüfung**[294] ist daher nicht überflüssig.[295] Die Anlage 4 zu §§ 11, 13, 14 FeV entfaltet demnach **keine strikte Bindungswirkung**,[296] denn es ist nicht Aufgabe dieser Tabelle, eine abschließende Regelung zu treffen.[297] Die Anlage 4 zu §§ 11, 13, 14 FeV entfaltet somit keinen Automatismus dergestalt, dass sich der Inhaber einer Fahrerlaubnis stets als Ungeeignet zum Führen von Kraftfahrzeugen erwiesen hat, wenn ein in dieser Anlage bestehender Mangel vorliegt.[298]

---

292 § 11 Abs. 2 S. 2 FeV: Bedenken gegen die körperliche oder geistige Eignung bestehen insbesondere, wenn Tatsachen bekannt werden, die auf eine Erkrankung oder einen Mangel nach Anlage 4 (und Anlage 5) zu §§ 11, 13, 14 FeV hinweisen.

293 § 11 Abs. 1 S. 2 FeV: Die Anforderungen sind insbesondere nicht erfüllt, wenn eine Erkrankung oder ein Mangel nach der Anlage 4 (oder Anlage 5) zu §§ 11, 13, 14 FeV vorliegt.

294 *VG München* vom 8.11.2004, Az. M 6b S 5112/04; so wohl auch *BVerwG* vom 9.6.2005, DAR 2005, 581ff = NZV 2006, 52f = BA 2006, 49ff.

295 *Ziegert* Alkohol- und drogenauffällige Kraftfahrer aus der Sicht der Fahrerlaubnisverordnung, S. 7ff (8); **a.M.** *VG Braunschweig* vom 23.2.2005, NZV 2005, 435ff = SVR 2005, 352f.

296 *OVG Brandenburg* vom 22.7.2004, BA 2006, 60ff = SVR 2004, 437f.

297 *Bode* BA 2006, 81ff (83).

298 *VG Sigmaringen* vom 30.9.2005, Az. 9 K 394/04.

Ein Ausgleich der zunächst anzunehmenden Nichteignung ist durch besondere **menschliche Veranlagung** oder durch **Verhaltenssteuerung** und **Verhaltensumstellung** möglich, so dass die gesetzlich vermutete Nichteignung erschüttert werden kann[299] und die Fahreignung folglich **nicht in allen Fällen** des Drogenkonsums, des Drogenmissbrauchs und der Drogenabhängigkeit **zwingend ausgeschlossen** ist.[300]

2. Vorbemerkung der Anlage 4 zu §§ 11, 13, 14 FeV

Eignung und bedingte Eignung zum Führen von Kraftfahrzeugen: 869

Vorbemerkung:

1. Die nachstehende Aufstellung enthält häufiger vorkommende Erkrankungen und Mängel, die die Eignung zum Führen von Kraftfahrzeugen längere Zeit beeinträchtigen oder aufheben können. Nicht aufgenommen sind Erkrankungen, die seltener vorkommen oder nur kurzzeitig andauern (z. B. grippale Infekte, akute infektiöse Magen-/Darmstörungen, Migräne, Heuschnupfen, Asthma, usw.).
2. Grundlage der Beurteilung, ob im Einzelfall Eignung oder bedingte Eignung vorliegt, ist in der Regel ein ärztliches Gutachten (§ 11 Abs. 2 FeV), in besonderen Fällen ein medizinisch-psychologisches Gutachten (§ 11 Abs. 3 FeV) oder ein Gutachten eines amtlich anerkannten Sachverständigen oder Prüfers für den Kraftfahrzeugverkehr (§ 11 Abs. 4 FeV).
3. Die nachstehend vorgenommenen Bewertungen gelten für den Regelfall. Kompensationen durch besondere menschliche Veranlagung, durch Gewöhnung, durch besondere Einstellung oder durch besondere Verhaltenssteuerungen und Verhaltensumstellungen sind möglich. Ergeben sich im Einzelfall in dieser Hinsicht Zweifel, kann eine medizinisch-psychologische Begutachtung angezeigt sein.

3. Vergleich mit § 69 StGB

Das Merkmal des für die verwaltungsbehördliche Fahrerlaubnisentziehung verwendeten 870
Begriffes der „Ungeeignetheit" in § 46 Abs. 1 FeV entspricht auch und insbesondere dem in § 3 Abs. 1 StVG[301] gleichlautenden Begriff, der seinerseits mit der in § 2 Abs. 4 S. 1 StVG[302] getroffenen Legaldefinition der **Eignung** zum Führen von Kraftfahrzeugen korrespondiert.[303]

Der Begriff „ungeeignet" findet sich auch in der Vorschrift des § 69 Abs. 1 StGB.

Das strafgerichtliche Verfahren und das Verwaltungsverfahren sind zwar zwei formal selbständige Verfahren, die auch unterschiedlichen Zwecken dienen[304] und die Entziehung der Fahrerlaubnis im strafgerichtlichen Verfahren nach § 69 StGB ist eine Maßregel der Siche-

299 Vgl. Rn. 1025ff.

300 *VG Sigmaringen* vom 30.9.2005, Az. 9 K 394/04; so auch *Ebner* § 56 Medizinisch-psychologische Untersuchung, Rn. 9.

301 *BVerwG* vom 17.12.1976, DAR 1977, 161ff (165); *Bode* ZVS 1987, 50ff (52); *Wendlinger* NZV 2006, 505ff (507).

302 Geeignet zum Führen von Kraftfahrzeugen ist, wer die notwendigen körperlichen und geistigen Anforderungen erfüllt und nicht erheblich oder nicht wiederholt gegen verkehrsrechtliche Vorschriften oder gegen Strafgesetze verstoßen hat.

303 *Hentschel* Straßenverkehrsrecht, § 2 StVG Rn. 7ff; § 3 StVG Rn. 3ff; *Scheufen/Müller-Rath* NZV 2006, 353ff (356). *Hentschel* Fahrerlaubnis und Alkohol, Rn. 697; *Hentschel* Trunkenheit, Fahrerlaubnisentziehung, Fahrverbot, Rn. 599.

304 *OVG Rheinland-Pfalz* vom 9.3.2006, Az. 10 E 10099/06.

rung und Besserung, während die Verwaltungsbehörde nach dem Straßenverkehrsgesetz die Eignung eines Betroffenen zum Führen eines Kraftfahrzeuges zu beurteilen hat und dabei alle für den Einzelfall bedeutsamen Umstände, die über die körperliche und/oder geistige Eignung zum Führen eines Kraftfahrzeuges Aufschluss geben können, überprüfen und berücksichtigen muss;[305] allerdings wäre es kaum verständlich, dass der Verordnungs- bzw. Gesetzesgeber unter den Begriff der Ungeeignetheit in der Fahrerlaubnisverordnung und im Straßenverkehrsgesetz etwas anderes subsumieren wollte[306] als im Strafgesetzbuch.

Es erscheint daher fragwürdig, ob § 3 Abs. 1 StVG, § 46 Abs. 1 FeV und die Anlage 4 zu §§ 11, 13, 14 FeV als alleinige Grundlage für die Definition des Begriffes „ungeeignet" (und folglich für den Entzug einer Fahrerlaubnis) heranzuziehen ist.

871 Diese Ansicht wird auch von Cramer[307] gestützt, wonach sich nämlich der Begriff der (Anm. charakterlichen) Ungeeignetheit (auch) (weitgehend) mit dem in **§ 69 Abs. 1 StGB**[308] deckt.

Entsprechend schlussfolgernd ist für die Definition des Begriffes der Ungeeignetheit zum Führen von Kraftfahrzeugen wohl nicht nur die Anlage 4 zu §§ 11, 13, 14 FeV, sondern auch die **Rechtsprechung des Bundesgerichtshof** zu § 69 Abs. 1 StGB[309] heranzuziehen und zu beachten:

Nach Ansicht des Bundesgerichtshof[310] ist ein Täter dann ungeeignet zum Führen von Kraftfahrzeugen, wenn von diesem **nach sorgfältiger Prüfung** des Tathergangs, seiner Persönlichkeit und seiner Lebensführung nicht erwartet werden kann, dass dieser gewillt und fähig ist, „den Lockungen zu widerstehen" und den besonderen Gefahren zu begegnen, die sich aus dem Führen eines Kraftfahrzeuges ergeben.[311] Die Entziehung einer Fahrerlaubnis **muss stets mit Sorgfalt geprüft** werden.

872 Folgt man der Argumentation einer Identität und analogen Anwendung des Begriffes in der FeV bzw. dem StVG und dem StGB, so ergibt sich aus dieser Rechtsprechung ebenfalls,[312] dass die Anlage 4 zu §§ 11, 13, 14 FeV **keine strikte Bindungswirkung**[313] entfaltet und nicht „pauschal" angewandt werden kann,[314] sondern eine **Einzelfallprüfung** dahingehend erforderlich ist,[315] ob sich ein Betroffener als ungeeignet zum Führen von Kraftfahrzeugen erwiesen hat, so dass dessen Fahrerlaubnis zu entziehen ist, respektive entzogen werden kann.[316]

---

305 *BVerwG* vom 29.8.1995, Az. 11 B 92/95.

306 Ähnlich auch die Problematik der Identität des Begriffes „**Einnahme**" in § 14 Abs. 1 S. 1 Nr. 2 FeV und in Ziff. 9.1 der Anlage 4 zu §§ 11, 13, 14 FeV sowie die unterschiedliche Definition des Begriffes „**Konsumeinheiten**" im Straf- und Verwaltungsrecht.

307 *Cramer*, Straßenverkehrsrecht, Band 1, § 69 StGB Rn. 11.

308 Wird jemand wegen einer rechtswidrigen Tat, die er bei oder im Zusammenhang mit dem Führen eines Kraftfahrzeugs oder unter Verletzung der Pflichten eines Kraftfahrzeugführers begangen hat, verurteilt oder nur deshalb nicht verurteilt, weil seine Schuldunfähigkeit erwiesen oder nicht auszuschließen ist, so entzieht ihm das Gericht die Fahrerlaubnis, wenn sich aus der Tat ergibt, dass er zum Führen von Kraftfahrzeugen **ungeeignet** ist.

309 Früher § 42 m StGB.

310 Vom 25.2.1954, NJW 1954, 1167f (Az. 1 StR 633/53); vgl. auch *Hentschel* Fahrerlaubnis und Alkohol, Rn. 699.

311 Vgl. auch *OLG Saarbrücken* vom 20.5.1965, NJW 1965, 2313ff; *Piesker* NZV 2002, 297ff (299).

312 Vgl. Rn. 868.

313 So auch *OVG Brandenburg* vom 22.7.2004, BA 2006, 60ff = SVR 2004, 437f.

314 Sondern allenfalls für den „Regelfall" gilt.

315 So, jedenfalls für die Anordnung einer MPU, wohl auch *BVerwG* vom 9.6.2005, DAR 2005, 581ff = NZV 2006, 52f = BA 2006, 49ff; **a.M.** *VG Braunschweig* vom 23.2.2005, NZV 2005, 435ff = SVR 2005, 352f.

316 Vgl. auch Rn. 1064ff.

Stimmt man der Argumentation zu, dass der Begriff der Ungeeignetheit bzw. Nichteignung zum Führen von Kraftfahrzeugen in der FeV und dem StVG kein anderer sein kann als der im StGB, so wären vor einem verwaltungsrechtlichen Entzug einer Fahrerlaubnis demnach auch die weiteren Ausführungen des **Bundesgerichtshof** zu § 69 Abs. 1 StGB zu berücksichtigen: **873**

Danach begründet ein „**Mangel**", der jedoch keinerlei Verkehrsinteressen berührt, keine zwingende Ungeeignetheit zum Führen von Kraftfahrzeugen i.S.v. § 69 Abs. 1 StGB.[317]

Dabei entschied der **Große Senat für Strafsachen des BGH**[318] sogar, dass der Entzug einer Fahrerlaubnis gem. § 69 Abs. 1 StGB wegen Ungeeignetheit zum Führen von Kraftfahrzeugen nur dann in Betracht kommt, wenn aus der begangenen Straftat eines Betroffenen Anhaltspunkte dafür zu erkennen sind, dass dieser bereit ist, die Sicherheit des Straßenverkehrs seinen eigenen kriminellen Interessen unterzuordnen. Zwischen der (Straf-)Tat und der Sicherheit des Straßenverkehrs muss daher ein **verkehrsspezifischer Zusammenhang** bestehen.[319]

Auch der VGH Baden-Württemberg[320] führt aus, dass bei der Nichteignung zum Führen von Kraftfahrzeugen auf den charakterlichen-sittlichen Mangel eines Kraftfahrzeugführers abzustellen sei, der dadurch zum Ausdruck komme, dass ein Betroffener bereit ist, das Interesse der Allgemeinheit an sicherer und verkehrsrechter Fahrweise seinen eigenen Interessen unterzuordnen und hieraus resultierende Gefährdungen des Verkehrs in Kauf zu nehmen.

Zwar ist das Verwaltungsrecht in vielen Punkten erheblich restriktiver als das Strafrecht, ein etwaiger Widerspruch zwischen Gesetz und Verordnung kann aber nicht durch einen bloßen Hinweis darauf, dass die Fahrerlaubnisverordnung dem **präventiven Verwaltungsrecht** zuzuordnen ist, geheilt werden.[321] **874**

Vor diesem Hintergrund würde es höchst problematisch erscheinen, wenn die Fahrerlaubnisbehörde bzw. das Verwaltungsgericht zur Beurteilung der Nichteignung eines Betroffenen zum Führen von Kraftfahrzeugen ausschließlich die in der Anlage 4 zu §§ 11, 13, 14 FeV getroffenen Regelungen rigoros und ohne nähere Prüfung des jeweiligen Einzelfalles[322] anwenden und den Entzug einer Fahrerlaubnis ausschließlich mit einem Hinweis auf die **Anlage 4 zu §§ 11, 13, 14 FeV** begründen würde.[323]

Es gilt zu vermuten, dass auch das **Bundesverwaltungsgericht** entsprechend entscheiden würde, da das Gericht[324] (zumindest zur Frage der Rechtmäßigkeit der Anordnung einer MPU) ausführt, „dass eine schematische und generalisierende Betrachtung dem Maßstab des Verhältnismäßigkeitsgrundsatzes nicht gerecht wird, sondern vielmehr eine **Einzelfallbetrachtung** unter Einbeziehung aller relevanten Umstände erforderlich ist."

317 *BGH* vom 3.12.2002, DAR 2003, 128; vgl. auch *Hentschel* Fahrerlaubnis und Alkohol, Rn. 704.
318 Vom 27.4.2005, DAR 2005, 452ff = NZV 2005, 486ff = BA 2005, 311ff (Az. GSSt 2/04).
319 Vgl. zum strafrechtlichen Entzug der Fahrerlaubnis auch Rn. 713ff.
320 Vom 15.11.2005, NZV 2006, 221ff = BA 2006, 249ff = VRS 110, 374ff = NVwZ 2006, 720 .
321 *Dencker* DAR 2004, 626ff (631).
322 Vgl. auch *Bode* BA 2006, 81ff (83).
323 Dies könnte wohlmöglich sogar gegen den Grundsatz der Verhältnismäßigkeit und gegen das Übermaßverbot verstoßen, vgl. Rn. 933 und Rn. 1016ff sowie *Hentschel* Fahrerlaubnis und Alkohol, Rn. 706f.
324 Vom 9.6.2005, DAR 2005, 581ff = NZV 2006, 52f = BA 2006, 49ff.

III. Nachgewiesener Konsum von Cannabis gem. Ziff. 9.2 der Anlage 4 zu §§ 11, 13, 14 FeV

1. Fahreignung bei Cannabiskonsum

875 Gemäß § 3 Abs. 1 S. 1 StVG i.V.m. der insofern fast gleich lautenden Vorschrift des § 46 Abs. 1 S. 1 FeV hat die Fahrerlaubnisbehörde **eine bestehende Fahrerlaubnis** zu **entziehen**, wenn sich deren Inhaber als **ungeeignet** zum Führen von Kraftfahrzeugen erweist.

Für die Frage, ob sich ein Betroffener als **ungeeignet** zum Führen von Kraftfahrzeugen erwiesen hat, ist unter anderem gem. § 46 Abs. 1 S. 2 FeV auf **die Anlage 4 zu §§ 11, 13, 14 FeV** zurückzugreifen.[325]

Nach Ziff. 9.2.1 der Anlage 4 zu §§ 11, 13, 14 FeV kommt eine **Nichteignung** zum Führen von Kraftfahrzeugen und somit der verwaltungsrechtliche Entzug einer Fahrerlaubnis in der Regel (nur) dann infrage, wenn ein Betroffener **regelmäßig** Cannabis konsumiert oder wenn er zwar nicht regelmäßig sondern nur **gelegentlich** Cannabis konsumiert, aber nach Ziff. 9.2.2 der Anlage 4 zu §§ 11, 13, 14 FeV **„weitere Zusatzelemente"** vorliegen.[326]

Demnach kommt der Entzug einer Fahrerlaubnis nicht infrage, wenn ein Betroffener gem. Ziff. 9.2.2 der Anlage 4 zu §§ 11, 13, 14 FeV **nur gelegentlich** Cannabis konsumiert und kein **„weiteres Zusatzelement"** vorliegt.

a) Konsumhäufigkeit

876 Für die am Verwaltungsverfahren beteiligten Juristen ist daher zunächst relevant, ob ein Betroffener **„gelegentlich"** oder **„regelmäßig"** Cannabis konsumiert.

Eisenmenger[327] führt dazu aus, dass für die Unterscheidung der THC-Konsumformen „einmalig", „gelegentlich" und „regelmäßig" **verbindliche Richtlinien** existieren.

Die Fahrerlaubnisbehörden und Gerichte benutzen die Bezeichnungen „gelegentlich" und „regelmäßig" jedoch völlig unterschiedlich,[328] so dass es einer Klärung bedarf, was unter einem „gelegentlichen Konsum"[329] zu subsumieren ist.[330]

877 Ziffer 9.2.1 der Anlage 4 zu §§ 11, 13, 14 FeV schließt die Fahreignung aus, wenn ein Betroffener „regelmäßig" Cannabis zu sich nimmt. Daher bedarf es auch einer Definition dieses Rechtsbegriffes, denn bei der Fassung der Anlage 4 zu §§ 11, 13, 14 FeV hat der Verordnungsgeber versäumt, die Begriffe „regelmäßig" und „gelegentlich" **exakt zu definieren.**[331]

325 Vgl. hierzu die Ausführungen zu den Rechtsgrundlagen für den verwaltungsrechtlichen Entzug einer Fahrerlaubnis unter Rn. 859ff.

326 Siehe dazu auch *VGH Baden-Württemberg* vom 4.7.2004, DAR 2004, 113ff; *VG Oldenburg* vom 17.2.2004, SVR 2004, 398; *VG Augsburg* vom 3.2.2004, DAR 2004, 287f = BA 2005, 261f; *Geiger* DAR 2004, 690ff (693).

327 *Eisenmenger* NZV 2006, 24ff (26, dort zu 3.).

328 Vgl. auch *Laeverenz* SVR 2006, 275f.

329 Auch „intermittierender Konsum".

330 Siehe auch BT-Drucksache 16/2148 vom 29.6.2006 und BT-Drucksache 16/2264 vom 19.7.2006, BA 2006, 394ff (396).

331 Der *VGH Baden-Württemberg* vom 29.9.2003, DAR 2004, 48f = BA 2004, 185ff versuchte daher, eine solche Definition anhand des „Duden" vorzunehmen und subsumiert unter der Konsumbezeichnung „gelegentlich" das Rauchen einer mit Haschisch oder Marihuana versehenen Zigarette mit „manchmal", „häufiger aber nicht regelmäßig", „öfters", „hin und wieder" oder „ab und zu" und „mehr als einmal".

Neben den gesetzlichen Bezeichnungen „regelmäßig" und „gelegentlich" kursieren in der Rechtsprechung und Literatur zudem weitere erörterungsbedürftige Zeitbegriffe wie experimenteller Konsum, episodischer Konsum oder gewohnheitsmäßiger Konsum. **878**

aa) Regelmäßiger Konsum

Unter dem Wort „regelmäßig" versteht man im allgemeinen Sprachgebrauch ein sich in mehr oder weniger **gleichen Abständen** wiederholendes Ereignis. Regelmäßig kann demnach „jeden Tag", „jedes Wochenende", „an jedem Feiertag" oder auch „jedes Mal, wenn mein Freund zu Besuch kommt" bedeuten und sagt demnach noch nichts über die Häufigkeit aus.[332] Auch ein Schaltjahr kommt „regelmäßig", wenngleich auch nur alle vier Jahre. Der regelmäßige Konsum von Cannabis kann demnach auch seltener sein als nur gelegentlicher Konsum. **879**

Bei der Klärung der Frage, ob ein Betroffener „gelegentlich" oder „regelmäßig" Cannabis konsumiert, helfen sprachliche Gepflogenheiten daher kaum weiter. **880**

Hinsichtlich des Drogenkonsums versteht die Rechtsprechung deshalb unter „**regelmäßig**" etwas anderes, nämlich: täglich oder nahezu täglich;[333] täglich oder gewohnheitsmäßig;[334] regelmäßig ist gleich gewohnheitsmäßig und bedeutet täglich oder nahezu täglich;[335] nahezu arbeitstäglich;[336] fast täglich.[337]

Das VG Berlin[338] klärt die Frage, ob ein „regelmäßiger" Konsum von Cannabis vorliegt, jedoch nicht anhand der Häufigkeit des Konsums, sondern anhand der bei einem Betroffenen vorgefundenen Cannabis**menge**.[339] Wenn ein Betroffener bei der Polizei angebe, dass er in den letzten zwei Monaten jeweils wöchentlich etwa zwei Gramm Cannabis gekauft oder geschenkt bekommen habe, gehe diese Menge über das hinaus, was man allgemein unter den Begriff „gelegentlich" subsumieren könnte. Daraus folge, dass ein Betroffener nicht nur „**unregelmäßig**"[340] Cannabis konsumiert haben könne. **881**

bb) Experimenteller, episodischer und gewohnheitsmäßiger Konsum

In einem Gutachten der Medizinisch-Physiologisch-Technischen Obergutachterstelle der Universität München vom 26.03.1999 kommt der Sachverständige zu der Wortschöpfung „**experimenteller Konsum**" und definiert, dass ein experimenteller Konsum nicht nur ein einmaliger, sondern ein seltener, höchstens einmal im Monat stattfindender Konsum ist.[341] **882**

---

332 *VGH Bayern* vom 3.9.2002, BA 2004, 97ff; *VG Kassel* vom 24.6.2004, BA 2006, 253ff; *Bundesanstalt für Straßenwesen* Kongressbericht 2005 der Deutschen Gesellschaft für Verkehrsmedizin e.V., S. 56.

333 *VGH Baden-Württemberg* vom 26.11.2003, DAR 2004, 170ff = BA 2004, 364ff = SVR 2004, 156f; *VGH Baden-Württemberg* vom 16.3.2003, DAR 2004, 49ff; *VGH Bayern* vom 3.9.2002, BA 2004, 97ff; *VG Oldenburg* vom 17.2.2004, SVR 2004, 398; *Geiger* DAR 2003, 97ff (99).

334 *VGH Baden-Württemberg* vom 30.5.2003, DAR 2003, 481f.

335 *Kannheiser* NZV 2000, 58ff (58).

336 *VGH Baden-Württemberg* vom 30.5.2003, DAR 2003, 481f.

337 *OVG Nordrhein-Westfalen* vom 7.1.2003, DAR 2003, 187ff.

338 Vom 23.1.2003, Az. 4 A 455/02.

339 Vgl. dazu Rn. 791ff.

340 Weder die FeV noch die Begutachtungs-Leitlinien zur Kraftfahrereignung kennen den Begriff „unregelmäßig".

341 *VGH Bayern* vom 29.6.1999, DAR 2000, 228ff; so auch *Tourneur* Haaranalyse – Eine Bestandsaufnahme aus juristischer Sicht, S. 311; so ebenfalls *Bundesanstalt für Straßenwesen* Kongressbericht 2005 der Deutschen Gesellschaft für Verkehrsmedizin e.V., S. 56.

883 Das OVG Nordrhein-Westfalen[342] definiert einen „experimentellen Konsum" mit einem einmaligen oder „seltenen" Konsum.

884 Geiger[343] spricht von einem „**episodischen Konsum**" und versteht darunter einen sich nicht in mehr oder weniger gleichen Abständen wiederholenden Konsum.

885 In zahlreichen Veröffentlichungen und Gerichtsentscheidungen wird auch die Bezeichnung „**gewohnheitsmäßiger Konsum**" gebraucht, die mit „bis zu täglich"[344] und „mehr als gelegentlich"[345] definiert wird.

cc) Gelegentlicher Konsum

886 Was unter einer „gelegentlichen Einnahme" zu verstehen ist, wird weder im Straßenverkehrsgesetz noch in der Fahrerlaubnisverordnung ausdrücklich erläutert.[346]

Unter der Bezeichnung „gelegentlicher Konsum" werden von der Rechtsprechung und Literatur daher folgende, **völlig unterschiedliche** Konsumhäufigkeiten definiert:

- Seltener als wöchentlich[347]
- Seltener als regelmäßig[348]
- Mehrmalig und nicht nur einmalig[349]
- Mehrmalig aber deutlich weniger als täglich[350]
- Mindestens zweimaliger Konsum[351]
- Erstmaliger und einmaliger Konsum[352]

dd) Probleme bei der Definition

Die verschiedenen Definitionen über die Konsumhäufigkeit von Cannabis lassen zahlreiche Überlegungen zu:

887 Wenn unter einem „regelmäßigen Konsum" ein täglicher oder fast täglicher Konsum zu verstehen ist,[353] also sechs bis sieben Tage pro Woche und wenn unter einem „regelmäßigen Konsum" ferner auch der „nahezu arbeitstägliche" Konsum zu subsumieren ist,[354] also vier bis fünf Tage pro Woche, so kann ein gelegentlicher Konsum folglich nur ein solcher sein, der dahinter zurücksteht, also **höchstens drei Mal pro Woche** stattfindet.

---

342 Vom 22.11.2001, DAR 2002, 185ff (188).

343 *Geiger* VBlBW 2004, 1ff (4).

344 *Bundesanstalt für Straßenwesen* Begutachtungs-Leitlinien zur Kraftfahrereignung, S. 43; *Schubert/Schneider/Eisenmenger/Stephan* Begutachtungs-Leitlinien zur Kraftfahrereignung, Kommentar, 1. Aufl., S. 107.

345 *VGH Baden-Württemberg* vom 30.5.2003, DAR 2003, 481f.

346 *VGH Bayern* vom 25.1.2006, DAR 2006, 349ff = BA 2006, 422ff = SVR 2006, 393f.

347 *Möller* Drogen, Nachweis und Konsequenzen für Sanktionen und Fahreignung, S. 173ff (189); *Schubert/Schneider/Eisenmenger/Stephan* Begutachtungs-Leitlinien zur Kraftfahrereignung, Kommentar, 1. Aufl., S. 122, Ziff. 4.2.2; Begutachtungs-Leitlinien zur Kraftfahrereignung, Kommentar, 2. Aufl., S. 192.

348 *Geiger* DAR 2003, 97ff (99).

349 *VGH Baden-Württemberg* vom 29.9.2003, DAR 2004, 48f = BA 2004, 185ff.

350 *VGH Baden-Württemberg* vom 30.5.2003, DAR 2003, 481f.

351 *VGH Bayern* vom 25.1.2006, DAR 2006, 349ff = BA 2006, 422ff = SVR 2006, 393f und vom 7.4.2006, Az. 11 Cs 2303/05; s. dazu auch ausführlich *VGH Bayern* vom 27.3.2006, Az. 11 Cs 1559/05.

352 *OVG Hamburg* vom 23.6.2005, BA 2006, 165ff = VRS 109, 214ff = SVR 2006, 113f und vom 15.12.2005, BA 2006, 427ff = NJW 2006, 1367ff = VRS 110, 388ff.

353 *VGH Baden-Württemberg* vom 26.11.2003, DAR 2004, 170ff = BA 2004, 364ff = SVR 2004, 156f; *VGH Baden-Württemberg* vom 16.3.2003, DAR 2004, 49ff; *VGH Bayern* vom 3.9.2002, BA 2004, 97ff.

354 *VGH Baden-Württemberg* vom 30.5.2003, DAR 2003, 481f.

Das deckt sich jedoch nicht mit der Rechtsprechung zum „gelegentlichen Konsum", wonach dies ein solcher ist, der nur „weniger als täglich"[355] stattfindet, somit also **fünf bis sechs Mal pro Woche**. **888**

Dieser Widerspruch wird auch anhand der **Begutachtungs-Leitlinien zur Kraftfahrereignung** deutlich. Während danach unter einem „regelmäßigen Konsum" ein solcher zu verstehen ist, der „täglich" (oder gewohnheitsmäßig) stattfindet,[356] handelt es sich nach Ansicht des Kommentars zu den Begutachtungs-Leitlinien zur Kraftfahrereignung bei einem „gelegentlichen Konsum" nur um einen solchen, der „seltener als wöchentlich" stattfindet.[357] **889**

Wie ein Konsum von beispielsweise drei Mal pro Woche definiert werden soll bleibt somit offen.

Darauf kommt es aber letztlich bei der Frage der Eignung zum Führen von Kraftfahrzeugen nicht an, denn nach Ziff. 9.2.1 der Anlage 4 zu §§ 11, 13, 14 FeV kann nur relevant sein, ob ein täglicher- oder fast täglicher und damit regelmäßiger Konsum vorliegt oder nicht.[358]

Auf der anderen Seite ist eine Eignung zum Führen von Kraftfahrzeugen nach Ziff. 9.2.2 der Anlage 4 zu §§ 11, 13, 14 FeV nur dann gegeben, wenn nur ein gelegentlicher Konsum vorliegt und nicht, wenn „kein regelmäßiger Konsum" erfolgt.

Ein Cannabiskonsum von **zwei Mal pro Woche**, etwa **am Wochenende**, ist zumindest eindeutig unter den Begriff **„gelegentlich"** zu subsumieren.[359] **890**

Wenn der Sachverständige in dem Verfahren vor dem VG München[360] daher „auf telefonische Nachfrage des Gerichts"[361] erklärte, dass ein Betroffener in der Vergangenheit „regelmäßig" Cannabis konsumiert haben müsse und er darunter einen mindestens „wochenendlichen Konsum" verstehe, entspricht diese Auffassung nicht der überwiegenden Meinung.

b) Definition und Aufklärung des Konsumverhaltens anhand der Messung der THC-Carbonsäure

Die vorstehend genannten und sich zum Teil widersprechenden Auffassungen der Rechtsprechung, die verschiedenen Definitionen in der Literatur und die unterschiedlichen Ansichten der rechtsmedizinischen Sachverständigen zum Begriff eines gelegentlichen Konsums von Cannabis und damit für eine mögliche Eignung zum Führen von Kraftfahrzeugen dürften wohl dem Gleichheitsgrundsatz nach Art. 3 GG widersprechen und es kann nicht sein, dass jeder unter der Bezeichnung „gelegentlich" etwas anderes versteht.[362] **891**

355 *VGH Baden-Württemberg* vom 30.5.2003, DAR 2003, 481f.

356 *Bundesanstalt für Straßenwesen* Begutachtungs-Leitlinien zur Kraftfahrereignung, S. 43.

357 *Schubert/Schneider/Eisenmenger/Stephan* Begutachtungs-Leitlinien zur Kraftfahrereignung, Kommentar, 1. Aufl., S. 122, Ziff. 4.2.2; *Schubert/Schneider/Eisenmenger/Stephan* Begutachtungs-Leitlinien zur Kraftfahrereignung, Kommentar, 2. Aufl., S. 192.

358 *VGH Baden-Württemberg* vom 4.7.2003, DAR 2004, 113ff = BA 2004, 285ff.

359 *VGH Baden-Württemberg* vom 26.11.2003, DAR 2004, 170ff = BA 2004, 364ff = SVR 2004, 156f; *Bundesanstalt für Straßenwesen* Kongressbericht 2005 der Deutschen Gesellschaft für Verkehrsmedizin e.V., S. 56.

360 Vom 6.12.2002, Az. M 6a K 3406/01.

361 *VG München* vom 6.12.2002, Az. M 6a K 3406/01, Urteil S. 6.

362 Der Kongressbericht 2005 der Deutschen Gesellschaft für Verkehrsmedizin e.V. unterscheidet bei der Begriffsdefinition auf S. 56 zwischen einer **zielorientierten** und einer **ergebnisorientierten** Auslegung.

Folglich sind die Vorschläge des OVG Nordrhein-Westfalen,[363] des OVG Hamburg[364] sowie des VG Berlin[365] durchaus nachvollziehbar, anhand des Besitzes und der aufgefundenen Menge Haschisch Rückschlüsse auf das mögliche Konsumverhalten zu ziehen.

892 Es eignen sich aber möglicherweise auch einheitliche medizinische und wissenschaftliche Erkenntnisse anhand der Messung der **Tetrahydrocannabinol-Carbonsäure** dazu, Feststellungen darüber zu treffen, ob ein Betroffener geeignet ist, ein Kraftfahrzeug zu führen, ob dieser also nur „gelegentlich" Cannabis konsumiert.

aa) Die Messung der THC-Carbonsäure[366] (THC-COOH)

893 Blutuntersuchungen vermögen noch ein Vielfaches mehr auszusagen und zu beweisen, als tatsächlich zeitnah erfolgten Cannabiskonsum.

894 Länger zurückliegender Konsum, der Aufschluss darüber gibt, ob ein Betroffener bereits mehrfach oder sogar regelmäßig Cannabis konsumiert hat, wird mittels des nicht psychoaktiv[367] wirksamen[368] **THC-Metaboliten**[369] **THC-COOH**[370] **gemessen.**[371]

Tetrahydrocannabinol-Carbonsäure kommt im menschlichen Organismus nicht natürlich vor. Wer demnach THC-COOH im Körper aufweist, hat offensichtlich Cannabis konsumiert.[372]

895 Das VG Lüneburg[373] schließt hingegen fälschlicherweise aus einer **THC-Konzentration** von 4 ng/ml auf einen gelegentlichen Cannabis-Konsum. Für die Unterscheidung zwischen einmaligem, gelegentlichem und regelmäßigem Konsum von Cannabis wird aber **nicht die THC-Konzentration** gemessen.[374] Vielmehr wird die Konzentration der sich nur langsamer abbauenden **THC-Carbonsäure** analysiert.[375]

---

363 Vom 7.1.2003, DAR 2003, 187ff und vom 22.11.2001, DAR 2002, 185ff.

364 Vom 27.8.2003, DAR 2004, 411f = BA 2005, 501ff = SVR 2004, 317f.

365 Vom 23.1.2003, Az. 4 A 455/02.

366 11-Nor-delta-9-THC-9-Carbonsäure, (Abbauprodukt).

367 Vgl. dazu Rn. 189f und Rn. 196.

368 Das AG Kusel spricht bei einer THC-COOH-Konzentration von 2,0 ng/ml davon, dass der Betroffene unter der **akuten Wirkung** von Cannabis gestanden habe, s. *OLG Zweibrücken* vom 13.4.2005, DAR 2005, 408f = NZV 2005, 430f = BA 2006, 235f und das *VG Bayreuth* vom 12.8.2004, Az. B 1 S 821/04 geht bei einer im Urin nachgewiesenen THC-COOH-Konzentration von 45 ng/ml davon aus, dass der Betroffene **unter der Wirkung** von Cannabis am Straßenverkehr teilgenommen habe.

369 Im Stoffwechsel durch Enzymreaktionen entstandene oder veränderte Verbindung.

370 Stoffwechselprodukt, Tetrahydrocannabinol-Cannabinoidgehalt.

371 Vgl. dazu auch Rn. 953ff.

372 Auf **hanfhaltige Speisen oder Getränke** soll hier nicht gesondert eingegangen werden, s. dazu *Bundesanstalt für Straßenwesen* Kongressbericht 2005 der Deutschen Gesellschaft für Verkehrsmedizin e.V., S. 170ff.

373 Vom 22.3.2004, DAR 2005, 54f = BA 2005, 504f = SVR 2004, 198f.

374 Auch das in der Leber entstehende psychoaktive **Stoffwechselprodukt 11-Hydroxy-THC (11-OH-THC)** kann ermittelt werden. Delta-9-Tetrahydrocannabinol wird zu 11-Hydroxy-Delta-9-THC verstoffwechselt, das weiter zum Hauptmetaboliten 11-Nor-Delta-9-THC-9-Carbonsäure metabolisiert wird. Dabei ist es ein Irrtum anzunehmen, dass sich immer positives OH-THC findet, wenn auch THC positiv ist, vgl. *Iffland/Kruse* Erkennung cannabisbeeinflusster Verkehrsteilnehmer, S. 144; s. dazu auch *Huestis/Henningfield/Cone* Blood cannabinoids; 1. Absorption of THC and formation of 11-OH-THC and THCCOOH during and after smoking marijuana, S. 276ff.

375 OVG Saarland vom 30.9.2002, BA 2003, 166ff; Ministerium für Wirtschaft und Mittelstand, Energie und Verkehr des Landes NRW BA2000, 39ff (41).

Wissenschaftliche Erkenntnisse aus Blutanalysen in Hinblick auf den Metabolismus sind ein zuverlässiges Mittel, etwaige Angaben eines Betroffenen zur Häufigkeit des Drogenkonsums zu bestätigen oder zu widerlegen und bei Cannabiswirkstoffen Feststellungen zum Konsumverhalten zu treffen. **896**

Tests haben zwar gezeigt, dass die Untersuchungen in der forensischen Praxis zur gaschromatographischen Bestimmung von THC-COOH im Blut nicht ohne weiteres gleichwertig sind, da sichergestellt sein muss, dass bei der Analyse keine Miterfassung oder Spaltung von Glucuronid stattfindet[376] und auch Geiger[377] weist darauf hin, dass labortechnisch ermittelte Parameter nicht ganz unumstritten sind und so ermittelte Werte **keine absolute Garantie** bieten, um das **Konsumverhalten genau zu ermitteln**, so dass ein Fahrerlaubnisentzug nur auf Grund der Messung der Tetrahydrocannabinol-Carbonsäure alleine nicht ganz unbedenklich ist;[378] solche Messwerte liefern der Fahrerlaubnisbehörde aber klare Anhaltspunkte, um entsprechende weitere Aufklärungsmaßnahmen zu rechtfertigen.[379]

(1) Nachweiszeit der Tetrahydrocannabinol-Carbonsäure im Blutserum

Während der Cannabiswirkstoff Tetrahydrocannabinol auf Grund seines schnellen Abbaus „nur relativ kurze Zeit“[380] nach dem Konsumende im Blut nachweisbar ist, lässt sich länger zurückliegendes Rauchen von Haschisch oder Marihuana über den im Stoffwechsel aus Tetrahydrocannabinol umgesetzten Stoff Tetrahydrocannabinol-Carbonsäure etwa sechs Tage im Blut[381] nachweisen.[382] **897**

Nach Ansicht von Geiger[383] lässt sich zurückliegendes Haschischrauchen „mehrere Tage“ im Blut nachweisen. Nach Ansicht von Madea/Mußhoff/Lachenmeier[384] kann die Halbwertszeit[385] des Metaboliten THC-COOH acht Tage betragen. **898**

Nach Ansicht des OVG Nordrhein-Westfalen[386] ist die Tetrahydrocannabinol-Carbonsäure sogar **„einige Wochen“ nach regelmäßigem Konsum** im Blut messbar, während Schubert/Mattern[387] ausführen, dass sich THC-COOH im Blut nur fünf Tage nachweisen lasse. **899**

---

376 Mauden/Skopp/Mattern/Aderjan BA 2000, 48ff (54).

377 *Geiger* VBlBW 2004, 1ff (4).

378 **A.M.** OVG Nordrhein-Westfalen vom 7.1.2003, DAR 2003, 187ff.

379 *OVG Saarland* vom 30.9.2002, BA 2003, 166ff.

380 Vgl. Rn. 477ff.

381 Und sogar einige Wochen nach regelmäßigem Konsum im **Urin**, wobei die Nachweiszeit des Cannabiskonsums im Urin von der konsumierten Menge und Konsumhäufigkeit in der Vergangenheit abhängig ist und von 2 Tagen bis 6 Wochen reicht, vgl. *Schubert/Mattern* Urteilsbildung in der medizinisch-psychologischen Fahreignungsdiagnostik; Beurteilungskriterien, S. 146, in Einzelfällen noch länger.

382 *OVG Nordrhein-Westfalen* vom 15.3.2002, DAR 2003, 283f; *Mauden/Skopp/Mattern/Aderjan* BA 2000, 48ff (48).

383 *Geiger* VBlBW 2004, 1ff (4).

384 *Madea/Mußhoff/Lachenmeier* Spezielle Analyten: Cannabinoide, S. 179, Ziff. 4.2.3.2.

385 Im Plasma diejenige Zeit, in der die Konzentration eines parenteral verabreichter Arzneistoffes oder ein Hormon auf die Hälfte absinkt. Die Ausscheidung eines Stoffes über die Niere wird (jedoch auch) als „Clearance“ bezeichnet; *Schubert/Schneider/Eisenmenger/Stephan* Begutachtungs-Leitlinien zur Kraftfahrereignung, Kommentar, 2. Aufl., führen auf S. 178 aus: „Die Zeit, in der eine Konzentration jeweils auf die Hälfte des Ausgangswertes gefallen ist“; *Maatz* Rechtliche Anforderungen an medizinische Befunde zur Beurteilung der Fahrtüchtigkeit bei Fahrten unter Drogeneinfluss führt auf S. 15 aus: „Zeit, die der Organismus braucht, um die Hälfte der im Blut vorhandenen Wirkstoffe abzubauen oder auszuscheiden“.

386 Vom 7.1.2003, DAR 2003, 187ff.

387 *Schubert/Mattern* Urteilsbildung in der medizinisch-psychologischen Fahreignungsdiagnostik; Beurteilungskriterien, S. 145.

900 Nach Ansicht von Daldrup[388] beträgt die Halbwertszeit **maximal vier Wochen**, während Eberth/Müller[389] die Halbwertszeit bei **ungewohnten Konsumenten** nur mit 50 bis 60 Stunden angeben und das VG Aachen[390] führt aus, dass bei einem **erstmaligen** und einmaligen Cannabiskonsumenten nur etwa bis zu 36 Stunden nach dem Konsum eine THC-Carbonsäure nachweisbar sei.[391]

Huestis/Henningfield/Cone[392] haben an 6 Personen Versuche durchgeführt und kamen zu dem Ergebnis, dass **168 Stunden** nach dem erstmaligen Konsum von THC noch eine THC-Carbonsäurekonzentration nachzuweisen war.[393]

901 Das VG München[394] weist zutreffend darauf hin, dass die Halbwertszeit der Tetrahydrocannabinol-Carbonsäure **stark variiert** und von eineinhalb Tagen[395] bis zu sechs Tagen reicht. Sie kann sogar darüber liegen und ist **von der Konsumhäufigkeit in der Vergangenheit abhängig**.[396]

902 Unabhängig von der Frage, ob die Nachweiszeit von Tetrahydrocannabinol-Carbonsäure im Blutserum höchstens eineinhalb Tage, sechs Tage oder vier Wochen beträgt ist zumindest zweifelsfrei, dass sich im Blutserum eines Betroffenen bei einem „regelmäßigen" Cannabiskonsum dessen Tetrahydrocannabinol-**Carbonsäure länger nachweisen** lässt als bei einem einmaligen oder experimentellen Konsumenten.[397]

903 Trägt ein Betroffener daher vor,[398] „dass sich die THC-Carbonsäure ‚monatelang' im Blut ermitteln lasse", stünde damit auch dessen regelmäßiger Konsum von Cannabis fest.

904 Unter Berücksichtigung der Halbwertszeit des Tetrahydrocannabinol-Metaboliten Tetrahydrocannabinol-Carbonsäure kann eine Kumulierung[399] dieses Abbaustoffes somit auf „regelmäßigen" Cannabiskonsum hindeuten.

Deshalb bestätigte das OVG Nordrhein-Westfalen[400] den Entzug einer Fahrerlaubnis bei einer Tetrahydrocannabinol-Carbonsäurekonzentration von **114,4 ng/ml** THC-COOH ohne weitere Prüfungen, da ein regelmäßiger Cannabiskonsum feststünde, während ein Betroffener in einem Verfahren vor dem VG München,[401] bei dem eine Tetrahydrocannabinol-Carbonsäurekonzentration von **178,1 ng/ml** nachgewiesen wurde, behauptete, dass dieser nur „gelegentlich" Haschisch rauche.[402]

---

388 Daldrup/Käferstein/Köhler/Maier/Mußhoff BA 2000, 39ff (45).

389 *Eberth/Müller* Verteidigung in Betäubungsmittelsachen, Rn. 4.

390 Vom 24.11.2004, VRS 108, 68ff.

391 Vgl. auch Rn. 199 und Rn. 953ff.

392 *Huestis/Henningfield/Cone* Blood cannabinoids; 1. Absorption of THC and formation of 11-OH-THC and THCCOOH during and after smoking marijuana, S. 276ff.

393 Vgl. auch Rn. 576.

394 Vom 8.11.2004, Az. M 6b S 5112/04.

395 So auch *VG Aachen* vom 24.11.2004, VRS 108, 68ff.

396 Maximal 4 Wochen: *Daldrup/Käferstein/Köhler/Maier/Mußhoff* BA 2000, 39ff (45).

397 *Grotenhermen/Karus* Cannabis, Straßenverkehr und Arbeitswelt, S. 324.

398 So in dem Rechtsbeschwerdeverfahren vor dem *OLG Dresden* vom 3.3.2005, Az. Ss (OWi) 49/05 vorgetragen.

399 Ansammlung.

400 Vom 7.1.2003, DAR 2003, 187ff.

401 Vom 26.05.2004, Az. M 6a S 2632/04.

402 Der *VGH Baden-Württemberg* macht in einer Entscheidung vom 7.3.2003, DAR 2003, 236f keinerlei Angaben zur Tetrahydrocannabinol-Carbonsäurekonzentration. Gleichwohl geht das Gericht trotzdem davon aus, dass der Betroffene zumindest „gelegentlich" Cannabis konsumiere. Woher diese Erkenntnis herstammen soll wird offen gelassen. Mangels THC-COOH-Messung könnte schließlich auch nur experimenteller oder gar einmaliger Konsum vorgelegen haben.

Fraglich ist daher, welcher Aussagekraft ein etwaiges Messergebnis der THC-Carbonsäurekonzentration (THC-COOH) im Blutserum zukommt und **ab welcher Höhe** von einem **regelmäßigen Konsum** ausgegangen werden kann.[403]

(2) Höhe der Tetrahydrocannabinol-Carbonsäure im Blutserum

Das VG Sigmaringen[404] führt dazu aus, dass bei einer THC-COOH-Konzentration von **mehr als 5 ng/ml** der Verdacht auf regelmäßigen Konsum bestehe. 905

Die Sachverständigen in den Verfahren vor dem VG München[405] und AG München[406] führten hingegen aus, dass eine Tetrahydrocannabinol-Carbonsäurekonzentration von 39,5 ng/ml für einen regelmäßigen Konsum bzw. eine solche von 49,0 ng/ml für einem „Dauerkonsum" in der Vergangenheit sprechen würde und bei einem Wert von 70 ng/ml THC-COOH[407] „mit Sicherheit" von einem täglichen- oder nahezu täglichen Konsum von Cannabis und damit von einem „regelmäßigen Konsum" ausgegangen werden könne.[408] 906

Nach Ansicht des OVG Nordrhein-Westfalen[409] und des VG Meiningen[410] sei bei rechtsmedizinischer/sachverständiger Auswertung dagegen erst von einem „regelmäßigen" und „gewohnheitsmäßigem" Konsum auszugehen, wenn bzw. sobald im Blutserum eines Betroffenen eine Tetrahydrocannabinol-Carbonsäurekonzentration von **mindestens 75 ng/ml** THC-COOH[411] nachgewiesen werden könne, selbst wenn dieser etwas anderes behauptet. 907

(a) Runderlass des Ministeriums des Landes Nordrhein-Westfalen. Diese verschiedenen Werte von **5 ng/ml bis 75 ng/ml THC-COOH** stützen sich dabei auf einen Runderlasses des Ministeriums für Wirtschaft und Mittelstand, Energie und Verkehr des Landes Nordrhein-Westfalen (nunmehr Ministerium für Verkehr, Energie und Landesplanung) vom 15.04.1997,[412] 10.06.1999[413] und 18.12.2002,[414] der unter anderem Folgendes ausführt:[415] 908

THC-COOH = 0 ng/ml: 909
Keine Hinweise auf Konsum

THC-COOH < 5,0 ng/ml:
Keine Hinweise auf dauernden bzw. gewohnheitsmäßigen Konsum

THC-COOH > 5,0 ng/ml aber < 75 ng/ml:
Ein dauernder bzw. gewohnheitsmäßiger Konsum kann nicht ausgeschlossen werden

THC-COOH > 75 ng/ml:
Dauernder bzw. gewohnheitsmäßiger Konsum

---

403 *Geiger* DAR 2004, 184ff (186) fordert daher zu Recht, dass grundsätzlich die Angabe gemacht werden muss, welche Wirkstoffe bzw. welche Abbauprodukte im Blutserum analysiert wurden.
404 Vom 19.11.2003, Az. 9 K 582/03.
405 Vom 6.12.2002, Az. M 6a K 3406/01, Urteil S. 8.
406 Vom 14.4.2005, Az. 1031 Ds 461 Js 313334/04.
407 *VG München* vom 6.12.2002, Az. M 6a K 3406/01.
408 Diese Ansichten stoßen jedoch auf erhebliche Bedenken, wie im Folgenden ausgeführt wird.
409 Vom 7.1.2003, DAR 2003, 187ff.
410 Vom 8.3.2004, Az. 2 E 1055/03.
411 Entspricht 0,075 mg/l bzw. 75 µg/L.
412 Siehe dazu auch *Himmelreich* DAR 2002, 26ff (28).
413 Az. 632-21-03/2.1; s. dazu auch *Daldrup/Käferstein/Köhler/Maier/Mußhoff* BA 2000, 39ff (41); *Geiger* DAR 2004, 184ff (186).
414 Az. VI B 2-21-03/2.1, s. *VG Aachen* vom 24.11.2004, VRS 108, 68ff.
415 Wobei sich die in dem Runderlass verwendeten Begriffe „dauernd" oder „gewohnheitsmäßig" allerdings nicht mit der Anlage 4 zu §§ 11, 13, 14 FeV decken, die von „regelmäßig" und „gelegentlich" spricht.

910 **(b) Messverfahren nach Daldrup et al.** Diese Runderlasse und das angewandte Mess- und Vergleichsverfahren der Tetrahydrocannabinol-Carbonsäure stützt sich dabei wiederum auf einen Aufsatz von Daldrup/Käferstein/Köhler/Maier im **Kongressbericht 1997** der Deutschen Gesellschaft für Verkehrsmedizin,[416] wonach ein Wert von mehr als 75 ng/ml THC-COOH für einen dauernden bzw. gewohnheitsmäßigen Konsum von Cannabis spreche bzw. ab einem Wert von 75 ng/ml THC-COOH ein regelmäßiger Cannabiskonsum vorliege.[417]

bb) Differenzierung des Messverfahrens

911 Zahlreiche Gerichte ziehen diese Tabelle von Daldrup et al. und den Runderlass des Ministeriums des Landes Nordrhein-Westfalen für die Beurteilung der Konsumhäufigkeit heran.[418]

> Ob dieses Messverfahren in dieser allgemeinen Form zutrifft ist jedoch **höchst zweifelhaft** und begegnet **erheblichen Bedenken,** da der Zeitpunkt der Blutentnahme genauer und differenzierter beachtet werden muss.[419]

Dieses Messverfahren legt nämlich verwaltungsbehördlich angeordnete Blutuntersuchungen zugrunde, wonach eine Blutentnahme innerhalb der ersten 8 Tage nach der Anordnung durch die Fahrerlaubnisbehörde zu erfolgen hat.[420] Nach den Ausführungen von Daldrup/Käferstein/Köhler/Maier[421] im Kongressbericht 1997 der Deutschen Gesellschaft für Verkehrsmedizin haben Betroffene während dieser „Frist“ die Möglichkeit, ganz auf den Konsum von Cannabis zu verzichten.

912 Legt man die Halbwertszeit der Tetrahydrocannabinol-Carbonsäure von ca. 6 Tagen[422] zugrunde, so reichen bereits weniger als 3 Tage aus, bis die Konzentration von THC-COOH von z.B. 100 ng/ml auf 75 ng/ml abfällt.[423] Ausgehend von 150 ng/ml wird die Konzentration von 75 ng/ml bei Abstinenz nach knapp einer Woche[424] erreicht.

913

> Der **untere Wert von 5 ng/ml THC-COOH** bzw. der **obere Wert von 75 ng/ml THC-COOH** geht somit nicht von einer Blutuntersuchung durch die Polizei bei einer Verkehrskontrolle **gem. § 81a Abs. 1 StPO i.V.m. § 46 Abs. 4 OWiG** aus.

914 Dieses wird insbesondere durch einen weiteren, von einigen Gerichten und Fahrerlaubnisbehörden mitunter übersehenen Aufsatz von Daldrup et al.[425] aus dem **Jahre 2000** bestätigt,

416 *Daldrup/Käferstein/Köhler/Maier* Feststellung des dauernden bzw. gewohnheitsmäßigen Cannabiskonsums durch die Untersuchung einer Blutprobe, S. 272ff.
417 *OVG Niedersachsen* vom 11.7.2003, DAR 2003, 480f = BA 2004, 183ff.
418 *OVG Nordrhein-Westfalen* vom 7.1.2003, DAR 2003, 187ff (114,4 ng/ml); *OVG Saarland* vom 30.9.2002, BA 2003, 166ff (290 ng/ml [!] THC-COOH); *VG Meiningen* vom 8.3.2004, Az. 2 E 1055/03 (111,0 ng/ml THC-COOH).
419 *OVG Thüringen* vom 11.5.2004, BA 2005, 183ff = SVR 2004, 438f; *OVG Niedersachsen* vom 11.7.2003, DAR 2003, 480f = BA 2004, 183ff.
420 *VG Aachen* vom 24.11.2004, VRS 108, 68ff; *Daldrup/Käferstein/Köhler/Maier/Mußhoff* BA 2000, 39ff (44).
421 *Daldrup/Käferstein/Köhler/Maier* Feststellung des dauernden bzw. gewohnheitsmäßigen Cannabiskonsums durch die Untersuchung einer Blutprobe, S. 272ff.
422 *OVG Nordrhein-Westfalen* vom 15.3.2002, DAR 2003, 283f; *Mauden/Skopp/Mattern/Aderjan* BA 2000, 48ff (48); maximal 4 Wochen, vgl. *Daldrup/Käferstein/Köhler/Maier/Mußhoff* BA 2000, 39ff (45).
423 **Rechtsanwälte** werden einem Betroffenen daher wohl raten, ein Drogenscreening im Verwaltungsverfahren möglichst erst am letzten Fristtag vorzunehmen und so lange wie möglich „hinauszuzögern“.
424 *Gehrmann* NZV 2002, 201ff (206).
425 Daldrup/Käferstein/Köhler/Maier/Mußhoff BA 2000, 39ff (44).

wonach bei Blutproben, die nur wenige Stunden nach dem letzten Konsum abgenommen wurden, **erst ab** einer Tetrahydrocannabinol-Carbonsäurekonzentration von **150 ng/ml** (und nicht von 75 ng/ml) von einem **regelmäßigen Konsum** von Cannabis ausgegangen werden kann.

Blutserumkonzentrationen von **unter 150 ng/ml THC-COOH** gelten daher bei Blutentnahmen nach § 81a Abs. 1 StPO i.V.m. § 46 Abs. 4 OWiG zur Bestätigung eines regelmäßigen Cannabiskonsums als **nicht abgesichert**. 915

Dies bestätigt nicht nur der Sachverständige in dem Verfahren vor dem VG Aachen,[426] 916 wonach für Blutproben, die nach „akutem Konsum" abgenommen wurden, die Werte im Runderlass des Ministeriums für Verkehr, Energie und Landesplanung des Landes Nordrhein-Westfalen nicht zugrunde gelegt werden können und dürfen, sondern dies zeigen beispielsweise auch die Entscheidungen des VGH Bayern,[427] des OVG Thüringen[428] und des OVG Niedersachen.[429]

Auch das VG München[430] führt aus, dass Einigkeit darüber besteht, dass bei überraschend 917 abgenommenen Blutproben (nur) ab einer Tetrahydrocannabinol-Carbonsäurekonzentration **von 150 ng/ml THC-COOH ein regelmäßiger Konsum** von Cannabis als abgesichert angesehen werden kann.[431]

Es kann sich deshalb nachteilig für einen Betroffenen auswirken, wenn Rechtsanwälte[432] 918 schon vor dem Vorliegen der gemessenen Werte der oft unbeachteten und vernachlässigten Tetrahydrocannabinol-Carbonsäure Angaben zum Konsumverhalten ihrer Mandanten machen.[433]

Auf Grund der vorstehenden Ausführungen ist deshalb auch das im folgenden Beispiel abgedruckte Schreiben einer **Fahrerlaubnisbehörde** zu berichtigen.

426 Vom 24.11.2004, VRS 108, 68ff.
427 Vom 14.10.2003, BA 2004, 561ff und vom 3.2.2004, SVR 2004, 396f.
428 Vom 11.5.2004, BA 2005, 183ff = SVR 2004, 438f.
429 Vom 11.7.2003, DAR 2003, 480f = BA 2004, 183ff.
430 Vom 26.5.2004, Az. M 6a S 2632/04 und vom 8.11.2004, Az. M 6b 5112/04.
431 Unverständlich sind daher die Gutachten der Sachverständigen in dem Verfahren vor dem *VG München* vom 6.12.2002, Az. M 6a K 3406/01, Urteil S. 8 und *AG München* vom 14.4.2005, Az. 1031 Ds 461 Js 313334/04, wonach eine Tetrahydrocannabinol-Carbonsäurekonzentration von 39,5 ng/ml für einen regelmäßigen Konsum bzw. eine solche von 49,0 ng/ml für einem „Dauerkonsum" in der Vergangenheit sprechen würde und bereits bei einem Wert von 70 ng/ml THC-COOH „mit Sicherheit" von einem täglichen- oder nahezu täglichen Konsum von Cannabis und damit von einem „regelmäßigen Konsum" ausgegangen werden könne. Noch unverständlicher ist auch das Urteil des *VG Sigmaringen* vom 19.11.2003, Az. 9 K 582/03, wonach bei einer THC-COOH-Konzentration von mehr als 5 ng/ml der Verdacht auf regelmäßigen Konsum bestehe.
432 Vgl. auch Rn. 267.
433 **Beachte** auch Rn. 903, Rn. 983 und Rn. 1259.

919 Gemessene THC-COOH-Konzentration gem. § 81a Abs. 1 StPO i.V.m. § 46 Abs. 4 OWiG von 75 ng/ml spreche für einen „gelegentlichen Konsum" von Cannabis

M stadt

Hauptabteilung III Straßenverkehr
Kraftfahrzeugzulassungs- und
Fahrerlaubnisbehörde

Dienstgebäude:

Zimmer:
Sachbearbeitung:
Herr
Telefon:
Telefax:

Postzustellungsurkunde

Ihr Schreiben vom Ihr Zeichen

Datum
01.03.2005

Vollzug des Straßenverkehrsgesetzes (StVG)
und der Fahrerlaubnis-Verordnung (FeV);
Entziehung Ihrer Fahrerlaubnis

Sehr

nach der uns vorliegenden Mitteilung der Staatsanwaltschaft vom haben Sie am unter Einfluss von Betäubungsmitteln am Straßenverkehr teilgenommen.

Die toxikologische Untersuchung der Blutprobe vom ergab den Nachweis des vorhergehenden Konsums von Cannabis.

Cannabis ist ein Betäubungsmittel nach Anlage I zu § 1 Abs. 1 des Betäubungsmittelgesetzes (BtMG in der Fassung der Bekanntmachung vom 01.03.1994 – BGBl. I Seite 358, zuletzt geändert durch Art. 4 des Gesetzes vom 26.01.1998 – BGBl. I S.160)

Zweifel an Ihrer Fahreignung bestehen deshalb, da nach dem Ergebnis des toxikologischen Gutachtens davon auszugehen ist, dass Sie gelegentlich Cannabis konsumieren und das Führen von Kraftfahrzeugen und den Konsum nicht trennen können (Nr. 9.2.2 der Anlage 4 zur FeV).

Wann ein gelegentlicher Cannabiskonsum vorliegt, wird weder von der Anlage 4 zur FeV definiert noch von der Fahrerlaubnis-Verordnung selbst.

U-Bahn: Linien U4. U5 Tram/Bus: Linien 18, 131 Parteienverkehr: Mo.,Di.,Do.,Fr. 7.00-12.00 Uhr Di. auch 14.30-16.30 Uhr Internet: www. .de www.strassenverkehr .de

Seite 2

Nach insoweit gesicherten wissenschaftlichen Erkenntnissen ist für die Unterscheidung eines einmaligen vom gelegentlichen oder regelmäßigen Konsum von Cannabis die Konzentration des sich nur langsam abbauenden wirkungsfreien Metaboliten THC-COOH, der THC-Carbonsäure heranzuziehen, da aufgrund der langen Halbwertszeit der THC-Carbonsäure man bei regelmäßiger Cannabisaufnahme eine Kumulierung dieses Metaboliten im Blut beobachten kann (vgl. Daldrup, Käferstein, Köhler, Maier, Musshoff, Entscheidung zwischen einmaligem/gelegentlichen und regelmäßigem Cannabiskonsum, Blutalkohol 2000, 39 ff).

Bei einem Wert von THC-COOH zwischen 5,0 und 75 ng/ml (entsprechend Mikrogramm pro Liter) ist vom Vorliegen eines mindestens gelegentlichen, weil zumindest zweimaligen nachgewiesenem Cannabiskonsum mit Verdacht auf regelmäßigem Cannabiskonsum auszugehen (zu diesen Werten: Himmelreich, Cannabis-Konsum und seine Folgen für den Führerschein, DAR 2002, 28/29)

Eine Untersuchung aus dem Jahr 1999 bestätigte diese Werte.

Das Ergebnis der toxikologischen Untersuchung vom 21.09.2004 bestätigte bei Ihnen mit einem nachgewiesenen Wert von 11,2 ng/ml THC-Carbonsäure einen wiederholten und damit gelegentlichen Konsum von Cannabis (BayVGH vom 14.10.2003, 11 CS 03.2433, NdsOVG vom 11.07.2003, DAR 2003, 480; OVG NRW vom 07.01.2003, DAR 2003, 187).

Insoweit entspricht es pflichtgemäßem Ermessen, Sie zur Vorlage eines medizinisch-psychologischen Gutachtens einer amtlich anerkannten Begutachtungsstelle i.S.v. § 66 FeV aufzufordern (§ 14 Abs.1 Satz 4 FeV).

Zweck der Begutachtung ist die im Sinn der Verkehrssicherheit notwendige Aufklärung, ob Sie mittlerweile den nachgewiesenen gelegentlichen Konsum beendet haben oder zukünftig in der Lage sein werden, gelegentlichen Cannabiskonsum und das Führen eines Kraftfahrzeugs zu trennen.

Die entsprechende Begutachtungsanordnung liegt diesem Schreiben in der Anlage bei.

Mit freundlichen Grüßen
Im Auftrag

c) Weitere Zusatzelemente

Gemäß § 3 Abs. 1 S. 1 StVG i.V.m. der insofern fast gleich lautenden Vorschrift des § 46 Abs. 1 S. 1 FeV hat die Fahrerlaubnisbehörde **eine bestehende Fahrerlaubnis** zu **entziehen**, wenn sich deren Inhaber als **ungeeignet** zum Führen von Kraftfahrzeugen erweist. 920

Für die Frage, ob sich ein Betroffener als ungeeignet zum Führen von Kraftfahrzeugen erwiesen hat, ist unter anderem gem. § 46 Abs. 1 S. 2 FeV auf die Anlage 4 zu §§ 11, 13, 14 FeV zurückzugreifen.[434]

Danach kommt gem. Ziff. 9.2.2 der Anlage 4 zu §§ 11, 13, 14 FeV ein Entzug der Fahrerlaubnis nicht infrage, wenn ein Betroffener **nur gelegentlich** Cannabis konsumiert.

Dies gilt allerdings nur dann, wenn keine „**weiteren Zusatzelemente**“[435] vorliegen.[436]

434 Vgl. hierzu die Ausführungen zu den Rechtsgrundlagen für den verwaltungsrechtlichen Entzug einer Fahrerlaubnis unter Rn. 859ff.

435 Nicht zu verwechseln mit „weiteren Tatsachen“ i.S.v. § 14 Abs. 1 S. 4 FeV.

436 Siehe dazu auch *VGH Baden-Württemberg* vom 4.7.2004, DAR 2004, 113ff = BA 2004, 285ff; *VG Oldenburg* vom 17.2.2004, SVR 2004, 398; *VG Augsburg* vom 3.2.2004, DAR 2004, 287f = BA 2005, 261f; *Geiger* DAR 2004, 690ff (693).

921 Solche „weiteren Zusatzelemente“ nach Ziff. 9.2.2 der Anlage 4 zur FeV liegen dann vor, wenn bei einem Betroffenen

- ein **Kontrollverlust** oder eine Störung der Persönlichkeit vorliegt
- oder wenn ein **zusätzlicher Gebrauch von Alkohol** oder anderen psychoaktiv wirkenden Stoffen erfolgt
- oder wenn ein Betroffener nicht zwischen dem **Konsum** von Cannabis und dem **Führen** eines Kraftfahrzeuges[437] **trennt**.

aa) Kontrollverlust

922 Das OVG Nordrhein-Westfalen[438] hält einen Kontrollverlust für gegeben, wenn ein Betroffener trotz Anordnung zur Beibringung eines ärztlichen Gutachtens in seinem Drogenscreening eine positive Tetrahydrocannabinol-Konzentration aufweist.[439]

Wer in einem engen zeitlichen Zusammenhang mit dem ihm bekannten bevorstehenden Drogenscreening weiterhin Cannabis konsumiert, zeigt, dass er sein Konsumverhalten nicht hinreichend steuern kann oder seinen Konsum, etwa aus fehlender Einsicht oder aus Gleichgültigkeit, nicht steuern will. Gerade bei Cannabiskonsum ist jedoch eine hohe Sicherheit der Selbstkontrolle unverzichtbar, um während der mehrstündigen Abklingphase die Gewähr dafür zu bieten, vom Führen eines Kraftfahrzeuges Abstand zu nehmen, seinen Konsum also „im Griff“ zu haben.[440]

Von einem gelegentlichen Cannabiskonsumenten muss erwartet werden, dass er den Konsum von Haschisch oder Marihuana und das Führen von Kraftfahrzeugen trennen kann.[441] Ein Betroffener muss daher über eine Abstinenzfähigkeit verfügen können. Deshalb kann von diesem auch erwartet werden, dass er innerhalb eines laufenden Verwaltungsverfahrens auf den Konsum von Cannabis verzichtet,[442] andernfalls ist von einem Kontrollverlust auszugehen.

bb) Zusätzlicher Konsum von Alkohol

923 Nach Ziff. 9.2.2 der Anlage 4 zu §§ 11, 13, 14 FeV besteht eine Eignung zum Führen von Kraftfahrzeugen bei einem gelegentlichen Cannabiskonsumenten unter anderem nur dann, wenn dieser zwischen dem Konsum von Cannabis und dem Führen eines Kraftfahrzeuges trennt **und** wenn u. a. **kein zusätzlicher Konsum von Alkohol** oder anderen psychoaktiv wirkenden Stoffen vorliegt.

Krüger[443] und Berghaus[444] führen in ihren vom Bundesverfassungsgericht[445] eingeholten Gutachten unter Hinweis auf experimentelle Studien aus, dass das Risiko eines Verkehrs-

437 Vgl. für Fahrrad *VG Neustadt* vom 16.3.2006, SVR 2006, 314f; *Berr* DAR 1989, 194.

438 Vom 7.1.2003, DAR 2003, 187ff.

439 So auch Daldrup/Käferstein/Köhler/Maier/Mußhoff BA 2000, 39ff (45).

440 Zu beachten ist jedoch, dass hanfhaltige Nahrungsmittel eine positive THC-Konzentration im Urin anzeigen können, vgl. *Sachs/Pragst* BA 2004, Heft 2, Anhang S. 31ff (33). Aus diesem Grunde werten *Schubert/Mattern* Urteilsbildung in der medizinisch-psychologischen Fahreignungsdiagnostik; Beurteilungskriterien, S. 156 auch noch einen THC-COOH-Wert von bis zu 5,0 ng/ml im Urin (!) als „Abstinent von Drogen“. Vgl. dazu auch Mitteilung des Zentrallabors Nr. 42 (Information zu Laborparametern) des Universitätsklinikums der Rheinisch-Westfälischen Technischen Hochschule Aachen vom 10.2.2001: „Änderung des Testverfahrens zum Drogennachweis im Urin“; *Heinz* Deutsches Ärzteblatt vom 4.12.1998, S. A 3118 / B 2646 / C 2452; **a.M.** *Rosenstock*, Sabine, wonach kein THC-Befund im Blut oder Urin möglich ist, vgl. *Klipp* BA 2005, 303ff (305).

441 Vgl. auch Rn. 1140.

442 *Uhle* § 4 Die Begutachtung drogenauffälliger Kraftfahrer, Rn. 135.

443 *Krüger* BA 2002, 336ff (343).

444 *Berghaus* BA 2002, 321ff (324).

445 Vom 20.6.2002, DAR 2002, 405ff = NJW 2002, 2378ff.

unfalls beim gleichzeitigen Konsum von Cannabis und Alkohol gegenüber dem Risiko des bloßen Cannabiskonsums dramatisch ansteigt.[446]

Daraus ließe sich der Schluss ziehen, dass ein Betroffener möglicherweise nur dann ungeeignet zum Führen von Kraftfahrzeugen ist, wenn dieser unter der gleichzeitigen Wirkung von Cannabis und Alkohol ein Kraftfahrzeug führt, nicht aber, wenn er ohne Teilnahme am Straßenverkehr Cannabis raucht und dazu Alkohol trinkt. Eine solche mögliche Annahme und Argumentation lässt sich der Ziff. 9.2.2 der Anlage 4 zu §§ 11, 13, 14 FeV aber nicht entnehmen.[447]

Nach Ansicht des VGH Baden-Württemberg[448] führe der **Parallelkonsum** von Cannabis und Alkohol u. a. zu psychotischen Störungen, weshalb ein solcher Betroffener auch ohne Teilnahme am Straßenverkehr ebenfalls eine „besondere Gefahr" darstellt.

Raucht ein Betroffener daher nur **gelegentlich** Cannabis, ohne am Straßenverkehr teilzunehmen,[449] trinkt er dazu aber eine Flasche Bier (**Mischkonsum**[450]), kann dies zum Entzug der Fahrerlaubnis[451] und unter Beachtung des Verhältnismäßigkeitsgrundsatzes und Satz 2 der Vorbemerkung der Anlage 4 zu §§ 11, 13, 14 FeV[452] zumindest zur Anordnung einer medizinisch-psychologischen Untersuchung[453] führen.[454]

---

446 So auch *VGH Baden-Württemberg* vom 30.9.2003, DAR 2004, 471ff = BA 2004, 288ff und vom 10.2.2006, BA 2006, 252f = VRS 110, 376ff = DÖV 2006, 483f = SVR 2006, 313 sowie *VGH Baden-Württemberg* vom 30.5.2003, DAR 2003, 481f unter Berufung auf eine empirische Studie von *Brandt* Explorative Auswertung von Drogenbefunden auf spezifische Wirkungen von Cannabis, Ecstasy und Kokain bei Verkehrs- und Kriminaldelikten 2000, S. 127.

447 Vgl. dazu auch Rn. 4.

448 Vom 10.2.2006, BA 2006, 252f = VRS 110, 376ff = DÖV 2006, 483f = SVR 2006, 313.

449 Vgl. auch Rn. 1150.

450 Vgl. zum Mischkonsum auch Rn. 519f.

451 *VGH Baden-Württemberg* vom 30.5.2003, DAR 2003, 481f und vom 10.2.2006, BA 2006, 252f = VRS 110, 376ff = DÖV 2006, 483f = SVR 2006, 313; *Bundesanstalt für Straßenwesen* Begutachtungs-Leitlinien zur Kraftfahrereignung, S. 43.

452 Beachte auch Rn. 1112.

453 *Schubert/Schneider/Eisenmenger/Stephan* Begutachtungs-Leitlinien zur Kraftfahrereignung, Kommentar, 2. Aufl., S. 171.

454 Eine stichprobenartige Untersuchung vor Techno-Diskotheken ergab, dass von den THC-positivgetesteten Probanten etwa 65 % eine THC-Konzentration von unter 1 ng/ml aufwiesen und etwa 25 % eine solche, die unter 2,0 ng/ml lag, vgl. *Krüger* BA 2002, 336ff (346); leicht abweichende Zahlen durch *Bundesanstalt für Straßenwesen* Wissenschaftliche Informationen der Bundesanstalt für Straßenwesen, Drogen im Straßenverkehr, Info 1/04. **59 %** der Personen hatten allerdings auch Alkohol getrunken, der das Risikopotential eines Verkehrsunfalls trotz „relativ geringer" THC-Konzentrationen drastisch ansteigen lässt. Auch eine Untersuchung von *Vollrath/Sachs/Babel/Krüger* (vgl. dazu BA 2005, 32ff [33]) ergab, dass von insgesamt 108 Blutproben in nur 24 % Cannabis alleine nachzuweisen war, während in **47 %** der Blutproben Betäubungsmittel in Kombination mit Alkohol ermittelt werden konnten. Cirka die Hälfte aller Cannabiskonsumenten rauchten daher Cannabis und tranken gleichzeitig Alkohol (s. dazu auch *Möller/Hartung* Drogennachweis bei verkehrsauffälligen Kraftfahrern, S. 40f). Das *VG München* vom 12.4.2005, Az. M 6b S 1063/05 führte bei diesem sogenannten „Mischkonsum" aus, dass trotz einer THC-Konzentration von unter 2,0 ng/ml nicht mehr nur von Fahreignungsbedenken und Eignungszweifeln ausgegangen werden könne, sondern hält den verwaltungsrechtlichen Entzug der Fahrerlaubnis bei einer THC-Konzentration von (nur) 1,5 ng/ml **aber in Kombination mit einer BAK** von 0,36‰ für gerechtfertigt, wenn ein Betroffener auch am Straßenverkehr teilgenommen hat.

2. Fahreignung bei nachgewiesenem gelegentlichen Konsum von Cannabis und mangelnde Trennung zwischen dem Konsum und dem Führen eines Kfz

924 Gemäß § 3 Abs. 1 S. 1 StVG i.V.m. der insofern fast gleich lautenden Vorschrift des § 46 Abs. 1 S. 1 FeV hat die Fahrerlaubnisbehörde **eine bestehende Fahrerlaubnis** zu **entziehen**, wenn sich deren Inhaber als **ungeeignet** zum Führen von Kraftfahrzeugen erweist.

Für die Frage, ob sich ein Betroffener als **Ungeeignet** zum Führen von Kraftfahrzeugen erwiesen hat, ist unter anderem gem. § 46 Abs. 1 S. 2 FeV auf **die Anlage 4 zu §§ 11, 13, 14 FeV** zurückzugreifen.[455]

Nach Ziff. 9.2.2 der Anlage 4 zu §§ 11, 13, 14 FeV kommt eine **Nichteignung** zum Führen von Kraftfahrzeugen und somit der verwaltungsrechtliche Entzug einer Fahrerlaubnis (nur) dann nicht in Betracht, wenn ein Betroffener **gelegentlich** Cannabis konsumiert **und** wenn keine „**weiteren Zusatzelemente**" vorliegen.

Ein solches „**weiteres Zusatzelement**" nach Ziff. 9.2.2 der Anlage 4 zur FeV liegt auch dann vor, wenn ein Betroffener nicht zwischen dem Konsum von Cannabis und dem Führen eines Kraftfahrzeuges **trennt**, dieser also **trotz einer positiven THC-Konzentration** im Blutserum[456] **am Straßenverkehr teilgenommen** hat.

Wolle man in einem solchen Fall allerdings schon allein auf Grund von § 46 Abs. 1 S. 2 FeV i.V.m. Ziff. 9.2.2 der Anlage 4 zu §§ 11, 13, 14 FeV annehmen, dass ein Fahrerlaubnisinhaber **grundsätzlich und ausnahmslos** als ungeeignet zum Führen von Kraftfahrzeugen zu gelten hat und eine Fahrerlaubnis deshalb sofort zwingend zu entziehen ist, so könnte dies zu kurz greifen.

a) Sofortiger und zwingender Entzug der Fahrerlaubnis auf Grund von § 11 Abs. 7 FeV

925 Nach Ansicht des VGH Bayern[457] und nach Meinung von Zwerger[458] kann die Fahrerlaubnis eines Betroffenen, der unter der verwaltungsrechtlich relevanten Wirkung von Cannabis am Straßenverkehr teilgenommen hat, nicht nur entzogen werden, sondern die Fahrerlaubnis ist auch zu entziehen. Insofern bestehe für die Fahrerlaubnisbehörde keine Ermessensentscheidung.

926 Dieser Ansicht ist jedoch zu widersprechen. Dies zeigt zum Beispiel die Vorschrift des § 14 Abs. 1 S. 4 FeV. Danach führt der gelegentliche Konsum von Cannabis und „weitere Tatsachen" nicht zwingend zum sofortigen Entzug der Fahrerlaubnis, sondern die Fahrerlaubnisbehörde kann auch eine medizinisch-psychologische Untersuchung anordnen.[459] Nach

455 Vgl. hierzu die Ausführungen zu den Rechtsgrundlagen für den verwaltungsrechtlichen Entzug einer Fahrerlaubnis unter Rn. 859ff.

456 Bereits vor dem Beschluss des *BVerfG* zum Vorliegen einer Ordnungswidrigkeit vom 21.12.2004, DAR 2005, 70ff = NZV 2005, 270ff = BA 2005, 156ff = NJW 2005, 349ff = SVR 2005, 77f gem. § 24a Abs. 2 StVG duldete ein Teil der Rechtsprechung der Oberverwaltungsgerichte (*OVG Rheinland-Pfalz* vom 13.1.2004, DAR 2004, 413f = BA 2004, 293f; *OVG Niedersachsen* vom 11.7.2003, DAR 2003, 480f = BA 2004, 183ff) eine **Tetrahydrocannabinol-Konzentration von 1 ng/ml**, ohne dass mit verwaltungsrechtlichen Maßnahmen gerechnet werden musste, vgl. *Albrecht* SVR 2005, 81ff (85).

457 Vom 7.4.2006, Az. 11 Cs 2303/05.

458 *Zwerger* DAR 2005, 431ff (431).

459 Vgl. Rn. 1102ff.

Ansicht des VG Augsburg[460] und des VG Oldenburg[461] zählt zu den „weiteren Tatsachen" i.S.v. § 14 Abs. 1 S. 4 FeV ausdrücklich auch die mangelnde Trennung zwischen dem Konsum von Cannabis und dem Führen eines Kraftfahrzeuges.

Auch die 2. Auflage des Kommentars zu den Begutachtungs-Leitlinien zur Kraftfahrereignung[462] sieht einen unmittelbaren Fahrerlaubnisentzug bei Cannabiskonsumenten nicht zwingend vor, wenn diese unter der Wirkung von Tetrahydrocannabinol ein Kraftfahrzeug führten.

Auch Satz 3 der Vorbemerkung zur Anlage 4 zu §§ 11, 13, 14 FeV verlangt keinen zwingenden Fahrerlaubnisentzug. Vielmehr ist ein Abweichen vom Regelfall möglich.[463]

Zudem ist der Entzug einer Fahrerlaubnis auch dann nicht bundeseinheitlich zwingend, wenn ein Betroffener zwar unter der Wirkung von Cannabis am Straßenverkehr teilnahm, die im Rahmen von § 81a Abs. 1 StPO i.V.m. § 46 Abs. 4 OWiG gemessene THC-Konzentration jedoch unter 2 ng/ml lag.[464]

Statt eines sofortigen Fahrerlaubnisentzuges ordnete das Landratsamt Meiningen[465] bei **927** einem Betroffenen, der mit einer **Tetrahydrocannabinol-Konzentration von 10,5 ng/ml** ein Kraftfahrzeug führte,[466] beispielsweise nur die Beibringung eines ärztlichen Gutachtens an, verbunden mit der Fragestellung, ob dieser regelmäßig oder gewohnheitsmäßig Betäubungsmittel oder andere psychoaktiv wirkende Stoffe konsumiere, die seine Fahreignung infrage stellen würden.

Das OVG Rheinland-Pfalz,[467] das OVG Thüringen,[468] das OVG Saarland,[469] der VGH Bay- **928** ern,[470] der VGH Baden-Württemberg[471] und das OVG Nordrhein-Westfalen[472] stellten in derartigen Fällen allerdings fest, dass es eines ärztlichen Gutachtens in einem solchen Fall gem. § 46 Abs. 3 FeV i.V.m. § 11 Abs. 7 FeV[473] gar nicht bedurft hätte, da die Nichteignung zum Führen von Kraftfahrzeugen bereits festgestanden habe.

Diese restriktive Rechtsprechung ist einleuchtend und hält einer rechtlichen Überprüfung **929** durchaus stand, da in solchen Fällen die **Anordnung eines ärztlichen Gutachtens** nicht zu dem Ergebnis kommen könnte, ein Betroffener würde zwischen dem Konsum und dem Führen eines Kraftfahrzeuges trennen. Allenfalls wäre eine medizinisch-psychologische Untersuchung geeignet, **prognostische** Aussagen darüber zu treffen, ob ein Betroffener **zukünftig** zwischen dem Konsum von Cannabis und dem Führen eines Kraftfahrzeuges trennt.

---

460 Vom 3.2.2004, DAR 2004, 287f = BA 2005, 261f.

461 Vom 17.2.2004, SVR 2004, 398.

462 Seite 193, Ziff. 4.2.4.

463 Vgl. Rn. 1025ff.

464 Vgl. Rn. 1126ff.

465 Am 19.8.2003.

466 Vgl. *VG Meiningen* vom 8.3.2004, Az. 2 E 1055/03.

467 Vom 9.3.2006, Az. 10 E 10099/06.

468 Vom 11.5.2004, BA 2005, 183ff = SVR 2004, 438f.

469 Vom 1.6.2006, Az. 1 W 26/06.

470 Vom 3.2.2004, SVR 2004, 396f.

471 Vom 15.11.2004, BA 2005, 187ff; vom 10.5.2004, DAR 2004, 604ff = NZV 2005, 214f = BA 2005, 189ff = SVR 2004, 397f und vom 7.3.2003, DAR 2003, 236f.

472 Vom 21.7.2004, DAR 2004, 721ff = NZV 2005, 435 = BA 2006, 253 = VRS 109, 79f.

473 Steht die Nichteignung des Betroffenen zur Überzeugung der Fahrerlaubnisbehörde fest, unterbleibt die Anordnung zur Beibringung des [scil: eines] Gutachtens.

930 Steht die mangelnde Trennung zwischen dem Konsum von Cannabis und dem Führen eines Kraftfahrzeuges aber fest, so führt dies nach § 46 Abs. 1 S. 2 FeV, Ziff. 9.2.2 der Anlage 4 zu §§ 11, 13, 14 FeV i.V.m. § 11 Abs. 7 FeV gem. §§ 3 Abs. 1 S. 1 StVG, 46 Abs. 1 S. 1 FeV **in der Regel** zur Nichteignung zum Führen von Kraftfahrzeugen, so dass es zunächst auch keiner Erörterung bedarf, ob in einem solchen Fall vor dem Entzug der Fahrerlaubnis eine medizinisch-psychologische Untersuchung vorzunehmen ist.[474]

931 Auf die Frage, ob bei einem Betroffenen eine **„Fahruntüchtigkeit"**[475] bestand, wie hoch dessen **CIF-Wert**[476] war,[477] ob sich dieser sicher oder beeinträchtigt fühlte[478] oder ob bei diesem während des Führens eines Kraftfahrzeuges „Ausfallerscheinungen" oder „Beeinträchtigungen" festgestellt wurden,[479] kommt es hier nicht an.[480]

932 Auch auf die Frage, ob ein Betroffener nur **„gelegentlich" oder „regelmäßig"** Cannabis konsumiert, kommt es hier nicht an. Es kann deshalb zunächst offen bleiben, ob einem Betroffenen auf Grund der gemessenen Tetrahydrocannabinol-Carbonsäure auch die regelmäßige Einnahme von Cannabis nach Ziff. 9.2.1 der Anlage 4 zu §§ 11, 13, 14 FeV vorgehalten werden kann, die ohnehin zusätzlich zum Entzug der Fahrerlaubnis führen würde.[481]

933 Allerdings könnte der unmittelbare und sofortige Entzug einer Fahrerlaubnis gegen den **Grundsatz der Verhältnismäßigkeit** verstoßen.[482] Die Verwaltungsbehörde wird deshalb die konkreten Umstände des jeweiligen Einzelfalles zu beurteilen haben. Sie trägt dem Grundsatz der Verhältnismäßigkeit dadurch Rechnung, dass sie die jeweils gegebenen besonderen Umstände berücksichtigt, wobei es im pflichtgemäßen Ermessen der Fahrerlaubnisbehörde liegt, wann sie, unter Beachtung des Verhältnismäßigkeitsgrundsatzes und der einschlägigen Rechtsprechung, eine Fahrt unter der Wirkung von Cannabis mit dem sofortigen Entzug der Fahrerlaubnis ahndet.

934 Hat ein Betroffener unter der verwaltungsrechtlich relevanten Wirkung von Cannabis nach Ziff. 9.2.2 der Anlage 4 zu §§ 11, 13, 14 FeV ein Kraftfahrzeug geführt, **steht der regelmäßige Konsum von Cannabis jedoch nicht fest**, entscheidet die Behörde daher nach pflichtgemäßem Ermessen über die Anordnung eines Gutachtens.[483]

---

474 *VGH Bayern* vom 11.11.2004, BA 2006, 414ff = SVR 2005, 152f; vgl. auch *Geiger* VBlBW 2004, 1ff (4).

475 *OVG Saarland* vom 1.6.2006, Az. 1 W 26/06.

476 Vgl. dazu Rn. 192ff.

477 *VGH Baden-Württemberg* vom 15.11.2005, NZV 2006, 221ff = BA 2006, 249ff = VRS 110, 374ff = NVwZ 2006, 720.

478 *OVG Hamburg* vom 15.12.2005, BA 2006, 427ff = NJW 2006, 1367ff (1370) = VRS 110, 388ff; *VGH Bayern* vom 11.11.2004, BA 2006, 414ff = SVR 2005, 152f; *VGH Bayern* vom 24.8.2004, Az. 11 Cs 1422/04; *OVG Nordrhein-Westfalen* vom 21.7.2004, DAR 2004, 721ff = NZV 2005, 435 = BA 2006, 253 = VRS 109, 79f.

479 *VG Meiningen* vom 17.3.2006, Az. 2 E 96/06.

480 Die mangelnde Trennung ergibt sich aus den positiv festgestellten THC-Werten von < 1 ng/ml; für THC-Konzentrationen von > 2,0 ng/ml s. Rn. 1124ff.

481 Vgl. dazu Rn. 786 und Rn. 914.

482 Vgl. dazu auch Rn. 1016ff.

483 *OVG Hamburg* vom 23.6.2005, BA 2006, 165ff = VRS 109, 214ff = SVR 2006, 113f; *Geiger* VBlBW 2004, 1ff (4); vgl. auch das Schreiben einer Fahrerlaubnisbehörde vom 1.3.2005 unter Rn. 919; **a.M.** *VGH Bayern* vom 7.4.2006, Az. 11 Cs 2303/05.

b) Einmaliger Konsum von Cannabis und mangelnde Trennung zwischen dem Konsum und dem Führen eines Kraftfahrzeuges

Gemäß Ziff. 9.2.2 der Anlage 4 zu §§ 11, 13, 14 FeV i.V.m. § 46 Abs. 2 S. 1 FeV **kann** die Verwaltungsbehörde die Fahrerlaubnis eines Betroffenen unter anderem dann entziehen, wenn dieser **gelegentlich** Cannabis konsumiert und nicht zwischen dem gelegentlichen Konsum von Cannabis und dem Führen eines Kraftfahrzeuges trennte. **935**

Fraglich ist jedoch, welche Maßnahmen die Fahrerlaubnisbehörde einleiten wird, wenn ein Betroffener **gar nicht gelegentlich** Cannabis konsumierte, sondern wenn dieser das Betäubungsmittel nur **erstmalig und einmalig** zu sich nahm und unter dieser erstmaligen Wirkung von Cannabis ein Kraftfahrzeug führte.

Das OVG Nordrhein-Westfalen[484] lässt diese Fragestellung nur beiläufig und „unauffällig" durch den Nebensatz „Der Antragsteller ist der in der angefochtenen Ordnungsverfügung getroffenen Feststellung des gelegentlichen Cannabiskonsums i.S.v. Ziff. 9.2.2 der Anlage 4 zu §§ 11, 13, 14 FeV **nicht** substantiiert **entgegengetreten**"[485] in seine Entscheidung einfließen.[486] **936**

Klarer und eindeutig äußern sich jedoch der VGH Baden-Württemberg,[487] der VGH Bayern[488] und das OVG Brandenburg,[489] wonach der Begriff der „gelegentlichen" Einnahme völlig unbestritten[490] jedenfalls dann nicht erfüllt sei, wenn **nur ein einmaliger Konsum** vorliegt,[491] so dass der Entzug einer Fahrerlaubnis wegen mangelnder Trennung zwischen dem gelegentlichen Konsum von Cannabis und dem Führen eines Kraftfahrzeuges, unabhängig von der Höhe der nach § 81a Abs. 1 StPO i.V.m. § 46 Abs. 4 OWiG gemessenen THC-Konzentration, ausscheidet und eine gelegentliche Einnahme von Cannabis im Sinne dieser Norm zumindest durch einen „**mehrmaligen**" (mehrere selbständige Konsumvorgänge[492]) bzw. **zweimaligen** Konsum gekennzeichnet ist.[493] **937**

---

484 Vom 21.7.2004, DAR 2004, 721ff = NZV 2005, 435 = BA 2006, 253 = VRS 109, 79f.

485 Anlass für einen Betroffenen, dieser Annahme entgegenzutreten, wird dieser jedoch nur dann haben, wenn er zu diesem Punkt auch befragt wird, vgl. *VGH Bayern* vom 27.3.2006, Az. 11 Cs 1559/05, Beschluss S. 15.

486 So auch *VGH Baden-Württemberg* vom 10.2.2006, BA 2006, 252f = VRS 110, 376ff = DÖV 2006, 483f = SVR 2006, 313.

487 Vom 29.9.2003, DAR 2004, 48f = BA 2004, 185ff.

488 Vom 7.4.2006 Az. 11 Cs 2303/05 und vom 25.01.2006, DAR 2006, 349ff.

489 Vom 13.12.2004, BA 2006, 161ff.

490 Weniger eindeutig aber bezweifelt auch durch *OVG Nordrhein-Westfalen* vom 13.10.2003, Az. 19 E 967/03.

491 So auch *Geiger* DAR 2004, 690ff (693).

492 *VGH Bayern* vom 16.8.2006, Az. 11 Cs 3394/05.

493 Unter einem „mehrmaligen" Konsum ist nicht das Rauchen von mehreren cannabishaltigen Zigaretten während eines Abends zu verstehen und eine Abgrenzung, ob eine oder mehrere „Einnahmen" vorlagen, kann nicht anhand des Handlungsbegriffes im materiellen Strafrecht erfolgen, da ansonsten auch der zweimalige Zug an ein und demselben „Joint" als zweimaliger Konsumvorgang gewertet werden müsste, wenn ein Betroffener, gleichgültig aus welchem Grund, seinen Konsum für eine gewisse Zeit unterbrochen hätte. Vielmehr stellt sich die Frage, ob es sich um einen einheitlichen zusammengehörenden Lebenssachverhalt i.S.v. § 264 StPO, also um eine Tat im strafprozessualen Sinne handelt, vgl. dazu ausführlich *VGH Bayern* vom 16.8.2006, Az. 11 Cs 3394/05; *VGH Bayern* vom 27.3.2006, Az. 11 Cs 1559/05.

938 Eine andere Meinung vertritt jedoch das OVG Hamburg,[494] wonach bereits ein einmaliger und erstmaliger Konsum von Cannabis unter den Begriff der „gelegentlichen Einnahme" zu subsumieren sei.

939 Um den **Entzug der Fahrerlaubnis zu vermeiden**, könnten Betroffene daher auf Grund der Rechtsprechung theoretisch vortragen lassen, dass diese nur einmalig und erstmalig Cannabis probiert und anschließend ein Kraftfahrzeug geführt hätten.

940 Dann liegt nämlich für die Verwaltungsbehörde ein Fall von **Eignungszweifeln** vor und sie muss vor dem Entzug einer Fahrerlaubnis der Frage nachgehen, wie oft ein Betroffener Cannabis konsumiert hat und ob ihm ein **gelegentlicher** (oder sogar regelmäßiger) **Konsum** von Cannabis überhaupt **nachgewiesen** werden kann.[495]

aa) Anordnung einer medizinisch-psychologischen Untersuchung oder Beibringung eines ärztlichen Gutachtens?

941 Fraglich ist bei der Behauptung eines Betroffenen, nur ein einziges Mal Cannabis konsumiert zu haben und dieser anschließend unter der Wirkung von Cannabis ein Kraftfahrzeug führte somit, ob die Verwaltungsbehörde eine medizinisch-psychologische Untersuchung oder die Beibringung eines ärztlichen Gutachtens anzuordnen hat.

(1) Keine medizinisch-psychologische Begutachtung nach § 14 Abs. 1 S. 4 FeV

942 Zur Klärung dieser Frage könnte auf die Entscheidungen des VG Augsburg[496] und des VG Oldenburg[497] zurückgegriffen werden, wonach die Fahrerlaubnisbehörde bei Vorliegen eines Zusatzelementes nach Ziff. 9.2.2 der Anlage 4 zu §§ 11, 13, 14 FeV berechtigt ist, **gem. § 14 Abs. 1 S. 4 FeV** eine **medizinisch-psychologische Untersuchung** anzuordnen.

Die Anordnung einer medizinisch-psychologischen Untersuchung i.S.v. § 14 Abs. 1 S. 4 FeV[498] ist aber nur möglich, wenn auch „weitere Tatsachen" i.S.v. § 14 Abs. 1 S. 4 FeV vorliegen[499] **und** wenn ein Betroffener auch „**gelegentlich**" Cannabis konsumiert.[500]

Der Wortlaut der Vorschrift des § 14 Abs. 1 S. 4 FeV setzt daher den bereits erfolgten Nachweis der gelegentlichen Einnahme von Cannabis voraus.

Die Anordnung einer medizinisch-psychologischen Untersuchung auf Grund von § 14 Abs. 1 S. 4 FeV bei der Behauptung eines Betroffenen, erstmalig und einmalig Cannabis konsumiert zu haben, scheidet deshalb wohl aus.[501]

943 Dem **stimmt** das OVG Hamburg[502] jedoch **nicht zu** und es lässt für den Fall, dass ein Betroffener behauptet, erstmalig Cannabis konsumiert zu haben, dieser jedoch unter der Wirkung

---

494 Vom 23.6.2005, BA 2006, 165ff = VRS 109, 214ff = SVR 2006, 113f und vom 15.12.2005, BA 2006, 427ff = NJW 2006, 1367ff = VRS 110, 388ff.

495 *VG Stuttgart* vom 31.7.2006, Az. 10 K 2124/06.

496 Vom 3.2.2004, DAR 2004, 287f = BA 2005, 261f.

497 Vom 17.2.2004, SVR 2004, 398.

498 § 14 Abs. 1 S. 4 FeV: Die Beibringung eines medizinisch-psychologischen Gutachtens kann angeordnet werden, wenn **gelegentliche** Einnahme von Cannabis **vorliegt** und weitere Tatsachen Zweifel an der Eignung begründen.

499 Vgl. Rn. 1104ff.

500 *VG Augsburg* vom 3.2.2004, DAR 2004, 287f = BA 2005, 261f.

501 *VGH Bayern* vom 25.1.2006, DAR 2006, 349ff = BA 2006, 422ff = SVR 2006, 393f; *VG Frankfurt/Main* vom 18.5.2005, Az. 6 E 6836/04.

502 Vom 23.6.2005, BA 2006, 165ff = VRS 109, 214ff = SVR 2006, 113f.

von Cannabis ein Kraftfahrzeug führte, mit nachvollziehbaren Argumenten auch die Anordnung einer **medizinisch-psychologischen Untersuchung** zu, denn der Verordnungsgeber hätte das Wort „gelegentlich“ anders verstanden wissen wollen.

Der Begriff „gelegentlich“ in § 14 Abs. 1 S. 4 FeV umfasse vielmehr jede Einnahme von Cannabis, die hinter dem Begriff der „regelmäßigen Einnahme“ zurückstehe und somit auch einen einmaligen Konsum.

Diese Annahme bestätige auch der Sinn und Zweck der Vorschrift, da der Gefahr, dass ein ungeeigneter Kraftfahrer am Straßenverkehr teilnehme, ansonsten nicht wirksam begegnet werden könne.

Ein Verkehrsteilnehmer, der auch nur ein einziges Mal nicht bereit war, vom Führen eines Kraftfahrzeuges unter der Wirkung von Cannabis Abstand zu nehmen, erwecke schwerwiegendste Zweifel an seiner Fahreignung. Diese Zweifel ließen sich nicht mit dem bloßen Hinweis ausräumen, dass ein Betroffener nur einmal THC konsumiert habe. Vielmehr lasse sich insbesondere die Frage einer möglichen Wiederholungsgefahr nur durch eine psychologische Beurteilung klären.

(2) Ärztliches Gutachten nach § 14 Abs. 1 S. 1 Nr. 2 FeV

Die Vorschrift des § 14 Abs. 1 S. 1 Nr. 2 FeV kommt (nur) dann zur Anwendung, wenn Tatsachen die Annahme begründen, also der **Verdacht** besteht, dass ein Betroffener Cannabis konsumiert hat.[503] Hier ist hingegen der (wenn auch nur einmalige) Konsum vom Cannabis **bereits bewiesen**. **944**

Daher scheidet zumindest **nach dem Wortlaut** dieser Vorschrift bei der Behauptung eines Betroffenen, nur ein einziges Mal Cannabis konsumiert zu haben,[504] auch die Anordnung zur Beibringung eines ärztlichen Gutachtens gem. § 14 Abs. 1 S. 1 Nr. 2 FeV aus.

Es scheint allerdings höchst bedenklich, dass der Verordnungsgeber einer Verwaltungsbehörde keinerlei Mittel an die Hand geben wollte und eine planmäßige Regelungslücke vorliegt, die bestehenden Eignungszweifel eines solchen Kraftfahrzeugführers aufzuklären und der Verordnungsgeber einen einmaligen Konsum von Cannabis und eine anschließende Fahrt mit einem Kraftfahrzeug völlig sanktionslos lassen wollte oder die entsprechenden Konsequenzen nach den Regeln der juristischen Methodenlehre an Hand anderer Befugnisnormen ermittelt werden müssten. **945**

Daher gehen der VGH Baden-Württemberg,[505] das OVG Sachsen,[506] das OVG Brandenburg[507] und der VGH Bayern[508] davon aus, dass die Fahrerlaubnisbehörde auch beim Bestehen hinreichend konkreter Anhaltspunkte für das Vorliegen eines Zusatzelementes nach Ziff. 9.2.2 der Anlage 4 zur FeV berechtigt ist, auf Grund von § 14 Abs. 1 S. 1 Nr. 2 FeV i.V.m. § 11 Abs. 2 S. 2 FeV die Beibringung eines ärztlichen Gutachtens anzuordnen.[509] **946**

503 Vgl. Rn. 733f.
504 Und dieser anschließend unter der Wirkung von Cannabis ein Kraftfahrzeug führte.
505 Vom 29.9.2003, DAR 2004, 48f = BA 2004, 185ff.
506 Vom 8.11.2001, DAR 2002, 234f.
507 Vom 13.12.2004, BA 2006, 161ff.
508 Vom 7.4.2006, Az. 11 Cs 2303/05; vom 27.3.2006, Az. 11 Cs 1559/05 und vom 25.1.2006, DAR 2006, 349ff = BA 2006, 422ff = SVR 2006, 393f.
509 So auch *VG Stuttgart* vom 31.7.2006, Az. 10 K 2124/06.

947 Zu Recht kann an dieser Stelle allerdings bemängelt werden, dass Betroffene durch eine reine **Schutzbehauptung**, nur ein einziges Mal Cannabis „probiert" und unter dieser erstmaligen Wirkung von Cannabis ein Kraftfahrzeug geführt zu haben, zumindest den sofortigen Entzug der Fahrerlaubnis abwenden könnten.

948 Soweit § 14 Abs. 1 S. 1 Nr. 2 FeV (oder § 14 Abs. 1 S. 2 FeV) ein ärztliches Gutachten rechtfertigt, ist dieses aber nicht auf ein bloßes „Drogenscreening" beschränkt, wenn das Messergebnis keine ausreichende Aussage über das Konsumverhalten enthält.[510] Auch der VGH Hessen[511] wertet ein angeordnetes Drogenscreening noch nicht als ärztliches Gutachten i.S.v. Satz 2 der Vorbemerkung der Anlage 4 zu §§ 11, 13, 14 FeV.[512]

949 Aus Sicht der Fahrerlaubnisbehörde wird sich ein ärztliches Gutachten daher wohl nicht nur auf ein Drogenscreening beschränken, sondern sinnvollerweise mit einer Haaruntersuchung zu kombinieren sein,[513] so dass eine Umgehung von Ziff 9.2.2 der Anlage 4 zu §§ 11, 13, 14 FeV nur schwer möglich scheint sondern etwaige Schutzbehauptungen für Betroffene allenfalls zum Ziel hätten, länger im Besitz ihrer Fahrerlaubnis zu bleiben.[514]

950 Aus diesem Grunde hält der VGH Bayern[515] nicht nur eine einzige ärztliche Untersuchung für zulässig sondern **mehrere zukünftige Drogenscreenings** über einen Zeitraum von einem Jahr,[516] da die Angabe eines Betroffenen, nur erstmalig und einmalig Cannabis „probiert" zu haben sich als wahrscheinlich und zutreffend erweisen dürfte, wenn dieser auch zukünftig auf den Konsum von Cannabis verzichtet und ihm ein solcher nicht nachzuweisen ist.[517]

---

510 *VGH Baden-Württemberg* vom 5.11.2001, DAR 2002, 183ff.

511 Vom 14.1.2002, zfs 2002, 599f.

512 Fraglich ist daher, welcher Aussagekraft einem Drogenscreening bzw. einem ärztlichen Gutachten überhaupt zukommt. So führt das *OVG Nordrhein-Westfalen* vom 1.12.2003, Az. 19 B 2258/03 beispielsweise aus, dass nur eine medizinisch-psychologische Untersuchung klären könne, in welchem Ausmaß ein Betroffener Kokain konsumiert habe, während der *VGH Bayern* vom 25.1.2006, DAR 2006, 349ff = BA 2006, 422ff = SVR 2006, 393f ausführt, dass sich durch eine Haaranalyse nicht zwingend ein mehrfacher Cannabiskonsum nachweisen lasse.

513 *Tourneur* Haaranalyse – Eine Bestandsaufnahme aus juristischer Sicht, S. 322; vgl. auch Rn. 993.

514 Aber auch durch eine Haaranalyse lässt sich nicht zwingend ein in der Vergangenheit mehrfach erfolgter Cannabiskonsum nachweisen, vgl. *VGH Bayern* vom 25.1.2006, DAR 2006, 349ff = BA 2006, 422ff = SVR 2006, 393f; *VGH Bayern* vom 7.4.2006, Az. 11 Cs 2303/05; zur Haaranalyse s. auch *OVG Hamburg* vom 27.8.2003, DAR 2004, 411f = BA 2005, 501ff = SVR 2004, 317f, vgl. auch Rn. 1214ff. Die Frage, ob ein Betroffener nur einmalig oder bereits mehrfach und somit gelegentlich Cannabis konsumierte, lässt sich daher nicht mit an Sicherheit grenzender Wahrscheinlichkeit durch eine ärztliche Untersuchung forensisch gesichert klären.

515 Vom 25.1.2006, DAR 2006, 349ff = BA 2006, 422ff = SVR 2006, 393f, vom 7.4.2006, Az. 11 Cs 2303/05 und vom 27.3.2006, Az. 11 Cs 1559/05.

516 Auch das *OVG Rheinland-Pfalz* vom 6.12.2004, Az. 7 B 11878/04 entschied, allerdings unter anderen Ausgangsvoraussetzungen, dass die aufschiebende Wirkung eines Widerspruchs unter der Auflage wieder hergestellt werden könne, in dem sich ein Betroffener innerhalb von 12 Monaten sechs Mal einem Drogenscreening zu unterziehen hat.

517 Unabhängig von der Tatsache, dass einem Betroffenen bei einem etwaigen zukünftigen Konsum nicht zwangsläufig unterstellt werden kann, dass er tatsächlich auch schon zuvor Cannabis konsumierte, bleibt die Problematik bestehen, dass ein Betroffener offensichtlich den sofortigen Entzug der Fahrerlaubnis auf Grund einer Schutzbehauptung abwenden kann, sofern dieser zukünftig keinerlei Betäubungsmittel mehr konsumiert.

Unabhängig von der Frage, welcher Rechtsansicht man folgen wolle und ob bei der Behauptung eines Betroffenen, nur erstmalig und einmalig Cannabis konsumiert zu haben (und dieser unter der erstmaligen Wirkung von Cannabis ein Kraftfahrzeug führte), die Beibringung eines **ärztlichen Gutachtens**, mehrere **zukünftige Drogenscreenings** oder gar eine **medizinisch-psychologische Untersuchung** anzuordnen ist,[518] kommt ein verwaltungsrechtlicher **Entzug der Fahrerlaubnis** jedoch zunächst nicht in Betracht und würde ernstlichen verfassungsrechtlichen Bedenken begegnen.[519] **951**

Dies gilt jedoch nicht, wenn ein **Rechtsanwalt** eine andere Einlassung über das Konsumverhalten seines Mandanten abgibt.

Hier zeigt sich erneut, dass sich die sofortige Auskunft eines Betroffenen über seine Konsumgewohnheiten oder die sofortige Einräumung „gelegentlichen" Cannabiskonsums für diesen nachteilig auswirken kann.[520]

---

518 Auf Grund der widersprüchlichen Ansichten werden hierzu noch von der höchstgerichtlichen Rechtsprechung Ausführungen zu machen sein.

519 *VGH Bayern* vom 25.1.2006, DAR 2006, 349ff = BA 2006, 422ff = SVR 2006, 393f (Az. 11 Cs 1453/05, Beschluss S. 13).

520 So gab ein **Rechtsanwalt** in dem Verfahren *VG Augsburg* vom 17.2.2004, Az. Au 3 K 20/04, (vgl. Urteil S. 4) beispielsweise an, „da sein Mandant **nur gelegentlich** Cannabis konsumieren würde, wäre die Anordnung einer medizinisch-psychologischen Untersuchung nicht gerechtfertigt". Da die Verwaltungsbehörde in einem solchen Fall kaum Zweifel an den Angaben eines Rechtsanwalts haben wird, scheint ein erstmaliger und einmaliger Konsum von Cannabis wohl als widerlegt. Ähnlich gelagert ist auch der Fall vor dem *VGH Bayern* vom 8.4.2003, Az. 11 Cs 2775/02. Das Gericht führte dazu aus: „Dies ergibt sich nicht nur aus den Angaben des Betroffenen in dem Ermittlungsverfahren, sondern in einer jeden Zweifel ausschließenden Weise auch aus dem **Schreiben des Rechtsanwalts** an das Landratsamt"; vgl. auch *Xanke* Straßenverkehrsstrafrecht 53. EL, Teil 2 / 1.2.1.

952 **Anordnung einer ärztlichen Untersuchung bei einmaligem Konsum von Cannabis**[521]

LANDRATSAMT

Landratsamt

Herrn

Telefax	Direkt-E-Mail-Adresse:
493	fuehrerschein @landratsamt-

Ihre Zeichen/ Ihre Nachricht vom	Bei Antwort angeben Unsere Zeichen	Telefon,Name	Zimmer-Nr.	Dienstgebäude	Datum
		394	E 02	II	15.05.2006

Vollzug des Straßenverkehrsgesetzes (StVG) und der Fahrerlaubnisverordnung (FeV);
Prüfung Ihrer Eignung zur Teilnahme am motorisierten Straßenverkehr

Sehr geehrter Herr

die Polizeiinspektion hat uns mit Schreiben vom davon informiert, dass Sie am unter Cannabiseinfluss am Steuer eines fahrerlaubnispflichtigen Fahrzeuges am Straßenverkehr teilnahmen.

Das Ergebnis der Analyse einer Ihnen entnommenen Blutprobe **(THC 5,5 ng/ml; THC-COOH 87 ng/ml)** belegt einen zumindest einmaligen Konsum von Cannabis, lässt aber für sich keinen Schluss auf Ihre Konsumgewohnheiten zu. Daher hat das Landratsamt diese Konsumgewohnheiten zu prüfen, um zu klären, ob Sie, trotzdem Sie Cannabis einnahmen, über die persönliche Eignung zur Teilnahme am Straßenverkehr verfügen.

Sie werden daher aufgefordert, der Fahrerlaubnisbehörde erstmals spätestens am und von da an während der Dauer von einem Jahr spätestens am letzten Werktag alle **3 Monate**, vorzulegen:

1. Die Bescheinigung eines Facharztes für Neurologie/Psychiatrie mit verkehrsmedizinischer Qualifikation, eines Arztes eines Gesundheitsamtes, eines anderen Arztes der öffentlichen Verwaltung, eines Arztes mit der Gebietsbezeichnung „Facharzt für Rechtsmedizin" oder eines Arztes in einer Begutachtungsstelle, der die Anforderungen nach der Anlage 14 der Fahrerlaubnisverordnung erfüllt, aus der sich ergibt, dass Sie kurzfristig an einem für Sie unvorhersehbaren und innerhalb der 3-Monats-Intervalle wechselnden

521 Vgl. dazu auch Rn. 1209.

2

Termin zur Gewinnung einer Urinprobe einbestellt wurden und dass Sie unter der Sichtkontrolle des bescheinigenden Arztes eine Urinprobe abgegeben haben, die an ein von diesem Arzt bestimmtes Labor zur Untersuchung weitergeleitet wurde

2. Die von einem Arzt des vorerwähnten medizintechnischen Labors unterzeichnete Bescheinigung, aus der hervorgeht, ob die Urinprobe von ordnungsgemäßer Beschaffenheit (Bestimmung des Kreatininwertes!) war und ob darin Amphetamin, Metamphetamin, MDMA, MDE (MDEA), MDA, DOM, DOB, Cannabis, Kokain, Opiate, Methadon, Subutex/Buprenorphin, Benzodiazepine sowie Abbauprodukte dieser Stoffe festgestellt wurden.

Bitte beachten Sie, dass die Kosten für diese Bescheinigungen und die Untersuchung der Urinproben von Ihnen als Veranlasser zu tragen sind und wir Ihnen die Fahrerlaubnis ggf. entziehen müssten, wenn in einer Urinprobe einer der o.g. Stoffe, oder ein Abbauprodukt davon, festgestellt werden würde.
Ebenso müssten wir von Ihrer Nichteignung zum Führen von Kraftfahrzeugen ausgehen, wenn Sie sich weigerten, uns die geforderten Bescheinigungen vorzulegen, uns eine Bescheinigung nicht oder nicht fristgerecht vorgelegt werden würde, oder eine Bescheinigung den oben formulierten Anforderungen nicht genügte.

Sollten sie oder der von Ihnen gewählte Arzt Fragen zu dieser Gutachtensforderung haben, stehen die Mitarbeiter der Führerscheinstelle unter den Nebenstellen gerne für telefonische Anfragen zur Verfügung.

Wir möchten Sie noch darauf hinweisen, dass der unter Nr.2 beschriebene Umfang der Analyse auf Cannabis und seine Abbauprodukte reduziert werden kann, wenn die Untersuchung der ersten Urinprobe keinen positiven Befund auf die übrigen Substanzen ergibt.

Bitte beachten Sie auch, dass gegen dieses Schreiben kein förmlicher Rechtsbehelf möglich ist.

bb) Messung und Höhe der THC-Carbonsäure (THC-COOH) bei einmaligem Konsum von Cannabis

953 Wie vorstehend ausgeführt, kommt der verwaltungsrechtliche Entzug einer Fahrerlaubnis zunächst nicht in Betracht, wenn ein Betroffener trotz Teilnahme am Straßenverkehr unter der Wirkung von Cannabis, also trotz mangelnder Trennung zwischen dem Konsum und dem Führen eines Kraftfahrzeuges, behauptet, er habe dieses Betäubungsmittel erstmalig und einmalig konsumiert und einen gelegentlichen Konsum von Cannabis bestreitet.

Fraglich ist jedoch, ob sich die Angabe eines Betroffenen, dieser habe **erstmalig und einmalig** Cannabis konsumiert, widerlegen lässt, etwa dadurch, dass die Konzentration der nach § 81a Abs. 1 StPO i.V.m. § 46 Abs. 4 OWiG gemessenen **Tetrahydrocannabinol-Carbonsäure** (THC-COOH) im Blutserum eine derartige Behauptung überhaupt als möglich erscheinen lässt.[522]

954 So behauptete ein Betroffener in dem Verfahren vor dem VG Ansbach[523] mit einer Tetrahydrocannabinol-Carbonsäurekonzentration von **77,0 ng/ml**, dass er nur ein einziges Mal Cannabis geraucht habe und die festgestellte THC-COOH-Konzentration so zustande gekommen sei.

522 Vgl. dazu auch Rn. 891ff.
523 Am 22.12.2003, s. dazu *VGH Bayern* vom 3.2.2004, SVR 2004, 396f.

In einem Verfahren vor dem VG München[524] gab ein Betroffener an, dass die im Rahmen von § 81a Abs. 1 StPO i.V.m. § 46 Abs. 4 OWiG gemessene Tetrahydrocannabinol-Carbonsäurekonzentration von **39,5 ng/ml** aus einem erstmaligen und einmaligen Cannabiskonsum „vom Vortag"[525] stamme.

Strittig war auch die Einlassung eines Betroffenen vor dem VG München,[526] wonach die nachgewiesene Tetrahydrocannabinol-Carbonsäurekonzentration von **57,1 ng/ml**[527] von einem einmaligen und erstmaligen Marihuanakonsum stamme.

955 Das Ministerium für Wirtschaft und Mittelstand, Energie und Verkehr des Landes Nordrhein-Westfalen (nunmehr Ministerium für Verkehr, Energie und Landesplanung) führt in einem Runderlass vom 15.04.1997,[528] vom 10.06.1999[529] und vom 18.12.2002[530] aus, dass ein Betroffener **gelegentlich** Cannabis konsumiere, wenn sich in seinem Blutserum eine Tetrahydrocannabinol-Carbonsäure (THC-COOH) von **mindestens 5 ng/ml** nachweisen lasse. Die Einlassung eines Betroffenen, nur ein einziges Mal und erstmalig Cannabis konsumiert zu haben, sei somit zu widerlegen.

956 Diese Feststellung begegnet aber, wie bereits unter Rn. 905ff ausgeführt, nicht wenigen Bedenken, da der Zeitpunkt der Blutentnahme genauer und differenzierter betrachtet werden muss, weshalb die Rechtsprechung bereits den Maximalwert für den **Nachweis des regelmäßigen Cannabiskonsums** von 75 ng/ml THC-COOH auf 150 ng/ml THC-COOH **verdoppelt** hat.

957 Fraglich ist daher, ob auch der Maximalwert für das vorliegenden der **Annahme eines gelegentlichen Cannabiskonsums** von **5 ng/ml THC-COOH verdoppelt** werden kann oder muss, der die Annahme rechtfertigt, bei einem Betroffenen liegt ein Hinweis auf gelegentlichen und nicht nur auf einmaligen Konsum vor.

(1) Maximalkonzentration von 10 ng/ml THC-COOH

958 Diese Verdoppelung ist nach Ansicht von Drasch[531] zu bejahen, da auch nach einem **erstmaligen** und einmaligen **Probierkonsum** von Cannabis die Tetrahydrocannabinol-Carbonsäurekonzentration langsam ansteigt und einige Stunden nach dem Rauchende **maximal 10 ng/ml THC-COOH** erreichen könne und erst „einige Tage später" auf 5 ng/ml und darunter absinke.[532]

959 Bei einer Tetrahydrocannabinol-Carbonsäurekonzentration eines Betroffenen von < 10 ng/ml im Rahmen einer Blutentnahme nach § 81a Abs. 1 StPO i.V.m. § 46 Abs. 4 OWiG sei deshalb **nicht auszuschließen**, dass dieser **erstmalig** Cannabis konsumierte.[533]

524 Vom 6.12.2002, Az. M 6a K 3406/01.

525 Ein genauer Zeitablauf zwischen der Messung der THC-Carbonsäure und dem angeblichen Konsum wird nicht genannt.

526 Vom 8.11.2004, Az. M 6b S 5112/04.

527 Und die THC-Konzentration von 8,1 ng/ml.

528 Siehe dazu auch *Himmelreich* DAR 2002, 26ff (28).

529 Az. 632-21-03/2.1; s. dazu auch *Daldrup/Käferstein/Köhler/Maier/Mußhoff* BA 2000, 39ff (41); *Geiger* DAR 2004, 184ff (186).

530 Az. VI B 2-21-03/2.1, s. *VG Aachen* vom 24.11.2004, VRS 108, 68ff.

531 Prof. Dr. Dr. Gustav *Drasch*, Universität München.

532 *VG München* vom 17.3.2005, Az. M 6b 433/05; *VG München* vom 8.11.2004, Az. M 6b S 5112/04; *VG München* vom 6.12.2002, Az. M 6a K 3406/01.

533 So auch *VGH Bayern* vom 14.1.2005, Az. 11 Cs 3119/04.

Noch klarer äußert sich das VG München[534] im **März 2005** und führt aus, dass die THC-COOH-Konzentration **mindestens 10 ng/ml** betragen müsse, um einen gelegentlichen Cannabiskonsum als gesichert anzusehen.[535] 960

Höhere THC-COOH-Konzentrationen seien nach den Ausführungen des Sachverständigen in dem Verfahren vor dem VG München[536] **nicht möglich** und auf Grund der Kumulation **auszuschließen**. Eine THC-Carbonsäure erreiche bei einem einmaligen und erstmaligen Cannabiskonsumenten eine Höhe von **höchstens 10 ng/ml.**[537] Erst wenn ein Betroffener mehrfach Haschisch rauche steige auch seine THC-Carbonsäure an.

Das OVG Rheinland-Pfalz[538] vertrat im **März 2006** eine identischen Meinung. 961

Auch Geschwinde[539] führt aus, dass die Leberzellen erst bei mehrfachem Tetrahydrocannabinol-Konsum in der Lage seien, Stoffwechselprozesse durchzuführen, also THC-COOH zu bilden. 962

(a) Andere Ansichten von Sachverständigen. Diese Aussagen müssen jedoch genauer untersucht werden, denn auf Grund einer Grafik von Bratzke[540] über THC-Konzentrationen im Blutplasma könnte der Eindruck entstehen, dass nach dem Rauchen einer mit 0,9 g Marihuana vermischten Zigarette mit einem THC-Wirkstoffgehalt von 33,8 mg auch eine **Tetrahydrocannabinol-Carbonsäure von über 40 ng/ml** erreicht werden könne, die mehr als 4 Stunden nachweisbar sei. 963

Gilg[541] führte in einem Strafverfahren vor dem AG München[542] aus, dass die bei einem Betroffenen nachgewiesene THC-Carbonsäure von **16 ng/ml** auch auf einen **einmaligen Cannabiskonsum** zurückgeführt werden könne und der Sachverständige Bedacht[543] vom gleichen Institut führte in einem anderen Strafverfahren vor dem AG München[544] aus, dass auch ein THC-COOH-Wert von **20 ng/ml bis 35 ng/ml** für einen **einmaligen Cannabiskonsum** sprechen könnte. 964

Möller[545] führt sogar aus, dass nach dem Rauchen eines „Joint", also nach **inhalativem Konsum** einer cannabishaltigen Zigarette mit einem THC-Wirkstoffgehalt von „nur" 3,5 % die THC-Carbonsäurekonzentration im Zeitraum weniger Stunden **60 ng/ml bis 80 ng/ml erreichen** könne und nur bei höheren THC-COOH-Werten nicht von einem einmaligen Konsum ausgegangen werden kann.[546] 965

534 Vom 17.3.2005, Az. M 6b S 433/05.
535 **Beachte** aber auch die veränderte Rechtsprechung des *VG München* vom 22.9.2005, Az. M 6b 2748/05.
536 Vom 6.12.2002, Az. M 6a K 3406/01.
537 *VG München* vom 6.12.2002, Az. M 6a K 3406/01, Urteil S. 9.
538 Vom 9.3.2006, Az. 10 E 10099/06.
539 *Geschwinde* Rauschdrogen, Marktformen und Wirkungsweisen, Rn. 154.
540 *Bratzke* Zur Fahrtüchtigkeit unter Drogeneinfluss aus rechtsmedizinischer Sicht, S. 18, Abb. 5.
541 Prof. Dr. Dr. Thomas *Gilg*, Universität München.
542 Vom 14.4.2005, Az. 922 Cs 492 Js 146898/04.
543 Dr. Michael *Bedacht*, Universität München.
544 Vom 21.4.2005, Az. 1035 Ds 468 Js 318636/04.
545 *Möller* § 3 Medikamente und Drogen – verkehrsmedizinisch-toxikologische Gesichtspunkte, Rn. 76.
546 Der *VGH Bayern* vom 27.3.2006, Az. 11 Cs 1559/05 setzt sich kritisch mit dieser Meinung auseinander.

966 Aderjan[547] führt dagegen aus, dass THC-COOH-Werte im Serum **von über 40 ng/ml** für einen chronischen Konsum von Cannabis sprechen würden und dieser Wert nur nach **oralem Konsum** überschritten werden könne.

967 Grotenhermen/Karus[548] wollen dagegen erst bei einer Carbonsäurekonzentration **oberhalb von 80 ng/ml** von einem „chronischen“ bzw. gewohnheitsmäßigen Konsum sprechen, während Kauert[549] bereits Tetrahydrocannabinol-Carbonsäurewerte von > 20 ng/ml „sehr hoch“ bzw. „extrem“ nennt.

968 Auch Hettenbach[550] führt aus, dass in den ersten Stunden nach dem Konsum von Cannabis der THC-COOH-Wert extrem hoch sei.

969 Offensichtlich sind sich die Wissenschaft, Sachverständigen und Gutachter auch in dieser Frage[551] völlig uneinig.

970 Stimmt man aber den vorstehenden Ausführungen in der Literatur zu, so wäre nicht nur der Runderlass des Ministeriums für Verkehr, Energie und Landesplanung des Landes Nordrhein-Westfalen[552] unanwendbar, sondern es würde auch eine **Verdoppelung** des Maximalwertes **auf 10 ng/ml THC-COOH** für das Vorliegen der Annahme eines gelegentlichen Cannabiskonsums in **keinem Fall ausreichen.**[553]

971 **(b) Gutachten von Aderjan und Stellungnahme von Mattern.** Auch Aderjan[554] und Mattern[555] führen in einem **im Jahre 2005** erstellten Gutachten[556] bzw. einer ergänzenden Stellungnahme[557] für den VGH Bayern[558] aus, dass der **Beweis** dafür, dass ein Betroffener öfter als nur ein Mal Cannabis konsumiert habe, **nicht** dadurch geführt werden könne, dass die THC-Carbonsäure eines Betroffenen eine Konzentration von mehr als 10 ng/ml aufweist, sofern die Blutentnahme innerhalb weniger Stunden nach dem Konsum von Cannabis erfolgte.

Unklar sind daher die Ausführungen des Sachverständigen in dem Verfahren vor dem VG München,[559] wonach bei einem erstmaligen Cannabiskonsum **keinesfalls (!)** eine THC-COOH-Konzentration von < 10 ng/ml auftreten könne und zu hinterfragen ist auch eine Veröffentlichung von Zwerger,[560] wonach bei einer „sporadischen“ oder „experimentellen“ Einnahme von Cannabis ein THC-COOH-Wert von 5,0 ng/ml nicht erreicht werden könne und ab einer THC-COOH-Konzentration von zumindest 10 ng/ml ein gelegentlicher Konsum **erwiesen (!)** sei.

---

547 *Aderjan* Toxikologischer Cannabisnachweis, S. 157.

548 *Grotenhermen/Karus* Cannabis, Straßenverkehr und Arbeitswelt, S. 324 u. S. 325.

549 *Kauert* BA 2002, 102ff (108).

550 *Hettenbach* § 1 Strafrecht und Ordnungswidrigkeitenrecht, Rn. 369.

551 Vgl. auch THC-Konzentration analog BAK unter Rn. 149ff und verschiedene Definitionen des Begriffes „gelegentlich“ unter Rn. 889ff.

552 Vom 15.4.1997, s. dazu *Himmelreich* DAR 2002, 26ff (28); vom 10.6.1999, Az. 632-21-03/2.1, s. dazu *Daldrup/Käferstein/Köhler/Maier/Mußhoff* BA 2000, 39ff (41) und vom 18.12.2002, Az. VI B 2-21-03/2.1, s. dazu *VG Aachen* vom 24.11.2004, VRS 108, 68ff.

553 So auch *Hettenbach* § 1 Strafrecht und Ordnungswidrigkeitenrecht, Rn. 369.

554 Prof. Dr. Rolf *Aderjan*, Universität Heidelberg.

555 Prof. Dr. Rainer *Mattern*, Universität Heidelberg.

556 Vom 29.8.2005.

557 Vom 12.9.2005.

558 Vom 25.1.2006, DAR 2006, 349ff (dort insoweit aber nicht abgedruckt, vgl. Az. 11 Cs 1453/05, Beschluss S. 7) = BA 2006, 422ff = SVR 2006, 393f.

559 Vom 6.12.2002, Az. M 6a K 3406/01.

560 *Zwerger* DAR 2005, 431ff (Ziff. 6.2.4).

(2) Ansichten der Rechtsprechung

Das VG Aachen[561] bestätigt diese kritischen Ansichten und drückt sich unmissverständlich dahingehend aus, dass ein im Rahmen von § 81a Abs. 1 StPO i.V.m. § 46 Abs. 4 OWiG festgestellter Tetrahydrocannabinol-Carbonsäurewert von **26 ng/ml** nicht belege, dass ein Betroffener gelegentlich Cannabis konsumiere. Wegen der kurzen Halbwertszeit von THC-COOH sinke ein solcher Wert rechnerisch schon nach 4,5 Tagen Abstinenz auf 3,25 ng/ml ab, so dass die Feststellung des Ministeriums für Verkehr, Energie und Landesplanung des Landes Nordrhein-Westfalen widerlegt sei, dass nur ein Wert von unter 5 ng/ml THC-COOH einen einmaligen Cannabiskonsum bestätige. **972**

Gleichwohl führt das VG Aachen[562] aus, dass bei einer Aufnahme von 15 mg THC **höchstens** eine THC-COOH-Konzentration von **40 bis 50 ng/ml** erreicht werden könne und auch das VG Neustadt[563] vertritt die wissenschaftlich nicht belegte Meinung, dass bei einem erstmaligen Konsum von Cannabis allenfalls eine THC-Carbonsäurekonzentration von **40 bis 50 ng/ml** erreicht werden könne. **973**

Klar äußert sich auch das OVG Brandenburg,[564] wonach ein THC-COOH-Wert von **44,5 ng/ml** nicht zwingend belege, dass ein Betroffener mehr als ein Mal Cannabis konsumierte. **974**

Auch in dem Verfahren vor dem OVG Hamburg[565] kam das Gericht zu dem klaren Ergebnis, dass eine THC-Carbonsäurekonzentration von **19,8 ng/ml** noch nicht belege, dass ein Betroffener mehr als ein Mal Cannabis konsumierte. **975**

Dem schließt sich der VGH Bayern[566] bei einer THC-COOH-Konzentration von **31,0 ng/ml**,[567] bei **45,5 ng/ml**[568] als auch bei **80,1 ng/ml**[569] und sogar bei **83,5 ng/ml**[570] an und nichts anderes gilt auch bei einer Carbonsäurekonzentration von **91,4 ng/ml**.[571] **976**

Eine etwaige Schutzbehauptung eines Betroffenen, dieser habe erstmalig und einmalig Cannabis konsumiert und anschließend ein Kraftfahrzeug geführt, ist daher **nicht** auf Grund der bloßen Messung und der Höhe der Tetrahydrocannabinol-Carbonsäure (THC-COOH) zu widerlegen.[572]

Folglich ist auch den Ausführungen des VG Augsburg[573] vollumfänglich zuzustimmen, wonach die Höhe einer THC-COOH-Konzentration für sich alleine noch keinen mehrfachen Cannabiskonsum beweist.

Aus diesem Grund ist deshalb auch das im folgenden Beispiel abgedruckte Schreiben einer **Fahrerlaubnisbehörde** zu berichtigen.

561 Vom 24.11.2004, VRS 108, 68ff.
562 Vom 5.1.2006, Az. 3 L 821/05.
563 Vom 22.6.2006, Az. 3 L 916/06.
564 Vom 13.12.2004, BA 2006, 161ff.
565 Vom 23.6.2005, BA 2006, 165ff = VRS 109, 214ff = SVR 2006, 113f.
566 Vom 25.1.2006, DAR 2006, 349ff = BA 2006, 422ff = SVR 2006, 393f.
567 **a.M.** noch *VGH Bayern* vom 14.7.2004, Az. 11 Cs 1513/04 bei **34 ng/ml THC-COOH**.
568 Vom 7.4.2006, Az. 11 Cs 2303/05.
569 Vom 16.8.2006, Az. 11 Cs 3394/05.
570 Vom 27.3.2006, Az. 11 Cs 1559/05.
571 VG Stuttgart vom 31.7.2006, Az. 2124/06.
572 Vielmehr würde ein forensischer Sachverständiger u.a. Angaben über die konsumierte Menge, den konsumierten Wirkstoffgehalt und über den Zeitablauf zwischen Konsumende und Blutentnahme benötigen, vgl. auch Rn. 176.
573 Vom 25.5.2005, Az. Au 3 S 413/05.

977

Gemessene THC-COOH-Konzentration von 11,2 ng/ml spreche für einen „mehrfachen Konsum" von Cannabis

M stadt

Postzustellungsurkunde

Hauptabteilung III Straßenverkehr
Kraftfahrzeugzulassungs- und
Fahrerlaubnisbehörde

Dienstgebäude:

Zimmer:
Sachbearbeitung:
Herr
Telefon:
Telefax:

Ihr Schreiben vom Ihr Zeichen

Datum
01.03.2005

Vollzug des Straßenverkehrsgesetzes (StVG)
und der Fahrerlaubnis-Verordnung (FeV);
Entziehung Ihrer Fahrerlaubnis

Sehr

nach der uns vorliegenden Mitteilung der Staatsanwaltschaft vom haben Sie am unter Einfluss von Betäubungsmitteln am Straßenverkehr teilgenommen.

Die toxikologische Untersuchung der Blutprobe vom ergab den Nachweis des vorhergehenden Konsums von Cannabis.

Cannabis ist ein Betäubungsmittel nach Anlage I zu § 1 Abs. 1 des Betäubungsmittelgesetzes (BtMG in der Fassung der Bekanntmachung vom 01.03.1994 – BGBl. I Seite 358, zuletzt geändert durch Art. 4 des Gesetzes vom 26.01.1998 – BGBl. I S.160)

Zweifel an Ihrer Fahreignung bestehen deshalb, da nach dem Ergebnis des toxikologischen Gutachtens davon auszugehen ist, dass Sie gelegentlich Cannabis konsumieren und das Führen von Kraftfahrzeugen und den Konsum nicht trennen können (Nr. 9.2.2 der Anlage 4 zur FeV).

Wann ein gelegentlicher Cannabiskonsum vorliegt, wird weder von der Anlage 4 zur FeV definiert noch von der Fahrerlaubnis-Verordnung selbst.

U-Bahn: Linien U4, U5 Tram/Bus: Linien 18, 131 Parteienverkehr: Mo.,Di.,Do.,Fr. 7.00-12.00 Uhr Di. auch 14.30-16.30 Uhr Internet: www. .de www.strassenverkehr .de

Seite 2

Nach insoweit gesicherten wissenschaftlichen Erkenntnissen ist für die Unterscheidung eines einmaligen vom gelegentlichen oder regelmäßigen Konsum von Cannabis die Konzentration des sich nur langsam abbauenden wirkungsfreien Metaboliten THC-COOH, der THC-Carbonsäure heranzuziehen, da aufgrund der langen Halbwertszeit der THC-Carbonsäure man bei regelmäßiger Cannabisaufnahme eine Kumulierung dieses Metaboliten im Blut beobachten kann (vgl. Daldrup, Käferstein, Köhler, Maier, Musshoff, Entscheidung zwischen einmaligem/gelegentlichen und regelmäßigem Cannabiskonsum, Blutalkohol 2000, 39 ff).

Bei einem Wert von THC-COOH zwischen 5,0 und 75 ng/ml (entsprechend Mikrogramm pro Liter) ist vom Vorliegen eines mindestens gelegentlichen, weil zumindest zweimaligen nachgewiesenem Cannabiskonsum mit Verdacht auf regelmäßigem Cannabiskonsum auszugehen (zu diesen Werten: Himmelreich, Cannabis-Konsum und seine Folgen für den Führerschein, DAR 2002, 28/29).

Eine Untersuchung aus dem Jahr 1999 bestätigte diese Werte.

Das Ergebnis der toxikologischen Untersuchung vom 21.09.2004 bestätigte bei Ihnen mit einem nachgewiesenen Wert von 11,2 ng/ml THC-Carbonsäure einen wiederholten und damit gelegentlichen Konsum von Cannabis (BayVGH vom 14.10.2003, 11 CS 03.2433, NdsOVG vom 11.07.2003, DAR 2003, 480; OVG NRW vom 07.01.2003, DAR 2003, 187).

Insoweit entspricht es pflichtgemäßem Ermessen, Sie zur Vorlage eines medizinisch-psychologischen Gutachtens einer amtlich anerkannten Begutachtungsstelle i.S.v. § 66 FeV aufzufordern (§ 14 Abs.1 Satz 4 FeV).

Zweck der Begutachtung ist die im Sinn der Verkehrssicherheit notwendige Aufklärung, ob Sie mittlerweile den nachgewiesenen gelegentlichen Konsum beendet haben oder zukünftig in der Lage sein werden, gelegentlichen Cannabiskonsum und das Führen eines Kraftfahrzeugs zu trennen.

Die entsprechende Begutachtungsanordnung liegt diesem Schreiben in der Anlage bei.

Mit freundlichen Grüßen
Im Auftrag

(3) Untersuchungen von Huestis/Henningfield/Cone

Auch das VG München[574] veränderte seine unter Rn. 960 aufgeführte Rechtsprechung und führte **im September 2005** aus, dass an einer Maximalkonzentration von 10 ng/ml THC-COOH bei einem erstmaligen Cannabiskonsum auf Grund **„neuerer wissenschaftlicher Erkenntnisse“**[575] von Aderjahn [sic][576] nicht mehr festgehalten werde. 978

Diese Erkenntnis ist allerdings **nicht „neu“**.[577]

574 Am 22.9.2005, Az. M 6b S 2748/05.

575 Siehe Beschluss S. 16.

576 Prof. Dr. Rolf *Aderjan*, Universität Heidelberg, Gutachten vom 29.8.2005 in dem Verfahren *VGH Bayern* vom 25.1.2006, DAR 2006, 349ff = BA 2006, 422ff = SVR 2006, 393f; vgl. auch *VGH Bayern* vom 7.4.2006, Az. 11 Cs 2303/05 und ausführlich *VGH Bayern* vom 27.3.2006, Az. 11 Cs 1559/05.

577 Vgl. jedoch auch *Aderjan* Toxikologischer Cannabisnachweis, S. 157, wonach THC-COOH-Werte im Serum von über 40 ng/ml für einen chronischen Konsum von Cannabis sprechen würden und dieser Wert nur nach oralem Konsum überschritten werden könne.

979 Huestis/Henningfield/Cone[578] haben **bereits im Jahre 1992** unter **kontrollierten Bedingungen** an 6 Personen Versuche durchgeführt und kamen zu dem Ergebnis, dass die THC-Carbonsäure im Blutplasma eines Betroffenen auch bei einem erstmaligen Marihuanakonsum mit einem THC-Wirkstoffgehalt von 3,55 % gut 2 Stunden nach der inhalativen Aufnahme **auf über 100 ng/ml (!) ansteigen** kann.[579]

Der nachstehende Auszug einer Tabelle aus einer Studie von Huestis/Henningfield/Cone mit 6 Probanden nach einmaligem inhalativem Konsum einer niedrigen und einer höheren Dosis zeigt die Konzentrationsbereiche von THC-COOH:

980 **THC-Wirkstoffgehalt 1,75 %**

	Person 1	Person 2	Person 3	Person 4	Person 5	Person 6
2,5 Std. nach dem Rauchen	10 ng/ml THC-COOH	16 ng/ml THC-COOH	15 ng/ml THC-COOH	9,2 ng/ml THC-COOH	23 ng/ml THC-COOH	49 ng/ml THC-COOH
12 Std. nach dem Rauchen	10 ng/ml THC-COOH	4,2 ng/ml THC-COOH	5,7 ng/ml THC-COOH	7 ng/ml THC-COOH	10 ng/ml THC-COOH	16 ng/ml THC-COOH

981 **THC-Wirkstoffgehalt 3,55 %**

	Person 1	Person 2	Person 3	Person 4	Person 5	Person 6
2,5 Std. nach dem Rauchen	26 ng/ml THC-COOH	30 ng/ml THC-COOH	18 ng/ml THC-COOH	29 ng/ml THC-COOH	82 ng/ml THC-COOH[580]	76 ng/ml THC-COOH
12 Std. nach dem Rauchen	17 ng/ml THC-COOH	8,4 ng/ml THC-COOH	13 ng/ml THC-COOH	24 ng/ml THC-COOH	38 ng/ml THC-COOH[581]	26 ng/ml THC-COOH
24 Std. nach dem Rauchen	9,0 ng/ml THC-COOH	8,8 ng/ml THC-COOH[582]	5,0 ng/ml THC-COOH	20,0 ng/ml THC-COOH	27,0 ng/ml THC-COOH	11,0 ng/ml THC-COOH

982 Geht man von einem mittleren THC-Wirkstoffgehalt von 5 % bis 8 % (vgl. Rn. 828) bzw. von einem solchen von 7,6 % (vgl. Rn. 823) bzw. 6,7 % (vgl. Rn. 826) aus, so ist zu beachten, dass die THC-COOH-Konzentration möglicherweise sogar höher sein kann, so dass auch eine **THC-COOH-Konzentration von über 100 ng/ml** nicht forensisch gesichert auszuschließen ist. Tetrahydrocannabinol verteilt sich bei inhalativer Aufnahme schnell im Organismus. Die Konzentration von aktivem THC steigt im Blut steil an und fällt danach „relativ

578 *Huestis/Henningfield/Cone* Blood cannabinoids; 1. Absorption of THC and formation of 11-OH-THC and THCCOOH during and after smoking marijuana, S. 276ff; vgl. auch *VGH Bayern* vom 27.3.2006, Az. 11 Cs 1559/05, Beschluss S. 10.

579 *Huestis/Henningfield/Cone* Blood cannabinoids; 1. Absorption of THC and formation of 11-OH-THC and THCCOOH during and after smoking marijuana, S. 276ff (279, Person 5).

580 Vgl. Rn. 979.

581 Das *VG Meiningen* geht in einer Entscheidung vom 17.3.2006, Az. 2 E 96/06 gleichwohl davon aus, dass ein THC-COOH-Wert von **32 ng/ml** für einen gelegentlichen Konsum von Cannabis spricht, wenn ein Betroffener vorträgt, er hätte **10 Std.** vor der Blutentnahme Cannabis konsumiert.

582 Statt eines Abfalls der THC-Carbonsäure stieg diese im Vergleich zum gemessenen Wert nach 12 Stunden an!

schnell" wieder ab. Gleichzeitig kommt es zum Anstieg des Abbauproduktes THC-Carbonsäure. Der Anstieg der Tetrahydrocannabinol-Carbonsäure nach einem erstmaligen und einmaligen Konsum von Cannabis ist neben der vergangenen Zeit nach dem Konsum von Cannabis auch von der aufgenommenen Menge (Inhalationstiefe) und dem konsumierten THC-Wirkstoffgehalt abhängig, so dass sich ein höherer THC-Wirkstoffgehalt zwangsläufig auch auf das **Abbauprodukt** der THC-Carbonsäure auswirkt.[583] Es ist folglich, anders als das VG Stuttgart[584] meint, somit wohl auch nicht vollständig auszuschließen, dass selbst eine THC-COOH-Konzentration von 118 ng/ml für einen einmaligen und erstmaligen Konsum von Cannabis sprechen könnte.

(4) Widerlegung einer Schutzbehauptung

Auf Grund der vorstehenden Ausführungen hat aus rechtsmedizinischer Sicht beispielsweise ein Betroffener in dem Verfahren vor dem VG Augsburg[585] mit einer Tetrahydrocannabinol-Konzentration von 1,2 ng/ml und einer **Tetrahydrocannabinol-Carbonsäurekonzentration von 6,5 ng/ml möglicherweise erstmalig** Cannabis konsumiert.[586] **983**

Dennoch gab der **Rechtsanwalt** des Betroffenen an,[587] „da sein Mandant ‚nur gelegentlich' Cannabis konsumieren würde, wäre die Anordnung einer medizinisch-psychologischen Untersuchung nicht gerechtfertigt".
Da die Verwaltungsbehörde in einem solchen Fall kaum Zweifel an den Angaben eines Rechtsanwalts haben wird, scheint ein erstmaliger und einmaliger Konsum von Cannabis wohl als widerlegt.[588]

Erkennt dies auch ein Betroffener und widerruft er daher seine ursprüngliche Aussage bei der Polizei,[589] wonach er (nur) gelegentlich Cannabis konsumiere, erweckt er so aber den Eindruck eines zur Erzielung des Rechtserfolges angepassten Vortrages,[590] so dass er damit kaum gehört werden wird.[591] **984**

Ist ein Betroffener bereits in der Vergangenheit **einschlägig aktenkundig in Erscheinung getreten**[592] besteht ebenfalls Grund zu der Annahme, dass dieser bereits mehrfach Cannabis konsumierte und die Einlassung eines einmaligen und erstmaligen Konsums daher als „Schutzbehauptung" zu werten ist. **985**

Finden sich bei einer Wohnungsdurchsuchung drogentypische Utensilien oder Hanfpflanzen, so erscheint ein einmaliger Konsum von Cannabis wohl zumindest als äußerst fragwürdig. **986**

583 Vgl. auch *VGH Bayern* vom 27.3.2006, Az. 11 Cs 1559/05.

584 Vom 27.7.2006, Az. 10 K 1946/06.

585 Vom 17.2.2004, Az. Au 3 K 20/04 (Urteil S. 4).

586 *Geiger* DAR 2004, 184ff (186), fordert daher auch zu Recht, dass in einem Urteil oder Beschluss grundsätzlich die Angabe gemacht werden muss, welche Wirkstoffe bzw. welche Abbauprodukte im Blutserum analysiert wurden.
Beispielsweise nicht angegeben bei: *OVG Nordrhein-Westfalen* vom 21.7.2004, DAR 2004, 721ff = NZV 2005, 435 = BA 2006, 253 = VRS 109, 79f; *VGH Baden-Württemberg* vom 7.3.2003, DAR 2003, 236f; *AG Stollberg* vom 28.10.2004, Az. 3 OWi 510 Js 30112/04; *VG Lüneburg* vom 22.3.2004, DAR 2005, 54f = BA 2005, 504f = SVR 2004, 198f.

587 **Beachte** auch *VGH Bayern* vom 17.2.2006, Az. 11 Cs 1378/05 bei einer THC-Konzentration von 2,8 ng/ml und einer THC-Carbonsäure von 23,7 ng/ml.

588 Ähnlich auch der Fall vor dem *VGH Bayern* vom 8.4.2003, Az. 11 Cs 2775/02: „Dies ergibt sich nicht nur aus den Angaben des Betroffenen in dem Ermittlungsverfahren, sondern in einer jeden Zweifel ausschließenden Weise auch aus dem **Schreiben des Rechtsanwalts** an das Landratsamt".

589 **Beachte** auch Rn. 256ff und Rn. 758ff.

590 *VG Aachen* vom 24.11.2004, VRS 108, 68ff.

591 *VG Neustadt* vom 15.7.2005, Az. 3 L 1193/05.

592 Vgl. *VG Sigmaringen* vom 9.2.2006, Az. 7 K 55/06; s. auch Rn. 748.

987 So muss ein einmaliger Konsum vom Cannabis wohl auch dann als ausgeschlossen angesehen werden, wenn ein Betroffener angibt,[593] dass er **vor mehr als 24 Stunden** Cannabis konsumiert haben will und die gemessene THC-Carbonsäure beispielsweise **77 ng/ml** beträgt, denn Untersuchungen von Huestis/Henningfield/Cone[594] haben ergeben, dass nach dem Rauchen von THC **mit einem Wirkstoffgehalt von 3,55 % nach 24 Stunden** im Blutplasma höchstens noch eine THC-COOH-Konzentration von 27,0 ng/ml nachweisbar war.[595]

Zu einer anderen Annahme wird man wohl nur / respektive dann kommen, wenn der konsumierte **THC-Wirkstoffgehalt** erheblich höher gewesen wäre, als dass durch dessen Abbau auch eine höhere THC-Carbonsäurekonzentration auftritt. Wenngleich dies nicht ausgeschlossen werden kann, muss dieser Frage hier aber nicht weiter nachgegangen werden.[596]

988 Im Übrigen widerspricht es nach Ansicht des OVG Schleswig-Holstein[597] angesichts der erheblichen Verkehrsdichte und der mangelnden polizeilichen Kontrolldichte jeglicher Lebenserfahrung, dass ein Verkehrsteilnehmer ausgerechnet nach dem erst- und einmaligen Konsum von Cannabis in eine Verkehrskontrolle gerät. Völlig auszuschließen ist dies aber nicht.

---

593 So in dem Verfahren vor dem VG Ansbach am 22.12.2003, vgl. dazu *VGH Bayern* vom 3.2.2004, SVR 2004, 396f.

594 *Huestis/Henningfield/Cone* Blood cannabinoids; 1. Absorption of THC and formation of 11-OH-THC and THCCOOH during and after smoking marijuana, S. 276ff.

595 Geht man von einem mittleren THC-Wirkstoffgehalt von 5 % bis 8 % (vgl. Rn. 828) bzw. von einem solchen von 7,6 % (vgl. Rn. 823) bzw. 6,7 % (vgl. Rn. 826) aus, so ist zu beachten, dass die THC-COOH-Konzentration höher sein kann; vgl. auch *VGH Bayern* vom 27.3.2006, Az. 11 Cs 1559/05.

596 Bereits vor dem Beschluss des *BVerfG* zum Vorliegen einer Ordnungswidrigkeit vom 21.12.2004, DAR 2005, 70ff = NZV 2005, 270ff = BA 2005, 156ff = NJW 2005, 349ff = SVR 2005, 77f gem. § 24a Abs. 2 StVG duldete ein Teil der Rechtsprechung der Oberverwaltungsgerichte (*OVG Rheinland-Pfalz* vom 13.1.2004, DAR 2004, 413f = BA 2004, 293f; *OVG Niedersachsen* vom 11.7.2003, DAR 2003, 480f = BA 2004, 183ff) eine Tetrahydrocannabinol-Konzentration von 1 ng/ml, ohne dass mit verwaltungsrechtlichen Maßnahmen gerechnet werden musste, vgl. *Albrecht* SVR 2005, 81ff (85). Nachdem sich aber spätestens 24 Stunden nach dem erstmaligen Konsum von Cannabis kein positives THC mehr im Blutserum eines Betroffenen nachweisen lässt und verwaltungsrechtliche Maßnahmen demnach nicht mehr in Betracht kommen, kann es dahingestellt bleiben, ob und in welcher Konzentration sich nach diesem Zeitablauf THC-Carbonsäure nachweisen lässt.

597 Vom 7.6.2005, Az. 4 MB 49/05 und vom 9.5.2005, Az. 4 B 43/05.

IV. Konsum von Ecstasy und Kokain gem. Ziff. 9.1 der Anlage 4 zu §§ 11, 13, 14 FeV

Gemäß § 3 Abs. 1 S. 1 StVG i.V.m. der insofern fast gleich lautenden Vorschrift des § 46 Abs. 1 S. 1 FeV hat die Fahrerlaubnisbehörde eine bestehende Fahrerlaubnis zu entziehen, wenn sich deren Inhaber als ungeeignet zum Führen von Kraftfahrzeugen erweist. **989**

Für die Frage, ob sich ein Betroffener als ungeeignet zum Führen von Kraftfahrzeugen erwiesen hat, ist unter anderem gem. § 46 Abs. 1 S. 2 FeV auf die Anlage 4 zu §§ 11, 13, 14 FeV zurückzugreifen.[598]

Gemäß **§ 46 Abs. 1 S. 2 FeV** i.V.m. **Ziff. 9.1 der Anlage 4 zu §§ 11, 13, 14 FeV** und Satz 3 der Vorbemerkung der Anlage 4 zu §§ 11, 13, 14 FeV entfällt bei der Einnahme von Betäubungsmitteln nach dem BtMG außer Cannabis, also beim Konsum von sog. „harten Drogen", in der Regel die Eignung zum Führen von Kraftfahrzeugen. **990**

1. Sofortiger und zwingender Entzug der Fahrerlaubnis auf Grund von § 11 Abs. 7 FeV

Nach Ansicht des OVG Rheinland-Pfalz,[599] des VGH Baden-Württemberg,[600] des OVG Niedersachsen,[601] des OVG Brandenburg,[602] des OVG Nordrhein-Westfalen,[603] des OVG Thüringen[604] und des OVG Bremen[605] **muss**[606] (und nicht nur „kann") die Fahrerlaubnisbehörde auf Grund der vorstehenden Vorschrift bereits nach einem **einmaligen Konsum** von Betäubungsmitteln nach dem BtMG[607] die Fahrerlaubnis eines Betroffenen entziehen.[608] **991**

---

598 Vgl. hierzu die Ausführungen zu den Rechtsgrundlagen für den verwaltungsrechtlichen Entzug einer Fahrerlaubnis unter Rn. 859ff.

599 Vom 14.2.2006, Az. 10 B 10085/06 und vom 21.11.2000, DAR 2001, 183.

600 Vom 22.11.2004, BA 2006, 247ff und vom 25.5.2002, Az. 10 S 835/02.

601 Vom 8.3.2006, Az. 12 ME 53/06; vom 19.11.2004, BA 2005, 324f = SVR 2005, 115f; vom 16.2.2004, BA 2004, 475 und vom 16.6.2003, DAR 2003, 432f.

602 Vom 22.7.2004, BA 2006, 60ff = SVR 2004, 437f.

603 Vom 25.3.2003, Az. 19 B 186/03.

604 Vom 30.4.2002, Az. 2 EO 87/02.

605 Vom 30.6.2003, DAR 2004, 284f.

606 *OVG Brandenburg* vom 22.7.2004, BA 2006, 60ff = SVR 2004, 437f; *VG Koblenz* vom 5.4.2004, Az. 143 E 3 L 882/04; *VG München* vom 27.1.2004, SVR 2004, 280; *VG Braunschweig* vom 21.1.2004, SVR 2004, 118f/237f.

607 Es ist deshalb zu **prüfen**, ob das Betäubungsmittel überhaupt in einer der Anlagen zum BtMG aufgeführt ist. Auf die Frage, ob das Betäubungsmittel auch in der Anlage zu § 24a Abs. 2 StVG aufgeführt ist, kommt es hier nicht an. Auf **Heroin**, **Morphin** und andere „harte Drogen" soll hier nicht eingegangen werden; für **Methadon** s. *OVG Saarland* vom 27.3.2006, NZV 2006, 6157f und vom 20.9.2005, Az. 1W 12/05; *VG Braunschweig* vom 28.1.2004, Az. 6 A 175/03; *VG Minden* vom 6.11.2003, Az. 3 L 1106/03; *Böllinger* Drogenpraxis, Drogenrecht, Drogenpolitik, S. 542; *Berghaus/Friedel* NZV 1994, 377ff; *Bundesanstalt für Straßenwesen* Begutachtungs-Leitlinien zur Kraftfahrereignung, S. 44; für **Khat** s. *Geiger* DAR 2004, 690ff (694f); für **Methamphetamin** s. *Müller* SVR 2006, 81ff.

608 So auch *VG Lüneburg* vom 22.3.2004, DAR 2005, 54f = BA 2005, 504f = SVR 2004, 198f.

992 Wolle man allerdings in allen Fällen des Konsumierens oder Injizierens von „harten Drogen" alleine auf Grund von § 46 Abs. 1 S. 2 i.V.m. Ziff. 9.1 der Anlage 4 zu §§ 11, 13, 14 FeV annehmen, dass sich ein Fahrerlaubnisinhaber **grundsätzlich und ausnahmslos** als ungeeignet zum Führen von Kraftfahrzeugen erwiesen hat und eine Fahrerlaubnis daher sofort **zwingend zu entziehen** ist, so könnte dies zu kurz greifen.[609]

993 Statt eines sofortigen Fahrerlaubnisentzuges ordnete das Landratsamt Altötting[610] bei einem Betroffenen nach dem Konsum von „harten Drogen"[611] beispielsweise (nur) die Vorlage eines **ärztlichen Gutachtens**[612] einschließlich einer Urin- und Haarprobenanalyse[613] an, verbunden mit der Fragestellung, „ob der Betroffene Betäubungsmittel einnehme und falls ja, ob erwartet werden könne, dass der Betroffene sicher zwischen dem Konsum von Drogen und dem Führen eines Kraftfahrzeuges trenne."

994 Das VG München[614] stellte dazu aber fest, dass es eines Gutachtens in einem solchen Fall gem. § 46 Abs. 3 FeV i.V.m. § 11 Abs. 7 FeV[615] nicht bedurft hätte, da die Nichteignung zum Führen von Kraftfahrzeugen bereits festgestanden habe.[616]

995 Steht der Konsum (und wohl auch die Injektion) von „harten Drogen" fest, so führt dies in der Regel zur Nichteignung zum Führen von Kraftfahrzeugen, so dass es zunächst auch keiner Erörterung bedarf, ob in einem solchen Fall vor dem Entzug einer Fahrerlaubnis eine **medizinisch-psychologische Untersuchung** anzuordnen ist.[617]

a) Begriff der Einnahme

996 Das OVG Brandenburg[618] und das OVG Rheinland-Pfalz[619] begründen diese restriktive Rechtsprechung beispielsweise wegen des **Begriffes „Einnahme" in Ziff. 9.1** der Anlage 4 zu §§ 11, 13, 14 FeV, worunter auch ein erstmaliges und einmaliges Konsumieren erfasst werden kann.

Eine solche **Auslegung des Begriffes „Einnahme"** ist bei einem einmaligen oder experimentellen Konsum von Ecstasy oder Kokain aber nicht zwingend.[620]

997 Der Begriff der „Einnahme" findet sich nicht nur in Ziff. 9.1 der Anlage 4 zu §§ 11, 13, 14 FeV, sondern auch in § 14 Abs. 1 S. 1 Nr. 2 FeV. Darin heißt es: „Zur Vorbereitung von Entscheidungen ordnet die Behörde an, dass ein ärztliches Gutachten beizubringen ist, wenn Tatsachen die Annahme begründen, dass die **Einnahme** von Betäubungsmitteln i.S.d. BtMG vorliegt."

Tetrahydrocannabinol ist in den Anlagen I und II zu § 1 Abs. 1 BtMG als nicht verkehrsfähiges bzw. als verkehrsfähiges, aber nicht verschreibungsfähiges Betäubungsmittel aufgeführt.

---

609 *OVG Rheinland-Pfalz* vom 23.5.2000, zfs 2000, 418f.

610 Am 26.6.2003.

611 Am 21.4.2004, Zeitablauf somit 14 Monate.

612 Bis zum 8.8.2003.

613 Vgl. Rn. 948f.

614 Am 27.1.2004, SVR 2004, 280.

615 Steht die Nichteignung des Betroffenen zur Überzeugung der Fahrerlaubnisbehörde fest, unterbleibt die Anordnung zur Beibringung des [scil: eines] Gutachtens.

616 Vgl. für Cannabis auch Rn. 928.

617 Vgl. auch Rn. 929. Dies ist allerdings nicht ganz unumstritten, vgl. *Geiger* VBlBW 2004, 1ff (4) („Ein Teil der Rechtsprechung und des Schrifttums geht davon aus ...").

618 Vom 22.7.2004, BA 2006, 60ff = SVR 2004, 437f.

619 Vom 21.11.2000, DAR 2001, 183.

620 *VG Stuttgart* vom 17.7.2002, BA 2004, 101ff; offen gelassen aber wohl ebenfalls eher verneint durch *OVG Nordrhein-Westfalen* vom 13.10.2003, Az. 19 E 967/03.

Demnach würde auf Grund des Wortlautes der Vorschrift von § 14 Abs. 1 S. 1 Nr. 2 FeV bereits der Verdacht der **einmaligen Einnahme** von Cannabis (Tetrahydrocannabinol) genügen, um die Beibringung eines ärztlichen Gutachtens anzuordnen.[621] Aber selbst aus der einmaligen bereits bewiesenen Einnahme von Cannabis (ohne Bezug zum Straßenverkehr) lässt sich noch kein hinreichender Gefahrenverdacht herleiten, der einen Eignungsmangel zum Führen von Kraftfahrzeugen als naheliegend erscheinen lässt. Die Anordnung zur Beibringung eines ärztlichen Gutachtens würde bei einer **einmaligen Einnahme** von Cannabis gegen das Übermaßverbot und gegen das allgemeine Persönlichkeitsrecht verstoßen[622] und die Anordnung zur Beibringung eines ärztlichen Gutachtens beim Verdacht der **einmaligen Einnahme** von Cannabis entfällt daher – trotz des entsprechenden Wortlautes von § 14 Abs. 1 S. 1 Nr. 2 FeV.

Es kann aber nicht gesehen werden, dass der Verordnungsgeber unter den Begriff der „Einnahme“ in Ziff. 9.1 der Anlage 4 zu §§ 11, 13, 14 FeV etwas anderes subsumieren wollte, als in der Vorschrift von § 14 Abs. 1 S. 1 Nr. 2 FeV. Daraus kann gefolgert werden, dass der **Begriff der Einnahme** nicht zwingend einen einmaligen Konsum umfassen **muss**. **998**

b) Gefährlichkeit und wissenschaftliche Erkenntnisse über den Konsum „harter Drogen“

Die Rechtfertigung der restriktiven Rechtsprechung liege nach Ansicht des VG München[623] u. a. darin begründet, dass nach dem wissenschaftlichen Erkenntnisstand das Risikopotential des Verkehrsverhaltens schon bei experimentellem Konsum von Ecstasy und erst recht bei Kokain als erheblich und bei gewohnheitsmäßigem Konsum sowie bei Crack als sehr hoch einzustufen sei und stützt sich dabei auf ein „Begleitheft“ einer Informationsveranstaltung des TÜV[624] **aus dem Jahre 1998**.[625] **999**

Berghaus[626] führte allerdings **im Jahre 2002** in einer gutachterlichen Äußerung anlässlich eines Verfahrens vor dem BVerfG[627] aus, dass auf Grund experimenteller Studien davon auszugehen sei, dass selbst bei einem gelegentlichen Konsum „normaler Dosen“ von **Amphetaminen** einschließlich **Ecstasy** keine wesentlichen Leistungseinschränkungen zu erwarten seien und der Konsum von Amphetaminen, ohne Kombination mit Alkohol, anderen Betäubungsmitteln oder Medikamenten, nur eine „geringe Gefahr“ darstelle. **1000**

Nach Ansicht von Berghaus[628] führe selbst der gelegentliche Konsum „normaler Dosen“ von **Kokain** zu keinen wesentlichen Leistungseinschränkungen und stelle ohne Kombination mit Alkohol,[629] anderen Betäubungsmitteln oder Medikamenten nur eine „geringe Gefahr“[630] für den Straßenverkehr dar. **1001**

621 Vgl. Rn. 770ff.

622 *BVerfG* vom 20.6.2002, DAR 2002, 405ff = NJW 2002, 2378ff; *BVerwG* vom 5.7.2001, DAR 2001, 522f = NJW 2002, 78ff; *BVerwG* vom 23.8.1996, DAR 1997, 81.

623 Vom 17.3.2005, Az. M 6b S 433/05; vom 8.11.2004, Az. M 6b S 5112/04 und vom 27.1.2004, SVR 2004, 280.

624 Vom 5.2.1998 in München.

625 Vgl. auch Schreiben einer Fahrerlaubnisbehörde vom 27.10.2004 unter Rn. 1014.

626 *Berghaus* BA 2002, 321ff (331); vgl. auch Rn. 50.

627 Am 20.6.2002, DAR 2002, 405ff = NJW 2002, 2378ff.

628 *Berghaus* BA 2002, 321ff (331); vgl. auch Rn. 78.

629 So auch *VGH Baden-Württemberg* vom 30.9.2003, DAR 2004, 471ff = BA 2004, 288ff unter Berufung auf eine empirische Studie von Brandt, Explorative Auswertung von Drogenbefunden auf spezifische Wirkungen von Cannabis, Ecstasy und Kokain bei Verkehrs- und Kriminaldelikten 2000, S. 127.

630 Siehe auch *VG Stuttgart* vom 17.7.2002, BA 2004, 101ff.

1002 Vollrath/Löbmann/Krüger/Schöch/Widera/Mettke[631] führen aus, das davon auszugehen sei, dass beim Konsum niedriger Konzentrationen von **Ecstasy** keine bedeutsamen Veränderungen der Fahrsicherheit entstünden.

1003 Möller,[632] Urban[633] und Iten[634] weisen zwar darauf hin, dass auch unter dem Einfluss von stimulierenden Drogen eine Fahrtüchtigkeit, trotz gesteigerter körperlicher Leistungsfähigkeit, eingeschränkt oder nicht gegeben ist; die Frage der „Gefährlichkeit" des Konsums einer harten Droge kann jedoch dahingestellt bleiben, denn ein **einmaliger Konsum** von Ecstasy oder Kokain ist in Hinblick auf die Sicherheit des Straßenverkehrs nicht „gefährlicher" als ein einmaliger oder gar gelegentlicher Konsum von Cannabis, so lange ein Betroffener überhaupt nicht am Straßenverkehr teilgenommen hat.[635] Wegen eines einmaligen oder experimentellen Konsums von Ecstasy oder Kokain muss deshalb hier auch nicht auf die Frage eines etwaigen **Suchtpotentials** eingegangen werden.[636]

Nach Ansicht des OVG Nordrhein-Westfalen[637] und des VG Stuttgart[638] muss eine Fahrerlaubnis deshalb auch bei einem einmaligen Konsum von **Amphetamin** nicht zwingend entzogen werden und nach Ansicht des VG Stuttgart[639] muss die Verwaltungsbehörde auch bei einem einmaligen Konsum von **Kokain** die Fahrerlaubnis eines Betroffenen nicht zwingend entziehen.

1004 Die Ziffer 9.1 der Anlage 4 zu §§ 11, 13, 14 FeV bedarf daher auch der Auslegung und Interpretation in **Hinblick auf sich ändernde wissenschaftliche Erkenntnisse**,[640] wobei als Grundlage jedoch nur herangezogen werden kann und darf, was in den maßgeblichen Fachkreisen allgemein und **zweifelsfrei** als richtig anerkannt ist.[641] Einzelne Meinungen, „Begleithefte" einer Informationsveranstaltung oder Ansichten und „persönliche Überzeugungen"[642] eines gehörten Sachverständigen haben daher außen vor zu bleiben.

1005 Nachdem die Wirkungen und Folgen von Drogen zwar unterschiedlich sein können, dennoch im Prinzip alle, was hier relevant ist, auf die Sicherheit des Straßenverkehrs Einfluss nehmen und Leistungseinbußen zur Folge haben (können), überzeugt es nur dann, einen **gelegentlichen** Cannabiskonsumenten gem. Ziff. 9.2.2 der Anlage 4 zu §§ 11, 13, 14 FeV als geeignet zum Führen von Kraftfahrzeugen anzusehen und einen **einmaligen** Ecstasy- oder

---

631 *Vollrath/Löbmann/Krüger/Schöch/Widera/Mettke* Fahrten unter Drogeneinfluss – Einflussfaktoren und Gefährdungspotenzial, S. 92; vgl. auch Rn. 49.

632 *Möller* § 3 Medikamente und Drogen – verkehrsmedizinisch-toxikologische Gesichtspunkte, Rn. 36; vgl. auch Rn. 52.

633 Vgl. *OVG Rheinland-Pfalz* vom 4.10.2005, Az. 7 A 10667/05; s. auch Rn. 51.

634 *Iten* Fahren unter Drogen- oder Medikamenteneinfluss, S. 143ff (144f); vgl. auch Rn. 80.

635 *Hillmann* DAR 2005, 601ff (603).

636 Vgl. dazu Rn. 45, Rn. 76 und Rn. 1233ff. Im Übrigen ist es nicht so, dass Cannabis nicht „süchtig" machen würde, sei es körperlich oder psychisch, was erst noch genauer zu untersuchen wäre und durchaus diskutiert wird, vgl. *BVerfG* vom 9.3.1994, NJW 1994, 1577ff; *Geiger* DAR 2003, 97ff (99); *Geiger* NZV 2003, 272ff (272); *Patzak/Marcus/Goldhausen* NStZ 2006, 259ff. Zu den **Langzeitfolgen** und Gefahren s. *Himmelreich* DAR 2002, 26ff (27). Zur **Abhängigkeit** s. auch *Joachimski* Grundzüge des Betäubungsmittelrechts, (dort A. „Der sachliche Geltungsbereich des Gesetzes"). Zur **Abhängigkeit von Wirkstoffen** s. *Eberth/Müller* Verteidigung in Betäubungsmittelsachen, Rn. 15; vgl. auch Rn. 22ff.

637 Vom 13.10.2003, Az. 19 E 967/03.

638 Vom 18.12.2002, Az. 3 K 4941/02.

639 Vom 17.7.2002, BA 2004, 101ff.

640 *VG Stuttgart* vom 27.1.2004, Az. 3 K 62/04.

641 *OLG Düsseldorf* vom 2.5.1994, NJW 1994, 2428f.

642 *OLG Düsseldorf* vom 2.5.1994, NJW 1994, 2428f.

Kokainkonsumenten nicht, wenn auch allgemein anerkannt und zweifelsfrei nachgewiesen werden könnte, dass der Konsum von Ecstasy oder Kokain „gefährlicher" wäre.[643]

Der sofortige Entzug einer Fahrerlaubnis gem. § 11 Abs. 7 FeV bei einem **einmaligen** oder experimentellen Konsum einer „harten Droge" ist daher auch bei einem Vergleich mit Ziff. 9.2.2 der Anlage 4 zu §§ 11, 13, 14 FeV kritisch zu hinterfragen.

Insofern hat es auch seine Berechtigung, dass Ziegert[644] darauf hinweist, dass die Anlage 4 zu §§ 11, 13, 14 FeV nicht zwischen den verschiedenen Betäubungsmitteln differenziert und einen einmaligen Ecstasykonsumenten einem einmaligen Heroinkonsumenten gleichstellt.[645]

In Hinblick auf die Sicherheit des Straßenverkehrs kann jedoch nur relevant sein, ob eine Fahreignung besteht oder nicht, was ggf. anhand eines ärztlichen Gutachtens oder einer medizinisch-psychologischen Untersuchung zu klären ist, nicht aber pauschal nach der Frage, **welche Substanz**[646] eingenommen wurde, schließlich spielt es auch hinsichtlich des Konsums von Alkohol keine Rolle, ob ein Betroffener Bier, Wein oder Schnaps trinkt.[647]

c) Verstoß gegen das Gesetz über den Verkehr mit Betäubungsmitteln

Das OVG Bremen[648] trägt der restriktiven Rechtsprechung und dem Begriff der „harte **1006**
Droge" dadurch Rechnung, im dem es auf das Suchtpotential von „harten Drogen" eingeht und überdies die bereits durch die **Illegalität** bedingte Dunkelziffer des Drogenkonsums und der Schwierigkeiten des Nachweises berücksichtigt.[649]

Auch das OVG Rheinland-Pfalz,[650] das OVG Niedersachsen[651] und das OVG Branden- **1007**
burg[652] begründen die restriktive Rechtsprechung in der Aufnahme des jeweiligen Betäubungsmittels in den Katalog des **BtMG**.[653]

Dabei ist jedoch zu berücksichtigen, dass auch Cannabiskraut und Cannabisharz als Tetrahydrocannabinol in den Anlagen I und II zu § 1 Abs. 1 BtMG als nicht verkehrsfähige bzw. als verkehrsfähige, aber nicht verschreibungsfähige Betäubungsmittel aufgeführt sind.[654] Bei einem Vergleich mit § 316 Abs. 1 StGB sind „andere berauschende Mittel" **alle** Substanzen, die in ihren Auswirkungen denen des Alkohols vergleichbar sind und zu einer Beeinträchtigung des Hemmungsvermögens sowie der intellektuellen und motorischen Fähigkeiten führen.[655] Dazu gehört zweifelsohne auch Cannabis. Zu den „berauschenden Mitteln", die psychoaktiv auf das Zentralnervensystem einwirken, zählen alle in der Anlage zu § 24a Abs. 2 StVG und den Anlagen zum BtMG aufgezählten Stoffe,[656] also Ecstasy, Kokain als

643 Das *BVerfG* hat am 24.6.1993, DAR 1993, 427ff = BA 1993, 358ff eine Sonderregelung für Cannabis verlangt.

644 *Ziegert* Alkohol- und drogenauffällige Kraftfahrer aus der Sicht der Fahrerlaubnisverordnung, S. 7ff (25).

645 Vgl. auch Rn. 14ff.

646 Vgl. zur substanzbezogenen Beurteilung auch Rn. 1290f.

647 **a.M.** *BVerwG* vom 9.6.2005, DAR 2005, 581ff (582) = NZV 2006, 52f = BA 2006, 49ff.

648 Vom 30.6.2003, DAR 2004, 284f.

649 So auch *AG Waldbröl* vom 17.5.2005, Az. 4 Ds 864/04.

650 Vom 21.11.2000, DAR 2001, 183.

651 Vom 16.6.2003, DAR 2003, 432f.

652 Vom 22.7.2004, BA 2006, 60ff = SVR 2004, 437f.

653 Vgl. auch *VG München* vom 26.5.2004, Az. M 6a S 2632/04; *VG Koblenz* vom 5.4.2004, Az. 143 E 3 L 882/04; *VG München* vom 27.1.2004, SVR 2004, 280.

654 *LG Lübeck* vom 19.12.1991, NJW 1992, 1571ff.

655 *BGH* vom 30.9.1976, VRS 53, 356; vgl. auch Rn. 94ff.

656 So auch *OLG Düsseldorf* vom 24.8.1998, StV 1999, 22f und *OLG Düsseldorf* vom 2.5.1994, NJW 1994, 2428f.

auch Delta-9-THC und damit gleichermaßen Haschisch und Marihuana, so dass eine Unterscheidung unter **Berufung auf das Gesetz über den Verkehr mit Betäubungsmitteln** nicht überzeugt.[657]

1008 Der schlichte Hinweis auf die Illegalität von Drogen dürfte im Übrigen wohl nicht ausreichen, um einen Eingriff in das Grundrecht der allgemeinen Handlungsfreiheit gem. Art. 2 Abs. 1 GG vorzunehmen,[658] denn die verwaltungsrechtliche Möglichkeit der Entziehung einer Fahrerlaubnis soll der Verhinderung von zukünftigen Gefahren für die Sicherheit des Straßenverkehrs, nicht aber der Ahndung eines in der Vergangenheit erfolgten Fehlverhaltens im Umgang mit Betäubungsmitteln dienen.[659]

d) Ansicht von Bode

1009 Auch nach Meinung von Bode[660] ist die von den überwiegenden Gerichten vertretene Ansicht, für einen Eignungsausschluss genüge i.d.R. bereits der Nachweis eines einmaligen Konsums eines im BtMG aufgeführten Rauschmittels (außer Cannabis), unzutreffend, denn nach den in den „**Begutachtungs-Leitlinien zur Kraftfahrereignung**" zusammengefassten medizinisch-wissenschaftlichen Erkenntnissen und gutachterlichen Erfahrungen liege eine mangelnde Eignung zum Führen von Kraftfahrzeugen nur dann vor, wenn die Einnahme von Drogen entweder zu einer Abhängigkeit eines Betroffenen geführt hat oder missbräuchlich[661] oder regelmäßig erfolgt und dadurch die körperlich-geistige Leistungsfähigkeit des Kraftfahrers ständig unter das erforderliche Maß herabgesetzt wird.[662]

Diese Ansicht wird auch von Möller[663] unter Berufung auf das Gutachten des gemeinsamen Beirats für Verkehrsmedizin beim Bundesminister für Verkehr und beim Bundesminister für Gesundheit,[664] gestützt, wonach ein Eignungsausschluss zum Führen von Kraftfahrzeugen (nur) dann vorliegt, wenn ein Betroffener „abhängig" ist oder wenn ein Betroffener, ohne abhängig zu sein, „regelmäßig" sog. harte Drogen zu sich nimmt.

e) Ansicht von Geiger

1010 Auch nach Ansicht von Geiger[665] wird bei einem **einmaligen oder experimentellen Konsumnachweis** ein Fahrerlaubnisentzug wohl kaum zulässig sein, solange kein negatives Gutachten vorliegt,[666] wobei Geiger[667] sogar die Meinung vertritt, dass selbst die Anordnung eines

657 *Polizeipräsidium München* Rauschfrei im Verkehr, Informationsbroschüre Drogen, Medikamente, Alkohol.

658 *Schöch* Straf- und verwaltungsrechtliche Aspekte des Fahrens unter Drogeneinfluß, S. 63; vgl. auch Rn. 607.

659 *VGH Bayern* vom 27.3.2006, Az. 11 Cs 1559/05.

660 Dr. Hans Jürgen *Bode*, Vors. Richter am Landgericht Hildesheim a.D.

661 Der Begriff des „Missbrauchs von Betäubungsmitteln", der eine hohe Dosierung und Einnahme über einen längeren Zeitraum voraussetzen würde, ist umgangssprachlich zu verstehen und unsubstantiiert, da es keinen „bestimmungsgemäßen Gebrauch" von illegalen Betäubungsmitteln gibt, vgl. *Tourneur* Haaranalyse, Eine Bestandsaufnahme aus juristischer Sicht, S. 312 und *Ders.* in Kongressbericht 2005 der Deutschen Gesellschaft für Verkehrsmedizin e.V., S. 55.

662 *Bode* DAR 2002, 24ff; s. dazu auch *Bode* BA 2006, 81ff.

663 *Möller* DAR 2003, 7ff (10).

664 3. Aufl. 1985 und 4. Aufl. 1992.

665 Harald *Geiger*, Präsident des VG München.

666 *Geiger* DAR 2004, 184ff (186); *Geiger* DAR 2003, 97ff (99); vgl. auch *Geiger* NZV 2003, 272ff (272).

667 *Geiger* DAR 2003, 97ff (99).

fachärztlichen Gutachtens bei einem einmaligen Konsum eines Betäubungsmittels außer Cannabis gegen das **Übermaßverbot** verstößt. Andererseits muss das Konsumverhalten und der angeblich nur einmalige Konsum erst einmal festgestellt und nachgewiesen werden, was, wenn überhaupt, nur durch ein ärztliches Gutachten samt Urin- und Haaruntersuchung möglich ist.[668]

Wolle man dieser Ansicht jedoch auf Grund von Gefahrenabwehrgesichtspunkten und dem **1011**
abstrakten Gefährdungsdelikt nicht folgen, so kann nach Ansicht von Geiger[669] und auch nach Ansicht des VG Bayreuth[670] sowie des VG Stuttgart[671] auf ein ärztliches Gutachten oder eine medizinisch-psychologische Untersuchung nach einem (einmaligen) Konsum von harten Drogen wohl **nur dann verzichtet** und gem. § 11 Abs. 7 FeV unmittelbar auf die Nichteignung zum Führen von Kraftfahrzeugen geschlossen werden, wenn zwar nur ein einmaliger Konsum einer harten Droge belegt ist, aber auch **Hinweise dafür vorliegen**, dass **weiterer Konsum** mit hoher Wahrscheinlichkeit **zu erwarten ist**, etwa bei Auffinden von „harten Drogen“, die zum Eigenverbrauch bestimmt waren.[672]

Diese Ansicht bestätigt auch der VGH Hessen,[673] wonach der sofortige Entzug einer Fahrer- **1012**
laubnis in Anknüpfung an einen früheren Kokainkonsum nur dann gerechtfertigt ist, wenn diese Anknüpfung auch einen hinreichend sicheren Schluss auf das künftige Konsumverhalten zulassen würde.

Vor diesem Hintergrund würde es höchst problematisch erscheinen, wenn die Fahrerlaubnis- **1013**
behörde bzw. das Verwaltungsgericht zur Beurteilung der Eignung eines Betroffenen zum Führen von Kraftfahrzeugen ausschließlich die in der Anlage 4 zu §§ 11, 13, 14 FeV getroffenen Regelungen rigoros und ohne nähere Prüfung des jeweiligen Einzelfalles anwenden und den Entzug einer Fahrerlaubnis ausschließlich mit einem Hinweis auf die Anlage 4 zu §§ 11, 13, 14 FeV begründen würde, weshalb auch dem im folgenden Beispiel abgedruckten Schreiben einer **Fahrerlaubnisbehörde** nicht vollumfänglich zugestimmt werden kann.

---

668 **a.M.** *OVG Nordrhein-Westfalen* vom 1.12.2003, Az. 19 B 2258/03, wonach nur eine medizinisch-psychologische Untersuchung klären könnte, in welchem Umfang ein Betroffener Kokain konsumiert habe; **a.M.** *Hillmann* DAR 2005, 601ff (603), der darauf hinweist, dass eine MPU ein ungeeignetes Mittel ist, um einen einmaligen Konsum von „harten Drogen“ nachzuweisen.

669 *Geiger* VBlBW 2004, 1ff (4).

670 Vom 3.6.2003, Az. B 1 S 458/03.

671 Vom 28.5.2003, Az. 3 K 1628/03.

672 So auch *Geiger* Aktuelle Rechtsprechung zum Recht der Fahrerlaubnisse [Masch.-schr. vom 18.10.2006], S. 5 (etwas anderes mag daher gelten, wenn ...).

673 Vom 14.1.2002, zfs 2002, 599f (Az. 2 TG 3008/01).

1014 **Sofortiger Entzug der Fahrerlaubnis nach dem Konsum „harter Drogen"**

M stadt

Hauptabteilung III Straßenverkehr
Kraftfahrzeugzulassungs- und
Fahrerlaubnisbehörde

Dienstgebäude:

Zimmer:
Sachbearbeitung:
Herr
Telefon:
Telefax:

Postzustellungsurkunde
Herrn

Ihr Schreiben vom | Ihr Zeichen | Datum 27.10.2004

Vollzug des Straßenverkehrsgesetzes (StVG)
und der Fahrerlaubnis-Verordnung (FeV);
Entziehung Ihrer Fahrerlaubnis

Sehr geehrte(r),

laut Mitteilung der Staatsanwaltschaft vom 24.06.2004 haben Sie am 2003 eine Verkehrsordnungswidrigkeit nach § 24 a StVG (Teilnahme am Straßenverkehr unter der Wirkung berauschender Mittel) begangen.

Das toxikologische Gutachten ergab den Nachweis des Konsums von Amphetamin.

Amphetamin ist ein Betäubungsmittel nach Anlage III zu § 1 Abs. 1 des Betäubungsmittelgesetzes (BtMG in der Fassung der Bekanntmachung vom 01.03.1994 – BGBl. I Seite 358, zuletzt geändert durch Art. 4 des Gesetzes vom 26.01.1998 – BGBl. I S.160)

Die Notwendigkeit der Entziehung der Fahrerlaubnis (§§ 3 Abs. 1 StVG, 46 Abs. 1 Satz 1 FeV) ergibt sich für eine Fahrerlaubnisbehörde dann, wenn sich jemand als ungeeignet zum Führen von Kraftfahrzeugen erweist.

Dies gilt gemäß § 46 Abs. 1 Satz 2 FeV insbesondere, wenn Erkrankungen oder Mängel nach den Anlagen 4, 5 oder 6 zur FeV vorliegen oder erheblich oder wiederholt gegen verkehrsrechtliche Vorschriften oder Strafgesetze verstoßen wurde und dadurch die Eignung zum Führen von Kraftfahrzeugen ausgeschlossen ist.

In Ziffer 9.1 der Anlage 4 zur FeV wird aufgeführt, dass die Eignung zum Führen von Kraftfahrzeugen bei Einnahme von Betäubungsmitteln im Sinn des Betäubungsmittelgesetzes (ausgenommen die Regelungen für Cannabis in Ziffer 9.2.1 für regelmäßigen Cannabiskonsum und Ziffer 9.2.2 für gelegentlichen Cannabiskonsum) nicht besteht.

U-Bahn: Linien U4, U5 | Tram/Bus: Linien 18, 31, 183 | Parteienverkehr: Mo.,Di.,Do.,Fr. 7.00-12.00 Uhr, Di. auch 14.30-16.30 Uhr | Internet: www. .de, www.strassenverkehr- .de

Seite 2

Für den Eignungsausschluss im Sinne des § 46 Abs.1 FeV i.V.m. Nr.1 der Anlage 4 zur FeV genügt also bereits der einmalige Konsum eines im Betäubungsmittelgesetz aufgeführten Rauschmittels (außer Cannabis).

Dies folgt zum einen aus dem Wortlaut „Einnahme" der auch ein erstes/ einmaliges Konsumieren eines Rauschmittels erfasst, aber auch aus der Systematik der Nr. 9 der Anlage 4 zur FeV (vgl. OVG Rheinland-Pfalz vom 21.11.2000, Az.: 7 B 11967/00, Thüringisches OVG vom 30.04.2002, Az.: 2 EO 87/02, VGH Baden-Württemberg vom 24.05.2002, Az.: 10 S 835/02 und vom 28.05.2002, Az.: 10 S 2213/01).

Die wissenschaftliche Rechtfertigung dieser Regelung liegt darin begründet, dass nach derzeitigem wissenschaftlichen Kenntnisstand das Risikopotential des Verkehrsverhaltens schon bei Probierverhalten von Ecstasy und erst recht von Kokain oder gar von Heroin als erheblich (von Crack oder LSD sogar als sehr hoch einzustufen) und bei gewohnheitsmäßigem oder missbräuchlichem Einnahmeverhalten als sehr hoch einzustufen ist (vgl. Drogen und Fahreignung, Begleitheft zur Informationsveranstaltung am 05.12.1998 in München, TÜV Med.-Psych. Institut; OVG Rheinland-Pfalz vom 21.11.2000, Az.: 7 B 11967/00).

Damit ist die Regelvermutung der Ziffer 9.1 der Anlage 4 zur FeV mit der Folge zu bejahen, dass Ihnen die Fahrerlaubnis ohne weitere Begutachtung der Fahreignung zu entziehen ist (§ 11 Abs.7 FeV).

§ 46 Abs.3 i.V.m. § 11 Abs.7 FeV bestimmt ausdrücklich, dass die Anordnung zur Beibringung eines Gutachtens unterbleibt, wenn die Nichteignung des Betroffenen zur Überzeugung der Fahrerlaubnisbehörde feststeht. Durch diese Bestimmung hat der Verordnungsgeber zu erkennen gegeben, dass eine Begutachtung nur bei Eignungszweifeln in Betracht kommt, nicht jedoch, wenn die mangelnde Eignung bereits fest steht und ohne Hinzuziehung eines Gutachters über sie entschieden werden kann (vgl. BR-Drucks. 443/98, S. 257).

Auf einen Zusammenhang zwischen der Einnahme und dem Führen von Kraftfahrzeugen kommt es bei derartigen Drogen anders als bei gelegentlichem Cannabiskonsum nicht an (vgl. auch BayVGH vom 08.04.2003, Az.: 11 CS 02.2775).

Demnach steht Ihre Nichteignung zum Führen von Kraftfahrzeugen zur Überzeugung der Führerscheinstelle der fest.

Die Fahrerlaubnis ist Ihnen deshalb gem. § 3 Abs. 1 StVG i.V.m. § 46 Abs. 1 FeV zu entziehen (derzeitige Mindestgebühr Euro 185,--).

Bevor wir die notwendigen Maßnahmen einleiten, geben wir Ihnen im Rahmen der Anhörung (Art. 28 des Bayerischen Verwaltungsverfahrensgesetzes – BayVwVfG) Gelegenheit, sich binnen 14 Tagen zu äußern.

Sie haben jedoch die Möglichkeit, den Entzug der Fahrerlaubnis abzuwenden, wenn Sie auf Ihre Fahrerlaubnis verzichten und uns binnen einer Woche beiliegende Erklärung unterschrieben unter Beigabe des Führerscheines zurücksenden.

Seite 3

Ist die Fahreignung wegen Betäubungsmittelkonsums ausgeschlossen, kann sie nur dann wieder als gegeben angesehen werden, wenn eine mindestens einjährige durchgängige Abstinenz nachgewiesen ist (vgl. BayVGH vom 02.07.2003, Az: 11 CS 03.1249).
Zusätzlich ist nach dem Nachweis der Abstinenz durch eine medizinisch – psychologische Untersuchung nachzuweisen, dass ein tiefgreifender und stabiler Einstellungswandel zum Betäubungsmittelkonsum eingetreten ist.

Wir bitten die im Anschluss an dieses Schreibens aufgeführten Hinweise zum Nachweis einer Drogenabstinenz, insbesondere die verbindlichen Voraussetzungen für ein verwertbares Ergebnis der Untersuchungen zu beachten. Dieses Schreiben ist bei den von Ihnen mit der Untersuchung beauftragten Untersuchungsstelle vorzulegen.

Mit freundlichen Grüßen
Im Auftrag

2. Mangelnder Bezug zum Straßenverkehr

1015 Gemäß § 3 Abs. 1 S. 1 StVG i.V.m. der insofern fast gleich lautenden Vorschrift des § 46 Abs. 1 S. 1 FeV hat die Fahrerlaubnisbehörde eine bestehende Fahrerlaubnis zu entziehen, wenn sich deren Inhaber als ungeeignet zum Führen von Kraftfahrzeugen erweist.

Für die Frage, ob sich ein Betroffener als ungeeignet zum Führen von Kraftfahrzeugen erwiesen hat, ist unter anderem gem. § 46 Abs. 1 S. 2 FeV auf die Anlage 4 zu §§ 11, 13, 14 FeV zurückzugreifen.[674]

Gemäß § 46 Abs. 1 S. 2 FeV i.V.m. Ziff. 9.1 der Anlage 4 zu §§ 11, 13, 14 FeV und Satz 3 der Vorbemerkung der Anlage 4 zu §§ 11, 13, 14 FeV entfällt bei der Einnahme von Betäubungsmitteln nach dem BtMG außer Cannabis, also beim Konsum von sog. „harten Drogen", in der Regel die Eignung zum Führen von Kraftfahrzeugen.

Dabei **kommt es** nach Ansicht des VGH Bayern[675] auch **nicht darauf an**, ob ein Betroffener unter der Wirkung von „harten Drogen" ein **Kraftfahrzeug führte**.[676]

Dies könnte jedoch gegen den **Grundsatz der Verhältnismäßigkeit** verstoßen.

a) Grundsatz der Verhältnismäßigkeit

1016 Verwaltungsrechtliche Maßnahmen sind nach den allgemeinen Grundsätzen des Gefahrenabwehrrechts (nur) **zulässig**, wenn eine konkrete Gefahr für den öffentlichen Straßenverkehr besteht, die bei hinreichender Wahrscheinlichkeit eines Schadeneintritts in absehbarer Zeit gegeben ist.

674 Vgl. hierzu die Ausführungen zu den Rechtsgrundlagen für den verwaltungsrechtlichen Entzug einer Fahrerlaubnis unter Rn. 859ff.

675 Vom 8.3.2006, Az. 11 Cs 1572/05; vom 4.10.2005, Az. 11 CE 2304/05 und vom 9.6.2005, Az. 11 Cs 478/05.

676 So auch *VG Trier* vom 22.2.2006, Az. 2 L 142/06; *Dencker* BA 2006, 101ff.

Die hohe Bedeutung des Schutzgutes der Sicherheit des öffentlichen Straßenverkehrs rechtfertigt es, ungeeignete Kraftfahrer von der Teilnahme am Straßenverkehr auszuschließen[677] und dadurch auch in ihre allgemeine **Handlungsfreiheit** gem. Art. 2 Abs. 1 GG und ggf. auch in ihre **Berufsfreiheit** nach Art. 12 Abs. 1 GG einzugreifen.[678]

Ungeeignet zum Führen von Kraftfahrzeugen ist ein Fahrerlaubnisinhaber schon dann, wenn körperliche Mängel festgestellt werden, welche die Fähigkeiten beseitigen, ein Kraftfahrzeug sicher zu führen. Der Eintritt einer Gefährdung oder gar eines Verkehrsunfalls muss nicht erst abgewartet werden.[679]

Neben den Grundrechten setzt aber auch der strikt zu wahrende Verhältnismäßigkeitsgrundsatz allen einschlägigen Bestimmungen Schranken.[680]

Das Übermaßverbot gilt dabei auch für das Prinzip der Verhältnismäßigkeit des Mittels.[681] Somit muss, sei es durch den Normgeber oder die Verwaltungsbehörde, ein anderes, gleich wirksames, aber weniger eingreifendes Mittel gewählt werden, wenn die Sicherheit des öffentlichen Straßenverkehrs durch weniger weitgehende Anordnungen ebenfalls erreicht werden kann.[682] Dem Übermaßverbot unterliegen alle gesetzlichen Inhaltsbestimmungen,[683] aber auch die Ausübung der gesetzlichen Ermächtigung.[684]

Die Entziehung einer Fahrerlaubnis dient dem legitimen Zweck, einen ungeeigneten Fahr- **1017**
erlaubnisinhaber davon abzuhalten, aktiv mit einem Kraftfahrzeug am öffentlichen Straßenverkehr teilzunehmen. Dadurch sollen nicht nur von ihm ausgehende Gefahren für die Sicherheit des Straßenverkehrs sondern auch damit verbundene Gefahren für Leben, Gesundheit und Eigentum anderer Bürger abgewendet werden. Der Staat hat die Pflicht sich schützend und fördernd vor die Rechtsgüter Leben und körperliche Unversehrtheit zu stellen, d.h. sie vor rechtswidrigen Eingriffen von Seiten Dritter zu bewahren.[685]

Zum Schutz dieses Rechtsguts dürfen **unter Beachtung des Verhältnismäßigkeitsgrundsatzes** Beschränkungen vorgenommen werden. Sie sind verfassungsgemäß, wenn sie zum Schutz des Rechtsguts nicht nur geeignet und erforderlich sind, sondern auch zur Art und Intensität der Rechtsgütergefährdung in einem **angemessenen Verhältnis** stehen.

Dies setzt eine **Gesamtabwägung**[686] zwischen der Schwere eines Eingriffs und dem Gewicht der ihm rechtfertigenden Gründe voraus und eine **Einzelfallprüfung**[687] ist daher nicht überflüssig.[688]

---

677 *BVerwG* vom 5.7.2001, DAR 2001, 522f = NJW 2002, 78ff.

678 *VGH Baden-Württemberg* vom 15.5.2002, DAR 2002, 370f.

679 *VG Neustadt* vom 17.1.2005, Az. 4 L 2998/04; *Hentschel* Fahrerlaubnis und Alkohol, Rn. 698; vgl. auch Rn. 146.

680 *BVerfG* vom 31.3.1987, NJW 1987, 2155ff (2156); *BVerfG* vom 21.6.1977, NJW 1977, 1525ff (1532); *BVerfG* vom 10.12.1975, NJW 1976, 559f; *BVerfG* vom 25.7.1963, BVerfGE 17, 108ff (117); *BVerfG* vom 29.7.1959, BVerfGE 10, 89ff (117); *OVG Nordrhein-Westfalen* vom 11.4.1988, VRS 75, 384ff; *OVG Nordrhein-Westfalen* vom 11.4.1974, VM 1975, 11ff.

681 *BVerfG* vom 12.11.1958, BVerfGE 8, 274ff (310); *OVG Nordrhein-Westfalen* vom 11.4.1988, VRS 75, 384ff; *OVG Niedersachsen* vom 19.10.1977, VRS 55, 311ff.

682 *BGH* vom 10.7.1980, VRS 59, 401ff (404).

683 *BVerfG* vom 7.8.1962, BVerfGE 14, 263ff (278).

684 *BVerfG* vom 12.11.1958, BVerfGE 8, 274ff (310); *BVerfG* vom 11.6.1958, BVerfGE 7, 377ff (407).

685 *BVerfG* vom 28.5.1993, BVerfGE 88, 203ff (251 u. 261); *Limbach* NZV 2001, 97ff (98); s. dazu auch *Kramer* VD 2001, 73ff (74).

686 Vgl. auch Rn. 872.

687 Siehe dazu *VG München* vom 8.11.2004, Az. M 6b S 5112/04.

688 *Ziegert* Alkohol- und drogenauffällige Kraftfahrer aus der Sicht der Fahrerlaubnisverordnung, S. 7ff (8); **a.M.** *VG Braunschweig* vom 23.2.2005, NZV 2005, 435ff = SVR 2005, 352f.

1018 Ein verfassungsrechtlich tragfähiger Anlass zur Entziehung einer Fahrerlaubnis besteht beispielsweise bei einem dauerhaften, generell die Fahreignung (und nicht lediglich situationsbedingt die Fahrtüchtigkeit) ausschließenden Eignungsmangel. In Betracht kommen hier **körperlich-geistige Mängel**, also Defizite der körperlich-geistigen **Leistungsfähigkeit** oder Fehlfunktionen, die das Unvermögen eines Betroffenen zur Folge haben, ein Kraftfahrzeug im Straßenverkehr sicher und verkehrsgerecht zu führen.

Beeinträchtigungen in Hinblick auf den **Grundsatz der Verhältnismäßigkeit**[689] sind daher (nur) angemessen, wenn die Fahrerlaubnisbehörde konkrete tatsächliche Anhaltspunkte feststellt, die den hinreichenden Verdacht fehlender Fahreignung begründen.[690]

1019 Dem öffentlichen Interesse an der Sicherheit des Straßenverkehrs steht auch das private Interesse eines Betroffenen am Erwerb oder Bestand einer Fahrerlaubnis gegenüber.

Ihr Wegfall kann die persönliche Lebensführung und damit die Wahrnehmung grundrechtlicher Freiheiten eines Fahrerlaubnisinhabers und seiner Familie nachhaltig beeinflussen. Die Fahrerlaubnis hat für einen Betroffenen nicht selten **existenzsichernde Bedeutung**. Ihre Entziehung kann insbesondere dazu führen, dass die **Ausübung des Berufes** eingeschränkt oder ganz aufgegeben werden muss.

Diese absehbaren Folgen einer Fahrerlaubnisentziehung muss ein Betroffener freilich dann hinnehmen, wenn ein hinreichender Anlass zu der Annahme besteht, dass aus seiner aktiven Teilnahme am öffentlichen Straßenverkehr eine Gefahr für dessen Sicherheit resultiert.

Das Sicherheitsrisiko muss jedoch deutlich über demjenigen liegen, das allgemein mit der Zulassung von Personen zum Führen von Kraftfahrzeugen im öffentlichen Straßenverkehr verbunden ist.

1020 Das Interesse der Allgemeinheit an der Sicherheit des Straßenverkehrs und dem aus Art. 2 Abs. 2 S. 1 GG ableitbare Auftrag des Staates zum Schutz vor erheblichen Gefahren für Leib und Leben gebieten es zwar, hohe Anforderungen an die Eignung zum Führen von Kraftfahrzeugen zu stellen; dass aber durch einen **einmaligen Konsum** von Ecstasy oder Kokain **ohne Teilnahme am Straßenverkehr** die Nichteignung zum Führen von Kraftfahrzeugen gem. § 11 Abs. 7 FeV bereits feststeht und erwiesen ist und nicht einmal ansatzweise (wenngleich auch erhebliche[691]) **Eignungszweifel** aufkommen, sondern ohne Hinzuziehung eines Gutachters[692] darüber entschieden werden kann,[693] stößt unter Berücksichtigung der Verhältnismäßigkeitsgrundsätze[694] auf erhebliche Bedenken und dürfte deshalb auch nach Ansicht von Geiger[695] einer höchstrichterlichen Rechtsprechung kaum standhalten.

---

689 Siehe dazu auch *Hentschel* Fahrerlaubnis und Alkohol, Rn. 706f.

690 *VGH Baden-Württemberg* vom 28.10.2004, DAR 2005, 352ff (354).

691 Auch erhebliche Eignungszweifel rechtfertigen noch keinen verwaltungsrechtlichen Entzug einer Fahrerlaubnis, vgl. *VG Kassel* vom 24.6.2004, BA 2006, 253ff (255).

692 Siehe dazu *Geiger* DAR 2003, 97ff (99).

693 Vgl. Verordnung über die Zulassung von Personen zum Straßenverkehr und zur Änderung straßenverkehrsrechtlicher Vorschriften, BR-Drucksache 443/98, S. 257.

694 Das Gebot der Verhältnismäßigkeit im engeren Sinn verlangt, dass die Schwere des Eingriffs bei einer Gesamtabwägung nicht außer Verhältnis zu dem Gewicht der ihn rechtfertigenden Gründe stehen darf, vgl. *BVerfG* vom 4.4.2006, Az. 1 BvR 518/02.

695 *Geiger* NZV 2003, 272ff (272); vgl. auch Rn. 951 und Rn. 1024.

Die Vorschrift der Ziff. 9.1 der Anlage 4 zu §§ 11, 13, 14 FeV ist daher verfassungsgemäß auszulegen.[696]

b) Vergleich mit § 69 Abs. 1 S. 1 StGB

Diese Ansicht findet ihre Stütze auch bei einem **Vergleich mit dem Strafrecht**. **1021**

Das Merkmal des für die verwaltungsbehördliche Fahrerlaubnisentziehung verwendeten Begriffes der „Ungeeignetheit" in § 46 Abs. 1 FeV entspricht zweifelsohne auch und insbesondere dem in § 3 Abs. 1 StVG[697] gleichlautenden Begriff, der seinerseits mit der in § 2 Abs. 4 S. 1 StVG[698] getroffenen Legaldefinition der **Eignung** zum Führen von Kraftfahrzeugen korrespondiert.[699] Dies bestätigt auch Cramer,[700] wonach sich der Begriff der (Anm. charakterlichen) Ungeeignetheit (auch) (weitgehend) mit dem in **§ 69 Abs. 1 StGB**[701] deckt. Entsprechend schlussfolgernd liegt es Nahe, für die Definition des Begriffes „ungeeignet" (und folglich für den Entzug einer Fahrerlaubnis) auch die **Rechtsprechung des Bundesgerichtshof** zu § 69 Abs. 1 StGB[702] heranzuziehen und zu beachten.[703]

- Danach begründet ein „Mangel", der jedoch **keinerlei Verkehrsinteressen** berührt, noch keine zwingende Ungeeignetheit zum Führen von Kraftfahrzeugen i.S.v. § 69 Abs. 1 StGB.[704]
- Aus der Rechtsprechung des BGH ergibt sich weiter, dass eine Nichteignung zum Führen von Kraftfahrzeugen gem. § 69 Abs. 1 StGB (nur) vorliegt und der Entzug einer Fahrerlaubnis wegen Ungeeignetheit zum Führen von Kraftfahrzeugen somit (nur) dann in Betracht kommt, wenn aus der begangenen Straftat („Rauschgift"[705]) eines Betroffenen Anhaltspunkte dafür zu erkennen sind, dass dieser bereit ist, die **Sicherheit des Straßenverkehrs** seinen eigenen kriminellen Interessen unterzuordnen.[706]

---

696 So auch schon die Auslegung der Vorschrift des § 24a Abs. 2 StVG durch das *BVerfG* vom 21.12.2004, DAR 2005, 70ff = NZV 2005, 270ff = BA 2005, 156ff = NJW 2005, 349ff = SVR 2005, 77f (Az. 1 BvR 2652/03), vgl. Rn. 502ff und die Auslegung der Vorschrift des § 14 Abs. 1 S. 1 Nr. 2 FeV durch das *BVerfG* vom 20.6.2002, DAR 2002, 405ff = NJW 2002, 2378 (Az. 1 BvR 2062/96) bzw. durch das *BVerwG* vom 5.7.2001, DAR 2001, 522f = NJW 2002, 78ff (Az. 3 C 13/01), vgl. Rn. 768ff.

697 *BVerwG* vom 17.12.1976, DAR 1977, 161ff (165); *Bode* ZVS 1987, 50ff (52); *Wendlinger* NZV 2006, 505ff (507).

698 Geeignet zum Führen von Kraftfahrzeugen ist, wer die notwendigen körperlichen und geistigen Anforderungen erfüllt und nicht erheblich oder nicht wiederholt gegen verkehrsrechtliche Vorschriften oder gegen Strafgesetze verstoßen hat.

699 *Hentschel* Straßenverkehrsrecht, § 2 StVG Rn. 7ff; § 3 StVG Rn. 3ff; *Scheufen/Müller-Rath* NZV 2006, 353ff (356). *Hentschel* Fahrerlaubnis und Alkohol, Rn. 697; *Hentschel* Trunkenheit, Fahrerlaubnisentziehung, Fahrverbot, Rn. 599.

700 *Cramer*, Straßenverkehrsrecht, Band 1, § 69 StGB Rn. 11.

701 Wird jemand wegen einer rechtswidrigen Tat, die er bei oder im Zusammenhang mit dem Führen eines Kraftfahrzeugs oder unter Verletzung der Pflichten eines Kraftfahrzeugführers begangen hat, verurteilt oder nur deshalb nicht verurteilt, weil seine Schuldunfähigkeit erwiesen oder nicht auszuschließen ist, so entzieht ihm das Gericht die Fahrerlaubnis, wenn sich aus der Tat ergibt, dass er zum Führen von Kraftfahrzeugen **ungeeignet** ist.

702 Früher § 42 m StGB.

703 Vgl. Rn. 859ff.

704 *BGH* vom 3.12.2002, DAR 2003, 128; vgl. auch *Hentschel* Fahrerlaubnis und Alkohol, Rn. 704.

705 *OVG Nordrhein-Westfalen* vom 21.7.2004, DAR 2004, 721ff = NZV 2005, 435 = BA 2006, 253 = VRS 109, 79f; *BayObLG* vom 20.1.2003, NZV 2003, 252f; *OLG Zweibrücken* vom 3.5.2001, DAR 2002, 135f = BA 2002, 129f = NStZ 2002, 95f; *OVG Rheinland-Pfalz* vom 21.11.2000, DAR 2001, 183; *VG Sigmaringen* vom 19.11.2003, Az. 9 K 582/03.

706 *BGH* vom 27.4.2005, DAR 2005, 452ff = NZV 2005, 486ff = BA 2005, 311ff (Az. GSSt 2/04).

- Zwischen der (Straf-)Tat und der Sicherheit des Straßenverkehrs muss daher ein **verkehrsspezifischer Zusammenhang** bestehen.[707]

Das strafgerichtliche Verfahren und das Verwaltungsverfahren sind zwar zwei formal selbständige Verfahren, die auch unterschiedlichen Zwecken dienen[708] und die Entziehung der Fahrerlaubnis im strafgerichtlichen Verfahren nach § 69 StGB ist eine Maßregel der Sicherung und Besserung, während die Verwaltungsbehörde nach dem Straßenverkehrsgesetz die Eignung eines Betroffenen zum Führen eines Kraftfahrzeuges zu beurteilen hat und dabei alle für den Einzelfall bedeutsamen Umstände, die über die körperliche und/oder geistige Eignung zum Führen eines Kraftfahrzeuges Aufschluss geben können, überprüfen und berücksichtigen muss;[709] allerdings wäre es kaum verständlich, dass der Verordnungs- bzw. Gesetzesgeber unter den Begriff der Ungeeignetheit in der Fahrerlaubnisverordnung und im Straßenverkehrsgesetz etwas anderes subsumieren wollte[710] als im Strafgesetzbuch.

Ein etwaiger Widerspruch kann daher jedenfalls nicht durch einen bloßen Hinweis darauf, dass die Fahrerlaubnisverordnung dem **präventiven** Verwaltungsrecht zuzuordnen ist, geheilt werden.[711]

Wenn die Fahrerlaubnisbehörde nach dem Konsum von Ecstasy oder Kokain gem. § 11 Abs. 7 FeV keinerlei Zweifel an der Nichteignung zum Führen von Kraftfahrzeugen haben und unmittelbar auf die Nichteignung zum Führen von Kraftfahrzeugen schließen will, so muss demnach doch wenigstens ein erforderlicher spezifischer Zusammenhang zwischen Tat und Verkehrsgeschehen stattfinden.

c) Charakterlich-sittliche Mängel

1022 Das **Bundesverfassungsgericht**[712] nimmt zwar an, dass auch **„charakterlich-sittliche Mängel“** einen verfassungsrechtlich tragfähigen Anlass zur Entziehung einer Fahrerlaubnis darstellen; solche „charakterlichen Mängel“ liegen nach Ansicht des **Bundesgerichtshof** (aber nur dann) vor, wenn

- von einem Betroffenen **nach sorgfältiger Prüfung** des Tathergangs, seiner Persönlichkeit und seiner Lebensführung nicht erwartet werden kann, dass dieser gewillt und fähig ist, „den Lockungen zu widerstehen“ und den besonderen Gefahren zu begegnen, die sich aus dem Führen eines Kraftfahrzeuges ergeben.[713]
- und wenn ein Betroffener bereit ist, das Interesse der Allgemeinheit an sicherer und verkehrsgerechter Fahrweise den jeweiligen eigenen Interessen unterzuordnen und hieraus resultierende Gefährdungen oder Beeinträchtigungen des Verkehrs in Kauf zu nehmen.[714]

---

707 *BGH* vom 31.5.2005, Az. 4 StR 175/03; *BGH* vom 31.5.2005, Az. 4 StR 155/03; *BGH* vom 27.4.2005, DAR 2005, 452ff = NZV 2005, 486ff = BA 2005, 311ff; *BGH* vom 16.9.2003, DAR 2003, 563ff = BA 2004, 164ff; vgl. auch *BGH* vom 25.2.1954, NJW 1954, 1167f (Az. 1 StR 633/53); *Hentschel* Fahrerlaubnis und Alkohol, Rn. 699.

708 *OVG Rheinland-Pfalz* vom 9.3.2006, Az. 10 E 10099/06.

709 *BVerwG* vom 29.8.1995, Az. 11 B 92/95.

710 Ähnlich auch die Problematik der Identität des Begriffes „Einnahme“ in § 14 Abs. 1 S. 1 Nr. 2 FeV und in Ziff. 9.1 der Anlage 4 zu §§ 11, 13, 14 FeV.

711 *Dencker* BA 2006, 101ff; *Dencker* DAR 2004, 626ff (631).

712 Vom 23.6.2000, Az. 1 BvR 830/00.

713 *BGH* vom 25.2.1954, NJW 1954, 1167f (Az. 1 StR 633/53); vgl. auch *Hentschel* Fahrerlaubnis und Alkohol, Rn. 699 und *OLG Saarbrücken* vom 20.5.1965, NJW 1965, 2313ff sowie *Piesker* NZV 2002, 297ff (299).

714 Vgl. *BGH* vom 27.4.2005, DAR 2005, 452ff = NZV 2005, 486ff = BA 2005, 311ff; *Hentschel* Fahrerlaubnis und Alkohol, Rn. 770.

Ausdruck eines charakterlich-sittlichen Mangels ist es also, wenn ein Fahrerlaubnisinhaber nicht bereit wäre, vom Führen eines Kraftfahrzeuges im öffentlichen Straßenverkehr abzusehen (**unzureichende Trennungsbereitschaft**).

Auch der VGH Baden-Württemberg[715] führt aus, dass bei der Nichteignung zum Führen von Kraftfahrzeugen auf den **charakterlich-sittlichen Mangel** eines Kraftfahrzeugführers abzustellen sei und ein solcher insbesondere dadurch zum Ausdruck komme, dass ein Betroffener nicht bereit ist, vom Führen eines Kraftfahrzeuges im öffentlichen Straßenverkehr abzusehen.[716]

Dass bereits ein die Fahreignung vollkommen **zweifelsfrei** (§ 11 Abs. 7 FeV) ausschließender **charakterlicher und sittlicher Mangel** vorliegt, wenn ein Betroffener bei einer Party"[717] einmal eine Ecstasy-Tablette „probierte" und nicht mit dem Auto fuhr[718] und somit kein **Bezug zum Straßenverkehr** vorliegt, vermag deshalb ohne vorherige psychologische Beurteilung nicht zu überzeugen und dürfte daher kaum als alleinige Grundlage für den sofortigen Entzug einer Fahrerlaubnis ausreichen.[719]

Entsprechend kann auch die Ausführung des VG Lüneburg[720] verstanden werden, wonach **1023**
es sich bei Ecstasy um eine „harte Droge" handele, „bei deren Einnahme – **und erst recht bei nachfolgendem Führen eines Kraftfahrzeuges** unter dem Einfluss dieser Droge – sofort auf die Ungeeignetheit des Fahrerlaubnisinhabers geschlossen werden könne".

Ähnlich kann auch eine Entscheidung des VG Wiesbaden[721] interpretiert werden, in der das Gericht sinngemäß ausführt: „Die Entscheidung des VGH Hessen vom 14.01.2002, Az. 2 TG 3008/01 kann nicht herangezogen werden,[722] da bei dem dortigen Betroffenen Benzoylecgonin nach Kokainkonsum – anders als im vorliegenden Fall – nicht **anlässlich der Teilnahme am Straßenverkehr** nachgewiesen wurde und dem Betroffenen in dem vorliegenden Verfahren nicht vorgeworfen wird, dass er lediglich einmalig Amphetamin konsumiert habe, sondern dass er unter dem Einfluss dieses Betäubungsmittels **ein Kraftfahrzeug führte**".

Auch das OVG Niedersachsen[723] bemerkt, „erschwerend kommt hinzu, dass der Betroffene **unter dem ‚Einfluss' von Ecstasy ein Kraftfahrzeug geführt** hat."[724]

---

715 Vom 15.11.2005, NZV 2006, 221ff = BA 2006, 249ff = VRS 110, 374ff = NVwZ 2006, 720.

716 Das Gericht bezog sich im konkreten Fall allerdings nur auf THC und der mangelnden Trennung zwischen dem Konsum von Cannabis und dem Führen eines Kraftfahrzeuges.

717 Rave-Party; so bezeichnet vom *VGH Baden-Württemberg* am 13.12.2002, Az. 10 S 2200/02 und *VG Sigmaringen* am 10.9.2002, Az. 3 K 1583/02; hingegen von *Bundeszentrale für gesundheitliche Aufklärung* Drogenkonsum in der Partyszene, Entwicklungen und aktueller Kenntnisstand S. 30, eher der „Techno-Szene" zuzurechnen. Diese offensichtliche Unklarheit erklärt sich dadurch, dass auf „Rave-Partys" zahlreiche Arten von „Techno-Musik" gespielt werden. „Rave-Musik" ist damit zum Synonym für populäre Art der „Techno-Musik" geworden.

718 So *VG Braunschweig* vom 21.1.2004, SVR 2004, 118f/237f.

719 **Beachte** aber Rn. 1044.

720 Vom 22.3.2004, DAR 2005, 54f = BA 2005, 504f = SVR 2004, 198f.

721 Vom 25.7.2005, Az. 7 G 746/05.

722 Vgl. Rn. 1012.

723 Vom 16.6.2003, DAR 2003, 432f.

724 So auch *VG Trier* vom 22.2.2006, Az. 2 L 142/06.

d) Ansicht des Bundesverwaltungsgerichts

1024 Es sprechen zumindest einige Indizien dafür, dass auch das **Bundesverwaltungsgericht** die Auffassung vertreten könnte,[725] dass der unmittelbare Entzug einer Fahrerlaubnis nach einem erstmaligen, einmaligen bzw. experimentellen Konsum einer „harten Droge" **ohne Teilnahme am Straßenverkehr** ohne vorherige Anordnung zur Beibringung eines medizinisch-psychologischen Gutachters, also ein Fahrerlaubnisentzug nach § 11 Abs. 7 FeV, gegen den **Grundsatz der Verhältnismäßigkeit** und gegen das Übermaßverbot verstößt, denn das BVerwG[726] führte bereits zur Anordnung einer medizinisch-psychologischen Untersuchung aus:

- dass eine schematische und generalisierende Betrachtung dem Maßstab des Verhältnismäßigkeitsgrundsatzes nicht gerecht wird, sondern vielmehr eine **Einzelfallbetrachtung** unter Einbeziehung aller relevanten Umstände erforderlich ist

und

- dass es ein **wesentlicher** Unterschied sei, ob ein Betroffener ein einziges Mal Betäubungsmittel konsumiert hat oder ob sich der Konsum über einige oder längere Zeit hinzog.[727]

3. Abweichen vom Regelfall und Nichtanwenden von § 11 Abs. 7 FeV

1025 Gemäß § 3 Abs. 1 S. 1 StVG i.V.m. der insofern fast gleich lautenden Vorschrift des § 46 Abs. 1 S. 1 FeV hat die Fahrerlaubnisbehörde eine bestehende Fahrerlaubnis zu entziehen, wenn sich deren Inhaber als ungeeignet zum Führen von Kraftfahrzeugen erweist.

Für die Frage, ob sich ein Betroffener als ungeeignet zum Führen von Kraftfahrzeugen erwiesen hat, ist unter anderem gem. § 46 Abs. 1 S. 2 FeV auf die Anlage 4 zu §§ 11, 13, 14 FeV zurückzugreifen.

Gemäß § 46 Abs. 1 S. 2 FeV i.V.m. Ziff. 9.1 der Anlage 4 zu §§ 11, 13, 14 FeV und Satz 3 der Vorbemerkung der Anlage 4 zu §§ 11, 13, 14 FeV entfällt bei der Einnahme von Betäubungsmitteln nach dem BtMG außer Cannabis, also beim Konsum von sog. „harten Drogen", **in der Regel** die Eignung zum Führen von Kraftfahrzeugen.

> Nach Satz 3 der Vorbemerkung der Anlage 4 zu §§ 11, 13, 14 FeV gelten die unter Ziff. 9.1 vorgenommenen Eignungsbewertungen also **nur für den Regelfall**.

a) Vorbemerkung der Anlage 4 zu §§ 11, 13, 14 FeV

1026 Der Verordnungsgeber hat durch **Satz 2 und Satz 3 der Vorbemerkung** zur Anlage 4 zu §§ 11, 13, 14 FeV **nicht eindeutig**[728] zu verstehen gegeben,[729] ob er i.d.R. ein ärztliches Gutachten bzw. eine medizinisch-psychologische Untersuchung für die Beurteilung der Fahreignung anstrebt, oder ob er die Fahreignung bei der (einmaligen oder experimentellen) Einnahme von „harten Drogen" in der Regel für nicht gegeben hält.

---

725 Vgl. dazu auch Rn. 1136.

726 Vom 9.6.2005, DAR 2005, 581ff = NZV 2006, 52f = BA 2006, 49ff.

727 Durch das *OVG Saarland* vom 12.12.2005, Az. 1 W 16/05 wurde diese Einlassung nicht weiter verfolgt, da der Betroffene über keinen ausreichenden Zeitraum einer Abstinenz verfügte, sondern zwischen dem Konsum von Amphetamin und dem verwaltungsrechtlichen Entzug der Fahrerlaubnis nur 4 Monate lagen und auch sonst keine weitergehenden Einlassungen über den in der Vergangenheit erfolgten Drogenkonsum erfolgten.

728 Vgl. auch Rn. 877.

729 Siehe dazu *VG Braunschweig* vom 23.2.2005, NZV 2005, 435ff = SVR 2005, 352f.

So spricht zwar viel dafür, dass die durch den Verordnungsgeber vorgenommenen Eignungsbewertungen in der Anlage 4 zu §§ 11, 13, 14 FeV **der Regelfall** sind, weil sich aus **Satz 3 der Vorbemerkung** der Anlage 4 zu §§ 11, 13, 14 FeV ergibt, „dass die nachstehenden Bewertungen für den Regelfall gelten sollen" und dort wird unter Ziff. 9.1 der Anlage 4 zu §§ 11, 13, 14 FeV die Eignung bei Einnahme von Betäubungsmitteln nach dem BtMG außer Cannabis tatsächlich verneint,[730] so dass der Entzug einer Fahrerlaubnis auch bei der nur einmaligen Einnahme eines illegalen Betäubungsmittels außer Haschisch und Marihuana vertretbar ist und die restriktiven Entscheidungen einer formaljuristischen Prüfung bei alleiniger Betrachtung des Wortlautes der Ziff. 9.1 der Anlage 4 zu §§ 11, 13, 14 FeV durchaus standhalten. So kann aber auch argumentiert werden, dass **Satz 2 der Vorbemerkung** der Anlage 4 zu §§ 11, 13, 14 FeV vorsieht, dass im Regelfall ein ärztliches Gutachten bzw. eine medizinisch-psychologische Untersuchung anzuordnen ist, wie dies auch § 14 Abs. 2 Nr. 2 FeV möglich erscheinen lässt.[731]

Unabhängig davon, welcher Argumentation man folgen wolle, bestätigt auch das OVG Brandenburg[732] und das OVG Rheinland-Pfalz,[733] dass die Anlage 4 zu §§ 11, 13, 14 FeV **keine strikte Bindungswirkung** entfaltet und die dort vorgenommenen Eignungsbewertungen (nur) **für den Regelfall** gelten.[734] **1027**

Auch das OVG Nordrhein-Westfalen,[735] das OVG Saarland,[736] das VG Koblenz[737] und das VG Braunschweig[738] sahen „keine Ausnahmeumstände" und „keine besonderen Umstände", die ein „**Abweichen von der Regelbewertung**" bzw. „**ausnahmsweise eine andere Regelfallbeurteilung**" möglich gemacht hätten, es solche demnach offensichtlich gibt. **1028**

b) Abweichen von der Regelvermutung

> Nach Satz 3 der Vorbemerkung zur Anlage 4 zu §§ 11, 13, 14 FeV sind Kompensationen durch **besondere menschliche Veranlagung**, durch **Gewöhnung**, durch **besondere Einstellung** oder durch **besondere Verhaltenssteuerungen** und **Verhaltensumstellungen** möglich.[739] **1029**

Nach Ansicht des VGH Baden-Württemberg[740] sind **Ausnahmen** von einem Regelfall dann anzuerkennen, wenn **in der Person** eines Konsumenten Besonderheiten bestehen, die darauf schließen lassen, dass seine Fähigkeit, ein Kraftfahrzeug im Straßenverkehr sicher, umsichtig und verkehrsgerecht zu führen, sowie sein Vermögen, zwischen dem Konsum von Betäubungsmitteln und der Teilnahme am Straßenverkehr (zukünftig) zuverlässig trennen zu können, gegeben sind. **1030**

---

730 Vgl. aber Rn. 872.
731 Zur Anwendbarkeit von § 14 Abs. 2 Nr. 2 FeV vgl. Rn. 1045 und Rn. 1165ff.
732 Vom 22.7.2004, BA 2006, 60ff = SVR 2004, 437f.
733 Vom 23.5.2000, zfs 2000, 418f und vom 21.11.2000, DAR 2001, 183.
734 Vgl. hierzu auch die Ausführungen zu den Rechtsgrundlagen für den verwaltungsrechtlichen Entzug einer Fahrerlaubnis unter Rn. 859ff.
735 Vom 25.3.2003, Az. 19 B 186/03.
736 Vom 1.6.2006, Az. 1 W 26/06.
737 Vom 5.4.2004, Az. 143 E 3 L 882/04.
738 Vom 30.7.2003, NVwZ-RR 2003, 900f und vom 23.2.2005, NZV 2005, 435ff = SVR 2005, 352f.
739 Mit der Folge, dass die Vorschrift von § 11 Abs. 7 FeV nicht mehr angewandt werden kann und es vor dem verwaltungsrechtlichen Entzug einer Fahrerlaubnis der Anordnung zur Beibringung eines ärztlichen oder medizinisch-psychologischen Gutachtens gem. Satz 2 der Vorbemerkung der Anlage 4 zu §§ 11, 13, 14 FeV bedarf.
740 Vom 30.5.2003, DAR 2003, 481f.

1031 Auch der VGH Bayern[741] führt aus, dass der Entzug einer Fahrerlaubnis regelmäßig (nur) dann gerechtfertigt ist, wenn **keine „atypische Sachverhaltsgestaltung"** und **kein „atypischer Fall"** vorliegt und erkennt ein Abweichen vom Regelfall dann an, wenn in der **Persönlichkeit eines Betroffenen** ein „**sittlicher Einstellungswandel**" vorliegt.

1032 Dem widerspricht der VGH Bayern[742] allerdings in einer vier Wochen später ergangenen Entscheidung. Danach sei die Fahrerlaubnis selbst dann **zwingend zu entziehen**, wenn ein Betroffener einen „**Verhaltenswandel**" geltend macht oder gar unter Beweis stelle.

1033 Hierbei darf jedoch nicht übersehen werden, dass sich § 3 Abs. 1 StVG und § 46 Abs. 1 FeV nicht damit begnügen, dass sich ein Betroffener in der Vergangenheit als ungeeignet zum Führen von Kraftfahrzeugen erwiesen hat, sondern er muss auch **noch zum Zeitpunkt der Entscheidung** der Fahrerlaubnisbehörde **zweifelsfrei** als ungeeignet zum Führen von Kraftfahrzeugen angesehen werden. Somit müssen beim Entzug einer Fahrerlaubnis Krankheiten oder Mängel nach der Anlage 4 zu §§ 11, 13, 14 FeV **vorliegen**[743] und nicht nur vorgelegen haben. Insofern kann auch auf die Ausführungen hinsichtlich der Prognose beim Entzug der Fahrerlaubnis nach § 69 Abs. 1 S. 1 StGB unter Rn. 653 Bezug genommen werden.

1034 Ist die Kraftfahrereignung eines Betroffenen entfallen, ohne dass die Verwaltungsbehörde unverzüglich dessen Fahrerlaubnis entzogen hätte, etwa wegen verspäteter Information durch die Polizei oder mangels rechtzeitiger Kenntnis über ein vorausgegangenes Straf- oder Ordnungswidrigkeitenverfahren, kann die Fahrerlaubnisbehörde von einem (späteren) Entzug der Fahrerlaubnis (nur) dann absehen, wenn ein Betroffener seine Kraftfahrereignung möglicherweise zwischenzeitlich wieder erlangt hat.[744]

1035 Eine **Einzelfallprüfung**[745] ist daher nicht nur nötig,[746] sondern vielmehr ist sogar eine zukunftsorientierte umfassende Würdigung der Gesamtpersönlichkeit des Fahrerlaubnisinhabers nach Maßgabe seiner Verkehrsgefährlichkeit erforderlich.[747] Dabei sind sämtliche im Einzelfall bedeutsame Umstände, die Aufschluss über die körperliche, geistige oder charakterliche Eignung geben können, heranzuziehen.[748]

---

741 Vom 9.5.2005, VRS 109, 64ff (Az. 11 Cs 2526/04, Beschluss S. 10 u. S. 16).

742 Vom 9.6.2005, Az. 11 Cs 478/05, Beschluss S. 12 („sittliche Einstellung").

743 Erweist sich jemand / der Inhaber einer Fahrerlaubnis als ungeeignet (oder nicht befähigt) zum Führen von Kraftfahrzeugen, so hat ihm die Fahrerlaubnisbehörde die Fahrerlaubnis zu entziehen.

744 *VG Aachen* vom 6.10.2004, Az. 3 L 799/04; vgl. auch Rn. 1165ff.

745 Siehe dazu *VG München* vom 8.11.2004, Az. M 6b S 5112/04.

746 *Ziegert* Alkohol- und drogenauffällige Kraftfahrer aus der Sicht der Fahrerlaubnisverordnung, S. 7ff (8); **a.M.** *VG Braunschweig* vom 23.2.2005, NZV 2005, 435ff = SVR 2005, 352f.

747 *BVerwG* vom 16.8.1994, VRS 88, 225f; *BVerwG* vom 24.1.1989, NJW 1989, 1623f; *BVerwG* vom 17.2.1981, VM 1981, 50ff = VRS 61, 227ff; *BVerwG* vom 17.12.1976, DAR 1977, 161ff (165); *BVerwG* vom 20.10.1955, VRS 10, 152ff (153); *OVG Schleswig-Holstein* vom 7.4.1992, VRS 83, 392ff (nicht identisch mit der nachfolgenden Entscheidung); *OVG Schleswig-Holstein* vom 7.4.1992, zfs 1992, 286ff (nicht identisch mit der vorstehenden Entscheidung; *OVG Schleswig-Holstein* vom 11.3.1992, NZV 1992, 379ff; *OVG Hamburg* vom 9.1.1992, zfs 1992, 358f; *VGH Baden-Württemberg* vom 24.9.1991, DAR 1992, 74f und vom 7.3.1991, NZV 1991, 287f; *OVG Nordrhein-Westfalen* vom 9.8.1991, NZV 1992, 127f; *OVG Bremen* vom 19.12.1978, VRS 56, 394f; *VGH Hessen* vom 15.8.1978, VM 1979, 71f; *VG Koblenz* vom 12.8.1975, DAR 1977, 110.

748 *BVerwG* vom 24.1.1989, NJW 1989, 1623f; *BVerwG* vom 1.3.1988, VRS 75, 142ff; *BVerwG* vom 20.2.1987, DAR 1987, 234f; *Hentschel*, Straßenverkehrsrecht, § 3 StVG Rn. 3; *Himmelreich* Fahrverbot, Führerscheinentzug, Band 2, Verwaltungsrecht, Rn. 19; *Harbort* Rauschmitteleinnahme und Fahrsicherheit; Indikatoren – Analysen – Maßnahmen, Rn. 567.
Bonk BA 1994, 238ff (239).

aa) Darlegung von besonderen Umständen

Da die gesetzlich vermutete Ungeeignetheit der Regelfall ist, sind etwaige besondere Kompensationen, die ein Abweichen von der Regelbewertung rechtfertigen sollen, **vom Betroffenen** im Rahmen der **Anhörung darzulegen**.[749] Zwar hat die Fahrerlaubnisbehörde gem. § 2 Abs. 7 StVG die Verpflichtung, einen Sachverhalt von Amts wegen zu erforschen; diese **Amtsermittlungspflicht** besteht jedoch nur in dem Umfang, in dem der Sachverhalt und insbesondere **das Vorbringen eines Betroffenen** hierzu Anlass gibt. Dieser müsste also die „besonderen Umstände", die ausnahmsweise nicht zum Verlust der Fahreignung führen sollen, substantiiert vortragen. **1036**

Der VGH Bayern[750] führt dazu unmissverständlich aus: „Besondere Umstände, die eine andere als die Regelfallbeurteilung rechtfertigen könnten, sind weder dargetan noch ersichtlich". Auch das VG München[751] führt dazu klar aus, „dass nicht ersichtlich ist, dass der Betroffene einen Ausnahmefall darstellt, er durch besondere menschliche Veranlagung, durch Gewöhnung, durch besondere Einstellung oder durch besondere Verhaltenssteuerungen und Umstellungen die Eignungsmängel kompensieren kann und dass Umstände, die ausnahmsweise nicht zum Verlust der Fahreignung geführt hätten, weder substantiiert dargelegt noch für das Gericht erkennbar sind und bis zum heutigen Tag auch nicht erkennbar ist, dass der Eignungsmangel behoben ist ...". **1037**

bb) Ermessen der Fahrerlaubnisbehörde

Führen solche „besonderen Umstände" zu dem Ergebnis, dass kein Regelfall vorliegt und nur (wenngleich auch erhebliche) Bedenken an der Eignung zum Führen von Kraftfahrzeugen zum Zeitpunkt der verwaltungsrechtlichen Maßnahme, also „**Eignungszweifel**" bestehen, so muss gem. Satz 2 der Vorbemerkung der Anlage 4 zu §§ 11, 13, 14 FeV die Frage, ob entgegen der Regelvermutung eine Fahreignung besteht, durch ein **ärztliches Gutachten** oder durch eine **medizinisch-psychologische Untersuchung** geklärt werden.[752] **1038**

Die Vorschrift des § 11 Abs. 7 FeV führt dagegen aus, dass es der Anordnung zur Beibringung eines ärztlichen oder medizinisch-psychologischen Gutachtens nicht bedarf, wenn die mangelnde Eignung zum Führen von Kraftfahrzeugen „**zur Überzeugung der Fahrerlaubnisbehörde**" feststeht.

Allerdings kann es nicht im Gutdünken einer Fahrerlaubnisbehörde oder gar des jeweiligen Sachbearbeiters liegen, wenn dessen Ansicht nach kein Regelfall vorliegt. Fraglich und einer rechtlichen Überprüfung möglicherweise zugänglich ist gleichwohl nur, ob die Fahrerlaubnisbehörde ihr **Ermessen** falsch ausgeübt hat. **1039**

Bei der Entscheidung über die Anordnung zur Beibringung eines Gutachtens handelt es sich aber nicht um eine **Ermessensentscheidung**, sondern um ein Tätigwerden der Behörde

---

749 *VGH Baden-Württemberg* vom 10.2.2006, BA 2006, 252f = VRS 110, 376ff = DÖV 2006, 483f = SVR 2006, 313; vom 30.9.2003, DAR 2004, 471ff = BA 2004, 288ff; vom 30.5.2003, DAR 2003, 481 und vom 14.11.2001, DAR 2002, 185; *OVG Brandenburg* vom 22.7.2004, BA 2006, 60ff = SVR 2004, 437f; *VGH Bayern* vom 14.7.2004, Az. 11 Cs 1513/04 und vom 8.3.2006, Az. 11 Cs 1572/05; *OVG Nordrhein-Westfalen* vom 1.12.2003, Az. 19 B 2258/03; *OVG Bremen* vom 30.6.2003, DAR 2004, 284f; *VG München* vom 8.11.2004, Az. M 6b S 5112/04; *VG Aachen* vom 6.10.2004, Az. 3 L 799/04.

750 Vom 14.7.2004, Az. 11 Cs 1513/04.

751 Vom 12.4.2005, Az. M 6b S 1063/05.

752 Ein im Einzelfall eingeholtes ärztliches Gutachten hat dabei (zunächst lediglich) die Bedeutung festzustellen, ob ein Regelfall vorliegt oder ob wegen eines atypischen Sachverhalts eine abweichende Bewertung zu treffen ist, vgl. *OVG Sachsen* vom 4.2.2004, Az. 3 BS 65/02.

im Rahmen einer Ermächtigung, eine bestimmte Entscheidung zu treffen, zu der sie dann, wenn die rechtlichen Voraussetzungen dafür erfüllt sind, auch **verpflichtet** ist.[753]

1040 Entzieht die Fahrerlaubnisbehörde auf Grund von § 11 Abs. 7 FeV gleichwohl eine Fahrerlaubnis ohne weitere Prüfungen, kann eine für einen Betroffenen günstigere Entscheidung auch noch im Verfahren nach § 80 Abs. 5 VwGO getroffen werden, wenn dieser von sich aus **Nachweise beigebracht** hat, die seine Behauptung untermauern, dass er nicht (mehr) ungeeignet zum Führen von Kraftfahrzeugen ist[754] und er (wieder) zum Führen von Kraftfahrzeugen geeignet ist.[755]

Wenn Müller[756] daher ausführt, dass es aus Sicht eines Betroffenen zeit- und kostensparender sei, wenn dieser nach dem **Führen eines Kraftfahrzeuges unter der Wirkung von „harten Drogen"** (hier Methamphetamin) und einem entsprechenden Entzug seiner Fahrerlaubnis keinen Antrag nach § 80 Abs. 5 VwGO stelle,[757] da ein solcher Antrag **ohnehin erfolglos** sei, der Betroffene den verwaltungsrechtlichen Entzug der Fahrerlaubnis also akzeptieren sollte, so kann dem nicht zugestimmt werden.

cc) Keine Ausnahme und kein Abweichen vom Regelfall

(1) Eintragungen im Verkehrszentralregister

1041 Die bloße Einlassung eines Betroffenen, dass dieser „bisher nicht nachteilig im Straßenverkehr aufgefallen"[758] oder „seit dem Vorfall" **(verkehrsrechtlich) nicht (mehr) in Erscheinung** getreten sei,[759] genügt hingegen keinesfalls, um von einem Regelfall abzuweichen,[760] da eine weitere Drogenfahrt oder ein weiterer Drogenkonsum auch nur zufällig mangels Polizeikontrolle nicht aktenkundig geworden sein kann.[761]

(2) Verlust des Arbeitsplatzes

1042 Der drohende **Verlust des Arbeitsplatzes**[762] oder andere **„besondere Gründe"**,[763] etwa berufliche Selbstständigkeit, Unterhaltspflichten[764] oder Kleinkinder, die in die Schule gefahren werden müssen, rechtfertigen ebenfalls kein Abweichen und keine Ausnahme von der

---

753 *OVG Niedersachsen* vom 15.11.2002, DAR 2003, 45f.
754 *VGH Bayern* vom 9.5.2005, VRS 109, 64ff (Az. 11 Cs 2526/04, Beschluss S. 21).
755 *AG Waldbröl* vom 17.5.2005, Az. 4 Ds 864/04.
756 *Müller* SVR 2006, 81ff (84).
757 Siehe dazu Rn. 1246ff.
758 So der Vortrag des Rechtsanwalts in dem Verfahren *VGH Bayern* vom 7.4.2006, Az. 11 Cs 2303/05.
759 Vgl. auch Rn. 661ff.
760 **a.M.** *VGH Bayern* vom 27.3.2006, Az. 11 Cs 1559/05: „Bei der vorzunehmenden Interessensabwägung fällt zugunsten des Betroffenen ins Gewicht, dass er weder vor noch nach dem Vorfall nachteilig im Straßenverkehr aufgefallen ist, obwohl er bereits seit über fünf Jahren eine Fahrerlaubnis besitzt ...".
761 *OVG Saarland* vom 1.6.2006, Az. 1 W 26/06; *VGH Bayern* vom 8.3.2006, Az. 11 Cs 1572/05; *OVG Nordrhein-Westfalen* vom 21.7.2004, DAR 2004, 721ff = NZV 2005, 435 = BA 2006, 253 = VRS 109, 79f; *VGH Baden-Württemberg* vom 18.5.2004, NZV 2005, 215ff = BA 2006, 57ff = SVR 2004, 476; *VG Aachen* vom 6.10.2004, Az. 3 L 799/04; **a.M.** *LG Frankfurt/Main* vom 27.9.2004, DAR 2005, 109; **a.M.** auch *LG München I* vom 11.2.2004, NZV 2005, 56. Daher genügt der Vortrag, dass der Betroffene bisher **keine Eintragungen im Verkehrszentralregister** aufweist auch nicht für das Absehen von einem (Regel-)Fahrverbot, vgl. *OLG Jena* vom 10.1.2005, DAR 2005, 166f = BA 2005, 379ff.
762 So der Vortrag des Rechtsanwalts in dem Verfahren *VGH Bayern* vom 7.4.2006, Az. 11 Cs 2303/05.
763 Vgl. auch Rn. 627, Rn. 693 und Rn. 1019 sowie Rn. 1161.
764 VG Freiburg vom 1.3.2005, Az. 1 K 151/05.

Regel.[765] Ganz im Gegenteil. Nicht nur, dass ein aus beruflichen Gründen auf seine Fahrerlaubnis angewiesener Betroffener besonderen Anlass gehabt hätte, keine Betäubungsmittel zu konsumieren, sondern ein als Kraftfahrer beruflich Tätiger[766] nimmt auch verstärkt am Straßenverkehr teil, so dass diese verstärkte Verkehrsteilnahme erst Recht zu der Frage führt, ob dieser eine Gefahr für die Allgemeinheit darstellt.[767]

(3) Einstellung des Straf- oder Ordnungswidrigkeitenverfahrens

Auch die Tatsache, dass das strafrechtliche Ermittlungsverfahren wegen des Besitzes von **1043** Betäubungsmitteln eingestellt wurde, begründet keine Ausnahme von der Regel.[768]

(4) Einmaliger Konsum ohne Bezug zum Straßenverkehr

Die bloße Feststellung, dass ein Betroffener zwar „harte Drogen" konsumierte, dies jedoch **1044** **nur ein einziges Mal und ohne Bezug zum Straßenverkehr** geschah, genügt alleine ebenfalls **nicht zwingend**, um von einem Regelfall abzuweichen. Zwar begegnet der Sofortentzug einer Fahrerlaubnis in einem solchen Fall verfassungsrechtlichen Bedenken; eine höchstgerichtliche Rechtsprechung besteht dazu aber nicht.[769]

Wenn die Fahrerlaubnisbehörde gleichwohl trotzdem lediglich die **Beibringung eines ärztli- 1045** **chen Gutachtens** anordnet,[770] stößt die nicht fristgerechte Befolgung dieser Anordnung seitens eines Betroffenen auf Unverständnis. Deshalb kann dieser auch damit zufrieden sein, wenn die Fahrerlaubnisbehörde (zunächst) nur das dem Grundsatz der Verhältnismäßigkeit entsprechende Mittel einer **medizinisch-psychologischen Untersuchung** gem. § 14 Abs. 2 Nr. 2 FeV[771] anordnet.[772]

Wenn ein **Rechtsanwalt** einer solchen Anordnung jedoch widerspricht und ihr lediglich entgegensetzt, dass es keiner medizinisch-psychologischen Untersuchung bedürfe, da dessen Mandant nur ein einziges Mal und ohne Bezug zum Straßenverkehr eine „harte" Droge „probiert" habe oder dieser sich nicht als ungeeignet zum Führen von Kraftfahrzeugen erwiesen habe, da er nicht regelmäßiger Konsument von „harten Drogen" sei[773] bzw. man seinem Mandanten zuvor die Möglichkeit einräumen müsste nachzuweisen, dass er keine Drogen mehr nimmt[774] oder wenn ein Rechtsanwalt ausführt, „es kann jederzeit eine ärztliche Stellungnahme vorgelegt werden"[775] (ohne diese dann allerdings auch vorzulegen) bzw.

---

765 *BVerfG* vom 15.10.1998, DAR 1998, 466f; *VGH Bayern* vom 9.6.2005, Az. 11 Cs 478/05 und vom 4.1.2005, Az. 11 Cs 2838/04; *OVG Nordrhein-Westfalen* vom 1.12.2003, Az. 19 B 2258/03; *VG Meiningen* vom 5.4.2005, Az. 2 E 193/05; *VG München* vom 17.3.2005, Az. M 6b S 433/05; *VG Koblenz* vom 5.4.2004, Az. 143 E 3 L 882/04; *VG Saarlouis* vom 9.8.2000 zfs 2000, 519f; **a.M.** *VGH Bayern* vom 8.3.2006, Az. 11 Cs 1572/05: „Bei der Abwägung der Interessen fällt hierbei für den Betroffenen ins Gewicht, dass ausweislich des vorgelegten Schreibens seines Arbeitgebers sein Arbeitsplatz vom Besitz der Fahrerlaubnis abhängt ...".

766 Sog. „Berufskraftfahrer".

767 *VG München* vom 12.4.2005, Az. M 6b S 1063/05 und vom 17.3.2005, Az. M 6b S 433/05; s. auch *OVG Hamburg* vom 3.3.1994, NZV 1994, 496 = NVwZ 1994, 1036 = VRS 87, 384ff = NJW 1994, 2168ff = DÖV 1994, 741ff = zfs 1994, 391 und *LG Köln* vom 11.3.2005, Az. 104 Qs 47/05; vgl. beim Taxifahrer auch *OVG Schleswig-Holstein* vom 6.6.2005, Az. 4 LB 10/04.

768 *OVG Berlin* vom 25.10.2005, Az. 1 S 62/05; *OVG Nordrhein-Westfalen* vom 25.3.2003, Az. 19 B 186/03; *VG München* vom 26.4.2005, Az. M 6b S 603/05.

769 Vgl. Rn. 1015ff.

770 So die Ausgangssituation in dem Verfahren *VG München* vom 27.1.2004, SVR 2004, 280.

771 *Driehaus* DAR 2006, 7ff (8).

772 So die Ausgangssituation in dem Verfahren *VG München* vom 6.2.2002, Az. M 6b S 6148/01.

773 So der Rechtsanwalt in dem Verfahren *VG Kassel* vom 6.7.2005, Az. 2 G 915/05.

774 So der Rechtsanwalt in dem Verfahren *VG München* vom 12.4.2005, Az. M 6b S 1063/05.

775 So der Rechtsanwalt in dem Verfahren *VG München* vom 10.5.2005, Az. M 6a S 7875/05.

wenn ein Rechtsanwalt vorträgt, „der Mandant erklärt jedoch seine Bereitschaft, sich Drogentests zu unterziehen“[776] (ohne dies dann auch zu tun), wird die überwiegende Rechtsprechung verkannt.

> Danach ist ein Abweichen von der in der Anlage 4 zu §§ 11, 13, 14 FeV genannten Regelvermutung nach Satz 3 der dazugehörigen Vorbemerkung **nur** durch besondere menschliche Veranlagung oder durch **Verhaltenssteuerung** und **Verhaltensumstellung** möglich, was (nur) durch eine medizinisch-psychologische Untersuchung festgestellt werden kann.

c) Verhaltenssteuerung und Verhaltensumstellung

aa) Privatärztliches Gutachten

1046 Stellt die Verwaltungsbehörde die Nichteignung zum Führen von Kraftfahrzeugen fest und entzieht sie eine Fahrerlaubnis wegen Kokainkonsums ohne vorherige Anordnung einer ärztlichen Begutachtung gem. § 11 Abs. 7 FeV, so kann ein daraufhin unverzüglich vorgelegtes **privatärztliches Gutachten**, das zu dem Ergebnis kommt, dass ein Betroffener seit mindestens **acht Monaten** kein Kokain konsumiert hat, zumindest zu einer Änderung der Sachlage führen,[777] mit der Folge, dass das Verwaltungsgericht die Anordnung der sofortigen Vollziehung aufheben kann.[778]

1047 Ganz ähnlich entschied auch das OVG Brandenburg,[779] wonach die Regelvermutung der Nichteignung zum Führen von Kraftfahrzeugen nach dem Konsum von „harten Drogen“ erschüttert werden kann, wenn ein Betroffener einen **negativen Laborbericht** vorlegt, aus dem sich kein weiterer Amphetaminkonsum ergibt, er schlüssig darlegt, wie es zu dem einmaligen Konsum von Ecstasy nur auf Grund der besuchten „**Love-Parade**“ kam und dieser nicht unter der Wirkung der „harten Droge“ am Straßenverkehr teilgenommen hat sondern zu dem Musikfestival mit dem Zug anreiste.

1048

> Tunlichst ist durch den Arzt nicht nur die Drogenfreiheit zu bescheinigen, sondern auch eine **Beurteilung zur Kraftfahrereignung** zu treffen.[780]

1049 Daher hob auch das OVG Saarland[781] eine Entscheidung der Verwaltungsbehörde auf, nach welcher einem Betroffenen die Fahrerlaubnis unter Anordnung der sofortigen Vollziehung entzogen worden war, da dieser ein ärztliches Gutachten vorlegte, aus dem sich nicht nur eine **zweimonatige** völlige **Drogenabstinenz** ergab, sondern der Arzt auch **ausdrücklich bescheinigte**, „dass der Betroffene die Anforderungen an die Fahrerlaubnisverordnung in höchstem Maße erfüllt“.

Das Unterlassen von weiteren Aufklärungsmaßnahmen durch die **Fahrerlaubnisbehörde** würde in einem solchen Fall auf Bedenken stoßen.

1050 Aus diesem Grunde muss die Nichteignung zum Führen von Kraftfahrzeugen durch die Fahrerlaubnisbehörde auch dann angezweifelt werden, wenn ein Betroffener ein **psychiatrisches Gutachten** vorlegt und der Arzt in diesem ausführt, „der Betroffene hat glaubhaft ver-

---

776 So der Vortrag in dem Verfahren *VG Ansbach* vom 31.3.2005, Az. 10 S 773/05.

777 *OVG Niedersachsen* vom 19.11.2004, BA 2005, 324f = SVR 2005, 115f; *OVG Nordrhein-Westfalen* vom 1.12.2003, Az. 19 B 2258/03; **a.M.** *VG Braunschweig* vom 23.2.2005, NZV 2005, 435ff = SVR 2005, 352f.

778 *OVG Hamburg* vom 30.3.2000, zfs 2000, 419f.

779 Vom 22.7.2004, BA 2006, 60ff = SVR 2004, 437f.

780 *VGH Bayern* vom 11.11.2004, BA 2006, 414ff = SVR 2005, 152f; *OVG Saarland* vom 30.9.2002, BA 2003, 166ff.

781 Vom 30.9.2002, BA 2003, 166ff.

mitteln können, dass er sich mit der Problematik von Cannabiskonsum und dem Führen eines Kraftfahrzeuges intensiv auseinandergesetzt hat und dies zukünftig trennen wird. Aus psychiatrischer Sicht bestehen deshalb keine Bedenken an der Eignung zum Führen von Kraftfahrzeugen.“[782]

Keine Bedenken gegen den Sofortentzug einer Fahrerlaubnis gem. § 11 Abs. 7 FeV sind jedoch dann veranlasst, wenn ein Betroffener **lediglich eine ärztliche Bescheinigung** vorlegt, aus welcher sich ergibt, dass in dessen **Blut** keine Cannabinoide gefunden wurden aber ansonsten keinerlei Aussagen über den vollständig eingestellten Drogenkonsum vorliegen.[783] **1051**

Auch wenn ein Betroffener lediglich ausführt, „er habe fachliche Hilfe in Anspruch genommen“ und werde eine entsprechende Bescheinigung nachreichen[784] oder wenn dieser vortragen lässt, „er sei in der Lage, den Konsum von Cannabis und das Führen eines Kraftfahrzeuges zu trennen, was durch ein Sachverständigengutachten unter Beweis gestellt werden könne“[785] (ein solches dann aber nicht auch vorgelegt wird), kann ein berechtigtes Abweichen vom Regelfall nicht gesehen werden. **1052**

Aus Sicht einer Fahrerlaubnisbehörde ist jedoch auch zu fragen, inwieweit eine solche beigebrachte ärztliche Bescheinigung möglicherweise eine „**Gefälligkeitsbescheinigung**“ darstellen könnte, wenn diese nicht von einem **Arzt mit verkehrmedizinischer Qualifikation** stammt. Es scheint schwer verständlich, dass ein Arzt für Neurologie oder Psychiatrie ohne verkehrsmedizinische Kenntnisse in der Lage ist, eine verlässliche Aussage über die Kraftfahreignung eines ihm bis dahin völlig unbekannten Patienten[786] zu erstellen. **1053**

Wesentlich glaubwürdiger und verlässlicher wäre daher die Bescheinigung eines **Facharztes mit entsprechender verkehrsmedizinischer Zusatzqualifikation**.[787]

Diese Tatsache vermag allerdings nichts daran zu ändern, dass der Fahrerlaubnisbehörde auch dann Eignungszweifel kommen müssen, wenn ein Betroffener nur ein aussagekräftiges Gutachten eines anderen Arztes vorlegt.

bb) Zeitablauf

Auch die Argumentation eines Betroffenen, der Konsum von Ecstasy oder Kokain oder die mangelnde Trennung zwischen dem Konsum von Betäubungsmitteln und dem Führen eines Kraftfahrzeuges stünde zwar fest, läge jedoch schon lange zurück, **genügt** nach Ansicht des OVG Niedersachsen[788] für sich alleine ebenfalls **nicht**, um zwingend von der Regelvermutung abzuweichen. Nur wenn seit dem Konsum von Betäubungsmitteln inzwischen **mehrere Jahre** vergangen sind, müsse man nach Ansicht des VGH Bayern[789] zu einem anderen Ergebnis gelangen. **1054**

782 *VGH Bayern* vom 11.11.2004, BA 2006, 414ff = SVR 2005, 152f.
783 *OVG Nordrhein-Westfalen* vom 21.7.2004, DAR 2004, 721ff = NZV 2005, 435 = BA 2006, 253 = VRS 109, 79f.
784 *VG Braunschweig* vom 23.02.2005, NZV 2005, 435ff.
785 So der Rechtsanwalt in dem Verfahren *VGH Bayern* vom 7.4.2006, Az. 11 Cs 2303/05.
786 Dies steht im Widerspruch zu § 11 Abs. 2 S. 5 FeV und Abs. 4 der Anlage 15 zur FeV.
787 Vgl. Rn. 736.
788 Vom 19.11.2004, BA 2005, 324f = SVR 2005, 115f; so auch *VG München* vom 26.5.2004, Az. M 6a S 2632/04; s. auch *Himmelreich* NZV 2005, 337ff (340).
789 Vom 3.1.2005, Az. 11 Cs 2274/04; vgl. aber auch die veränderte Rechtsprechung des *VGH Bayern* unter Rn. 1060.

(1) Zeitablauf von „mehreren Jahren"

1055 So führt der **regelmäßige Konsum von Cannabis vor drei Jahren** nach Ansicht des VGH Baden-Württemberg[790] nicht mehr zum Entzug der Fahrerlaubnis, wenn ein Betroffener seinen Konsum inzwischen verändert hat und nun nur noch „gelegentlich" Cannabis konsumiert.[791]

1056 Auch das VG Lüneburg[792] sah einen Regelfall beispielsweise dann nicht mehr, wenn der **Ecstasykonsum vor** nahezu **vier Jahren** erfolgte und ordnete „nur" eine medizinisch-psychologische Untersuchung an.

1057 Auch der VGH Bayern[793] führte aus, dass der zugestandene Konsum von **Amphetamin vor 2 Jahren und acht Monaten** nur noch **Eignungszweifel** begründet.

1058 Nach Ansicht des OVG Niedersachsen[794] genügt ein reiner Zeitablauf von **14 Monaten** nach dem Konsum von harten Drogen (hier Amphetamin) hingegen nicht, um von einem Regelfall abzuweichen.

1059 Das VG München[795] vertrat sogar die Auffassung, dass auch ein **Ecstasykonsum vor drei Jahren** zur Nichteignung führe.[796]

(2) Zeitablauf von unter einem Jahr

1060 Nach Ansicht des VGH Bayern[797] kommt die Vorschrift des § 11 Abs. 7 FeV nicht mehr zur Anwendung, wenn ein Betroffener vorträgt,[798] dass er **seit einem Jahr** keine Betäubungsmittel mehr konsumiert hat.

1061 Diese Rechtsprechung könnte allerdings dazu führen, dass ein Betroffener aus rein prozesstaktischen Gründen **Einspruch** gegen einen Bußgeldbescheid[799] oder Rechtsmittel gegen die Entscheidung des Strafgerichts einlegt und die Rechtskraft „hinauszögert",[800] um „Zeit zu gewinnen".[801]

Auch Rechtsanwälte könnten daher, trotz der seit dem 01.02.2005 geltenden Regelung des § 29 Abs. 6 S. 2 StVG[802] durch das Erste Justizmodernisierungsgesetz, die das Verfahren eigentlich beschleunigen soll, dafür Sorge tragen, dass ein Urteil möglichst erst spät rechtskräftig wird,[803] denn (nur) so wäre es unter Umständen möglich, auch eine Abstinenz von

---

790 Vom 26.11.2003, DAR 2004, 170ff = BA 2004, 364ff = SVR 2004, 156.

791 Vgl. aber Rn. 1306.

792 Vom 22.3.2004, DAR 2005, 54f = BA 2005, 504f = SVR 2004, 198f.

793 Vom 3.1.2005, Az. 11 Cs 2274/04.

794 Vom 19.11.2004, BA 2005, 324f = SVR 2005, 115f.

795 Vom 26.5.2004, Az. M 6a S 2632/04.

796 Vgl. auch *VG München* vom 21.1.2004, Az. M 6b S 5724/03.

797 Vom 9.5.2005, VRS 109, 64ff (Az. 11 Cs 2526/04, Beschluss S. 11) und vom 8.3.2006, Az. 11 Cs 1572/05 (Beschluss S. 8).

798 Auch ohne entsprechende Beweismittel für die Richtigkeit seiner Einlassung beizubringen.

799 Vgl. Rn. 418.

800 Vgl. Rn. 750.

801 Siehe auch Rn. 1156.

802 Siehe dazu *Pinkerneil* DAR 2005, 57f.

803 Gem. § 79 Abs. 1 OWiG ist die **Rechtsbeschwerde** gegen ein Urteil oder einen Beschluss nach § 72 OWiG u.a. dann zulässig, wenn gegen den Betroffenen eine Geldbuße von **mehr als** EUR 250,00 festgesetzt, eine Nebenfolge nichtvermögensrechtlicher Art ausgesprochen oder die Rechtsbe-

einem Jahr nachweisen zu können, sofern ein Betroffener seit dem „Vorfall" seinen Betäubungsmittelkonsum überhaupt eingestellt hat. Arbeitet die Verwaltungsbehörde jedoch zügig, kann sich ein Betroffener nicht auf diese Rechtsprechung des VGH Bayern[804] berufen und keine entsprechende Abstinenzzeit belegen.

Gleichwohl erkennt der VGH Bayern auch in einer weiteren Entscheidung[805] ein Abweichen von einem Regelfall **nur dann** an, wenn einem Betroffenen eine Drogenfreiheit von **mindestens einem Jahr** attestiert wird. **1062**

Da sich eine zwingende einjährige Abstinenz von einem Jahr[806] allerdings aus keiner Rechtsquelle[807] und auch nicht aus der Anlage 4 zu §§ 11, 13, 14 FeV oder ihrer Vorbemerkung herleiten lässt,[808] ist ein **Abweichen von der Regelvermutung auch dann nicht ausgeschlossen**, wenn seit der „Tat" bereits **mehrere Monate**[809] vergangen sind, kein weiterer **Konsum** nachweisbar ist und ein solcher **ausdrücklich bestritten** wird.

Alleine auf Grund einer **zweimonatigen Drogenabstinenz** kann aber noch nicht auf das Vorliegen einer stabilen Abstinenz geschlossen werden[810] und selbst ein alleiniger Zeitablauf von **11 Monaten**[811] führt noch nicht zu der Annahme, dass ein Betroffener (wieder) geeignet ist, ein Kraftfahrzeug zu führen. Hingegen drängen sich in einem solchen Fall **Eignungszweifel** auf. **1063**

---

schwerde zugelassen worden ist, vgl. auch *OLG Dresden* vom 10.1.2006, DAR 2006, 222f; s. dazu auch § 80 Abs. 1 S. 1 OWiG: Das Beschwerdegericht lässt die Rechtsbeschwerde nach § 79 Abs. 1 S. 2 auf Antrag zu, wenn es geboten ist, die Nachprüfung des Urteils zur Fortbildung des Rechts oder zur Sicherung einer einheitlichen Rechtsprechung zu ermöglichen, soweit Abs. 2 nichts anderes bestimmt. *Burmann* DAR 2005, 421ff (424) führt aus, dass im Rahmen der Vorbereitung zur Großen Justizreform vorgeschlagen wurde, Rechtsbeschwerden im OWi-Verfahren erheblich einzuschränken. Danach sollen **Rechtsmittel nur noch für Geldbußen ab EUR 500,00** möglich sein. Ein Urteil des Amtsgerichts nach § 24a Abs. 2 StVG durch die **Rechtsbeschwerde** überprüfen zu lassen, wie etwa in dem Fall *OLG Dresden* vom 10.1.2006, DAR 2006, 222f geschehen, scheidet damit oft aus; s. auch *DAV-Gesetzgebungsausschüsse* Stellungnahmen zu Gesetzesvorhaben, AnwBl 2005, S. 547. Zum Antrag auf **Zulassung der Rechtsbeschwerde** s. auch: DAR-Anmerkung *OLG Jena* vom 24.11.2004, DAR 2005, 351. Zur **Beschränkung der Rechtsbeschwerde** auf den Rechtsfolgenausspruch s. *OLG Dresden* vom 10.1.2006, DAR 2006, 122f; *OLG Bamberg* vom 31.3.2005, DAR 2006, 399f; *OLG Nürnberg* vom 15.3.2005, BA 2006, 313f; *OLG Jena* vom 10.1.2005, DAR 2005, 166f = BA 2005, 379ff.

804 Vom 9.5.2005, VRS 109, 64ff (Az. 11 Cs 2526/04, Beschluss S. 11) und vom 8.3.2006, Az. 11 Cs 1572/05 (Beschluss S. 8).

805 Vom 9.6.2005, Az. 11 Cs 478/05.

806 Außer möglicherweise bei Betäubungsmittel**abhängigkeit**.

807 Die im Jahre 2000 in sechster Auflage durch die Bundesanstalt für Straßenwesen herausgegebenen **Begutachtungs-Leitlinien zur Kraftfahrereignung** des Gemeinsamen Beirates für Verkehrsmedizin beim Bundesministerium für Verkehr, Bau- und Wohnungswesen und beim Bundesministerium für Gesundheit (VkBl. 2000, 127f [Nr. 56]) sind, sollten diese überhaupt eine zwingende einjährige Abstinenz vorsehen, **keine Rechtsquellen**, sondern sollen einen Gutachter (nur) bei seiner Arbeit unterstützen, vgl. *BVerwG* vom 18.10.2001, Az. 3 B 90/01; **a.M.** jedoch *VG Neustadt* vom 22.6.2006, Az. 3 L 916/06 und vom 1.6.2006, Az. 3 L 753/06, wonach die Begutachtungs-Leitlinien normativ seien; **a.M.** auch *VG Trier* vom 22.2.2006, Az. 2 L 142/06, das ausführt „ ...an diese normative Wertung ist das Gericht gebunden ..."; vgl. dazu auch Rn. 1298.

808 Vgl. Rn. 1293ff.

809 Vgl. dazu auch Rn. 1281ff.

810 *OVG Saarland* vom 30.9.2002, BA 2003, 166ff.

811 *OVG Niedersachsen* vom 19.11.2004, BA 2005, 324f = SVR 2005, 115f.

cc) Verkehrspsychologische Beratung und Vergleich mit § 69a Abs. 7 StGB

1064 Eine Ausnahme von der Regel lässt sich auch bei einem Vergleich mit § 69a Abs. 7 StGB ziehen. Dazu führt das VG Oldenburg[812] zum Beispiel aus: „Für einen sofortigen Entzug der Fahrerlaubnis spricht im Übrigen auch eine Gleichbehandlung mit Alkoholtätern".

Dies muss dann wohl auch im umgekehrten Fall für den **Nichtentzug** gelten und lässt die Annahme zu, dass die Inanspruchnahme einer verkehrspsychologischen Beratung[813] und die Vorlage einer entsprechenden Bescheinigung im verwaltungsgerichtlichen Anhörungsverfahren ebenfalls zu einem Abweichen vom Regelfall führen kann.[814]

Das vermutete Fehlen der **charakterlichen Eignung** zum Führen von Kraftfahrzeugen kann nicht mehr festgestellt werden, wenn ein Täter aus seiner Trunkenheitsfahrt deutliche Konsequenzen gezogen und seine Lebensführung, insbesondere seinen Alkoholkonsum, nachhaltig verändert hat. Von einer nachhaltigen Veränderung der Alkoholgewohnheiten eines Täters kann etwa dann ausgegangen werden, wenn dieser unter erheblichem Einsatz von Geld und Zeit erfolgreich an einer intensiven Rehabilitationsmaßnahme für alkoholauffällige Kraftfahrer teilgenommen hat, ihm eine positive Verkehrsprognose erteilt und ein guter Rehabilitationserfolg bescheinigt wurde,[815] sowie eine laborärztliche Untersuchung ergeben hat, dass auf Grund der untersuchten relativen klinisch-chemischen Laborwerte keine Hinweise auf einen akuten oder chronischen Alkoholabusus bestehen.

1065 Sperrzeitverkürzungen infolge einer Teilnahme an einem Kurs zur Förderung der Fahreignung sind aber **nicht nur nach einer Trunkenheitsfahrt**, sondern sogar bei einer **Verurteilung wegen Straßenverkehrsgefährdung** möglich[816] und § 70 Abs. 1 FeV i.V.m. § 11 Abs. 10 FeV sieht eine solche Kursteilnahme, wenn auch nur im Zusammenhang mit der Wiedererteilung einer Fahrerlaubnis, ausdrücklich vor.[817] Insofern kann auf die Ausführungen zur Verkürzung der Maßregel gem. § 69a Abs. 7 StGB unter Rn. 689ff verwiesen werden.

1066 So verzichtete das AG Bad Hersfeld[818] beispielsweise bei einem wegen Trunkenheit im Verkehr Verurteilten auf den Entzug der Fahrerlaubnis und sprach nur ein dreimonatiges Fahrverbot aus, wenn ein Betroffener an einem Kurs **für sogenanntes „kontrolliertes Trinken"** teilnimmt.

Auch das AG Görlitz[819] verzichtet trotz Verurteilung nach § 316 Abs. 1 StGB auf den Entzug der Fahrerlaubnis und ordnete nur ein Fahrverbot an, wenn ein Betroffener nach der Tat freiwillig an einer **verkehrspsychologischen Intensivberatung** teilnahm.

---

812 Vom 6.1.2004, BA 2005, 191ff.

813 *OVG Nordrhein-Westfalen* vom 21.7.2004, DAR 2004, 721ff = NZV 2005, 435 = BA 2006, 253 = VRS 109, 79f; *KG* vom 27.4.2004, DAR 2004, 657 = BA 2005, 494ff; *Höcher/Höcher* SVR 2004, 286ff.

814 **a.M.** wohl *VG Lüneburg* vom 22.3.2004, DAR 2005, 54f = BA 2005, 504f = SVR 2004, 198f, welches neun Beratungstermine bei einer Drogenberatungsstelle nicht anerkennt.

815 *LG Potsdam* vom 8.12.2003, BA 2004, 540ff.

816 *AG Hannover* vom 20.8.2004, Az. 224-421/03.

817 Zu einem derartigen Kurs zählt beispielsweise der **Kurs „IRIS"** durch das ITV Münster; s. dazu auch *Höcher/Höcher* SVR 2004, 286ff; *Himmelreich* SVR 2006, 193f oder der **Kurs „SCHALK 70"** des Verkehrspsychologischen Fach- & Beratungszentrums im Club 29 e.V., München.

818 Vom 22.9.2004, Az. 3 Js 5003/04.

819 Vom 14.12.2004, Az. 4 Cs 150 Js 16976/04.

Warum soll eine analoge Anwendung nicht auch für drogenauffällige Kraftfahrer Anwendung finden, es dafür in der Bundesrepublik einige akkreditierte Kursangebote gibt.[820] **1067**

Das OVG Nordrhein-Westfalen[821] erwähnt zum Beispiel ausdrücklich die Möglichkeit einer **Verkehrstherapie**, in dem es ausführte, dass bei einem Betroffenen keinerlei Anhaltspunkte dafür bestanden, dass dieser nach (s)einer Fahrt unter der Wirkung von Cannabis selbst oder mit Hilfe anderer, etwa einer **verkehrspsychologischen Beratungsstelle**, ausreichende Verteidigungsstrategien entwickelt habe, um eine erneute Fahrt unter dem „Einfluss" von Cannabis verlässlich auszuschließen. **1068**

Auch das VG Oldenburg[822] führt aus, dass Anhaltspunkte dafür bestehen, dass die Fahreignung eines Betroffenen wieder bestehe, da dieser **seit 3 Monaten regelmäßig eine verkehrspsychologische Beratungsstelle** aufsucht. **1069**

Auch das OLG Oldenburg[823] bemängelte in einem (strafrechtlichen) Revisionsverfahren, dass sich das Vorgericht nicht mit der Tatsache beschäftigt habe, dass sich ein Betroffener einer **verkehrspsychologischen Beratung und Aufbauseminaren** unterzog. **1070**

Nicht anders kann wohl auch die Ausführung des VGH Bayern[824] verstanden werden, wonach eine vom Regelfall abweichende Bewertung grundsätzlich nur bei atypischen Gegebenheiten möglich ist, die in der Persönlichkeit eines Betroffenen sowie in seiner „**sittlichen Einstellung**" liegen müssen. **1071**

Gleichzeitig ist aber **nicht jede Art der Therapie** auch ein Grund, einem Betroffenen die Fahrerlaubnis zurückzugeben oder von der Regelvermutung abzuweichen. Wer beispielsweise bereits sechs Mal wegen Verkehrsstraftaten verurteilt wurde und nunmehr an einer Selbsthilfegruppe und dem Besuch von Gruppengesprächen teilnimmt, ist deshalb nicht wieder charakterlich geeignet, ein Kraftfahrzeug zu führen, sondern erst dann, wenn der Betroffene dort auch neue Verhaltensweisen erlernt hat. Das Kammergericht[825] führte dazu aus, „die Teilnahme an der Selbsthilfegruppe ist zwar positiv zu bewerten, in Anbetracht der langjährigen Problematik jedoch nicht ausreichend". **1072**

Doch selbst für einen **Wiederholungstäter** ist eine Sperrzeitverkürzung nach § 69a Abs. 7 StGB möglich[826] und § 69a Abs. 7 StGB verlangt auch nicht die volle Überzeugung der Wiedereignung sondern eine nur **hohe Wahrscheinlichkeit**.[827] **1073**

Hier geht es allerdings gar nicht um die Frage, ob ein Betroffener, der Ecstasy bzw. Kokain konsumierte (oder zwischen dem Konsum von Betäubungsmitteln und dem Führen eines Kraftfahrzeuges nicht trennen konnte), wieder geeignet ist, ein Kraftfahrzeug zu führen, **1074**

820 Beispielsweise durch das Institut für Fragen zu Drogen und Alkohol im Straßenverkehr (IDRAS), (**Kurs „DRAK"**) oder durch das Medizinisch-Psychologische Institut des TÜV-Süd, (**Kurs „DRUGS-F"**); s. auch *Himmelreich* DAR 2005, 130ff und *Himmelreich* NZV 2005, 337ff.
821 Vom 21.7.2004, DAR 2004, 721ff = NZV 2005, 435 = BA 2006, 253 = VRS 109, 79f.
822 Vom 6.1.2004, BA 2005, 191ff.
823 Vom 17.1.2005, BA 2006, 403f = zfs 2005, 260f.
824 Vom 9.6.2005, Az. 11 Cs 478/05.
825 Vom 27.4.2004, DAR 2004, 657 = BA 2005, 494ff.
826 *AG Wuppertal* vom 27.5.2003, DAR 2004, 169.
827 *LG Leipzig* vom 26.9.2003, Az. 1a Qs 142/03; *Himmelreich* NZV 2005, 337ff (338).

sondern „nur" um die Frage, **ob Zweifel an der Eignung zum Führen von Kraftfahrzeugen bestehen**, die ein Abweichen von der Regelvermutung rechtfertigen.[828]

1075 Stellt ein Betroffener seinen Drogenkonsum vollständig ein, meldete er sich schon während eines Ordnungswidrigkeiten- oder Strafverfahrens bei einem unter **forensischen Gesichtspunkten** durchgeführten Drogenkontrollprogramm an,[829] legt dieser eine **aussagekräftige ärztliche Bescheinigung** vor und nahm er **Beratung / Therapie** bei einer verkehrspsychologischen Drogenberatungsstelle in Anspruch und sind seit dem letzten Konsum von „harten Drogen" zudem bereits **mehrere Monate vergangen**, bestehen ernstliche Zweifel an der Verhältnismäßigkeit der Anwendung von § 11 Abs. 7 FeV und dem sofortigen und unmittelbaren Entzug der Fahrerlaubnis ohne vorherige Anordnung zur Beibringung eines Gutachtens,[830] denn bloße, **auch erhebliche**[831] Eignungszweifel rechtfertigen den verwaltungsrechtlichen Entzug einer Fahrerlaubnis noch nicht.[832]

1076 Wird ein Betroffener allerdings nicht unverzüglich **eigenständig** tätig,[833] sondern versucht dieser lediglich mittels Korrespondenz eines Rechtsanwalts die Verzögerung der Fahrerlaubnisentziehung, kann ein Abweichen vom Regelfall nicht erkannt werden. Dies wird auch dem Verkehrssicherheitsgedanken gerecht.

4. Bindungswirkung an Entscheidungen der Strafgerichte

1077 Gemäß § 3 Abs. 4 StVG darf die Fahrerlaubnisbehörde von einem **Sachverhalt** und von dem **Inhalt eines Strafurteils** nicht zum Nachteil eines Betroffenen abweichen, jedenfalls dann nicht, soweit es um die Beurteilung der Eignung zum Führen von Kraftfahrzeugen geht.[834]

1078 Durch diese Bindung an die Sachverhaltsdarstellung des Strafgerichts soll verhindert werden, dass über die Eignung oder Nichteignung eines Kraftfahrers mehrfach durch verschie-

---

828 Nach Ansicht des *VG Braunschweig* vom 30.7.2003, NVwZ-RR 2003, 900f kommt ein Abweichen von der Regel bei zusätzlichem Cannabis- und Alkoholkonsum nicht infrage.

829 Beispielsweise bei dem Privaten Institut für Mobile Arbeitsmedizin (**PIMA**) in Berlin, Betzdorf, Bochum, Bonn, Frankfurt/Main, Köln, Mainz-Kastel, München, Nürnberg, Potsdam, Prenzlau oder Stuttgart oder der **AVUS** Gesellschaft für Arbeits- Verkehrs- und Umweltsicherheit in Berlin, Frankfurt/Main, Hamburg, Kassel oder München.

830 Dabei ist sogar zu fragen, ob eine freiwillige Nachschulung oder Verkehrstherapie nicht sogar eine medizinisch-psychologische Untersuchung überflüssig machen könnte, vgl. *Hillmann* DAR 2003, 106ff (108f) und *Himmelreich* DAR 2005, 130ff (131).

831 *VG Kassel* vom 24.6.2004, BA 2006, 253ff (255).

832 Zwar gebietet es das Interesse der Allgemeinheit an der Sicherheit des Straßenverkehrs und der Schutz vor erheblichen Gefahren für Leib und Leben, hohe Anforderungen an die Eignung zum Führen von Kraftfahrzeugen zu stellen; andererseits sind angesichts der Schwere des durch eine Fahrerlaubnisentziehung bewirkten Grundrechtseingriffs in die allgemeine Handlungsfreiheit nach Art. 2 Abs. 1 GG strenge Anforderungen an die Verhältnismäßigkeit einer solchen Maßnahme im Einzelfall zu stellen. Insofern kann auf die Ausführungen unter Rn. 1016ff Bezug genommen werden.

833 Dazu ausdrücklich *OVG Nordrhein-Westfalen* vom 1.12.2003, Az. 19 B 2258/03; *VG Aachen* vom 6.10.2004, Az. 3 L 799/04.

834 Zum Vorteil des Fahrerlaubnisinhabers darf die Behörde dagegen ohne weiteres abweichen, *VG Schwerin* vom 17.3.1998, NZV 1998, 344; *Hentschel* NJW 1999, 686ff (698); *Eisele* NZV 1999, 232ff (234).
Bonk BA 1994, 238ff (243 u. 245).

dene Organe der Staatsgewalt entschieden und diese möglicherweise unterschiedlich beurteilt werden.[835]

Mit dieser „Bindungswirkung" wird also vermieden, dass aufwendige und unnötige „Doppelprüfungen" stattfinden und die Gefahr sich widersprechender Entscheidungen[836] wird verhindert.[837] **1079**

Stellt das Strafgericht **keinen Betäubungsmittelkonsum** fest oder hält das Strafgericht einen Betroffenen **nicht für ungeeignet** (oder wieder für geeignet) zum Führen von Kraftfahrzeugen, so ist demnach davon auszugehen, dass die Verwaltungsbehörde eine Fahrerlaubnis nicht entziehen kann, denn sie wird wohl nicht nur davon ausgehen, dass das Ergebnis des Strafverfahrens schon richtig sein werde,[838] sondern sie ist grundsätzlich, jedenfalls bei der Fahrerlaubnisentziehung,[839] an den durch das Strafgericht **festgestellten Sachverhalt** und die Schuldfrage auch **gebunden**.[840] **1080**

Diese Bindungswirkung an Entscheidungen der Strafgerichte kommt allerdings **nicht in allen Fällen** zum tragen.

a) Bindung an den festgestellten Sachverhalt

Die Bindung der Verwaltungsbehörde an den durch das Strafgericht festgestellten Sachverhalt entfällt, wenn das Strafgericht von einem anderen, etwa einem weniger umfassenden Sachverhalt ausgegangen ist oder beispielsweise weitere Verkehrsverfehlungen eines Kraftfahrers übersehen oder nicht berücksichtigt hat.[841] Die Bindungswirkung entfällt daher bei Tatsachen, die nicht Gegenstand der richterlichen Untersuchung waren.[842] **1081**

Andererseits muss ein Kraftfahrer eine rechtskräftig abgeschlossene strafgerichtliche Entscheidung nicht gegen sich gelten lassen, sofern sich gewichtige Anhaltspunkte für die Unrichtigkeit der Feststellungen im Strafverfahren ergeben,[843] sofern also ganz erhebliche Gründe gegen die Richtigkeit sprechen.[844] Solche „gewichtigen Anhaltspunkte" bestehen insbesondere dann, wenn Gründe für eine Wiederaufnahme nach § 359 Nr. 5 StPO vorlie- **1082**

835 Vgl. auch die „Unschuldsvermutung" unter Rn. 750.

836 *BVerwG* vom 11.1.1988, DAR 1988, 247 = NZV 1988, 37f = VRS 74, 468; *VG Frankfurt/Main* vom 22.8.2001, NJW 2002, 80f; vgl. auch *Hentschel* NZV 1989, 100ff.

837 *BVerwG* vom 3.9.1992, NZV 1992, 501 = VRS 84, 79f; *BVerwG* vom 20.12.1988, DAR 1989, 153f; *BVerwG* vom 15.7.1988, NZV 1988, 238f = NJW 1989, 116ff = VRS 79, 379ff; *BVerwG* vom 23.6.1975, VRS 49, 303f; *BVerwG* 13.11.1964, VM 1965, 49 = VkBl. 1965, 138; *BVerwG* vom 2.12.1960, VRS 20, 73f; *Lenhart* DAR 2002, 302f; vgl. auch *VGH Bayern* vom 14.2.2006, Az. 11 Cs 1210/05.

838 Das gilt gleichermaßen für den Gutachter der Begutachtungsstelle für Fahreignung: *Hettenbach/Winter/Grunert/Berger/Moosmayer* Führerschein / MPU; Punkte – Alkohol – Drogen, S. 139.

839 *VG Frankfurt/Main* vom 7.5.2005, DAR 2003, 384f.

840 *VGH Baden-Württemberg* vom 12.9.2005, SVR 2006, 233ff; *Feiertag* Teil 9, Fahrerlaubnisrecht, Rn. 522 u. Rn. 536; vgl. auch *Geiger* NZV 2005, 623ff.

841 *BVerwG* vom 11.1.1988, DAR 1988, 247 = NZV 1988, 37f = VRS 74, 468.

842 *BVerwG* vom 1.2.1979, NJW 1979, 2163; *BVerwG* vom 18.6.1965, VRS 29, 158f; *Krieger* DAR 1963, 7ff (10).

843 *BVerwG* vom 3.9.1992, NZV 1992, 501 = VRS 84, 79f.

844 *BVerwG* vom 12.3.1985, NJW 1985, 2490f = VM 1985, 59ff; *OVG Nordrhein-Westfalen* vom 14.5.1997, NZV 1997, 495f; *OVG Saarland* vom 9.2.1995, zfs 1995, 399.

gen.[845] Unwesentliche Gründe sind dagegen nicht ausreichend;[846] vielmehr muss es sich um schwerwiegende oder um vom Strafrichter übersehene Tatsachen handeln.[847]

b) Straf- und Ordnungswidrigkeitenverfahren

1083 Gemäß § 3 Abs. 4 S. 1 StVG entfaltet **nur ein Urteil**[848] eines Strafrichters und nach § 3 Abs. 4 S. 2 StVG i.V.m. § 407 StPO[849] **ein Strafbefehl** gegenüber der Fahrerlaubnisbehörde Bindungswirkung.[850]

1084 Diese Bindungswirkung tritt ferner nur bei Strafsachen und **nicht bei Ordnungswidrigkeiten**[851] ein, zumal auf Grund des Regelfahrverbotes bei Vorliegen einer Ordnungswidrigkeit gem. § 25 Abs. 1 StVG i.d.R. ohnehin eine strafrichterliche Beurteilung über die Kraftfahrereignung unterbleibt.

Bei Ordnungswidrigkeitenverfahren besteht für die Fahrerlaubnisbehörde lediglich eine Bindungswirkung in Bezug auf die **Feststellungen zum Sachverhalt** und in Bezug auf die **Beurteilung der Schuldfrage**.[852] Es spielt daher auch keine Rolle, ob das Strafgericht im Ordnungswidrigkeitenverfahren ein Fahrverbot[853] oder kein Fahrverbot verhängt hat.[854]

Verfahren nach **§ 24a Abs. 2 StVG** hindern die Fahrerlaubnisbehörde daher nicht, auf einen Betroffenen zuzukommen und ggf. dessen Fahrerlaubnis zu entziehen.[855]

Dies gilt auch dann, wenn ein Betroffener zwar nach § 316 Abs. 1 StGB angeklagt, dieser aber dann nur nach § 24a Abs. 2 StVG verurteilt wurde.

c) Begründung des Strafgerichts

1085 Die Fahrerlaubnisbehörde ist an diese Bindungswirkung in Strafsachen (etwa Verurteilungen nach § 316 Abs. 1 StGB) ferner **nur dann gebunden**, wenn das Strafgericht eine **Begrün-**

845 *BVerwG* vom 20.4.1994, NJW 1995, 70f = VRS 87, 468ff; *OVG Saarland* vom 9.2.1995, zfs 1995, 399; *Bonk* BA 1994, 238ff (246).

846 *BVerwG* vom 1.2.1979, NJW 1979, 2163; *BVerwG* vom 18.6.1965, VRS 29, 158f; *Himmelreich* Fahrverbot, Führerscheinentzug, Band 2, Verwaltungsrecht, Rn. 171.

847 *BVerwG* vom 19.3.1996, NZV 1996, 292f; *BVerwG* vom 20.12.1988, NZV 1989, 125f; *BVerwG* vom 11.1.1988, DAR 1988, 247 = NZV 1988, 37f = VRS 74, 468 (unrichtiger Strafregisterauszug); *BVerwG* vom 1.2.1979, NJW 1979, 2163; *BVerwG* vom 18.6.1965, VRS 29, 158f (von 14 Zuwiderhandlungen wurden lediglich vier durch den Strafrichter gewürdigt); *VGH Baden-Württemberg* vom 17.8.1993, NZV 1993, 495f (nicht gewürdigtes medizinisch-psychologisches Gutachten); *OVG Berlin* vom 14.2.1973, VRS 45, 144ff (146); **a. M.** *Schendel* Doppelkompetenz von Strafgericht und Verwaltungsbehörde zur Entziehung der Fahrerlaubnis: Systematische Erläuterung des § 4 Abs. 2 u. Abs. 3 StVG, [Diss.], S. 44.

848 Zu **Beschlüssen** des Strafgerichts s. *Himmelreich* NZV 2005, 337ff (343); *Himmelreich* SVR 2006, 193f; *Scheufen/Müller-Rath* NZV 2006, 353ff.

849 *BVerwG* vom 1.2.1979, VRS 57, 73ff; *BVerwG* vom 23.6.1975, VRS 49, 303f; *OVG Bremen* vom 24.3.1987, VRS 73, 155ff; *Himmelreich* zfs 1989, 181ff (185); vgl. auch *OVG Niedersachsen* vom 15.8.1995, zfs 1995, 438f (Strafbefehlsverfahren entfaltet keine Bindungswirkung, wenn Entscheidung keine Ausführungen zur Annahme der Eignung enthält).

850 *VG Oldenburg* vom 17.2.2004, SVR 2004, 398; *VG Frankfurt/Main* vom 22.8.2001, NJW 2002, 80f.

851 *VGH Bayern* vom 14.2.2006, Az. 11 Cs 1210/05; siehe aber § 3 Abs. 4 S. 2 zweiter Halbsatz StVG.

852 *BVerwG* vom 21.1.1994, NJW 1994, 1672.

853 *OVG Hamburg* vom 7.7.1994, VRS 89, 151ff; *VG Frankfurt/Main* vom 4.8.1987, VRS 74, 394ff (396); *Himmelreich* zfs 1989, 181ff (185); *Rüth/Berr/Berz*, Straßenverkehrsrecht, § 4 StVG Rn. 67.

854 *Janiszewski/Jagow/Burmann*, Straßenverkehrsrecht, § 3 StVG Rn. 13; *Himmelreich* Fahrverbot, Führerscheinentzug, Band 2, Verwaltungsrecht, Rn. 180; *Wendlinger* NZV 2006, 505ff (507).

855 *BVerwG* vom 21.1.1994, NJW 1994, 1672; *VGH Bayern* vom 14.2.2006, Az. 11 Cs 1210/05.

dung dafür abgibt, weshalb entgegen der Regelvermutung eine Fahreignung besteht[856] und wenn das Strafgericht zur Kraftfahrereignung auch **ausdrücklich Feststellungen** trifft.[857]

In der Praxis sind demnach die Fälle problematisch, in denen ein Strafrichter bewusst oder unbewusst keine oder keine ausdrücklichen und / oder keine ausreichenden Feststellungen zur Fahreignung eines Delinquenten getroffen hat.

aa) Keine Bindungswirkung

Eine Bindungswirkung tritt nicht ein, wenn ein Strafurteil **überhaupt keine Begründung** **1086** dafür enthält, warum ein Kraftfahrer, trotz der von ihm begangenen Straftat, die nach § 316 Abs. 1 StGB geahndet wurde, zum Führen von Kraftfahrzeugen geeignet sei.[858]

Eine Bindungswirkung besteht auch dann nicht, wenn das Strafgericht zwar einen **Beschluss** über die vorläufige Entziehung der Fahrerlaubnis **gem. § 111a StPO** im Anschluss an die Urteilsverkündung **aufgehoben** hat[859] oder die Strafvollstreckung zur **Bewährung** ausgesetzt wurde,[860] ohne dass allerdings eine ausdrückliche Beurteilung der Frage der Eignung oder Nichteignung zum Führen von Kraftfahrzeugen erfolgte.

Ebenfalls liegt keine Bindungswirkung vor, wenn in einem **Strafbefehlsverfahren** zwar festgestellt wird, dass sich ein Betroffener als ungeeignet erwiesen habe, ohne dass dessen Fahrerlaubnis allerdings entzogen wird[861] oder bei der bloßen Feststellung im **Berufungsurteil**, der Eignungsmangel sei inzwischen durch die vorläufigen Führerscheinmaßnahmen entfallen.[862]

bb) Keine Bindungswirkung beim Besitz von Betäubungsmitteln

Die Feststellung der Eignung oder Nichteignung zum Führen von Kraftfahrzeugen bei einer **1087** strafbaren Handlung, die ihrem Hergang nach in keinem Zusammenhang mit dem Führen eines Kraftfahrzeuges steht, bindet ebenfalls nicht,[863] wobei z. B. in zahlreichen Fällen des Besitzes von Betäubungsmitteln die Verfahren von der Staatsanwaltschaft ohnehin gem. §§ 29 Abs. 5, 31a Abs. 1 BtMG eingestellt werden bzw. ein Entzug der Fahrerlaubnis in solchen Fällen sowieso unterbleibt.[864]

Hat ein Betroffener nach dem Konsum von Betäubungsmitteln nicht am Straßenverkehr teilgenommen, liegt weder eine Verkehrsstraftat noch eine Ordnungswidrigkeit vor und es

856 *OVG Niedersachsen* vom 11.8.2005, Az. 12 LA 347/04; *OVG Nordrhein-Westfalen* vom 21.7.2004, DAR 2004, 721ff = NZV 2005, 435 = BA 2006, 253 = VRS 109, 79f; *Burmann* DAR 2005, 61ff (63).

857 **a.M.** *Höcher* § 65 Verkehrstherapie für die juristische Praxis, Rn. 83f, wonach die Gerichte z. T. nach der Absolvierung einer Verkehrstherapie auf den Entzug der Fahrerlaubnis gem. § 69 Abs. 1 StGB verzichten, dass dadurch eine Bindungswirkung entsteht und dass deshalb auch keine medizinisch-psychologische Untersuchung mehr angeordnet werden könne.

858 *VG Frankfurt/Main* vom 22.8.2001, NJW 2002, 80f.

859 *BVerwG* vom 13.11.1964, VM 1965, 49 = VkBl. 1965, 138; *Himmelreich* Fahrverbot, Führerscheinentzug, Band 2, Verwaltungsrecht, Rn. 180.

860 *OVG Hamburg* vom 16.10.1956, DAR 1957, 250f (251); *Himmelreich* zfs 1989, 181ff (185); *Himmelreich* Fahrverbot, Führerscheinentzug, Band 2, Verwaltungsrecht, Rn. 180.

861 *OVG Niedersachsen* vom 15.8.1995, zfs 1995, 438f; *Hentschel*, Straßenverkehrsrecht § 3 StVG Rn. 28.

862 *BVerwG* vom 15.7.1988 = NZV 1988, 238f = NJW 1989, 116ff = VRS 79, 379ff; **a.M.** *Hentschel* NZV 1989, 100ff (101); kritisch *Himmelreich* DAR 1989, 285ff; vgl. auch *VG Neustadt* vom 27.5.1997, zfs 1998, 359; *Lenhart* DAR 2002, 302f.

863 *OVG Bremen* vom 14.8.1981, VRS 62, 230ff; *Hentschel* Straßenverkehrsrecht, § 3 StVG Rn. 28.

864 Vgl. zum Entzug der Fahrerlaubnis wegen anderer Drogendelikte Rn. 713ff.

wird folglich nicht einmal ein Fahrverbot ausgesprochen. Schon von daher wird ebenfalls keine strafrichterliche Würdigung über die Kraftfahrereignung getroffen.[865]

cc) Beachtung von § 267 StPO

1088 Die Vorschrift des § 267 Abs. 6 StPO verpflichtet einen Strafrichter zu einer besonderen **Begründung eines Urteils** zwar möglicherweise (nur) dann, wenn dieser entgegen einem in der gerichtlichen Hauptverhandlung gestellten Antrag der Staatsanwaltschaft oder bei einer „Katalogtat“[866] von einem Entzug der Fahrerlaubnis absieht, obwohl diese Maßregel nahe gelegen hätte; die Frage, ob der Strafrichter zu einer besonderen Würdigung in jedem Fall verpflichtet ist, kann hier jedoch offen bleiben.

Trifft ein Richter im Strafverfahren nach § 316 Abs. 1 StGB keine ausreichende abschließende Klärung über die Eignung eines Betroffenen zum Führen von Kraftfahrzeugen, besteht für die Fahrerlaubnisbehörde keine Bindungswirkung.[867]

Verkürzt der Strafrichter das Urteil auch noch gem. § 267 Abs. 4 StPO,[868] so kommt die erhoffte Bindungswirkung ebenfalls nicht mehr zum tragen,[869] wobei ein Verteidiger i.d.R. gegen ein „wohlwollendes Urteil“ kein Rechtsmittel einlegen wird.[870]

Der Strafrichter trifft daher durch seine **schriftlichen** Urteilsausführungen alleine – bewusst oder unbewusst – die Einleitung eines Verwaltungsverfahrens und zwar selbst dann, wenn dieser eine Fahrerlaubnis nicht entzogen hat, nicht entziehen wollte und einen Betroffenen nicht für Ungeeignet zum Führen von Kraftfahrzeugen hielt.

Mündliche Ausführungen[871] des Gerichts sind dabei unbeachtlich und haben keine Bindungswirkung.[872]

dd) Schriftliche Urteilsgründe

1089 Eine Bindungswirkung lässt sich nur dann herleiten, wenn sich aus den **schriftlichen Entscheidungsgründen** hinreichend sicher entnehmen lässt, dass und mit welchem Ergebnis das Strafgericht eine Eignungsbeurteilung eigenständig vorgenommen hat.[873]

---

865 Vgl. zum Besitz von Betäubungsmitteln auch Rn. 791ff und Rn. 799ff.

866 Vgl. zu den Katalogtaten Rn. 651; s. dazu auch *Wendlinger* NZV 2006, 505ff (507).

867 *AG Waldbröl* vom 17.5.2005, Az. 4 Ds 864/04; *Geiger* DAR 2003, 97ff (98); *Himmelreich* NZV 2005, 337ff; *Freyschmidt* Verteidigung in Straßenverkehrssachen, Rn. 334.

868 **Verzicht der Verteidiger auf Rechtsmittel** oder wird innerhalb der Frist kein Rechtsmittel eingelegt, so kann bei Urteilen, die nur auf Geldstrafe lauten oder die neben einer Geldstrafe ein Fahrverbot oder die Entziehung der Fahrerlaubnis anordnen, auf die Anklageschrift oder den Strafbefehl sowie den Strafbefehlsantrag verwiesen werden. Den weiteren Inhalt des Urteils bestimmt das Gericht unter Berücksichtigung der Umstände des Einzelfalls nach seinem Ermessen.

869 So auch im Fall *OVG Niedersachsen* vom 11.8.2005, Az. 12 LA 347/04; vgl. dazu auch *OVG Bremen* vom 26.4.1983, VRS 65, 238ff (239); *VG München* vom 1.12.1999, NZV 2000, 271f; *Rüth/Berr/Berz*, Straßenverkehrsrecht, § 4 StVG Rn. 65; *Lenhart* DAR 2002, 302f.

870 Zur Wirksamkeit und **Beschränkung der Berufung** auf ein Fahrverbot s. *OLG Dresden* vom 9.7.2005, NZV 2006, 168; *OLG Hamm* vom 25.5.2005, NZV 2006, 167; *OLG Jena* vom 25.5.2005, NZV 2006, 167f; *OLG Jena* vom 4.3.2005, NZV 2006, 168.

871 Vgl. zur mündlichen Urteilsbegründung auch Rn. 656.

872 *BVerwG* vom 17.2.1994, zfs 1995, 77f; *BVerwG* vom 17.2.1981, VM 1981, 50f; *BVerwG* vom 1.2.1979, NJW 1979, 2163; *BVerwG* vom 18.6.1965, VRS 29, 158f; *BVerwG* vom 13.11.1964, VM 1965, 49 = VkBl. 1965, 138; *BVerwG* vom 2.12.1960, VRS 20, 73f; **a. M.** *Weigelt* DAR 1958, 10ff (11).

873 *BVerwG* vom 27.9.1995, NZV 1996, 84f; *BVerwG* vom 17.2.1994, zfs 1995, 77f; *BVerwG* vom 20.12.1988, DAR 1989, 153f; *VGH Baden-Württemberg* vom 7.10.1996, zfs 1997, 399f; *OVG Bremen*

Somit ist eine Bindung der Fahrerlaubnisbehörde zu verneinen, wenn das Strafgericht von einer Fahrerlaubnisentziehung ausdrücklich abgesehen hat, in den **schriftlichen Urteilsgründen** aber unklar bleibt, ob es die Kraftfahreignung auch eigenständig beurteilte.[874]

Dagegen liegt eine Bindung selbst dann vor, wenn eine positive Feststellung der Eignung nicht getroffen wurde, aber der Eignungsmangel ausdrücklich nicht festgestellt wird.[875]

d) Einstellung des Strafverfahrens

Gemäß § 153ff StPO kann ein Strafverfahren eingestellt werden und eine Verurteilung erfolgt nicht. Aus der **Einstellung** eines Straf- oder Ordnungswidrigkeitenverfahrens folgt allerdings lediglich, dass der Staat auf einen Strafanspruch verzichtet.[876] (Ausdrückliche) Feststellungen zur Kraftfahreignung werden dadurch nicht getroffen. **1090**

Daher besteht auch bei der **Einstellung eines Verfahrens** aus prozessualen Gründen für die Fahrerlaubnisbehörde keine Bindungswirkung.[877]

e) Widersprüchlichkeit zwischen Gesetzesrecht und Verordnungsrecht

Während das Verwaltungsrecht gem. §§ 3 Abs. 1 S. 1 StVG, 46 Abs. 1 S. 1 FeV i.V.m. § 46 Abs. 1 S. 2 FeV beim Führen eines Kraftfahrzeuges unter der Wirkung von Betäubungsmitteln oder beim Konsum von Ecstasy und Kokain die Möglichkeit eröffnet, eine **Fahrerlaubnis zu entziehen**, wird beim Führen eines Kraftfahrzeuges unter der Wirkung von Betäubungsmitteln **nur ein Fahrverbot** nach § 25 Abs. 1 StVG angeordnet, sofern ein Betroffener nicht gem. § 316 Abs. 1 StGB nachweislich fahruntüchtig war und der bloße Konsum von Betäubungsmitteln ist weder strafbar,[878] noch führt er zum strafrechtlichen Entzug einer Fahrerlaubnis.[879] **1091**

> Zwischen der Fahrerlaubnisverordnung als Verordnungsrecht und dem höheren Gesetzesrecht des § 24a Abs. 2 StVG besteht daher ein erheblicher **Widerspruch**.[880] **1092**

Das strafgerichtliche Verfahren und das Verwaltungsverfahren sind zwar zwei formal selbständige Verfahren, die auch unterschiedlichen Zwecken dienen[881] und die Entziehung der Fahrerlaubnis im strafgerichtlichen Verfahren nach § 69 StGB ist eine Maßregel der Sicherung und Besserung, während die Verwaltungsbehörde nach dem Straßenverkehrsgesetz die Eignung eines Betroffenen zum Führen eines Kraftfahrzeuges zu beurteilen hat und dabei alle für den Einzelfall bedeutsamen Umstände, die über die körperliche und/oder geistige Eignung zum Führen eines Kraftfahrzeuges Aufschluss geben können, überprüfen und berücksichtigen muss;[882] allerdings kann ein etwaiger Widerspruch zwischen Gesetz und **1093**

vom 26.4.1983, VRS 65, 238ff; kritisch *Hentschel* NZV 1989, 100ff (101) und *Hentschel* NJW 1989, 1838ff (1847).

874 *BVerwG* vom 15.7.1988, NZV 1988, 238f = NJW 1989, 116ff = VRS 79, 379ff; vgl. auch *Himmelreich* DAR 1989, 285ff.

875 *BVerwG* vom 15.7.1998, VRS 75, 379ff (383); *Hentschel*, Straßenverkehrsrecht, § 3 StVG Rn. 28.

876 *OVG Nordrhein-Westfalen* vom 25.3.2003, Az. 19 B 186/03; *VG München* vom 26.4.2005, Az. M 6b S 603/05.

877 *BVerwG* vom 17.2.1994, zfs 1995, 77f (Einstellung nach § 154 StPO); *OVG Bremen* vom 19.12.1978, VRS 56, 394f (Einstellung nach § 47 Abs. 2 OWiG oder § 154 StPO ohne Stellungnahme zum Schuldvorwurf im Einstellungsbeschluss); *Rüth/Berr/Berz* Straßenverkehrsrecht, § 4 StVG Rn. 53.

878 Vgl. § 29 Abs. 1 BtMG.

879 *BGH* vom 27.4.2005, DAR 2005, 452ff = NZV 2005, 486ff = BA 2005, 311ff.

880 *Dencker* BA 2006, 101ff.

881 *OVG Rheinland-Pfalz* vom 9.3.2006, Az. 10 E 10099/06.

882 *BVerwG* vom 29.8.1995, Az. 11 B 92/95.

Verordnung wohl nicht durch einen bloßen Hinweis darauf, dass die Fahrerlaubnisverordnung dem **präventiven gefahrenabwehrenden Verwaltungsrecht**[883] zuzuordnen ist, geheilt werden,[884] so dass die Praxis der Fahrerlaubnisbehörden verfassungsrechtlichen Bedenken begegnen könnte.[885]

1094 Die Widersprüchlichkeit des Ordnungswidrigkeitenrechts und des Verwaltungsrechts als Spezialmaterie des Rechts der öffentlichen Sicherheit und Ordnung[886] zeigt sich auch an der Tatsache, dass das Führen eines Kraftfahrzeuges unter der Wirkung von Betäubungsmitteln „nur" mit **vier Punkten** im Verkehrszentralregister geahndet wird.[887]

1095 Nach Ansicht des OVG Nordrhein-Westfalen[888] und des VGH Baden-Württemberg[889] hindert ein **durch den Strafrichter** ausgesprochenes **bloßes Fahrverbot** im Ordnungswidrigkeitenverfahren die Verwaltungsbehörde gleichwohl nicht, eine Fahrerlaubnis zu entziehen.

Hinterfragt werden könnte allenfalls, ob die Verwaltungsbehörde eine Fahrerlaubnis auch dann entziehen darf, wenn diese selbst **in einem Bußgeldverfahren** aus dem gleichen Anlass (neben einer Geldbuße) lediglich ein Fahrverbot angeordnet hat[890] und dieser Bußgeldbescheid **rechtskräftig** wurde, die Verwaltungsbehörde sich also mit ihrer ersten Bußgeldentscheidung selbst „gebunden" und die Sanktionen daher bereits bestimmt hat.[891]

Nach Ansicht des **Bundesverwaltungsgericht**[892] stehen die Anordnung eines Fahrverbotes und die Entziehung einer Fahrerlaubnis jedoch nicht im Widerspruch zueinander.[893]

1096 In einem Verfahren vor dem VG Lüneburg[894] wurde die Verwaltungsbehörde nach dem Führen eines Kraftfahrzeuges unter der Wirkung von Betäubungsmitteln erst nach fast vier Jahren tätig, in dem Verfahren vor dem OVG Hamburg[895] nach einem Zeitablauf von zwei Jahren und sechs Monaten und in dem Verfahren vor dem VGH Baden-Württemberg[896] nach einem Zeitablauf von immerhin noch zwei Jahren und zwei Monaten.

1097 Eine fahrlässig begangene Ordnungswidrigkeiten nach § 24a Abs. 2 StVG verjährt gem. § 31 Abs. 2 Nr. 4 OWiG allerdings bereits in sechs Monaten.[897]

1098 Diese Diskrepanz begegnet nach Ansicht des **Bundesverwaltungsgerichts**[898] ebenfalls keinen rechtlichen Bedenken und zwar selbst dann, wenn ein Betroffener in der Zwischenzeit völlig beanstandungsfrei ein Kraftfahrzeug führte.[899]

---

883 Siehe dazu auch *Burmann* DAR 2005, 61ff.
884 *Dencker* DAR 2004, 626ff (631).
885 So auch der Vortrag des Rechtsanwalts in dem Verfahren *VG Neustadt* vom 13.6.2005, Az. 3 K 417/05.
886 *VGH Bayern* vom 25.1.2006, DAR 2006, 349ff (350) = BA 2006, 422ff = SVR 2006, 393f.
887 Nr. 242 BKatV / TBNR 424648 – 424650.
888 Vom 21.7.2004, DAR 2004, 721ff = NZV 2005, 435 = BA 2006, 253 = VRS 109, 79f.
889 Vom 12.9.2005, SVR 2006, 233ff.
890 Vgl. Rn. Rn. 407f.
891 Ähnlich der Vortrag des Rechtsanwalts in dem Verfahren *VGH Bayern* vom 7.4.2006, Az. 11 Cs 2303/05.
892 Vom 21.1.1994, NJW 1994, 1672.
893 **A.M.** *Dencker* BA 2006, 101ff (103 „mich überzeugt das nach wie vor nicht").
894 Vom 23.3.2004, DAR 2005, 54f = BA 2005, 504f.
895 Vom 27.8.2003, DAR 2004, 411f = BA 2005, 501ff = SVR 2004, 317f.
896 Vom 30.9.2003, DAR 2004, 471ff = BA 2004, 288ff.
897 Vgl. Rn. 404.
898 Vom 9.6.2005, DAR 2005, 581ff = NZV 2006, 52f = BA 2006, 49ff (Az. 3 C 25/04).
899 So auch *OVG Niedersachsen* vom 19.11.2004, BA 2005, 324f = SVR 2005, 115f; *OVG Hamburg* vom 30.1.2002, NJW 2002, 2123ff; *VG Neustadt* vom 16.3.2006, SVR 2006, 314f; *Geiger* VBlBW 2004, 1ff (1).

Selbst wenn seit dem Führen eines Kraftfahrzeuges unter dem Einfluss von Betäubungsmitteln bereits sieben Jahre vergangen sind, kann die Fahrerlaubnisbehörde nach wie vor **Zweifel** an der Fahreignung haben,[900] denn ein reiner **Zeitablauf** führt nicht zwingend zum Wegfall der Nichteignung,[901] wobei die Vorschrift des § 11 Abs. 7 FeV nach einem derart langen Zeitraum allerdings nicht mehr zur Anwendung kommt.[902] Nach § 29 StVG sind Eintragungen im Verkehrszentralregister jedoch spätestens nach **10 Jahren** zu löschen[903] und nach § 2 Abs. 9 StVG sind Registerauskünfte, Führungs- und Gesundheitszeugnisse sowie Gutachten spätestens nach 10 Jahren von Amts wegen aus einer Akte zu vernichten.[904] Solange derartige Eintragungen bestehen, können sie auch verwertet werden.[905] Sind Erkenntnisse allerdings getilgt, dürfen sie nicht mehr herangezogen werden.[906] **1099**

Für die sog. **Wiedererteilung** der Fahrerlaubnis nach vorangegangenem Entzug wegen Nichteignung zum Führen von Kraftfahrzeugen ist jedoch § 29 Abs. 5 S. 1 StVG zu beachten, wonach eine Tilgungsfrist **erst nach Neuerteilung**[907] beginnt. **1100**

Gelegentlich wird daher die Meinung vertreten, dass ein **Verwertungsverbot** nie eintritt.

Diese im Grundsatz zeitlich unbegrenzte Verwertungsmöglichkeit ist jedoch abgeschafft worden.[908] Vielmehr gelten für Eintragungen im Verkehrszentralregister **ab dem Jahre 1999**[909] seit dem 01.02.2005 die üblichen Tilgungs- und Löschungsfristen und ein entsprechendes Verwertungsverbot.[910]

Eine zehnjährige Frist beginnt im Verwaltungsverfahren zwar erst nach Neuerteilung; spätestens jedoch fünf Jahre nach der beschwerenden (Erst-) Entscheidung.[911]

Eine am 11.09.1997 verfügte Eintragung über den verwaltungsrechtlichen Entzug einer Fahrerlaubnis würde somit (erst) am 11.09.2012 getilgt.[912]

Ein **Verwertungsverbot** von alten, etwaigen negativen medizinisch-psychologischen Gutachten oder Urteilen, die zum Entzug einer Fahrerlaubnis wegen Nichteignung zum Führen von Kraftfahrzeugen geführt haben,[913] sind daher bis zu **15 Jahre** lang[914] verwertbar, wobei Eintragungen im **Bundeszentralregister**[915] unter Umständen sogar noch länger vorhanden sein und formaljuristisch verwertet werden können.[916] **1101**

---

900 *VGH Baden-Württemberg* vom 18.5.2004, NZV 2005, 215ff = BA 2006, 57ff = SVR 2004, 476.
901 *Himmelreich* NZV 2005, 337ff (340).
902 *VGH Bayern* vom 9.5.2005, VRS 109, 64ff.
903 Zu den **Tilgungsfristen** seit dem 1.2.2005 durch die Änderung des StVG infolge des Ersten Gesetzes zur Modernisierung der Justiz s. *Gübner* NZV 2005, 57ff (58).
904 *VG Darmstadt* vom 24.6.2003, Az. 6 G 935/03.
905 *VG Neustadt* vom 16.3.2006, SVR 2006, 314f.
906 *VG Chemnitz* vom 1.12.2005, Az. 2 K 1314/05.
907 *Hentschel* Straßenverkehrsrecht, § 29 StVG Rn. 1b.
908 *OVG Saarland* vom 24.5.2004, DAR 2004, 546f = BA 2005, 82ff.
909 Für vor dem 1.1.1999 eingetragene Entscheidungen s. *OVG Berlin* vom 25.10.2005, Az. 1 S 62/05; *OVG Thüringen* vom 21.2.2005, Az. 2 KO 610/03; *VG Dresden* vom 11.5.2005, Az. 14 K 822/04.
910 Dazu ausführlich: *Gübner* NZV 2005, 57ff.
911 *OVG Saarland* vom 24.5.2004, DAR 2004, 546f = BA 2005, 82ff.
912 *VGH Bayern* vom 4.10.2005, Az. 11 CE 2304/05.
913 Siehe dazu auch *Himmelreich/Janker* MPU Begutachtung; Ein juristischer Leitfaden zur psychologischen Beurteilung der Fahreignung, Rn. 67.
914 Siehe dazu auch *VG Mainz* vom 25.1.2005, Az. 3 K 920/04; *Gebhardt* Das verkehrsrechtliche Mandat, § 61 Rn. 31f.
915 § 38 BZRG.
916 *BVerwG* vom 9.6.2005, DAR 2005, 578ff = BA 2006, 52ff (Az. 3 C 21/04).

V. Anordnung einer medizinisch-psychologischen Untersuchung

1. Die Pflicht eines Betroffenen zur MPU gem. § 14 Abs. 1 S. 4 FeV

1102 Gemäß § 14 Abs. 1 S. 4 FeV **kann** die Fahrerlaubnisbehörde eine medizinisch-psychologische Untersuchung anordnen, wenn ein Betroffener **gelegentlich** Cannabis konsumiert und „**weitere Tatsachen**“ vorliegen, die Zweifel an der Fahreignung begründen.[917]

1103 Ist der **gelegentliche**[918] Konsum von Cannabis daher nicht **bewiesen**,[919] kommt § 14 Abs. 1 S. 4 FeV nicht zur Anwendung.[920]

1104 Ist der **gelegentliche** Konsum von Cannabis zwar **erwiesen**, findet ein solcher aber ohne konkrete Verknüpfung mit der Teilnahme am Straßenverkehr statt, so rechtfertigt dies Zweifel an der Fahreignung und damit die Anordnung einer medizinisch-psychologischen Untersuchung gem. § 14 Abs. 1 S. 4 FeV nur dann, wenn auch **„weitere Tatsachen“** hinzutreffen, die einen Eignungsmangel als naheliegend erscheinen lassen.[921]

Diese „weiteren Tatsachen“ sind aber nicht abschließend in der Fahrerlaubnisverordnung aufgeführt. Deshalb muss hierzu auf die Entscheidungen der Rechtsprechung zurückgegriffen werden.

a) Weitere Tatsachen i.S.v. § 14 Abs. 1 S. 4 FeV

aa) Jugendliche

1105 Sogenannte „weitere Tatsachen“ i.S.v. § 14 Abs. 1 S. 4 FeV liegen nach Ansicht der Rechtsprechung etwa dann vor, wenn ein betroffener junger Erwachsener (hier 19 Jahre alt) bei der Polizei angibt, dass er seit drei Jahren gelegentlich Cannabis konsumiere, er also schon als Jugendlicher mit dem Konsum begonnen hat. Dann kann bei diesem nämlich nicht ausgeschlossen werden, dass dies **während der Entwicklungsphase** zu einer Verminderung der körperlich-geistigen Leistungsfähigkeit geführt hat.[922]

---

917 *VG Oldenburg* vom 17.2.2004, SVR 2004, 398; *VG Augsburg* vom 3.2.2004, DAR 2004, 287f = BA 2005, 261f.

918 Vgl. zur Konsumhäufigkeit und zum Begriff Rn. 876ff.

919 Vgl. zum bloßen Verdacht auf gelegentlichen Konsum Rn. 768ff.

920 *VGH Bayern* vom 7.4.2006, Az. 11 Cs 2303/05; *VGH Bayern* vom 27.3.2006, Az. 11 Cs 1559/05; *VGH Bayern* vom 25.1.2006, DAR 2006, 349ff = BA 2006, 422ff= SVR 2006, 393f; *OVG Brandenburg* vom 13.12.2004, BA 2006, 161ff; *VGH Baden-Württemberg* vom 29.9.2003, DAR 2004, 48f = BA 2004, 185ff; *OVG Sachsen* vom 8.11.2001, DAR 2002, 234f; *VG Frankfurt/Main* vom 18.5.2005, Az. 6 E 6836/04; vgl. aber auch *OVG Hamburg* vom 23.6.2005, BA 2006, 165ff = VRS 109, 214ff = SVR 2006, 113f; *OVG Hamburg* vom 15.12.2005, BA 2006, 427ff = NJW 2006, 1367ff = VRS 110, 388ff, wonach schon ein einmaliger und erstmaliger bewiesener Konsum von Cannabis unter den Begriff der „gelegentlichen Einnahme“ zu subsumieren sei; vgl. auch Rn. 942ff.

921 *BVerfG* vom 20.6.2002, DAR 2002, 405ff = NJW 2002, 2378ff; *BVerfG* vom 9.3.1994, NJW 1994, 1577ff (1580); *BVerwG* vom 5.7.2001, DAR 2001, 522f = NJW 2002, 78ff; vgl. auch Rn. 779.

922 *BVerfG* vom 9.3.1994, NJW 1994, 1577ff (1580); *OVG Niedersachsen* vom 15.11.2002, DAR 2003, 45f; *Patzak/Marcus/Goldhausen* NStZ 2006, 259ff (262).

Dabei gilt allerdings zu beachten, dass es bei einem Jugendlichen eines „länger andauernden" und „intensiveren" Konsums von Cannabis bedarf, um von einer weiteren Tatsache i.S.v. § 14 Abs. 1 S. 4 FeV auszugehen, so dass nicht bei allen Fahrerlaubnisinhabern, die schon als Jugendliche Haschisch oder Marihuana konsumiert haben, eine medizinisch-psychologische Untersuchung angeordnet werden kann.[923]

bb) Punkte im Verkehrszentralregister

Punkte im Verkehrszentralregister stellen keine weiteren Tatsachen i.S.v. § 14 Abs. 1 S. 4 **1106**
FeV dar, die bei nur gelegentlichem Konsum von Cannabis eine medizinisch-psychologische Untersuchung rechtfertigen.[924]

cc) Positiver Drogenschnelltest

Auch ein **positiver Drogenschnelltest** ist keine weitere Tatsache i.S.v. § 14 Abs. 1 S. 4 FeV, **1107**
wenn die anschließende Blutuntersuchung im Rahmen von § 81a Abs. 1 StPO i.V.m. § 46 Abs. 4 OWiG negativ verlief.[925]

dd) Verurteilung nach dem BtMG

Auch eine Verurteilung wegen unerlaubter Einfuhr und Handeltreiben mit Betäubungsmit- **1108**
teln fällt nicht unter § 14 Abs. 1 S. 4 FeV.[926]

Während einer Wohnungsdurchsuchung vorgefundene **Hanfpflanzen** rechtfertigen zunächst ebenfalls keine Anordnung zur Beibringung eines medizinisch-psychologischen Gutachtens.[927]

ee) Auffinden von Cannabis

Der Besitz einer „geringen Menge" Cannabis deutet nicht darauf hin, dass ein Betroffener **1109**
nicht zwischen dem Konsum von Cannabis und dem Führen eines Kraftfahrzeuges trennen könnte und daher Eignungszweifel am Führen eines Kraftfahrzeuges bestehen.[928]

Alleine aus dem bloßen Auffinden von Cannabis **in einem Kraftfahrzeug** kann daher ebenfalls nicht auf eine weitere Tatsache i.S.v. § 14 Abs. 1 S. 4 FeV geschlossen werden[929] und in einem solchen Fall scheidet die Anordnung zur Beibringung eines medizinisch-psychologischen Gutachtens ebenfalls aus.[930]

---

923 *VGH Bayern* vom 13.5.2005, Az. 11 Cs 77/05.
924 *VG Augsburg* vom 3.2.2004, DAR 2004, 287f = BA 2005, 261f.
925 *OVG Thüringen* vom 3.3.2004, DAR 2004, 547f = BA 2005, 181ff.
926 *VG Neustadt* vom 24.4.2002, Az. 3 L 988/02.
927 *VGH Bayern* vom 23.2.2004, Az. 11 BV 249/03; **a.M.** wohl *VG Kassel* vom 24.6.2004, BA 2006, 253ff.
928 *BVerfG* vom 20.6.2002, DAR 2002, 405ff = NJW 2002, 2378ff.
929 *BVerfG* vom 24.6.1993, DAR 1993, 427ff = BA 1993, 358ff; *BVerwG* vom 5.7.2001, DAR 2001, 522f = NJW 2002, 78ff; *VGH Bayern* vom 29.6.1999, DAR 2000, 228ff.
930 *BVerfG* vom 24.6.1993, DAR 1993, 427ff = BA 1993, 358ff.

ff) Addition verschiedener Faktoren

1110 Selbst dann, wenn die Fahrerlaubnisbehörde mehrere konkrete Umstände addiert, liegen keine „weiteren Tatsachen“ i.S.v. § 14 Abs. 1 S. 4 FeV vor.

So ordnete das Landratsamt beispielsweise im Jahr 2003 eine medizinisch-psychologische Untersuchung an, da die **Pupillen** eines Betroffenen bei einer Verkehrskontrolle auf Licht verlangsamt reagierten. Die daraufhin nach § 81a Abs. 1 StPO i.V.m. § 46 Abs. 4 OWiG angeordnete Blutentnahme ergab eine **Tetrahydrocannabinol-Carbonsäurekonzentration** von 16 ng/ml, was nach Ansicht der Behörde für einen gelegentlichen Cannabiskonsum spreche. **Außerdem** sei der Betroffene **wiederholt „mit Drogen aufgefallen“** und habe ein „drogentypisches Erscheinungsbild“. So wurde er im Jahr 1993 wegen unerlaubten Erwerbs und Einfuhr von Betäubungsmitteln **nach dem BtMG verurteilt** und anlässlich eines Verkehrsunfalls im gleichen Jahr seien bei dem Betroffenen **drei LSD-Trips und 9 g Haschisch sichergestellt** worden.

Nach Ansicht der Fahrerlaubnisbehörde könne nur durch eine medizinisch-psychologische Untersuchung geklärt werden, „ob der Betroffene zukünftig zuverlässig zwischen dem Führen von Kraftfahrzeugen und dem Konsum von Cannabis trennen könne.“

Die Anordnung einer medizinisch-psychologischen Untersuchung war jedoch nach Ansicht des VG Regensburg[931] rechtswidrig, da alle diese Vorfälle **keine „weiteren Tatsachen“** i.S.v. § 14 Abs. 1 S. 4 FeV darstellen.

1111 In einem anderen Fall teilte die Polizei der Fahrerlaubnisbehörde gem. § 2 Abs. 12 StVG mit, dass ein Betroffener im Mai 1998 vom Amtsgericht wegen des **Besitzes von Cannabis verurteilt** wurde. Ein daraufhin im Oktober 1998 veranlasstes ärztliches Gutachten stellte einen gelegentlichen Cannabiskonsum fest. Im November 1999 teilte die Polizei der Fahrerlaubnisbehörde mit, dass der gleiche Betroffene in einen Verkehrsunfall verwickelt war. Man habe bei diesem eine **Blutalkoholkonzentration von 0,69‰** festgestellt. Im Blutserum des Betroffenen wurde außerdem eine **Tetrahydrocannabinol-Carbonsäurekonzentration** von 34 ng/ml gemessen.

Die Fahrerlaubnisbehörde ordnete daraufhin eine medizinisch-psychologische Untersuchung an, die jedoch im November 2000 zu einem positiven Ergebnis führte. Im Dezember 2000 verwarnte die Fahrerlaubnisbehörde den gleichen Betroffenen, da im **Verkehrszentralregister** inzwischen **acht Punkte eingetragen** waren. Da der Betroffene im Mai 2002 während eines Fahrverbotes ein Kraftfahrzeug führte, wurde er zudem vom Amtsgericht gem. **§ 21 Abs. 1 S. 1 StVG verurteilt**, so dass er im Oktober 2002 von der Fahrerlaubnisbehörde wegen der inzwischen im Verkehrszentralregister eingetragenen **16 Punkte erneut verwarnt** wurde. Im April 2003 teilte die Polizei der Fahrerlaubnisbehörde mit, dass der Betroffene **Cannabis konsumiert** habe, was durch das Amtsgericht mit einem Strafbefehl geahndet worden sei.

Die Fahrerlaubnisbehörde ordnete nunmehr erneut eine medizinisch-psychologische Untersuchung an, „da der Drogenkonsum des Betroffenen geklärt werden müsse“.

Diese Anordnung war nach Ansicht des VG Augsburg[932] ebenfalls rechtswidrig, da auch hier **keine „weiteren Tatsachen“** i.S.v. § 14 Abs. 1 S. 4 FeV vorlagen.

931 Vom 2.2.2004, Az. RO 5 S 221/04.
932 Vom 3.2.2004, DAR 2004, 287f = BA 2005, 261f.

gg) Umstände nach Ziff. 9.2.2 der Anlage 4 zu §§ 11, 13, 14 FeV

Nach Ansicht des VG Augsburg[933] und des VG Oldenburg[934] **sind „weitere Tatsachen“** insbesondere die in Ziff. 9.2.2 der Anlage 4 zu §§ 11, 13, 14 FeV genannten Umstände. **1112**

Eine medizinisch-psychologische Untersuchung gem. § 14 Abs. 1 S. 4 FeV **kann** durch die Fahrerlaubnisbehörde demnach dann angeordnet werden, wenn ein Betroffener gelegentlich Cannabis konsumiert und nicht zwischen dem Konsum von Cannabis und dem Führen eines Kraftfahrzeuges trennt, wenn ein Persönlichkeitsverlust oder die Störung der Persönlichkeit gegeben scheint oder wenn ein zusätzlicher Gebrauch von Alkohol oder anderen psychoaktiv wirkenden Stoffen vorliegt.[935] **1113**

b) § 14 Abs. 1 S. 4 FeV versus § 11 Abs. 7 FeV

Die Verwaltungsgerichte subsumieren unter den Begriff der „weiteren Tatsachen“ unter anderem und insbesondere **auch die mangelnde Trennung** zwischen dem Konsum von Cannabis und dem Führen eines Kraftfahrzeuges.[936] **1114**

Gemäß § 46 Abs. 1 S. 2 FeV i.V.m. Ziff. 9.2.2 der Anlage 4 zu §§ 11, 13, 14 FeV kann die Fahrerlaubnis eines Betroffenen aber nach § 3 Abs. 1 S. 1 StVG, § 46 Abs. 1 S. 1 FeV i.V.m. § 11 Abs. 7 FeV[937] auch ohne vorherige Anordnung zur Beibringung eines medizinisch-psychologischen Gutachtens entzogen werden, wenn ein Betroffener gelegentlich Cannabis konsumiert und nicht zwischen dem Konsum von Cannabis und dem Führen eines Kraftfahrzeuges trennt.[938]

Die Vorschriften des Straßenverkehrsgesetzes und der Fahrerlaubnisverordnung scheinen daher im Widerspruch zu der verwaltungsgerichtlichen Rechtsprechung zu stehen, denn entweder ist bei vorliegen weiterer Tatsachen gem. § 14 Abs. 1 S. 4 FeV die Beibringung eines medizinisch-psychologischen Gutachtens anzuordnen oder eine Fahrerlaubnis ist wegen Nichteignung zum Führen von Kraftfahrzeugen ohne vorherige Begutachtung zu entziehen. Beides scheint kaum möglich. **1115**

Hierbei gilt jedoch zu beachten, dass die Fahrerlaubnisbehörde bei Vorliegen eines in Ziff. 9.2.2 der Anlage 4 zu §§ 11, 13, 14 FeV genannten Umstandes bei einem gelegentlichen Cannabiskonsumenten auf Grund der Ermächtigungsgrundlage des § 14 Abs. 1 S. 4 FeV eine medizinisch-psychologische Untersuchung **anordnen kann,**[939] **aber nicht anordnen muss**, denn das VG Augsburg[940] zählte beispielsweise nur die Befugnisse[941] einer Fahrerlaubnisbehörde auf, nicht jedoch deren Verpflichtungen. **1116**

933 Vom 3.2.2004, DAR 2004, 287f = BA 2005, 261f.
934 Vom 17.2.2004, SVR 2004, 398.
935 *Himmelreich* DAR 2002, 26ff (30).
936 *VG Oldenburg* vom 17.2.2004, SVR 2004, 398; *VG Augsburg* vom 3.2.2004, DAR 2004, 287f = BA 2005, 261f.
937 Steht die Nichteignung des Betroffenen zur Überzeugung der Fahrerlaubnisbehörde fest, unterbleibt die Anordnung zur Beibringung des [scil: eines] Gutachtens.
938 Vgl. Rn. 924ff.
939 *VG Oldenburg* vom 17.2.2004, SVR 2004, 398.
940 Vom 3.2.2004, DAR 2004, 287f = BA 2005, 261f.
941 Urteil S. 5.

Für die Fahrerlaubnisbehörde lässt sich aus dieser Rechtsprechung daher zunächst **keine Pflicht** zur Anordnung der Beibringung eines medizinisch-psychologischen Gutachtens vor dem Entzug einer Fahrerlaubnis herleiten.

Die Vorschrift des § 11 Abs. 7 FeV steht der zwingenden Anordnung zur Beibringung eines medizinisch-psychologischen Gutachtens vor dem Entzug einer Fahrerlaubnis entgegen. Danach unterbleibt die Anordnung zur Beibringung eines medizinisch-psychologischen Gutachtens, wenn die Nichteignung eines Betroffenen zur Überzeugung der Fahrerlaubnisbehörde feststeht.

Die verwaltungsrechtliche Rechtsprechung und die Vorschrift des § 11 Abs. 7 FeV steht der Vorschrift von § 14 Abs. 1 S. 4 FeV aber **nicht widersprüchlich** entgegen, denn trotz des Terminus „zur Überzeugung der Fahrerlaubnisbehörde“ handelt es sich bei der Entscheidung über die Anordnung zur Beibringung eines Gutachtens nicht um eine **Ermessensentscheidung**, sondern um ein Tätigwerden der Behörde im Rahmen einer Ermächtigung, eine bestimmte Entscheidung zu treffen, zu der sie dann, wenn die rechtlichen Voraussetzungen dafür erfüllt sind, auch **verpflichtet** ist.[942]

Insofern kann auf die Ausführungen zum Abweichen vom Regelfall und dem Nichtanwenden von § 11 Abs. 7 FeV unter Rn. 1025ff Bezug genommen werden.

2. Die Pflicht eines Betroffenen zur MPU wegen Straftaten im Zusammenhang mit dem Straßenverkehr

1117 Gemäß § 46 Abs. 3 FeV i.V.m. § 11 Abs. 1 S. 3 FeV, § 11 Abs. 3 S. 1 Nr. 4 FeV **kann** die Fahrerlaubnisbehörde die Beibringung eines medizinisch-psychologischen Gutachtens anordnen, wenn ein Betroffener wegen des Begehens von **Straftaten** verurteilt wurde.

1118 Gegen eine Anwendung dieser Vorschrift durch die Fahrerlaubnisbehörde bei sämtlichen Delikten könnte aber die Tatsache sprechen, dass es sich um **Straftaten**, also um mindestens zwei, handeln müsste,[943] dass diese Straftaten im Zusammenhang mit dem Führen eines Kraftfahrzeuges erfolgt sein müssten und schließlich könnte auch die Sonderregelung für Mehrfachtäter nach § 4 StVG der Vorschrift von § 11 Abs. 1 S. 3 FeV und § 11 Abs. 3 S. 1 Nr. 4 FeV entgegenstehen.

1119 Der VGH Baden-Württemberg[944] führte dazu allerdings aus, dass auch schon **eine einzige erhebliche Verkehrsstraftat** genügt, um berechtigte Zweifel an der Eignung eines Betroffenen zum Führen von Kraftfahrzeugen zu begründen.[945]

Nach Ansicht der Literatur[946] muss diese Straftat auch nicht in **unmittelbarem Zusammenhang** mit dem Straßenverkehr stehen, sie muss allerdings den Schluss zulassen, dass ein Betroffener den Verkehr gefährden würde.[947]

942 *OVG Niedersachsen* vom 15.11.2002, DAR 2003, 45f.
943 So auch *VG Augsburg* vom 3.2.2004, DAR 2004, 287f = BA 2005, 261f.
944 Vom 25.7.2001, NZV 2002, 104.
945 Vgl. auch *Ebner* § 56 Medizinisch-psychologische Untersuchung, Rn. 12ff.
946 *Burmann* DAR 2005, 61ff (62); *Hentschel* Straßenverkehrsrecht, § 11 FeV Rn. 8.
947 Nach Ansicht des *OVG Saarland* vom 27.7.2006, Az. 1 W 33/06 kommt eine MPU nicht in Betracht, wenn ein ansonsten unvorbestrafter Betroffener wegen Unerlaubtem Entfernen vom Unfallort mittels Strafbefehl verurteilt und ihm die Fahrerlaubnis entzogen wurde, da in einem solchen Fall (vor der Neuerteilung) keine so großen Zweifel an der Eignung zum Führen von Kraftfahrzeugen bestünden, als dass diese eine MPU rechtfertigen würden.

a) Aggressionspotential

Auch eine Straftat, die nicht in unmittelbarem Zusammenhang mit dem Führen eines Kraftfahrzeuges oder dem Straßenverkehr steht, kann ein Grund für die Anordnung einer medizinisch-psychologischen Untersuchung sein,[948] insbesondere bei vermeintlich bestehendem hohem **Aggressionspotential** eines Betroffenen.[949] **1120**

Ein hohes Aggressionspotential kann nach Ansicht der Rechtsprechung beispielsweise durch eine Verurteilung wegen **Körperverletzung** oder wegen **Tierquälerei**[950] vermutet werden und zwar selbst dann, wenn die Tat vor über drei Jahren erfolgte und es sich dabei nur um eine **Jugendsache** handelte.[951]

Anhaltspunkte für ein hohes Aggressionspotential sind gleichwohl nur solche, welche die Veranlagung eines Betroffenen zu Rohheit oder eine geringe Hemmschwelle gegenüber der körperlichen Integrität anderer Menschen (oder gegenüber Wirbeltieren) erkennen lassen, so dass **nicht jede aggressive Straftat**, etwa eine **Sachbeschädigung**, die Anordnung zur Beibringung eines medizinisch-psychologischen Gutachtens rechtfertigt, sondern der **Grundsatz der Verhältnismäßigkeit** mit berücksichtigt werden muss.[952]

Eine **Beleidigung im Straßenverkehr** wie „Vogel zeigen“ oder „ausgestreckter Mittelfinger zeigen“ dürfte die Anordnung zur Beibringung eines medizinisch-psychologischen Gutachtens daher wohl noch nicht rechtfertigen, insbesondere wenn es sich um ein einmaliges Ereignis handelte. Dies gilt auch für Ehestreitigkeiten.[952a]

b) Situationsunangepasstes Verhalten

Obwohl keine Straftat und auch kein Bezug zum Straßenverkehr vorlag und auch kein hohes Aggressionspotential gegenüber Menschen oder Wirbeltieren zu erkennen ist, erklärte der VGH Baden-Württemberg[953] die Anordnung einer medizinisch-psychologischen Untersuchung bei einer Betroffenen auch dann für rechtmäßig, wenn diese mit ihrem Kleinkind zur Nachtzeit **alkoholisiert in einem Lokal angetroffen** wird und sich bei der Polizeikontrolle „aggressiv verhält“. **1121**

Ferner hält der VGH Baden-Württemberg[954] die Anordnung einer medizinisch-psychologischen Untersuchung für rechtmäßig, wenn ein Betroffener nach Angaben der Polizei durch ein **„situationsunangepasstes Verhalten“**, **„fehlende Normakzeptanz“** und **„realitätsverzerrende Sichtweisen“** auffällt.

Diese Rechtsprechung ist jedoch sehr subjektiv, da daraus auch interpretiert werden könnte, dass ein Ausschöpfen des Rechtsweges und ein „heftiges Wehren“ gegen Anordnungen der Polizei oder Ordnungsbehörde darunter subsumiert werden könnte. Auch ein ausdrückliches Schweigen bei polizeilichen Befragungen und Vernehmungen könnte theoretisch als ein „situationsunangepasstes Verhalten“ interpretiert werden.

---

948 Vgl. auch *Wendlinger* NZV 2006, 505ff; *Himmelreich* DAR 2002, 60ff sowie *Himmelreich* NZV 2005, 337ff (344).

949 *VGH Baden-Württemberg* vom 14.9.2004, NZV 2005, 168 = BA 2005, 396ff = NJW 2005, 234ff; *VG Potsdam* vom 1.7.2004, Az. 10 K 3925/02; *Burmann* DAR 2005, 61ff.

950 *VG München* vom 3.12.2004, Az. M 6b 2511/04.

951 *VGH Baden-Württemberg* vom 14.9.2004, NZV 2005, 168 = BA 2005, 396ff = NJW 2005, 234ff.

952 *VG München* vom 4.2.2005, Az. M 6a K 5867/03; s. dazu auch *VG Braunschweig* vom 14.12.2005, Az. 6 B 731/05.

952a *VG Neustadt vom 29.9.2005, Az. 3 L 1522/05; Wendlinger* NZV 2006, 505ff (509).

953 Vom 22.1.2001, DAR 2001, 233.

954 Vom 28.10.2004, DAR 2005, 352ff (354).

c) Wiederkehrende Ordnungswidrigkeiten

1122 Durch Art. 1 Nr. 3a der Dritten Verordnung zur Änderung der Fahrerlaubnis-Verordnung vom 09.08.2004[955] kann die Fahrerlaubnisbehörde eine medizinisch-psychologische Untersuchung auch bei **erheblichen oder wiederkehrenden Verstößen gegen verkehrsrechtliche Vorschriften** anordnen.[956]

1123 Inwieweit eine medizinisch-psychologische Untersuchung daher bei wörtlicher Auslegung der Vorschrift des § 11 Abs. 3 S. 1 Nr. 4 FeV auch bei zumindest zweimaligem Verstoß gegen § 24a Abs. 2 StVG erfolgen kann, ist allerdings angesichts der Möglichkeit des sofortigen verwaltungsrechtlichen Fahrerlaubnisentzuges wegen mangelnder Trennung zwischen dem Konsum von Betäubungsmitteln und dem Führen eines Kraftfahrzeuges unter der Wirkung von berauschenden Mitteln irrelevant. Eine solche Frage würde sich vielmehr dann stellen, wenn ein Betroffener beispielsweise permanent **Parkverstöße** begeht und die Fahrerlaubnisbehörde deshalb eine medizinisch-psychologische Untersuchung anordnet.[957]

3. Das Recht eines Betroffenen zur MPU wegen geringer THC-Konzentration

1124 Steht die Nichteignung eines Betroffenen zum Führen von Kraftfahrzeugen zur Überzeugung der Fahrerlaubnisbehörde fest, so hat diese unter Beachtung des Verhältnismäßigkeitsgrundsatzes und der einschlägigen Rechtsprechung eine bestehende Fahrerlaubnis auch ohne vorherige Anordnung einer medizinisch-psychologischen Untersuchung gem. §§ 3 Abs. 1 S. 1 StVG, § 46 Abs. 1 S. 1 FeV i.V.m. § 11 Abs. 7 FeV zu entziehen.

Bestehen hingegen lediglich (auch erhebliche[958]) Zweifel an der Eignung eines Betroffenen zum Führen von Kraftfahrzeugen, so sind diese vor dem Entzug einer Fahrerlaubnis gem. § 46 Abs. 3 FeV durch ein ärztliches und / oder medizinisch-psychologisches Gutachten aufzuklären und § 11 Abs. 7 FeV kommt nicht nur Anwendung.

Gemäß § 46 Abs. 1 S. 2 FeV i.V.m. Ziff. 9.2.2 der Anlage 4 zu §§ 11, 13, 14 FeV besteht in der Regel **keine Eignung zum Führen von Kraftfahrzeugen**, wenn ein Betroffener gelegentlich Cannabis konsumiert und wenn dieser nicht zwischen dem Konsum von Cannabis und dem Führen eines Kraftfahrzeuges trennt, wenn sich in dessen gem. § 81a Abs. 1 StPO i.V.m. § 46 Abs. 4 OWiG gemessenem Blutserum also eine **positive Tetrahydrocannabinol-Konzentration** feststellen lässt.

1125 In der verwaltungsrechtlichen Rechtsprechung[959] besteht allerdings kein Konsens darüber, ab welcher Höhe einer positiven THC-Konzentration von einer „mangelnden Trennung" zwischen dem Konsum von Cannabis und dem Führen eines Kraftfahrzeuges auszugehen ist.

955 BGBl. I S. 2092, in Kraft getreten am 1.2.2005.

956 Vgl. dazu auch *Hillmann* DAR 2006, 128ff (130); *Jagow* NZV 2006, 27ff; *Ebner* § 56 Medizinisch-psychologische Untersuchung, Rn. 14; *Gebhardt* Das verkehrsrechtliche Mandat, § 60 Rn. 9ff.

957 Vgl. dazu *OVG Nordrhein-Westfalen* vom 18.1.2006, NZV 2006, 224; *Gebhardt* Das verkehrsrechtliche Mandat, § 60 Rn. 13f.

958 *VG Kassel* vom 24.6.2004, BA 2006, 253ff (255).

959 Zur Rechtsprechung beim Vorliegen einer Ordnungswidrigkeit s. *BVerfG* vom 21.12.2004, DAR 2005, 70ff = NZV 2005, 270ff = BA 2005, 156ff = NJW 2005, 349ff = SVR 2005, 77f.

a) Höhe der Tetrahydrocannabinol-Konzentration unter 2,0 ng/ml

Das VG München[960] hält den sofortigen Entzug einer Fahrerlaubnis ohne Anordnung einer MPU für rechtmäßig, wenn im Rahmen von § 81a Abs. 1 StPO i.V.m. § 46 Abs. 4 OWiG eine Tetrahydrocannabinol-Konzentration von **12,9 ng/ml**[961] nachgewiesen werden kann. **1126**

Auch in einer anderen Entscheidung wiederholte das VG München[962] ausführlich und nachvollziehbar,[963] warum es den Entzug einer Fahrerlaubnis ohne vorherige Anordnung einer medizinisch-psychologischen Untersuchung für zulässig erachtet, wenn sich bei einem Betroffenen im Rahmen von § 81a Abs. 1 StPO i.V.m. § 46 Abs. 4 OWiG eine Tetrahydrocannabinol-Konzentration von **8,1 ng/ml**[964] nachweisen lässt.[965]

Das VG Augsburg[966] vertrat jedoch eine andere Meinung; allerdings wies die Blutserumkonzentration des Betroffenen während des Führens eines Kraftfahrzeuges „nur" einen Tetrahydrocannabinolwert von **1,2 ng/ml**[967] auf. In diesem Fall entzog die Verwaltungsbehörde die Fahrerlaubnis eines Betroffenen nicht sofort entsprechend § 46 Abs. 1 S. 2 FeV und Ziff. 9.2.2 der Anlage 4 zu §§ 11, 13, 14 FeV i.V.m. § 11 Abs. 7 FeV nach § 3 Abs. 1 S. 1 StVG und § 46 Abs. 1 S. 1 FeV sondern ordnete lediglich eine medizinisch-psychologische Untersuchung an. **1127**

Auch der VGH Bayern[968] hatte mehrere Fälle zu beurteilen, bei denen die Betroffenen während des Führens eines Kraftfahrzeuges „nur" eine Tetrahydrocannabinol-Konzentration von 1,2 ng/ml aufwiesen. **1128**

> Der VGH Bayern[969] führte dazu aus, dass eine bei einem Kraftfahrzeugführer festgestellte Tetrahydrocannabinol-Konzentration im Blutserum **zwischen 1 ng/ml und** (unter[970]) **2,0 ng/ml** für sich alleine nicht ohne weiteres beweise, dass dieser nicht zwischen dem Konsum von Cannabis und dem Führen eines Kraftfahrzeuges trennen könne.

Alleine auf Grund einer solchen Tetrahydrocannabinol-Konzentration könne die Fahrerlaubnisbehörde daher **nicht** bereits auf die Nichteignung zum Führen von Kraftfahrzeugen gem. § 46 Abs. 2 S. 1 FeV i.V.m. Ziff. 9.2.2 der Anlage 4 zu §§ 11, 13, 14 schließen.

---

960 Vom 26.5.2004, Az. M 6a S 2632/04.

961 Da die THC-COOH-Messung eine Konzentration von 178,1 ng/ml ergab, wäre der Entzug der Fahrerlaubnis auch wegen des „regelmäßigen Konsums" gerechtfertigt gewesen.

962 Vom 8.11.2004, Az. M 6b S 5112/04.

963 Insbesondere Beschluss S. 13.

964 Und 57,1 ng/ml THC-COOH.

965 Vgl. dazu auch Rn. 924ff.

966 Vom 17.2.2004, Az. Au 3 K 20/04.

967 Und 6,5 ng/ml THC-COOH.

968 Vom 24.8.2004, Az. 11 Cs 1422/04 und vom 11.11.2004, BA 2006, 414ff = SVR 2005, 152f.

969 Vom 21.2.2005, Az. 11 Cs 3526/04.

970 Bei einer THC-Konzentration von exakt 2,0 ng/ml geht der VGH Bayern vom 14.7.2004, Az. 11 Cs 1513/04 bereits von mangelnder Trennung aus. Mit Beschluss vom 21.2.2005, Az. 11 Cs 3526/04 (S. 6) führt der *VGH Bayern* allerdings aus: „Der Senat hat in einer solchen Fahrt einen Nachweis für fehlendes Trennen von Cannabiskonsum und Fahren vielmehr schon dann gesehen, wenn die bei dieser Fahrt im Blut des Betroffenen festgestellte THC-Konzentration 2,0 ng/ml überstieg". Mit Beschluss vom 9.5.2005, VRS 109, 64ff führt der *VGH Bayern* (Az. 11 Cs 2526/04 Beschluss S. 6) aus: „... wenn die aufgenommene Menge an THC 2 ng/ml nicht übersteigt"; auf der gleichen Seite wird aber auch ausgeführt: „...wenn im Blut eines Betroffenen eine THC-Konzentration von mehr als 2,0 ng/ml festgestellt wurde". Mit Beschluss vom 7.4.2006, Az. 11 Cs 2303/05 (S. 6) führt *der VGH Bayern* aus, „der derzeitige medizinisch-naturwissenschaftliche Erkenntnisstand rechtfertigt es, bei einer THC-Konzentration von über 2,0 ng/ml eine Fahrerlaubnis zu entziehen".

1129 Im Jahre 2006 wiederholte und vertiefte der VGH Bayern[971] seine Rechtsansicht ausdrücklich und ausführlich, wonach eine im Blutserum nachgewiesene Tetrahydrocannabinol-Konzentration **von unter 2,0 ng/ml** nicht zur mangelnden Eignung zum Führen von Kraftfahrzeugen führt sondern gem. § 46 Abs. 3 FeV lediglich **Eignungszweifel** vorliegen. Beim Führen eines Kraftfahrzeuges unterhalb dieses THC-Konzentrationsbereiches **ist** daher gem. § 14 Abs. 1 S. 4 FeV und Satz 2 der Vorbemerkung der Anlage 4 zu §§ 11, 13, 14 FeV eine medizinisch-psychologische Untersuchung **anzuordnen** (und **nicht kann angeordnet werden**).

1130 Die gleiche Ansicht vertritt auch das VG Sigmaringen[972] (im Bundesland Baden-Württemberg) und auch Kuhnert[973] führt aus, dass die Verwaltungsbehörde die Fahrerlaubnis bei einem „Fahren unter Cannabiseinfuss **bis 1,9 ng/ml**" nicht ohne weitere Prüfung der Fahreignung entziehen darf.

1131 Es verwundert deshalb nicht, dass einige Betroffene ausdrücklich eine medizinisch-psychologische Untersuchung verlangen. Die Anordnung einer medizinisch-psychologischen Begutachtung wird von Betroffenen zwar oftmals als „**Beibringungspflicht**" und als „**Anordnungsrecht der Fahrerlaubnisbehörde**[974] angesehen; in zahlreichen Fällen ist eine medizinisch-psychologische Untersuchung für einen Betroffenen aber offensichtlich auch eine Möglichkeit, den sofortigen **Entzug** der Fahrerlaubnis zu **verhindern**. Sie dient daher auch einem Betroffenen.

1132 Eine andere Meinung vertritt jedoch der VGH Baden-Württemberg.[975] Danach rechtfertige auch eine **THC-Konzentration von 1,0 ng/ml** (und folglich auch eine solche von **1,4 ng/ml**[976]) die Annahme der mangelnden Trennung zwischen dem Konsum von Cannabis und dem Führen eines Kraftfahrzeuges, was den **sofortigen Entzug** der Fahrerlaubnis ohne weitere Untersuchungsmaßnahmen zur Folge habe.[977]

1133 Entsprechend müssen auch die Ausführungen des OVG Schleswig-Holstein[978] verstanden werden, wonach den überzeugenden Einschätzungen des VGH Baden-Württemberg zu folgen sei und bei einer THC-Konzentration von mehr als 1 ng/ml eine mangelnde Trennung zwischen dem Konsum von Cannabis und dem Führen eines Kraftfahrzeuges vorliegt.

1134 Entsprechend DIN 32645 können bei der gaschromatographisch-massenspektrometrischen Untersuchung **Messwerte ab 0,25 ng/ml als „positiv"** gewertet werden[979] und nach Ansicht

---

971 Vom 25.1.2006, DAR 2006, 407ff = BA 2006, 416ff = VRS 110, 310ff (nicht zu verwechseln mit der Entscheidung vom gleichen Tage, Az. 11 Cs 1453/05, abgedruckt in DAR 2006, 349ff und BA 2006, 422ff sowie SVR 2006, 393f, wobei es sich in VRS 110, 310ff hinsichtlich des Datums offensichtlich um einen Druckfehler handelt).

972 Vom 9.2.2006, Az. 7 K 55/06.

973 *Kuhnert* DAR 2006, 411f.

974 Siehe dazu *Himmelreich/Janker* MPU Begutachtung; Ein juristischer Leitfaden zur psychologischen Beurteilung der Fahreignung, Rn. 5 und *Gehrmann/Undeutsch* Das Gutachten der MPU und Kraftfahrereignung, Rn. 172.

975 Vom 27.3.2006, NZV 2006, 560 = BA 2006, 412ff = NJW 2006, 2135ff.

976 *VGH Baden-Württemberg* vom 15.11.2004, BA 2005, 187ff.

977 Unklar ist insoweit ein Beschluss des *VGH Baden-Württemberg* vom 12.9.2005, SVR 2006, 233ff (dort insoweit nicht abgedruckt, vgl. Az. 10 S 1642/05), in dem es heißt: „Der Senat geht in ständiger Rechtsprechung davon aus, dass jedenfalls ab einer THC-Konzentration von mehr als 2 ng/ml ... ein fehlendes Trennungsvermögen belegt ist."

978 Vom 9.5.2005, Az. 4 MB 43/05.

979 *Bundesanstalt für Straßenwesen* Kongressbericht 2005 der Deutschen Gesellschaft für Verkehrsmedizin e.V., S. 174.

des Bundesverfassungsgerichts[980] liegt eine Wirkung von Cannabis gem. § 24a Abs. 2 StVG zumindest dann vor, wenn sich im Blutserum eines Betroffenen eine THC-Konzentration von **mind. 1 ng/ml** nachweisen lässt. Es kann deshalb kaum einen Zweifel daran geben, dass ein Betroffener, in dessen Blutserum eine positive THC-Konzentration von mind. 1 ng/ml nachgewiesen werden konnte, objektiv nicht zwischen dem Konsum von Cannabis und dem Führen eines Kraftfahrzeuges trennte.

Auch das OVG Hamburg[981] bestätigt diese Ansicht, wonach bei einer nachgewiesenen THC-Konzentration von 1,7 ng/ml durchaus eine **mangelnde Trennung** zwischen dem Konsum von Cannabis und dem Führen eines Kraftfahrzeuges vorliegt, wenngleich das Gericht in einem solchen Fall dennoch auch die Anordnung zur Beibringung eines medizinisch-psychologischen Gutachtens für ausreichend erachtet. 1135

Da die Rechtsprechung in den einzelnen Bundesländern höchst unterschiedlich und die Beurteilung einer Fahreignung also offensichtlich vom Wohnort[982] eines Betroffenen abhängig ist, muss dazu durch das **Bundesverwaltungsgericht** eine Entscheidung getroffen werden.[983] 1136

b) Argumente für die Anordnung einer MPU

Für die Frage, ob bei einem Betroffenen, der gelegentlich Cannabis konsumiert und der unter der Wirkung von Cannabis < 2,0 ng/ml ein Kraftfahrzeug führte, eine medizinisch-psychologische Untersuchung anzuordnen oder ob dessen Fahrerlaubnis ohne vorherige Anordnung zur Beibringung eines solchen Gutachtens zu entziehen ist, muss der **Grundsatz der Verhältnismäßigkeit** beachtet werden.[984] 1137

Es ist aber möglicherweise auch zu beachten, dass das Führen von Kraftfahrzeugen in einem THC-Konzentrationsbereich unter 2,0 ng/ml durch Betroffene oft nicht bewusst mit Wissen und Wollen erfolgt, sondern lediglich auf mangelnde Kenntnis und Fehlinformation über die Wirkung und die Nachweiszeit von Tetrahydrocannabinol zurückzuführen ist.

Ferner ist möglicherweise auch ein Gutachten von Krüger[985] für das BVerfG[986] und eine Veröffentlichung von Möller/Kauert/Tönnes/Schneider/Theunissen/Ramaekers[987] zu berücksichtigen, wonach eine THC-Konzentration im Blutserum eines Betroffenen unter 2 ng/ml zumindest keine Risikoerhöhung für den Straßenverkehr darstellt bzw. bei einer solchen Konzentrationshöhe keine signifikante Tendenz zu einer Beeinträchtigung zu erkennen ist.

Relevant könnte möglicherweise auch die Frage sein, ob ein Betroffener während der polizeilichen Verkehrskontrolle Auffälligkeiten oder Ausfallerscheinungen zeigte oder ob dieser neben Cannabis zusätzlich auch Alkohol konsumierte.

---

980 Vom 21.12.2004, DAR 2005, 70ff = NZV 2005, 270ff = BA 2005, 156ff = NJW 2005, 349ff = SVR 2005, 77f.

981 Vom 15.12.2005, BA 2006, 427ff = NJW 2006, 1367ff (1369) = VRS 110, 388ff.

982 Vgl. zur Zuständigkeit einer Fahrerlaubnisbehörde Rn. 732.

983 *Gebhardt* Das verkehrsrechtliche Mandat, § 61 Rn. 6 gibt zu bedenken, ob bei Fahrerlaubnisbehörden, die für ihre kritische Haltung gegenüber Wiedererteilungsanträgen bekannt sind, eventuell der Hauptwohnsitz verlegt werden sollte.

984 Vgl. Rn. 1016ff.

985 *Krüger* BA 2002, 336ff (344).

986 Vom 20.6.2002, DAR 2002, 405ff = NJW 2002, 2378ff.

987 BA 2006, 361ff (368).

aa) Fehlinformation über die Nachweiszeit von THC

1138 Es verwundert auf Grund der unterschiedlichen, etwa im Internet veröffentlichten Ansichten über die Nachweiszeit von THC nicht, dass einige Verkehrsteilnehmer bereits wenige Stunden nach dem Konsum von Cannabis wieder ein Kraftfahrzeug führen und sich der Konsequenzen ihres Handelns nicht ausreichend bewusst sind, zumal selbst Gerichte[988] fälschlicherweise entschieden haben, dass THC nur einige Stunden nach dem Konsum „wirken" würde, also nachweisbar wäre. Auch der Kommentar zu den Begutachtungs-Leitlinien zur Kraftfahrereignung[989] fordert nur einen „Sicherheitsabstand" von 10 Stunden zwischen dem Konsum von Cannabis und dem Führen eines Kraftfahrzeuges.

Der Sachverständige in dem Verfahren vor dem OVG Rheinland-Pfalz[990] führte allerdings aus, dass selbst bis zu **24 Stunden** nach dem Konsum von Cannabis noch eine THC-Konzentration von **2 ng/ml** ermittelt werden könne. Diese Ansicht bestätigen auch Grotenhermen/Karus.[991]

1139 Auf der anderen Seite darf jedoch nicht übersehen werden, dass die Fahrtüchtigkeit eines Betroffenen auch 24 Stunden[992] nach dem Konsum von Tetrahydrocannabinol beeinträchtigt sein kann und selbst 48 Stunden[993] nach dem Konsum von Cannabis sind Leistungseinbußen nicht völlig ausgeschlossen. Wenn ein Kraftfahrzeugführer wissentlich Cannabis zu sich nimmt und danach ein Fahrzeug führt, ist die Annahme, die Droge sei zwischenzeitlich abgebaut und deshalb nicht mehr nachweisbar, als „Fehlvorstellung über die Dauer der Wirkung" grundsätzlich unerheblich. Ein Kraftfahrer muss die Unberechenbarkeit von Rauschdrogen ebenso wie atypische Rauschverläufe und längere Nachweiszeiten in Rechnung stellen und es ist nicht erforderlich, dass sich ein Kraftfahrzeugführer einen „spürbaren" oder „messbaren" Wirkstoffeffekt oder gar eine Minderung der Fahrtüchtigkeit vorstellt bzw. vorstellen könnte.[994] Ebenso wenig ist es notwendig, dass ein Kraftfahrzeugführer den Vorgang, der die „Wirkung" ausmacht, physiologisch oder biochemisch exakt einordnet bzw. einordnen könnte, wenngleich in vielen Fällen davon auszugehen ist, dass ein Betroffener aus reiner „Fahrlässigkeit" am Straßenverkehr teilgenommen hat und die mangelnde Trennung zwischen dem Konsum von Cannabis und dem Führen eines Kraftfahrzeuges nicht bewusst mit Wissen und Wollen des Verkehrsteilnehmers erfolgte.

1140 Unabhängig davon muss jedoch im Interesse der Verkehrssicherheit von einem Fahrerlaubnisinhaber, der gelegentlich Cannabis konsumiert, **zwingend** verlangt werden, dass dieser über ausreichende Kenntnisse hinsichtlich der qualitativen Unterschiede, der Wirkung und der Nachweisdauer von Cannabisprodukten verfügt.[995] Gerade dies **ist aber höchst zweifelhaft**, ein Betroffener ansonsten nämlich nicht mit einer Tetrahydrocannabinol-Konzentration in der Größenordnung von bis zu 2 ng/ml am Straßenverkehr teilgenommen hätte.

---

988 Vgl. Rn. 479.

989 *Schubert/Schneider/Eisenmenger/Stephan* Begutachtungs-Leitlinien zur Kraftfahrereignung, Kommentar, 1. Aufl., S. 123, Ziff. 4.2.4; *Schubert/Schneider/Eisenmenger/Stephan* Begutachtungs-Leitlinien zur Kraftfahrereignung, Kommentar, 2. Aufl., S. 193.

990 Vom 13.1.2004, DAR 2004, 413f = BA 2004, 293f.

991 *Grotenhermen/Karus* Cannabis, Straßenverkehr und Arbeitswelt, S. 336.

992 *Köhler* Rauschdrogen und andere psychotrope Substanzen; Formen, Wirkungen, Wirkmechanismen, S. 140.

993 *Berghaus/Schulz/Szegedi* Cannabis und Fahrtüchtigkeit; Ergebnisse der experimentellen Forschung, S. 77.

994 *OLG Bremen* vom 17.2.2006, NZV 2006, 276f; *OLG Zweibrücken* vom 13.4.2005, DAR 2005, 408f = NZV 2005, 430f = BA 2006, 235f; *AG Rockenhausen* vom 12.4.2006, Az. 6072 Js 4574/06; vgl. dazu auch *BVerfG* vom 25.1.2005, BA 2006, 47ff und *BayObLG* vom 26.2.2004, BA 2006, 47ff.

995 *Uhle* § 4 Die Begutachtung drogenauffälliger Kraftfahrer, Rn. 91.

bb) Risikoerhöhung bei THC-Konzentrationen von über 2 ng/ml

In der Rechtsprechung und Literatur ist unstreitig, dass es keine festen Grenzwerte für „gefährliche" oder „ungefährliche" THC-Konzentrationen gibt und die Höhe einer THC-Konzentration von vielen verschiedenen Einflussfaktoren abhängig ist.[996] Dies wird auch von Maatz[997] bestätigt, der anlässlich des 33. Kongresses der Deutschen Gesellschaft für Verkehrsmedizin am 10.03.2005 ausführte, dass es noch immer an gesicherten, in Wissenschaftskreisen einhellig akzeptierten Erkenntnissen über die Dosis-Konzentrations-Wirkungsbeziehungen, welche die Festlegung von Grenzwerten erlauben, fehlt. Er kommt damit zu dem gleichen Ergebnis wie Daldrup/Meininger,[998] wonach es auf Grund der komplizierten Wirkstoffgehalts-Wirkungsbeziehung bei Tetrahydrocannabinol **nicht möglich** ist, **Grenzwerte analog Alkohol für Cannabis** zu definieren. **1141**

Gleichwohl führt Krüger[999] in einem Gutachten für das Bundesverfassungsgericht[1000] aus, dass eine THC-Konzentration im Blutserum eines Betroffenen **unter 2 ng/ml keine Risikoerhöhung für den Straßenverkehr** darstelle[1001] und Möller/Kauert/Tönnes/Schneider/Theunissen/Ramaekers[1002] führen aus, dass bei einer THC-Konzentration unter 2 ng/ml lediglich noch eine nicht signifikante Tendenz zu einer Beeinträchtigung zu erkennen ist. **1142**

Zwar darf als Grundlage nur herangezogen werden, was in den maßgeblichen Fachkreisen allgemein als richtig anerkannt ist[1003] und einzelne Meinungen, Ansichten oder „persönliche Überzeugungen" eines gehörten Sachverständigen haben außen vor zu bleiben;[1004] zweifelsfrei zutreffend sind aber die Ausführungen des VGH Baden-Württemberg,[1005] wonach jedenfalls bei einer THC-Konzentration von über 2 ng/ml nennenswerte Leistungseinbußen **möglich** sind und auch der VGH Bayern[1006] führt aus, dass zumindest bei einer THC-Konzentration von über 2 ng/ml eine **Erhöhung des Risikos** für die Verkehrssicherheit besteht. **1143**

In der Praxis sind allerdings zahlreiche Fälle bekannt, wonach schon geringere THC-Konzentrationen zu Leistungseinbußen und zu Auffälligkeiten im Fahrverhalten führten,[1007] etwa bei 1,1 ng/ml[1008] oder 1,2 ng/ml[1009] und der Sachverständige in dem Verfahren vor dem OVG Rheinland-Pfalz[1010] stellte sogar fest, dass die bei einem Betroffenen nachgewiesene THC-Konzentration von („nur") 2 ng/ml zum **Ausschluss der Fahreignung** führte. Andererseits wurde beispielsweise ein Betroffener vom AG München[1011] nur wegen einer Ord- **1144**

---

996 Vgl. Rn. 176.

997 *Maatz* Grenzwerte absoluter Fahruntüchtigkeit nach Drogenkonsum – aus (revisions)richterlicher Sicht – S. 26ff.

998 *Daldrup/Meininger* Begutachtung der Fahruntüchtigkeit unter Cannabis im Strafverfahren, S. 192.

999 *Krüger* BA 2002, 336ff (344).

1000 Vom 20.6.2002, DAR 2002, 405ff = NJW 2002, 2378ff.

1001 Vgl. auch *Kuhnert* DAR 2006, 411f; *Pütz/Neumeyer* Führerschein in Gefahr – Drogen, Straßenverkehr, Fahrtüchtigkeit und Fahreignung, S. 380, wobei es sich hier allerdings, soweit auf ein Gutachten von Berghaus hingewiesen wird, um einen Druckfehler handeln dürfte.

1002 BA 2006, 361ff (368).

1003 *OLG Düsseldorf* vom 2.5.1994, NJW 1994, 2428f.

1004 Vgl. auch *OLG München* vom 30.1.2006, DAR 2006, 342 = NZV 2006, 275f = VRS 110, 276ff = VM 2006, 34.

1005 Vom 15.11.2005, NZV 2006, 221ff = BA 2006, 249ff = VRS 110, 374ff = NVwZ 2006, 720.

1006 Vom 7.4.2006, Az. 11 Cs 2303/05.

1007 Vgl. Rn. 178ff.

1008 *AG München* vom 7.10.2004, Az. 933 Ds 484 Js 114478/04.

1009 *VGH Bayern* vom 24.8.2004, Az. 11 Cs 1422/04.

1010 Vom 13.1.2004, DAR 2004, 413f = BA 2004, 293f.

1011 Vom 21.4.2005, Az. 1035 Ds 468 Js 318636/04.

nungswidrigkeit gem. § 24a Abs. 2 StVG, nicht aber nach § 316 Abs. 1 StGB verurteilt, obwohl sich in dessen Blutserum eine THC-Konzentration von 7,4 ng/ml nachweisen ließ.

1145 Dass sich demnach verschiedene Bewertungen sowohl in die eine, wie auch in die andere Richtung treffen lassen[1012] ändert aber nichts an den Ausführungen von Krüger[1013] und Möller et al.,[1014] denn es entspricht auch der gesicherten wissenschaftlichen Erkenntnis, dass bereits bei einer BAK von 0,2‰ bis 0,3‰ erhebliche verkehrsgefährdende Leistungsminderungen vorkommen[1015] und bei 0,3‰ schon relative Fahrunsicherheit gegeben sein kann;[1016] gleichwohl wird auf Grund dieser Erkenntnis aber nicht daran gedacht, die Promillegrenze entsprechend auf diese Grenzwerte zu senken.

1146 Im Rahmen einer **medizinisch**-psychologischen Untersuchung[1017] könnte daher auch der Frage nachgegangen werden, ob bei einem Betroffenen körperliche oder andere gesundheitliche Besonderheiten vorliegen, die bei diesem auch bei nur geringer THC-Konzentration die Fahrtüchtigkeit infrage stellen, wenn nicht gar ausschließen.[1018]

1147 Zwar dürfte zwischen einer THC-Konzentration im Blutserum von 1,9 ng/ml und einer solchen von 2,1 ng/ml hinsichtlich etwaiger Leistungseinbußen und der Sicherheit des Straßenverkehrs kein signifikant großer Unterschied bestehen (und es mag durchaus berechtigt sein, derartige Überlegungen auch bei THC-Konzentrationsbereichen zwischen 1 ng/ml und 2 ng/ml anzustellen); im Interesse der Verkehrssicherheit muss ein etwaiger Schwellenwert, der statt eines sofortigen Entzuges einer Fahrerlaubnis die Beibringung eines medizinisch-psychologischen Gutachtens als möglicherweise gerade noch ausreichend erscheinen lässt, trotz oder gerade wegen der unterschiedlicher Ansichten der Wissenschaft über die Höhe von „ungefährlichen THC-Konzentrationen" aber wohl eher am unteren (und nicht am oberen) Rand festgesetzt werden.

cc) Ausfallerscheinungen bei THC-Konzentrationen von unter 2 ng/ml

1148 Fraglich könnte allerdings sein, ob eine medizinisch-psychologische Untersuchung bei einem Betroffenen, der mit < 2 ng/ml ein Kraftfahrzeug führte, nur dann anzuordnen wäre, wenn dieser während des Führens eines Kraftfahrzeuges bzw. während der polizeilichen Verkehrskontrolle **keinerlei Auffälligkeiten oder Ausfallerscheinungen** aufwies (und dementsprechend auch nur nach § 24a Abs. 2 StVG und nicht nach § 316 Abs. 1 StGB verurteilt wurde).

Ein solcher Schluss wäre jedoch wohl nicht nur mit dem Gleichheitsgrundsatz unvereinbar, sondern eine solche Entscheidung wäre auch auf Grund der Toleranzwirkung von Tetrahydrocannabinol bedenklich, denn die Beeinträchtigung einer Fahrtüchtigkeit nach dem Konsum von Cannabis hängt – auch – von der Gewöhnung an dieses Betäubungsmittel ab.[1019]

Untersucht man strafrechtliche Entscheidungen und stellt man den jeweils festgestellten THC-Konzentrationen auch die gemessene THC-Carbonsäure gegenüber und vergleicht man diese beiden Werte zusätzlich mit den von der Polizei protokollierten Auffälligkeiten, so wird offensichtlich, dass insbesondere Betroffene mit einer hohen Tetrahydrocannabi-

1012 Vgl. auch Rn. 149ff.
1013 *Krüger* BA 2002, 336ff (344).
1014 Möller/Kauert/Tönnes/Schneider/Theunissen/Ramaekers BA 2006, 361ff (368).
1015 *Janiszewski* Verkehrsstrafrecht, Rn. 343.
1016 Vgl. Rn. 174 und Rn. 523.
1017 So auch *VGH Bayern* vom 24.8.2004, Az. 11 Cs 1422/04.
1018 Vgl. auch *Schreiber* NJW 2005, 1026f.
1019 *VGH Bayern* vom 11.11.2004, BA 2006, 414ff = SVR 2005, 152f; *Bundesanstalt für Straßenwesen* Kongressbericht 2005 der Deutschen Gesellschaft für Verkehrsmedizin e.V., S. 54 u. S. 178.

nol-Carbonsäurekonzentration bei relativ geringer Tetrahydrocannabinol-Konzentration keine Fahrauffälligkeiten zeigten, während Betroffene mit einer geringen THC-COOH-Konzentration und einer THC-Konzentration von < 2 ng/ml oft Beeinträchtigungen aufwiesen.[1020] Dies stützt die Annahme, dass Betroffene **oft dann fahruntüchtig** sein können, **wenn sie nur selten Cannabis konsumieren.**[1021]

Würde eine Fahrerlaubnisbehörde als Beurteilungskriterium zwischen einem Anwenden **1149**
von § 14 Abs. 1 S. 4 FeV und einem solchen nach § 11 Abs. 7 FeV die Frage heranziehen, ob ein Betroffener während des Führens eines Kraftfahrzeuges oder bei der Verkehrskontrolle Auffälligkeiten zeigte, würde dies gleichzeitig dazu führen, dass ein an Cannabis gewohnter Konsument, also der mindestens gelegentliche Konsument, mit weniger einschneidenden Verwaltungsmaßnahmen zu rechnen hätte, als der experimentelle Cannabiskonsument, der unter der Wirkung von Cannabis ein Kraftfahrzeug führte und dabei auffällig wurde oder Fahrfehler beging. Es kann aber nicht im Sinne der Verwaltungsgerichtsbarkeit sein, dass stärkere Cannabiskonsumenten mit der „Rechtswohltat" einer medizinisch-psychologischen Untersuchung nach § 14 Abs. 1 S. 4 FeV „belohnt" und nur experimentell konsumierende Betroffene mit einem sofortigen Fahrerlaubnisentzug nach § 11 Abs. 7 FeV „bestraft" werden.

dd) Zusätzlicher Konsum von Alkohol

Eine stichprobenartige Untersuchung vor Techno-Diskotheken ergab, dass von den THC- **1150**
positiv-getesteten Personen etwa 65 % eine THC-Konzentration von unter 1,0 ng/ml aufwiesen und etwa 25 % eine solche, die unter 2 ng/ml lag.[1022] 59 % der Personen hatten allerdings auch Alkohol getrunken, der das Risikopotential eines Verkehrsunfalls trotz „relativ geringer" THC-Konzentrationen drastisch ansteigen lässt.[1023]

Auch eine Untersuchung von Vollrath/Sachs/Babel/Krüger[1024] ergab, dass von insgesamt 108 Blutproben in nur 24 % Cannabis alleine nachzuweisen war, während in 47 % der Blutproben Betäubungsmittel in Kombination mit Alkohol ermittelt werden konnten. Cirka die Hälfte aller Konsumenten rauchten daher Cannabis und tranken gleichzeitig Alkohol.[1025]

Das VG München[1026] führte bei diesem sogenannten „**Mischkonsum**" aus, dass trotz einer THC-Konzentration von unter 2,0 ng/ml während des Führens eines Kraftfahrzeuges nicht mehr nur von Fahreignungsbedenken und Eignungszweifeln ausgegangen werden könne, sondern hält den Entzug der Fahrerlaubnis bei einer THC-Konzentration von (nur) **1,5 ng/ml aber in Kombination mit einer BAK** von 0,36‰ für gerechtfertigt.

1020 So auch *Kauert* BA 2002, 102ff (108).
1021 Vgl. auch Rn. 199f.
1022 *Krüger* BA 2002, 336ff (346); leicht abweichende Zahlen auch durch *Bundesanstalt für Straßenwesen* Wissenschaftliche Informationen der Bundesanstalt für Straßenwesen, Drogen im Straßenverkehr, Info 1/04.
1023 Vgl. Rn. 519f und Rn. 923.
1024 Bundesanstalt für Straßenwesen BA 2005, 32ff (33).
1025 Siehe dazu auch *Möller/Hartung* Drogennachweis bei verkehrsauffälligen Kraftfahrern, S. 40f.
1026 Vom 12.4.2005, Az. M 6b S 1063/05.

c) Begutachtungsstellen für Fahreignung versus VGH Bayern

1151 Nach Ansicht des VGH Bayern[1027] ist ein Betroffener zum Führen von Kraftfahrzeugen wegen mangelnder Trennung zwischen dem Konsum von Cannabis und dem Führen eines Kraftfahrzeuges noch nicht ungeeignet, wenn dieser zwar unter der Wirkung von Tetrahydrocannabinol ein Kraftfahrzeug führte, dessen nach § 81a Abs. 1 StPO i.V.m. § 46 Abs. 4 OWiG gemessene THC-Konzentration aber unter 2,0 ng/ml lag.

Vielmehr bestehen in einem solchen Fall nur Eignungszweifel gem. § 46 Abs. 3 FeV, so dass eine Fahrerlaubnis nicht nach § 3 Abs. 1 S. 1 StVG und § 46 Abs. 1 S. 1 FeV i.V.m. § 11 Abs. 7 FeV zu entziehen, sondern gem. § 14 Abs. 1 S. 4 FeV **eine medizinisch-psychologische Untersuchung anzuordnen ist**. Dies ergibt sich auch aus dem unter Rn. 1198 abgedruckten Schreiben einer Fahrerlaubnisbehörde.

1152 Vereinzelt wird allerdings von einigen Referenten der Begutachtungsstellen für Fahreignung während der dortigen Informationsveranstaltungen missverständlich ausgeführt, dass ein Betroffener die medizinisch-psychologische Untersuchung **gar nicht positiv bestehen würde**, da dieser laut „Richtlinien" mancher Fahrerlaubnisbehörden auch nachweisen müsse, dass er **seit mindestens einem Jahr keine Drogen konsumiert** hat.[1028]

Ordnet die Fahrerlaubnisbehörde auf Grund der Rechtsprechung des VGH Bayern beispielsweise sechs Monate nach dem Vorfall der mangelnden Trennung eine medizinisch-psychologische Untersuchung an und fordert sie einen Betroffenen auf, ein solches Gutachten **binnen drei Monaten** beizubringen,[1029] wäre es aber im Falle der Forderung, dass ein Betroffener auch eine **einjährige Drogenabstinenz** nachweisen müsste geradezu vorprogrammiert, dass dieser die medizinisch-psychologische Untersuchung nicht „positiv besteht" und diesem daher die Fahrerlaubnis entzogen wird.[1030] Diese Diskrepanz ist jedoch völlig unverständlich und nicht nachzuvollziehen.

aa) Drogenabstinenz von einem Jahr

1153 Der VGH Bayern[1031] forderte in einem anderweitigen Beschluss von einem Betroffenen zwar tatsächlich **eine einjährige Drogenabstinenz**; eine solche zwingende einjährige Abstinenz kann jedoch, falls überhaupt,[1032] allenfalls bei einem Betroffenen für notwendig erachtet werden, dessen Fahreignung wegen zweifelsfrei feststehender Nichteignung zum Führen von Kraftfahrzeugen auf Grund mangelnder Trennung zwischen dem Konsum von Betäubungsmitteln und dem Führen eines Kraftfahrzeuges **ausgeschlossen** und dessen Fahrerlaubnis **bereits entzogen**[1033] wurde.

1154 Wolle man dieser Auffassung nicht folgen und wäre von einem Betroffenen eine mindestens einjährige Drogenabstinenz auch schon dann nachzuweisen, selbst wenn dessen **Fahrerlaubnis** möglicherweise **noch nicht entzogen** wurde, so müsste dessen **Fahreignung** aber wenigs-

1027 Vom 24.8.2004, Az. 11 Cs 1422/04, vom 11.11.2004, BA 2006, 414ff = SVR 2005, 152f, vom 21.2.2005, Az. 11 Cs 3526/04 und vom 25.1.2006, DAR 2006, 407ff = BA 2006, 416ff = VRS 110, 310ff.

1028 Vgl. *Krause* SVR 2005, 152f (153 „... stößt in der Praxis jedoch auf erhebliche Probleme"); *Krause* § 55 Drogen und Fahrerlaubnis, Rn. 155.

1029 Da sie andernfalls die Fahrerlaubnis gem. § 11 Abs. 8 FeV entziehen werde.

1030 Vgl. auch *Hillmann* DAR 2005, 601ff.

1031 Vom 9.5.2005, VRS 109, 64ff.

1032 Vgl. Rn. 1281ff.

1033 „Wiedererteilungsverfahren".

tens nach § 46 Abs. 1 S. 2 i.V.m. Ziff. 9.2.2 der Anlage 4 zu §§ 11, 13, 14 FeV **auf Grund der Regelvermutung**[1034] **entfallen** sein.

Hat die Fahrerlaubnisbehörde jedoch lediglich (auch erhebliche[1035]) Zweifel an der Eignung zum Führen von Kraftfahrzeugen, etwa, weil ein Betroffener mit einer THC-Konzentration von unter 2 ng/ml ein Kraftfahrzeug führte, so ist von diesem ein positives medizinisch-psychologisches Untersuchungsergebnis zu erbringen, unabhängig von der Frage, ob und wie lange er abstinent war.[1036] **1155**

Die Forderung einer mindestens einjährigen Drogenabstinenz vor dem positiven Bestehen einer medizinisch-psychologischen Untersuchung scheidet daher zumindest dann aus, wenn die Fahreignung eines Betroffenen durch die Fahrerlaubnisbehörde nur **bezweifelt** wird.

Wolle man dieser Ansicht ebenfalls nicht folgen und auch in einem solchen Fall auf den Nachweis einer einjährigen Abstinenz bestehen, könnte dies dazu führen, dass Rechtsanwälte eines Betroffenen (trotz der seit dem 01.02.2005 geltenden Regelung des § 29 Abs. 6 S. 2 StVG[1037] durch das Erste Justizmodernisierungsgesetz, die das Verfahren eigentlich beschleunigen soll) dafür Sorge tragen, dass ein Urteil bzw. ein Bußgeldbescheid möglichst erst spät rechtskräftig wird. Nur so wäre es nämlich unter Umständen überhaupt möglich, dass ein Betroffener auch eine Abstinenz von einem Jahr nachweisen kann.[1038] Akzeptiert ein Betroffener einen Bußgeldbescheid wegen einer begangenen Ordnungswidrigkeit gem. § 24a Abs. 2 StVG, weil er unter der Wirkung von Cannabis in einem THC-Konzentrationsbereich von unter 2 ng/ml ein Kraftfahrzeug führte und arbeitet die Verwaltungsbehörde zügig, führt dies andernfalls dazu, dass die Fahrerlaubnisbehörde eine medizinisch-psychologische Untersuchung anordnet, ein Betroffener aber erst seit einigen Monaten kein Cannabis mehr konsumiert hat. **1156**

Die Zeit der Abstinenz kann daher kein Ausschlusskriterium sein, schließlich will die Fahrerlaubnisbehörde von der medizinisch-psychologischen Begutachtungsstelle für Fahreignung auch nicht wissen, ob ein Betroffener völlig Drogenabstinent ist,[1039] sondern ob dieser, trotz Hinweise auf gelegentlichen Cannabiskonsum und einer bekannten Verkehrsteilnahme unter der Wirkung von Cannabis in einem Konzentrationsbereich von < 2 ng/ml ein Kraftfahrzeug sicher führen kann und ob künftig zu erwarten ist, dass dieser zwischen dem Konsum von Betäubungsmitteln **oder deren Nachwirkungen** und dem Führen eines Kraftfahrzeuges trennt. **1157**

1034 Vgl. Rn. 1036.

1035 *VG Kassel* vom 24.6.2004, BA 2006, 253ff (255).

1036 *VGH Bayern* vom 21.2.2005, Az. 11 Cs 3526/04; *VGH Bayern* vom 11.11.2004, BA 2006, 414ff = SVR 2005, 152f; *VGH Bayern* vom 3.2.2004, SVR 2004, 396f; *OVG Bremen* vom 30.6.2003, DAR 2004, 284f; *VG Aachen* vom 6.10.2004, Az. 3 L 799/04; *VG Augsburg* vom 17.2.2004, Az. Au 3 K 20/04.

1037 Siehe dazu *Pinkerneil* DAR 2005, 57f.

1038 Vgl. auch Rn. 418 und Rn. 1061.

1039 Vgl. auch *VG Aachen* vom 6.10.2004, Az. 3 L 799/04; im „Wiedererteilungsverfahren" wird es allerdings nicht ausreichen, wenn ein Betroffener seine Konsumgewohnheiten nur umgestellt hat und nunmehr nur noch „gelegentlich" Cannabis konsumiert, vgl. *OVG Saarland* vom 30.9.2002, BA 2003, 166ff; *VGH Bayern* vom 12.9.2002, Az. 11 Cs 1131/02; *VGH Bayern* vom 29.8.2002 Az. 11 Cs 1606/02; *Geiger* VBlBW 2004, 1ff (6); *Schubert/Schneider/Eisenmenger/Stephan* Begutachtungs-Leitlinien zur Kraftfahrereignung, Kommentar, 1. Aufl., S. 124, Ziff. 4.2.4; *Schubert/Schneider/Eisenmenger/Stephan* Begutachtungs-Leitlinien zur Kraftfahrereignung, Kommentar, 2. Aufl., S. 194; **a.M.** *OVG Saarland* vom 1.6.2006, Az. 1 W 26/06.

bb) Zeitraum der tatsächlich zu fordernden Abstinenz

1158 In Fällen der mangelnden Trennung zwischen dem Konsum von Cannabis und dem Führen eines Kraftfahrzeuges ist nach Ansicht von Kalus[1040] eine Abstinenz von **drei bis sechs Monaten** ausreichend.

1159 Statt der strikten Forderung nach einer mindestens einjährigen Abstinenz sind beispielsweise auch die von Uhle[1041] aufgezeigten Voraussetzungen für eine positive Prognose überzeugender:[1042]

> Der Drogenverzicht muss von „ausreichender Dauer" sein.[1043] Die Abstinenz muss **mindestens drei Monate** betragen.[1044] Bei einem gelegentlichen Konsumenten muss sichergestellt sein, dass er den Konsum von Haschisch oder Marihuana und das Führen von Kraftfahrzeugen trennen kann. Ein Betroffener muss daher über eine Abstinenzfähigkeit verfügen können. Deshalb kann von ihm auch erwartet werden, dass er innerhalb des laufenden Verwaltungsverfahrens auf den Konsum von Cannabis verzichtet[1045] und es dürfen sich keine Anzeichen für eine Gewohnheitsbildung zeigen, was nur dann angenommen werden kann, wenn ein Betroffener höchstens einmal in der Woche Cannabis konsumiert.[1046]

1160 Dass von einem Betroffenen, der bereits nach § 24a Abs. 2 StVG verurteilt wurden, zumindest **ab diesem Zeitraum**[1047] eine Abstinenz tunlichst eingehalten werden sollte, darf nicht mit der formaljuristischen Forderung nach einer zwingenden Abstinenz von mindestens einem Jahr verwechselt werden.[1048]

1161 Zu einem anderen Ergebnis muss man aber möglicherweise dann gelangen, wenn es sich bei dem Betroffenen um einen **Berufskraftfahrer, LKW-Fahrer, Busfahrer oder Taxifahrer** handelt, der mit einer Tetrahydrocannabinol-Konzentration von unter 2 ng/ml am Straßenverkehr teilnahm,[1049] da von diesem beim Führen eines Kraftfahrzeuges eine noch viel größere und ganz besondere Verantwortung vorausgesetzt werden muss.[1050]

cc) Nichtbestehen der medizinisch-psychologischen Untersuchung

1162 Im Jahre 2003 wurden in Deutschland insgesamt 110.776 medizinisch-psychologische Untersuchungen durchgeführt.[1051] Im Jahre 2004 waren es gar 111.438 medizinisch-psychologische

---

1040 *Kalus* § 2 Verwaltungsrecht, Rn. 141.
1041 *Uhle* § 4 Die Begutachtung drogenauffälliger Kraftfahrer, Rn. 110ff.
1042 Zudem sind auch die im Jahre 2005 veröffentlichten „**Beurteilungskriterien**, Urteilsbildung in der medizinisch-psychologischen Fahreignungsdiagnostik" von *Schubert/Mattern*, als auch die im Jahre 2005 erschienene **2. Aufl. des „Kommentars** zu den Begutachtungs-Leitlinien zur Kraftfahreignung" von *Schubert/Schneider/Eisenmenger/Stephan* zu beachten; vgl. Rn. 1301ff.
1043 *Uhle* § 4 Die Begutachtung drogenauffälliger Kraftfahrer, Rn. 111.
1044 *Uhle* § 4 Die Begutachtung drogenauffälliger Kraftfahrer, Rn. 132.
1045 *OVG Nordrhein-Westfalen* vom 7.1.2003, DAR 2003, 187ff; so auch *Daldrup/Käferstein/Köhler/Maier/Mußhoff* BA 2000, 39ff (45); *Uhle*, § 4 Die Begutachtung drogenauffälliger Kraftfahrer, Rn. 135.
1046 *Uhle* § 4 Die Begutachtung drogenauffälliger Kraftfahrer, Rn. 92.
1047 **Beachte** auch Rn. 922 und Rn. 1075.
1048 Vgl. auch Rn. 1062.
1049 *OVG Saarland* vom 1.10.2002, zfs 2003, 47f.
1050 *LG Köln* vom 11.3.2005, Az. 104 Qs 47/05; vgl. auch *OVG Hamburg* vom 3.3.1994, NZV 1994, 496 = NVwZ 1994, 1036 = VRS 87, 384ff = NJW 1994, 2168ff = DÖV 1994, 741ff = zfs 1994, 391. Der Beruf eines Betroffenen darf im Rahmen der Gesamtabwägung dann „nachteilig" berücksichtigt werden, wenn dieser zu einem besonders verkehrsgerechtem Verhalten verpflichtet ist, vgl. *Hentschel* Trunkenheit, Fahrerlaubnisentziehung, Fahrverbot, Rn. 605; *Janiszewski* Verkehrsstrafrecht, Rn. 715.
1051 *Ebner* § 56 Medizinisch-psychologische Untersuchung, Rn. 2.

Untersuchungen, wobei 15 % wegen „Drogen und Medikamente“ erfolgten.[1052] Insgesamt erfolgten in dem genannten Jahr daher 13.257 medizinisch-psychologische Untersuchungen wegen „Betäubungsmittel / Medikamentenabhängigkeit“.[1053]

Im Jahre 2005 ist diese Zahl nur geringfügig um 6 % gesunken und es wurden insgesamt 104.325 medizinisch-psychologische Untersuchungen durchgeführt. Davon wurden 17 % wegen der Einnahme von Drogen und Medikamenten durchgeführt.[1054]

Etwa 17.700 Personen (!) mussten sich daher im Jahre 2005 wegen der Einnahme von Betäubungsmitteln oder Medikamenten einer medizinisch-psychologischen Begutachtung unterziehen.[1055]

Obwohl viele Begutachtungsstellen für Fahreignung vor der Untersuchung auch ein kostenpflichtiges **Beratungsgespräch** mit einem Psychologen anbieten[1056] und der TÜV beispielsweise den völlig freiwilligen gebührenpflichtigen Vorbereitungskurs „**DRUGS-F**“ anbietet, zeigt die Praxis, dass eine auffallend hohe Zahl von Betroffenen die medizinisch-psychologische Untersuchung „nicht positiv besteht“.[1057] Es ist aber auf den ersten Blick unverständlich, warum Betroffene eine medizinisch-psychologische Untersuchung „nicht bestehen“, obwohl diese doch zuvor bei dem gleichen Institut einen Vorbereitungskurs absolvierten oder ein psychologisches Beratungsgespräch[1058] in Anspruch nahmen.

Aus einem Nichtbestehen einer medizinisch-psychologischen Untersuchung könnte z. B. **1163**
geschlossen werden, dass viele Betroffene die in den Beratungsgesprächen erteilten Empfehlungen für sich nicht umsetzen können oder einer falschen **Selbsteinschätzung** unterliegen, die Erforderlichkeit einer **Verhaltensumstellung**[1059] nicht erkennen bzw. nicht auf einen **ausreichenden Zeitraum** verweisen können, in dem die Verhaltensänderung erprobt wurde.

Vereinzelt wird gleichwohl die Meinung vertreten, ein Betroffener werde die medizinisch-psychologische Untersuchung nur deshalb nicht (beim ersten Mal) positiv bestehen, da die Institute so mehr Geld verdienen könnten[1060] und einem medizinisch-psychologischen Untersuchungsergebnis haftet bei Nichtvorliegen einer Mitschrift[1061] des psychologischen Gespräches oftmals der Makel der fehlenden Nachvollziehbarkeit und der nicht möglichen

1052 Vgl. BA 2006, 36.
1053 *Müller* ZVS 2006, 52.
1054 Vgl. BA 2006, 402.
1055 Erstmalige Alkoholauffälligkeit 35 %, wiederholte Alkoholauffälligkeit 18 %.
1056 Dazu kritisch: *Hettenbach/Winter/Grunert/Berger/Moosmayer* Führerschein / MPU; Punkte – Alkohol – Drogen, S. 165.
1057 Im Jahre 2003 bestanden nur 45 % der insgesamt 110.776 untersuchten Personen die medizinisch-psychologische Untersuchung, vgl. *Ebner* § 56 Medizinisch-psychologische Untersuchung, Rn. 2.
1058 *Ebner* § 56 Medizinisch-psychologische Untersuchung, Rn. 75 führt völlig zu Recht aus, dass der Rechtsanwalt darauf achten muss, dass sein Mandant nur seriöse Vorbereitungsangebote in Anspruch nimmt, die tunlichst von einem Diplom-Psychologen (Verkehrspsychologen) angeboten werden sollten.
1059 Vgl. *Hillmann* DAR 2005, 601ff (603).
1060 Die Kosten für eine medizinisch-psychologische Untersuchung wegen Drogenauffälligkeit berechnen sich nach der ärztlichen Gebührenverordnung und betragen derzeit EUR 522,00; vgl. auch *Freyschmidt* Verteidigung in Straßenverkehrssachen, Rn 338, wonach sich die Kosten einer MPU bei Alkoholauffälligkeit auf EUR 350,00 bis EUR 450,00 belaufen.
1061 Zur Tonbandaufzeichnung des Gespräches s. *Ebner* § 56 Medizinisch-psychologische Untersuchung, Rn. 71.

Überprüfbarkeit[1062] an.[1063] Diese Gerüchte mögen vereinzelt richtig sein, es zumindest in der Tat Untersuchungsergebnisse gibt, die **nicht nachzuvollziehen** oder **unschlüssig** sind.[1064]

1064 Dennoch sind auch zahlreiche Fälle bekannt, in denen ein **negatives Untersuchungsergebnis berechtigt** ist. Wer beispielsweise unter dem Einfluss von Drogen ein Kraftfahrzeug führte, handelte im höchsten Maße verantwortungslos und es bedarf dringend einer Änderung dieser Einstellung.[1065]

So hat beispielsweise ein Betroffener, dem die Fahrerlaubnis entzogen werden soll, weil sich in dessen Blutserum Alkohol sowie deutliche Spuren von „Cannabis" und „Ecstasy" zeigten, wenig berechtigten Anlass sich zu beklagen, wenn dieser zwar einen Termin bei einer Drogenberatungsstelle in Anspruch nimmt oder einen Vorbereitungskurs absolviert, allerdings lediglich in der Absicht herauszufinden, wie er am einfachsten die medizinisch-psychologische Untersuchung bestehen und seinen Führerschein behalten würde und er in seinem Umgang mit Drogen kein Problem sieht sondern vielmehr ausführt: „Kiffen lasse ich mir nicht verbieten". Damit stellt er keinen verantwortungsvollen Umgang mit Cannabis in Aussicht. Es mangelt an **innerer Einsichtsfähigkeit** und mangelnder **psychischer Reife**.

Eine positive Prognose kann so nicht bescheinigt werden.[1066]

Medizinisch-psychologische Untersuchungen sind daher trotz aller Kritik nötig und erforderlich.[1067]

4. Das Recht eines Betroffenen zur MPU gemäß § 14 Abs. 2 Nr. 2 FeV

1165 Gemäß § 14 Abs. 2 Nr. 2 FeV ist (**und nicht nur „kann"**) eine medizinisch-psychologische Untersuchung anzuordnen, wenn die Fahrerlaubnis eines Betroffenen wegen Abhängigkeit oder Einnahme von Betäubungsmitteln entzogen war – **oder** (Halbsatz 2) **wenn zu klären ist,** ob ein Betroffener **weiterhin** Betäubungsmittel einnimmt.

1166 Nachdem die Anordnung einer medizinisch-psychologischen Untersuchung beim Konsum von Cannabis unverhältnismäßig wäre, wenn der einmalige oder gelegentliche Konsum dieses Betäubungsmittels ohne Bezug zum Straßenverkehr erwiesen ist[1068] und nachdem die Anordnung einer medizinisch-psychologischen Untersuchung beim Konsum von Cannabis unzulässig wäre, wenn keine weiteren Tatsachen i.S.v. § 14 Abs. 1 S. 4 FeV vorliegen, kann sich die Vorschrift des § 14 Abs. 2 Nr. 2 Halbsatz 2 FeV folglich (und allenfalls) nur **auf Sachverhalte** beziehen, in denen ein Betroffener entweder **„harte Drogen" konsumierte** oder

1062 *Hillmann* DAR 2006, 128ff (132).

1063 Ein Betroffener hat bei einer vom Gericht angeordneten ärztlichen Untersuchung grundsätzlich einen Anspruch auf Anwesenheit seines Rechtsanwalts, vgl. *LSG Rheinland-Pfalz* vom 23.2.2006, Az. L 4 B 33/06.

1064 *OVG Rheinland-Pfalz* vom 6.12.2004, Az. 7 B 11878/04; *VG Neustadt* vom 27.7.2005, SVR 2006, 273ff; *VG München* vom 10.5.2005, Az. M 6a S7 875/05, Beschluss S. 6; *Himmelreich* DAR 2002, 26ff (31f); *Hillmann* DAR 2006, 128ff. Zum Obergutachten s. *Haffner* BA 2006, 288f.

1065 *Hillmann* DAR 2003, 106ff; s. auch *Hillmann* DAR 2005, 601ff.

1066 *Kuntz* Cannabis ist immer anders, S. 240.

1067 Ob und vor allem unter welchen Voraussetzungen der Besuch einer freiwilligen umfassenden Nachschulungsmaßnahme oder die Absolvierung einer anerkannten Verkehrstherapie eine medizinisch-psychologische Untersuchung ersetzen könnte, soll hier nicht weiter erörtert werden, vgl. *Hillmann* DAR 2003, 106ff (108f) und *Himmelreich* DAR 2005, 130ff (131).

1068 *BVerfG* vom 20.6.2002, DAR 2002, 405ff = NJW 2002, 2378ff; *BVerfG* vom 24.6.1993, DAR 1993, 427ff = BA 1993, 358ff; *BVerwG* vom 5.7.2001, DAR 2001, 522f = NJW 2002, 78ff.

dieser **unter der verwaltungsrechtlich relevanten Wirkung von Cannabis ein Kraftfahrzeug führte** oder dieser **regelmäßig Cannabis einnahm**.[1069]

Da allerdings alle drei Sachverhalte, nämlich der **Konsum von „harten Drogen"** gem. § 46 Abs. 1 S. 2 FeV und Ziff. 9.1 der Anlage 4 zu §§ 11, 13, 14 FeV i.V.m. § 3 Abs. 1 S. 1 StVG und § 46 Abs. 1 S. 1 FeV, als auch der gelegentliche Konsum von **Cannabis und mangelnde Trennung** zwischen dem Konsum und dem Führen eines Kraftfahrzeuges gem. § 46 Abs. 1 S. 2 FeV i.V.m. Ziff. 9.2.2 der Anlage 4 zu §§ 11, 13, 14 FeV sowie der **regelmäßige Konsum von Cannabis** gem. Ziff. 9.2.1 der Anlage 4 zu §§ 11, 13, 14 FeV i.d.R. zur Nichteignung zum Führen von Kraftfahrzeugen führt und nach § 11 Abs. 7 FeV die unmittelbare Entziehung einer Fahrerlaubnis auch ohne vorherige Anordnung zur Beibringung eines Gutachtens möglich ist, kann gem. § 46 Abs. 3 FeV i.V.m. § 14 Abs. 2 Nr. 2 FeV nicht die Anordnung einer medizinisch-psychologischen Untersuchung möglich sein, schließlich ist § 14 Abs. 2 Nr. 2 FeV keine **„Kann-Vorschrift"** sondern eine **„Muss-Vorschrift"**.[1070] **1167**

Die Vorschrift des § 14 Abs. 2 Nr. 2 FeV wird deshalb von der Rechtsprechung und Literatur kontrovers diskutiert und es wird daher gelegentlich die Meinung vertreten, dass die Vorschrift des § 14 Abs. 2 Nr. 2 FeV **nur für das „Wiedererteilungsverfahren"** einer Fahrerlaubnis, **nicht aber für das Entzugsverfahren** gelten könne.

a) § 14 Abs. 2 Nr. 2 FeV im Entzugs- oder Wiedererteilungsverfahren

Das OVG Sachsen[1071] und das VG Augsburg[1072] haben zwar die Thematik angesprochen, die Frage, ob § 14 Abs. 2 Nr. 2 im Entzugsverfahren angewandt werden kann aber **offen gelassen**. Das OVG Brandenburg[1073] beteiligt sich erst gar nicht an einer solchen Diskussion um die Vorschrift des § 14 Abs. 2 Nr. 2 FeV. Da es jedoch Zweifel an der Rechtmäßigkeit eines Fahrerlaubnisentzuges durch die Verwaltungsbehörde ohne vorherige Klärung derselben hatte, begründete es die Anordnung einer medizinisch-psychologischen Untersuchung schlichtweg nach § 46 Abs. 3 FeV i.V.m. § 11 Abs. 2 FeV. Dass aber selbst nach § 11 Abs. 2 S. 3 Nr. 5 FeV nur ein ärztliches Gutachten hätte angeordnet werden können blieb unberücksichtigt. **1168**

Nach Ansicht des VG Freiburg[1074] findet § 14 Abs. 2 FeV **nur für die „Wiedererteilung"** einer Fahrerlaubnis Anwendung. Auch nach Ansicht von Geiger[1075] spreche einiges für die These, dass § 14 Abs. 2 Nr. 2 FeV nur im sog. Wiedererteilungsverfahren Anwendung findet. Diese Annahmen sind jedoch nicht zwingend. Vielmehr sei nach Ansicht des VG Neustadt[1076] die Vorschrift des § 14 Abs. 2 Nr. 2 FeV sogar dann einschlägig, wenn ein Betroffener noch nie eine Fahrerlaubnis besaß aber gleichwohl geklärt werden müsse, ob dieser „weiterhin" Betäubungsmittel einnehme. **1169**

1069 Ob die Vorschrift von § 14 Abs. 2 Nr. 2 FeV überhaupt für Cannabiskonsumenten anwendbar ist oder durch die Sonderregelung des § 14 Abs. 1 S. 4 FeV verdrängt wird, kann hier offen bleiben, vgl. *BVerwG* vom 9.6.2005, DAR 2005, 581ff (582) = NZV 2006, 52f = BA 2006, 49ff.

1070 Nach § 14 Abs. 2 FeV **ist** die Beibringung eines medizinisch-psychologischen Gutachtens anzuordnen.

1071 Vom 8.11.2001, DAR 2002, 234f.

1072 Vom 3.2.2004, DAR 2004, 287f = BA 2005, 261f.

1073 Vom 22.7.2004, BA 2006, 60ff = SVR 2004, 437f.

1074 Vom 27.8.2003, Az. 7 K 1417/03.

1075 *Geiger* NZV 2003, 272ff (274).

1076 Vom 13.6.2005, Az. 3 K 417/05.

1170 Rechtsanwälte halten ein Anwenden von § 14 Abs. 2 Nr. 2 FeV im Entzugsverfahren beispielsweise dann für möglich, wenn dessen Mandanten ohne vorherige medizinisch-psychologische Untersuchung die Fahrerlaubnis entzogen werden soll;[1077] andererseits soll § 14 Abs. 2 Nr. 2 FeV im Entziehungsverfahren nicht gelten, wenn die Fahrerlaubnisbehörde von sich aus nach einer Rechtsgrundlage für die Anordnung einer medizinisch-psychologischen Untersuchung sucht.[1078]

1171 Schon der Wortlaut der Vorschrift des § 46 Abs. 3 FeV, welcher (generell und nicht nur absatz- oder satzweise) auf die Vorschrift des § 14 FeV verweist (also zumindest auch auf § 14 Abs. 2 Nr. 2 FeV[1079]) und die dortige Überschrift „Klärung von Eignungszweifeln" zwingen nicht zu der Annahme, dass § 14 Abs. 2 Nr. 2 FeV nur und ausschließlich für das Wiedererteilungs- bzw. Neuerteilungsverfahren einer Fahrerlaubnis Anwendung findet.

1172 Auch aus dem weiteren Wortlaut in § 14 Abs. 2 Nr. 2 FeV „**oder** entzogen war" ergibt sich, dass eine Fahrerlaubnis eben nicht zuvor zwingend entzogen gewesen sein muss und die Vorschrift folglich nicht nur im „Wiedererteilungsverfahren" Anwendung findet, sondern die Einnahme von Betäubungsmitteln in der Vergangenheit zwar feststeht, eine Fahrerlaubnis aber (noch) nicht entzogen wurde.

1173 Auch Kalus[1080] vertritt die Auffassung, dass die Anwendung der Vorschrift von § 14 Abs. 2 Nr. 2 FeV durchaus im Überprüfungs- und **nicht nur im Neuerteilungsverfahren** möglich ist und auch nach Ansicht des VG Oldenburg[1081] kommt § 14 Abs. 2 Nr. 2 FeV **nicht nur für das Neuerteilungsverfahren** in Betracht.

Das VG München[1082] führt ebenfalls aus, dass § 14 Abs. 2 Nr. 2 FeV **im Entzugsverfahren anwendbar** ist und auch der VGH Baden-Württemberg[1083] teilt nicht die Auffassung, dass § 14 Abs. 2 FeV nur dann Anwendung fände, wenn in einem früheren verwaltungsrechtlichen Verfahren die Nichteignung zum Führen von Kraftfahrzeugen festgestellt worden wäre.[1084]

Diese Ansichten werden auch durch die Ausführungen von Driehaus[1085] gestützt, wonach ein Anwenden der Vorschrift des § 14 Abs. 2 Nr. 2 FeV **im Fahrerlaubnisentzugs- oder Überprüfungsverfahren zu bejahen** ist.[1086]

b) § 14 Abs. 2 Nr. 2 FeV im Entzugs- und Überprüfungsverfahren

1174 In Hinblick auf die in jeder medizinisch-psychologischen Untersuchung liegende Beeinträchtigung des Persönlichkeitsrechts eines Betroffenen ist die Vorschrift des § 14 Abs. 2 Nr. 2 FeV **verfassungskonform** auszulegen.[1087]

1077 So der Rechtsanwalt in dem Verfahren *VG Braunschweig* vom 21.1.2004, SVR 2004, 118f/237f.
1078 So der Rechtsanwalt in dem Verfahren *VGH Baden-Württemberg* vom 18.5.2004, NZV 2005, 215ff = BA 2006, 57ff = SVR 2004, 476.
1079 Vgl. *BVerwG* vom 9.6.2005, DAR 2005, 581ff (582) = NZV 2006, 52f = BA 2006, 49ff; *Driehaus* DAR 2006, 7ff (S. 7 dort unter I. 1b).
1080 *Kalus* § 2 Verwaltungsrecht, Rn. 28 u. Rn. 191 sowie Rn. 263 (S. 248).
1081 Vom 6.1.2004, BA 2005, 191ff.
1082 Vom 17.3.2005, Az. M 6b S 433/05 und vom 10.5.2005, Az. M 6a S7 875/05.
1083 Vom 18.5.2004, NZV 2005, 215ff = BA 2006, 57ff = SVR 2004, 476.
1084 Vgl. auch *VGH Baden-Württemberg* vom 14.11.2001, DAR 2002, 185.
1085 Vors. Richter am BVerwG a.D. Prof. Dr. Hans-Joachim *Driehaus.*
1086 *Driehaus* DAR 2006, 7ff (S. 7 dort unter I 1b und S. 8 dort unter II 2 sowie II 2a).
1087 *BVerwG* vom 9.6.2005, DAR 2005, 581ff (582) = NZV 2006, 52f = BA 2006, 49ff.

Eine medizinisch-psychologische Untersuchung ist nach überzeugender Ansicht des VG München[1088] beispielsweise (nur) dann anzuordnen, wenn eine frühere Abhängigkeit eines Betroffenen feststeht oder dieser, ohne abhängig gewesen zu sein, Drogen in einer Art und Weise konsumiert hatte, die gemäß Anlage 4 zu §§ 11, 13, 14 FeV **zur Regelvermutung der Nichteignung des Betroffenen führte** (ohne dass seine Fahrerlaubnis allerdings sogleich entzogen worden wäre).[1089]

Ein Anwenden von § 14 Abs. 2 Nr. 2 FeV im Fahrerlaubnisüberprüfungs- oder Fahrerlaubnisentzugsverfahren ist daher möglich.

Zahlreiche Fahrerlaubnisbehörden wollen die Vorschrift des § 14 Abs. 2 Nr. 2 FeV im Ent- **1175**
zugsverfahren aber nur dann anwenden, wenn diese von sich aus nach einer Rechtsgrundlage für die Anordnung einer medizinisch-psychologischen Untersuchung suchen. Sobald jedoch ein Betroffener von dieser Vorschrift zu seinen Gunsten Gebrauch machen möchte wird auf § 11 Abs. 7 FeV verwiesen[1090] und die Anordnung einer medizinisch-psychologischen Untersuchung vor dem Entzug der Fahrerlaubnis unterbleibt.

Dies aber steht der Vorschrift des § 14 Abs. 2 Nr. 2 FeV entgegen, wonach eine medizinisch-psychologische Untersuchung anzuordnen **ist** und nicht nur angeordnet werden kann.[1091]

Nehme man andererseits an, dass § 14 Abs. 2 Nr. 2 FeV und somit eine medizinisch-psychologische Untersuchung grundsätzlich angeordnet werden **muss**, bevor die Verwaltungsbehörde eine Fahrerlaubnis entziehen kann, würde § 11 Abs. 7 FeV ins Leere laufen.

aa) Möglicher Wegfall des Mangels und Klärung von Zweifeln

Die Vorschrift des § 3 Abs. 1 StVG und § 46 Abs. 1 FeV begnügen sich nicht damit, dass sich **1176**
ein Betroffener in der Vergangenheit als ungeeignet zum Führen von Kraftfahrzeugen erwiesen hat, sondern dieser muss auch **noch zum Zeitpunkt der Entscheidung** der Fahrerlaubnisbehörde **zweifelsfrei**[1092] als ungeeignet zum Führen von Kraftfahrzeugen angesehen werden.[1093] Somit müssen beim Entzug einer Fahrerlaubnis Krankheiten oder Mängel nach der Anlage 4 zu §§ 11, 13, 14 FeV **vorliegen** und nicht nur vorgelegen haben.

Wer angeblich keine Betäubungsmittel mehr konsumiert („wenn zu klären ist, ob ein Betroffener weiterhin Betäubungsmittel einnimmt“) hat **möglicherweise** keinen Mangel mehr nach Ziffer 9 der Anlage 4 zu §§ 11, 13, 14 FeV und seine Kraftfahrereignung **möglicherweise** zwischenzeitlich wieder erlangt.[1094]

Dies macht ein Anwenden von § 11 Abs. 7 FeV unmöglich und führt, wenngleich auch zu erheblichen, Eignungszweifeln.

Dies muss erst recht und insbesondere dann gelten, wenn ein Betroffener seine Behauptung, keinerlei Betäubungsmittel mehr einzunehmen und seine Kraftfahreignung wieder erlangt zu haben, untermauert. Insofern kann auf die Ausführungen zum Abweichen vom

1088 Vom 17.3.2005, Az. M 6b S 433/05, Beschluss S. 10.

1089 Vgl. auch Rn. 1034.

1090 Steht die Nichteignung des Betroffenen zur Überzeugung der Fahrerlaubnisbehörde fest, unterbleibt die Anordnung zur Beibringung des [scil: eines] Gutachtens, vgl. auch *OVG Niedersachsen* vom 16.2.2004, BA 2004, 475; *VG Braunschweig* vom 21.1.2004, SVR 2004, 118f/237f.

1091 Nach § 14 Abs. 2 FeV ist die Beibringung eines medizinisch-psychologischen Gutachtens anzuordnen (und nicht „kann die Beibringung eines medizinisch-psychologischen Gutachtens angeordnet werden“).

1092 *VG Kassel* vom 24.6.2004, BA 2006, 253ff (255).

1093 Vgl. auch Rn. 859ff und Rn. 1033.

1094 *VG Aachen* vom 6.10.2004, Az. 3 L 799/04.

Regelfall und dem Nichtanwenden von § 11 Abs. 7 FeV unter Rn. 1025ff Bezug genommen werden.

bb) Normative Anwendung von § 14 Abs. 2 Nr. 2 FeV zugunsten eines Betroffenen

1177 Die Vorschrift des § 14 Abs. 2 Nr. 2 FeV wird **im Entzugsverfahren** dann **zugunsten eines Betroffenen** Anwendung finden und die Fahrerlaubnisbehörde **muss** gem. § 46 Abs. 3 FeV i.V.m. § 14 Abs. 2 Nr. 2 FeV eine medizinisch-psychologische Untersuchung **anordnen**, wenn ein Betroffener auf Grund der Regelvermutung der Anlage 4 zu §§ 11, 13, 14 FeV zwar als ungeeignet zum Führen von Kraftfahrzeugen anzusehen war, ohne dass dessen Fahrerlaubnis allerdings unverzüglich verwaltungsrechtlich entzogen worden wäre. Dies könnte etwa dann der Fall sein, wenn die Fahrerlaubnisbehörde erst verspätet durch die Polizei gem. § 2 Abs. 12 StVG oder die Staatsanwaltschaft gem. Nr. 45 Abs. 2 MiStra von einem Sachverhalt in Kenntnis gesetzt wurde.

Wenn seit dem Betäubungsmittelkonsum **ein längerer Zeitraum verstrichen ist** und ein Betroffener vorträgt, dass er **keinerlei Betäubungsmittel mehr konsumiert**, kann nicht mehr zur Überzeugung der Fahrerlaubnisbehörde (§ 11 Abs. 7 FeV) ohne ein Gutachten beurteilt werden, ob dieser seine Kraftfahrereignung möglicherweise zwischenzeitlich wieder erlangt hat und die Frage, ob ein Betroffener **weiterhin** Betäubungsmittel einnimmt (§ 14 Abs. 2 Nr. 2 FeV) wird von ausschlaggebender Bedeutung.

1178 Diese Ansicht findet ihre Stütze auch durch eine Entscheidung des **Bundesverwaltungsgerichts**.[1095] Das Gericht führte zur Anordnung einer medizinisch-psychologischen Untersuchung aus, dass nicht jeder beliebig weit in der Vergangenheit zurückliegende Drogenkonsum als Grundlage für die Anordnung einer medizinisch-psychologischen Untersuchung herangezogen werden kann, welcher zurückliegende Zeitraum seit dem Drogenkonsum also „**höchstens**" berücksichtigt werden darf.

Damit ist zwar nicht beantwortet, welcher Zeitraum **mindestens** verstrichen sein muss, um statt der Heranziehung von § 11 Abs. 7 FeV ein Anwenden der Vorschrift des § 14 Abs. 2 Nr. 2 FeV für die Fahrerlaubnisbehörde zwingend vorzuschreiben; schematische, verbindliche und generalisierende feste Zeiten zu bestimmen, war durch das BVerwG allerdings auch nicht gewollt.[1096]

1179 Erforderlich ist vielmehr eine **Einzelfallbetrachtung** unter Berücksichtigung aller relevanten Umstände. Insoweit sind zum Beispiel das Ausmaß des früheren Betäubungsmittelkonsums und die Art der konsumierten Droge zu berücksichtigen.

1095 Vom 9.6.2005, DAR 2005, 581ff = NZV 2006, 52f = BA 2006, 49ff; vgl. auch *Driehaus* DAR 2006, 7ff.

1096 *BVerwG* vom 9.6.2005, DAR 2005, 581ff (582) = NZV 2006, 52f = BA 2006, 49ff.

5. Anordnung eines Gutachtens und Weigerung des Betroffenen

Gemäß § 14 Abs. 1 S. 4 FeV kann,[1097] respektive gem. § 14 Abs. 2 Nr. 2 FeV hat[1098] die Fahrerlaubnisbehörde die Beibringung eines **medizinisch-psychologischen Gutachtens** anzuordnen. 1180

Gemäß § 14 Abs. 1 S. 1 Nr. 2 FeV muss und nach § 14 Abs. 1 S. 2 FeV kann die Fahrerlaubnisbehörde auch die Beibringung eines **ärztlichen Gutachtens** anordnen.[1099]

Die Rechtsprechung als auch die Verordnung über die Zulassung von Personen zum Straßenverkehr und zur Änderung straßenverkehrsrechtlicher Vorschriften legt der Behörde beim Erlass eines entsprechenden Bescheides allerdings zahlreiche Pflichten auf. Werden diese nicht beachtet, könnte dies zu einer formalen Unzulässigkeit der Verwaltungsmaßnahme führen. 1181

a) Anordnung zur Beibringung eines Gutachtens

aa) Anlass und Gründe der Anordnung

Ordnet die Fahrerlaubnisbehörde die **Beibringung eines ärztlichen Gutachtens** oder eine **medizinisch-psychologische Untersuchung** an, so hat sie gem. § 46 Abs. 3 FeV i.V.m. § 11 Abs. 6 S. 2 FeV in dieser Anordnung klar auszuführen, was der konkrete **Anlass** dafür ist.[1100] Dabei hat die Fahrerlaubnisbehörde in der Anordnung auch auszuführen, welche **Gründe** bezüglich dieses Anlasses deshalb Bedenken an der Kraftfahrereignung rechtfertigen.[1101] 1182

Die schlagwortartige Bezeichnung „Ordnungswidrigkeit nach § 24a Abs. 2 StVG" oder „Verdacht auf Drogenkonsum" genügt den Anforderungen an eine solche Anordnung allerdings nicht,[1102] denn so ist den Organen der Rechtspflege keine Nachprüfung möglich und auch ein Betroffener kann nur bei Angabe des **genau bezeichneten** Grundes für die Gutachtensanordnung und bei Aufzeigen der dadurch entstandenen Eignungszweifel in einer eigenen Risikoabschätzung, ggf. unter Zuhilfenahme anwaltlicher Beratung,[1103] prüfen, ob dieser der Anordnung nachkommen soll oder nicht.[1104]

Die Verwaltungsbehörde darf auch nicht einfach nur „die Beibringung eines Gutachtens" verlangen. Vielmehr muss sie gem. § 11 Abs. 6 S. 1, S. 4 FeV in der Anordnung eine **konkrete Fragestellung** an den Gutachter verfassen, also ausführen, was sie eigentlich wissen will.[1105]

Dabei genügt die Fragestellung „ist der Betroffene zum Führen von Kraftfahrzeugen geeignet" allerdings nicht,[1106] da damit quasi eine Eignungsprüfung „unter allen erdenklichen Gesichtspunkten" umfasst wäre, was mit dem Grundsatz der Verhältnismäßigkeit nur schwer in Einklang zu bringen ist.[1107]

1097 Vgl. Rn. 1102ff.

1098 Vgl. Rn. 1165ff.

1099 Zur Anordnung einer MPU gem. § 14 Abs. 2 Nr. 1 FeV vgl. Rn. 1309ff.

1100 *OVG Sachsen-Anhalt* vom 13.10.2005, Az. 1 L 422/04; *Driehaus* DAR 2006, 7ff (7).

1101 *OVG Sachsen-Anhalt* vom 13.10.2005, Az. 1 L 422/04; *VGH Baden-Württemberg* vom 14.9.2004, NZV 2005, 168 = BA 2005, 396ff = NJW 2005, 234ff; *OVG Nordrhein-Westfalen* vom 22.11.2001, DAR 2002, 185ff.

1102 *Geiger* DAR 2004, 690ff (692).

1103 *OVG Sachsen-Anhalt* vom 13.10.2005, Az. 1 L 422/04.

1104 *Driehaus* DAR 2006, 7ff (8).

1105 *OVG Nordrhein-Westfalen* vom 22.11.2001, DAR 2002, 185ff; *VG Stuttgart* vom 27.1.2004, Az. 3 K 62/04.

1106 *VG Freiburg* vom 27.8.2003, Az. 7 K 1417/03.

1107 *Geiger* DAR 2004, 690ff (692).

Die quasi routinemäßige Befragung von einschlägig als Cannabiskonsumenten in Erscheinung getretenen Fahrerlaubnisinhabern nach Betäubungsmitteln ist nach den **Grundsätzen der Verhältnismäßigkeit** und des Übermaßverbotes rechtlich nicht vertretbar, wenn diese Befragung auf eine **Ausforschung** hinausliefe, für die sachliche und konkrete Anknüpfungspunkte mangels Verdachts nicht feststellbar sind. Erst bei Vorliegen ergänzender Erkenntnisse ist es rechtlich veranlasst und zulässig, ein „Rundum-Screening" anzuordnen, da eine Begutachtung ansonsten nicht nur für einen Betroffenen **kostenintensiv** wäre, sondern auch massiv in seine **Persönlichkeitsrechte** eingreifen würde und der beauftragte Gutachter nach Gutdünken alles Erforderliche veranlassen könnte, um der Fragestellung gerecht zu werden. Wenn für die Fahrerlaubnisbehörde bei einer praxis- und sachverhaltsnahen Betrachtungsweise ohne weiteres erkennbar ist, dass es beispielsweise **allein um die Abklärung** von Art und Intensität des Cannabiskonsums geht, darf sie in ihrer Fragestellung an den Gutachter nicht ausführen „nimmt der Betroffene Betäubungsmittel i.S.d. BtMG oder andere psychoaktiv wirkende Stoffe ein, welche die Fahreignung nach der Anlage 4 zu §§ 11, 13, 14 FeV infrage stellen?"[1108]

1183 Die Anordnung zur Beibringung eines Gutachtens ist daher (nur) rechtmäßig, wenn auf Grund konkreter tatsächlicher Anhaltspunkte berechtigte Zweifel an der Eignung eines Betroffenen zum Führen von Kraftfahrzeugen bestehen und wenn die angeordnete Begutachtung ein geeignetes und verhältnismäßiges Mittel ist, um gerade die konkret entstandenen Eignungszweifel aufzuklären.[1109]

Zwar vertritt das VG Berlin[1110] die Auffassung, dass aus **Gründen der Verhältnismäßigkeit** i.d.R. **zunächst die Anordnung eines Drogenscreenings** genügt.[1111] Soweit § 14 Abs. 1 S. 1 Nr. 2 FeV oder § 14 Abs. 1 S. 2 FeV ein ärztliches Gutachten rechtfertigt, ist dieses aber nicht auf ein bloßes „Drogenscreening" beschränkt, wenn das Messergebnis keine ausreichende Aussage über das Konsumverhalten eines Betroffenen enthält.[1112]

bb) Freiwilligkeit der Gutachtensbeibringung

1184 Die Verwaltungsbehörde hat weder das Recht noch die Möglichkeit, ein Gutachten **von Amts wegen** einzuholen. Sie kann **lediglich die Beibringung** eines entsprechenden Gutachtens anordnen. Auftraggeber und Kostenschuldner ist somit ein Betroffener selbst[1113] und es unterliegt **seiner freien Willensentscheidung**, ob er dieser Anordnung Folge leistet oder nicht.[1114] Die Fahrerlaubnisbehörde kann die Beibringung eines Gutachtens somit nicht mit **Zwangsmitteln** durchsetzen.[1115]

1108 *VGH Bayern* vom 23.2.2004, Az. 11 BV 249/03; *VGH Bayern* vom 25.1.2005, DAR 2006, 349ff (Az. 11 Cs 1453/05, Beschluss S. 17, insoweit in DAR 2006, 349ff nicht mit abgedruckt); *Geiger* DAR 2004, 690ff (692).

1109 *BVerwG* vom 5.7.2001, DAR 2001, 522f = NJW 2002, 78ff; *OVG Nordrhein-Westfalen* vom 22.11.2001, DAR 2002, 185ff.

1110 Vom 21.3.2000, NJW 2000, 2440ff.

1111 **a.M.** *VGH Bayern* vom 13.12.2005, Az. 11 Cs 1350/05, wonach ein Betroffener ein Jahr lang jeden Monat, also insgesamt 12 Urinscreenings beizubringen hat.

1112 *VGH Hessen* vom 14.1.2002, zfs 2002, 599f; *VGH Baden-Württemberg* vom 5.11.2001, DAR 2002, 183ff.

1113 Zum Werkvertrag s. *AG Bautzen* vom 25.8.2005, NZV 2006, 391f.

1114 *Allgemeiner Deutscher Automobil-Club* Mitteilungen der Juristischen Zentrale, Nr. II.6/2002, S. 7.

1115 *Allgemeiner Deutscher Automobil-Club* Mitteilungen der Juristischen Zentrale, Nr. II.4/2002, S. 4.

cc) Anhörung und Akteneinsicht

Die Fahrerlaubnisbehörde hat einen Betroffenen in der Anordnung zur Beibringung eines Gutachtens darauf hinzuweisen, dass ihm das **Recht der Akteneinsicht** zusteht.[1116] Gleichzeitig ist die Fahrerlaubnisbehörde aber **nicht verpflichtet**, einen Betroffenen vor der Anordnung zur Beibringung eines medizinisch-psychologischen Gutachtens **anzuhören**.[1117] **1185**

dd) Wahl der Begutachtungsstelle

Es ist ein weit verbreiteter Irrtum, dass eine medizinisch-psychologische Untersuchung nur beim **TÜV** durchgeführt werden könnte. Ein Betroffener ist vielmehr berechtigt, die medizinisch-psychologische Untersuchung auch bei einer anderen **amtlich anerkannten**[1118] **Begutachtungsstelle für Fahreignung** vornehmen zu lassen,[1119] wobei gegen die von Betroffenen oft verbreitete Skepsis dem TÜV gegenüber beispielsweise spricht, dass dieser auch den völlig freiwilligen (gebührenpflichtigen) Vorbereitungskurs „**DRUGS-F**" anbietet. Viele Begutachtungsstellen für Fahreignung bieten vor der Untersuchung auch ein kostenpflichtiges **Beratungsgespräch** mit einem Psychologen an.[1120] **1186**

Die Fahrerlaubnisbehörde muss einem Betroffenen daher gem. § 11 Abs. 6 S. 2, S. 3 FeV ein **Wahlrecht** unter mehreren infrage kommenden Ärzten und amtlich anerkannten[1121] Begutachtungsstellen für Fahreignung einräumen[1122] und es wäre unzulässig, wenn die Fahrerlaubnisbehörde vorschreibt, dass ein ganz bestimmtes Institut oder Stelle mit der Begutachtung zu beauftragen ist.

ee) Einverständniserklärung

Nach Ansicht des OVG Hamburg[1123] ist es unzulässig, bereits die Weigerung eines Betroffenen zur Begutachtung zu unterstellen, wenn dieser eine „**Einverständniserklärung zur Begutachtung**" nicht fristgerecht an die Fahrerlaubnisbehörde zurückschickt. **1187**

1116 *Driehaus* DAR 2006, 7ff (8, Ziff. d).

1117 *VGH Baden-Württemberg* vom 28.10.2004, DAR 2005, 352ff; *Gebhardt* Das verkehrsrechtliche Mandat, § 60 Rn. 82.

1118 Zum Widerruf der Anerkennung s. *OVG Saarland* vom 23.8.2006, Az. 1 W 30/06.

1119 Beispielsweise Gesellschaft für Arbeits- Verkehrs- und Umweltsicherheit (Avus) oder Privates Institut für Mobile Arbeitsmedizin (PIMA).

1120 Dazu kritisch: *Hettenbach/Winter/Grunert/Berger/Moosmayer* Führerschein / MPU; Punkte – Alkohol – Drogen, S. 165.

1121 § 66 FeV, § 72 Abs. 1 Nr. 1 FeV.

1122 *OVG Hamburg* vom 30.3.2000, zfs 2000, 419f; *Allgemeiner Deutscher Automobil-Club* Mitteilungen der Juristischen Zentrale, Nr. II.6/2002, S. 7; *Geiger* DAR 2001, 488ff (488); *Himmelreich/Janker* MPU Begutachtung; Ein juristischer Leitfaden zur psychologischen Beurteilung der Fahreignung, Rn. 42; *Gebhardt* Das verkehrsrechtliche Mandat, § 60 Rn. 7.

1123 Vom 30.3.2000, NZV 2000, 348f = BA 2000, 277f = VRS 99, 235ff = NJW 2001, 1812 = zfs 2000, 419f; **a.M.** wohl aber *OVG Hamburg* vom 15.12.2005, BA 2006, 427ff = NJW 2006, 1367ff (1368) = VRS 110, 388ff; vgl. dazu auch *Hentschel* NJW 2001, 711ff (722); *Hentschel* Straßenverkehrsrecht, § 11 FeV Rn. 22; *Geiger* BayVBl. 2001, 586ff (590); **a.M.** *Kalus* § 2 Verwaltungsrecht, Rn. 89.

ff) Kostentragungspflicht

1188 Ein Betroffener hat gem. § 11 Abs. 6 S. 2 FeV die Kosten der Begutachtung zu tragen,[1124] auch wenn er einwendet, er habe die entsprechenden finanziellen Mittel nicht zur Verfügung.[1125]

Hat ein Betroffener die finanziellen Mittel für ein solches Gutachten nicht,[1126] etwa auf Grund von Arbeitslosigkeit, so könnte ihm die mangelnde Gutachtensbeibringung allerdings möglicherweise nicht zur Last gelegt werden. Deshalb ist zu differenzieren: Für die Fahrerlaubniserteilung wird nach § 2 Abs. 2 StVG das Bestehen der Eignung zum Führen von Kraftfahrzeugen positiv gefordert, so dass die Nichtfeststellbarkeit zu Lasten des Bewerbers geht.[1127] Demgegenüber ist die Entziehung einer Fahrerlaubnis nicht ganz unproblematisch, weil im Entzugsverfahren eine Nichteignung zum Führen von Kraftfahrzeugen **bewiesen** sein muss und nur auf Grund finanzieller Schwierigkeiten dieser Beweis noch nicht erbracht ist.[1128] **Geldmangel** ist nach Ansicht der obergerichtlichen Rechtsprechung jedoch schlichtweg irrelevant.[1129]

b) Folgen der nicht fristgerechten Gutachtensbeibringung gem. § 11 Abs. 8 FeV

1189 Zwar kann bzw. muss die Fahrerlaubnisbehörde die Beibringung eines **ärztlichen Gutachtens** als auch eines **medizinisch-psychologischen Gutachtens** anordnen; sie kann diese Beibringung jedoch nicht mit Zwangsmitteln durchsetzen. Vielmehr unterliegt es der freien Willensentscheidung eines Betroffenen, ob dieser der Anordnung Folge leistet oder nicht.[1130]

Allerdings dürfte wohl kaum anzunehmen sein, dass die Fahrerlaubnisbehörde ausschließlich auf die Freiwilligkeit eines Betroffenen angewiesen wäre und bei dessen Weigerung, das Gutachten (fristgerecht) beizubringen, keinerlei Konsequenzen ziehen könnte und würde.

1124 *BVerwG* vom 13.11.1997, NZV 1998, 300; *VGH Bayern* vom 29.6.1999, DAR 2000, 228ff unter Berufung auf *BVerwG* vom 12.3.1985, NJW 1985, 2490f; *Geiger* DAR 2003, 97ff (97).

1125 *BVerwG* vom 13.10.1997, NZV 1998, 300; *VGH Baden-Württemberg* vom 29.12.1998, Az. 10 S 3013/98; *VG Saarlouis* vom 9.8.2000, zfs 2000, 519f.

1126 Die Kosten für eine medizinisch-psychologische Untersuchung wegen Drogenauffälligkeit berechnen sich nach der ärztlichen Gebührenverordnung und betragen derzeit EUR 522,00; vgl. auch *Freyschmidt* Verteidigung in Straßenverkehrssachen, Rn. 338, wonach sich die Kosten einer MPU bei Alkoholauffälligkeit auf EUR 350,00 bis EUR 450,00 belaufen.

1127 *OVG Sachsen-Anhalt* vom 13.10.2005, Az. 1 L 422/04; *Hentschel* Straßenverkehrsrecht, § 11 FeV Rn. 23.

1128 Vgl. dazu *Ebner* § 56 Medizinisch-psychologische Untersuchung, Rn. 31.

1129 *BVerwG* vom 13.11.1997, NJW 1998, 300ff; *BVerwG* vom 12.3.1985, NJW 1985, 2490f; *OVG Hamburg* vom 15.12.2005, BA 2006, 427ff = NJW 2006, 1367ff (1370) = VRS 110, 388ff; *VGH Bayern* vom 29.6.1999, DAR 2002, 228ff; *VG Aachen* vom 6.10.2004, Az. 3 L 799/04; *Hillmann* DAR 2006, 128ff; **a.M.** wohl *VGH Bayern* vom 4.9.2006, Az. 11 Cs 1579/05; vom 11.1.2006, Az. 11 Cs 2391/05 und vom 9.2.2005, Az. 11 Cs 2438/04, wenn ein Betroffener entsprechende Nachweise beibringt, wonach er nicht in der Lage ist, die Kosten der Begutachtung aufzubringen.

1130 *Allgemeiner Deutscher Automobil-Club* Mitteilungen der Juristischen Zentrale, Nr. II.6/2002, S. 7; *Allgemeiner Deutscher Automobil-Club* Mitteilungen der Juristischen Zentrale, Nr. II.4/2002, S. 4.

Wird bei einer berechtigten Anordnung das Gutachten nicht, oder nicht fristgerecht beigebracht, weigert sich ein Betroffener, sich untersuchen zu lassen oder versucht dieser ein Untersuchungsergebnis zu manipulieren,[1131] so **kann**[1132] die Fahrerlaubnisbehörde gem. § 46 Abs. 3 FeV, § 11 Abs. 8 S. 1 FeV[1133] i.V.m. § 3 Abs. 1 S. 1 StVG, § 46 Abs. 1 S. 1 FeV die **Fahrerlaubnis entziehen**,[1134] da vermutet wird, der Betroffene habe einen **Mangel zu verbergen**. Die Behörde schließt sodann auf die Nichteignung zum Führen von Kraftfahrzeugen. **1190**

Ein Fahrerlaubnisentzug auf Grund von § 11 Abs. 8 FeV ist **verfassungsrechtlich unbedenklich** und zulässig,[1135] vorausgesetzt, die Anordnung zur Beibringung des Gutachtens war rechtmäßig, anlassbezogen sowie verhältnismäßig und für die Weigerung, das geforderte Gutachten (fristgerecht)[1135a] beizubringen, bestand kein ausreichender Grund[1136] **und** die Behörde hat zudem auch eine angemessene und von ihr bestimmte **Frist** zur Vorlage des Gutachtens gesetzt[1137] sowie in der Anordnung ausdrücklich gem. § 11 Abs. 8 S. 2 FeV auf die negativen Folgen hingewiesen, welche die Nichtbeibringung nach sich ziehen.[1138] **1191**

Entzieht die Fahrerlaubnisbehörde auf Grund von § 11 Abs. 8 FeV die Fahrerlaubnis eines Betroffenen, weil dieser das geforderte Gutachten nicht oder **nicht fristgerecht** beigebracht hat, führt die daraufhin **nach dem Entzug** erklärte Bereitschaft zur Begutachtung zu keiner Aufhebung des Verwaltungsaktes. Anders ist dies nur, wenn Betroffener ein gefordertes Gutachten dann tatsächlich noch verspätet vorlegt, da dann nicht mehr von einer mangelnden Eignung auszugehen ist. Damit werden zwar die von der Fahrerlaubnisbehörde gesetzten Fristen ausgehöhlt; gleichzeitig ist eine solche Vorgehensweise jedoch **nur vor Abschluss des Widerspruchsverfahrens** möglich, denn für das Verwaltungsgericht ist ausschließlich der Zeitpunkt der letzten Behördenentscheidung[1139] ausschlaggebend und maßgeblich.[1140] An der formaljuristischen Rechtmäßigkeit eines erlassenen Verwaltungsaktes bestehen somit keine Bedenken, selbst wenn ein Betroffener das geforderte Gutachten nach dem Entzug der Fahrerlaubnis verspätet vorlegt. Allenfalls wäre zu erörtern, ob die Verwaltungsbehörde den rechtskräftigen Verwaltungsakt wieder aufhebt, respektive aufheben kann. **1192**

1131 *VGH Bayern* vom 27.3.2006, Az. 11 Cs 1559/05.

1132 Nicht muss, vgl. *VG Regensburg* vom 2.2.2004, Az. RO 5 S 221/04, Beschluss S. 6.

1133 Weigert sich der Betroffene, sich untersuchen zu lassen, oder bringt er der Fahrerlaubnisbehörde das von ihr geforderte Gutachten nicht fristgerecht bei, darf diese bei ihrer Entscheidung auf die Nichteignung des Betroffenen zum Führen von Kraftfahrzeugen schließen.

1134 *VGH Hessen* vom 26.10.1998, StV 1999, 23f; *Sachs/Pragst* BA 2004, Heft 2, Anhang S. 31ff (31); *Geiger* DAR 2003, 97ff (97).

1135 *BVerwG* vom 13.11.1997, NJW 1998, 300ff; *VGH Baden-Württemberg* vom 28.10.2004, DAR 2005, 352ff.

1135a *VGH Bayern* vom 4.9.2006, Az. 11 Cs 1579/05.

1136 *OVG Rheinland-Pfalz* vom 28.4.2006, NZV 2006, 612 und vom 9.3.2006, Az. 10 E 10099/06; *VGH Baden-Württemberg* vom 29.9.2003, DAR 2004, 48f = BA 2004, 185ff; *OVG Nordrhein-Westfalen* vom 22.11.2001, DAR 2002, 185ff.

1137 *Geiger* VBlBW 2004, 1ff (2).

1138 *VG Berlin* vom 7.11.2002, Az. 11 A 747/02; *Ziegert* Alkohol- und drogenauffällige Kraftfahrer aus der Sicht der Fahrerlaubnisverordnung, S. 7ff (9).

1139 *VGH Bayern* vom 14.2.2006, Az. 11 Cs 1210/05; *Driehaus* DAR 2006, 7ff (8).

1140 Vgl. dazu auch *Ebner* § 56 Medizinisch-psychologische Untersuchung, Rn. 29.

c) Rechtsmittel gegen die Gutachtensanordnung

1193 Ist das von der Fahrerlaubnisbehörde aufgegebene Mittel, sich untersuchen zu lassen, nicht rechtmäßig oder nicht verhältnismäßig, darf sich ein betroffener Kraftfahrer nach Ansicht des **Bundesverwaltungsgericht**[1141] weigern, der Untersuchungsaufforderung Folge zu leisten, **ohne mit nachteiligen Folgen rechnen zu müssen**.

1194 Dies stößt in der Praxis jedoch auf erhebliche Probleme, da die **Anordnung zur Beibringung** eines ärztlichen Gutachtens oder einer medizinisch-psychologischen Untersuchung nach h.M. selbst noch **kein Verwaltungsakt**,[1142] sondern lediglich eine unselbstständige Maßnahme der Sachverhaltsaufklärung[1143] i.S.v. § 26 Abs. 1 S. 1 Nr. 2 VwVfG, § 44a S. 1 VwGO[1144] darstellt.[1145] Folglich ist eine **gerichtliche Überprüfung** der möglicherweise rechtswidrig erfolgten Gutachtensanordnung nicht – sondern **erst dann möglich**, wenn die Fahrerlaubnisbehörde weitere Sanktionen, namentlich den Entzug der Fahrerlaubnis wegen der verweigerten Gutachtensbeibringung gem. § 11 Abs. 8 FeV auch tatsächlich veranlasst hat.[1146]

Ähnlich gelagert und vergleichbar sind die Fälle, in denen das Kraftfahrt-Bundesamt eine Mitteilung über eine Ordnungswidrigkeit oder eine Verkehrsstraftat erhalten hat und daraufhin „Punkte" im Verkehrszentralregister einträgt. Das OLG Stuttgart[1147] führt dazu aus: „Nach der verwaltungsgerichtlichen Rechtsprechung stellen Mitteilungen an das KBA und Eintragungen in das VZR **keine anfechtbaren Verwaltungsakte** dar, da diese **keine unmittelbaren Rechtswirkungen** nach sich ziehen, sondern lediglich als Tatsachengrundlage zur Vorbereitung von Entscheidungen dienen".[1148]

Diese Handhabung könnte jedoch gegen Art. 19 Abs. 4 GG[1149] verstoßen, wonach jedem der Rechtsweg offen steht, der durch die öffentliche Gewalt in seinen Rechten verletzt wird.

1195 Weber[1150] führt dazu aber aus, dass **keine gravierenden Nachteile** für einen Betroffenen ersichtlich seien.

1141 Vom 5.7.2001, DAR 2001, 522f = NJW 2002, 78ff.

1142 *VGH Bayern* vom 25.1.2006, DAR 2006, 349ff (349) = BA 2006, 422ff = SVR 2006, 393f; *VGH Baden-Württemberg* vom 28.10.2004, Az. 10 S 475/04; *VGH Baden-Württemberg* vom 18.5.2004, NZV 2005, 215ff = BA 2006, 57ff = SVR 2004, 476; *OVG Thüringen* vom 11.5.2004, BA 2005, 183ff = SVR 2004, 438f; *Allgemeiner Deutscher Automobil-Club* Mitteilungen der Juristischen Zentrale, Nr. II.6/2002, S. 10; *Gehrmann/Undeutsch* Das Gutachten der MPU und Kraftfahrereignung, Rn. 175; *Geiger* DAR 2001, 488ff (490); *Gebhardt* Das verkehrsrechtliche Mandat, § 60 Rn. 4 und Rn. 86ff; *Scheufen/Müller-Rath* NZV 2006, 353ff (354); *Weber* NZV 2006, 399ff.

1143 *VGH Baden-Württemberg* vom 28.10.2004, DAR 2005, 352ff; *VGH Baden-Württemberg* vom 18.5.2004, NZV 2005, 215ff = BA 2006, 57ff = SVR 2004, 476.

1144 *VG Ansbach* vom 14.3.2005, BA 2006, 338ff.

1145 Vgl. dazu auch ausführlich *Ebner* § 56 Medizinisch-psychologische Untersuchung, Rn. 32ff.

1146 *OVG Sachsen-Anhalt* vom 13.10.2005, Az. 1 L 422/04; *VGH Baden-Württemberg* vom 28.10.2004, DAR 2005, 352ff; *Geiger* DAR 2001, 488ff (494); *Hillmann* DAR 2003, 106ff (106); *Wirth/Swoboda* zfs 2004, 102ff (107); zum vorbeugenden einstweiligen Rechtschutz s. auch *VGH Bayern* vom 4.10.2005, Az. 11 CE 2304/05.

1147 Vom 18.8.2006, NZV 2006, 93f.

1148 So auch *OLG Jena* vom 13.7.2006, NStZ-RR 2006, 321f.

1149 Wird jemand durch die öffentliche Gewalt in seinen Rechten verletzt, so steht ihm der Rechtsweg offen.

1150 *Weber* NZV 2006, 399ff (407).

Dieser Ansicht kann jedoch nicht zwingend gefolgt werden. Selbst wenn sich schon vor dem Verwaltungsgericht im Rahmen von § 80 Abs. 5 VwGO[1151] oder § 42 Abs. 1 VwGO (und nicht erst, wie dies häufiger vorkommt, vor dem Oberverwaltungsgericht bzw. Verwaltungsgerichtshof im Rahmen der Beschwerde gem. § 146 Abs. 4 VwGO) herausstellen sollte, dass die Anordnung der Fahrerlaubnisbehörde zur Beibringung eines Gutachtens unverhältnismäßig war, darf ein Betroffener auf Grund des i.d.R. angeordneten Sofortvollzuges bis zu einer anders lautenden gerichtlichen Entscheidung kein Kraftfahrzeug mehr führen, mit z. T. ganz erheblichen und weit reichenden **gravierenden nachteiligen** etwa **beruflichen und existenziellen Folgen**.[1152]

Dies zeigt auch ein Verfahren vor dem **Bundesverfassungsgericht**,[1153] das über die Weigerung eines Betroffenen, ein Drogenscreening beizubringen, zu entscheiden hatte und auf Grund des Instanzenweges erst **acht Jahre** (!) nach dem Entzug der Fahrerlaubnis feststellte, dass dieser Verwaltungsakt der Fahrerlaubnisbehörde rechtswidrig war, was sodann auch Fragen nach § 20 Abs. 2 S. 2 FeV auslöst.[1154]

Folglich ist die h.M., wonach eine **gerichtliche Überprüfung** der möglicherweise rechtswidrig erfolgten Gutachtensanordnung erst dann möglich ist wenn die Fahrerlaubnisbehörde den Entzug einer Fahrerlaubnis gem. § 11 Abs. 8 FeV tatsächlich auch veranlasst hat, berechtigterweise nicht unumstritten.[1155]

aa) Beibringung eines Gutachtens trotz Rechtswidrigkeit

Folgt ein Betroffener einer sich möglicherweise später als unverhältnismäßig und rechtswidrig herausstellenden Gutachtensanordnung, muss er bei einem etwaigen negativen Ergebnis mit den entsprechenden Konsequenzen leben, da es kein Beweisverwertungsverbot gibt[1156] und in dem sodann vorliegenden Gutachten „neue Tatsachen" zu sehen sind.[1157] **1196**

Die gerichtliche Feststellung, dass eine Anordnung unrechtmäßig erging, ist somit unbeachtlich, wenn ein (negatives) Gutachten trotz ermessensfehlerhafter Anordnung vorgelegt wird.[1158]

So verlangte ein Betroffener in dem Verfahren vor dem VG Oldenburg[1159] beispielsweise, ihm vorläufigen Rechtschutz zu gewähren und ihm einen neuen Führerschein auszustellen, da das seinerzeit geforderte ärztliche Gutachten wegen des Besitzes von 12 g Marihuana unrechtmäßig erfolgt sei, er dieser Aufforderung aber gleichwohl Folge leistete. Das Gericht sah sich dazu jedoch außer Stande, da das Entziehungsverfahren bereits rechtskräftig abgeschlossen war.

1151 Vgl. Rn. 1246ff.

1152 Siehe dazu auch *Hillmann* DAR 2006, 128ff (129 u. 130).

1153 Vom 20.6.2002, DAR 2002, 405ff = NJW 2002, 2378ff.

1154 Siehe dazu auch *Becker* Alkohol im Straßenverkehr, Rn. 1097ff.

1155 *Feiertag* Teil 9 Fahrerlaubnisrecht, Rn. 745ff; *Gehrmann* NZV 2003, 10ff (12); *Hillmann* DAR 2006, 128ff; *Jagow* NZV 2006, 27ff; *Müller* DAR 2006, 534ff; *Schreiber* ZRP 1999, 519ff.

1156 *VGH Bayern* vom 4.4.2006, DAR 2006, 413f; *VG München* vom 5.7.2004, Az. M 6a 3141/04; *Wirth/Swoboda* zfs 2004, 102ff (108); *Ziegert* Alkohol- und drogenauffällige Kraftfahrer aus der Sicht der Fahrerlaubnisverordnung, S. 7ff (9).

1157 *Hillmann* DAR 2006, 128ff (130).

1158 *VG München* vom 5.7.2004, Az. M 6a 3141/04; *Ziegert* Alkohol- und drogenauffällige Kraftfahrer aus der Sicht der Fahrerlaubnisverordnung, S. 7ff (9).

1159 Vom 26.8.2003, Az. 7 B 2994/03.

bb) Zustimmung zur Gutachtensweitergabe

1197 In der Praxis ist es üblich, dass die Fahrerlaubnisbehörde von einem Betroffenen neben der Aushändigung des Gutachtens z.T. auch die Entbindung von der ärztlichen Schweigepflicht verlangt. Beides kann die Verwaltungsbehörde jedoch nicht erzwingen.[1160] Deshalb darf auch die Begutachtungsstelle für Fahreignung ohne **Einverständnis eines Betroffenen** kein Gutachten[1161] und auch keine „ergänzende Stellungnahme“[1162] an die Fahrerlaubnisbehörde weitergeben.[1163] Dies gilt gleichfalls für sämtliche Abschriften eines Gutachtens.[1164] Diese Rechtslage führt dazu, dass ein Betroffener im Falle eines etwaigen negativen Untersuchungsergebnisses die Begutachtung, ggf. nach einem Nachschulungskurs oder einem psychologischen Beratungsgespräch (ggf. bei einer anderen Begutachtungsstelle für Fahreignung[1165]) wiederholen kann.[1166]

1160 **A.M.** wohl *VGH Bayern* vom 7.11.2005, 11 Cs 1859/05, wonach ein Betroffener ansonsten seiner Mitwirkungspflicht nicht nachkomme.

1161 *Driehaus* DAR 2006, 7ff (8).

1162 *VG Neustadt* vom 27.7.2005, SVR 2006, 273ff.

1163 Da nur ein „Vertragsverhältnis“ zwischen der Begutachtungsstelle für Fahreignung und einem Betroffenen besteht und die Fahrerlaubnisbehörde von einem Betroffenen nur die Vorlage eines Gutachtens verlangen darf, besteht gegenüber der Fahrerlaubnisbehörde die **Schweigepflicht** eines Arztes bzw. Psychologen gem. § 203 StGB. Macht die Begutachtungsstelle für Fahreignung gleichwohl Ausführungen gegenüber der Fahrerlaubnisbehörde, so liegt auch ein Verstoß gegen das Datenschutzrecht vor, vgl. *Laeverenz* SVR 2006, 275f; siehe aber gleichwohl auch Rn. 756.

1164 Vgl. dazu *Ebner* § 56 Medizinisch-psychologische Untersuchung, Rn. 77; *Hettenbach/Winter/Grunert/Berger/Moosmayer* Führerschein / MPU; Punkte – Alkohol – Drogen, S. 110 u. S. 149 sowie S. 151; **a.M.** *Kalus* § 2 Verwaltungsrecht, Rn. 259.

1165 Zur Problematik dazu *Scheufen/Müller-Rath* NZV 2006, 353ff (354) dort Fußnote 13.

1166 *Allgemeiner Deutscher Automobil-Club* Mitteilungen der Juristischen Zentrale, Nr. II.6/2002, S. 17.

Aufforderung zur medizinisch-psychologischen Untersuchung 1198

stadt

HA

Gegen Postzustellungsurkunde

Telefon:
Telefax:
Zimmer:
Sachbearbeitung:
Herr
Datum: 01.03.2005

Vollzug der Fahrerlaubnisverordnung (FeV);
Gutachten über die Eignung zum Führen von Kraftfahrzeugen

Sehr

aus folgenden Gründen bestehen Zweifel an Ihrer Eignung zum Führen von Kraftfahrzeugen:

Einnahme von Betäubungsmitteln im Sinne des Betäubungsmittelgesetzes

(nähere Angaben zum Sachverhalt entnehmen Sie bitte dem beigefügten Beiblatt)

Zur Ausräumung der dadurch entstandenen Zweifel an Ihrer Fahreignung ist eine Fahreignungsbegutachtung unter Berücksichtigung der "Begutachtungs-Leitlinien zur Kraftfahrereignung" des gemeinsamen Beirats für Verkehrsmedizin beim Bundesministerium für Verkehr, Bau- und Wohnungswesen und beim Bundesministerium für Gesundheit, 6. erweiterte Auflage, Februar 2000, erforderlich.
Sie werden deshalb aufgefordert, ein medizinisch-psychologisches Gutachten einer amtlich anerkannten Begutachtungsstelle für Fahreignung über Ihre Eignung zum Führen von Kraftfahrzeugen innerhalb von drei Monaten beizubringen (§ 11 Abs. 6 Satz 2 FeV).

stadt

Seite 2

Das Gutachten, dessen Kosten Sie selbst zu tragen haben (§ 11 Abs. 6 Satz 2 FeV), soll zu folgender Frage Stellung nehmen:

Kann d. Untersuchte trotz Hinweise auf gelegentlichen Cannabiskonsum sowie der bekannten Verkehrsteilnahme unter Cannabiseinfluß ein Kraftfahrzeug der Gruppe 1/2 sicher führen?
Ist insbesondere nicht zu erwarten, daß er/sie auch zukünftig ein Kraftfahrzeug unter Einfluß von Betäubungsmitteln oder deren Nachwirkungen führen wird?

Wir bitten Sie, beiliegende Erklärung ausgefüllt und unterschrieben innerhalb von 3 Wochen nach Erhalt dieser Aufforderung an uns zurückzusenden und uns mitzuteilen, bei welcher Begutachtungsstelle die Begutachtung durchgeführt werden soll (§ 11 Abs. 6 Sätze 3 und 4 FeV).

Sofern Sie uns nicht mit beiliegender Erklärung die von Ihnen gewählte amtlich anerkannte Begutachtungsstelle benennen bzw. das Fahreignungsgutchten nicht fristgerecht innerhalb der oben angegebenen Dreimonatsfrist vorlegen, wird die Führerscheinstelle der Landeshauptstadt München auf Ihre Nichteignung zum Führen von Kraftfahrzeugen schließen und Ihnen die Fahrerlaubnis entziehen bzw. versagen (§ 11 Abs. 8 FeV).

Der Hinweis auf evtl. beschränkte finanzielle Möglichkeiten ist nicht geeignet, einen Verzicht auf die Fahreignungsbegutachtung zu rechtfertigen.

Wir weisen Sie auch darauf hin, dass Sie vor Übersendung Ihrer Fahrerlaubnisakte bei uns Akteneinsicht nehmen können.

Diese Anordnung ist gebührenpflichtig (Geb.Nr. 208, 2. Abschnitt der Anlage zu § 1 der Gebührenordnung für Maßnahmen im Straßenverkehr (GebOSt) in der derzeit gültigen Fassung). Die Gebühr beträgt 25,60 Euro, Auslagen in Höhe von 5,60 Euro werden gem. § 2 GebOSt geltend gemacht. Die Rechnung wird Ihnen gesondert zugestellt. Wir bitten, die Forderung erst nach Erhalt der Rechnung zu begleichen.

Weitere Informationen zu den rechtlichen Grundlagen der Fahreignungsbegutachtung sind aus dem Text der beiliegenden Erklärung ersichtlich.

Mit freundlichen Grüßen
Im Auftrag

Anlagen
Erklärung zur Begutachtung
Übersicht amtlich anerkannter Begutachtungsstellen

VI. Anordnung zur Beibringung eines ärztlichen Gutachtens

Die Fahrerlaubnisbehörde kann gem. § 14 Abs. 1 S. 2 FeV[1167] respektive muss gem. § 14 Abs. 1 S. 1 Nr. 2 FeV[1168] die Beibringung eines **ärztlichen Gutachtens** anordnen. 1199

Eine ärztliche Begutachtung ist gem. § 11 Abs. 2 S. 3 Nr. 1 FeV durch einen Arzt mit **verkehrsmedizinischer Qualifikation** vorzunehmen.

Ein „**Drogenscreening**" stellt zwar noch kein ärztliches Gutachten i.S.v. Satz 2 der Vorbemerkung der Anlage 4 zu §§ 11, 13, 14 FeV dar,[1169] nach Ansicht des VG Berlin[1170] genügt bei der Anordnung zur Beibringung eines ärztlichen Gutachtens aus **Gründen der Verhältnismäßigkeit** aber i.d.R. zunächst die Weisung an den Betroffenen, nur ein solches Drogenscreening vorzunehmen zu lassen. 1200

Nach Ansicht des VGH Baden-Württemberg[1171] ist ein ärztliches Gutachten gem. § 14 Abs. 1 S. 1 Nr. 2 FeV oder § 14 Abs. 1 S. 2 FeV aber dann nicht auf ein bloßes Drogenscreening beschränkt, wenn das Messergebnis keine **ausreichende Aussage über das Konsumverhalten** eines Betroffenen enthält.

So führt das OVG Nordrhein-Westfalen[1172] zum Beispiel aus, dass nur eine medizinisch-psychologische Untersuchung klären könne, in welchem Ausmaß ein Betroffener Kokain konsumiert habe, während Hillmann[1173] darauf hinweist, dass eine medizinisch-psychologische Untersuchung ein **ungeeignetes Mittel** sei, um einen einmaligen Konsum von „harten Drogen" nachzuweisen. Während sich nach Ansicht von Tourneur[1174] eine Haaranalyse hervorragend eigne, den Nachweis einer einjährigen Drogenabstinenz zu erbringen, führt der VGH Bayern[1175] aus, dass sich durch eine Haaranalyse nicht zwingend ein mehrfacher Cannabiskonsum nachweisen lasse.

Deshalb ist es erforderlich, die verschiedenen Untersuchungsmöglichkeiten und Untersuchungsmaterialien genauer zu betrachten.

1167 Vgl. Rn. 791ff.
1168 Vgl. Rn. 733ff und Rn. 776ff.
1169 *VGH Hessen* vom 14.1.2002, zfs 2002, 599f.
1170 Vom 21.3.2000, NJW 2000, 2440ff.
1171 Vom 5.11.2001, DAR 2002, 183ff.
1172 Vom 1.12.2003, Az. 19 B 2258/03.
1173 *Hillmann* DAR 2005, 601ff (603).
1174 *Tourneur* Haaranalyse, Eine Bestandsaufnahme aus juristischer Sicht, S. 326.
1175 Vom 25.1.2006, DAR 2006, 349ff = BA 2006, 422ff = SVR 2006, 393f.

1. Konsumnachweis in verschiedenen Materialien

a) Cannabis

1201

Nachweis im Blut[1176]	THC sofort nach dem Rauchen feststellbar und 12 bis zu 24 Stunden[1177] nachzuweisen. Abbauprodukt Carbonsäure (THC-COOH) auch noch einige Tage, bei regelmäßigem Konsum einige Wochen nachweisbar.
Nachweis im Urin	Sofort nach dem Rauchen feststellbar, auch bei nur einmaligem Konsum. Auch noch einige Tage bis hin zu einigen Wochen nach dem Konsum feststellbar und von der Konsumhäufigkeit in der Vergangenheit abhängig.[1178]
Nachweis in den Haaren	Erst nach mehrmaligem Konsum über einen Zeitraum von einigen Wochen überhaupt nachweisbar. Einmaliger Konsum somit nicht festzustellen.

b) Ecstasy

1202

Nachweis im Blut	Wenige Minuten nach dem Konsum festzustellen und bis zu 24 Stunden[1179] nachzuweisen.
Nachweis im Urin	Wenige Minuten nach dem Konsum festzustellen und zwischen einem und drei Tage nachzuweisen.[1180]
Nachweis in den Haaren	Nach mehrmaligem Konsum nachzuweisen. Sog. „Wochenendkonsum“ somit feststellbar.[1181]

1176 Zur Nachweiszeit von THC im Blutserum vgl. auch Rn. 477ff; zur Nachweiszeit von THC-Carbonsäure im Blutserum vgl. auch Rn. 897ff und Rn. 987.

1177 In der Regel und bei „normalem“ Rauchen einer Dosis von bis zu 15 mg THC ist davon auszugehen, dass eine positive THC-Konzentration im Serum aller höchstens 24 Stunden nach dem Konsum nachzuweisen ist. Meist wird schon 12 Stunden nach dem Konsum kein Nachweis einer positiven THC-Konzentration mehr zu führen sein.

1178 Der Nachweis ist insbesondere von der konsumierten Menge und Konsumhäufigkeit abhängig. Aus diesem Grunde erklären sich unterschiedliche und widersprüchliche Angaben in der Literatur.

1179 Nach überwiegender Ansicht lässt sich ein akuter Konsumnachweis im Blutserum eines Fahrzeugführers bei Ecstasy durchschnittlich 24 Stunden führen, vgl. *Bundesanstalt für Straßenwesen/Universität des Saarlandes* Drogenerkennung im Straßenverkehr, -Schulungsprogramm für Polizeibeamte-, S. 63.

1180 **Drei Tage**: *Schubert/Mattern* Urteilsbildung in der medizinisch-psychologischen Fahreignungsdiagnostik; Beurteilungskriterien, S. 146; **Ein bis drei Tage**: *Schubert/Schneider/Eisenmenger/Stephan* Begutachtungs-Leitlinien zur Kraftfahrereignung, Kommentar, 2. Aufl., S. 179, Tab. 2; hingegen noch **a.M.** nur **bis zu 24 Stunden**: *Schubert/Schneider/Eisenmenger/Stephan* Begutachtungs-Leitlinien zur Kraftfahrereignung, Kommentar, 1. Aufl., S. 116.

1181 *Klein* Drogen im Straßenverkehr, S. 51ff (65); nach Ansicht des Gutachters in dem Verfahren vor dem *VG München* am 27.1.2004, SVR 2004, 280 bedarf es einer „häufigeren“ Aufnahme, um ein positives Resultat zu erziehen.

c) Kokain

Nachweis im Blut	Sofort nach dem Konsum für „wenige Stunden" nachzuweisen. 2 bis 8 Std.[1182] Das Abbauprodukt Benzoylecgonin lässt sich i.d.R. ein bis zwei Tage, bei intensivem Konsum u.U. länger[1183] nachweisen.	**1203**
Nachweis im Urin[1184]	Wenige Minuten nach dem Konsum festzustellen und Abbauprodukt Benzoylecgonin höchstens drei[1185] bis vier[1186] Tage nachzuweisen.	
Nachweis in den Haaren	Bereits einmaliger Konsum[1187] ist nachweisbar. Zum Nachweis genügen selbst wenige Haare.[1188]	

1182 *Schubert/Schneider/Eisenmenger/Stephan* Begutachtungs-Leitlinien zur Kraftfahrereignung, Kommentar, 2. Aufl., S. 178, Tab. 1; *Schubert/Mattern* Urteilsbildung in der medizinisch-psychologischen Fahreignungsdiagnostik; Beurteilungskriterien, S. 145; **a.M.** nur eine Stunde: *Schubert/ Schneider/Eisenmenger/Stephan* Begutachtungs-Leitlinien zur Kraftfahrereignung, Kommentar, 1. Aufl., S. 115, Tab. 1; **a.M.** 12 bis 24 Stunden: *Klein* Drogen im Straßenverkehr, S. 51ff (63).

1183 **Nur 48 Stunden**: *Schubert/Mattern* Urteilsbildung in der medizinisch-psychologischen Fahreignungsdiagnostik; Beurteilungskriterien, S. 145; *Gotta* Nachweis und Quantifizierung von Drogen und anderen Fremdstoffen in Blutspuren auf verschiedenen Trägermaterialien, [Diss.], S. 11.

1184 Der Nachweis ist insbesondere abhängig von der konsumierten Menge und Konsumhäufigkeit, beim Urin auch vom ph-Wert und der Harnkonzentration. Aus diesem Grunde erklären sich unterschiedliche und widersprüchliche Angaben in der Literatur.

1185 *Schubert/Schneider/Eisenmenger/Stephan* Begutachtungs-Leitlinien zur Kraftfahrereignung, Kommentar, 2. Aufl., S. 179, Tab. 2; *Schubert/Mattern* Urteilsbildung in der medizinisch-psychologischen Fahreignungsdiagnostik; Beurteilungskriterien, S. 146.

1186 *Möller* § 3 Medikamente und Drogen – verkehrsmedizinisch-toxikologische Gesichtspunkte, Rn. 148.

1187 *VGH Bayern* vom 9.5.2005, VRS 109, 64ff; nach Ansicht des Gutachters in dem Verfahren vor dem *VG München* vom 27.1.2004, SVR 2004, 280 sei Kokain schon „nach einer gelegentlichen Aufnahme" nachzuweisen (30 mg/Monat); vgl. auch *Sachs/Pragst* BA 2004, Heft 2, Anhang S. 31ff (33).

1188 **a.M.** *OVG Nordrhein-Westfalen* vom 1.12.2003, Az. 19 B 2258/03, wonach nur eine medizinisch-psychologische Untersuchung klären könnte, in welchem Umfang ein Betroffener Kokain konsumiert habe; dem widerspricht *Hillmann* DAR 2005, 601ff (603), der darauf hinweist, dass eine MPU ein ungeeignetes Mittel ist, um einen einmaligen Konsum von „harten Drogen" nachzuweisen. Unverständlich ist daher, warum sich der Fußballtrainer Christoph Daum am 9.10.2000 beim rechtsmedizinischen Institut der Universität Köln einem freiwilligen Drogentest in Form einer Haaranalyse unterzog, was schließlich zu einem Verfahren vor dem Landgericht Koblenz wegen Besitz von Kokain führte, das allerdings eingestellt wurde.

1189 *(nicht besetzt)*

2. Aussagekraft von Urinuntersuchungen

1204 In der Vergangenheit erfolgter Drogenkonsum ist unbestritten im Urin nachweisbar. Selbst ein einmaliger Konsum eines Betäubungsmittels kann im Urin nachgewiesen werden.[1190]

Harntests sind jedoch **nicht geeignet**, Aussagen über den genauen Zeitpunkt der Einnahme, Aussagen über die konsumierte Menge und Angaben zur Einschätzung der aktuellen kraftfahrspezifischen Leistungsfähigkeit zu machen.[1191]

Harntests **sind hingegen geeignet**, Aussagen über den tatsächlich erfolgten Konsum in einem bestimmten „Zeitfenster" in der Vergangenheit zu treffen.[1192] Zurückliegender Konsum von Ecstasy und Kokain kann im Urin nur bis zu vier Tage nachgewiesen werden. Der in der Vergangenheit erfolgte Konsum von Cannabis kann im Urin einige Tage, aber nach intensivem regelmäßigem Konsum auch einige Wochen lang festgestellt werden.

a) Nachweiszeit von Cannabiskonsum im Urin

1205 Hinsichtlich der Nachweiszeit von zurückliegendem Betäubungsmittelkonsum im Urin gibt es, ähnlich wie beim Pupillenverhalten nach THC-Konsum oder der Nachweiszeit von aktivem THC im Blut, ebenfalls unterschiedliche Angaben, insbesondere bei Cannabis und die Meinungen der Rechtsprechung und Literatur variieren erheblich.

Nur „cinc kurzc Zcit"[1193].
Zwischen 24 Stunden und 20 Tagen[1194].
Nur drei bis vier Tage[1195].
Ein bis zwei Wochen aber auch einige Wochen[1196].
Noch Tage und auch bis zu zwei Wochen[1197].
Einige Wochen nach regelmäßigem Konsum[1198].
Bis zu zwei Monaten[1199].
Bis zu drei Monaten[1200]

1190 So tatsächlich auch geschehen in den Verfahren VG Sigmaringen vom 10.9.2002, Az. 3 K 1583/02 und VGH Bayern vom 29.6.1999, DAR 2000, 228ff.

1191 Vgl. auch Rn. 328ff.

1192 Sonderfall Opiate: Nach einer Entscheidung des VG Sigmaringen vom 21.3.2000, Az. 27 A 33/00 unter Berufung auf Berichte der Bundesanstalt für Straßenwesen „Drogenerkennung im Straßenverkehr" sei „allgemein anerkannt", dass Opiate im Urin bis zu drei Tage nach dem letzten Konsum nachweisbar seien und nach einer Entscheidung des VGH Baden-Württemberg vom 30.9.2003, DAR 2004, 471ff = BA 2004, 288ff ist Heroin im Urin als konjugiertes Morphin etwa 40 Stunden nachweisbar, Morphin ein bis zwei Tage. Allerdings können Kreuzreaktionen ein falsch positives Ergebnis bewirken, vgl. Drunecky/Schulze Was können Drogentests im Zusammenhang mit Drogen im Straßenverkehr leisten, S. 4; Schubert/Mattern Urteilsbildung in der medizinisch-psychologischen Fahreignungsdiagnostik; Beurteilungskriterien, S. 155. Werden nur Spuren von Morphin gefunden und ein Heroinkonsum bestritten, ist auf jeden Fall eine Haaruntersuchung erforderlich, vgl. Sachs/Pragst BA 2004, Heft 2, Anhang S. 31ff (32).

1193 *VGH Bayern* vom 3.2.2004, SVR 2004, 396f.

1194 *VG München* vom 17.3.2005, Az. M 6b S 433/05.

1195 So der Sachverständige in dem Verfahren vor dem *VG München* vom 6.12.2002, Az. M 6a K 3406/01.

1196 *Möller* DAR 1993, 7ff (9).

1197 *AG Saalfeld* vom 11.2.2003, NStZ 2004, 49.

1198 *OVG Nordrhein-Westfalen* vom 15.3.2002, DAR 2003, 283f.

1199 *VGH Bayern* vom 29.6.1999, DAR 2000, 228ff; *VGH Bayern* vom 21.9.1998, Az. 11 B 094/98.

1200 *Madea/Mußhoff/Lachenmeier* Spezielle Analyten: Cannabinoide, S. 180.

Relevant sind aber nicht die Überzeugungen von Amts- oder Verwaltungsgerichten, sondern die Regeln der Wissenschaft. Tatsächlich ist die **Nachweiszeit von zurückliegendem Cannabiskonsum im Urin**[1201] nämlich von der konsumierten Menge **und der Konsumhäufigkeit in der Vergangenheit** abhängig und reicht von zwei Tagen bis zu mehreren Wochen.[1202] **1206**

Je häufiger ein Betroffener in der Vergangenheit Cannabis konsumierte, je länger ist dieser Konsum somit im Urin nachzuweisen. Konsumierte ein Betroffener daher lediglich einmalig oder experimentell Cannabis, ist dieser Konsum demnach **höchstens einige Tage** nach dem Konsum **im Urin** festzustellen. **1207**
Der nur einmalig oder experimentell Cannabis konsumierende Betroffene kann eine völlige Drogenabstinenz deshalb auch **nicht durch eine Urinuntersuchung** führen, da ein Konsum, der beispielsweise vor 2 Wochen erfolgte, nicht mehr im Urin nachzuweisen wäre.
Konsumierte ein Betroffener in der Vergangenheit allerdings **regelmäßig** Cannabis, ist dieser Konsum u.U. noch einige Wochen nach der letztmaligen Einnahme im Urin nachweisbar. **1208**
Somit kann auch **nur der regelmäßige Cannabiskonsument** durch eine Urinuntersuchung nachweisen, dass er seit einigen Wochen abstinent ist. Den Nachweis einer länger als 3 Monate andauernden Drogenabstinenz kann dieser jedoch ebenfalls nicht durch eine Urinuntersuchung erbringen.[1203]

b) Urinscreening unter forensischen Bedingungen und Manipulationsmöglichkeiten

Beim Nachweis einer (andauernden) Drogenabstinenz an Hand einer Urinuntersuchung gibt es **Manipulationsmöglichkeiten**. **1209**

- Urin mit Leitungswasser **verdünnen**.
- **Fremden Urin** in einer Kanüle mitführen und diesen dann bei der Untersuchung abgegeben.
- **Beta-Carotin** oder **Kreatinintabletten**[1204] aus der Apotheke einnehmen.
- Der Urinprobe **Seife** oder **WC-Reiniger** beifügen.
- Auch überdurchschnittlich **viel Fett essen** und **übermäßige Flüssigkeitszufuhr**[1205] können ein Testergebnis beeinflussen und für eine vermehrte Ausschwemmung der Metaboliten sorgen.

Derartige Manipulationen führen allerdings nicht nur gem. § 11 Abs. 8 FeV zum Entzug einer Fahrerlaubnis,[1206] sondern gegen derartige Manipulationsversuche gibt es auch **Gegenmaßnahmen**: **1210**

- Feststellung einer zweifelsfreien **Personenidentität**, wozu nicht zwingend die Vorlage und flüchtige Betrachtung eines Personalausweises ausreichen muss.
- Urinabgabe unter **Sichtkontrolle**.

1201 Vgl. zur Nachweiszeit des zurückliegenden Cannabiskonsums im Blutserum Rn. 897ff.

1202 **Sechs Wochen**: *Schubert/Mattern* Urteilsbildung in der medizinisch-psychologischen Fahreignungsdiagnostik; Beurteilungskriterien, S. 146.

1203 *VGH Bayern* vom 29.6.1999, DAR 2000, 228ff; *VGH Bayern* vom 21.9.1998, Az. 11 B 094/98.

1204 *Möller* Drogen, Nachweis und Konsequenzen für Sanktionen und Fahreignung, S. 173ff (188).

1205 *VGH Bayern* vom 27.3.2006, Az. 11 Cs 1559/05; *Daldrup/Käferstein/Köhler/Maier/Mußhoff* BA 2000, 39ff (45).

1206 *VGH Bayern* vom 27.3.2006, Az. 11 Cs 1559/05.

- Aus **Markersubstanzen**[1207] lässt sich eine Manipulation nachweisen.
- **Temparaturkontrolle** des Urins, der 32 Grad nicht unterschreiten darf.
- **Überraschende und unangekündigte** (auch telefonische) Einbestellung zur persönlichen Urinabgabe.[1208]
- Insbesondere Bestimmung des **Kreatininwertes**,[1209] bei > 20 mg/dl Verdacht auf Verdünnung, bei > 6 mg/dl Manipulation.[1210]

1211 Um den Nachweis einer (andauernden) Drogenabstinenz an Hand einer Urinuntersuchung zu erbringen,[1211] muss ein Drogenscreening „**unter forensischen Bedingungen**“ durch ein sog. „**Drogenkontrollprogramm**“ erfolgen.[1212] Ein unter forensischen Gesichtspunkten erfolgtes Urinscreening setzt insbesondere auch die zwingende Bestimmung und die Angabe des **Kreatininwertes** voraus, andernfalls ist eine solche Untersuchungsbescheinigung durch die Fahrerlaubnisbehörde **nicht anzuerkennen**.[1213]

1207 Polyethylenglykol-Oligomeren; vgl. auch *Aderjan* Beurteilungskriterien der Kraftfahreignung aus toxikologischer Sicht, S. 189ff (198).

1208 Beispielsweise bei dem Privaten Institut für Mobile Arbeitsmedizin (**PIMA**) in Berlin, Betzdorf, Bochum, Bonn, Frankfurt/Main, Köln, Mainz-Kastel, München, Nürnberg, Potsdam, Prenzlau oder Stuttgart oder der **AVUS** Gesellschaft für Arbeits- Verkehrs- und Umweltsicherheit in Berlin, Frankfurt/Main, Hamburg, Kassel oder München. Der **TÜV** berechnet für ein Drogenscreening eine Gebühr von EUR 83,00.

1209 *BAF e.V.* Anwaltliche Vertretung? Zu Risiken und Nebenwirkungen fragen sie den BAF e.V. [Masch.-schr.].

1210 Vgl. auch *Sachs/Pragst* BA 2004, Heft 2, Anhang S. 31ff (33).

1211 Vgl. auch Schreiben einer Fahrerlaubnisbehörde unter Rn. 952.

1212 Unter einer solchen Voraussetzung entschied das *OVG Rheinland-Pfalz* vom 6.12.2004, Az. 7 B 11878/04, dass die **aufschiebende Wirkung eines Widerspruchs** wieder hergestellt werden könne, wenn sich ein Betroffener innerhalb von 12 Monaten sechs Mal bzw. innerhalb von 6 Monaten drei Mal (*OVG Rheinland-Pfalz* vom 20.6.2005, Az. 7 B 10615/05) einem derartigen Drogenscreening unterzieht, was allerdings mit erheblichen Kosten von etwa EUR 90,00 pro Drogenscreening verbunden ist. Auch der *VGH Bayern* vom 7.4.2006, Az. 11 Cs 2303/05, vom 27.3.2006, Az. 11 Cs 1559/05 und vom 25.1.2006, DAR 2006, 349ff = BA 2006, 422ff = SVR 2006, 393f hält mehrere derartige, unter forensischen Bedingungen beigebrachte Drogenscreenings über einen Zeitraum von einem Jahr für geeignet, um die Behauptung eines Betroffenen, nur erstmalig und einmalig Cannabis „probiert“ zu haben, zu bekräftigen, weil sich diese Behauptung als wahrscheinlich und zutreffend erweisen dürfte, wenn zukünftig kein Konsum von Cannabis nachzuweisen ist.

1213 Vgl. zu den erforderlichen genauen Einzelheiten eines solchen Gutachtens auch ausführlich Ziff. II und S. 11 des Beschlusses des *VGH Bayern* vom 13.12.2005, Az. 11 Cs 1350/05.

Ordnungsgemäße Bestätigung zur Vorlage bei der Fahrerlaubnisbehörde 1212

FTC

Forensisch Toxikologisches Centrum GmbH
München

Geschäftsführer
Dipl. Chem.
Dr. rer.nat. Hans Sachs
Forensischer Toxikologe
GTFCh

Leitung Analytik
Dipl. Chem.
Dr. rer.nat. Detlef Thieme
Fachchemiker für
Toxikologie

Telefon
089 54308 133
FAX
089 54308 134

Adresse:
Bayerstr. 53
D-80333 München
(am Hauptbahnhof Ausgang Süd)

Datum

FTC Nr.

Bestätigung
Verlaufsprotokoll

Herr/Frau ## hat sich am ## zur Teilnahme an einem Abstinenzkontrollprogramm für ## Urinabgaben für die Monate ##, ##, ## 2006 angemeldet. Dabei sollte jeweils auf folgende Substanzgruppen untersucht werden: ##, ##.

Im einzelnen wurden folgende Tests durchgeführt. Ablehnungen eines Termins sind ebenfalls protokolliert.

Datum der Aufforderung	Datum/Uhrzeit der Urinabgabe	Untersuchte Substanzgruppe (n)	Resultat	Entschuldigung bei Ablehnung des Termins, Verspätungen
		Creatinin	# mg/dl negativ ng/ml	
		Creatinin	# mg/dl negativ ng/ml	
		Creatinin	# mg/dl negativ ng/ml	

Die Proben wurden unter Aufsicht abgegeben und es wurde eine Temperaturmessung durchgeführt. Proben mit einer Temperatur unter 32 °C werden nicht akzeptiert. Für die Anerkennung als Abstinenzkontrolle muss der Creatinin-Wert über 20 mg/dl liegen. Die Untersuchungen wurden mit Hilfe der Hochdruckflüssigkeitschromatographie/Tandem-Massenspektrometrie (LC-MS-MS) durchgeführt und ggf. immunchemisch bestätigt.

Dr. rer. nat. Hans Sachs
Von der Regierung von Oberbayern für Forensische Toxikologie
öffentlich bestellter und beeidigter Sachverständiger

c) Frist zur Beibringung eines Drogenscreenings

1213 Angesichts der Tatsache, dass ein in der Vergangenheit erfolgter Drogenkonsum anhand einer Blut- oder Urinuntersuchung bei einem Ecstasy, Kokain oder lediglich experimentell Cannabis konsumierenden Betroffenen nur zeitlich begrenzt möglich ist, stößt eine von der Fahrerlaubnisbehörde **kurz bemessene** und überraschend bestimmte **Frist** zur Vorlage eines Drogenscreenings auf keine Bedenken.[1214]

Wird ein Betroffener bei einer Verkehrskontrolle mit Marihuana angetroffen und ordnet die Fahrerlaubnisbehörde daraufhin ein Drogenscreening an, so darf diese nach Ansicht des OVG Nordrhein-Westfalen[1215] bei nicht fristgerechter Beibringung (**hier 8 Tage**) schlussfolgern, dass ein Fahrerlaubnisinhaber zum Führen von Kraftfahrzeugen ungeeignet ist.

Weigert sich ein Betroffener ohne triftigen Grund ein Drogenscreening innerhalb einer solchen Frist beizubringen oder zur Urinabgabe zu erscheinen, so ist auch nach Ansicht des VGH Baden-Württemberg[1216] der Schluss auf die mangelnde Eignung zum Führen von Kraftfahrzeugen gerechtfertigt.

Nimmt ein Betroffener an einem sog. „Drogenkontrollprogramm" teil, so dürften auch gegen eine telefonische Einbestellung binnen einer Frist von 24 bis 36 Stunden keinerlei Bedenken bestehen.

3. Aussagekraft von Haaruntersuchungen[1217]

1214 Bei Untersuchungen der Haare können Opiate, einschließlich Kodein und Dihydrocodein sowie Kokain, THC (Cannabis), Amphetamin und die Designer-Drogen Methamphetamin, MDMA, MDEA und MDA nachgewiesen werden. Wegen des relativ langsamen Wachstums der Kopfhaare von 0,3 mm pro Tag bzw. 0,7 cm bis 1,5 cm pro Monat[1218] gilt, statt einer unter forensischen Bedingungen erfolgten Urinuntersuchung und der Teilnahme an einem Drogenkontrollprogramm, auch eine Haaranalyse als ein geeignetes[1219] Mittel, den Drogenkonsum eines Betroffenen aufzuklären und „lange zurückliegenden" Betäubungsmittelkonsum nachzuweisen.[1220]

1215 Auch nach Ansicht des VG Lüneburg[1221] dokumentiere eine Haaruntersuchung[1222] den Nachweis einer Drogenabstinenz während des letzten **halben Jahres**, denn ein **6 cm langes**

1214 *OVG Nordrhein-Westfalen* vom 15.3.2002, DAR 2003, 283f; *VG Neustadt* vom 14.7.2005, Az. 3 L 1090/05.

1215 Vom 15.3.2002, DAR 2003, 283f.

1216 Vom 6.7.1998, DAR 1998, 404f.

1217 Siehe hierzu insbesondere auch Sachs/Pragst BA 2004, Heft 2, Anhang S. 31ff sowie Pragst/Sachs/Sporkert Zum gegenwärtigen Stand der Haaranalyse auf illegale Drogen im Rahmen der Fahreignungsprüfung, S. 21ff.

1218 **0,9 cm bis 1,1 cm** pro Monat: *Pötsch-Schneider/Skopp* Inkorporation von Fremdsubstanzen in Haare [sic], S. 36; **1,0 cm pro Monat**: *Daldrup* in der am 5.1.2005 um 21:10 Uhr im Sender VOX ausgestrahlten Fernsehsendung „Medical Detectives – Geheimnisse der Gerichtsmedizin"; *Mußhoff/Sachs/Thieme/Tourneur/Madea* Biologie des Haares sowie forensische und technische Aspekte der Haaranalytik, S. 3 u. S. 5; **1,1 cm pro Monat**: *Aderjan* Beurteilungskriterien der Kraftfahreignung aus toxikologischer Sicht, S. 189ff (196); *Schubert/Mattern* Urteilsbildung in der medizinisch-psychologischen Fahreignungsdiagnostik; Beurteilungskriterien, S. 148.

1219 *VGH Bayern* vom 29.6.1999, DAR 2000, 228ff.

1220 Mauden/Skopp/Mattern/Aderjan BA 2000, 48ff (48).

1221 Vom 22.3.2004, DAR 2005, 54f = BA 2005, 504f = SVR 2004, 198f.

1222 Hier eine Haarlänge von 5 cm.

Kopfhaar gilt nach weitläufiger Ansicht als geeignetes Mittel, den Nachweis einer ca. **sechsmonatigen Drogenabstinenz** zu erbringen.

Auch das VG München[1223] führte Anfang des Jahres 2004 aus, dass ein Betroffener eine Drogenabstinenz durch eine Haaranalyse nachweisen könne.

Nach Ansicht von Tourneur[1224] eigne sich eine Haaranalyse auch hervorragend, den Nachweis einer **einjährigen** Drogenabstinenz zu erbringen, wobei hier **Kosten** i.H.v. EUR 180,00 bis EUR 250,00 entstehen[1225] und es ist sogar, abhängig von der Länge des Haares, die Untersuchung eines Zeitraumes von **mehr als einem Jahr möglich**.[1226]

Diese Rechtsauffassungen sind zwar vom Ansatz her nicht zu beanstanden und es wäre **1216**
wohl theoretisch sogar möglich,[1227] den genauen Konsummonat zu bestimmen, sofern die Haare zentimeter- und abschnittsweise einzeln untersucht werden. In der forensischen Praxis wird die entnommene Haarprobe jedoch bei der Untersuchung zerkleinert oder gar pulverisiert,[1228] so dass nur eine Aussage über den tatsächlich erfolgten Drogenkonsum in einem bestimmten Zeitraum, abhängig von der entnommenen Haarlänge, getroffen wird.

Allerdings ist auch zu beachten, dass mit ansteigendem **Alter** die Schnelligkeit des Haarwachstums abnimmt[1229] und sich Drogensubstanzen in **dunklen Haaren** besser als in **hellen Haaren** einlagern.[1230]

Ferner ist auch ein **Irrtum** zu Ungunsten eines Betroffenen möglich, da Haare nach der Wachstumsphase noch einige Zeit am Kopf hängen bleiben.[1231] Es kann deshalb vorkommen, dass sich trotz einer Abstinenz noch Spuren von Betäubungsmitteln feststellen lassen. Die **zeitliche Zuordnung** des Drogenkonsums ist daher mit äußerster Zurückhaltung vorzunehmen.

Zudem müssen diese viel verbreiteten Annahmen **eingeschränkt** werden: **1217**

Das VG München[1232] führt nämlich beispielsweise im März 2005 aus, dass der **Aussagewert** einer Haarprobe **nur begrenzt** sei, weil sich der Konsum von Cannabis nur dann **sicher nachweisen** lasse, wenn dieser **mindestens einmal pro Woche stattfand** und selbst der in der Vergangenheit erfolgte wöchentliche Konsum von Haschisch oder Marihuana durch eine Haaranalyse oft nicht erkannt werden könne.

1223 Vom 21.01.2004, Az. M 6b S 5724/03.

1224 *Tourneur* Haaranalyse, Eine Bestandsaufnahme aus juristischer Sicht, S. 326.

1225 Der TÜV berechnet für eine Haaranalyse EUR 180,00.

1226 *VGH Baden-Württemberg* vom 29.9.2003, DAR 2004, 48f = BA 2004, 185ff.

1227 *Daldrup* in der am 5.1.2005 um 21:10 Uhr im Sender VOX ausgestrahlten Fernsehsendung „Medical Detectives – Geheimnisse der Gerichtsmedizin“.

1228 *Sporkert* Anwendungen der Headspace-Festphasenmikroextraktion in der forensischen Analytik unter besonderer Berücksichtigung der Haaranalyse, [Diss.], S. 24 und S. 26.

1229 *Möller* § 3 Medikamente und Drogen – verkehrsmedizinisch-toxikologische Gesichtspunkte, Rn. 153 weist darauf hin, dass Kopfhaare etwa 0,22 mm bis 0,52 mm pro Tag und entsprechend 0,6 cm bis 1,4 cm pro Monat wachsen.

1230 *Schubert/Mattern* Urteilsbildung in der medizinisch-psychologischen Fahreignungsdiagnostik; Beurteilungskriterien, S. 148; *Schubert/Schneider/Eisenmenger/Stephan* Begutachtungs-Leitlinien zur Kraftfahrereignung, Kommentar, 2. Aufl., S. 181.

1231 *Schubert/Mattern* Urteilsbildung in der medizinisch-psychologischen Fahreignungsdiagnostik; Beurteilungskriterien, S. 149; *Schubert/Schneider/Eisenmenger/Stephan* Begutachtungs-Leitlinien zur Kraftfahrereignung, Kommentar, 2. Aufl., S. 181.

1232 Vom 17.3.2005, Az. M 6b S 433/05, Beschluss S. 16f.

1218 Diese Auffassung teilt auch der VGH Bayern,[1233] wonach sich Cannabis nur bei einem in ‚großen Mengen' und über einen ‚längeren Zeitraum' hinweg erfolgten (‚häufigeren') Konsum, nicht aber bei nur ‚gelegentlicher' Einnahme[1234] im menschlichen Haar nachweisen lasse.

> Eine Haaruntersuchung führt daher zu einem **negativen Ergebnis**, wenn ein Betroffener nur experimentell[1235] Cannabis konsumierte.

1219 Während sich der Konsum von **Kokain** in den Haaren schon bei einer **einmaligen**[1236] **Einnahme** einer sehr geringen Menge[1237] nachweisen lässt[1238] bedarf es einer **mehrmaligen Einnahme** von **Heroin, Haschisch, Marihuana, Amphetamin, Ecstasy,**[1239] **Methadon oder Antidepressiva**[1240] über einen Zeitraum von mindestens zwei bis vier Wochen,[1241] um einen positiven Nachweis an den Kopfhaaren führen zu können.[1242]

1220

> Auf Grund dieser Feststellungen kann durch einen Betroffenen somit auch keine **vollständige** Abstinenz von Cannabis[1243] oder Ecstasy[1244] über einen Zeitraum von beispielsweise einem Jahr **mittels einer Haaruntersuchung** belegt werden.
> Kommt eine Untersuchung der Kopfhaare allerdings zu einem **positiven Ergebnis**, so ist der Nachweis eines mehr als nur experimentell erfolgten Konsums von Cannabis oder Ecstasy über einen längeren Zeitraum erbracht.[1245]

1221 Dieses erklärt offensichtlich, warum ein Betroffener in dem Verfahren vor dem OVG Hamburg[1246] zwar den behördlich angeordneten Termin zur Untersuchung seiner Haare einhielt, sich jedoch zuvor die Haare kürzte. Durch ein Abschneiden der Haare kommt ein Betroffener aber seiner Mitwirkungspflicht nicht nach und ein derartiges boykottierendes Verhalten steht der Weigerung zur Beibringung eines Gutachtens gleich, was gem. § 3 Abs. 1 S. 1 StVG, § 46 Abs. 1 S. 1 FeV i.V.m. § 11 Abs. 8 FeV zum Entzug der Fahrerlaubnis führen kann.[1247]

1233 Vom 25.1.2006, DAR 2006, 349ff = BA 2006, 422ff = SVR 2006, 393f (Az. 11 Cs 1453/05, Beschluss S. 16) und vom 9.6.2005, Az. 11 Cs 478/05, Beschluss S. 13.

1234 Vgl. dazu Rn. 886.

1235 Vgl. zur Definition des Begriffes Rn. 882f.

1236 *VGH Bayern* vom 9.5.2005, VRS 109, 64ff; *VG München* vom 27.1.2004, SVR 2004, 280; *Möller* § 3 Medikamente und Drogen – verkehrsmedizinisch-toxikologische Gesichtspunkte, Rn. 162; *Tourneur* Haaranalyse – Eine Bestandsaufnahme aus juristischer Sicht, S. 311.

1237 In ausländischen Studien wurden bei allen Probanden positive Ergebnisse erzielt, wenn diese mehr als 30 mg Kokain (das ist weniger als eine übliche Konsumeinheit) pro Monat aufnahmen.

1238 Nach Ansicht des Gutachters in dem Verfahren vor dem *VG München* am 27.1.2004, SVR 2004, 280 bedarf es einer „häufigeren" Aufnahme, um ein positives Resultat zu erziehen.

1239 So der Sachverständige des Institut für Rechtsmedizin der Universität München in seinem Gutachten vom 18.9.2003 in dem Verfahren vor dem *VG München* vom 27.1.2004, SVR 2004, 280; *Möller* Drogen, Nachweis und Konsequenzen für Sanktionen und Fahreignung, S. 173ff (189).

1240 *Sporkert* Anwendungen der Headspace-Festphasenmikroextraktion in der forensischen Analytik unter besonderer Berücksichtigung der Haaranalyse, [Diss.], S. 64ff u. S. 84ff.

1241 **Zwei bis vier Wochen**: *Möller* § 3 Medikamente und Drogen – verkehrsmedizinisch-toxikologische Gesichtspunkte, Rn. 153; **drei bis vier Wochen**: *Geiger* VBlBW 2004, 1ff (5).

1242 *VG München* vom 27.1.2004, SVR 2004, 280.

1243 *VGH Bayern* vom 7.4.2006, Az. 11 Cs 2303/05; *Pragst/Sachs/Sporkert* Zum gegenwärtigen Stand der Haaranalyse auf illegale Drogen im Rahmen der Fahreignungsprüfung, S. 21ff (23) führen aus: „Ein Joint pro Woche wird aber häufig auch nicht erkannt".

1244 *Pragst/Sachs/Sporkert* Zum gegenwärtigen Stand der Haaranalyse auf illegale Drogen im Rahmen der Fahreignungsprüfung, S. 21ff (24) führen aus: „Der (Anm. „Nur der") [regelmäßige] Wochenendkonsum wird aber sicher erkannt".

1245 Vgl. auch Rn. 949.

1246 Vom 27.8.2003, DAR 2004, 411f = BA 2005, 501ff = SVR 2004, 317f.

1247 *OVG Hamburg* vom 27.8.2003, DAR 2004, 411f = BA 2005, 501ff = SVR 2004, 317f.

Lehnt ein Betroffener im Rahmen eines Drogenscreenings eine Haaranalyse ab und erklärt er sich nur mit einer Urinuntersuchung einverstanden, steht dies der Ablehnung zur Beibringung eines Gutachtens gleich.[1248] **1222**

Im Übrigen ließe sich der Konsum von Drogen aber auch durch eine Untersuchung der **Schamhaare**, der **Barthaare** und der **Achselhaare**[1249] nachweisen.[1250] Wegen der unterschiedlichen Wachstumsphasen ist jedoch eine Aussage über den Zeitpunkt der Betäubungsmitteleinnahme nicht möglich[1251] und ein so erzieltes Ergebnis für die Fahrerlaubnisbehörde deshalb ungeeignet. **1223**

a) Forensische Beweiskraft einer Haaranalyse

Etwaige positive Befunde werden von Betroffenen häufig auf Kontamination von außen durch Haschisch oder Crack rauchende Freunde, andere Gäste in Diskotheken oder Mitfahrer in Kraftfahrzeugen zurückgeführt. **1224**

Ein **positives Falschergebnis** der Haaruntersuchung wegen einer etwaigen Kontaminierung[1252] und ein Irrtum[1253] dürfte aber als höchst unwahrscheinlich wenn nicht gar als ausgeschlossen[1254] gelten, insbesondere wenn die **Richtlinien der GTFCh** zur Qualitätssicherung bei forensisch-toxikologischen Untersuchungen[1255] beachtet werden.[1256]

Zwar kann der passive Konsum von Cannabis oder Crack zu einer Kontamination der Haare führen[1257] und dies gilt umso mehr, als dass im Handel sogar Haarshampoo erhältlich ist, das auf Hanfbasis hergestellt wird; durch eine gründliche Probenvorbehandlung sind Fehler aber ausgeschlossen.[1258]

Dies gilt insbesondere, wenn zusätzlich auch die **Waschlösung untersucht** wird.[1259] **1225**

Diese Einlassung, ein positiver Befund sei durch einen Passivkonsum von Cannabis zurückzuführen kann auch durch eine spezielle Untersuchung auf **THC-Carbonsäure** widerlegt

---

1248 *OVG Hamburg* vom 24.10.1997, DAR 1998, 115.

1249 *Mußhoff/Sachs/Thieme* Toxichem + Krimtech 2004, 140ff (141).

1250 Will man vergangenen Drogenkonsum in jedem Fall nachweisen, so können auch Wimpernhaare und theoretisch selbst die Fingernägel untersucht werden.

1251 *OVG Hamburg* vom 27.8.2003, DAR 2004, 411f = BA 2005, 501ff = SVR 2004, 317f; *Möller* § 3 Medikamente und Drogen – verkehrsmedizinisch-toxikologische Gesichtspunkte, Rn. 157 gibt das durchschnittliche Wachstum bei Achselhaaren mit 0,3 mm bis 0,4 mm pro Tag, Schamhaare mit 0,3 mm pro Tag und Barthaare mit 0,25 mm bis 0,29 mm pro Tag an.

1252 *Madea/Mußhoff/Lachenmeier* Spezielle Analyten: Cannabinoide, S. 183; *Mußhoff/Sachs/Thieme/Tourneur/Madea* Biologie des Haares sowie forensische und technische Aspekte der Haaranalytik, S. 11.

1253 *Madea/Mußhoff/Lachenmeier* Spezielle Analyten: Cannabinoide, S. 186; *Madea/Mußhoff/Lachenmeier* Spezielle Analyten: Amphetamine, S. 201.

1254 *Pragst/Sachs/Sporkert* Zum gegenwärtigen Stand der Haaranalyse auf illegale Drogen im Rahmen der Fahreignungsprüfung, S. 21ff (25).

1255 Richtlinien der GTFCh unter URL: http://www.gtfch.org/index1.html

1256 *Mußhoff/Sachs/Thieme* Toxichem + Krimtech 2004, 140ff; vgl. dazu auch *Sachs/Pragst* BA 2004, Heft 2, Anhang S. 31ff (33).

1257 *Möller* § 3 Medikamente und Drogen – verkehrsmedizinisch-toxikologische Gesichtspunkte, Rn. 153.

1258 *Sporkert* Anwendungen der Headspace-Festphasenmikroextraktion in der forensischen Analytik unter besonderer Berücksichtigung der Haaranalyse, [Diss.], S. 24.

1259 Man muss tatsächlich damit rechnen, dass Personen, die mit Kokainabhängigen in einem Haushalt leben, selbst **Kokain in den Haaren** tragen, welches auch nicht durch vorgeschaltete Waschprozesse entfernt wird. Auch bei Polizeibeamten, die fast täglich mit Kokain umgehen, d. h. auch mit der offenen Probe, können Kokain-Konzentrationen um 1 ng/mg in den Haaren enthalten sein.

werden, da dieses Abbauprodukt von THC nicht im Rauch vorkommt und somit eine Körperpassage beweist.[1260]

1226 Ein Eigenkonsum **ist somit in jedem Fall dann bewiesen**, wenn sich auch **Metabolite** in den Haaren feststellen lassen.[1261]

1227 **Kosmetische Behandlungen der Haare** oder **Sonnenlichteinstrahlung** sowie **Färbung oder Bleichung**[1262] (Wasserstoffperoxid) und **Tönung sowie Dauerwelle**[1263] rufen zwar Veränderungen am Haar hervor und es kommt zu einer **Konzentrationsabnahme**; in der Praxis spielt dies aber kaum eine Rolle, denn der Beweis von Drogenkonsum bleibt bestehen,[1264] wenngleich einer Haaruntersuchung in einem solchen Fall über den reinen Nachweis von tatsächlich stattgefundenem mehrfachem Cannabis- oder Ecstasykonsum **keine weitergehende Aussagekraft** zukommt, es also nicht möglich ist, verlässliche Angaben über die konsumierte Menge zu machen.[1265]

b) Nachweis einer vollständigen Drogenabstinenz

1228 Gemäß § 11 Abs. 2 S. 3 FeV und § 11 Abs. 6 S. 1 FeV bestimmt die Fahrerlaubnisbehörde unter Berücksichtigung des Einzelfalles die jeweilige Untersuchung und die zu untersuchende Matrix.

Weder eine Urinuntersuchung noch eine Haaranalyse eignen sich jedoch dafür, eine vollständige Betäubungsmittelabstinenz nachweisen zu können.[1266]

1229 Wolle man ein mit an Sicherheit grenzender Wahrscheinlichkeit liegendes Ergebnis erzielen, wären wohl **beide Untersuchungsmethoden** parallel zu befürworten. Da dies aber

---

Wenn der positive Kokainbefund auf Einflüsse von außen zurückgeführt werden soll, muss es sich jedoch um eine sehr stark kontaminierte Umgebung gehandelt haben, die von einem Betroffenen auch als solche wahrgenommen wird. In einer groß angelegte Studie wurden bei Drogenfahndern, die naturgemäß auch häufiger mit den Substanzen in Berührung kommen, keine nennenswerten Konzentrationen gefunden, vgl. *Mieczkowski* Distinguishing passive Contamination from active cocaine consumption: assessing the occupational exposure of narcotics officers to cocaine, S. 87ff. Dennoch sollte, wie in einem Konsensus-Papier der Society of Hair Testing 1997 verabschiedet, grundsätzlich auch die **Waschflüssigkeit untersucht** werden. Diese Kontrolle kann sich aber erübrigen, wenn in den Haaren auch Norcocain oder Cocaethylen aufgefunden wird, die nur nach Leberpassage im Körper auftreten können.

1260 Vgl. dazu aber auch Rn. 587ff.

1261 *Schubert/Mattern* Urteilsbildung in der medizinisch-psychologischen Fahreignungsdiagnostik; Beurteilungskriterien, S. 150.

1262 *Geiger* VBlBW 2004, 1ff (6); *Madea/Mußhoff/Lachenmeier* Spezielle Analyten: Cannabinoide, S. 187; *Möller* Drogen, Nachweis und Konsequenzen für Sanktionen und Fahreignung, S. 173ff (189).

1263 *Mußhoff/Sachs/Thieme/Tourneur/Madea* Biologie des Haares sowie forensische und technische Aspekte der Haaranalytik, S. 11.

1264 *Sporkert* Anwendungen der Headspace-Festphasenmikroextraktion in der forensischen Analytik unter besonderer Berücksichtigung der Haaranalyse, [Diss.], S. 24.

1265 *Aderjan* Toxikologischer Cannabisnachweis, S. 154; *Schubert/Mattern* Urteilsbildung in der medizinisch-psychologischen Fahreignungsdiagnostik; Beurteilungskriterien, S. 148 u. S. 150; *Schubert/Schneider/Eisenmenger/Stephan* Begutachtungs-Leitlinien zur Kraftfahrereignung, Kommentar, 2. Aufl., S. 181.

1266 *VGH Bayern* vom 25.1.2006, DAR 2006, 349ff = BA 2006, 422ff = SVR 2006, 393f (Az. 11 Cs 1453/05, Beschluss S. 16); *Pragst/Sachs/Sporkert* Zum gegenwärtigen Stand der Haaranalyse auf illegale Drogen im Rahmen der Fahreignungsprüfung, S. 21ff führen aus: (S. 27) „Einmaliger oder sehr seltener Konsum wird durch beide Methoden nicht erfasst“; (S. 23) „Ein Joint pro Woche wird aber häufig auch nicht erkannt“; (S. 24) „Der (Anm. „Nur der“) [regelmäßige] Wochenendkonsum wird aber sicher erkannt“.

gegen den Grundsatz der Verhältnismäßigkeit und gegen das Übermaßverbot verstoßen könnte,[1267] müssen Laborbefunde zumindest mit anamnesischen Angaben und anderen medizinischen Befunden kombiniert werden, denn nur so wäre ein zumindest realitätsnäheres Untersuchungsergebnis zu erzielen.[1268] Der Nachweis einer Drogenabstinenz setzt daher neben reinen Laborbefunden über eine Untersuchung von Körperflüssigkeiten oder Haaren zumindest zusätzlich eine **ärztlich-medizinische Untersuchung**, also ein ärztliches Gutachten voraus und ein bloßes Drogenscreening genügt nicht.[1269]

Für den **Nachweis einer Abstinenz** von Betäubungsmitteln wird gleichwohl von den Fahrer- **1230**
laubnisbehörden in der Regel die Vorlage eines Gutachtens über eine **Haaranalyse** von 12 cm bzw. zwei entsprechende Gutachten mit einer Haarlänge von jeweils 6 cm **oder vier**[1270] unter forensischen Gesichtspunkten[1271] erfolgte **Drogenscreenings** über einen Zeitraum von einem Jahr als ausreichend angesehen.[1272]

Da es sich bei den in den Begutachtungs-Leitlinien zur Kraftfahrereignung vorgeschlagenen vier Drogenscreenings[1273] innerhalb eines Zeitraumes von einem Jahr allerdings nur um eine „**Minimalanforderung**" handelt, ist die Häufigkeit zur Einbestellung und Urinabgabe **keinesfalls** auf **nur vier Drogenscreenings** pro Jahr **beschränkt**.[1274]

Wenn eine Fahrerlaubnisbehörde sachgerecht begründet, warum sie engmaschigere Untersuchungen für notwendig erachtet, ist auch die Vorlage von **zwei bis drei Drogenscreenings** über einen Zeitraum von **drei Monaten**,[1275] die Vorlage von **sechs Drogenscreenings** über einen Zeitraum **von einem Jahr**[1276] und selbst die Vorlage **monatlicher Drogenscreenings** über einen Zeitraum **von einem Jahr**[1277] zumutbar und verhältnismäßig.

1267 Der Besitz einer „kleinen Menge" Cannabis für sich alleine rechtfertigt auch nicht, einem Betroffenen vier Drogenscreenings abzuverlangen, vgl. *VG Braunschweig* vom 10.2.2004, BA 2004, 297f.

1268 *Schubert/Schneider/Eisenmenger/Stephan* Begutachtungs-Leitlinien zur Kraftfahrereignung, Kommentar, 2. Aufl., S. 189 (Zum Stellenwert der Befundquellen).

1269 **a.M.** wohl *VG Berlin* vom 21.3.2000, NJW 2000, 2440ff, wonach aus Gründen der Verhältnismäßigkeit i.d.R. (zunächst) die Anordnung eines Drogenscreenings genüge; vgl. Rn. 1200.

1270 *Bundesanstalt für Straßenwesen* Begutachtungs-Leitlinien zur Kraftfahrereignung, S. 44.

1271 Vgl. dazu *BAF e.V.* Anwaltliche Vertretung? Zu Risiken und Nebenwirkungen fragen sie den BAF e.V. [Masch.-schr.]; *Sachs/Pragst* BA 2004, Heft 2, Anhang S. 31ff (33).

1272 **Beachte** hierzu auch die Ausführungen einer Fahrerlaubnisbehörde unter Rn. 1014, wonach einem Betroffenen zwar mitgeteilt wird, dass dieser eine Abstinenz nachzuweisen habe, nicht jedoch, in welcher Form dies zu geschehen hat.

1273 *Bundesanstalt für Straßenwesen* Begutachtungs-Leitlinien zur Kraftfahrereignung, S. 44.

1274 **Sonderfall Heroin**: Hinsichtlich des Nachweises von Heroin ist die Haaranalyse zu bevorzugen, da sie auch eindeutig zwischen dem Missbrauch von Heroin, Morphin, Kodein und Dihydrocodein unterscheidet. **Sonderfall Kokain**: Auch hinsichtlich des Nachweises von Kokain dürfte die Haaranalyse zu bevorzugen sein, da bereits sehr geringe Konsummengen sicher nachzuweisen sind, vgl. *Pragst/Sachs/Sporkert* Zum gegenwärtigen Stand der Haaranalyse auf illegale Drogen im Rahmen der Fahreignungsprüfung, S. 21ff; vgl. auch *Sachs/Pragst* BA 2004, Heft 2, Anhang S. 31ff (35/36).

1275 *Schubert/Schneider/Eisenmenger/Stephan* Begutachtungs-Leitlinien zur Kraftfahrereignung, Kommentar, 1. Aufl., S. 116; *Schubert/Schneider/Eisenmenger/Stephan* Begutachtungs-Leitlinien zur Kraftfahrereignung, Kommentar, 2. Aufl., S. 180.

1276 *OVG Rheinland-Pfalz* vom 6.12.2004, Az. 7 B 11878/04.

1277 *VGH Bayern* vom 25.1.2006, DAR 2006, 349ff = BA 2006, 422ff = SVR 2006, 393f (Az. 11 Cs 1453/05, Beschluss S. 17); *VGH Bayern* vom 13.12.2005, Az. 11 Cs 1350/05.

1231 „Positives“ Gutachten einer Haaranalyse[1278]

Chem.-tox. Gutachten *Seite 1 von 2*

Prof. Dr.
Leiter des Instituts
Rechtsmedizin
Universität

Tox-Nr.:
(Bei Ladungen oder Rückfragen bitte stets angeben!)

Akkreditiert nach ISO 17025
durch
Deutscher
Akkreditierungs
Rat

Reg.Nr.:

26.07.05

M , geb.
Herr M hat sich durch Bundespersonalausweis ausgewiesen.

Untersuchungsauftrag:

Durch wurde am 11.07.05 der Auftrag zur toxikologischen Untersuchung einer Haarprobe auf das Vorliegen von Betäubungsmitteln erteilt. Auftragseingang am 12.07.05.

Angaben zu Arznei- oder Suchtstoffaufnahme:

Von Juli 2003 bis Oktober 2003 Amphetamin. Abstinent seit Oktober 2003.

Untersuchungsmaterial:

Ein 10,5 cm langer, mittelblonder Haarstrang, entnommen am 11.07.05 durch

Die Haare wiesen Strähnen auf.

1278 **Anmerkung:** Zur Abschätzung des Aufnahmezeitraums kann ein mittleres Haarwachstum von 1 cm pro Monat angenommen werden. Im vorliegenden Fall wurde somit ein Zeitraum von etwa 10 Monaten vor der Haarprobennahme überprüft. Die Konzentration an THC lag im Vergleich zu anderen positiven Fällen im niedrigen Bereich, vgl. auch Rn. 1227. Der Nachweis von THC beweist nur den Kontakt zu Cannabis und gilt als Hinweis auf einen Konsum, der aber nicht quantifiziert werden kann. Der Konsum könnte durch den Nachweis des Stoffwechselproduktes bewiesen werden, wozu eine getrennte Untersuchung mit einem speziellen Auftrag notwendig wäre, vgl. Rn. 1226. Bei Bewährungskontrollen und Fahreignungsbeurteilungen ist zudem immer zu berücksichtigen, dass Haarproben nicht direkt nach Abstinenz ein negatives Resultat zeigen. Auch in später gewachsenen Haarsträngen können noch nach mehreren Monaten Spuren der zuvor missbrauchten Substanz nachweisbar sein, vgl. Rn. 1216. Es ist deshalb immer notwendig, vor einer endgültigen Beurteilung die früher aufgenommene Droge, einschließlich der möglichen Aufnahmemenge, sowie den Beginn der Abstinenz in die Beurteilung einzubeziehen.

Chem.-tox. Gutachten - *Seite 2 von 2*

Es soll die gesamte Haarlänge untersucht werden.

Untersuchung:

Zur Untersuchung gelangte der Haarabschnitt 0 – 10,5 cm, von der Kopfhaut aus gemessen, mit einer Einwaage von 53 mg bzw. 49 mg. Zum Ausschluss von außen an den Haaren anhaftenden Verunreinigungen oder Betäubungsmitteln wurde die Haarprobe einer Waschprozedur unterworfen. Die Extraktion der Betäubungsmittel erfolgte in Methanol unter Ultraschall. Der Extrakt wurde nach Derivatisierung (PSA-Methode) gaschromatographisch-massenspektrometrisch auf Amphetamin-Derivate (Amphetamin, Methamphetamin, Methylendioxyamphetamin, Methylendioxymeth-amphetamin, Methylendioxyethylamphetamin), Kokain, Tetrahydrocannabinol (Wirkstoff des Cannabis), Diazepam, Methadon, Tramadol und Opiate (Heroin, 6-Monoacetylmorphin, Morphin, Codein, Dihydrocodein) untersucht (Buprenorphin wird bei den Untersuchungen routinemäßig nicht erfasst).

Ergebnis: THC: 0,11 ng/mg

Begutachtung:

Die bei der Untersuchung der Haarprobe erhobenen Befunde weisen darauf hin, dass Herr M in dem Zeitraum, der dem Wachstum der untersuchten Haare entspricht, THC, den psychotrop wirkenden Bestandteil des Haschischs oder Marihuanas, in einer solchen Menge und Häufigkeit aufgenommen hat, dass es in den Haaren nachweisbar war.

Die Ergebnisse wurden durch eine zusätzlich durchgeführte Zweitanalyse bestätigt. Eine abschließende Beurteilung bleibt der Kenntnis eventueller näherer Einlassung zu den Konsumgewohnheiten vorbehalten. Dieser Befund ist zutreffend für einen Zeitraum von maximal 15 Monaten vor Probennahme.

Prof. Dr. Dr.

1232 **„Negatives“ Gutachten einer Haaranalyse**

FTC

Forensisch Toxikologisches Centrum GmbH
München

Datum
FTC Nr.
Auftragsnummer

Herr / Frau # geboren am #

Mit Eingang vom # beauftragten Sie uns mit der toxikologischen Untersuchung einer eingesandten Haarprobe mit oben angegebener Identität auf Betäubungsmittel und ausgewählte Substanzen mit Wirkung auf das Zentralnervensystem.

Probennahme am: #
Haarfarbe: #
Haarbehandlung: nicht offensichtlich
Gesamtlänge der Haarprobe: # cm. Untersucht wurden: # cm.
Analysenbeginn: # Analysenende: #
Rückstellprobe vorhanden: ja

Im einzelnen wurde auf folgende Substanzen mit Hilfe der Flüssigchromatographie/Tandem-Massenspektrometrie (LC-MS-MS) untersucht:

- **Tetrahydrocannabinol (THC)**
- **Cocain-Gruppe**: Cocain, Anhydroecgoninmethylester, Cocaethylen, Norcocain, Benzoylecgonin, Ecgoninmethylester
- **Amphetamin-Gruppe**: Amphetamin, Methamphetamin, MDMA, MDA, MI
- **Opiate**: Morphin, 6-Acetylmorphin, Diacetylmorphin, Codein, Dihydrocode
- **Methadon** (einschl. EDDP), **Tramadol**
- **Tranquilizer:** Diazepam, Nordazepam, Oxazepam, Flunitrazepam, 7-Amino-flunitrazepam, Bromazepam, Alprazolam, Lorazepam, Lormetazepam

Befund

Die Aufnahme der o.g. Substanzen konnte nicht nachgewiesen werden.

Dr. rer. nat. Hans Sachs
Von der Regierung von Oberbayern für Forensische Toxikologie öffentlich bestellter und beeidigter Sachverständiger

Geschäftsführer
Dipl. Chem.
Dr. rer. nat. Hans Sachs
Forensischer Toxikologe
GTFCh

Leitung Analytik
Dipl. Chem.
Dr. rer. nat. Detlef Thieme
Fachchemiker für
Toxikologie

HRB 123438
Amtsgericht München

Steuer Nr.: 811-35778

Telefon
089 54308 133
FAX
089 54308 134

Adresse:
Bayerstr. 53
D-80335 München

VII. Abhängigkeit vom Betäubungsmitteln gem. Ziff. 9.3 der Anlage 4 zu §§ 11, 13, 14 FeV

Gemäß § 3 Abs. 1 S. 1 StVG i.V.m. der insofern fast gleich lautenden Vorschrift des § 46 Abs. 1 S. 1 FeV hat die Fahrerlaubnisbehörde **eine bestehende Fahrerlaubnis** zu **entziehen**, wenn sich deren Inhaber als **ungeeignet** zum Führen von Kraftfahrzeugen erweist. **1233**

Für die Frage, ob sich ein Betroffener als **ungeeignet** zum Führen von Kraftfahrzeugen erwiesen hat, ist unter anderem gem. § 46 Abs. 1 S. 2 FeV auf **die Anlage 4 zu §§ 11, 13, 14 FeV** zurückzugreifen.

Nach Ziff. 9.3 der Anlage 4 zu §§ 11, 13, 14 FeV besteht eine Fahreignung nicht, wenn ein Fahrerlaubnisinhaber von Betäubungsmitteln oder anderen psychoaktiv wirkenden Stoffen **abhängig** ist.

Wird daher **durch ein ärztliches Gutachten** eine **Abhängigkeit** von Betäubungsmitteln oder anderen psychoaktiv wirkenden Substanzen festgestellt,[1279] führt dies zum verwaltungsrechtlichen Entzug einer Fahrerlaubnis.[1280]

Da nach höchstgerichtlicher Auffassung bei **Tetrahydrocannabinol** allerdings **keine körperliche Abhängigkeit** eintritt,[1281] ist fraglich, ob Ziff. 9.3 der Anlage 4 zu §§ 11, 13, 14 FeV überhaupt für **Cannabiskonsumenten** zutreffen kann.

1. Abhängigkeitssyndrom

Das Abhängigkeitssyndrom[1282] umfasst nach der internationalen Klassifikation psychischer Störungen eine Gruppe von Verhaltensphänomenen, die sich nach wiederholtem Drogengebrauch entwickeln. Typischerweise besteht bei einer „Abhängigkeit" der starke Wunsch eine Substanz einzunehmen, es bestehen Schwierigkeiten den Konsum zu kontrollieren und es muss ein anhaltender Substanzgebrauch trotz schädlicher Folgen vorliegen.[1283] **1234**

Cannabis erzeugt nach überwiegender Ansicht keine körperliche Abhängigkeit. Wenn allerdings vereinzelt ausgeführt wird, dass Cannabis **„nicht süchtig"** mache, so muss dem widersprochen werden, weil unter den Begriff **„süchtig"** nicht auch „körperlich abhängig" subsumiert werden kann, wie etwa der Begriff „Spielsüchtiger" oder der Begriff „Magersucht" zeigt. Vielmehr ist der Begriff „Sucht" ein veralteter Begriff, der nur noch in der Umgangssprache Verwendung findet und von der WHO durch den Begriff „Abhängigkeit" ersetzt wurde.[1284] **1235**

1279 Vgl. Rn. 782ff.

1280 *Geiger* DAR 2003, 97ff (99).

1281 *BVerfG* vom 29.6.2004, BA 2004, 460ff; *BVerfG* vom 9.3.1994, NJW 1994, 1577ff; *BVerwG* vom 23.8.1996, DAR 1997, 81; *BGH* vom 20.12.1995, Az. 3 StR 245/95; *Endriß/Malek* Betäubungsmittelstrafrecht, Rn. 31; *Wagner/Kallin/Kruse* Betäubungsmittelstrafrecht, Rn. 22.

1282 Diagnostische Leitlinien ICD-10; vgl. dazu auch *Patzak/Marcus/Goldhausen* NStZ 2006, 259ff (265); *Tondorf* Der psychologische und psychiatrische Sachverständige im Strafverfahren, S. 163ff.

1283 *VGH Baden-Württemberg* vom 26.11.2003, DAR 2004, 170ff = BA 2004, 364ff = SVR 2004, 156f; dazu ausführlich: *Schubert/Mattern* Urteilsbildung in der medizinisch-psychologischen Fahreignungsdiagnostik; Beurteilungskriterien, S. 115ff.

1284 *Kottenhahn* Immunochemisches Drogenscreening von Blut ohne Vorbehandlung, [Diss.], S. 20.

1236 Auch der Begriff des „Missbrauchs von Betäubungsmitteln", der eine hohe Dosierung und Einnahme über einen längeren Zeitraum und einen „regelmäßig übermäßigen" Gebrauch[1285] voraussetzen würde, ist umgangssprachlich zu verstehen und unsubstantiiert, da es keinen „bestimmungsgemäßen Gebrauch" von illegalen Betäubungsmitteln gibt.[1286]

a) Merkmale der körperlichen Abhängigkeit

1237 Zu den **Kriterien der körperlichen Abhängigkeit** zählt die Entwicklung einer Toleranz.[1287] Darunter ist zu verstehen, dass ein Betroffener immer mehr einer Substanz konsumieren muss, um den gleichen Effekt zu erzielen. Dies ist auch am Beispiel von Alkohol zu verdeutlichen: Während eine Person die nur sehr selten Alkohol trinkt, bereits nach zwei Gläsern Bier deutliche Beeinträchtigungen verspürt, bedarf es bei einem Betroffenen der an Alkohol gewohnt ist, der Aufnahme einer weit größeren Alkoholmenge, um auffällig zu werden.[1288]

Bei einem von Alkohol oder anderen psychoaktiv wirksamen Substanzen körperlich Abhängigen zeigen sich körperliche Entzugserscheinungen. Merkmal einer körperlichen Abhängigkeit ist ferner, das Entzugssyndrom durch die Einnahme der Substanz zu vermeiden oder zu lindern.

Selbst wenn diese Kriterien für Cannabis nicht zutreffen sollten, was erst noch genauer zu untersuchen ist und durchaus diskutiert wird,[1289] so könnte aber möglicherweise eine **psychische Abhängigkeit** bestehen.

b) Merkmale der psychischen Abhängigkeit

1238 Zu den Merkmalen der **psychischen Abhängigkeit** gehört ein starkes Verlangen, eine Substanz zu konsumieren, um positive Empfindungen herbeizuführen oder unangenehme Empfindungen zu vermeiden und trotz bekannter und auftretender schädlicher Folgen den Konsum fortzusetzen. Dies könnte durchaus auch für Cannabiskonsumenten zutreffen.

1239 So führt das OVG Bremen[1290] zum Beispiel aus, dass (nur) ein „**Drogenabhängiger**" eine einjährige Abstinenzzeit einzuhalten hätte, bevor ihm die Fahrerlaubnis wiedererteilt werden dürfe. Diese Entscheidung kann sich aber nach der Definition des Abhängigkeitssyndroms **nicht nur auf eine körperliche Abhängigkeit** beziehen, wie auch die in Ziff. 9.3 der Anlage 4 zu §§ 11, 13, 14 FeV verwendeten Begriffe „Entgiftung" und „Entwöhnung" zeigen.

Während sich der Begriff „**Entgiftung**" wohl auf eine körperliche Abhängigkeit bezieht dürfte unter dem Wort „**Entwöhnung**" eine psychische Abhängigkeit zu verstehen sein.

1240 Wer von einer Droge körperlich nicht abhängig ist und diese trotz schädlicher gesundheitlicher oder auch finanzieller und sozialer Folgen dennoch (analog Ziff. 9.4 der Anlage 4 zu §§ 11, 13, 14 FeV regelmäßig übermäßig) einnimmt, hat offensichtlich den „persönlichen

---

1285 *Bode* BA 2006, 81ff.

1286 *Tourneur* Haaranalyse, Eine Bestandsaufnahme aus juristischer Sicht, S. 312; vgl. auch *Bundesanstalt für Straßenwesen* Kongressbericht 2005 der Deutschen Gesellschaft für Verkehrsmedizin e.V., S. 55.

1287 Dazu ausführlich: *Köhler* Rauschdrogen und andere psychotrope Substanzen; Formen, Wirkungen, Wirkmechanismen, S. 26ff.

1288 Vgl. auch Rn. 514.

1289 Vgl. Rn. 34 und Rn. 1003.

1290 Vom 30.6.2003, DAR 2004, 284f.

Drang“ dazu. Dabei könnte es sich dann aber um die Form **einer psychischen Abhängigkeit** handeln.

Diese Frage zu klären unterliegt wohl weniger einer ärztlichen, als vielmehr einer psychologischen Beurteilung. Dennoch sieht § 14 Abs. 1 S. 1 Nr. 1 FeV zur Klärung dieser Frage (nur) die Beibringung eines ärztlichen Gutachtens vor.

Daher bedarf es für den Fall, dass ein ärztliches Gutachten zu dem Ergebnis kommt, ein **1241**
Betroffener sei von Betäubungsmitteln „abhängig“, gem. § 46 Abs. 1 S. 2 FeV i.V.m. Ziff. 9.3 der Anlage 4 zu §§ 11, 13, 14 FeV und § 11 Abs. 7 FeV auch **keiner** (weiteren) **medizinisch-psychologischen Untersuchung**, es sei denn, dass sich gerade aus dem ärztlichen Gutachten ergibt, dass eine medizinisch-psychologische Untersuchung erfolgen muss, um (weitere) Zweifel an der Fahreignung eines Betroffenen zu klären. Dies wird i.d.R. aber kaum der Fall sein, wenngleich § 11 Abs. 3 S.1 Nr. 1 FeV das für möglich hält.[1291]

Letztlich aber kann die Frage, ob Ziff. 9.3 der Anlage 4 zu §§ 11, 13, 14 FeV überhaupt für **1242**
Cannabiskonsumenten in Betracht kommt offen bleiben, da bereits der zuvor stringent erfolgte **regelmäßige Konsum** von Cannabis nach Ziff. 9.2.1 der Anlage 4 zu §§ 11, 13, 14 FeV zur Nichteignung zum Führen von Kraftfahrzeugen führt.[1292]

Die Vorschrift der Ziff. 9.3 der Anlage 4 zu §§ 11, 13, 14 FeV dürfte in der Praxis daher wohl eher für andere Betäubungsmittel oder andere psychoaktiv wirkende Substanzen einschlägig sein.

2. Abhängigkeit von Ecstasy und Kokain

Bei **Ecstasy**[1293] und **Kokain**[1294] tritt ebenfalls **keine körperliche**,[1295] jedoch eine **starke psychi- 1243**
sche Abhängigkeit ein.[1296] Darum spricht viel dafür, dass Ziff. 9.3 der Anlage 4 zu §§ 11, 13, 14 FeV für Konsumenten dieser Betäubungsmittel einschlägig und bei einer psychischen Abhängigkeit von diesen Drogen eine Fahrerlaubnis gem. § 46 Abs. 1 S. 2 FeV i.V.m. Ziff. 9.3 der Anlage 4 zu §§ 11, 13, 14 FeV nach § 3 Abs. 1 S. 1 StVG i.V.m. § 46 Abs. 1 S. 1 FeV zu entziehen ist.

Die Vorschrift von Ziff. 9.3 der Anlage 4 zu §§ 11, 13, 14 FeV scheint allerdings für Ecstasy- **1244**
oder Kokainkonsumenten völlig „überflüssig“ zu sein, denn nach Ansicht des OVG Rheinland-Pfalz,[1297] des VGH Baden-Württemberg,[1298] des OVG Niedersachsen,[1299] des OVG

1291 *OVG Sachsen* vom 4.2.2004, Az. 3 BS 65/02.

1292 Vgl. Rn. 786.

1293 Gleiches gilt für Amphetamine, vgl. *Eberth/Müller* Verteidigung in Betäubungsmittelsachen, Rn. 79.

1294 *Eberth/Müller* Verteidigung in Betäubungsmittelsachen, Rn. 76; *Wagner/Kallin/Kruse* Betäubungsmittelstrafrecht, Rn. 26.

1295 Die neuere Suchtforschung spricht bei Kokain auf Grund der in den letzten Jahren gewachsenen Erkenntnisse der Hirnforscher und der Neurobiologie über die anhaltende Dysregulation der Neurotransmittersysteme nicht mehr nur von einer rein psychischen Abhängigkeit, vgl. *Julien* Drogen und Psychopharmaka, S. 135ff.

1296 *Eberth/Müller* Verteidigung in Betäubungsmittelsachen, Rn. 12; *Endriß/Malek* Betäubungsmittelstrafrecht, Rn. 35.

1297 Vom 14.2.2006, Az. 10 B 10085/06 und vom 21.11.2000, DAR 2001, 183.

1298 Vom 22.11.2004, BA 2006, 247ff und vom 25.5.2002, Az. 10 S 835/02.

1299 Vom 8.3.2006, Az. 12 ME 53/06; vom 19.11.2004, BA 2005, 324f = SVR 2005, 115f; vom 16.2.2004, BA 2004, 475 und vom 16.6.2003, DAR 2003, 432f.

Brandenburg,[1300] des OVG Nordrhein-Westfalen,[1301] des OVG Thüringen[1302] und des OVG Bremen[1303] führt bereits der lange vor einer Abhängigkeit erfolgte und selbst der nur einmalige Konsum von „harten Drogen" gem. Ziff. 9.1 der Anlage 4 zu §§ 11, 13, 14 FeV zu einer Nichteignung zum Führen von Kraftfahrzeugen.[1304]

Gelegentlich wird daher die Meinung vertreten, dass es sich bei Ziff. 9.3 der Anlage 4 zu §§ 11, 13, 14 FeV um ein schlichtes „**Redaktionsversehen**" handelt.[1305]

1245 Dies ist jedoch nicht zwingend, denn Ziff. 9.3 der Anlage 4 zu §§ 11, 13, 14 FeV wäre dann verständlich, wenn man davon ausgeht, dass der Verordnungsgeber einen **einmaligen Konsum** von Ecstasy oder Kokain **noch nicht** normativ mit dem sofortigen verwaltungsrechtlichen Entzug einer Fahrerlaubnis sanktionieren wollte.[1306]

Wolle man dem nicht zustimmen, so wäre Ziff. 9.3 der Anlage 4 zu §§ 11, 13, 14 FeV gleichwohl auch dann naheliegend, wenn man davon ausgeht, dass der Verordnungsgeber den Konsum von Ecstasy oder Kokain **nur** und allenfalls **im Regelfall** mit dem zwingenden und sofortigen verwaltungsrechtlichen Entzug einer Fahrerlaubnis sanktionieren wollte, was sich mit der Vorbemerkung zur Anlage 4 zu §§ 11, 13, 14 FeV deckt, wonach durch besondere menschliche Veranlagung, durch Gewöhnung, durch besondere Einstellung oder durch besondere Verhaltenssteuerungen und Verhaltensumstellungen ein Abweichen vom Regelfall möglich ist.[1307]

Beide Varianten führen **nicht** zu einem sofortigen zwingenden Entzug einer Fahrerlaubnis nach dem Konsum von Ecstasy oder Kokain.

Ziffer 9.3 der Anlage 4 zu §§ 11, 13, 14 FeV kann deshalb dahingehend interpretiert werden, dass eine Eignung zum Führen von Kraftfahrzeugen **in jedem Fall** dann **zweifelsfrei ausgeschlossen** ist, wenn eine (psychische) **Abhängigkeit von Ecstasy oder Kokain** besteht, mit der Folge, dass die Fahrerlaubnis eines Betroffenen **unverzüglich normativ** ohne vorherige Anordnung zur Beibringung eines medizinisch-psychologischen Gutachtens gem. § 46 Abs. 1 S. 2 i.V.m. Ziff. 9.3 der Anlage 4 zu §§ 11, 13, 14 FeV, § 11 Abs. 7 FeV entzogen werden muss.

Dies wird der Sicherheit des Straßenverkehrs, dem Schutz hochrangiger Rechtsgüter als auch dem Grundsatz der Verhältnismäßigkeit gerecht und dürfte daher kaum in Zweifel stehen.

1300 Vom 22.7.2004, BA 2006, 60ff = SVR 2004, 437f.

1301 Vom 25.3.2003, Az. 19 B 186/03.

1302 Vom 30.4.2002, Az. 2 EO 87/02.

1303 Vom 30.6.2003, DAR 2004, 284f.

1304 Vgl. Rn. 991ff.

1305 Siehe dazu auch *OVG Saarland* vom 20.9.2005, Az. 1 W 12/05.

1306 *Bode* DAR 2002, 24ff; *Bode* BA 2006, 81ff; *Möller* DAR 2003, 7ff (10); *Geiger* DAR 2004, 184ff (186); *Geiger* DAR 2003, 97ff (99); *Geiger* NZV 2003, 272ff (272); vgl. auch Rn. 1009 und Rn. 1010.

1307 Vgl. Rn. 1025ff.

VIII. Anordnung der sofortigen Vollziehung

1. Der Antrag nach § 80 Abs. 5 VwGO

Entzieht die Verwaltungsbehörde einem Betroffenen seine Fahrerlaubnis wegen des Besitzes oder Konsums von illegalen Betäubungsmitteln oder weil dieser sich weigert, deshalb ein ärztliches oder medizinisch-psychologisches Gutachten vorzulegen, so ist gegen diesen Verwaltungsakt **Widerspruch** oder **Anfechtungsklage** möglich. Gemäß § 80 Abs. 1 VwGO haben der Widerspruch und die Anfechtungsklage gegen einen Bescheid der Fahrerlaubnisbehörde, mit dem einem Betroffenen die Fahrerlaubnis entzogen wird, grundsätzlich[1308] aufschiebende Wirkung.[1309] Solange die Entziehung der Fahrerlaubnis also **nicht rechtskräftig** wurde, darf ein betroffener Kraftfahrer weiterhin straflos ein Kraftfahrzeug führen.[1310] **1246**

Um einen Betroffenen aber gleichwohl schon vor der Rechtskraft eines Verwaltungsaktes von der weiteren Verkehrsteilnahme auszuschließen, kann die Fahrerlaubnisbehörde in den in § 80 Abs. 2 Nr. 4 VwGO genannten Fällen den **sofortigen Vollzug** der Entziehungsverfügung anordnen und damit die aufschiebende Wirkung des Widerspruchs oder der Anfechtungsklage ausschließen.[1311] Die aufschiebende Wirkung, d. h. **der vorübergehende Verbleib des Führerscheines beim Betroffenen**[1312] kann daher entfallen.

Allerdings kann das Verwaltungsgericht gem. § 80 Abs. 5 VwGO die aufschiebende Wirkung ganz oder auch teilweise[1313] wieder herstellen.[1314] **1247**

1308 **Bei Fahrerlaubnis auf Probe** oder wegen Punktesystem gem. § 2a Abs. 6 StVG s. *Gebhardt* Das verkehrsrechtliche Mandat, § 60 Rn. 89. Auch beim Inhaber einer Fahrerlaubnis auf Probe kann, wenn die besonderen Entziehungstatbestände des § 2a Abs. 3 StVG nicht gegeben sind, der Fahrerlaubnisentzug nur nach § 3 Abs. 1 StVG i.V.m. §§ 11, 14, 46 FeV erfolgen, vgl. *VGH Hessen* vom 7.7.1988, NZV 1989, 86. Die Anforderungen an den Nachweis der Ungeeignetheit sind durch die Einführung der Probefahrerlaubnis nach § 2a StVG nicht herabgesetzt worden, vgl. *VGH Hessen* vom 7.7.1988, NZV 1989, 86; *VG Frankfurt/Main* vom 9.3.1988, DAR 1988, 283f; *Hentschel* NJW 1989, 1838ff (1847); *Himmelreich* Fahrverbot, Führerscheinentzug, Band 2, Verwaltungsrecht, Rn. 368.

1309 *OVG Bremen* vom 14.8.1981, zfs 1981, 323f; *OVG Bremen* vom 18.9.1978, DAR 1978, 332ff; *OVG Bremen* vom 15.9.1978, DAR 1979, 48ff = NJW 1979, 75f; *VG Düsseldorf* vom 8.11.1978, DAR 1979, 313f.

1310 *Hentschel* NJW 1980, 972ff (978); *Himmelreich* Fahrverbot, Führerscheinentzug, Band 2, Verwaltungsrecht, Rn. 194 u. Rn. 202.

1311 *OVG Bremen* vom 18.9.1978, DAR 1978, 332ff; *OVG Bremen* vom 15.9.1978, DAR 1979, 48f = NJW 1979, 75f; *VG Düsseldorf* vom 8.11.1978, DAR 1979, 313f; vgl. zu den Voraussetzungen einer Fortsetzungsfeststellungsklage zur Feststellung der **Rechtswidrigkeit des Sofortvollzugs** einer Fahrerlaubnisentziehung wegen Haschischkonsums für die Durchführung eines Amtshaftungsprozesses *VGH Bayern* vom 29.4.1996, NZV 1996, 422f; vgl. zum Amtshaftungsprozess auch *OLG Karlsruhe* vom 9.3.2006, DAR 2006, 392.

1312 **Zum Durchsuchungsbeschluss zum Auffinden des Führerscheines** s. *BVerfG* vom 9.2.2005, NStZ-RR 2005, 203ff; *LG Berlin* vom 25.10.2005, NZV 2006, 385f; *LG Limburg* vom 29.9.2003, BA 2004, 546ff; *Gramse* DAR 2003, 156ff; *Hentschel* Fahrerlaubnis und Alkohol, Rn. 1302.

1313 *VGH Bayern* vom 9.5.2005, VRS 109, 64ff; *OVG Rheinland-Pfalz* vom 6.12.2004, Az. 7 B 11878/04.

1314 Auf Antrag kann das Gericht der Hauptsache die aufschiebende Wirkung in den Fällen des Absatzes 2 Nr. 1 bis 3 ganz oder teilweise anordnen, im Falle des Absatzes 2 Nr. 4 ganz oder teilweise wiederherstellen. Der Antrag ist schon vor Erhebung der Anfechtungsklage zulässig. Ist der Verwaltungsakt im Zeitpunkt der Entscheidung schon vollzogen, so kann das Gericht die Aufhebung der Vollziehung anordnen. Die Wiederherstellung der aufschiebenden Wirkung kann von der Leistung einer Sicherheit oder von anderen Auflagen abhängig gemacht werden. Sie kann auch befristet werden; s. dazu auch *Krause* SVR 2006, 197f.

1248 Entzieht die Fahrerlaubnisbehörde daher beispielsweise auf Grund von **§ 11 Abs. 7 FeV** die Fahrerlaubnis eines Betroffenen ohne vorherige Anordnung zur Beibringung eines ärztlichen Gutachtens oder einer medizinisch-psychologischen Untersuchung,[1315] so kann vom Verwaltungsgericht eine für den Betroffenen günstigere Entscheidung[1316] im Verfahren nach § 80 Abs. 5 VwGO getroffen werden, wenn dieser von sich aus Nachweise beigebracht hat, die seine Behauptung untermauern, dass er nicht (oder nicht mehr) ungeeignet zum Führen von Kraftfahrzeugen ist,[1317] respektive wenn der Entzug einer Fahrerlaubnis gem. **§ 11 Abs. 8 FeV** unzulässig war, weil die entsprechenden Anordnungsvoraussetzungen nicht vorlagen.[1318]

a) Öffentliches Interesse

1249 Bei der Prüfung der Erfolgsaussichten eines Antrages auf Gewährung vorläufigen Rechtschutzes gem. § 80 Abs. 5 VwGO ist eine Interessensabwägung vorzunehmen.

Das Gericht trifft dabei eine eigene Ermessensentscheidung. Es hat bei der Entscheidung über die Wiederherstellung der aufschiebenden Wirkung zwischen dem von der Behörde geltend gemachten Interesse an der sofortigen Vollziehung ihres Bescheides und dem Interesse eines Betroffenen an der aufschiebenden Wirkung seines Rechtsbehelfs abzuwägen.

> Ist der Ausgang des Hauptsacheverfahrens nicht hinreichend absehbar, verbleibt es bei einer Interessensabwägung durch den Verwaltungsrichter.

1250 Maßgeblich ist hierbei, ob das private **Interesse eines Betroffenen** an der aufschiebenden Wirkung seines Rechtsbehelfs das **öffentliche Interesse** an der sofortigen Vollziehung des Bescheides überwiegt[1319] bzw. ob das öffentliche Interesse an der sofortigen Vollziehung des Fahrerlaubnisentzuges hinter dem privaten Interesse eines Betroffenen zurückzustehen hat, bis eine Entscheidung in der Hauptsache erfolgte.

In den Fällen, in denen die sofortige Vollziehbarkeit gem. § 80 Abs. 2 Nr. 4 VwGO angeordnet wurde, ist ein **überwiegendes Interesse eines Betroffenen** an der Wiederherstellung der aufschiebenden Wirkung i.d.R. **dann anzunehmen**, wenn sich schon bei der im Rahmen des

1315 Vgl. beispielsweise Rn. 951.

1316 Vgl. aber auch Rn. 1192.

1317 So *VGH Bayern* vom 9.5.2005, VRS 109, 64ff (Az. 11 Cs 2526/04, Beschluss S. 21) und *AG Waldbröl* vom 17.5.2005, Az. 4 Ds 864/04. Beachte aber zur Berücksichtigung von **verspätet vorgetragenen** Argumenten auch *Driehaus* DAR 2006, 7ff (8), wonach auf den Zeitpunkt der letzten Behördenentscheidung abzustellen ist; so auch *Ebner* § 56 Medizinisch-psychologische Untersuchung, Rn. 29, wonach im Entziehungsverfahren der Zeitpunkt der letzten Behördenentscheidung maßgeblich ist, weshalb im Entziehungsverfahren (nach Abschluss des Widerspruchsverfahrens) auch kein etwaiges „positives Gutachten" mehr „nachgeschoben" werden kann. Bei der **Verpflichtungsklage** kommt es hinsichtlich der Sach- und Rechtslage hingegen auf den Zeitpunkt der mündlichen Verhandlung (*VG Dresden* vom 11.5.2005, Az. 14 K 822/04) in Ermangelung einer solchen auf den Zeitpunkt der Beratung des Gerichts an, vgl. *OVG Thüringen* vom 21.2.2005, Az. 2 KO 610/03. Der *VGH Baden-Württemberg* vom 7.3.2003, Az. 10 S 323/03 führt aus, dass neue Erkenntnisse der Sachlage sogar auch noch vom Oberverwaltungsgericht verwendet werden können, wenn diese beim Verwaltungsgericht noch nicht bekannt waren.

1318 Vgl. Rn. 1180ff.

1319 Der drohende **Verlust des Arbeitsplatzes** ist kein ausreichender Grund, vgl. *OVG Nordrhein-Westfalen* vom 1.12.2003, Az. 19 B 2258/03; *VG München* vom 17.3.2005, Az. M 6b 433/05; *VG Koblenz* vom 5.4.2004, Az. 143 E 3 L 882/04; *VG Saarlouis* vom 9.8.2000 zfs 2000, 519f; vgl. auch Rn. 1042.

Eilverfahrens allein möglichen und gebotenen summarischen Prüfung ergibt, dass der eingelegte Widerspruch gegen den Bescheid der Fahrerlaubnisbehörde im Hauptsacheverfahren offensichtlich zum Erfolg führen wird, da an der sofortigen Vollziehung offensichtlich rechtswidriger Verwaltungsakte kein öffentliches Interesse besteht.

Demgegenüber **überwiegt das öffentliche Interesse** am Sofortvollzug regelmäßig dann, wenn der angefochtene Verwaltungsakt offensichtlich rechtmäßig ist und darüber hinaus ein besonderes öffentliches Interesse an der sofortigen Vollziehung vorliegt.

b) Begründung des Sofortvollzuges

Dass die Fahrerlaubnisbehörde die sofortige Vollziehung meist regelmäßig und nicht nur **1251**
ausnahmsweise anordnet, begegnet keinen rechtlichen Bedenken.[1320]

Allerdings wird das Gericht prüfen, ob die Fahrerlaubnisbehörde gem. § 80 Abs. 3 VwGO das besondere öffentliche Interesse am Sofortvollzug des Verwaltungsaktes überhaupt in ausreichender Weise begründet hat, was **im Einzelfall**, **rechtlich begründet**, auf den **konkreten Fall bezogen** und **nicht nur allgemein** formelhaft[1321] zu geschehen hat.

Ob die Begründung, dass die getroffene Maßnahme „der Verkehrssicherheit" und „dem **1252**
Schutz der übrigen Verkehrsteilnehmer" dienen soll,[1322] als einzelfallbezogene Begründung ausreicht, mag dahingestellt bleiben.[1323] Die Begründung der Fahrerlaubnisbehörde muss aber zumindest erkennen lassen, dass sie sich hinreichend mit den **Besonderheiten des konkreten Einzelfalles** auseinandergesetzt hat.[1324]

Allerdings ist kaum ein Fall bekannt, wonach ein Verwaltungsakt einer Fahrerlaubnisbe- **1253**
hörde wegen derartiger offensichtlicher Verfahrensfehler durch ein Gericht wieder aufgehoben worden wäre.

Einer der Gründe ist darin zu sehen, dass die Gerichte die Verwaltungsbehörden oftmals telefonisch informieren und diesen aufgeben, den Verwaltungsakt aufzuheben. Helfen die Fahrerlaubnisbehörden nach telefonischer Anregung des Gerichts durch Aufhebung des Verwaltungsaktes diesem jedoch nicht ab, werden diese Entscheidungen der Fahrerlaubnisbehörde dann als „gerade noch ausreichend"[1325] angesehen und die Bescheide der Fahrerlaubnisbehörde sind sodann „im Ergebnis rechtmäßig" ergangen.

c) Anspruch auf rechtliches Gehör

Obwohl das VG Stuttgart[1326] beispielsweise die versäumte Anhörungspflicht[1327] eines **1254**
Betroffenen monierte und seinem Antrag nach § 80 Abs. 5 VwGO deshalb stattgab, wurde diese Entscheidung in der Rechtsmittelinstanz wieder aufgehoben.

1320 *OVG Hamburg* vom 15.12.2005, BA 2006, 427ff = NJW 2006, 1367ff = VRS 110, 388ff.

1321 *OVG Saarland* vom 1.6.2006, Az. 1 W 26/06.

1322 *VG Mainz* vom 6.12.2004, Az. 3 L 1076/04.

1323 Dazu ausführlich *OVG Hamburg* vom 15.12.2005, BA 2006, 427ff = NJW 2006, 1367ff = VRS 110, 388ff; *VG München* vom 27.1.2004, SVR 2004, 280; *VG Saarlouis* vom 9.8.2000, zfs 2000, 519f.

1324 *VG München* vom 26.5.2004, Az. M 6a S 2632/04.

1325 Siehe *VGH Bayern* vom 9.6.2005, Az. 11 Cs 478/05, Beschluss S. 7.

1326 Vom 17.7.2002, BA 2004, 101ff.

1327 Eine versäumte Anhörung gem. § 28 Abs. 1 VwVfG macht den Verwaltungsakt noch nicht rechtswidrig, da die erforderliche Anhörung gem. § 45 Abs. 1 Nr. 3 VwVfG nachgeholt werden kann.

Der **verfassungsrechtliche Anspruch auf Gewährung rechtlichen Gehörs** ist aber verletzt, wenn einem Betroffenen keine Möglichkeit eingeräumt wird, sich zu allen entscheidungserheblichen Beweisergebnissen zu äußern.[1328]

1255 Das VG Koblenz[1329] führt dazu aus, dass zwar an der formalen Rechtmäßigkeit eines Bescheides Bedenken bestehen, wenn die Fahrerlaubnisbehörde einen Betroffenen entgegen § 28 Abs. 1 VwVfG vor Erlass der Verfügung nicht angehört hat,[1330] jedoch führe dieser Fehler **nicht zur Wiederherstellung der aufschiebenden Wirkung** eines Widerspruchs, wenn offensichtlich sei, dass die **Verletzung der Anhörungspflicht** die Entscheidung in der Sache nicht beeinflusst habe.[1331]

1256 Ein Verwaltungsakt der Fahrerlaubnisbehörde wird durch das Verwaltungsgericht daher wohl (nur) dann zugunsten eines Betroffenen aufgehoben werden, wenn nicht Verfahrensfehler sondern Fehler in der Sache selbst vorliegen, etwa die **unrechtmäßige Anordnung eines Gutachtens bzw. einer medizinisch-psychologischen Untersuchung** (§ 11 Abs. 8 FeV) oder der **Entzug der Fahrerlaubnis ohne vorherige Anordnung einer solchen Maßnahme** (§ 11 Abs. 7 FeV).

1257 Dies wird insbesondere auch aus einer Entscheidung des VG Neustadt[1332] deutlich, wonach ein Begründungsmangel des Sofortvollzuges noch im und bis zum Abschluss eines gerichtlichen Verfahrens geheilt werden könne und zwar selbst dann, wenn die Anordnung des Sofortvollzuges **überhaupt nicht begründet** wurde.

2. Die Beschwerde nach § 146 Abs. 4 VwGO

1258 Bleibt der Antrag eines Betroffenen auf Aufhebung der sofortigen Vollziehung des Bescheides der Fahrerlaubnisbehörde beim Verwaltungsgericht erfolglos, so ist gegen diesen Beschluss die Einlegung der Beschwerde **beim Erstgericht** gem. § 146 Abs. 4 VwGO zum Oberverwaltungsgericht / Verwaltungsgerichtshof möglich.[1333]

> Ein Betroffener hat daher die Möglichkeit, die Richtigkeit der erstinstanzlichen Entscheidung zu erschüttern.[1334]

1328 *OLG Karlsruhe* vom 10.1.2003, Az. 1 Ss 58/02.

1329 Vom 5.4.2004, Az. 143 E 3 L 882/04.

1330 Zum **Absehen der Anhörung** (§ 28 Abs. 2 Nr. 1 VwVfG, § 39 Abs. 1 S. 2 und S. 3 VwVfG, § 45 Abs. 1 Nr. 3 VwVfG) s. *VG Koblenz* vom 5.4.2004, Az. 143 E 3 L 882/04.

1331 Ganz ähnlich gelagert der Fall vor dem *OVG Saarland* vom 1.10.2002, zfs 2003, 47f.

1332 Vom 11.3.2005, Az. 4 L 389/05.

1333 Wird mit der Beschwerde diese nicht auch gleichzeitig begründet, sondern diese Begründung fristgerecht „nachgereicht", so ist die **Beschwerdebegründung** beim Oberverwaltungsgericht/Verwaltungsgerichtshof einzureichen, vgl. *Gebhardt* Das verkehrsrechtliche Mandat, § 60 Rn. 95.

1334 *OVG Saarland* vom 1.6.2006, Az. 1 W 26/06.

Seit dem Jahresbeginn 2002 sind Beschwerden gegen Beschlüsse des Verwaltungsgerichts im Verfahren des vorläufigen Rechtschutzes **nicht mehr zulassungsbedürftig**. Danach ist die Darlegung von Zulassungsgründen entbehrlich.[1335]

Jedoch ist der **Prüfungsumfang** des Beschwerdegerichts bei Beschwerden gegen Beschlüsse des Verwaltungsgerichts im Verfahren des vorläufigen Rechtsschutzes gem. § 146 Abs. 4 S. 6 VwGO **beschränkt**.

Danach prüft das **Oberverwaltungsgericht** bzw. der **Verwaltungsgerichtshof** nur die in einer rechtzeitig eingegangenen Beschwerdebegründung dargelegten Gründe.[1336] **1259**

Dies kann an folgendem **Beispiel** verdeutlicht werden: In einer vom VGH Bayern[1337] zu entscheidenden Beschwerde betrug die THC-Carbonsäurekonzentration (THC-COOH) eines Betroffenen 23,7 ng/ml. Ein „gelegentlicher" Konsum von Cannabis ist damit, anders als das erstinstanzliche Verwaltungsgericht meinte, noch nicht bewiesen.[1338] Gleichwohl trug der **Rechtsanwalt** in der Beschwerdebegründung vor, dass sich aus dieser Konzentrationshöhe ergebe, dass sein Mandant „nur gelegentlich" Cannabis rauche.[1339]

In eigener Konsequenz dieser offensichtlich mangels besseren Wissens erfolgten Ausführungen musste das Gericht die Beschwerde selbst dann zurückweisen, wenn es fundiertere Kenntnisse hätte, denn nach § 146 Abs. 4 S. 3 VwGO prüft das Gericht in formaljuristisch nicht zu beanstandender Weise **nur die in einer Beschwerdebegründung dargelegten Ausführungen**.

1335 Vgl. aber **Zulassungsgründe** nach § 124 Abs. 2 VwGO: Gegen **Urteile** des Verwaltungsgerichts kann die **Zulassung der Berufung** beantragt werden. Grundsätzliche Bedeutung im Sinne von § 124 Abs. 2 Nr. 3 VwGO hat eine Streitigkeit (nur) dann, wenn sie eine rechtliche oder eine tatsächliche Frage aufwirft, die für die Berufungsinstanz entscheidungserheblich ist und über den Einzelfall hinaus im Interesse der Einheitlichkeit der Rechtsprechung einer Klärung bedarf. Die Rechts- oder Tatsachenfrage muss allgemein klärungsbedürftig sein und nach Zulassung der Berufung anhand des zugrundeliegenden Falles mittels verallgemeinerungsfähiger Aussagen geklärt werden können, vgl. *VGH Hessen* vom 21.11.2005, Az. 2 ZU 738/04. Grundsätzliche Bedeutung kommt einer Rechtssache nur dann zu, wenn sie in rechtlicher oder tatsächlicher Hinsicht eine Frage aufwirft, die im Rechtsmittelzug entscheidungserheblich und fallübergreifender Klärung zugänglich ist sowie im Interesse der Rechtseinheit geklärt werden muss. Der Zulassungsantrag muss eine konkrete Frage aufwerfen, deren Entscheidungserheblichkeit erkennen lassen und (zumindest) einen Hinweis auf den Grund enthalten, der das Vorliegen der grundsätzlichen Bedeutung rechtfertigen soll. Für die Darlegung reicht es aus, dass die aufgeworfene Grundsatzfrage rechtlich derart aufbereitet wird, wie dies nach Maßgabe der Begründung in der angegriffenen Entscheidung des Verwaltungsgerichts erforderlich ist; Rechtsfragen, die in der Begründung der verwaltungsgerichtlichen Entscheidung keine Rolle gespielt haben, brauchen im Rahmen des Antrages auf Rechtsmittelzulassung nicht erörtert zu werden, um eine Entscheidungserheblichkeit darzulegen. Diese Voraussetzungen liegen dann nicht vor, wenn sich die Frage nach dem Gesetzeswortlaut ohne Weiteres eindeutig beantworten lässt oder sie in der Rechtsprechung – namentlich des Bundesverwaltungsgericht – geklärt ist, vgl. *OVG Niedersachsen* vom 11.8.2005, Az. 12 LA 347/04. Die **Nichtzulassung der Revision** (§ 133 VwGO) kann durch Beschwerde innerhalb eines Monats nach Zustellung eines Urteils eines Oberwaltungsgerichts bzw. Verwaltungsgerichtshofs angefochten werden, vgl. *OVG Thüringen* vom 21.2.2005, Az. 2 KO 610/03.

1336 Vgl. dazu auch *VGH Bayern* vom 17.2.2006, Az. 11 Cs 1378/05; *Xanke* Straßenverkehrsstrafrecht 53. EL, Teil 2 / 1.2.1.

1337 Vom 17.2.2006, Az. 11 Cs 1378/05.

1338 Vgl. Rn. 953ff.

1339 **Beachte** auch Rn. 918 und Rn. 983.

> Ein Betroffener und sein Rechtsanwalt müssen sich daher mit der angefochtenen erstinstanzlichen Entscheidung und somit auch mit dem angefochtenen Verwaltungsakt **substantiiert** auseinandersetzen.[1340]

a) Beschwerdefristen

1260 Die Beschwerde muss **binnen zwei Wochen nach Zustellung des Beschlusses des Verwaltungsgerichts durch einen Rechtsanwalt** oder einen Rechtslehrer einer deutschen Hochschule i.S.d. HSchRG mit Befähigung zum Richteramt eingelegt werden und **binnen eines Monats** nach Bekanntgabe des angefochtenen Beschlusses sind gem. § 146 Abs. 4 S. 3 VwGO die **Gründe** auszuführen, aus denen sich ergeben soll, dass die Entscheidung des Verwaltungsgerichts abzuändern oder aufzuheben ist.[1341]

Der Rechtsanwalt hat zudem einen bestimmten **Antrag** zu stellen.[1342]

b) Beschwerdebegründung

1261 Das normative Darlegungserfordernis, sich mit der angefochtenen erstinstanzlichen Entscheidung und somit auch mit dem angefochtenen Verwaltungsakt **substantiiert** auseinanderzusetzen ist nicht erbracht, wenn ein Rechtsanwalt seinen ursprünglichen Vortrag vor dem Verwaltungsgericht in der Rechtsmittelinstanz lediglich wiederholt oder gar nur darauf Bezug nimmt.[1343] Mangelt es an diesem Erfordernis, so ist die Beschwerde als unzulässig zu verwerfen.

1262 Der VGH Bayern[1344] führte dazu aus: „Es scheint bereits fraglich, ob die Beschwerbebegründung überhaupt eine hinreichende Auseinandersetzung i.S.v. § 146 Abs. 4 S. 3 VwGO mit der angefochtenen Entscheidung [scil: des Verwaltungsgerichts] enthält.“[1345]

Auf dieser Grundlage kann eine Beschwerde Erfolg haben, wenn die in der Beschwerdebegründung dargelegten Gründe dazu führen, dass die vom Gericht im Rahmen des § 80 Abs. 5 S. 1 2. Alt. VwGO vorzunehmende **Abwägung** zu Gunsten des Interesses eines Betroffenen ausfällt, vom Vollzug der Entscheidung einer Fahrerlaubnisbehörde, mit dem die Fahrerlaubnis entzogen wurde, vor einem endgültigen Urteil über die Rechtmäßigkeit des Verwaltungsaktes verschont zu bleiben.[1346]

1340 *OVG Brandenburg* vom 13.12.2004, BA 2006, 161ff; *OVG Thüringen* vom 28.8.2002, DAR 2003, 91ff.

1341 (4) Die Beschwerde gegen Beschlüsse des Verwaltungsgerichts in Verfahren des vorläufigen Rechtsschutzes ist innerhalb eines Monats nach Bekanntgabe der Entscheidung zu begründen. Die **Begründung** ist, sofern sie nicht bereits mit der Beschwerde vorgelegt worden ist, bei dem **Oberverwaltungsgericht einzureichen**. Sie muss einen bestimmten Antrag enthalten, die Gründe darlegen, aus denen die Entscheidung abzuändern oder aufzuheben ist, und sich mit der angefochtenen Entscheidung auseinander setzen. Mangelt es an einem dieser Erfordernisse, ist die Beschwerde als unzulässig zu verwerfen. Das Oberverwaltungsgericht prüft nur die dargelegten Gründe.

1342 Das Fehlen eines solchen Antrages ist jedoch unschädlich, vgl. ausführlich *VGH Bayern* vom 27.3.2006, Az. 11 Cs 1559/05.

1343 *VGH Bayern* vom 4.10.2005, Az. 11 CE 2304/05.

1344 Vom 4.1.2005, Az. 11 Cs 2838/04.

1345 Ähnlich auch *VGH Bayern* vom 4.4.2006, Az. 11 Cs 3214/05.

1346 Vgl. beispielsweise Rn. 1060 und Rn. 1075.

c) Beschwerde der Fahrerlaubnisbehörde

Dass die **Beschwerde** gegen Entscheidungen der Verwaltungsgerichte nicht nur einem Betroffenen bzw. seinem Rechtsanwalt, sondern auch der **Fahrerlaubnisbehörde** und somit Beamten oder Angestellten mit Befähigung zum Richteramt sowie Diplom-Juristen im höheren Dienst zusteht, versteht sich dabei von selbst. **1263**

d) Rechtsmittel

Der Beschluss des **Oberverwaltungsgerichts** oder des **Verwaltungsgerichtshofs** über die Beschwerde nach § 146 Abs. 4 VwGO ist gem. § 152 Abs. 1 VwGO nicht anfechtbar.[1347] **1264**

1347 Beachte aber § 80 Abs. 7 VwGO: Das Gericht der Hauptsache kann Beschlüsse über Anträge nach § 80 Abs. 5 VwGO jederzeit ändern oder aufheben. Jeder Beteiligte kann die Änderung oder Aufhebung wegen veränderter oder im ursprünglichen Verfahren ohne Verschulden nicht geltend gemachter Umstände beantragen.

IX. Wiedererteilung der Fahrerlaubnis gem. Ziff. 9.5 der Anlage 4 zu §§ 11, 13, 14 FeV

1265 Das Gericht entscheidet in einem etwaigen Strafverfahren gem. § 316 Abs. 1 StGB und beim Entzug der Fahrerlaubnis gem. § 69 Abs. 1 StGB nicht darüber, ob nach Ablauf der Sperrfrist eine Fahrerlaubnis neu erteilt wird. Es ist, von der Bindungswirkung an Entscheidungen der Strafgerichte abgesehen,[1348] vielmehr Aufgabe einer Fahrerlaubnisbehörde zu prüfen, ob alle Voraussetzungen für eine Neuerteilung vorliegen und insbesondere eine (Wieder-)Eignung zum Führen von Kraftfahrzeugen bejaht werden kann, wobei sich die Prüfung der Fahreignung dabei auf alle körperlichen, geistigen und charakterlichen Umstände erstrecken muss. Wenn das Strafgericht daher beispielsweise ausführt „die Verwaltungsbehörde darf dem Betroffenen vor Ablauf von 6 Monaten keine neue Fahrerlaubnis erteilen", so heißt dies nicht, dass einem Betroffenen die Fahrerlaubnis auch tatsächlich nach Ablauf dieser Sperrfrist automatisch wieder erteilt oder einem Betroffenen der Führerschein zurückgegeben wird.[1349]

Dies wird in der Praxis gerade von Mitarbeitern der **Jugendgerichtshilfe** und von **Bewährungshelfern** häufig übersehen und die Probanten entsprechend falsch unterrichtet.

Auch durch einen etwaigen Beschluss über die Abkürzung der Sperrfrist gem. § 69a Abs. 7 StGB wird **keine Verpflichtung der Verwaltungsbehörde** zur Neuerteilung einer Fahrerlaubnis ausgesprochen,[1350] da eine Bindungswirkung nach § 3 Abs. 4 StVG allenfalls für das Entziehungsverfahren, nicht aber für ein Neuerteilungsverfahren besteht.[1351]

1266 Vielmehr finden gem. § 20 Abs. 1 FeV für die Neuerteilung (umgangssprachlich Wiedererteilung) einer Fahrerlaubnis nach vorausgegangenem Entzug (oder nach einem **freiwilligen Verzicht** auf diese) die Vorschriften für die Ersterteilung Anwendung. Insofern kann auf die Voraussetzungen für die Erteilung einer Fahrerlaubnis gem. § 2 StVG verwiesen werden. Die Neuerteilung einer Fahrerlaubnis nach vorausgegangenem Entzug kann gem. § 3 Abs. 6 StVG durch Rechtsverordnung von **Bedingungen** abhängig gemacht werden, die verbindlich sind.[1352] Ein Fahrerlaubnisbewerber hat daher unter anderem gem. § 21 Abs. 1 S. 2 FeV auf Verlangen der Behörde bei dieser **persönlich vorzusprechen** und nach § 21 Abs. 3 FeV sind ein amtlicher **Ausweis**, ein **Lichtbild**, eine **Sehtestbescheinigung** und eine Bescheinigung über einen „**Erste-Hilfe-Kurs**" vorzulegen.[1353]

1348 Vgl. Rn. 1077ff.

1349 *BVerfG* vom 18.11.1966, DAR 1967, 47ff; *BVerwG* vom 20.12.1963, NJW 1964, 608ff; vgl. auch Rn. 686ff.

1350 *Schendel* Doppelkompetenz von Strafgericht und Verwaltungsbehörde zur Entziehung der Fahrerlaubnis: Systematische Erläuterung des § 4 Abs. 2 u. Abs. 3 StVG, [Diss.], S. 60; *Scheufen/Müller-Rath* NZV 2006, 353ff (357).

1351 *VG Berlin* vom 21.6.2000, NZV 2001, 139; **a.M.** wohl *Himmelreich* SVR 2006, 193f.

1352 *Hentschel* Straßenverkehrsrecht, § 3 StVG Rn. 34.

1353 Für die Fahrerlaubnisklassen C und D ist ggf. eine zusätzliche ärztliche Untersuchungsbescheinigung vorzulegen.

In der Praxis verlangen einige Fahrerlaubnisbehörden **bei der Antragstellung (!)** auch gelegentlich den Nachweis, dass ein Betroffener seit mindestens einem Jahr keine Betäubungsmittel konsumiert hat.[1354] **1267**

Vielen Betroffenen ist es jedoch nicht möglich, einen solchen Nachweis einer Abstinenz **bei der Antragstellung** führen zu können, so dass ein Antrag auf Neuerteilung einer Fahrerlaubnis gar nicht erst entgegengenommen wird.

1. Probleme bei der Antragstellung

a) Unkenntnis einer einzuhaltenden einjährigen Abstinenz

In vielen Fällen können Betroffene bei der Antragstellung zur Neuerteilung einer Fahrerlaubnis den Nachweis einer einjährigen Abstinenz von Betäubungsmitteln nicht führen, weil diesen eine derartige Verwaltungsauflage völlig unbekannt war. **1268**

Obwohl der Hinweis auf eine noch zu absolvierende medizinisch-psychologische Untersuchung[1355] und damit wohl auch der Hinweis über eine einzuhaltende Abstinenz vor Wiedererteilung einer Fahrerlaubnis zu den **Belehrungspflichten eines Verteidigers** in einem Verfahren nach § 316 Abs. 1 StGB und § 24a Abs. 2 StVG gehören dürfte, wird dieser oft nicht erteilt[1356] und viele Betroffene konsumierten daher auch während der Sperrfrist Cannabis.[1357]

In einem Verfahren vor dem VG Neustadt[1358] trug der Betroffene beispielsweise vor, „man habe ihm nicht gesagt, dass er sich mehreren unter forensischen Gesichtspunkten erfolgten Drogenscreenings zu unterziehen habe".[1359] Diese mangelnde Kenntnis hat weitere weitreichende Konsequenzen hinsichtlich der Neuerteilung einer Fahrerlaubnis zur Folge:

b) Nochmalige Fahrerlaubnisprüfung

Wurde einem Betroffenen gem. § 316 Abs. 1 StGB i.V.m. § 69 Abs. 1 StGB die Fahrerlaubnis beispielsweise für 12 Monate entzogen und war einem Betroffenen nicht bekannt, dass dieser bei der Antragstellung eine einjährige Drogenabstinenz nachzuweisen hat, so würde die nunmehrige Forderung und Information der Fahrerlaubnisbehörde, vor Entgegennahme **1269**

1354 Diese gelegentliche Forderung der Verwaltungsbehörde zum Nachweis einer Abstinenz bei der Antragstellung ergibt sich auch aus einem unter Rn. 1014 abgedruckten Schreiben einer Fahrerlaubnisbehörde vom 27.10.2004, Seite 3, „wonach eine Fahreignung nur dann als wieder gegeben angesehen werden könne, wenn durch einen Betroffenen (wohl bei der Antragstellung) eine mindestens durchgängige einjährige Abstinenz (wohl gegenüber der Fahrerlaubnisbehörde) nachgewiesen wird **und** wenn zusätzlich [erst] **nach (!) diesem Nachweis** eine positive medizinisch-psychologische Untersuchung erfolgte". Dies kann im Umkehrschluss offensichtlich nur Folgendes bedeuten: Ist es einem Betroffenen bei der Antragstellung nicht möglich, eine durchgängige einjährige Abstinenz nachweisen, wird dieser wieder fortgeschickt, ohne dass sein Antrag entgegengenommen bzw. bearbeitet oder zumindest mit einer Rechtsmittelbelehrung abgelehnt wird und es erfolgt somit auch keine medizinisch-psychologische Untersuchung.

1355 *Freyschmidt* Verteidigung in Straßenverkehrssachen, Rn. 338.

1356 Vgl. Rn. 732.

1357 Vgl. auch die Annahme eines Kontrollverlustes unter Rn. 922.

1358 Vom 23.5.2005, Az. 3 K 213/05.

1359 Vgl. dazu Rn. 1209ff.

eines Neuerteilungsantrages eine durchgehende einjährige Drogenabstinenz nachweisen zu müssen, dazu führen, dass ein Betroffener gem. § 20 Abs. 2 S. 2 FeV die Fahrerlaubnis nur dann zurückerhält, wenn er auch eine entsprechende Prüfung in Theorie und Praxis absolviert, denn eine **nochmalige Fahrerlaubnisprüfung** ist gem. § 20 Abs. 2 S. 1 FeV dann zwingend[1360] notwendig, wenn seit der Beschlagnahme oder Sicherstellung eines Führerscheines, der Entziehung, der vorläufigen Entziehung oder dem Verzicht auf eine Fahrerlaubnis **mehr als zwei Jahre vergangen** sind.

1270 Diese Zweijahresfrist beginnt also bereits mit der frühesten Maßnahme, d.h. der Sicherstellung oder Beschlagnahme eines Führerscheines bzw. der vorläufigen oder endgültigen Entziehung einer Fahrerlaubnis und **nicht erst bei Rechtskraft** eines entsprechenden Urteils.

Relevant ist daher der Tag, an dem ein Führerschein abgegeben[1361] oder sichergestellt bzw. beschlagnahmt wurde, so dass die Frist also oft schon lange vor einem eigentlichen Strafverfahren zu laufen beginnt.[1362] Auch eine Antragstellung zur Neuerteilung hemmt diese Frist nicht, da bei der Berechnung der Zweijahresfrist nicht der Tag der Antragstellung, sondern der Tag der Wiedererteilung einer Fahrerlaubnis maßgeblich ist.[1363] Gleichwohl kann ein **Antrag** auf Neuerteilung der Fahrerlaubnis bei der Verwaltungsbehörde **bereits 3 Monate vor Ablauf** der Sperrfrist gestellt werden. Hat ein Betroffener vor der Wiedererteilung einer Fahrerlaubnis daher noch eine medizinisch-psychologische Untersuchung zu absolvieren, so muss dies bei der Fristenberechnung mit berücksichtigt werden.

c) Einhaltung einer Abstinenz ohne Nachweis

1271 Es kann nicht ernstlich bezweifelt werden, dass ein Betroffener für die Wiedererlangung seiner Fahreignung keine Betäubungsmittel mehr konsumieren darf.[1364] Bei der Antragstellung zur Neuerteilung einer Fahrerlaubnis sind aber die Sachverhalte problematisch, bei denen ein Betroffener tatsächlich seit einem Jahr keine Betäubungsmittel konsumiert hat, dieser aber nicht auch an einem sog. **Drogenkontrollprogramm** teilnahm.[1365]

Auch aus dem unter Rn. 1014 abgedruckten Schreiben einer Fahrerlaubnisbehörde[1366] an einen Betroffenen ergibt sich, dass dieser eine Abstinenz einzuhalten und nachzuweisen hat, so dass dieser sich nicht darauf berufen könnte, ihm wäre diese Auflage völlig unbekannt gewesen; aus dem Schreiben der Fahrerlaubnisbehörde **ergibt sich jedoch nicht**, wie und in welcher Form dieser Nachweis einer Abstinenz zu erbringen ist.

1360 Sind zwei Jahre noch nicht vergangen, so hat ein Antragsteller gleichwohl trotzdem keinen Anspruch auf die Befreiung von der Prüfung, vgl. *Gebhardt* Das verkehrsrechtliche Mandat, § 61 Rn. 15f.

1361 Zum Problem bei **Verlust des Führerscheines**, so dass dieser nicht abgegeben werden konnte siehe *LG Essen* vom 31.10.2005, DAR 2006, 106f = NZV 2006, 166f und *AG Neunkirchen* vom 26.1.2005, BA 2005, 499f.

1362 *Hofstätter* BA 2006, 114ff (120).

1363 *Gebhardt* Das verkehrsrechtliche Mandat, § 61 Rn. 18.

1364 *OVG Saarland* vom 30.9.2002, BA 2003, 166ff; *VGH Bayern* vom 12.9.2002, Az. 11 Cs 1131/02; *VGH Bayern* vom 29.8.2002 Az. 11 Cs 1606/02; *Geiger* VBlBW 2004, 1ff (6); *Schubert/Schneider/Eisenmenger/Stephan* Begutachtungs-Leitlinien zur Kraftfahrereignung, Kommentar, 1. Aufl., S. 124, Ziff. 4.2.4; *Schubert/Schneider/Eisenmenger/Stephan* Begutachtungs-Leitlinien zur Kraftfahrereignung, Kommentar, 2. Aufl., S. 194; **a.M.** *OVG Saarland* vom 1.6.2006, Az. 1 W 26/06.

1365 Vgl. Rn. 1209ff.

1366 Vom 27.10.2004, Seite 3.

Erkennt die Fahrerlaubnisbehörde zum Nachweis einer einjährigen Abstinenz nur die Vorlage mehrmaliger unter forensischen Gesichtspunkten stattgefundener Drogenscreenings und keine Haaranalyse an,[1367] so würde selbst der Antrag eines von Drogen abstinent lebendem Betroffenen nicht entgegengenommen werden. Dies stößt auf Bedenken. Zulässig wäre dies deshalb möglicherweise (nur) dann, wenn einem Betroffenen durch die Fahrerlaubnisbehörde in einer verwaltungsrechtlichen Entziehungsanordnung auch ausdrücklich mitgeteilt worden wäre, dass und in welcher Form dieser einen Abstinenznachweis zu führen hat, denn gem. § 11 Abs. 2 S. 3 FeV und § 11 Abs. 6 S. 1 FeV bestimmt die Fahrerlaubnisbehörde unter Berücksichtigung des Einzelfalles die jeweilige Untersuchung und die zu untersuchende Matrix. **1272**

Allerdings kann diese Frage offen bleiben, denn selbst wenn die Fahrerlaubnisbehörde in einer verwaltungsrechtlichen Entziehungsanordnung auch ausdrücklich mitgeteilt hätte, dass und in welcher Form ein Betroffener bei der Antragstellung zur Neuerteilung einer Fahrerlaubnis einen Abstinenznachweis führen kann, haben diese von der Fahrerlaubnisbehörde **im Entziehungsbescheid** aufgegebenen **Bedingungen** (ebenso wie die behördlichen Fristen) keinen Regelungscharakter und sind **unverbindlich**,[1368] denn zum Zeitpunkt der Entziehung einer Fahrerlaubnis kann die Verwaltungsbehörde lediglich im Rahmen einer „rechtlich unverbindlichen Prognose" beurteilen, welche Anforderungen an einen Antragsteller bei der Neuerteilung zu stellen sind.[1369] Wird die Neuerteilung einer Fahrerlaubnis unter gewissen Bedingungen[1370] in Aussicht gestellt, so hat ein Betroffener keinen Anspruch auf Neuerteilung der Fahrerlaubnis, selbst wenn er diese Bedingungen erfüllt.[1371] **1273**

d) Doppelte Begutachtung

Es kann zwar nicht ernstlich bezweifelt werden, dass ein Betroffener für die Wiedererlangung seiner Fahreignung nachweisen muss, dass er keine Betäubungsmittel mehr konsumiert; die Auflage einer Verwaltungsbehörde, gegenüber dieser bereits bei der Antragstellung eine mindestens einjährige Abstinenz von Betäubungsmitteln nachzuweisen, stößt aber nicht nur auf die vorstehend genannten Problematiken, sondern diese restriktive Forderung könnte auch dem **Grundsatz der Verhältnismäßigkeit** widersprechen. **1274**

War eine Fahrerlaubnis wegen des Konsums von Betäubungsmitteln entzogen, so ist gem. § 14 Abs. 2 Nr. 1 FeV[1372] und insbesondere auch gem. § 14 Abs. 2 Nr. 2 FeV im Rahmen des „Wiedererteilungsverfahrens" vor der Neuerteilung eine **medizinisch**-psychologische

1367 Vgl. dazu Rn. 1228ff.

1368 *OVG Nordrhein-Westfalen* vom 5.12.1974, VRS 49, 300f; *Lange* DAR 1979, 8f (9); *Janiszewski/Jagow/Burmann* Straßenverkehrsrecht, § 3 StVG Rn. 15.

1369 *Lange* DAR 1979, 8f (9).

1370 Der Begriff „Auflagen" wird in § 3 StVG bewusst nicht verwendet, vgl. *Rüth/Berr/Berz* Straßenverkehrsrecht, § 4 StVG Rn. 83; *Hentschel* Straßenverkehrsrecht, § 3 StVG Rn. 10 und Rn. 34.

1371 *VGH Hessen* vom 23.2.1951, VRS 3, 426ff; *Rüth/Berr/Berz* Straßenverkehrsrecht, § 4 StVG Rn. 80 und Rn. 81; vgl. dazu auch *VGH Bayern* vom 11.5.1951, VkBl. 1951, 422f.

1372 Vgl. auch *Bundesanstalt für Straßenwesen* Kongressbericht 2005 der Deutschen Gesellschaft für Verkehrsmedizin e.V., S. 66, wonach eine MPU nach der Entziehung einer Fahrerlaubnis anzuordnen ist, wenn die Fahrerlaubnis wegen Abhängigkeit oder regelmäßigem Konsum von Cannabis entzogen war, um zu klären, ob der Betroffene weiterhin Betäubungsmittel konsumiert.

Untersuchung **zwingend**[1373] erforderlich. Dies bestätigt z.B. auch das VG Neustadt,[1374] wonach gem. § 14 Abs. 2 Nr. 2 FeV **von der Fahrerlaubnisbehörde** die Beibringung eines medizinisch-psychologischen Gutachtens **anzuordnen ist** und nicht, wie etwa gem. § 14 Abs. 1 S. 4 FeV oder § 11 Abs. 3 S. 1 FeV, eine medizinisch-psychologische Untersuchung angeordnet werden kann.

Diese medizinisch-psychologische Untersuchung ist auf Kosten des Antragstellers vorzunehmen,[1375] wobei eine medizinisch-psychologische Untersuchung neben einer ärztlichen Anamnese **auch** eine laborärztliche Untersuchung über eine Drogenabstinenz beinhaltet.[1376]

Die Verpflichtung eines Betroffenen zur **vorherigen** Vorlage eines ärztlichen (Privat-)Gutachtens oder mehrerer Laborberichte bei der Fahrerlaubnisbehörde **im Rahmen der Antragstellung** käme somit einer teilweisen **doppelten Begutachtung** gleich und ein Betroffener hätte daher auch doppelte **Kosten** zu tragen.

1275 Es spricht deshalb viel dafür, dass eine Fahrerlaubnisbehörde einen Antrag auf Neuerteilung einer Fahrerlaubnis auch dann **entgegennehmen und bearbeiten muss**, wenn ein Antragsteller bei der Antragstellung keine durchgehende einjährige Abstinenz nachweisen kann und die Behörde einem Antragsteller auf einen (rechtzeitig) gestellten Antrag hin ermöglichen **muss**, die medizinisch-psychologische Untersuchung (bereits einen Monat vor Ablauf der Sperrfrist) zu absolvieren.[1377]

e) Pflicht zur Entgegennahme eines Neuerteilungsantrages

1276 Zwar ist, soweit ersichtlich, die spezielle Einzelfrage, ob eine Fahrerlaubnisbehörde die Entgegennahme eines Antrages auf Neuerteilung einer Fahrerlaubnis verweigern, respektive dessen Bearbeitung bei Nichtvorlage eines Abstinenznachweises ablehnen darf, nicht gerichtlich entschieden worden,[1378] dass dies aber ernstlichen Bedenken begegnet wird auch durch die Ausführungen von Pütz/Neumeyer[1379] ersichtlich, wonach eine Fahrerlaubnis „jederzeit" neu beantragt werden könne. Da der medizinisch-psychologischen Begutachtungsstelle für Fahreignung auch die Akten der Fahrerlaubnisbehörde vorliegen müssen,[1380] setzt dies die Entgegennahme eines Neuerteilungsantrages auch ohne einen Abstinenznachweis gegenüber der Fahrerlaubnisbehörde voraus. Dass es kaum einen Sinn hat, einen entsprechenden Neuerteilungsantrag zu stellen und eine MPU zu absolvieren, da diese wegen der fehlenden Abstinenz i.d.R. negativ verlaufen wird, ist dabei eine andere Thematik.

1373 Nach § 14 Abs. 2 FeV **ist** die Beibringung eines medizinisch-psychologischen Gutachtens **anzuordnen**.

1374 Vom 23.5.2005, Az. 3 K 213/05.

1375 Vgl. Rn. 1188.

1376 Vgl. *Ebner* § 56 Medizinisch-psychologische Untersuchung, Rn. 53f; zum Gegenstand des medizinischen und psychologischen Teils einer MPU s. auch *OVG Saarland* vom 27.7.2006, Az. 1 W 33/06.

1377 *Gebhardt* Das verkehrsrechtliche Mandat, § 61 Rn. 13.

1378 Siehe auch § 173 VwGO.

1379 *Pütz/Neumeyer* Führerschein in Gefahr – Drogen, Strassenverkehr, Fahrtüchtigkeit und Fahreignung, S. 393.

1380 *OVG Niedersachsen* vom 8.3.2006, VkBl. 2006, 483f; *VG Neustadt* vom 14.7.2005, Az. 3 L 1090/05; *Ebner* § 56 Medizinisch-psychologische Untersuchung, Rn. 48.

Auch der VGH Bayern[1381] führt, wenngleich in einem anderen Zusammenhang, aus, dass „an der Geltendmachung eines zur Wiedergewinnung der Fahreignung führenden Verhaltenswandels keine hohen Anforderungen zu stellen sind und die Verpflichtung der Fahrerlaubnisbehörde, Maßnahmen der Sachverhaltsaufklärung zu ergreifen, **nicht davon abhängt**, dass ein Betroffener die Richtigkeit seiner Einlassung **durch Beweismittel** untermauert. **1277**

Aus diesem Grund ist auch dem nachstehenden Schreiben einer Fahrerlaubnisbehörde vollumfänglich zuzustimmen, wonach der **Nachweis einer Abstinenz nicht bei der Antragstellung** gegenüber der Verwaltungsbehörde, **sondern** im Rahmen der normativen **medizinisch-psychologischen Untersuchung** gem. § 14 Abs. 2 FeV zu erbringen ist. **1278**

Bearbeitet eine Fahrerlaubnisbehörde einen Antrag auf Neuerteilung einer Fahrerlaubnis gleichwohl trotzdem nicht oder schickt sie einen Betroffenen bei der persönlichen Antragstellung wieder fort, ohne seinen Antrag entgegenzunehmen, könnte dieser möglicherweise **Dienstaufsichtsbeschwerde**[1382] oder eine **Untätigkeitsklage** nach § 75 VwGO respektive eine **einstweilige Anordnung**[1383] oder **Verpflichtungsklage** nach § 42 VwGO,[1384] ggf. unter Inanspruchnahme von **Prozesskostenhilfe**[1385] einreichen, was hier jedoch nicht weiter erörtert werden soll. **1279**

1381 Vom 8.3.2006, Az. 11 Cs 1572/05.

1382 Vgl. *OVG Sachsen-Anhalt* vom 13.10.2005, Az. 1 L 422/04.

1383 *Gebhardt* Das verkehrsrechtliche Mandat, § 61 Rn. 37 weist darauf hin, dass eine einstweilige Anordnung gem. § 123 VwGO i.d.R. nicht möglich sei.

1384 Siehe dazu *VG Dresden* vom 11.5.2005, Az. 14 K 822/04.

1385 § 166 VwGO, § 114 ZPO; Ein Betroffener, der nach seinen persönlichen und wirtschaftlichen Verhältnissen die Kosten einer Prozessführung nicht, nur zum Teil oder nur in Raten aufbringen kann, erhält auf Antrag Prozesskostenhilfe, wenn die beabsichtigte Rechtsverfolgung oder Rechtsverteidigung hinreichende Aussicht auf Erfolg bietet und nicht mutwillig erscheint; vgl. dazu auch *BVerfG* vom 14.6.2006, Az. 2 BvR 626/06 bzw. Az. 2 BvR 656/06; *OVG Saarland* vom 29.12.2005, SVR 2006, 272f.

1280 **Nachweis einer Drogenabstinenz nicht bei Antragstellung**

stadt

Herr

Hauptabteilung III Straßenverkehr
Kraftfahrzeugzulassungs- und
Fahrerlaubnisbehörde

Dienstgebäude:

Zimmer:
Sachbearbeitung:
Herr
Telefon:
Telefax:

Ihr Schreiben vom	Ihr Zeichen	Datum
2005		10.01.2005

Vollzug der Fahrerlaubnis-Verordnung(FeV)
Begutachtung der Fahreignung

Sehr geehrter Herr

mit Erkärung vom 2004 haben Sie auf Ihre Fahrerlaubnis verzichtet. Diese ist damit erloschen. Informationen zu einer Neuerteilung entnehmen Sie bitte beiliegendem Merkblatt. Im Rahmen dieses Antrages auf Neuerteilung wird dann von uns die erforderliche Begutachtung angeordnet. Informationen dazu liegen ebenfalls bei.

Wir weisen noch daraufhin, daß bei dieser Begutachtung in der Regel der Nachweis einer mindestens einjährigen Abstinenz gefordert wird.

Mit freundlichen Grüßen
Im Auftrag

U-Bahn: Linien	Tram/Bus: Linien	Parteienverkehr:	Internet:
Haltestelle	Haltestelle	Mo.,Di.,Do.,Fr. 7.00-12.00 Uhr	www.

2. Nachweis einer einjährigen Abstinenz

a) Wiedererteilung der Fahrerlaubnis nach dem Konsum von „harten Drogen"

Gemäß Ziff. 9.5 der Anlage 4 zu §§ 11, 13, 14 FeV ist ein auf Grund der Ziffern 9.1 bis 9.3 **1281**
zum Führen von Kraftfahrzeugen ungeeigneter Betroffener **nach Entgiftung und Entwöhnung** (bzw. nach einjähriger Abstinenz) geeignet, ein Kraftfahrzeug zu führen.[1386]

Daher wird von der Rechtsprechung[1387] angenommen, dass ein Konsument **harter Drogen erst nach einer Entgiftung oder Entwöhnung** bzw. nach einer einjährigen Abstinenz von Betäubungsmitteln wieder als geeignet angesehen werden kann, ein Kraftfahrzeug zu führen[1388] und auch der VGH Baden-Württemberg[1389] führt aus, dass ein **Konsument „harter Drogen"** erst dann als möglicherweise wieder geeignet zum Führen eines Kraftfahrzeuges angesehen werden könne, wenn dieser von Betäubungsmitteln **hinreichend entgiftet** ist.

Hat ein Betroffener allerdings nur einmalig Ecstasy oder Kokain „probiert", bedarf es nach **1282**
Ansicht von Bode[1390] und Geiger[1391] wohl kaum einer „Entgiftung" und auch Uhle[1392] weist darauf hin, dass nicht jeder Betroffene abhängig war und daher eine Entgiftung und Entwöhnung absolvieren muss.[1393]

Einer „Entgiftung" (oder Entwöhnung) bedarf nach Ansicht von Bode[1394] und des OVG **1283**
Bremen[1395] (nur), wer von Betäubungsmitteln (körperlich oder psychisch) abhängig ist oder wer, ohne abhängig zu sein, „missbräuchlich"[1396] oder regelmäßig Drogen zu sich nimmt, welche die körperlich-geistige (psychische) Leistungsfähigkeit eines Kraftfahrers unter das erforderliche Maß herabsetzen[1397] oder wer Drogen nimmt, die durch den besonderen Wirkungsablauf jederzeit zu unvorhersehbaren und plötzlichen Leistungseinbußen oder Beeinträchtigen führen können.

1386 Ob hierzu die vorherige Ungeeignetheit zum Führen von Kraftfahrzeugen rechtskräftig festgestellt worden sein müsste (Wiedererteilung), oder ob auch die Regelvermutung nach § 46 Abs. 1 S. 2 FeV i.V.m. § 46 Abs. 3 FeV (Entzugsverfahren) dafür ausreicht, kann dabei zunächst dahingestellt bleiben, zumal der *VGH Bayern* vom 9.5.2005, VRS 109, 64ff zwischen einer „materiellrechtlichen Einjahresfrist" und einer „verfahrensrechtlichen Einjahresfrist" unterscheidet.

1387 *VG München* vom 26.5.2004, Az. M 6a S 2632/04; *VG München* vom 27.1.2004, SVR 2004, 280.

1388 Vgl. dazu auch Rn. 1054ff.

1389 Vom 15.5.2002, DAR 2002, 370f.

1390 *Bode* BA 2004, 234ff (237).

1391 *Geiger* VBlBW 2004, 1ff (6).

1392 *Uhle* § 4 Die Begutachtung drogenauffälliger Kraftfahrer, Rn. 56.

1393 Nach Ansicht des *VG München* vom 27.1.2004, SVR 2004, 280 bedarf es unter Berufung auf die Begutachtungs-Leitlinien zur Kraftfahrereignung zur Wiedererlangung der Fahreignung jedoch nicht nur der Entgiftung und Entwöhnung, sondern sogar einer **zusätzlichen Abstinenz** von einem Jahr. Hat eine Entgiftung und Entwöhnung allerdings nicht stattgefunden, so beginnt demnach offensichtlich auch die einjährige Frist nicht laufen, vgl. *VGH Bayern* vom 4.4.2006, Az. 11 Cs 3214/05.

1394 *Bode* DAR 2002, 24ff (25).

1395 Vom 30.6.2003, DAR 2004, 284f.

1396 Vgl. zum Begriff Rn. 1236.

1397 Vgl. dazu auch *Bode* BA 2006, 81ff; *Bundesanstalt für Straßenwesen* Begutachtungs-Leitlinien zur Kraftfahrereignung, S. 43ff (43).

1284 Deshalb vertritt das OVG Bremen[1398] auch die Ansicht, dass die Prämisse einer Fahrerlaubnisbehörde, die **Wiedererlangung der Kraftfahrereignung** erst nach einer **mindestens einjährigen Drogenabstinenz** anzunehmen, auf Bedenken stoße, da diese Forderung nur für Personen gilt, die drogen**abhängig** waren[1399] und auch das OVG Saarland[1400] führt aus, dass sich Ziff. 9.5 der Anlage 4 zu §§ 11, 13, 14 FeV nur unmittelbar auf die Fälle beziehen dürfte, in denen eine Betäubungsmittelabhängigkeit bestand.

1285 Diese Ansicht ergibt sich auch aus den von der Bundesanstalt für Straßenwesen im Jahre 2000 in sechster Auflage herausgegebenen Begutachtungs-Leitlinien zur Kraftfahrereignung des Gemeinsamen Beirates für Verkehrsmedizin beim Bundesministerium für Verkehr, Bau- und Wohnungswesen und beim Bundesministerium für Gesundheit.[1401]

aa) Begutachtungs-Leitlinien zur Kraftfahrereignung

1286 Im Einzelnen führen diese Begutachtungs-Leitlinien Folgendes aus:

Diese Begutachtungsrichtlinien zur Kraftfahrereignung beinhalten Leitlinien aus medizinischer und psychologischer Sicht und basieren auf den Ausführungen der zweiten Führerscheinrichtlinie der Europäischen Gemeinschaft sowie der Fahrerlaubnisverordnung und tragen sowohl der Entwicklung der Eignungsbegutachtung auf medizinischem Gebiet, wie auch der Entwicklung auf psychologischem Gebiet Rechnung. Sie sollen dem Gutachter als Entscheidungshilfe für den Einzelfall dienen und sowohl die Bedürfnisse des Betroffenen an der Teilnahme im motorisierten Straßenverkehr als auch das Interesse der Allgemeinheit an der Sicherheit des Straßenverkehrs berücksichtigen. Dabei wird davon ausgegangen, dass ein Betroffener ein Kraftfahrzeug dann sicher führen kann, wenn auf Grund des individuellen körperlich-geistigen Zustandes beim Führen eines Kraftfahrzeuges keine Verkehrsgefährdung zu erwarten ist. Davon ist, von körperlichen Beeinträchtigungen wie etwa mangelndes Sehvermögen oder erheblicher organisch-psychischer Störungen wie Psychosen oder Schizophrenie abgesehen, jedoch dann nicht auszugehen, wenn der Kraftfahrer die Anforderungen beim Führen eines Kraftfahrzeuges, zu dem ein stabiles Leistungsniveau und auch die Beherrschung von Belastungen gehören, nicht mehr bewältigen kann. Eine Gefahr für den Straßenverkehr liegt auch vor, wenn von einem Kraftfahrer in einem absehbaren Zeitraum das Risiko des plötzlichen Versagens der psychischen Leistungsfähigkeit zu erwarten ist, also etwa hirnorganische Anfälle, Schockzustände, Bewusstseinstrübungen oder anfallsartige Schwindelzustände. Ungeeignet zum Führen von Kraftfahrzeugen ist ein Betroffener auch dann, wenn wegen sicherheitswidriger Einstellungen, mangelnder Einsicht oder Persönlichkeitsmängeln keine Gewähr dafür gegeben ist, dass er sich regelkonform und sicherheitsgerecht verhält.[1402]

Leistungsmängel ergeben sich unter anderem, wenn optische Informationen in ihrem Bedeutungsgehalt nicht ausreichend schnell und sicher wahrgenommen werden, die Zielorientierung im optischen Verkehrsraum nicht gelingt oder nicht sicher oder nur mit einem so deutlich erhöhten Zeitaufwand erfolgt, dass daraus in der konkreten Verkehrssituation eine Gefährdung entstehen würde.

Von Leistungsmängeln und damit einer Ungeeignetheit zum Führen von Kraftfahrzeugen ist ferner dann auszugehen, wenn die Konzentration zeitweilig oder dauernd in einer Weise

1398 Vom 30.6.2003, DAR 2004, 284f.
1399 Zur Abhängigkeit von Betäubungsmitteln vgl. Rn. 1233ff.
1400 Vom 1.6.2006, Az. 1 W 26/06.
1401 VkBl. 2000, 127f (Nr. 56).
1402 *Bundesanstalt für Straßenwesen* Begutachtungs-Leitlinien zur Kraftfahrereignung, S. 13.

gestört ist, dass die jeweils anstehende Fahraufgabe auf Grund von Abgelenktsein oder Fehldeutungen verkannt oder fehlerhaft gelöst wird. Ist die Aufmerksamkeitsverteilung nur unzulänglich, weil nur ein Teilbereich für den Kraftfahrer bedeutsamer Informationen erfasst wird, ist gleichfalls von einer mangelnden Leistungsfähigkeit auszugehen. Setzen notwendige motorische Reaktionen zu spät ein oder werden diese stark verzögert ausgeführt, erfolgen Reaktionen unsicher und eventuell vorschnell und situationsunangemessen oder werden unpräzise, motorisch ungeschickte, übertriebene oder überhastete Reaktionen ausgeführt, kommt das einer mangelnden Leistungsfähigkeit genauso gleich wie instabile psychische Leistungen in dem Sinne, dass die erforderliche Ausgewogenheit zwischen Schnelligkeit und Sorgfaltsleistung fehlt.[1403]

Diese Begutachtungs-Leitlinien zur Kraftfahrereignung führen zu Betäubungsmitteln unter **1287**
Punkt 3.12.1 Sucht (Abhängigkeit) u. a. weiter Folgendes aus:[1404]

„Wer Betäubungsmittel i.S.d. Betäubungsmittelgesetzes nimmt oder von ihnen abhängig ist, ist nicht in der Lage, den gestellten Anforderungen zum Führen von Kraftfahrzeugen gerecht zu werden. Dieses gilt nicht, wenn die Substanz aus der bestimmungsgemäßen Einnahme eines für einen konkreten Krankheitsfall verschriebenen Arzneimittels herrührt.

Wer regelmäßig (täglich oder gewohnheitsmäßig) Cannabis konsumiert, ist i.d.R. nicht in der Lage, den gestellten Anforderungen zum Führen von Kraftfahrzeugen gerecht zu werden. Ausnahmen sind nur in seltenen Fällen möglich, wenn eine hohe Wahrscheinlichkeit gegeben ist, dass Konsum und Fahren getrennt werden und wenn keine Leistungsmängel vorliegen.

Wer gelegentlich Cannabis konsumiert, ist in der Lage, den gestellten Anforderungen zum Führen von Kraftfahrzeugen gerecht zu werden, wenn er den Konsum von Cannabis und das Führen eines Kraftfahrzeuges trennen kann, wenn kein zusätzlicher Gebrauch von Alkohol oder anderen psychoaktiv wirkenden Stoffen erfolgt und wenn keine Störung der Persönlichkeit und kein Kontrollverlust vorliegen.

Wer, ohne abhängig zu sein, missbräuchlich oder regelmäßig Stoffe zu sich nimmt, die die körperlich geistige, d. h. psychische Leistungsfähigkeit eines Kraftfahrers ständig unter das erforderliche Maß herabsetzen oder die durch den besonderen Wirkungsablauf jederzeit unvorhersehbar und plötzlich seine Leistungsfähigkeit oder seine Fähigkeit zu verantwortlichen Entscheidungen, wie etwa den Verzicht auf die motorisierte Verkehrsteilnahme, vorübergehend beeinträchtigen können, ist nicht in der Lage, den gestellten Anforderungen zum Führen von Kraftfahrzeugen gerecht zu werden.

Sind die Voraussetzungen zum Führen von Kraftfahrzeugen ausgeschlossen, so können sie nur dann als wieder gegeben angesehen werden, wenn der Nachweis geführt wird, dass kein Konsum mehr besteht.

Bei Abhängigkeit (Hervorh. d.d. Verf.) ist i.d.R. eine erfolgreiche **Entwöhnungsbehandlung** zu fordern, die **stationär** oder im Rahmen anderer Einrichtungen für Suchtkranke erfolgen kann.

Nach[1405] **der Entgiftungs- und Entwöhnungszeit** ist i.d.R. eine einjährige Abstinenz durch ärztliche Untersuchungen nachzuweisen und zwar auf der Basis von mindestens vier unvorhersehbar anberaumten Laboruntersuchungen innerhalb dieser Jahresfrist in unregelmäßi-

1403 *Bundesanstalt für Straßenwesen* Begutachtungs-Leitlinien zur Kraftfahrereignung, S. 16.
1404 *Bundesanstalt für Straßenwesen* Begutachtungs-Leitlinien zur Kraftfahrereignung, S. 43ff.
1405 Hat eine (i.d.R. stationäre) Entgiftung und Entwöhnung somit nicht stattgefunden, beginnt auch die einjährige Frist nicht zu laufen.

gen Abständen. Zur Überprüfung der Angaben über angebliche Suchtstofffreiheit können insbesondere bei einer Reihe von Betäubungsmitteln auch Haare in die Analytik einbezogen werden, unter Umständen abschnittsweise.

Die besondere Rückfallgefahr **bei der Abhängigkeit** (Hervor. d.d. Verf.) rechtfertigt die Forderung nach Erfüllung bestimmter Voraussetzungen. Im Allgemeinen wird man hierfür den Nachweis einer erfolgreichen Entwöhnungsbehandlung verlangen müssen. Der Erfolg ist nicht schon bei Abschluss des Entzugs zu erkennen, sondern erst nach Ablauf des folgenden, besonders rezidivgefährdenden Jahres".

1288 Eine (stationäre) körperliche „**Entgiftung**" und psychische „**Entwöhnung**" wird daher auch auf Grund der Begutachtungs-Leitlinien zur Kraftfahrereignung (nur) dann zu fordern sein, wenn ein Betroffener von psychoaktiv wirksamen Substanzen abhängig war, etwa bei Alkohol oder Heroin und die Begutachtungs-Leitlinien zur Kraftfahrereignung sehen eine zwingende einjährige Abstinenz vor Wiedererteilung bzw. Neuerteilung einer Fahrerlaubnis nicht vor, wenn ein Betroffener einmal Ecstasy oder Kokain „probierte".[1406]

1289 In zahlreichen Fällen ist eine Wiedererteilung der Fahrerlaubnis somit offensichtlich bereits vor Ablauf von einem Jahr möglich,[1407] wozu auch der einmalige Konsum von „harten Drogen" zählen dürfte[1408] und entsprechend kann auch eine Entscheidung des **Bundesverwaltungsgerichts**[1409] (zur ähnlich gelagerten Problematik der Anordnung einer medizinisch-psychologischen Untersuchung) verstanden werden, wonach eine schematische und generalisierende Betrachtung dem Maßstab des Verhältnismäßigkeitsgrundsatzes nicht gerecht wird, sondern vielmehr eine **Einzelfallbetrachtung** unter Einbeziehung aller relevanten Umstände erforderlich ist und es ein wesentlicher Unterschied sei, ob ein Betroffener ein einziges Mal Betäubungsmittel konsumierte oder ob sich der Konsum über einige oder längere Zeit hingezogen hat.[1410]

bb) Substanzbezogene Beurteilung der Abstinenzdauer

1290 Hinsichtlich der Dauer einer Abstinenz differenziert das VG Lüneburg[1411] dahingehend, welches Betäubungsmittel ein Betroffener konsumierte und ob dieser **Cannabis oder Ecstasy** einnahm. Berücksichtigt man allerdings die Frage, ob ein Betroffener gelegentlich Cannabis konsumierte und unter dessen Einfluss oder Wirkung ein Kraftfahrzeug führte oder ob ein Betroffener einmalig Ecstasy oder Kokain probierte, ohne am Straßenverkehr teilgenommen zu haben, was in beiden Fällen zum Entzug der Fahrerlaubnis und damit zu dessen Wiedererteilung führen kann, so erscheint eine substanzbezogene Beurteilung der

1406 Und auch nicht, wenn ein Betroffener unter der Wirkung oder dem Einfluss von Cannabis am Straßenverkehr teilnahm.

1407 *VGH Baden-Württemberg* vom 30.9.2003, DAR 2004, 471ff = BA 2004, 288ff; *VGH Baden-Württemberg* vom 30.5.2003, DAR 2003, 481f; *VGH Baden-Württemberg* vom 15.5.2002, DAR 2002, 370f.

1408 **a.M.** *VGH Baden-Württemberg* vom 15.5.2002, DAR 2002, 370f; *VG München* vom 26.5.2004, Az. M 6a S 2632/04; *VG München* vom 27.1.2004, SVR 2004, 280.

1409 Vom 9.6.2005, DAR 2005, 581ff = NZV 2006, 52f = BA 2006, 49ff.

1410 Diese Ansicht deckt sich zudem auch mit der Vorbemerkung der Anlage 4 zu §§ 11, 13, 14 FeV: Nach Satz 3 der Vorbemerkung zur Anlage 4 zu §§ 11, 13, 14 FeV gelten die Bewertungen von Krankheiten und Mängeln in Hinblick auf die Fahreignung (nur) für den Regelfall, vgl. Rn. 868. Ausnahmen von diesen Regeln werden dann anzuerkennen sein, wenn in der Person eines Konsumenten Besonderheiten bestehen, die darauf schließen lassen, dass seine Fähigkeit, ein Kraftfahrzeug im Straßenverkehr sicher, umsichtig und verkehrsgerecht zu führen, (sowie sein Vermögen, zwischen dem Konsum von Betäubungsmitteln und der Teilnahme am Straßenverkehr [Anm. zukünftig] zuverlässig trennen zu können), gegeben sind.

1411 Vom 22.3.2004, DAR 2005, 54f = BA 2005, 504f = SVR 2004, 198f.

Abstinenzdauer nicht sachgerecht. **Welche Substanz** ein Betroffener konsumiert hat dürfte daher in Hinblick auf die Sicherheit des Straßenverkehrs eine eher untergeordnete Rolle spielen.[1412]

Gleichwohl sprechen auch Schubert/Schneider/Eisenmenger/Stephan[1413] in den Kommenta- **1291**
ren zu den Begutachtungs-Leitlinien zur Kraftfahrereignung von einer „substanzbezogenen Bewertung"; sie stellen aber klar, je weniger ausgeprägt die frühere Problematik war, umso geringer werden auch die Anforderungen an die Dauer der nachzuweisenden Abstinenzphase sein.

Es ist somit sachgerecht und verhältnismäßig, wenn die Zeit der Abstinenz vor Wiedererte- **1292**
lung einer Fahrerlaubnis (außer bei Betäubungsmittelabhängigkeit) **nicht auf ein Jahr pauschalisiert**, sondern nach der **Häufigkeit des Konsums**[1414] und des **Nachverhaltens**[1415] eines Betroffenen beurteilt wird.

b) Wiedererteilung der Fahrerlaubnis nach dem Konsum von Cannabis

Gemäß Ziff. 9.5 der Anlage 4 zu §§ 11, 13, 14 FeV i.V.m. der entsprechenden Vorbemerkung **1293**
ist ein auf Grund der Ziffern 9.1 bis 9.3 der Anlage 4 zu §§ 11, 13, 14 FeV zum Führen von Kraftfahrzeugen ungeeigneter Betroffener i.d.R. **nur** nach einer Entgiftung und Entwöhnung bzw. **nach einer einjährigen Abstinenz** von Betäubungsmitteln (wieder) geeignet, ein Kraftfahrzeug zu führen, wobei diese Vorschrift (nur) für einen Betäubungsmittelabhängigen gilt.[1416]

Der VGH Bayern[1417] vertritt allerdings die Ansicht, dass eine **analoge Verfahrensweise** auch auf die Sachverhalte anzuwenden ist, bei denen Betroffene nach Ziff. 9.2.2 der Anlage 4 zu §§ 11, 13, 14 FeV **gelegentlich**[1418] Cannabis konsumierten und nicht zwischen dem Konsum von Cannabis und dem Führen eines Kraftfahrzeuges trennten.

Selbst für den Fall, dass Ziff. 9.5 der Anlage 4 zu §§ 11, 13, 14 FeV tatsächlich nur für einen Betäubungsmittelabhängigen gelten würde, habe auch ein Betroffener, der gelegentlich Cannabis konsumierte und der unter der Wirkung von Cannabis ein Kraftfahrzeug führte, vor der Wiedererteilung bzw. Neuerteilung einer Fahrerlaubnis eine einjährige Abstinenz nachzuweisen.[1419]

1412 Vgl. dazu auch Rn. 999ff.

1413 *Schubert/Schneider/Eisenmenger/Stephan* Begutachtungs-Leitlinien zur Kraftfahrereignung, Kommentar, 1. Aufl., S. 111, Ziff. 1.2; *Schubert/Schneider/Eisenmenger/Stephan* Begutachtungs-Leitlinien zur Kraftfahrereignung, Kommentar, 2. Aufl., S. 191.

1414 So auch *Ziegert* Alkohol- und drogenauffällige Kraftfahrer aus der Sicht der Fahrerlaubnisverordnung, S. 7ff (25); s. dazu auch *LG Lübeck* vom 19.12.1991, NJW 1992, 1571ff; *Zwerger* DAR 2005, 431ff (437).

1415 Siehe dazu auch *Himmelreich* NZV 2005, 337ff (Nachtatverhalten in psychologischer Hinsicht als Ausnahme von der Regelvermutung).

1416 *OVG Saarland* vom 1.6.2006, Az. 1 W 26/06; *OVG Bremen* vom 30.6.2003, DAR 2004, 284f; *Bode* DAR 2002, 24ff (25).

1417 Vom 9.5.2005, VRS 109, 64ff.

1418 **Beachte:** Der *VGH Bayern* vom 25.1.2005, DAR 2006, 349ff (Az. 11 Cs 1453/05, Beschluss S. 19) vertritt auch die Ansicht, dass es bei einer Person, die nur ein Mal Cannabis konsumiert hat, kaum zu einem „verfestigten Konsumverhalten" gekommen sein kann. Der *VGH Bayern* vom 7.4.2006, Az. 11 Cs 2303/05 verzichtete daher bei einem einmaligen Konsumenten von Cannabis auf einen einjährigen tiefgreifenden und nachhaltigen Einstellungswandel und hält diesen in einem solchen Fall für entbehrlich.

1419 **Beachte** bei einer THC-Konzentration von unter 2,0 ng/ml auch Rn. 1126ff und Rn. 1151ff.

Damit veränderte das Gericht seine frühere Rechtsprechung, denn noch im Februar 2004 stellte auch der VGH Bayern[1420] klar, dass Ziff. 9.5 der Anlage 4 zu §§ 11, 13, 14 FeV nicht ausdrücklich regele, nach welcher Zeit ein Betroffener als wieder geeignet angesehen werden könne, ein Kraftfahrzeug zu führen und eine einjährige Abstinenz nur für einen Betäubungsmittelabhängigen gilt.

Aus der **Fahrerlaubnisverordnung** ergibt sich eine solche, vor der Wiedererteilung einer Fahrerlaubnis einzuhaltende Frist **von einem Jahr** für einen Betroffenen, der gelegentlich Cannabis konsumierte und der nicht zwischen dem Konsum von Cannabis und dem Führen eines Kraftfahrzeuges trennte, allerdings nicht. Vielmehr sind Fälle dieser Art in der Fahrerlaubnisverordnung nicht ausdrücklich geregelt.[1421]

1294 Diese offensichtlich fehlende Rechtsgrundlage wird durch den Verwaltungsgerichtshof auch nicht übersehen. Weil aber **in Ermangelung anderer tauglicher Anhaltspunkte** die (maximale) Länge dieser Frist kaum anders als durch einen **Rückgriff auf die in der Ziff. 9.5 der Anlage 4 zu §§ 11, 13, 14 FeV** normierte Einjahresfrist frei von Willkür bestimmt werden könne, müsse für die Frage, wann einem Cannabiskonsumenten die Fahrerlaubnis wiedererteilt werden könne, auf die Anlage 4 zu §§ 11, 13, 14 FeV zurückgegriffen werden.[1422]

1295 Diese Ansicht darf jedoch nicht missverstanden werden, denn die **Anlage 4** zu §§ 11, 13, 14 FeV entfaltet **keine strikte Bindungswirkung**[1423] und es ist nicht Aufgabe dieser Anlage 4 zu §§ 11, 13, 14 FeV, abschließende Regelungen zu treffen.[1424]

1296 Deshalb könnte auch hinterfragt werden, ob neben der Anlage 4 zu §§ 11, 13, 14 FeV und der von der Rechtsprechung entwickelten Grundsätze auch die Begutachtungs-Leitlinien zur Kraftfahrereignung,[1425] die Beurteilungskriterien in der medizinisch-psychologischen Fahreignungsdiagnostik[1426] und der Kommentar zu den Begutachtungs-Leitlinien zur Kraftfahrereignung[1427] in Ermangelung anderer eindeutiger Vorschriften als „andere taugliche Quellen" herangezogen werden können, um die Frage nach der maximalen, wie auch nach der minimalen Länge des Nachweises einer Abstinenz von Betäubungsmitteln zu begründen.

Wolle man dies bejahen, so stünden alle drei Dokumente einer pauschalen Forderung eines Nachweises einer mindestens einjährigen Abstinenz von Cannabis vor der Wiedererteilung einer Fahrerlaubnis entgegen.

1420 Vom 3.2.2004, SVR 2004, 396f.

1421 *OVG Saarland* vom 1.6.2006, Az. 1 W 26/06.

1422 *VGH Bayern* vom 25.1.2006, DAR 2006, 349ff = BA 2006, 422ff = SVR 2006, 393f (Az. 11 Cs 1453/05, Beschluss S. 17).

1423 *OVG Brandenburg* vom 22.7.2004, BA 2006, 60ff = SVR 2004, 437f; *Bode* BA 2006, 81ff (83).

1424 Vgl. auch Rn. 868.

1425 Die Bundesanstalt für Straßenwesen, Heft Mensch und Sicherheit M 115 hat im Jahre 2000 in sechster Auflage Begutachtungs-Leitlinien zur Kraftfahrereignung des Gemeinsamen Beirates für Verkehrsmedizin beim Bundesministerium für Verkehr, Bau- und Wohnungswesen und beim Bundesministerium für Gesundheit veröffentlicht, vgl. VkBl. 2000, 127f (Nr. 56).

1426 *Schubert/Mattern* Urteilsbildung in der medizinisch-psychologischen Fahreignungsdiagnostik; Beurteilungskriterien.

1427 *Schubert/Schneider/Eisenmenger/Stephan* Begutachtungs-Leitlinien zur Kraftfahrereignung, Kommentar, 2. Auflage.

aa) Begutachtungs-Leitlinien zur Kraftfahrereignung

Die Bundesanstalt für Straßenwesen[1428] hat im Jahre 2000 in sechster Auflage Begutachtungs-Leitlinien zur Kraftfahrereignung des Gemeinsamen Beirates für Verkehrsmedizin beim Bundesministerium für Verkehr, Bau- und Wohnungswesen und beim Bundesministerium für Gesundheit veröffentlicht.[1429] **1297**

Selbst wenn die Beurteilungs-Leitlinien zur Kraftfahrereignung für die Wiedererteilung einer Fahrerlaubnis eine zwingende einjährige Abstinenz von Cannabis vorsehen würden, was nicht,[1430] müsste diesen Ausführungen aber wohl entgegengehalten werden, dass es sich hierbei **nicht um Rechtsquellen** handelt, sondern diese Begutachtungs-Leitlinien einen Gutachter (nur) bei seiner Arbeit unterstützen sollen.

Das VG Neustadt[1431] und das VG Trier[1432] teilen diese Auffassung allerdings nicht. Vielmehr seien die Begutachtungs-Leitlinien normativ und das Gericht sei an diese normativen Bewertungen auch gebunden. Etwaige dortige Ausführungen entfalten allerdings auch nach Ansicht des **Bundesverwaltungsgerichts**[1433] keine strikte Bindungswirkung. **1298**

Den Begutachtungs-Leitlinien zur Kraftfahrereignung dürfte daneben auch zu entgegnen sein, dass diese aus dem Jahre 2000 stammen und folglich etwaige neuere wissenschaftliche Erkenntnisse nicht berücksichtigen können. Trotzdem werden diese Begutachtungs-Leitlinien nach wie vor von der Rechtsprechung[1434] herangezogen. **1299**

Allerdings entsprechen die **Beurteilungskriterien in der medizinisch-psychologischen Fahreignungsdiagnostik** und die **zweite Auflage des Kommentars zu den Begutachtungs-Leitlinien zur Kraftfahrereignung** dem aktuellen Stand der Wissenschaft. Wenn eine Fahrerlaubnisbehörde deshalb zu Fragen der Eignung zum Führen von Kraftfahrzeugen oder zur Wiedererteilung einer Fahrerlaubnis ausschließlich die **sechste Auflage** der **Begutachtungs-Leitlinien zur Kraftfahrereignung** aus dem **Jahre 2000** berücksichtigen würde, ist dies ungenügend.

1428 Heft Mensch und Sicherheit M 115.

1429 VkBl. 2000, 127f (Nr. 56).

1430 Vgl. Rn. 1288.

1431 Vom 22.6.2006, Az. 3 L 916/06 und vom 1.6.2006, Az. 3 L 753/06, wonach die Begutachtungs-Leitlinien normativ seien.

1432 Vom 22.2.2006, Az. 2 L 142/06, wonach das Gericht an diese normative Wertung gebunden ist.

1433 Vom 18.10.2001, Az. 3 B 90/01.

1434 Vgl. z.B. *VGH Bayern* vom 25.1.2006, DAR 2006, 349ff = BA 2006, 422ff = SVR 2006, 393f (Az. 11 Cs 1453/05, Beschluss S. 17); *VG Neustadt* vom 22.6.2006, Az. 3 L 916/06; *VG Neustadt* vom 1.6.2006, Az. 3 L 753/06; *VG Trier* vom 22.2.2006, Az. 2 L 142/06.

1300 **Beachtung der Begutachtungs-Leitlinien 6. Auflage**

stadt

HA

Gegen Postzustellungsurkunde

Telefon:
Telefax:
Zimmer:
Sachbearbeitung:
Herr
Datum: 01.03.2005

Vollzug der Fahrerlaubnisverordnung (FeV);
Gutachten über die Eignung zum Führen von Kraftfahrzeugen

Sehr

aus folgenden Gründen bestehen Zweifel an Ihrer Eignung zum Führen von Kraftfahrzeugen:

Einnahme von Betäubungsmitteln im Sinne des Betäubungsmittelgesetzes

(nähere Angaben zum Sachverhalt entnehmen Sie bitte dem beigefügten Beiblatt)

Zur Ausräumung der dadurch entstandenen Zweifel an Ihrer Fahreignung ist eine Fahreignungsbegutachtung unter Berücksichtigung der "Begutachtungs-Leitlinien zur Kraftfahrereignung" des gemeinsamen Beirats für Verkehrsmedizin beim Bundesministerium für Verkehr, Bau- und Wohnungswesen und beim Bundesministerium für Gesundheit, 6. erweiterte Auflage, Februar 2000, erforderlich.
Sie werden deshalb aufgefordert, ein medizinisch-psychologisches Gutachten einer amtlich anerkannten Begutachtungsstelle für Fahreignung über Ihre Eignung zum Führen von Kraftfahrzeugen innerhalb von drei Monaten beizubringen (§ 11 Abs. 6 Satz 2 FeV).

bb) Beurteilungskriterien in der medizinisch-psychologischen Fahreignungsdiagnostik

Die **Beurteilungskriterien in der medizinisch-psychologischen Fahreignungsdiagnostik** von **1301**
Schubert[1435]/ Mattern,[1436] die den Begutachtungs-Leitlinien zur Kraftfahrereignung in nichts nachstehen dürften, wie sich bereits aus dem dortigen Vorwort des Bundesministeriums für Verkehr, Bau- und Wohnungswesen ergibt, sprechen bei einer **Drogengefährdung** nicht von einer einjährigen Abstinenz.

Unter einer solchen „**Drogengefährdung**" ist ein **häufiger Cannabiskonsum** zu verstehen und / oder nur **der gelegentliche Konsum von Ecstasy oder Kokain**.[1437]

In einem solchen Fall ist nach Ansicht der Beurteilungskriterien (neben anderen weiteren Voraussetzungen) eine Abstinenzzeit erforderlich, die **drei Monate nicht unterschreiten** darf.[1438]

Hat ein Cannabiskonsum regelmäßig über einen „langen Zeitraum" stattgefunden, ist ein Abstinenzzeitraum von **sechs Monaten** nötig.[1439]

Nur bei einer **Drogenabhängigkeit** oder „fortgeschrittenen Drogenproblematik", die nicht mit einer „Drogengefährdung" verwechselt werden darf, ist (neben anderen Faktoren) eine einjährige Abstinenz einzuhalten.[1440]

Diese Beurteilungskriterien wurden von der Bundesanstalt für Straßenwesen verbindlich zum normativen Dokument erklärt und sorgen somit **bundeseinheitlich für gleiche Maßstäbe** und Verfahrensweisen. **1302**

cc) Kommentar zu den Begutachtungs-Leitlinien zur Kraftfahrereignung

Auch Schubert/Schneider/Eisenmenger/Stephan sprechen in der im Jahre 2005 erschiene- **1303**
nen erweiterten und überarbeiteten 2. Auflage des Kommentars zu den Begutachtungs-Leitlinien zur Kraftfahrereignung hinsichtlich einer einjährigen Frist von einem „Richtwert" bei Drogen**abgängigkeit** und fortgeschrittenem Drogen**missbrauch**[1441] und führen weiter aus, dass im Falle eines **gelegentlichen Cannabiskonsums** von einem solchen Konsumenten keine „längerfristige" Abstinenz zu fordern ist.[1442]

dd) Keine zwingende einjährige Abstinenz

Zu Recht führt auch das VG Braunschweig[1443] aus, dass es „nur" einer „**längeren Phase der** **1304**
Abstinenz" bedarf. Das OVG Saarland[1444] lässt offen, ob die Abstinenzzeit vor Wiedererteilung einer Fahrerlaubnis sechs Monate oder ein Jahr betragen muss, stellt aber fest, dass ein Zeitraum von **zwei Monaten** in keinem Fall ausreicht. Das OVG Sachsen[1445] ist der Ansicht,

1435 Dipl.-Psych. Dr. rer. nat. Wolfgang *Schubert*, Vorsitzender der Deutschen Gesellschaft für Verkehrspsychologie, Berlin.
1436 Prof. Dr. med. Rainer *Mattern*, Universität Heidelberg, Präsident der Deutschen Gesellschaft für Verkehrsmedizin.
1437 *Schubert/Mattern* Urteilsbildung in der medizinisch-psychologischen Fahreignungsdiagnostik; Beurteilungskriterien, S. 127f; s. dazu auch *Bundesanstalt für Straßenwesen* Kongressbericht 2005 der Deutschen Gesellschaft für Verkehrsmedizin e.V., S. 66f.
1438 Schubert/Mattern aaO. S. 130.
1439 Schubert/Mattern aaO. S. 130.
1440 *Schubert/Mattern* aaO. S. 125; vgl. auch die Ausführungen unter Rn. 1159.
1441 Seite 190.
1442 Seite 194.
1443 Vom 21.1.2004, SVR 2004, 118f/237f und vom 23.02.2005, NZV 2005, 435ff.
1444 Vom 30.9.2002, BA 2003, 166ff.
1445 Vom 4.2.2004, Az. 3 BS 65/02.

dass in dem dortigen Fall bei einem Betroffenen eine **sechsmonatige Abstinenz** mit einer **anschließenden verkehrspsychologischen Beratung** erforderlich sei.

1305 Unabhängig von der Frage, welche konkreten **Minimalanforderungen** hinsichtlich der Abstinenzzeit von einem Betroffenen bei der Antragstellung zur Neuerteilung einer Fahrerlaubnis zu fordern sind, scheint es aber im Interesse der Verkehrssicherheit und zum Schutz anderer Verkehrsteilnehmer höchst sinnvoll und nötig, von einem Betäubungsmittelkonsumenten zumindest eine „längere Drogenabstinenz“ zu fordern, um festzustellen, dass der Drogenverzicht nicht nur aus rein prozesstaktischen Gründen erfolgte,[1446] sondern ein tatsächlicher tiefgreifender und stabiler Einstellungswandel vorliegt[1447] und kein Rückfallrisiko[1448] zu prognostizieren ist.

1306 Im Wiedererteilungsverfahren[1449] wird es daher auch nicht ausreichen, wenn ein beispielsweise regelmäßiger Cannabiskonsument seine **Konsumgewohnheiten** nur **umgestellt** hat und nunmehr nur noch „gelegentlich“ Cannabis konsumiert.[1450]

1307 Trotz der vorstehenden Feststellungen wäre es allerdings ein **Irrtum** anzunehmen, dass die Verwaltungsbehörde einem Betroffenen **zumindest spätestens nach einem Jahr** eine neue Fahrerlaubnis erteilen **muss**.

Das OVG Nordrhein-Westfalen[1451] lässt nämlich beispielsweise selbst einen **Zeitablauf von 12 Monaten** nicht als ausreichend genügen. Vielmehr weist das Gericht ausdrücklich darauf hin, dass ein Betroffener auch vortragen müsste, inwieweit hinreichende Anhaltspunkte dafür vorlägen, dass dieser aus einem „einmaligen Fehlverhalten“ gelernt habe, etwa durch die **Inanspruchnahme einer verkehrspsychologischen Beratungsstelle** und auch das VG München[1452] führt aus, dass ein Betroffener nicht schon deshalb als wieder geeignet zum Führen von Kraftfahrzeugen angesehen werden kann, weil seit dem Entzug der Fahrerlaubnis ein Jahr vergangen ist.

1308 Ein reiner **Zeitablauf alleine** kann auch nach Ansicht des **Bundesverwaltungsgerichts**[1453] nicht zur Wiedererlangung der Fahreignung führen.

Vielmehr ist **nach einer „mehrmonatigen Abstinenz“** gem. § 14 Abs. 2 FeV eine zusätzliche **medizinisch-psychologische Untersuchung** zwingend erforderlich.

1446 *VGH Baden-Württemberg* vom 30.9.2003, DAR 2004, 471ff = BA 2004, 288ff.

1447 *VGH Bayern* vom 9.5.2005, VRS 109, 64ff.

1448 *Schubert/Schneider/Eisenmenger/Stephan* Begutachtungs-Leitlinien zur Kraftfahrereignung, Kommentar, 1. Aufl., S. 121, Ziff. 4.2.1.

1449 Anders im Entzugsverfahren, vgl. *VG Aachen* vom 6.10.2004, Az. 3 L 799/04.

1450 *OVG Saarland* vom 30.9.2002, BA 2003, 166ff; *VGH Bayern* vom 12.9.2002, Az. 11 Cs 1131/02; *VGH Bayern* vom 29.8.2002 Az. 11 Cs 1606/02; *Geiger* VBlBW 2004, 1ff (6); *Schubert/Schneider/Eisenmenger/Stephan* Begutachtungs-Leitlinien zur Kraftfahrereignung, Kommentar, 1. Aufl., S. 124, Ziff. 4.2.4; *Schubert/Schneider/Eisenmenger/Stephan* Begutachtungs-Leitlinien zur Kraftfahrereignung, Kommentar, 2. Aufl., S. 194; **a.M.** wohl *OVG Saarland* vom 1.6.2006, Az. 1 W 26/06, wonach statt einer völligen Abstinenz unter Umständen eine Umstellung der Konsumgewohnheiten genügt.

1451 Vom 21.7.2004, DAR 2004, 721ff = NZV 2005, 435 = BA 2006, 253 = VRS 109, 79f.

1452 Vom 26.05.2004, Az. M 6a S 2632/04.

1453 Vom 9.6.2005, DAR 2005, 581ff = NZV 2006, 52f = BA 2006, 49ff.

3. Medizinisch-psychologische Untersuchung im „Wiedererteilungsverfahren“ gem. § 14 Abs. 2 FeV

Gemäß § 14 Abs. 2 Nr. 1 FeV und § 14 Abs. 2 Nr. 2 FeV ist eine **medizinisch-psychologische** **1309**
Untersuchung anzuordnen, wenn eine Fahrerlaubnis wegen Abhängigkeit oder Einnahme von Betäubungsmitteln (verwaltungsrechtlich) entzogen war oder wenn zu klären ist, ob ein Betroffener weiterhin Betäubungsmittel einnimmt.[1454]

Die Begutachtungs-Leitlinien zur Kraftfahrereignung[1455] führen aber aus, dass zur Annahme einer positiven Verkehrsprognose positive **körperliche Befunde** einschließlich „normaler“ **Laborbefunde** sowie ein tiefgreifender und stabiler Einstellungswandel erforderlich sind, der es wahrscheinlich macht, dass ein Betroffener in Zukunft keine Betäubungsmittel mehr konsumiert.[1456]

Deshalb könnte hinterfragt werden, ob für die Wiedererteilung einer Fahrerlaubnis auch die Vorlage eines **ärztlichen Gutachtens** über eine Drogenabstinenz von einem Jahr genügt.

Zwar kann durch eine **ärztliche Untersuchung** eine längere Zeit der Abstinenz als wahr- **1310**
scheinlich gelten und es spricht einiges für einen positiven Einstellungswandel, wenn mehrere unter forensischen Bedingungen erfolgte Drogenscreenings oder eine Haaruntersuchung keinen Betäubungsmittelkonsum belegen, um aber einen tatsächlich erfolgten stabilen und tiefgreifenden Einstellungswandel auch für die Zukunft zu prognostizieren bedarf es einer **psychologischen Bewertung** und somit einer medizinischen **und** einer psychologischen Untersuchung gem. § 14 Abs. 2 Nr. 1 FeV und § 14 Abs. 2 Nr. 2 FeV.[1457]

Wer unter dem Einfluss von Drogen ein Kraftfahrzeug führte, handelte im höchsten Maße **1311**
verantwortungslos und es bedarf dringend einer Änderung dieser Einstellung.[1458] Die Überprüfung dieser charakterlichen Einstellung kann nicht mittels eines Drogenscreenings oder einer fachärztlichen Untersuchung erfolgen.[1459]

Zu überdenken wäre zwar möglicherweise, ob bei Absolvierung eines akkreditierten Dro- **1312**
genkontrollprogrammes und der Inanspruchnahme einer **anerkannten Verkehrstherapie** eine medizinisch-psychologische Untersuchung vor Wiedererteilung einer Fahrerlaubnis, jedenfalls einzelfallbezogen, unnötig sein könnte;[1460] die „Muss-Vorschrift“ des § 14 Abs. 2 FeV lässt dafür jedoch keinerlei Raum.[1461]

Allerdings könnte die Vorschrift des § 14 Abs. 2 FeV gegen den **Grundsatz der Verhältnismäßigkeit** verstoßen, wenn seit dem Entzug einer Fahrerlaubnis oder dem Konsum von Betäubungsmitteln bereits mehrere Jahre vergangen sind.

Nach Ansicht des VGH Baden-Württemberg[1462] ist eine medizinisch-psychologische Unter- **1313**
suchung selbst dann vorzunehmen, wenn seit einem Fahrerlaubnisentzug wegen des Konsums von Betäubungsmitteln bereits sieben Jahre vergangen sind.

1454 Vgl. auch Rn. 1165ff.
1455 Ziff. 3.12.1, Seite 44.
1456 So auch *VGH Bayern* vom 9.5.2005, VRS 109, 64ff.
1457 *VGH Bayern* vom 2.4.2004, Az. 11 Cs 298/03; *OVG Hamburg* vom 24.4.2002, BA 2004, 95ff.
1458 *Hillmann* DAR 2003, 106ff; s. auch *Hillmann* DAR 2005, 601ff.
1459 *VGH Hessen* vom 26.10.1998, StV 1999, 23f.
1460 Vgl. *Hillmann* DAR 2003, 106ff (108f); *Hillmann* DAR 2005, 601ff (602); *Himmelreich* DAR 2005, 130ff (131).
1461 Vgl. auch Rn. 1064.
1462 Vom 18.5.2004, NZV 2005, 215ff = BA 2006, 57ff = SVR 2004, 476.

1314 Nach Ansicht des **Bundesverwaltungsgerichts**[1463] sind Zweifel an der Eignung zum Führen von Kraftfahrzeugen und somit die Vorlage eines medizinisch-psychologischen Gutachtens selbst dann berechtigt, wenn ein Betroffener **vor zehn Jahren** von Betäubungsmitteln abhängig war, sofern dieser Erkenntnis eine **Tilgung** und ein **Verwertungsverbot** nicht entgegenstehen.

1463 Vom 9.6.2005, DAR 2005, 581ff = NZV 2006, 52f = BA 2006, 49ff (Az. 3 C 25/04) und vom 9.6.2005, DAR 2005, 578ff (Az. 3 C 21/04).

Anhang

1. Archido

Das ARCHIDO wurde im Jahr 1987 als Archiv und Dokumentationszentrum für deutschsprachige Drogenliteratur vom Bremer Institut für Drogenforschung an der Universität Bremen gegründet.

In den vergangenen Jahren hat das ARCHIDO seine Dienstleistungen kontinuierlich erweitert und sich zu einem interdisziplinär ausgerichteten Informations- und Forschungszentrum für Tabak, Alkohol, Drogen, Medikamente und Sucht entwickelt.

Ziel des ARCHIDO ist die fachübergreifende und systematische Sammlung, Erschließung sowie Bereitstellung fundierter Informationen über Drogen und Sucht.

Der umfangreiche mehrsprachige Literaturbestand umfasst ca. 80.000 Titel und setzt sich aus Fachbüchern, Fachzeitschriften und audiovisuellen Medien zusammen. Hierzu zählen auch Hochschulschriften, Forschungsberichte, Jahres- und Tätigkeitsberichte, Konferenzveröffentlichungen, Präventions- und Informationsmaterial, Unterrichtsmaterialien, Gesetzestexte und Urteile. Sämtliche Publikationen stehen den Nutzerinnen und Nutzern unter der URL www.archido.de für die Online-Recherche zur Verfügung.

Neben der Präsentation des vielfältigen Medienbestandes in einer Fachbibliothek an der Universität Bremen beteiligt sich das ARCHIDO aktiv an der Durchführung nationaler und internationaler Forschungsprojekte in den Bereichen Dokumentationsmethodologie und Informationswissenschaften.

Darüber hinaus arbeitet das ARCHIDO mit Beschäftigungsträgern zusammen, bietet Auszubildenden im Bereich Archiv / Dokumentation / Bibliothek einen Praktikumsplatz und betreut in Zusammenarbeit mit dem Verein „Bremer Brücke e.V." junge Straffällige, die gemeinnützige Arbeit leisten statt eine Haftstrafe zu verbüßen.

Das ARCHIDO ist im Vereinsregister des AG Bremen unter der Nr. 4325 eingetragen und wurde vom Finanzamt Bremen unter der Nr. 71-609/8089 als gemeinnützig anerkannt. Da das ARCHIDO kostenlos arbeitet, ist es auf Sponsoren und Spendengelder angewiesen. Der Verein bietet daher auch die Möglichkeit einer steuerlich absetzbaren Fördermitgliedschaft.

Gemäß § 153a StPO kann die Staatsanwaltschaft bei einem Vergehen vorläufig von der Erhebung einer Anklage absehen, sofern der Beschuldigte nach Abs. 1 S. 2 einen Geldbetrag zugunsten einer gemeinnützigen Einrichtung leistet.

Nach § 153a Abs. 2 StPO kann das Verfahren auch eingestellt werden.

Auch als Bewährungsauflage ist die Zahlung eines Geldbetrages an eine gemeinnützige Einrichtung möglich.

Es erscheint sinnvoll, gerade bei Drogendelikten speziell das ARCHIDO zu bedenken.

ARCHIDO e.V.
Universität Bremen, FB 06
Prof. Dr. Heino Stöver
Gebäude GW I, Raum C 0005
Postfach 330 440
28334 Bremen
Paketanschrift:
Bibliothekstr. 1
28359 Bremen
Telefon: (0421) 218 40 35
Telefax: (0421) 218 36 84
E-Mail: archido@uni-bremen.de
Internet: www.archido.de

2. § 14 Fahrerlaubnisverordnung

Klärung von Eignungszweifeln in Hinblick auf Betäubungsmittel und Arzneimittel

(Abs. 1) [1]Zur Vorbereitung von Entscheidungen über die Erteilung oder die Verlängerung der Fahrerlaubnis oder über die Anordnung von Beschränkungen oder Auflagen ordnet die Fahrerlaubnisbehörde an, dass ein **ärztliches Gutachten** (§ 11 Abs. 2 Satz 3) beizubringen ist, wenn **Tatsachen die Annahme begründen**, dass

Nr. 1 Abhängigkeit von Betäubungsmitteln im Sinne des Betäubungsmittelgesetzes in der Fassung der Bekanntmachung vom 01.03.1994 (BGBl. I S. 358), zuletzt geändert durch Artikel 4 des Gesetzes vom 26.01.1998 (BGBl. I S. 160), in der jeweils geltenden Fassung, oder von anderen psychoaktiv wirkenden Stoffen,

Nr. 2 **Einnahme von Betäubungsmitteln** im Sinne des Betäubungsmittelgesetzes oder

Nr. 3 missbräuchliche Einnahme von psychoaktiv wirkenden Arzneimitteln oder anderen psychoaktiv wirkenden Stoffen **vorliegt**.

[2]Die Beibringung eines ärztlichen Gutachtens kann angeordnet werden, wenn der Betroffene **Betäubungsmittel** im Sinne des Betäubungsmittelgesetzes **widerrechtlich besitzt oder besessen hat**. [3]Das ärztliche Gutachten nach Satz 1 Nr. 2 oder 3 kann auch von einem Arzt, der die Anforderungen an den Arzt nach Anlage 14 erfüllt, erstellt werden. [4]Die Beibringung eines medizinisch-psychologischen Gutachtens kann angeordnet werden, wenn gelegentliche Einnahme von Cannabis vorliegt und weitere Tatsachen Zweifel an der Eignung begründen.

(Abs. 2) Die Beibringung eines medizinisch-psychologischen Gutachtens ist für die Zwecke nach Absatz 1 anzuordnen, wenn

Nr. 1 die Fahrerlaubnis aus einem der in Absatz 1 genannten Gründe entzogen war oder

Nr. 2 zu klären ist, ob der Betroffene noch abhängig ist oder (ohne abhängig zu sein) weiterhin die in Absatz 1 genannten Mittel und Stoffe einnimmt.

3. § 11 Fahrerlaubnisverordnung

Eignung

(Abs. 1) [1]Bewerber um eine Fahrerlaubnis müssen die hierfür notwendigen körperlichen und geistigen Anforderungen erfüllen. [2]Die Anforderungen sind insbesondere nicht erfüllt, wenn eine Erkrankung oder ein Mangel nach Anlage 4 oder 5 vorliegt, wodurch die Eignung oder die bedingte Eignung zum Führen von Kraftfahrzeugen ausgeschlossen wird. [3]Außerdem dürfen die Bewerber nicht erheblich oder nicht wiederholt gegen verkehrsrechtliche Vorschriften oder Strafgesetze verstoßen haben, so dass dadurch die Eignung ausgeschlossen wird. Bewerber um die Fahrerlaubnis der Klasse D oder D1 müssen auch die Gewähr dafür bieten, dass sie der besonderen Verantwortung bei der Beförderung von Fahrgästen gerecht werden.

(Abs. 2) [1]Werden Tatsachen bekannt, die Bedenken gegen die körperliche oder geistige Eignung des Fahrerlaubnisbewerbers begründen, kann die Fahrerlaubnisbehörde zur Vorbereitung von Entscheidungen über die Erteilung oder Verlängerung der Fahrerlaubnis oder über die Anordnung von Beschränkungen oder Auflagen die Beibringung eines ärztlichen Gutachtens durch den Bewerber anordnen. [2]Bedenken gegen die körperliche oder geistige Eignung bestehen insbesondere, wenn Tatsachen bekannt werden, die auf eine Erkrankung oder einen Mangel nach Anlage 4 oder 5 hinweisen. [3]Die Behörde bestimmt in der Anordnung auch, ob das Gutachten von einem

Nr. 1 für die Fragestellung (Absatz 6 Satz 1) zuständigen Facharzt mit verkehrsmedizinischer Qualifikation,

Nr. 2 Arzt des Gesundheitsamtes oder einem anderen Arzt der öffentlichen Verwaltung,

Nr. 3 Arzt mit der Gebietsbezeichnung „Arbeitsmedizin“ oder der Zusatzbezeichnung „Betriebsmedizin“,

Nr. 4 Arzt mit der Gebietsbezeichnung „Facharzt für Rechtsmedizin“ oder

Nr. 5 Arzt in einer Begutachtungsstelle für Fahreignung, der die Anforderungen nach Anlage 14 erfüllt,

erstellt werden soll. [4]Die Behörde kann auch mehrere solcher Anordnungen treffen. Der Facharzt nach Satz 3 Nr. 1 soll nicht zugleich der den Betroffenen behandelnde Arzt sein.

(Abs. 3) [1]Die Beibringung eines Gutachtens einer amtlich anerkannten Begutachtungsstelle für Fahreignung (medizinisch-psychologisches Gutachten) kann zur Klärung von Eignungszweifeln für die Zwecke nach Absatz 2 angeordnet werden,

Nr. 1 wenn nach Würdigung der Gutachten gemäß Absatz 2 oder Absatz 4 ein medizinisch-psychologisches Gutachten zusätzlich erforderlich ist,

Nr. 2 zur Vorbereitung einer Entscheidung über die Befreiung von den Vorschriften über das Mindestalter,

Nr. 3 bei erheblichen Auffälligkeiten, die im Rahmen einer Fahrerlaubnisprüfung nach § 18 Abs. 3 mitgeteilt worden sind,

Nr. 4 bei erheblichen oder wiederholten Verstößen gegen verkehrsrechtliche Vorschriften oder bei Straftaten, die im Zusammenhang mit dem Straßenverkehr oder im Zusammenhang mit der Kraftfahrereignung stehen oder bei denen Anhaltspunkte für ein hohes Aggressionspotential bestehen

oder

Nr. 5 bei der Neuerteilung der Fahrerlaubnis, wenn

a) die Fahrerlaubnis wiederholt entzogen war oder

b) der Entzug der Fahrerlaubnis auf einem Grund nach Nummer 4 beruhte.

[2]Unberührt bleiben medizinisch-psychologische Begutachtungen nach § 2a Abs. 4 und 5 und § 4 Abs. 10 Satz 3 des Straßenverkehrsgesetzes sowie § 10 Abs. 2 und den §§ 13 und 14 in Verbindung mit den Anlagen 4 und 5 dieser Verordnung.

(Abs. 4) Die Beibringung eines Gutachtens eines amtlich anerkannten Sachverständigen oder Prüfers für den Kraftfahrzeugverkehr kann zur Klärung von Eignungszweifeln für die Zwecke nach Absatz 2 angeordnet werden,

Nr. 1 wenn nach Würdigung der Gutachten gemäß Absatz 2 oder Absatz 3 ein Gutachten eines amtlich anerkannten Sachverständigen oder Prüfers zusätzlich erforderlich ist oder

Nr. 2 bei Behinderungen des Bewegungsapparates, um festzustellen, ob der Behinderte das Fahrzeug mit den erforderlichen besonderen technischen Hilfsmitteln sicher führen kann.

(Abs. 5) Für die Durchführung der ärztlichen und der medizinisch-psychologischen Untersuchung sowie für die Erstellung der entsprechenden Gutachten gelten die in der Anlage 15 genannten Grundsätze.

(Abs. 6) [1]Die Fahrerlaubnisbehörde legt unter Berücksichtigung der Besonderheiten des Einzelfalls und unter Beachtung der Anlagen 4 und 5 in der Anordnung zur Beibringung des Gutachtens fest, welche Fragen im Hinblick auf die Eignung des Betroffenen zum Führen von Kraftfahrzeugen zu klären sind. [2]Die Behörde teilt dem Betroffenen unter Darlegung der Gründe für die Zweifel an seiner Eignung und unter Angabe der für die Untersuchung in Betracht kommenden Stelle oder Stellen mit, dass er sich innerhalb einer von ihr festgelegten Frist auf seine Kosten der Untersuchung zu unterziehen und das Gutachten beizubringen hat; sie teilt ihm außerdem mit, dass er die zu übersendenden Unterlagen einsehen kann. [3]Der Betroffene hat die Fahrerlaubnisbehörde darüber zu unterrichten, welche Stelle er mit der Untersuchung beauftragt hat. [4]Die Fahrerlaubnisbehörde teilt der untersuchenden Stelle mit, welche Fragen im Hinblick auf die Eignung des Betroffenen zum Führen Kraftfahrzeugen zu klären sind und übersendet ihr die vollständigen Unterlagen, soweit sie unter Beachtung der gesetzlichen Verwertungsverbote verwendet werden dürfen. [5]Die Untersuchung erfolgt auf Grund eines Auftrages durch den Betroffenen.

(Abs. 7) Steht die Nichteignung des Betroffenen zur Überzeugung der Fahrerlaubnisbehörde fest, unterbleibt die Anordnung zur Beibringung des Gutachtens.

(Abs. 8) [1]Weigert sich der Betroffene, sich untersuchen zu lassen, oder bringt er der Fahrerlaubnisbehörde von ihr geforderte Gutachten nicht fristgerecht bei, darf sie bei ihrer Entscheidung auf die Nichteignung des Betroffenen schließen. [2]Der Betroffene ist hierauf bei der Anordnung nach Absatz 6 hinzuweisen.

(Abs. 9) Unbeschadet der Absätze 1 bis 8 haben die Bewerber um die Erteilung oder Verlängerung einer Fahrerlaubnis der Klassen C, C1, CE, C1E, D, D1, DE oder D1E zur Feststellung ihrer Eignung der Fahrerlaubnisbehörde einen Nachweis nach Maßgabe der Anlage 5 vorzulegen.

(Abs. 10) Hat der Betroffene an einem Kurs teilgenommen, um festgestellte Eignungsmängel zu beheben, genügt in der Regel zum Nachweis der Wiederherstellung der Eignung statt eines erneuten medizinisch-psychologischen Gutachtens eine Teilnahmebescheinigung, wenn

Nr. 1 der betreffende Kurs nach § 70 anerkannt ist,

Nr. 2 auf Grund eines medizinisch-psychologischen Gutachtens einer Begutachtungsstelle für Fahreignung die Teilnahme des Betroffenen an dieser Art von Kursen als geeignete Maßnahme angesehen wird, seine Eignungsmängel zu beheben, und

Nr. 3 die Fahrerlaubnisbehörde der Kursteilnahme nach Nummer 2 zugestimmt hat.

(Abs. 11) [1]Die Teilnahmebescheinigung muss

Nr. 1 den Familiennamen und Vornamen, den Tag und Ort der Geburt und die Anschrift des Seminarteilnehmers,

Nr. 2 die Bezeichnung des Seminarmodells und

Nr. 3 Angaben über Umfang und Dauer des Seminars

enthalten. [2]Sie ist vom Seminarleiter und vom Seminarteilnehmer unter Angabe des Ausstellungsdatums zu unterschreiben. [3]Die Ausstellung der Teilnahmebescheinigung ist vom Kursleiter zu verweigern, wenn der Teilnehmer nicht an allen Sitzungen des Kurses teilgenommen oder die Anfertigung von Hausaufgaben verweigert hat.

Literaturverzeichnis

Aderjan, Rolf: Stellungnahme zur öffentlichen Anhörung zum Gesetzentwurf der Bundesregierung, Entwurf eines Gesetzes zur Änderung des Straßenverkehrsgesetzes (sic) – Drucksache 13/3764 – (Drogen im Straßenverkehr), [Masch.-schr. an den Deutschen Bundestag vom 04.02.1997].

ders.: Toxikologischer Cannabisnachweis, in: Berghaus, Günter; Krüger, Hans-Peter: Cannabis im Straßenverkehr, 1998.

ders.: Qualitätskontrolle für quantitative Analysen von Betäubungsmitteln im Blut, in: Berichte der Bundesanstalt für Straßenwesen, Mensch und Sicherheit, Heft M 87, 1998.

ders.: Berechnung der Nachweis-, der Erfassungs- und der Bestimmungsgrenze von Tetrahydrocannabinol (THC) in Serum, BA 1999, 362ff.

ders.: GC/MS-Bestimmung von THCCOOH im Serum: Vergleich verschiedener Aufarbeitungsmethoden und Einfluss von THCCOOH-Glucuronid, BA 2000, 48ff.

ders.: Beurteilungskriterien der Kraftfahreignung aus toxikologischer Sicht, in: Berichte der Bundesanstalt für Straßenwesen, Mensch und Sicherheit, Heft 152, 2003.

ders.: Wissenschaftliche Bewertung von GTFCh-Ringversuchen für Betäubungsmittel im Blut 2003, BA 2005, 20ff.

Albrecht, Frank: Fahren unter Drogen nach der Entscheidung des Bundesverfassungsgerichts, SVR 2005, 81ff.

Allgemeiner Deutscher Automobil-Club: Mitteilungen der Juristischen Zentrale, Nr. II. 4/2002; Nr. II. 6/2002; Nr. 16/2006.

ders.: Adajur-Newsletter vom 01.03.2005, Dok. Nr. 61807.

Andresen, Hilke: Führt der Verzehr von Mohnsamen zu positiven Opiat-Befunden im Urin, Blut und Haaren?, BA 2004, 191ff.

Arzt, Clemens: Polizeiliche Datenerhebung und Datenverarbeitung zur Gefahrenabwehr im Straßenverkehr, SVR 2006, 10ff.

Bär, Hanns: Die Rechtsprechung des Bayerischen Obersten Landesgerichts in Verkehrsstrafsachen und Bußgeldverfahren, DAR 1992, 361ff.

Barnett, Gene: Marijuana effect and delta-9-tetrahydrocannabinol plasma level, in: Clinical Pharmacology and Therapeutics, 1984, 234ff, Band 36, (Zeitschrift USA, [Offizielles Mitteilungsblatt der American Society for Clinical Pharmacology and Therapeutics und der American Society for Pharmacology and Experimental Therapeutics] siehe auch URL: http://www.elsevier.com).

Bayerischer Landesbeauftragter für den Datenschutz: 18. Tätigkeitsbericht vom 18.12.1998.

Bayerisches Staatsministerium des Innern: Feststellung von Alkohol-, Medikamenten- und Drogeneinfluss bei Straftaten und Ordnungswidrigkeiten; Sicherstellung und Beschlagnahme von Führerscheinen vom 05.04.2001, AllMBl. 2001, 165ff.

ders.: Bayerische Verkehrsunfallbilanz 2004, [Pressemitteilung Nr. 80/05 vom 24.02.2005].

ders.: Vorstellung Jahresunfallstatistik 2005, [Pressemitteilung Nr. 105/06 vom 23.03.2006].

ders.: Richtlinie für die polizeiliche Verkehrsüberwachung vom 12.05.2006, Az. I C 4-3618.2-31, AllMBl 2006, 155ff.

Beck, Wolf-Dieter: OWi-Sachen im Straßenverkehrsrecht, 5. Aufl. 2006.

Becker, Klaus-Peter: Alkohol im Straßenverkehr, Bußgeld- und Strafverfahren, 4. Aufl. 2004.

Becker, Olaf: Grenzwertbestimmung bei Drogen – Analyseverfahren kennen und polizeilich beweissichernd handeln, Kriminalistik 2004, 173ff.

Below, Elke: Hanfprodukte auf dem deutschen Lebensmittelmarkt, BA 2005, 442ff.

Benfer, Jost: Die strafprozessuale Haussuchung als implizierte Befugnis?, NJW 1980, 1611f.

Beratung und Aufklärung bei Führerscheinproblemen e.V.: Anwaltliche Vertretung? Zu Risiken und Nebenwirkungen fragen sie (sic) den BAF e.V., [Masch.-schr. o.D.] [Eglfing].

Berger, Martin: Führerschein / MPU; Punkte – Alkohol – Drogen, 2000.

Berghaus, Günter: Methadon-Substitution und Fahreignung, NZV 1994, 377ff.

ders.: Cannabis und Fahrtüchtigkeit – Relationen zwischen Blutalkohol- und Tetrahydrocannabinol (THC)-Konzentrationen auf der Basis einer Metaanalyse experimenteller Studien, in: Berichte der Bundesanstalt für Straßenwesen, Mensch und Sicherheit, Heft M 41, 1995.
ders.: Kurze Zusammenfassung der Beantwortung der gestellten Fragen, [Masch.-Schr. an den Deutschen Bundestag vom 20.01.1997].
ders.: Cannabis im Straßenverkehr, 1998.
ders.: Vergleich der Cannabiswirkungen mit den Alkoholwirkungen auf der Basis der experimentellen Forschung, in: Grotenhermen, Franjo; Karus, Michael: Cannabis, Straßenverkehr und Arbeitswelt, 2002.
ders.: Gutachterliche Äußerung zu den Fragen des Fragenkataloges 1 BvR 2062/96, 1 BvR 1143/98, BA 2002, 321ff.
Berr, Wolfgang: Straßenverkehrsrecht, Kommentar zur Straßenverkehrs-Ordnung (StVO), Straßenverkehrsgesetz (StVG) und Straßenverkehrs-Zulassungs-Ordnung (StVZO), 2. Aufl. 1988.
ders.: Anmerkung zum Beschluss des BVerwG vom 24.01.1989, Az. 7 B 9/89, DAR 1989, 194.
ders.: Anmerkung zum Beschluss des OLG Celle vom 03.01.1990, Az. 1 Ss OWi 303/89, DAR 1990, 150.
ders.: Der Zweiradfahrer und sein Recht, 2. Aufl. 1997.
ders.: Das Recht des ruhenden Verkehrs, 2. Aufl. 2005.
ders.: OWi-Sachen im Straßenverkehrsrecht, 5. Aufl. 2006.
Berz, Ulrich: Straßenverkehrsrecht, Kommentar zur Straßenverkehrs-Ordnung (StVO), Straßenverkehrsgesetz (StVG) und Straßenverkehrs-Zulassungs-Ordnung (StVZO), 2. Aufl. 1988.
Betz, Peter: § 64 Rechts- und Verkehrsmedizin, in: Ferner, Wolfgang (Hg.): Handbuch Straßenverkehrsrecht, 2. Aufl. 2006.
Bode, Hans Jürgen: Rechtsgrundlage für die Beurteilung der Eignung zum Führen von Kraftfahrzeugen, ZVS 1987, 50ff.
ders.: Zur Frage nach den Rechten von Verkehrsteilnehmern bei Entnahme von Blutproben und deren Analyse für geplante Forschungsvorhaben, ZVS 1997, 182.
ders.: Berücksichtigung von Cannabiskonsum im Fahrerlaubnis-Verwaltungsrecht, in: Berghaus, Günter; Krüger, Hans-Peter: Cannabis im Straßenverkehr, 1998.
ders.: Einnahme von Betäubungsmitteln (außer Cannabis) und Kraftfahreignung, DAR 2002, 24ff.
ders.: Abstinenz von Alkohol und anderen Drogen als Voraussetzung der Kraftfahrereignung, BA 2004, 234ff.
ders.: Einmaliger Konsum „harter" Drogen und Kraftfahreignung, BA 2006, 81ff.
Böllinger, Lorenz: Drogenpraxis, Drogenrecht, Drogenpolitik, Handbuch für Drogenbenutzer, Eltern, Drogenberater, Ärzte und Juristen, 5. Aufl. 2002.
Bönke, Detlef: Anmerkung zum Beschluss des BVerfG vom 21.12.2004, Az. 1 BvR 2652/03, NZV 2005, 272ff.
Bonk, Heinz Joachim: Bindungswirkung strafgerichtlicher Entscheidungen in verwaltungsbehördlichen Fahrerlaubnis-Entziehungsverfahren, BA 1994, 238ff.
Bouska, Wolfgang: Fahrverbot und internationaler Kraftfahrzeugverkehr, DAR 1995, 93ff.
Bratzke, Hansjürgen: Zur Fahrtüchtigkeit unter Drogeneinfluss aus rechtsmedizinischer Sicht, in: Püschel, Klaus (Bearbeiter): Dokumentation 2. Wissenschaftliches Symposium Drogen und Straßenverkehr, 1996.
Brinkmann, Bernd: Statement zum Thema „Drogen im Straßenverkehr" der Deutschen Gesellschaft für Rechtsmedizin, [Masch.-schr. an den Deutschen Bundestag vom 07.02.1997].
Bronsgeest, Matth: Passive Cannabis Smoking Exposure and Oral Fluid Testing, The International Association of Forensic Toxicologists, 43th International Meeting 2004 [Washington].
Bukasa, Birgit: Fahreignung von Personen in Substitutionstherapie, ZVR 2006, 292ff.
Bundesanstalt für Straßenwesen (Hg.): Drogenerkennung im Straßenverkehr, -Schulungsprogramm für Polizeibeamte-, 1997.
ders.: Begutachtungs-Leitlinien zur Kraftfahrereignung, Mensch und Sicherheit, Heft M 115, 6. Aufl. 2000.

ders.: Wissenschaftliche Informationen der Bundesanstalt für Straßenwesen, Drogen im Straßenverkehr, Info 1/04, 2004.
ders.: Kurzbericht über M. Vollrath et al., Fahrsimulationstest, ärztliche und toxikologische Untersuchung bei Cannabis und Amphetaminen, BA 2005, 32ff.
ders.: Kongressbericht 2005 der Deutschen Gesellschaft für Verkehrsmedizin e.V., Mensch und Sicherheit, Heft M 171, 2005.
Bundeskriminalamt: Polizeiliche Kriminalstatistik, Berichtsjahr 2004 und 2005.
Bundesministerium für Gesundheit und soziale Sicherung (Hg.): Drogen und Suchtbericht April 2003, Mai 2005 und Mai 2006.
Bundesnetzwerk Drogenpolitik (BND) bei Bündnis 90 / Die Grünen: Spannungsfeld Verkehrssicherheit und Drogenkonsum, [Masch.-schr. an die Abgeordneten Bündnis 90 / Die Grünen, o.D.] [Berlin/Borgholzhausen].
Bundeszentrale für gesundheitliche Aufklärung (Hg.): Drogenkonsum in der Partyszene, Entwicklungen und aktueller Kenntnisstand, Band 19, 2002.
ders.: Ecstasy, Eine Broschüre zur Suchtvorbeugung für Eltern und andere Bezugspersonen von Jugendlichen in Erziehung und Ausbildung, o.D.
Burhoff, Detlef: Teil 6, Strafrecht, in: Ludovisy, Michael: Praxis des Straßenverkehrsrechts, 3. Aufl. 2005.
ders.: Praktische Fragen der Trunkenheitsfahrt nach § 24a Abs. 1 StVG, [Fach 9 S. 757ff], ZAP 2005, 1071ff.
Burmann, Michael: Andere berauschende Mittel im Verkehrsstrafrecht, DAR 1987, 134ff.
ders.: Das Fahrerlaubnisrecht, DAR 2005, 61ff.
ders.: Das Verkehrsrecht zwischen Rechtsdienstleistungsgesetz und Große Justizreform – Reformen zu Lasten des ratsuchenden Bürgers und der Qualität der Justiz, DAR 2005, 421ff.
ders.: Straßenverkehrsrecht, Kommentar, 19. Aufl. 2006.
Chiang, Chia Whei Nora: Marijuana effect and delta-9-tetrahydrocannabinol plasma level, in: Clinical Pharmacology and Therapeutics, 1984, 234ff, Band 36, (Zeitschrift USA, [Offizielles Mitteilungsblatt der American Society for Clinical Pharmacology and Therapeutics und der American Society for Pharmacology and Experimental Therapeutics] siehe auch URL: http://www.elsevier.com).
Cone, Edward: Contact highs and urinary cannabinoid excretion after passive exposure to marijuana smoke, in: Clinical Pharmacology and Therapeutics, 1986, 247ff, Band 40, (Zeitschrift USA, [Offizielles Mitteilungsblatt der American Society for Clinical Pharmacology and Therapeutics und der American Society for Pharmacology and Experimental Therapeutics] siehe auch URL: http://www.elsevier.com).
ders.: Blood cannabinoids; 1. Absorption of THC and formation of 11-OH-THC and THCCOOH during and after smoking marijuana, in: Journal of Analytical Toxicology, 1992, 276ff, Band 16, (Zeitschrift USA, siehe auch URL: http://www.jatox.com).
ders.: Passive Cannabis Smoking Exposure and Oral Fluid Testing, The International Association of Forensic Toxicologists, 43th International Meeting 2004 [Washington].
Cramer Peter: Straßenverkehrsrecht, Kommentar, Band 1, 2. Aufl. 1977.
ders.: in: Schönke/Schröder: Strafgesetzbuch, Kommentar, 27. Aufl. 2006.
Daldrup, Thomas: Abschlussbericht des im Auftrage des Ministeriums für Wirtschaft und Mittelstand, Technologie und Verkehr des Landes Nordrhein-Westfalen durchgeführten Untersuchungsvorhabens „Cannabis im Straßenverkehr“ [Masch.schr. 1996, Az. 3.4721/03 – 2/93].
ders.: Feststellung des dauernden bzw. gewohnheitsmäßigen Cannabiskonsums durch die Untersuchung einer Blutprobe, in: Berichte der Bundesanstalt für Straßenwesen, Mensch und Sicherheit, Heft M 92, 1997.
ders.: Begutachtung der Fahruntüchtigkeit unter Cannabis im Strafverfahren, in: Berghaus, Günter; Krüger, Hans-Peter: Cannabis im Straßenverkehr, 1998.
ders.: Entscheidung zwischen einmaligem / gelegentlichem und regelmäßigem Cannabiskonsum, BA 2000, 39ff.
ders.: Akute Beeinträchtigung der Fahrsicherheit durch Cannabis aus toxikologischer Sicht – Ein nationaler Zustandsbericht, in: Kongressbericht 2005 der Deutschen Gesellschaft für Ver-

kehrsmedizin, Berichte der Bundesanstalt für Straßenwesen, Mensch und Sicherheit, Heft M 171, 2005.
Dallinger, Wilhelm: Aus der Rechtsprechung des Bundesgerichtshofs in Strafsachen, MDR 1972, 922ff.
Davis, Kenneth: Passive inhalation of marihuana smoke and urinary excretion of Cannabinoids, in: Clinical Pharmacology and Therapeutics, 1983, 36ff, Band 34, (Zeitschrift USA, [Offizielles Mitteilungsblatt der American Society for Clinical Pharmacology and Therapeutics und der American Society for Pharmacology and Experimental Therapeutics] siehe auch URL: http://www.elsevier.com).
Dencker, Friedrich: Risiko Verkehrsrecht – eine kritische Zwischenbilanz, DAR 2004, 626ff.
ders.: Eröffnungsansprache anlässlich des 44. Verkehrsgerichtstag 2006 in Goslar, BA 2006, 101ff.
Deutsche Hauptstelle für Suchtfragen (Hg.): Cannabis, Die Sucht und ihre Stoffe, Nr. 6, o.D.
ders.: Cannabis gesundheitsschädlicher als bisher angenommen, [DHS-Newsletter 7-05 vom 07.04.2005].
Deutscher Bundestag: Entwurf eines Gesetzes zur Änderung des Straßenverkehrsgesetzes, [Drucksache 13/3764 vom 08.02.1996].
Di Guiseppi, Stephanie: Passive inhalation of marihuana smoke and urinary excretion of Cannabinoids, in: Clinical Pharmacology and Therapeutics, 1983, 36ff, Band 34, (Zeitschrift USA, [Offizielles Mitteilungsblatt der American Society for Clinical Pharmacology and Therapeutics und der American Society for Pharmacology and Experimental Therapeutics] siehe auch URL: http://www.elsevier.com).
Dietz, Andreas: Cannabismissbrauch und Kraftfahreignung, NVwZ 2005, 410ff.
Drasch, Gustav: Absolute Fahruntüchtigkeit unter der Wirkung von Cannabis, Vorschlag für einen Grenzwert, BA 2003, 269ff.
Driehaus, Hans-Joachim: Die Anordnung eines medizinisch-psychologischen Gutachtens bei der Entziehung der Fahrerlaubnis wegen Drogenauffälligkeit, DAR 2006, 7ff.
Drummer Olaf: Drugs and the Risk of Road Crashes, The International Association of Forensic Toxicologists, 39th International Meeting 2001 [Prag].
Drunecky, Gabriele: Was können Drogentests im Zusammenhang mit „Drogen im Straßenverkehr“ leisten?, 2002 [Wien].
Eberth, Alexander/Müller Eckhart: Verteidigung in Betäubungsmittelsachen, 4. Aufl. 2004.
Ebner, Markus: § 56 Medizinisch-psychologische Untersuchung, in: Ferner, Wolfgang (Hg.): Handbuch Straßenverkehrsrecht, 2. Aufl. 2006.
Eisele, Jörg: Verzicht auf die Fahrerlaubnis als Instrument zur Beendigung von Strafverfahren, NZV 1999, 232ff.
Eisenmenger, Wolfgang: Pupillenverhalten unter akutem THC-Einfluß, BA 1999, 84ff.
ders. Begutachtungs-Leitlinien zur Kraftfahrereignung, Kommentar, 1. Aufl. 2003.
ders.: Begutachtungs-Leitlinien zur Kraftfahrereignung, Kommentar, 2. Aufl. 2005.
ders.: Drogen im Straßenverkehr – Neue Entwicklungen, NZV 2006, 24ff.
Endriß, Rainer: Betäubungsmittelstrafrecht, 2. Aufl. 2000.
Eser, Albin: in: Schönke/Schröder: Strafgesetzbuch, Kommentar, 27. Aufl. 2006.
Falk, Jens: Erfahrungen beim Drogenscreening durch Polizeibeamte mit DrugWipe®II und chemisch-toxikologischen Untersuchungen von Blutproben, BA 2006, 1ff.
Feiertag, Achim: Das Fahren ohne Fahrerlaubnis oder trotz Fahrverbot nach § 21 StVG, DAR 2002, 150ff.
ders.: Teil 9, Fahrerlaubnisrecht, in: Ludovisy, Michael: Praxis des Straßenverkehrsrechts, 3. Aufl. 2005.
Ferner, Wolfgang: Fahrverbot, SVR 2004, 12ff.
ders.: Drogen im Straßenverkehr – § 24a StVG, SVR 2004, 374ff.
Franz, Otto: Blutentnahme und Freiheitsentziehung, NJW 1966, 1850f.
Freyschmidt, Uwe: Verteidigung in Straßenverkehrssachen, 8. Aufl. 2005.
Friedel, Bernd: Methadon-Substitution und Fahreignung, NZV 1994, 377ff.
Fritch, Dean: Passive Cannabis Smoking Exposure and Oral Fluid Testing, The International Association of Forensic Toxicologists, 43th International Meeting 2004 [Washington].
Full, Werner: Straßenverkehrsrecht, Kommentar, 1980.

Gaede, Karsten: Deutscher Brechmitteleinsatz menschenrechtswidrig: Begründungsgang und Konsequenzen der Grundsatzentscheidung des EGMR im Fall Jalloh, HRRS 2006, 241ff.
Gappmaier, Alexander: Pupillenverhalten unter akutem THC-Einfluß, BA 1999, 84ff.
Gastpar, Markus: Methadon und Verkehrssicherheit, in: Berichte der Bundesanstalt für Straßenwesen, Mensch und Sicherheit, Heft M 41, 1995.
Gebhardt, Hans-Jürgen: Das verkehrsrechtliche Mandat, Band 1, Verteidigung in Verkehrsstraf- und Ordnungswidrigkeitenverfahren, 5. Aufl. 2005.
Gehrmann, Ludwig: Das Gutachten der MPU und Kraftfahrereignung, 1995.
ders.: Die Eignungsbeurteilung von Drogen konsumierenden Kraftfahrern nach neuem Fahrerlaubnisrecht, NZV 2002, 201ff.
ders.: Bedenken gegen die Kraftfahrereignung und Eignungszweifel in ihren grundrechtlichen Schranken, NZV 2003, 10ff.
Geiger, Harald: Rechtsschutz gegen Maßnahmen der Fahrerlaubnisbehörden, DAR 2001, 488ff.
ders.: Maßnahmen der Verkehrsbehörden bei Alkohol- und Drogenauffälligen, BayVBl. 2001, 586ff.
ders.: Neuere Rechtsprechung zur Fahreignung bei Alkohol- und Drogenauffälligen, DAR 2003, 97ff.
ders.: Fahrerlaubnis und Drogenkonsum – Konsequenzen aus der neueren Rechtsprechung, NZV 2003, 272ff.
ders.: Aktuelle Probleme des Fahrerlaubnisrechts unter besonderer Berücksichtigung von Alkohol- und Drogenauffälligkeit, [Masch.-schr. 7. Oberbayerische Führerscheintagung vom 15.10.2003, IDRAS, „Drogen und Alkohol im Straßenverkehr"] [Rosenheim].
ders.: Aktuelle Probleme des Fahrerlaubnisrechts unter besonderer Berücksichtigung von Alkohol- und Drogenauffälligkeit, VBlBW 2004, 1ff.
ders.: Verwertung von Erkenntnissen über Drogen- und Alkoholauffällige im Ausland durch deutsche Fahrerlaubnisbehörden, DAR 2004, 184ff.
ders.: Aktuelle Rechtsprechung zum Fahrerlaubnisrecht, DAR 2004, 690ff.
ders.: Entziehung und Wiedererteilung der Fahrerlaubnis durch die Verwaltungsbehörde, NZV 2005, 623ff.
ders.: Aktuelle Rechtsprechung zum Recht der Fahrerlaubnisse, [Masch.-schr. 10. Oberbayerische Tagung Alkohol und Drogen im Straßenverkehr vom 18.10.2006, IDRAS] [Bad Tölz].
Gerlach, Ralf: Vom Tabu zur Normalität; 20 Jahre Substitution in Deutschland, Zwischenbilanz und Aufgaben für die Zukunft, 2005.
Geschwinde, Thomas: Rauschdrogen, Marktformen und Wirkungsweisen, 5. Aufl. 2003.
Gheorghiu, Daniel: Morphin und Codein im Blut nach Genuss von Mohnsamen, BA 2006, 14ff.
Göhler, Erich: Ordnungswidrigkeitengesetz, 14. Aufl. 2006.
Goldhausen, Sabine: Cannabis – wirklich eine harmlose Droge?, NStZ 2006, 259ff.
Gotta, Jan Christoph: Nachweis und Quantifizierung von Drogen und anderen Fremdstoffen in Blutspuren auf verschiedenen Trägermaterialien, Diss. 2004 [Gießen].
Grahammer, Thomas: Die Legalisierung von Cannabis; ein politischer Fachaufsatz, [Masch.-schr. 2004] [Altötting].
Gramse, Falko: Führerscheinbeschlagnahme und Wohnungsdurchsuchung, DAR 2003, 156ff.
Granitzka, Winrich: Polizeiliche Praxis der Erkennung drogenbeeinflußter Fahrer, in: Berichte der Bundesanstalt für Straßenwesen, Mensch und Sicherheit, Heft M 41, 1995.
Grotenhermen, Franjo: Cannabis, Straßenverkehr und Arbeitswelt, 2002.
Grunert, Goetz: Führerschein / MPU; Punkte – Alkohol – Drogen, 2000.
Gübner, Ralph: Die Änderung des Straßenverkehrsgesetzes durch das Justizmodernisierungsgesetzes, NZV 2005, 57ff.
Haase, Wolfgang: Beurteilung einer Drogenfahrt unter der Wirkung von Haschisch (THC) als Straftat nach § 316 StGB oder als Ordnungswidrigkeit nach § 24a StVG; Lotteriespiel oder Rechtssicherheit?, DAR 2006, 61ff.
Haasen, Christian: Safer use: Kokain und Crack, in: Heudtlass, Jan-Hendrik; Stöver, Heino (Hg.): Risiko mindern beim Drogengebrauch, 2005.
Haffner, Hans-Thomas: Rechtsgutachten zur Oberbegutachtung der Fahreignung, BA 2006, 288f.

Harbort, Stephan: Zur Annahme von Vorsatz bei drogenbedingter Fahrunsicherheit, NZV 1996, 432ff.
ders.: Rauschmitteleinnahme und Fahrsicherheit; Indikatoren – Analysen – Maßnahmen, 2. Aufl. 2002.
Hartung, Martin: Drogennachweis bei verkehrsauffälligen Kraftfahrern, in: Berichte der Bundesanstalt für Straßenwesen, Mensch und Sicherheit, Heft M 41, 1995.
Hassemer, Winfried: Symbolisches Strafrecht und Rechtsgüterschutz, NStZ 1989, 553ff.
Hauser, Josef: Das Recht des ruhenden Verkehrs, 2. Aufl. 2005.
Hecker, Raoul: Phänomenologie der Akutwirkungen von „Partydrogen" bei Diskothekenbesuchern, BA 2003, 85ff.
Heinke, Daniel: Fahruntüchtigkeit aufgrund drogeninduzierter Einschränkung der Sehfähigkeit, BA 2004, 241ff.
Heinrich, Thomas: Anmerkung zum Beschluss des BayObLG vom 21.05.2003, Az. 2 ObOWi 219/03, DAR 2003, 530.
ders.: Anmerkung zum Beschluss des BayObLG vom 24.06.2004, Az. 2 ObOWi 286/04, DAR 2004, 594.
Heinz, Thomas: Drogenschnelltests: Qual der Wahl bei der Fülle von Produkten, Deutsches Ärzteblatt (Heft 49 vom 04.12.1998), S. A 3118f.
Henningfield, Jack: Blood cannabinoids; 1. Absorption of THC and formation of 11-OH-THC and THCCOOH during and after smoking marijuana, in: Journal of Analytical Toxicology, 1992, 276ff, Band 16, (Zeitschrift USA, siehe auch URL: http://www.jatox.com).
Hentschel, Peter: Die Entwicklung des Straßenverkehrsrechts im Jahre 1979, NJW 1980, 972ff.
ders.: Entziehung der Fahrerlaubnis wegen Trunkenheit durch die Verwaltungsbehörde trotz Rückgabe des Führerscheins durch den Strafrichter?, NZV 1989, 100ff.
ders.: Die Entwicklung des Straßenverkehrsrechts im Jahre 1988, NJW 1989, 1838ff.
ders.: Die Entwicklung des Straßenverkehrsrechts im Jahre 1998, NJW 1999, 686ff.
ders.: Die Entwicklung des Straßenverkehrsrechts im Jahre 2000, NJW 2001, 711ff.
ders.: Die Voraussetzungen für die strafgerichtliche Entziehung der Fahrerlaubnis unter Berücksichtigung der jüngsten Rechtsprechung des BGH, NZV 2004, 57ff.
ders.: Straßenverkehrsrecht, Kommentar, 38. Aufl. 2005.
ders.: Fahrerlaubnis und Alkohol im Straf- und Ordnungswidrigkeitenrecht, 4. Aufl. 2005.
ders.: Trunkenheit, Fahrerlaubnisentziehung, Fahrverbot im Straf- und Ordnungswidrigkeitenrecht, 10 Aufl. 2006.
Herbold, Michael: Qualitätskontrolle für quantitative Analysen von Betäubungsmitteln im Blut, in: Berichte der Bundesanstalt für Straßenwesen, Mensch und Sicherheit, Heft M 87, 1998.
ders.: Berechnung der Nachweis-, der Erfassungs- und der Bestimmungsgrenze von Tetrahydrocannabinol (THC) in Serum, BA 1999, 362ff.
ders.: Wissenschaftliche Bewertung von GTFCh-Ringversuchen für Betäubungsmittel im Blut 2003, BA 2005, 20ff.
Hering, Manfred: Der Verwaltungs-Rechtsschutz in Verkehrssachen, SVR 2006, 165ff.
Herzberg, Rolf: Das Wollen beim Vorsatzdelikt und dessen Unterscheidung vom bewußt fahrlässigen verhalten – Teil 1, JZ 1988, 573ff.
ders.: Das vollendete vorsätzliche Begehungsdelikt als qualifiziertes Versuchs-, Fahrlässigkeits- und Unterlassungsdelikt, JuS 1996, 377ff.
Hettenbach, Michael: Führerschein / MPU; Punkte – Alkohol – Drogen, 2000.
ders.: § 1 Straf- und Ordnungswidrigkeitenrecht, in: Drogen und Straßenverkehr, 2005.
ders.: Drogen und Fahreignung – eine kritische Bestandsaufnahme (Referat anlässlich des 44. Verkehrsgerichtstag 2006 in Goslar), BA 2006, 135ff.
Hillmann, Frank-Roland: Zweifel an der Fahreignung, MPU – Nachweisfragen – Rechtsprobleme (Verhältnismäßigkeit / Rechtsnatur), DAR 2003, 106ff.
ders.: Rechtliche und rechtspolitische Probleme des verwaltungsrechtlichen Fahrerlaubnisrechts im Anschluss an den Beschluss des BVerfG vom 20.06.2002, zfs 2004, 49ff.
ders.: Fahrerlaubnisentziehung – Einsatz von pädagogisch-psychologischen Maßnahmen, DAR 2005, 601ff.
ders.: Rechtsschutz gegen Maßnahmen der Verwaltungsbehörde, DAR 2006, 128ff.

Hilse, Hans-Günter: Atemalkoholanalyse zur Feststellung der Alkoholfahrt, ZVS 1995, 146ff.
Himmelreich, Klaus: Bindung der Verwaltungsbehörde an rechtskräftige Entscheidungen des Strafrichters zur Eignungsfrage, DAR 1989, 285ff.
ders.: Probleme bei der Wiedererteilung der Fahrerlaubnis – Wie vermeidet der Strafverteidiger Nachteile für seinen Mandanten im Verwaltungsverfahren?, zfs 1989, 181ff.
ders.: MPU Begutachtung; Ein juristischer Leitfaden zur psychologischen Beurteilung der Fahreignung, 1992.
ders.: Cannabis-Konsum und seine rechtlichen Folgen für den Führerschein im Verkehrs-Verwaltungsrecht, DAR 2002, 26ff.
ders.: Alkoholkonsum – privat und ohne Verkehrsteilnahme: Fahrerlaubnis-Entzug im Verkehrs-Verwaltungsrecht wegen Alkohol-Missbrauchs?, DAR 2002, 60ff.
ders.: Fahrverbot, Führerscheinentzug, Band 2, Verwaltungsrecht, 8. Aufl. 2005.
ders.: Psychologische oder therapeutische Schulungs-Maßnahmen zwecks Reduzierung oder Aufhebung der Fahrerlaubnis-Sperre (§ 69a StGB) – ein Irrgarten für Strafrichter?, DAR 2005, 130ff.
ders.: Bindungswirkung einer strafgerichtlichen Eignungs-Beurteilung gegenüber der Fahrerlaubnisbehörde bei einem Trunkenheitsdelikt mit einer BAK ab 1,6‰, NZV 2005, 337ff.
ders.: Anmerkung zum Beschluss des LG Aachen vom 25.11.2005, Az. 65 Qs 122/05, SVR 2006, 193f.
Höcher, Petra: Illegale Rauschmittel im Straßenverkehr, SVR 2004, 286ff.
Höcher, German: Illegale Rauschmittel im Straßenverkehr, SVR 2004, 286ff.
ders.: § 65 Verkehrstherapie für die juristische Praxis, in: Ferner, Wolfgang (Hg.): Handbuch Straßenverkehrsrecht, 2. Aufl. 2006.
Hofstätter, Thomas: Fahrerlaubnisrecht: „Risiken durch Rechtsbehelfe" aus der Sicht der Fahrerlaubnisbehörden (Referat anlässlich des 44. Verkehrsgerichtstag 2006 in Goslar), BA 2006, 114ff.
Holtz, Günter: Aus der Rechtsprechung des Bundesgerichtshofs in Strafsachen, MDR 1980, 453ff.
ders.: Aus der Rechtsprechung des Bundesgerichtshofes (sic) in Strafsachen, MDR 1980, 628ff.
ders.: Aus der Rechtsprechung des Bundesgerichtshofs in Strafsachen, MDR 1982, 100ff.
ders.: Aus der Rechtsprechung des Bundesgerichtshofs in Strafsachen, MDR 1987, 279ff.
Huestis, Marilyn: Blood cannabinoids; 1. Absorption of THC and formation of 11-OH-THC and THCCOOH during and after smoking marijuana, in: Journal of Analytical Toxicology, 1992, 276ff, Band 16, (Zeitschrift USA, siehe auch URL: http://www.jatox.com).
Iffland, Rolf: Erkennung cannabisbeeinflusster Verkehrsteilnehmer, in: Berghaus, Günter; Krüger, Hans-Peter: Cannabis im Straßenverkehr, 1998.
Innenministerium des Landes NRW (Hg.): Drogen im Straßenverkehr, 1992.
Iten, Peter: Fahren unter Drogen- oder Medikamenteneinfluss; Forensische Interpretation und Begutachtung, 1994 [Zürich].
Iwersen-Bergmann, Stefanie: Drogen – ihre Wirkungen, Nebenwirkungen, Wechselwirkungen, in: Heudtlass, Jan-Hendrik; Stöver, Heino: Risiko mindern beim Drogengebrauch, 2005.
Jägerhuber, Andreas: Absolute Fahruntüchtigkeit unter der Wirkung von Cannabis, Vorschlag für einen Grenzwert, BA 2003, 269ff.
Jagow, Joachim: Straßenverkehrsrecht, Kommentar, 19. Aufl. 2006.
ders.: Selbstständige Anfechtbarkeit einer MPU-Anordnung, NZV 2006, 27ff.
Janiszewski, Horst: Überblick über neue Entscheidungen in Verkehrsstraf- und -bußgeldsachen, NStZ 1987, 545ff.
ders.: Überblick über neue Entscheidungen in Verkehrsstraf- und -bußgeldsachen, NStZ 1988, 543ff.
ders.: Sinnvollere Behandlung der Entziehung der Fahrerlaubnis – Ausnahmen und Behandlung im Rechtsmittelverfahren –, DAR 1989, 135ff.
ders.: Verkehrsstrafrecht, 5. Aufl. 2004.
ders.: Straßenverkehrsrecht, Kommentar, 19. Aufl. 2006.
Janker, Helmut: MPU Begutachtung; Ein juristischer Leitfaden zur psychologischen Beurteilung der Fahreignung, 1992.

ders.: Straßenverkehrsdelikte; Ansatzpunkte für die Verteidigung, 2002.
ders.: Polizeiliche Maßnahmen bei Drogendelikten im Straßenverkehr, DAR 2003, 489ff.
ders.: Führerscheinbeschlagnahme bei Alkohol- und Drogendelikten im Straßenverkehr, SVR 2005, 100ff.
Joachimski, Jupp (Stand 20.08.2006): Grundzüge des Betäubungsmittelrechts,
URL: www.joachimski.de/BtMG/Skriptum/skriptum.html
Johnson, Rolley: Contact highs and urinary cannabinoid excretion after passive exposure to marijuana smoke, in: Clinical Pharmacology and Therapeutics, 1986, 247ff, Band 40, (Zeitschrift USA, [Offizielles Mitteilungsblatt der American Society for Clinical Pharmacology and Therapeutics und der American Society for Pharmacology and Experimental Therapeutics] siehe auch URL: http://www.elsevier.com).
Julien, Robert: Drogen und Psychopharmaka, 1997.
Käferstein, Herbert: Feststellung des dauernden bzw. gewohnheitsmäßigen Cannabiskonsums durch die Untersuchung einer Blutprobe, in: Berichte der Bundesanstalt für Straßenwesen, Mensch und Sicherheit, Heft M 92, 1997.
ders.: Grundbegriffe, Toxikokinetik und Toxikodynamik, in: Berghaus, Günter; Krüger, Hans-Peter: Cannabis im Straßenverkehr, 1998.
ders.: Entscheidung zwischen einmaligem / gelegentlichem und regelmäßigem Cannabiskonsum, BA 2000, 39ff.
ders.: Erfahrungen beim Drogenscreening durch Polizeibeamte mit DrugWipe®II und chemisch-toxikologischen Untersuchungen von Blutproben, BA 2006, 1ff.
Kallin, Ulf: Betäubungsmittelstrafrecht, 2. Aufl. 2004.
Kalus, Volker: § 2 Verwaltungsrecht, in: Drogen und Straßenverkehr, 2005.
Kannheiser, Werner: Mögliche verkehrsrelevante Auswirkungen von gewohnheitsmäßigem Cannabiskonsum, NZV 2000, 57ff.
Karch, Steven: The Pathologie of Drug Abuse, 2. Aufl. 1996 [Florida/USA].
Kardos, Keith: Passive Cannabis Smoking Exposure and Oral Fluid Testing, The International Association of Forensic Toxicologists, 43th International Meeting 2004 [Washington].
Karus, Michael: Cannabis, Straßenverkehr und Arbeitswelt, 2002.
Katz, Arnold: Nystagmus als Kriterium des Fahrens unter Alkoholeinfluß, ZVS 1993, 53ff.
Kauert, Gerold: Toxikologisch-medizinische Aspekte des Medikamenteneinflusses auf die Fahrtüchtigkeit, DAR 1996, 447ff.
ders.: Öffentliche Anhörung zum Gesetzentwurf der Bundesregierung zur Änderung des Straßenverkehrsgesetzes Drs (sic) 13/3764 Drogen im Straßenverkehr, [Masch.-schr. an den Deutschen Bundestag vom 20.01.1997].
ders.: Zur drogen- oder medikamentenbedingten Fahruntüchtigkeit aus medizinisch-toxikologischer Sicht, DAR 2000, 438ff.
ders.: Drogenkonsum und Fahruntüchtigkeit aus medizinisch-toxikologischer Sicht, BA 2002, 102ff.
ders.: Drogen, Sehleistungsfähigkeit, Grenzwerte, BA 2004, Heft 2, Anhang Band 41.
ders.: Leistungsverhalten und Toxikokinetik der Cannabinoide nach inhalativer Marihuanaaufnahme, BA 2006, 361ff.
Klee, Jürgen: Drogen, HIV/AIDS, Hepatitis, Ein Handbuch, 2004.
Klein, Peter: Drogen im Straßenverkehr, in: Schriftenreihe der Polizei-Führungsakademie: Polizei und Straßenverkehr – Informationen (nicht nur) für Führungskräfte der Polizei, 1998.
Kleinknecht/Meyer-Goßner: Strafprozessordnung, Kommentar, 49. Aufl. 2006.
Klimesch, Carola: Fahruntüchtigkeit durch Cannabis, Amphetamine und Cocain, in: Berichte der Bundesanstalt für Straßenwesen, Mensch und Sicherheit, Heft M 81, 1998.
Klipp, Simone: 33. Kongress der Deutschen Gesellschaft für Verkehrsmedizin vom 10.03. bis 12.03.2005 in Bonn, BA 2005, 303ff.
Köhler, Helga: Feststellung des dauernden bzw. gewohnheitsmäßigen Cannabiskonsums durch die Untersuchung einer Blutprobe, in: Berichte der Bundesanstalt für Straßenwesen, Mensch und Sicherheit, Heft M 92, 1997.
ders.: Entscheidung zwischen einmaligem / gelegentlichem und regelmäßigem Cannabiskonsum, BA 2000, 39ff.

Köhler, Thomas: Rauschdrogen und andere psychotrope Substanzen; Formen, Wirkungen, Wirkmechanismen, 2000.
Köhling, Rudolf: Quantitative Pharmakokinetik der passiven THC-Aufnahme, BA 2006, 349ff.
König, Peter: in: Leipziger Kommentar, 11. Aufl. 2001.
ders.: Anmerkung zum Beschluss des OLG Dresden vom 10.05.2005, Az. Ss OWi 886/04, DAR 2005, 572.
ders.: Verjährungsunterbrechung durch Anhörungsanordnung, DAR 2006, 230ff.
ders.: Oberlandesgerichtliche Rechtsprechung zum Verkehrsstraf- und -ordnungswidrigkeitenrecht, DAR 2006, 121ff.
ders.: Anmerkung zum Beschluss des OLG Bamberg vom 08.08.2005, Az. 2 Ss OWi 551/05, DAR 2006, 286f.
Körner, Harald Hans: Kommentar zum Betäubungsmittelgesetz, Arzneimittelgesetz, 5. Aufl. 2001.
Kottenhahn, Bernd: Immunochemisches Drogenscreening von Blut ohne Vorbehandlung, Diss. 2003 [München].
Kotz, Peter: Betäubungsmittelrechtliche Entscheidungen des BVerfG sowie der Ober- und Instanzgerichte in der Zeit vom 01.07.1999 bis 30.06.2000, NStZ-RR 2001, 65ff.
ders.: Betäubungsmittelrechtliche Entscheidungen des BVerfG sowie der Ober- und Instanzgerichte in der Zeit von 01.07.2003 bis 30.06.2004 – 1. Teil, NStZ-RR 2005, 193ff.
Kramer, Christine: Bericht vom 39. Deutschen Verkehrsgerichtstag, VD 2001, 73ff.
Kraus, Daniel: Ecstasy und andere synthetische Drogen: Konsummuster, Rauschwirkungen und –folgen, in: Püschel, Klaus: 4. Wissenschaftliches Symposium über Drogen / Medikamente und Verkehrssicherheit, 1998.
Krause, Martin: Anmerkung zum Beschluss des VGH Bayern vom 11.11.2004, Az. 11 Cs 2348/04, SVR 2005, 152f.
ders.: § 55 Drogen und Fahrerlaubnis, in: Ferner, Wolfgang (Hg.): Handbuch Straßenverkehrsrecht, 2. Aufl. 2006.
ders.: Nachgewiesene THC-Konzentration durch Passiv-Rauchen von Cannabis, DAR 2006, 175f.
ders.: Antrag nach § 80 Abs. 5 VwGO und Beschwerde gem. § 146 Abs. 4 VwGO, SVR 2006, 197f.
ders.: Arbeitshilfe / Rechtsprechungsübersicht zu § 24a Abs. 2 StVG; Nachweis von Betäubungsmitteln im Spurenbereich, SVR 2006, 300f.
Krausz, Michael: Cannabis – Wirkmechanismen und Risikopotentiale, in: Berghaus, Günter; Krüger, Hans-Peter: Cannabis im Straßenverkehr, 1998.
Kreuzer, Arthur: Rechtspolitische Aspekte und straßenverkehrsrechtliche (sic) Relevanz des Cannabiskonsums, in: Berghaus, Günter; Krüger, Hans-Peter: Cannabis im Straßenverkehr, 1998.
Krieger, Hans Joachim: Die Bindung der Verwaltungsbehörden und Verwaltungsgerichte durch den Strafrichter bei Entscheidungen über die Fahrerlaubnis, DAR 1963, 7ff.
Krüger, Hans-Peter: Cannabis im Straßenverkehr, 1998.
ders.: Medikamenten und Drogennachweis bei verkehrsunauffälligen Fahrern, in: Berichte der Bundesanstalt für Straßenwesen, Mensch und Sicherheit, Heft M 60, 2. Aufl. 1998.
ders.: Fahrten unter Drogeneinfluss – Einflussfaktoren und Gefährdungspotenzial, in: Berichte der Bundesanstalt für Straßenwesen, Mensch und Sicherheit, Heft M 132, 2001.
ders.: Gutachten zu dem Fragenkatalog 1 BvR 2062/96, 1 BvR 1143/98, BA 2002, 336ff.
Krumm, Carsten: Keine wirkliche Ausnahme – Das Ausnehmen bestimmter Arten von Kraftfahrzeugen von der Sperre gem. § 69a I, II StGB, DAR 2004, 56ff.
ders.: Notstandslagen in Bußgeldverfahren, SVR 2006, 19ff.
ders.: Der Begriff der Fahrzeugarten im Straf- und Bußgeldverfahren, SVR 2006, 94f.
ders.: Trunkenheitsfahrt: Vorsatz oder Fahrlässigkeit?, SVR 2006, 292ff.
Kruse, Franz: Erkennung cannabisbeeinflusster Verkehrsteilnehmer, in: Berghaus, Günter; Krüger, Hans-Peter: Cannabis im Straßenverkehr, 1998.
Kruse, Michael: Betäubungsmittelstrafrecht, 2. Aufl. 2004.
Kucklick, Klaus: Wann unterbricht ein per EDV erstellter Anhörungsbogen die Verjährung gem. § 33 Abs. 1 S. 1 OWiG?, DAR 2005, 611ff.

Kuhnert, Sven: Anmerkung zum Beschluss des VGH Bayern vom 25.01.2006, Az. 11 Cs 1711/05, DAR 2006, 411f.
Kuntz, Helmut: Cannabis ist immer anders, 2002.
Lachenmeier Dirk: Spezielle Analyten Cannabinoide / Amphetamine, in: Madea, Burkhard; Mußhoff, Frank: Haaranalytik, Technik und Interpretation in Medizin und Recht, 2004.
Lackner/Kühl: Strafgesetzbuch, Kommentar, 25. Aufl. 2004.
Laeverenz, Judith: Anmerkung zum Beschluss des VG Neustadt vom 27.07.2005, Az. 3 L 1181/05, SVR 2006, 275f.
Landeskriminalamt Bayern: Polizeiliche Kriminalstatistik für den Freistaat Bayern 2005 und 2006.
Lange, Dieter: Ist die befristete Entziehung der Fahrerlaubnis und die Angaben von Bedingungen für die Wiedererteilung durch die Verwaltungsbehörde rechtsverbindlich?, DAR 1979, 8f.
Laubenthal, Klaus: Ist das deutsche Jugendstrafrecht noch zeitgemäß?, JZ 2002, 807ff.
Leinenkugel, Andrea: Morphin und Codein im Blut nach Genuss von Mohnsamen, BA 2006, 14ff.
Leitgeb, Stephan: Fahrerlaubnisentziehung nach § 69 I 1 2. Alt. StGB auch bei „nicht verkehrsspezifischen" Straftaten?, NZV 2006, 185ff.
Lenhart, Uwe: Das Erfordernis tatrichterlicher Feststellungen über die Eignung im Hinblick auf Anordnung einer MPU durch die Fahrerlaubnisbehörde – Bindungswirkung, DAR 2002, 302f.
Leurs, Rainer: Ein Joint für die große Pause, in: „Der Spiegel" 27/2004.
Lignitz, Eberhard: Hanfprodukte auf dem deutschen Lebensmittelmarkt, BA 2005, 442ff.
Limbach, Jutta: Verkehrsrecht in guter Verfassung?, NZV 2001, 97ff.
Löbmann, Rebecca: Fahrten unter Drogeneinfluss – Einflussfaktoren und Gefährdungspotenzial, in: Berichte der Bundesanstalt für Straßenwesen, Mensch und Sicherheit, Heft M 132, 2001.
Ludovisy, Michael: Der Zweiradfahrer und sein Recht, 2. Aufl. 1997.
ders.: Entwicklung der Rechtssprechung zur Anerkennung ausländischer Führerscheine, DAR 2006, 9ff.
ders.: Auswirkung der EuGH-Entscheidung (zur Anerkennung ausländischer Führerscheine (DAR 2006, 375)) auf die Praxis der Fahrerlaubnisanerkennung, DAR 2006, 532ff.
Maatz, Kurt Rüdiger: Zur Fahruntüchtigkeit infolge der Einnahme von Rauschdrogen, NZV 1993, 329ff.
ders.: Rechtliche Anforderungen an medizinische Befunde zur Beurteilung der Fahrtüchtigkeit bei Fahrten unter Drogeneinfluss, in: Berichte der Bundesanstalt für Straßenwesen, Mensch und Sicherheit, Heft M 41, 1995.
ders.: Arzneimittel und Verkehrssicherheit, BA 1999, 145ff.
ders.: Grenzwerte absoluter Fahruntüchtigkeit nach Drogenkonsum – aus (revisions)richterlicher Sicht –, in: Kongressbericht 2005 der Deutschen Gesellschaft für Verkehrsmedizin, Berichte der Bundesanstalt für Straßenwesen, Mensch und Sicherheit, Heft M 171, 2005.
Madea, Burkhard: Haaranalytik, Technik und Interpretation in Medizin und Recht, 2004.
ders.: Positive Opiatbefunde nach Aufnahme von Mohnprodukten, BA 2005, 431ff.
Magerl, Hansjörg: Medikamenten und Drogennachweis bei verkehrsunauffälligen Fahrern, in: Berichte der Bundesanstalt für Straßenwesen, Mensch und Sicherheit, Heft M 60, 2. Aufl. 1998.
Maier, Rolf Dieter: Feststellung des dauernden bzw. gewohnheitsmäßigen Cannabiskonsums durch die Untersuchung einer Blutprobe, in: Berichte der Bundesanstalt für Straßenwesen, Mensch und Sicherheit, Heft M 92, 1997.
ders.: Entscheidung zwischen einmaligem / gelegentlichem und regelmäßigem Cannabiskonsum, BA 2000, 39ff.
Malek, Klaus: Betäubungsmittelstrafrecht, 2. Aufl. 2000.
Mansperger, Jürgen: Absehen von Strafe auch im Strafbefehlsverfahren?, NStZ 1984, 258.
Marcus, Alexander: Cannabis – wirklich eine harmlose Droge?, NStZ 2006, 259ff.
Mason, Andrew: Passive inhalation of marihuana smoke and urinary excretion of Cannabinoids, in: Clinical Pharmacology and Therapeutics, 1983, 36ff, Band 34, (Zeitschrift USA, [Offizielles Mitteilungsblatt der American Society for Clinical Pharmacology and Therapeutics und der American Society for Pharmacology and Experimental Therapeutics] siehe auch URL: http://www.elsevier.com).
Mattern, Rainer: GC/MS-Bestimmung von THCCOOH im Serum: Vergleich verschiedener Aufarbeitungsmethoden und Einfluss von THCCOOH-Glucuronid, BA 2000, 48ff.

ders.: Urteilsbildung in der medizinisch-psychologischen Fahreignungsdiagnostik; Beurteilungskriterien, 2005.

Mauden, Martin: GC/MS-Bestimmung von THCCOOH im Serum: Vergleich verschiedener Aufarbeitungsmethoden und Einfluss von THCCOOH-Glucuronid, BA 2000, 48ff.

Meininger, Irmgard: Begutachtung der Fahruntüchtigkeit unter Cannabis im Strafverfahren, in: Berghaus, Günter; Krüger, Hans-Peter: Cannabis im Straßenverkehr, 1998.

Mettke, Melanie: Fahrten unter Drogeneinfluss – Einflussfaktoren und Gefährdungspotenzial, in: Berichte der Bundesanstalt für Straßenwesen, Mensch und Sicherheit, Heft M 132, 2001.

Meyer, Cordula: Ein Joint für die große Pause, in: „Der Spiegel" 27/2004.

Meyer von, Ludwig: Absolute Fahruntüchtigkeit unter der Wirkung von Cannabis, Vorschlag für einen Grenzwert, BA 2003, 269ff.

Meyer-Tompson, Hans Günter: Cannabis – Wirkmechanismen und Risikopotentiale, in: Berghaus, Günter; Krüger, Hans-Peter: Cannabis im Straßenverkehr, 1998.

Michel, Norbert: Vorläufige Entziehung der Fahrerlaubnis trotz Sicherstellung des Führerscheins?, DAR 1997, 393f.

Mieczkowski, Tom: Distinguishing passive Contamination from active cocaine consumption: assessing the occupational exposure of narcotics officers to cocaine, in: Forensic Science International, 1997, 87ff, Band 84, (Zeitschrift USA, siehe auch URL: http://www.elsevier.com).

Ministerium für Justiz, Arbeit und Europa des Landes Schleswig-Holstein: Justizminister kündigt Senkung der Eigenbedarfsgrenze für Cannabis ab (sic), [Medien-Information vom 09.07.2006].

Möhl, Wolfgang: Straßenverkehrsrecht, Kommentar, 1980.

Möller, Manfred: Drogenkonsum und Drogennachweis bei Verkehrsteilnehmern, DAR 1993, 7ff.

ders.: Drogennachweis bei verkehrsauffälligen Kraftfahrern, in: Berichte der Bundesanstalt für Straßenwesen, Mensch und Sicherheit, Heft M 41, 1995.

ders.: Stellungnahme zur öffentlichen Anhörung zum Gesetzentwurf der Bundesregierung „Entwurf eines Gesetzes zur Änderung des Straßenverkehrsgesetzes" – Drucksache 13/3764 – (Drogen im Straßenverkehr), [Masch.-schr. an den Deutschen Bundestag vom 05.02.1997].

ders.: Drogen, Nachweis und Konsequenzen für Sanktionen und Fahreignung, in: Arbeitsgemeinschaft Verkehrsrecht im Deutschen Anwaltverein: Aktuelle Probleme der Fahrerlaubnisverordnung, der Reform des Ordnungswidrigkeitenrechts und der Unfallflucht, 2000.

ders.: Drogen und Straßenverkehr, [Masch.-schr. 55. Deutscher Anwaltstag, 20.05 bis 22.05.2004] [Hamburg].

ders.: § 3 Medikamente und Drogen – verkehrsmedizinisch-toxikologische Gesichtspunkte, in: Drogen und Straßenverkehr, 2005.

ders.: Leistungsverhalten und Toxikokinetik der Cannabinoide nach inhalativer Marihuanaaufnahme, BA 2006, 361ff.

Moosmayer, Rigobert: Führerschein / MPU; Punkte – Alkohol – Drogen, 2000.

Müller, Dieter: Drogen am Steuer erlaubt?, SVR 2006, 81ff.

ders.: Bücher und Schriften, ZVS 2006, 52.

Müller, Eckhart: Verteidigung in Betäubungsmittelsachen, 4. Aufl. 2004.

Müller, Wolfgang: Zur Rechtsmittelfähigkeit einer MPU-Anordnung – Gibt es im interdisziplinären Diskurs eine spezifisch verkehrspsychologische Position?, DAR 2006, 534ff.

Müller-Rath, Frank: Bindungswirkung strafgerichtlicher Sperrfristverkürzungsbeschlüsse, NZV 2006, 353ff.

Müller-Trudrung, Michael: Drogen, Sehleistungsfähigkeit, Grenzwerte, BA 2004, Heft 2, Anhang Band 41.

Mußhoff, Frank: Entscheidung zwischen einmaligem / gelegentlichem und regelmäßigem Cannabiskonsum, BA 2000, 39ff.

ders.: Illegal or legitimate use? Precusor compounds to Amphetamine and Methamphetamine, in: Drug Metabolism Reviews 2000, 15ff, Band 32, (Zeitschrift USA, siehe auch URL://www.tandf.co.uk).

ders.: Haaranalytik, Technik und Interpretation in Medizin und Recht, 2004.

ders.: Anlage B2 zu den Richtlinien der GTFCh zur Qualitätssicherung bei forensisch toxikologischen Untersuchungen – Untersuchung von Haarproben, Toxichem + Krimtech 2004, Band 3.

ders.: Aussagemöglichkeiten über Cannabisgewohnheiten aus chemisch-toxikologischer Sicht, in: Kongressbericht 2005 der Deutschen Gesellschaft für Verkehrsmedizin, Bundesanstalt für Straßenwesen, Mensch und Sicherheit, Heft M 171, 2005.
ders.: Positive Opiatbefunde nach Aufnahme von Mohnprodukten, BA 2005, 431ff.
Nehm, Kay: Die Rechtsprechung des Bundesgerichtshofs in Verkehrsstrafsachen und Bußgeldverfahren, DAR 1992, 241ff.
ders.: Auf der Suche nach Drogengrenzwerten, in: Greißinger, Georg: Arbeitsgemeinschaft Verkehrsrecht des Deutschen Anwaltvereins, Festschrift zum 25-jährigen Bestehen, 2004.
Neis, Peter: Phänomenologie der Akutwirkungen von „Partydrogen" bei Diskothekenbesuchern, BA 2003, 85ff.
Neumann, Conny: Ein Joint für die große Pause, in: „Der Spiegel" 27/2004.
Neumeyer, Jürgen: Führerschein in Gefahr – Drogen, Strassenverkehr, Fahrtüchtigkeit und Fahreignung, in: Heudtlass, Jan-Hendrik; Stöver, Heino (Hg.): Risiko mindern beim Drogengebrauch, 3. Aufl. 2005.
Nick, Thomas: Anmerkung zum Beschluss des KG vom 07.10.2002, Az. 3 Ws (B) 338/02, DAR 2003, 82f.
Nickel, Rüdiger: Nutzungsentschädigung bei vorläufiger Entziehung der Fahrerlaubnis, DAR 1972, 181ff.
Niedbala, Sam: Passive Cannabis Smoking Exposure and Oral Fluid Testing, The International Association of Forensic Toxicologists, 43th International Meeting 2004 [Washington].
Obrocki, Jost: Ecstasy und andere synthetische Drogen: Konsummuster, Rauschwirkungen und –folgen, in: Püschel, Klaus: 4. Wissenschaftliches Symposium über Drogen / Medikamente und Verkehrssicherheit, 1998.
Paetzold, Harald: Absolutes Drogenverbot im Straßenverkehr – Zur Reform des § 24a StVG, DAR 1997, 60ff.
Patzak, Jörn: Cannabis – wirklich eine harmlose Droge?, NStZ 2006, 259ff.
Perez-Reyes, Mario: Passive inhalation of marihuana smoke and urinary excretion of Cannabinoids, in: Clinical Pharmacology and Therapeutics, 1983, 36ff, Band 34, (Zeitschrift USA, [Offizielles Mitteilungsblatt der American Society for Clinical Pharmacology and Therapeutics und der American Society for Pharmacology and Experimental Therapeutics] siehe auch URL: http://www.elsevier.com).
Peschel, Oliver: Pupillenverhalten unter akutem THC-Einfluß, BA 1999, 84ff.
Pießkalla, Michael: Fahrerlaubnisentziehung nach § 69 I 1 2. Alt. StGB auch bei „nicht verkehrsspezifischen" Straftaten?, NZV 2006, 185ff.
Piesker, Hans: Fahrverbot statt Entziehung der Fahrerlaubnis auch bei Trunkenheitsdelikten und anderen Katalogtaten des § 69 II StGB, NZV 2002, 297ff.
Pinkerneil, Claus: Die neue Tilgungshemmung nach § 29 Abs. 6 S. 2 StVG – eine für den Tatrichter unanwendbare Vorschrift, DAR 2005, 57f.
Pötsch, Lucia: Zur Passivexposition bei der Beurteilung niedriger Cannabinoidkonzentrationen in Blut und Urin, Archiv für Kriminologie 2001, 137ff.
ders. (Pötsch-Schneider): Inkorporation von Fremdsubstanzen in (sic) Haare, in: Madea, Burkhard; Mußhoff, Frank: Haaranalytik, Technik und Interpretation in Medizin und Recht, 2004.
Polizeipräsidium München: Rauschfrei im Verkehr; Informationsbroschüre Drogen, Medikamente, Alkohol, 2003.
ders.: Verkehrsbericht 2004 und 2005.
Pragst, Fritz: Zum gegenwärtigen Stand der Haaranalyse auf illegale Drogen im Rahmen der Fahreignungsprüfung, in: Kongressbericht 1999 der Deutschen Gesellschaft für Verkehrsmedizin, Berichte der Bundesanstalt für Straßenwesen, Mensch und Sicherheit, Heft 111, 1999.
ders.: Chemisch-toxikologische Untersuchungen auf illegale Drogen im Rahmen der Fahreignungsprüfung, BA 2004, Heft 2, Anhang Band 41.
Priemer, Fritz: Pupillenverhalten unter akutem THC-Einfluß, BA 1999, 84ff.
Prinzleve, Michael: Safer use: Kokain und Crack, in: Heudtlass, Jan-Hendrik; Stöver, Heino (Hg.): Risiko mindern beim Drogengebrauch, 2005.
Pschyrembel: Klinisches Wörterbuch, 259. Aufl. 2002.

Püschel, Klaus: Drogen – ihre Wirkungen, Nebenwirkungen, Wechselwirkungen, in: Heudtlass, Jan-Hendrik; Stöver, Heino: Risiko mindern beim Drogengebrauch, 2005.
Pütz, Theo: Führerschein in Gefahr – Drogen, Straßenverkehr, Fahrtüchtigkeit und Fahreignung, in: Heudtlass, Jan-Hendrik; Stöver, Heino (Hg.): Risiko mindern beim Drogengebrauch, 3. Aufl. 2005.
Rahlf, Joachim: Betäubungsmittelrechtliche Entscheidungen des BVerfG sowie der Ober- und Instanzgerichte in der Zeit vom 01.07.1999 bis 30.06.2000, NStZ-RR 2001, 65ff.
ders.: Betäubungsmittelrechtliche Entscheidungen des BVerfG sowie der Ober- und Instanzgerichte in der Zeit von 01.07.2003 bis 30.06.2004 – 1. Teil, NStZ-RR 2005, 193ff.
Ramaekers, Johannes: Leistungsverhalten und Toxikokinetik der Cannabinoide nach inhalativer Marihuanaaufnahme, BA 2006, 361ff.
Rebmann, Kurt: Auszug aus der Ansprache zur Eröffnung des Verkehrsgerichtstags 1996 in Goslar, ZVS 1996, 86f.
Riemenschneider, Sabine: Absolutes Drogenverbot im Straßenverkehr – Zur Reform des § 24a StVG, DAR 1997, 60ff.
Rittner, Christian: Phänomenologie der Akutwirkungen von „Partydrogen" bei Diskothekenbesuchern, BA 2003, 85ff.
Robbe, Hindrik: Influence of Marijuana on Driving, Diss. 1984 [Maastricht/Niederlande].
Rochholz, Gertrud: Opiat-Nachweis in Urin, Blut und Haaren nach Verzehr mohnsamenhaltiger Backwaren, BA 2004, 319ff.
ders.: Morphin und Codein im Blut nach Genuss von Mohnsamen, BA 2006, 14ff.
Röhrich, Jörg: Phänomenologie der Akutwirkungen von „Partydrogen" bei Diskothekenbesuchern, BA 2003, 85ff.
Rogal, Klaus: in: Karlsruher Kommentar zum Gesetz über Ordnungswidrigkeiten, 3. Aufl. 2006.
Roider, Gabriele: Absolute Fahruntüchtigkeit unter der Wirkung von Cannabis, Vorschlag für einen Grenzwert, BA 2003, 269ff.
Rosenstock, Sabine: Hanfprodukte auf dem deutschen Lebensmittelmarkt, BA 2005, 442ff.
Rothschild, Markus: Erfahrungen beim Drogenscreening durch Polizeibeamte mit DrugWipe®II und chemisch-toxikologischen Untersuchungen von Blutproben, BA 2006, 1ff.
Ruby, Maria: Pupillenverhalten unter akutem THC-Einfluß, BA 1999, 84ff.
Rüth, Karl: Straßenverkehrsrecht, Kommentar 1980.
ders.: Straßenverkehrsrecht, Kommentar zur Straßenverkehrs-Ordnung (StVO), Straßenverkehrsgesetz (StVG) und Straßenverkehrs-Zulassungs-Ordnung (StVZO), 2. Aufl. 1988.
Sachs, Hans: Zum gegenwärtigen Stand der Haaranalyse auf illegale Drogen im Rahmen der Fahreignungsprüfung, in: Kongressbericht 1999 der Deutschen Gesellschaft für Verkehrsmedizin, Berichte der Bundesanstalt für Straßenwesen, Mensch und Sicherheit, Heft 111, 1999.
ders.: Pupillenverhalten unter akutem THC-Einfluß, BA 1999, 84ff.
ders.: Biologie des Haares sowie forensische und technische Aspekte der Haaranalytik, in: Madea, Burkhard; Mußhoff, Frank: Haaranalytik, Technik und Interpretation in Medizin und Recht, 2004.
ders.: Anlage B2 zu den Richtlinien der GTFCh zur Qualitätssicherung bei forensisch-toxikologischen Untersuchungen – Untersuchung von Haarproben, Toxichem + Krimtech 2004, Band 3.
ders.: Chemisch-toxikologische Untersuchungen auf illegale Drogen im Rahmen der Fahreignungsprüfung, BA 2004, Heft 2, Anhang Band 41.
ders.: Beurteilung einer Drogenfahrt unter der Wirkung von Haschisch (THC) als Straftat nach § 316 StGB oder als Ordnungswidrigkeit nach § 24a StVG; Lotteriespiel oder Rechtssicherheit?, DAR 2006, 61ff.
Salamone, Sal: Passive Cannabis Smoking Exposure and Oral Fluid Testing, The International Association of Forensic Toxicologists, 43th International Meeting 2004 [Washington].
Salger, Hanskarl: Zur Fahruntüchtigkeit infolge der Einnahme von Rauschdrogen, NZV 1993, 329ff.
ders.: Drogeneinnahme und Fahrtüchtigkeit, DAR 1994, 433ff.
Schäpe, Markus: Das Recht des ruhenden Verkehrs, 2. Aufl. 2005.

ders.: Teil 7, Ordnungswidrigkeitenverfahren, in: Ludovisy, Michael: Praxis des Straßenverkehrsrechts, 3. Aufl. 2005.
Schendel, Frank Andreas: Doppelkompetenz von Strafgericht und Verwaltungsbehörde zur Entziehung der Fahrerlaubnis: Systematische Erläuterung des § 4 Abs. 2 u. Abs. 3 StVG, Diss.1974 [Hamburg].
Scheufen, Michael: Bindungswirkung strafgerichtlicher Sperrfristverkürzungsbeschlüsse, NZV 2006, 353ff.
Schmidt, Caroline: Ein Joint für die große Pause, in: „Der Spiegel“ 27/2004.
Schmidt, Eberhard: Ärztliche Mitwirkung bei Untersuchungen und Eingriffen nach StPO §§ 81a und 81c, MDR 1970, 461ff.
Schmitt, Georg: Berechnung der Nachweis-, der Erfassungs- und der Bestimmungsgrenze von Tetrahydrocannabinol (THC) in Serum, BA 1999, 362ff.
ders.: Wissenschaftliche Bewertung von GTFCh-Ringversuchen für Betäubungsmittel im Blut 2003, BA 2005, 20ff.
Schmoldt, Achim: Führt der Verzehr von Mohnsamen zu positiven Opiat-Befunden im Urin, Blut und Haaren?, BA 2004, 191ff.
Schneider, Ehrhard: Leistungsverhalten und Toxikokinetik der Cannabinoide nach inhalativer Marihuanaaufnahme, BA 2006, 361ff.
Schneider, Walter: Begutachtungs-Leitlinien zur Kraftfahrereignung, Kommentar, 1. Aufl. 2003.
ders.: Begutachtungs-Leitlinien zur Kraftfahrereignung, Kommentar, 2. Aufl. 2005.
Schöch, Heinz: Anmerkung zum Beschluß des BayObLG vom 30.09.1975, Az. RReg. 2 St. 171/75, JR 1978, 74f.
ders.: Straf- und verwaltungsrechtliche Aspekte des Fahrens unter Drogeneinfluß, in: Berichte der Bundesanstalt für Straßenwesen, Mensch und Sicherheit, Heft M 41, 1995.
ders.: Straf-, verwaltungs- und zivilrechtliche Aspekte des Fahrens unter Cannabiseinfluss, in: Berghaus, Günter; Krüger, Hans-Peter: Cannabis im Straßenverkehr, 1998.
ders.: Fahrten unter Drogeneinfluss – Einflussfaktoren und Gefährdungspotenzial, in: Berichte der Bundesanstalt für Straßenwesen, Mensch und Sicherheit, Heft M 132, 2001.
ders.: Probleme der Fahrsicherheit und Fahreignung bei Substitutionspatienten, BA 2005, 354ff.
Schrank, Carsten: Richtiges Verhalten im Strafverfahren, 2001.
Schreiber, Lothar: Die medizinisch-psychologische Untersuchung nach der neuen Fahrerlaubnis-Verordnung – Ist ihre Anordnung doch ein Verwaltungsakt?, ZRP 1999, 519ff.
ders.: Die Bewertung von THC-Spuren im Blut bei Verurteilungen wegen Drogenfahrt, NJW 2005, 1026f.
Schriftleitung der Zeitschrift Blutalkohol: Anmerkung zum Beschluss des BVerfG vom 21.12.2004, Az. 1 BvR 2652/03, BA 2005, 160.
Schubert, Wolfgang: Begutachtungs-Leitlinien zur Kraftfahrereignung, Kommentar, 1. Aufl. 2003.
ders.: Begutachtungs-Leitlinien zur Kraftfahrereignung, Kommentar, 2. Aufl. 2005.
ders.: Urteilsbildung in der medizinisch-psychologischen Fahreignungsdiagnostik; Beurteilungskriterien, 2005.
Schütz, Hans Werner: Opiat-Nachweis in Urin, Blut und Haaren nach Verzehr mohnsamenhaltiger Backwaren, BA 2004, 319ff.
ders.: Morphin und Codein im Blut nach Genuss von Mohnsamen, BA 2006, 14ff.
Schulz, Ernst: Cannabis und Fahrtüchtigkeit; Ergebnisse der experimentellen Forschung, in: Berghaus, Günter; Krüger, Hans-Peter: Cannabis im Straßenverkehr, 1998.
ders.: Fahruntüchtigkeit durch Cannabis, Amphetamine und Cocain, in: Berichte der Bundesanstalt für Straßenwesen, Mensch und Sicherheit, Heft M 81, 1998.
Schulz Erwin: Medikamenten und Drogennachweis bei verkehrsunauffälligen Fahrern, in: Berichte der Bundesanstalt für Straßenwesen, Mensch und Sicherheit, Heft M 60, 2. Aufl. 1998.
Schulz, Sylvia: Ecstasy kann das Gedächtnis schädigen, in: Faszination Seele IV/2005 (Zeitschrift).
Schulze, Karin: Was können Drogentests im Zusammenhang mit „Drogen im Straßenverkehr“ leisten?, 2002 [Wien].
Schwarze, Bernd: § 64 Rechts- und Verkehrsmedizin, in: Ferner, Wolfgang (Hg.): Handbuch Straßenverkehrsrecht, 2. Aufl. 2006.

Schwedhelm, Ulrike (Stand 15.10.2006): Festlegung des Mengenbegriffs „nicht geringe Menge" durch BGH und BVerfG,
URL: www.fb1.uni-essen.de/schwedhelm/materialien/StrafR/BtM/BtM–sk27.pdf
Schwent, Tanja: Fahreignung von Personen in Substitutionstherapie, ZVR 2006, 292ff.
Seidl, Stephan: § 64 Rechts- und Verkehrsmedizin, in: Ferner, Wolfgang (Hg.): Handbuch Straßenverkehrsrecht, 2. Aufl. 2006.
Seitz, Helmut: Oberlandesgerichtliche Rechtsprechung zum Verkehrsstraf- und –ordnungswidrigkeitenrecht, DAR 2006, 121ff.
Sieg, Hans: Ausschluß und Versagung der Entschädigung nach dem StrEG wegen des Aussageverhaltens eines Beschuldigten, MDR 1980, 907.
Skopp, Gisela: GC/MS-Bestimmung von THCCOOH im Serum: Vergleich verschiedener Aufarbeitungsmethoden und Einfluss von THCCOOH-Glucuronid, BA 2000, 48ff.
ders.: Zur Passivexposition bei der Beurteilung niedriger Cannabinoidkonzentrationen in Blut und Urin, Archiv für Kriminologie, 2001, 137ff.
ders.: Inkorporation von Fremdsubstanzen in Haare (sic), in: Madea, Burkhard; Mußhoff, Frank: Haaranalytik, Technik und Interpretation in Medizin und Recht, 2004.
Sommer, Ulrich: Strafanzeige und Strafprozess, 1994.
Sowada, Christoph: Die Entziehung der Fahrerlaubnis (§ 69 StGB) bei Taten der allgemeinen Kriminalität, NStZ 2004, 169ff.
SPD-Bundestagsfraktion: Fragenkatalog für die Anhörung am 19. Februar 1997, [Masch.-schr. vom 04.12.1996].
ders.: Gesetzesentwurf Drogen im Straßenverkehr muss grundlegend überarbeitet werden, [Pressemitteilung vom 20.02.1997].
ders.: Änderungsantrag (Entwurf) [Masch.-schr. vom 30.09.1997].
Spiegel, Richard: Die Rechtsprechung des Bundesgerichtshofes in Verkehrsstrafsachen und Bußgeldverfahren, DAR 1979, 173ff.
Sporkert, Frank: Zum gegenwärtigen Stand der Haaranalyse auf illegale Drogen im Rahmen der Fahreignungsprüfung, in: Kongressbericht 1999 der Deutschen Gesellschaft für Verkehrsmedizin, Berichte der Bundesanstalt für Straßenwesen, Mensch und Sicherheit, Heft 111, 1999.
ders.: Anwendungen der Headspace-Festphasenmikroextraktion in der forensischen Analytik unter besonderer Berücksichtigung der Haaranalyse, Diss. 2001 [Berlin].
Staak, Michael: Möglichkeiten der Entsprechung rechtlicher Anforderungen aus der Sicht der Medizin, in: Berichte der Bundesanstalt für Straßenwesen, Mensch und Sicherheit, Heft M 41, 1995.
Stafford, Peter: Cannabis; Haschisch & Marihuana, 1977.
Statistisches Bundesamt: Ursachen von Straßenverkehrsunfällen 2004 und 2005, Tabellen 6.8, Straßenverkehrsunfälle und Verunglückte nach Unfallursachen (UJ 14[1]).
Stein, Ulrich: Offensichtliche und versteckte Probleme im neuen § 24a II. StVG („Drogen im Straßenverkehr"), NZV 1999, 441ff.
Stephan, Egon: Begutachtungsleitlinien zur Kraftfahrereignung, Kommentar, 1. Aufl. 2003.
ders.: Begutachtungsleitlinien zur Kraftfahrereignung, Kommentar, 2. Aufl. 2005.
Sternberg-Lieben, Detlev: in: Schönke/Schröder: Strafgesetzbuch, Kommentar, 27. Aufl. 2006.
Sticht, Guido: Grundbegriffe, Toxikokinetik und Toxikodynamik, in: Berghaus, Günter; Krüger, Hans-Peter: Cannabis im Straßenverkehr, 1998.
Stöver, Heino: Drogen, HIV/AIDS, Hepatitis, Ein Handbuch, 2004.
ders.: Vom Tabu zur Normalität; 20 Jahre Substitution in Deutschland, Zwischenbilanz und Aufgaben für die Zukunft, 2005.
Stoll, Hans: Anmerkung zum Urteil des BGH vom 18.09.1975, Az. III ZR 139/73, JZ 1976, 281ff.
Stree, Walter: in: Schönke/Schröder: Strafgesetzbuch, Kommentar, 27. Aufl. 2006.
Swoboda, Sabine: Cannabis im Straßenverkehr (1. Teil), zfs 2004, 54ff.
ders.: Cannabis im Straßenverkehr (2. Teil), zfs 2004, 102ff.
Szegedi, Anne: Cannabis und Fahrtüchtigkeit; Ergebnisse der experimentellen Forschung, in: Berghaus, Günter; Krüger, Hans-Peter: Cannabis im Straßenverkehr, 1998.
ders.: Fahruntüchtigkeit durch Cannabis, Amphetamine und Cocain, in: Berichte der Bundesanstalt für Straßenwesen, Mensch und Sicherheit, Heft M 81, 1998.

Tepperwien, Ingeborg: Die Rechtsprechung des Bundesgerichtshofs in Verkehrsstrafsachen und Bußgeldverfahren, DAR 2005, 241ff
Ternig, Ewald: Belehrung durch Polizeibeamte, SVR 2004, 214ff.
Theunissen, Eef: Leistungsverhalten und Toxikokinetik der Cannabinoide nach inhalativer Marihuanaaufnahme, BA 2006, 361ff.
Thieme, Detlef: Biologie des Haares sowie forensische und technische Aspekte der Haaranalytik, in: Madea, Burkhard; Mußhoff, Frank: Haaranalytik, Technik und Interpretation in Medizin und Recht, 2004.
ders.: Anlage B2 zu den Richtlinien der GTFCh zur Qualitätssicherung bei forensisch-toxikologischen Untersuchungen – Untersuchung von Haarproben, Toxichem + Krimtech 2004, Band 3.
Thomasius, Rainer: Ecstasy und andere synthetische Drogen: Konsummuster, Rauschwirkungen und -folgen, in: Püschel, Klaus: 4. Wissenschaftliches Symposium über Drogen / Medikamente und Verkehrssicherheit, 1998.
ders.: Ecstasy schädigt die Hirnfunktion, Universitätsklinikum Hamburg-Eppendorf, [Pressemitteilung vom 29.06.2000].
Tönnes, Stefan: Leistungsverhalten und Toxikokinetik der Cannabinoide nach inhalativer Marihuanaaufnahme, BA 2006, 361ff.
Tondorf, Günter: Der psychologische und psychiatrische Sachverständige im Strafverfahren, 2002.
Tourneur, Detlef: Haaranalyse – Eine Bestandsaufnahme aus juristischer Sicht / Biologie des Haares sowie forensische und technische Aspekte der Haaranalytik, in: Madea, Burkhard; Mußhoff, Frank: Haaranalytik, Technik und Interpretation in Medizin und Recht, 2004.
Trafkowski, Jens: Positive Opiatbefunde nach Aufnahme von Mohnprodukten, BA 2005, 431ff.
Tröndle/Fischer: Strafgesetzbuch, Kommentar, 53. Aufl. 2006.
Trupp, Andreas: Widersprüchliches zur Führerscheinbeschlagnahme durch die Staatsanwaltschaft und ihre Hilfsbeamten, NZV 2004, 389ff.
Türk, Elisabeth: Cannabis intoxication and fatal road crashes in France: population based case-control-study, BA 2006, 286f.
Tutsch-Bauer, Edith: Pupillenverhalten unter akutem THC-Einfluß, BA 1999, 84ff.
Uhle, Axel: § 4 Die Begutachtung drogenauffälliger Kraftfahrer, in: Drogen und Straßenverkehr, 2005.
Ulrich, Andreas: Ein Joint für die große Pause, in: „Der Spiegel" 27/2004.
Undeutsch, Udo: Das Gutachten der MPU und Kraftfahrereignung, 1995.
Universität des Saarlandes, Institut für Rechtsmedizin (Hg.): Drogenerkennung im Straßenverkehr, -Schulungsprogramm für Polizeibeamte-, 1997.
Vollrath, Mark: Fahruntüchtigkeit durch Cannabis, Amphetamine und Cocain, in: Berichte der Bundesanstalt für Straßenwesen, Mensch und Sicherheit, Heft M 81, 1998.
ders.: Beeinträchtigung fahrrelevanter Leistungen nach Rauchen von Cannabis und nach Alkoholkonsum – eine vergleichende Metaanalyse experimenteller Studien, in: Berghaus, Günter; Krüger, Hans-Peter: Cannabis im Straßenverkehr, 1998.
ders.: Fahrten unter Drogeneinfluss – Einflussfaktoren und Gefährdungspotenzial, in: Berichte der Bundesanstalt für Straßenwesen, Mensch und Sicherheit, Heft M 132, 2001.
Wagner, Hans-Jochen: Betäubungsmittelstrafrecht, 2. Aufl. 2004.
Weber, Klaus: Keine selbständige Anfechtbarkeit einer MPU-Anordnung, NZV 2006, 399ff.
Wehner, Heinz-Dieter: Quantitative Pharmakokinetik der passiven THC-Aufnahme, BA 2006, 349ff.
Wehowsky, Ralf: Von der Nullwertgrenze zu analytischen Grenzwerten? (Referat vor dem Arbeitskreis VI anlässlich des 44. Verkehrsgerichtstag 2006 in Goslar), BA 2006, 125ff.
Weigel, Florian: Anmerkung zum Urteil des VGH Bayern vom 29.06.1999, Az. 11 B 1093/98, DAR 2000, 231f.
Weigelt, Werner: Streiflichter, DAR 1958, 10ff.
Wendlinger, Georg: Fahrerlaubnisrecht: Ermessensausübung bei der Überprüfung der charakterlichen Fahreignung, NZV 2006, 505ff.
Werner, Stefan: Zur Subsidiarität des Ordnungswidrigkeitenrechts gegenüber dem Strafrecht bei Verkehrsunfällen, DAR 1990, 11ff.

Westphal, Folker: Opiat-Nachweis in Urin, Blut und Haaren nach Verzehr mohnsamenhaltiger Backwaren, BA 2004, 319ff.
ders.: Morphin und Codein im Blut nach Genuss von Mohnsamen, BA 2006, 14ff.
Widera, Teresia: Fahrten unter Drogeneinfluss – Einflussfaktoren und Gefährdungspotenzial, in: Berichte der Bundesanstalt für Straßenwesen, Mensch und Sicherheit, Heft M 132, 2001.
Wiesbrock, Urs: Opiat-Nachweis in Urin, Blut und Haaren nach Verzehr mohnsamenhaltiger Backwaren, BA 2004, 319ff.
Wildemann, Holger: Quantitative Pharmakokinetik der passiven THC-Aufnahme, BA 2006, 349ff.
Winkler, Walter: Klarstellung zum Urteil des BGH vom 18.12.2002, Az. 1 StR 340/02, BA 2005, 236f.
ders.: Verbrechen und Vergehen gegen das Betäubungsmittelgesetz, NStZ 2005, 315ff.
ders.: Verbrechen und Vergehen gegen das Betäubungsmittelgesetz, NStZ 2006, 328ff.
Winter, Michael: Führerschein / MPU; Punkte – Alkohol – Drogen, 2000.
Wirth, Klaus: Cannabis im Straßenverkehr (1. Teil), zfs 2004, 54ff.
ders.: Cannabis im Straßenverkehr (2. Teil), zfs 2004, 102ff.
Xanke, Peter: Straßenverkehrsstrafrecht, Handbuch für die anwaltliche Praxis unter Berücksichtigung des Ordnungswidrigkeiten und Verwaltungsrechts, Stand: 53. Aktualisierungs- und Ergänzungslieferung 2006.
Zentrallabor des Universitätsklinikums der RWTH Aachen: Änderung des Testverfahrens zum Drogennachweis im Urin (Information Nr. 42 zu Laborparametern vom 10.02.2001).
Ziegert, Ulrich: Alkohol- und drogenauffällige Kraftfahrer aus der Sicht der Fahrerlaubnisverordnung, in: Arbeitsgemeinschaft Verkehrsrecht des Deutschen Anwaltvereins: Aktuelle Probleme der Fahrerlaubnisverordnung, der Reform des Ordnungswidrigkeitenrechts und der Unfallflucht, 2000.
Zurhold, Heike: Safer use: Kokain und Crack, in: Heudtlass, Jan-Hendrik; Stöver, Heino (Hg.): Risiko mindern beim Drogengebrauch, 2005.
Zwerger, Dietmar: Aktuelle Rechtsfragen beim Entzug der Fahrerlaubnis wegen Drogenauffälligkeit, DAR 2005, 431ff.
ders.: Erschwerter Rechtschutz durch Regelungsdefizite in der Fahrerlaubnis-Verordnung, insbesondere bei Drogenauffälligkeit (Referat anlässlich des 44. Verkehrsgerichtstag 2006 in Goslar), BA 2006, 105ff.

Stichwortverzeichnis

Die Zahlen verweisen auf die Randnummern im Inhalt